U0549250

国家社科基金
GUOJIA SHEKE JIJIN HOUQI ZIZHU XIANGMU
后期资助项目

河北省社會科學院藏高陽碑刻拓片整理與研究

Collation and Research on Gaoyang Tablet Rubbing Collection of Hebei Academy of Social Sciences

劉美然　馮金忠　潘華静　著

社會科學文獻出版社
SOCIAL SCIENCES ACADEMIC PRESS (CHINA)

國家社科基金後期資助項目
出版説明

　　後期資助項目是國家社科基金設立的一類重要項目，旨在鼓勵廣大社科研究者潛心治學，支持基礎研究多出優秀成果。它是經過嚴格評審，從接近完成的科研成果中遴選立項的。爲擴大後期資助項目的影響，更好地推動學術發展，促進成果轉化，全國哲學社會科學工作辦公室按照"統一設計、統一標識、統一版式、形成系列"的總體要求，組織出版國家社科基金後期資助項目成果。

全國哲學社會科學工作辦公室

序　一

　　《河北省社會科學院藏高陽碑刻拓片整理與研究》一書，是劉美然女士 2019 年立項的國家社科基金後期資助項目結項成果，也是她從事高陽碑刻拓片整理研究多年心血的結晶。

　　該書有兩個特色，一是作者特色，二是内容特色。作者特色主要體現在整理者劉美然女士是我院圖書管理部門的一名工作人員。按我院的劃分，圖書管理人員屬於科輔部門的管理人員，并非從事研究的專業人員，對她來说，整理石刻文獻不是份内主業，而是自我加壓的份外貢獻。一般來说，古代石刻文獻的整理多由文史專業出身的人員承擔，劉美然女士跨專業從事這項工作，其難度之大可想而知。古籍整理看似簡單，其實不然。曾長期參與二十四史點校，後來調入我院工作的古籍整理大家魏連科先生生前常说，古籍整理，功德無量；懂的人不肯做，不懂的人做不了。屬於古籍整理範疇的石刻文獻整理未嘗不是如此。當然，石刻文獻整理也有與普通古籍整理的不同之處，普通古籍整理的難點是句讀，石刻文獻的整理除了句讀之外還有一個更大的難點，就是録文過程中漫漶文字的識讀。造成石刻文字的漫漶通常有自然和人爲兩個方面的原因，自然方面的原因有石質差（如砂岩）和長期風化等，人爲方面的原因則除了故意損毁和無意磨損之外，還有鐫刻之初的字口過淺。這在碑陰文字的鐫刻上尤其明顯。高陽碑刻有相當部分屬於民間和基層社會的石刻，碑陰文字往往字迹更小字口更淺，因此漫漶的程度更甚，例如道光十五年的《重修高陽縣城隍廟碑記》和《馬家河横堤碑記》碑陰文字就有較大面積的漫漶。碑陰文字通常是捐資主體的題名或題記，涉及捐資主體的姓名、組織、結構、金額、緣起等内容，較之碑陽文字更能反映碑刻背後的運作機制和社會内容，尤其是民間碑刻的碑陰文字，更能反映官方文獻所忽略的基層社會的日常生活百態。因此，碑刻文獻的整理是否包括碑陰文字以及碑陰文字整理水準如何，一定程度上反映了碑刻文獻整理水準的高低。《河北省社會科學院藏高陽碑刻拓片整理與研究》一書能將碑陽碑陰文字并錄，碑陰文字應錄盡錄，錄文比較準確，既反映了劉美然女士整理過程中認真識讀一絲不苟精益求精的鑽研精神，更說明她整理理念起點較高，已經通過十年磨劍跨越專業鴻溝，從外行變爲内行，成爲一名合格的石刻文獻整理學者。

　　該書的内容特色主要體現在高陽現存石刻文獻的載體以拓片爲主，而原石大部分已經毀失。我院這批拓片獲贈於上世紀 80 年代，是原藏者於全面抗戰爆發前所拓，屬於更接近於碑刻文獻原始面貌的早期拓片。據編者統計，這批碑刻的拓片文獻總量是 239 通，最早的是元代，祇有一通，其餘都是明清民國時期，其中見於《高陽縣志》等刊載的僅有 10 餘通，現存的原石則不足 10 通。這一存一佚的數字本身就揭示了高陽碑刻文獻的史料價值。

　　筆者對明清民國石刻文獻史料價值的認識有一個過程。筆者開始接觸碑刻是在上世紀 60 年代的“文革”時期，那時家鄉邯鄲叢臺的牆壁上嵌有不少明清民國時期的詩刻，南門甬道北端所立郭沫若游叢臺詩碑留下的印象尤其深刻。1978 年考入武漢大學歷史系後，大量時間用在閱讀近現代史籍，古代史籍閱讀反而不多。1982 年考取碩士研究生，古代史籍成爲閱讀重點，但初期對金石碑刻著作關注不多，真正轉變我對金石碑刻認識的是 1983 年隨陳國燦先生的西北考察之行。90 年代後期，唐史學界碑刻研究漸成風氣，筆者也開始涉足其中，重點當然是河北地區的石刻。2000 年出版的《河北石刻題記新發現與隋唐史研究》一書，就是當年關注本地碑志心得的結集。2000 年以後，筆者研究興趣轉向黑水城文獻，嗣後又轉向古籍紙背文書。黑水城文獻内容主要關涉宋遼夏金元時期，古籍紙背文書主要關涉宋元明清時期，因此筆者對碑刻文獻的關注也相應地由隋唐五代及以前下移到了宋元明清時期。説實話，筆者以前也同多數金石學者、歷史學者一樣，不大重視宋以後尤其是明清時期的石刻文獻，總以爲這些石刻文獻價值不大。但近些年來隨着接觸瞭解的增多，筆者對明清時期石刻文獻資料價值的認識也在逐漸深化。明清時期傳世史籍和檔案的官方文獻的確宏富，堪稱汗牛充棟，學者窮畢生精力也不可能全閱一遍。其實這些文獻也尺有所短，它的宏富主要體現在官方層面和宏觀層面，而在民間層面和微觀層面往往語焉不詳，甚至奇缺。例如對於明代的基層組織里甲制，人們根據史籍記載知道它的職能主要是賦役征派，而承擔基層社會治理職能的組織除了明初發揮過作用的里老制之外，全國範圍內統一規範的鄉村基層組織系統長期付之闕如。各地基層組織自成系統，不僅名稱不同，組成不同，而且職能有異、範圍有別。這些基層組織與里甲制如何配合如何銜接如何運作，官方文獻多不涉及。再如萬曆前期作爲張居正改革舉措之一的全國清丈土地，史籍多有記載但缺乏細節資料，多是籠統概括的綜合記述，倒是類似山西《平陽府曲沃縣均田記》和今甘肅舟曲縣《丈地均糧碑》等碑刻提供了不少實施的細節。又如明代主要負責賦役征派的里甲制，在清代繼續發揮作用，但其組織形式、內部結構和運行機制都發生了相當大的變化，這雖在官方文獻難窺其詳，卻在今河北武安市的清代碑刻中有所記載，像《武安文物志》刊載的《營里八甲記》，《武安金石志》刊載的《柏林寺里甲石刻》等，都對清代咸豐年間武安縣整理里甲制提供了許多詳細具體的資料。又如近代以來北方地區戰亂較多，30~40年代遭受日軍侵華戰爭摧殘較重，因此除個別縣份如獲鹿縣外，造成華北地區大部分縣份檔案基本無存。而這一時期各地民間都或多或少保存有一定數量的石刻文獻，儘管它不可能替代檔案的作用，但至少可以一定程度上彌補民國檔案斷層導致地方文獻不足的缺憾。總之，宋元明清甚至民國時期的石刻文獻儘管不能與唐以前石刻的價值相提并論，但寸有所長，它依然具有貼近基層彰顯細節補充官方文獻不足的特色資料價值。

具體到高陽石刻文獻的資料價值問題，該書《緒論》已有整體概括和全面論述，“整理篇”在具體石刻題解中也多有揭示，“研究篇”諸文對石刻蘊含的佛教、道教、民間宗教在內的宗教史（寺院經濟）、科舉史、教育史、商業史、地方名人和地方家族史的內容更有較多的深入闡述。對此筆者無意重複，衹在這裏強調一下其中近代以前高陽的商業商號資料價值和清代村落賦役資料價值兩個方面。

高陽石刻文獻中的清代商號資料主要集中於清代後期。清乾隆二十一年（1756）的《高陽縣學重修文廟記》碑陰刊載有捐資人員的分類和姓名，其中"捐資紳衿"有進士4人，舉人13人，武舉5人，貢監30人，閣學96人，商人36人，在城四關4人，其餘均是捐資的各村莊名等。應該注意的是，這裏的商人列名全是姓名而無商號。而在清道光元年（1821）的《重修藥王廟記》和道光十五年（1835）的《重修高陽縣城隍廟碑記》碑陰題記中，商號就已經大量出現。例如《重修藥王廟記》出現的商號就有"裕成鹽店施錢二十千、萬裕當施錢十千、義順當施錢十千、碾房施錢四千、和順號施錢六千、齊長發施錢四千、萬和號施錢四千、靜深號施錢四千、泰來號施錢二千、豐順號施錢二千、德成號施錢二千、仝義布店施錢四千、永盛號施錢四千、瑞成號施錢四千、慶豐局施錢二千 / 復興號施錢一千、中和堂施錢一千、和興煙鋪施錢一千、新豐號施錢一千、物華樓施錢一千、聚三元施錢一千、同心堂施錢二千"。另外還有"春元堂施錢一千、相經堂施錢八千、世德堂施錢八千、敦厚堂施錢四千、世和堂施錢二千、九如堂施錢四千"。這些以堂號名義捐資者雖不能斷定均是商號，但至少有一部分屬於商號。《重修高陽縣城隍廟碑記》捐資商號更多，有"樂輸客商：德順號、松茂號、四合號、順成號、/ 太和號、德盛號、萬順號、廣義號、永豐號、元裕號、任士傑、郭掌櫃、益美號、恊成號、三 [盛口小義] 估衣鋪、廣順號、天興號、永豐號、德盛公、萬興號、雙益號、永興號、玉興號、魁傑堂、田洛省、王洛梅、晋和號、永興號、萬興號、未洛廣、常洛安、張洛立、常洛相、廣明堂、和興號、/ 恊盛號、焦洛□、長興號、雙和號、彭玉壺、韓洛天、魁陞號、王洛義，[重陽] 樂輸客商：慶豐號、德興號、宏立號、錦太號、慶成號、永發號、吉全號、正祥號、萬盛榮、恒成公、魁盛永、德義元、大德順、萬興昌"，"樂輸客商：大全當、在茂當、靳平安、李保衡、郭瑤峰、靳書田、晋興號、隆泰布店，[勝芳] 樂輸客商：王□發、李文魁、李廷儀、德隆號，城鄉樂輸鋪户：裕成鹽店、清和當、萬裕當、義盛當、福興當、/ 義和當、萬昌當、靜深號、中和號、和順號、泰來號、永隆號、義合號、聚和號、興隆號、全興號、益祥號、義興號、中義□、天合布店、義盛元、德茂號、增興號、三義店、慶盛號、杜家燒餅鋪、陳家燒餅鋪、劉家酒鋪、長盛菓局、李家燒餅鋪、德泰號、三益油店、劉太、戈家酒鋪、永義局、韓家燒餅鋪、恒順號、成發板店、楊家餅鋪、孫家茶鋪、永順油店、裕興酒店、長發酒店、道生堂、義合號、連盛號、宣發號、萬全號、□□號、永源號、全義號、全泰號、永發號、興盛號、永和號、松茂號、開源齋、福祥號、□順號、義成號、和增號、永祥號、永聚號、廣生堂、天賜號、三和號、萬和號、/長發號、天順號、同心堂、大興成、郭洛重、孫洛在、王洛奇、永成號、德聚號、大興號、物華樓、耿家餅鋪、順成鞋鋪、四美軒、義興菸鋪、聚三元、宋家酒鋪、廣泰染坊、增盛館、東茶鋪、協利號、聚成樓、和興菸鋪、益源鞋鋪、丈元齋、茂盛肉鋪、和源號、復順飯鋪、張家餅鋪、四合軒、李家肉鋪、/同興號、韓家飯鋪、悦來肉鋪、三合順、蘇家茶鋪、廣興賃鋪、春元堂、東拾錦、福興菸鋪、協興號、齡壽元、全順號、永盛染坊、同心染坊、萬順醋店、慶和館、茂盛肉鋪、春和館、聚慶軒、同順染坊、王福均、楊德山、元興號、六合春、義盛染坊、任祥雲、德成酒店、源和號、延年堂、慶成號、義和軒、/悦來號、增盛號、萬寶樓、雙盛號、義和肉鋪、義合米鋪、正興號、復興菸鋪、齡盛元、太和成、天盛布店、益壽堂、義成何、義昇號、復順成、四合館、紅杏林、大興成、慶豐局、永聚板店、王洛爽、永盛號、玉豐號、天成號、濬成永、復興炭鋪、義順炭鋪、許洛玉、蔡陳周、韓洛笑、廣裕號、/義盛隆、恒興號、劉彩章、東來號、四鎮銀行、張保光、薛希賢、城內四街、城外四關、安瀾橋鋪户、豐盛館、隆興館、天興號"。如果説進入 20 世紀以後隨着土布業的興盛，高陽商號已然聞名於世，那麼這些近代以前亦即高陽土布業興盛以前的商號資料無疑是高陽商業史難得的珍貴史料。

有關清代高陽縣農村差役情況和基層組織的資料很豐富，相關拓片近 10 通。例如《馬家河橫堤碑記》記述了馬家河橫堤自明以來歷次潰堤和在城四關西路十五村民參與重修水利工程情況，碑陰列出了"在城十五村管事人"的名單。《合村公建彰義碑記》記高陽縣龐口村李萬青爲辦理全村差役，"割自己良田玖拾玖畝有餘捐入合村，以作永久辦公之費"，并稱"楊家莊向與龐口一村辦差，楊家莊差/徭亦在此項地畝完納"。《創立義田碑記》記高陽縣西留果莊村孫振宗、振邦兄弟創立義田，"出其恒產/三十三畝，邃然輸諸公，鄰里藉之辦差務"，碑陰并備列義田的坐落、面積、等次以及管事人的身份姓名等。《王延年施捨義田碑記》記西田果莊村王延年施捨義田七段共地三十四畝半，用於全村"一切公務雜票之用"。其碑陰四段內容尤具特色，一是"合村每年應交西街地方差務錢文"，包括差務錢的種類和數量；二是"地畝座落清單"，包括座落位置、"當價京錢"和"行糧"等次；三是"經管地畝支發錢文人"的姓名，共有4人；四是"闔村管事人"的名單，共有45人。《公務碑記》記高陽縣趙通村爲了解決公務支出的難題，"同鄉諸公商議，將村邊兩井、枯樹數株售賣，以爲生息之術"。碑陰題記原有三處，最下一處不知何故被有意識毀壞，另外兩處一是由35人組成的管事人名單，一是"幫貼北街地方錢"的種類和數目記錄。《許氏家祠碑記》記南沙窩村許希賢"以己身之身價公諸一鄉之公差，於同治十三年當旗地一頃八十□□ / 五百六十吊，交與村中持重者，歲歛討租五十四吊，為濟公之備"。《好義碑志》記南路台村"自有班車公務以來，每年應納京錢九十餘緡。/ 同治十三年十二月間，香國公捐施京錢四百吊，每歲所得生息以辦合村班車公 / 務。鄉誼感之，往白邑宰，邑宰趙以'急公好義'恩賜匾額一方。光緒元年七月間，聰明公因差徭甚重，艱於供納，情願捐施民地十二畝，每歲所得 / 租價，以備不虞。又捐施民地三畝，每歲所得租價，以備孤寡買棺之用。"這些碑刻所說的"辦公之費"和"公務"，又稱"差務""公差""辦差""辦差務""差徭"，實即差役的役錢。碑刻反映了晚清時期高陽農村役錢來源的兩種新方式，一種新方式即將個人捐地捐資充作全村的役錢，龐口村李萬青"割自己良田玖拾玖畝有餘捐入合村以作永久辦公之費"，西留果莊村孫振宗、振邦兄弟"出其恒產三十三畝，遽然輸諸公，鄰里藉之辦差務"，西田果莊村王延年施捨義田三十四畝半，用於全村"一切公務雜票之用"，南沙窩村許希賢將典當旗地收入的五十四吊錢用於"一鄉之公差"，南路台村"香國公捐施京錢四百吊，每歲所得生息以辦合村班車公務"，都屬於將個人捐施充作全村役錢的方式。另外一種新方式即以全村公共財產充作全村的役錢，《公務碑記》所記高陽縣趙通村以"村邊兩井、枯樹數株售賣，以爲生息之術"，就是第二種新形式的具體體現。

以上碑刻所反映的晚清時期高陽農村基層組織"管事人"很有特點，《創立義田碑記》碑陰所列西留果莊管事人名單共計14人，其中5人并標明了身份，分別是武舉解友龍，武生解漸鴻，監生王尚忠，武生高尚桓，監生王登山。《王延年施捨義田碑記》碑陰所記西田果莊村"闔村管事人"名單共有 45 人。《公務碑記》碑陰所列趙通村管事人名單共計 35 人，其中身份明確的 4 人，分別是武□李□隆，盤生田致遠，文生孫惕三，天文生王錫疇。《馬家河橫堤碑記》碑陰所列"在城十五村管事人"名單，分別是西田果莊、在城四關、型家南、東田果莊、西王草莊、趙貫[左]、季郎村、南沙窩、於留左、野窩、留祥左、東王草莊、北沙窩、六家莊、六合屯、何家莊 16 個村莊，各村管事人最多的 19 人，最少的 3 人，多在 10 人左右，可見晚清時期高陽縣農村的管事人制度不僅見於西留果莊、西田果莊和趙通村，也見於《馬家河橫堤碑記》碑陰所列的"在城十五村"，這至少說明高陽縣的農村管事人制度具有普遍性。清代高陽縣農村的管事人制度均不見於清代官方文獻的記載，因此，高陽碑刻文獻也是反映晚清時期農村基層組織具有鮮明地方特色的重要史料，其重要性不言而喻。

當然，高陽石刻文獻的價值絕不限於以上幾點。可以相信，隨着本書的出版，高陽石刻文獻必將受到地方、歷史、文化學者的歡迎和重視，其中的内涵、價值也必然得到更多的揭示和發掘。筆者期待這一天早日到來！

孫繼民
2021 年元月 16 日石門家中

序 二

　　劉美然、馮金忠和潘華静的《河北省社會科學院藏高陽碑刻拓片整理與研究》專著樣書捧在手中，覺得沉甸甸、暖洋洋的。該項研究成果即將面世，值得慶賀，深感欽佩。

　　作爲安新縣人，高陽雖然不是出生地，但因我家距高陽縣城甚近，跨縣界亦僅一步之遥，幼年串親訪友、趕集、逛縣城都是家常便飯，比到安新縣城和保定市都便捷得多。因之，對高陽總有故土之情，對高陽的歷史文化研究成果也非常關注。也曾爲高陽龐口李氏家族墓地、高陽布里文物保護工程、高陽縣城李鴻藻故居修繕、當代著名考古學家蘇秉琦故居保護單位申報等付出過微薄之力。

　　河北省社會科學院收藏的高陽縣碑刻拓本，係北京常惠先生民國年間所拓，其拓工精細，保存完整，内涵豐富，視同文物，極其珍貴。我得知此事是在多年之前，鑒於其完整性和重要性，曾試圖在整理研究出版上助一臂之力，但因功力不足而未獲成功。今天，在國家社會科學基金後期資助項目支持下，以劉美然牽頭的課題組，通過不懈的努力，全面系統，高質量地完成整理研究任務，無論從歷史文化範疇還是傳統文化視角，都極大地加重了高陽縣歷史文化的砝碼，加深了其傳統文化的厚度，豐富了河北金石學研究，特别是碑刻研究的成果。

　　翻閱樣書後，想要説的話很多，其中有兩方面感受最爲深刻。

　　一方面，這套拓本完美無缺，堪稱孤本，科學、歷史、藝術價值極高，是一套不可多得，異常豐富的關於高陽縣元代至民國時期政治、經濟、文化、民生等發掘研究的珍貴資料。該套拓本拓自高陽縣内碑刻239通，拓本371幅（含碑陰），以明、清、民國爲重。其數量之大，品類之齊全，藝術之精湛，着實令人驚訝。這批文字資料，幾乎構築成了高陽縣歷史文化的資料集。

據瞭解，這套拓本的原石，絕大多數毀失殆盡，幸存者無幾。作爲文物的碑石無存了，作爲具有文物屬性的拓本的價值固然更高了。若從金石學研究視角而言，除少數著錄者（5.3%）外，這套拓本已經成爲挖掘探究高陽歷史文化之唯一物證。正如著者所言："這些拓片本身已是一項不可再生的文化資源，具有很高的文物價值、藝術價值和研究價值。"

另一方面，此專著可視爲金石學界碑刻整理研究的範本。自現代考古學前身金石學興起以來，各類金石學著作層出不窮，特別是近年來，我國金石學整理研究又進入一個嶄新階段，顯著特點有二：一是在黨和國家重視發掘和弘揚中華民族優秀傳統文化之大背景下，國家、省、市，特別是各縣、區金石碑刻資料的整理出版，越來越受到各級政府和學界的重視。尤其在河北，新近整理出版的研究成果越來越多，水準越來越高，此專著即爲其中的優秀代表。

二是金石藝術概念的强化，也就是拓片技術的普及與提高，特別是全形拓技術的再現，推廣與創新，使全形拓與現代書法、繪畫藝術完美結合，推動高雅的文創產品，即金石藝術產品的大批湧現，并被大衆廣泛認可，普遍接受。如此，將使得傳統的金石學及金石藝術走出象牙塔，走向社會，供大衆所享受。同時，金石藝術將不再拘泥於古代精美器物造型、文字及紋飾的體現，開始探索史前人類及自然界遺存中所蘊含的文化藝術之美。

就高陽碑刻整理研究而言，著者的確在研究方法上下足了功夫，在總結前人研究成果的基礎之上，走出一條全面系統地整理研究碑刻之路。給人印象深刻的是，著者根據研究對象的實際狀況，明確區分爲整理篇和研究篇，清晰地將整理和研究分開。這是合情合理的，因爲科學整理是基礎，科學研究是昇華，二者缺一不可。況且，并不是每通碑刻都具有較高的研究價值，需要從衆多碑刻中尋找較爲重要的研究題目，以填補地域經濟、文化、軍事、教育、宗教、家族等方方面面的研究空白。如此，科研成果方能切實、可靠、實用。

碑刻資料整理既是基礎，也是核心。著者在拓本編排順序、錄文與拓本圖片關係、題解、著錄、注釋等諸方面都進行了精密設計，既務實，又得體，效果極佳。當閱讀任何一篇章時，都能够即刻理解碑文内容，文化含義，著録狀況，瞭解碑刻出處及保持狀態。讀後給人以親切感、獲得感。

　　總體看來，這本著作的確可作爲碑刻整理研究的樣板，值得我等學習，期盼得以推廣。

謝　飛

2022 年 8 月 12 日

目　録

研 究 篇

高陽碑刻拓片來源

　　河北省社會科學院收藏 239 通 371 幅高陽碑刻拓片，均爲民國時期拓本，係 20 世紀 80 年代末由北京人士常先生家人捐贈。由於年代久遠，人事更迭，庫房多次搬遷，捐贈人具體姓名長期無從確知，祇知姓常，捐贈地點爲北京黃化門常先生家祖宅。爲了弄清拓片來源，我們曾先後兩次前往北京探訪尋找有關線索，但均無功而返。

　　2022 年 3 月初，常先生孫女潘紅女士在網上看到我們發表的文章後，與我們取得了聯繫，經確認這批拓片爲常惠先生收藏。常先生過世後，其子常韞石、女常友石將拓片捐贈給河北省社會科學院。至此，困擾我們多年的拓片來源問題終於弄清楚了。

　　在此，謹對常惠先生及其哲嗣常韞石（葛彥）、女公子常友石保護、傳承文化遺産的拳拳之心表示衷心的感謝和崇高的敬意。

一　收藏人簡介

　　常惠（1894~1985），字維鈞，筆名常悲、爲君。北京人、漢族、無黨派。中國歌謠學和民俗學創始人之一，考古學家、文物保護專家。夫人常芝英，二人育有一子常韞石，一女常友石。

　　1917 年常惠考入北京大學預科，後轉入法文系。其間與魯迅、劉半農和胡適等結爲摯友，參與創建和編輯《歌謠週刊》，任未名社編輯，收集歌謠 2000 首及各種民俗文物

常　　惠
字維鈞年二十九法文系
京兆宛平人

等。參加了蔡元培發起的第一屆"國立北京大學新聞學研究會",與毛澤東等同期結業。1919 年參加了"五四"運動。1924 年北大畢業,在北大研究所國學門任助教;古物保管會北平分會和文物維護會任幹事;北平研究院史學研究會任編輯及出版科科長。其間參與了東陵慈禧墓被盜清查、河北易縣燕下都發掘和陝西鬥雞臺考古、北平帝王廟調查等。1943 年起在故宮古物南遷四川樂山辦事處任保管秘書,1946 年起在北京故宮博物院任職,負責故宮文物展出等工作,至 1958 年退休。退休後受聘爲魯迅博物館研究室顧問、中國文聯理事、中國民間文學研究會理事和第三、四屆中國文代會代表。

常惠夫人常芝英(葛孚英)(1905~1984),爲北京大學圖書館館員,善本書編目專家,精通中國歷史和法國文學,退休後受聘爲文化部文博研究所的顧問,編出了大量古籍目錄,對許多古籍的研究和利用做出了很大貢獻。她協助常惠翻譯法國文學作品,支持購買書籍,搜集民俗、民間歌謠,撰寫紀念文章等。

常惠老年時照片   常惠與常芝英夫妻合影

二 捐贈人簡介

常韞石(葛彥)(1925~2016),爲常惠之子。大學學歷、中共黨員、電信交換技術專家、教授級高級工程師、離休幹部。

從重慶大學和北京大學工學院電機系畢業後,歷任中國人民解放軍接管天津和廣州的電信局軍代表、廣州電信局市話科科長;北京郵電部郵電科學研究院成立籌備組人員之一,擔任研究室主任、科技處處長、院副總工、研究生部主任，郵電部科技局副總工等職。主持過縱橫制交換機自主研發、程式控制交換機引進、移動通信網絡規劃建設，發表了幾十篇論文，培養了 7 名碩士研究生。2015 年榮獲中共中央、國務院、中央軍委頒發的"中國人民抗日戰爭勝利 70 周年紀念章"。

　　常友石，1932 年生人，爲常惠之女，現年 90 歲，原清華大學建築系副教授。1955 年畢業於清華大學建築系，畢業後留校從事教學及建築工程設計工作直至退休。

左爲常韞石，右爲常友石

緒 論

對碑刻的調查、搜集和整理，是古文獻學研究的一項基礎性且具有建設性意義的重要工作。從學科屬性而言，碑刻文獻在中國古代屬於金石學的範疇。金石學肇始於宋，而盛於清。有宋一代，即有歐陽修《集古錄》、趙明誠《金石錄》、洪適《隸釋》《隸續》、陳思《寶刻叢編》、鄭樵《通志·金石略》等著作。清代以降至民國，在乾嘉學術影響之下，碑刻整理研究盛極一時，出現了王昶《金石萃編》、陸增祥《八瓊室金石補正》、孫星衍《寰宇訪碑錄》、劉聲木《續補寰宇訪碑錄》、繆荃孫《藝風堂金石文字目》、葉昌熾《語石》、丁滉孫《歷代金石分域編》、楊殿珣《石刻題跋索引》等著作。上述著作是全國性的，而著錄一區域并爲世所稱者，主要有繆荃孫《畿輔金石志》《順天金石志》、樊彬輯《畿輔碑目》《畿輔待訪碑目》、沈濤《常山貞石志》、洪頤煊《平津讀碑記》、孫星衍《京畿金石考》等。

新中國成立後，黨和政府十分重視碑刻資料的搜集與整理工作。在此背景之下，碑刻資料的搜集與整理取得了很大成績，先後出版了一系列大型碑刻文獻著作，比較重要的有：陳垣《道家金石略》，國家圖書館善本金石組編《先秦秦漢魏晉南北朝石刻文獻全編》《隋唐五代石刻文獻全編》《宋代石刻文獻全編》《遼金元石刻文獻全編》《明清石刻文獻全編》，林榮華校編《石刻史料新編》，來新夏主編《中國地方志歷史文獻專輯·金石志》，向南《遼代石刻文編》及其《續編》，王新英《金代石刻輯校》等。特別是近些年來，隨着國家對傳統文化研究的愈發重視，以及地域文化研究的興起，區域性碑刻文獻的整理研究更是蓬勃發展，方興未艾，在當今已蔚爲顯學，湧現了石永士、王素芳《河北金石輯錄》，張林堂《響堂山石窟碑刻題記總錄》，董曉萍、呂敏《北京内城寺廟碑刻志》，南京市文化廣電新聞出版局編《南京歷代碑刻集成》，吳敏霞等《秦嶺碑刻經眼録》，楊朝明編《曲阜儒家碑刻文獻輯録》，楊亦武主編《房山碑刻通志》，鄧慶平編《蔚縣碑銘輯録》，楊衛東、黄涿生《涿州貞石録》，北京石刻藝術博物館編《新日下訪碑録》，戴建兵主編"河北金石文化叢書之太行山系列"等著作。從碑刻文獻整理和研究的趨勢來看，大致經歷了從綜合向斷代，從全國性向區域性和專題性的轉變。其中，區域性層級也在一步步下移，從跨省大的區域，到省（市、自治區）到市、縣（區）乃至鎮、村等。而本書中所涉及的高陽碑刻拓片的整理和研究即屬於縣域層級。

一

高陽縣，今屬保定市，地處河北省中部，因位於高河之北（古代水北爲陽），而得名。緊鄰河北雄安新區，地處京津石中心地帶。傳說爲顓頊故都，春秋時爲晉地，戰國時期先屬燕國，後屬趙。秦并六國，高陽屬巨鹿郡。西漢高祖六年（前201）始置高陽縣，屬幽州涿郡，漢文帝元年（前179）改屬河間國，縣治在今舊城。明洪武三年（1370），因洪水縣治遷於今治，仍名高陽。

高陽，歷史上有高陽國、高陽郡、高陽亭、高陽關等名稱，歷史文化底蘊十分深厚，既是人文始祖顓頊初國之地，又是黄帝繼建都涿鹿之後的第二故都，歷代以來人文薈萃、名人輩出，湧現出了許善心、許敬宗、許遠、孫承宗、李國樏、李霨、李鴻藻等名臣。近代以來，高陽是全國著名的紡織品基地。但由於地處平原地區，受歷代戰亂等影響，高陽縣碑刻存世量較少，祇有零星的碑刻資料刊布，迄今尚無專門的碑刻著作。在諸版本《高陽縣志》中，明人孫承宗崇禎年間所撰《高陽縣志》成書時間最早，但已非完帙，現僅存前七卷，後七卷已佚，其中卷十三"遺文下"列有"碑銘"一目，今已難窺其詳；清雍正《高陽縣志》未專設"碑銘（或金石）目"，一些碑刻文獻散見於《藝文志》；民國《高陽縣志》卷八雖專設有"金石目"，但所涉碑刻祇有"慈臨碑"一通，而且僅有簡單介紹，一些碑刻文獻仍散見於《集文》。而本書可一定程度上彌補此缺憾。

　　高陽碑刻拓片爲常惠先生於抗戰前所拓，當時的碑刻受人爲破壞較小，故所拓較全，能較真實、完整地反映原石風貌。而且每幅拓片上都貼有一張標籤，標明碑刻的題名、年代以及所在地點。據此，我們可以清楚地瞭解到這些碑刻分布的時代和地點。碑刻年代，上起元泰定四年（1327），下至民國二十五年（1936），綿延達 600 餘年。其中以民國時期最多，爲 129 通；清代次之，爲 72 通；再次爲明代，爲 37通；元代最少，祇有 1 通。在地理分布上，高陽縣城内者最多，有 20通；涉及高陽縣内的 46 個村莊，其中龐口村 19 通（17 通爲李氏）、于堤村 16 通（12 通爲韓氏）、筱王果莊村 15 通（全部爲齊氏）、北關村12 通、舊城村 10 通。這批拓片絕大多數不見諸方志，方志有著録者祇有 13 通，僅占 5.3%。即使方志有著録者，其碑陰多不著録，碑陽也往往著録不完整，碑前端的題銜（撰者和書丹者、題額者等）和碑末的落款以及題名往往失載。而且方志所録文字常有所刪節，兩者可加以比對參證。例如，編號 012《山西布政司右參議李儼墓表》，在清雍正《高陽縣志》卷六、民國李曉泠等《高陽縣志》卷十中雖均有著録，内容一致，但無抬頭和落款。再比如編號 028《高陽縣重修儒學記》（明萬曆三十六年），在李紅權輯録點校《孫承宗集》卷十八、清雍正《高陽縣志》卷五、民國《高陽縣志》卷十雖均有録文，但均無立碑時間和立碑人信息，且個別字有所差异。

　　這批拓片藏品從内容上看，大致包括墓碑（一些碑刻雖名曰“墓志銘”，實爲墓碑）、文化教育類碑刻、宗教類碑刻、公益事業類碑刻等，涵蓋高陽的政治、軍事、經濟、宗教、文化、人物、家族等諸多方面，内容十分豐富，相比一般傳世文獻資料更爲原始，爲研究明清民國時期高陽歷史乃至中國北方社會的風土人情、教育文化、社會風尚等提供了第一手的珍貴資料。更重要的是，隨着當今研究視角的下移，由國計向民生的轉變，日常生活史研究的興起，這批高陽碑刻資料對於研究歷史時期高陽民衆日常生活史的價值日益凸顯。加之原碑多已亡佚不存，故這批拓片本身已是一項不可再生的文化資源，具有很高的文物價值、藝術價值和學術研究價值。具體來説，其價值包括以下方面。

　　其一，其中有一些名人顯宦的碑刻。

　　在這批拓片藏品中，收藏最多的是人物類碑記，其中既有名不見經傳的普通百姓、士人的墓碑，如編號 001《元朝孝子百户劉智墓碑記》、編號 047《駱母尚氏碑記》等，同時也不乏像孫承宗、李國楨、李霨等顯宦、名人的碑刻。其中，與孫承宗有關的碑刻有 3 通，即編號 039《明特進光禄大夫左柱國少師兼太子太師吏兵兩部尚書中極殿大學士謚文正孫公墓表》、編號 040《明特進光禄大夫左柱國少師兼太子太師吏兵兩部尚書中極殿大學士贈太傅謚文正孫公專祠碑記》、編號 053《過高陽拜孫文正公墓》。其中，編號 039《明特進光禄大夫左柱國少師兼太子太師吏兵兩部尚書中極殿大學士謚文正孫公墓表》，刻立於清順治六年（1649），在時間上早於《明史》的編撰。《明史》卷二五〇《孫承宗傳》中許多内容即源自此碑，而且此碑中一些内容較《明史》孫承宗本傳爲詳，或爲本傳所未載，具有較高的史料價值。例如，孫承宗世系中其曾祖、祖父、父親姓名，均爲《明史》孫承宗本傳所未載；孫承宗督師關外時的整治部署和解北京之圍時的事迹，也遠較《明史》孫承宗本傳爲詳。

李國楨在明末爲内閣大學士，位至首輔，死後贈太保，謚文敏。《明史》卷二五一雖然有傳，但附於《李標傳》之下，記述甚簡，衹有寥寥 260 餘字。在這批拓片藏品中，關於李國楨的碑刻有 2 通，即編號 041《李文敏公（國楨）專祠碑記》（清順治十五年）和編號 042 金之俊所撰《皇清誥贈資政大夫内翰林秘書院學士加二級前光禄大夫左柱國少師兼太子太師吏部尚書中極殿大學士贈太保謚文敏李公（國楨）專祠碑記》（清順治十七年）。兩碑時間僅相差二年，特別是後者所記甚詳，可以據此補充正史記載的缺略。其子李霨，官位更爲顯赫，歷仕順治、康熙兩朝，在内閣凡 27 年，參預廟謨和平定三藩，對於當時關於臺灣棄抑或取的爭論，他力主收復并設官鎮守，深得康熙帝倚重，被清人譽爲“開國宰輔”。關於李霨的碑刻，在這批拓片藏品中有 3 通。其中編號 051《保和殿大學士太子太師户部尚書加三級謚文勤李霨碑文》（清康熙二十六年）拓片長 256 厘米，寬 99 厘米，是這批藏品中最高最寬的。上有滿、漢兩種文字，漢文 6 行，滿行 50 字；滿文 8 行。拓片右邊有 10 厘米的花紋，雕有 4 條龍，圖案完整；下邊約有 4 厘米的花紋，圖案不全，圖像無從分辨；左邊約有 1 厘米的花紋，隱約看出龍的圖案，應當和右邊一樣，是對稱的四條龍。由此可推斷，原碑的高至少應在 3 米，寬應爲 1 米。其等級之高和紋飾之精美，在清代碑刻中也是比較罕見的。

　　其二，這批藏品是研究明代以後高陽乃至中國北方家族的重要資料。

　　中古之前河北向爲門閥士族的重鎮，崔、盧、李姓等全國望族均出自河北。宋代以降，隨着中國經濟文化重心的轉移，各地的家族形態則以南方最爲典型，學術界對南方家族的研究也最爲集中，而對北方家族的研究相對薄弱。在這批拓片藏品中有一些高陽家族碑刻，如高陽許氏、南圈頭和筱王果莊村齊氏、于堤村韓氏、龐口村李氏等。高陽許氏爲歷史上著名的望族大姓，漢代時即有多人入朝爲官，多有政聲。例如許毗，曾任侍中、太常，其子許德曾任汝南太守，其孫許據官至大司農。魏晋南北朝時期，高陽許氏更加興旺，有許允、許奇、許猛等。隋時有許智藏、許善心、許敬宗等。許敬宗爲李世民秦府十八學士之一，唐高宗時官至宰相。唐安史之亂中，與張巡一起固守睢陽的許遠亦是高陽人，唐大中年間，其畫像續圖淩煙閣，并被建專祠世代祭祀。此後高陽許氏亦人物不絕。明孫承宗所修《高陽縣志》中曾爲 32 位高陽許氏人物立傳。在這批拓片藏品中編號 088 有一通《許氏家祠碑記》，刻立於清同治十三年（1874）。高陽齊氏也是大族，唐代出現了齊澣、齊映等名人，齊映更是官至宰相。南圈頭齊氏，據其族譜所載，漢初已在此定居。在這批拓片藏品中，有筱王果莊村 15 通，其全部爲齊氏家族碑刻。于堤韓氏，乃韓氏的一支，在唐德宗時自河北昌黎遷徙而來。該家族十分重視文教，前後共有 70 人中舉，其中進士 15 人，武進士 3 人，武舉 9 人，以至高陽當地流傳着“到了于堤別轉文，背糞筐的也是秀才”的俗語。在諸拓片藏品中，于堤韓氏的碑刻有 12 通。但家族碑刻數量最多者，還是龐口李氏，共有 17 通，從五世祖至十七世祖皆有，綿歷 300 餘年。龐口李氏在明清兩朝先後有 12 人中進士，30 多人爲舉人，培養出了李國檔、李霨、李殿圖、李鴻藻等科宦族人數十人，極一時之盛。李鴻藻之子李石曾，曾發起留法勤工儉學運動，創建故宮博物院、中法大學、北平研究院等，爲中國近現代教育文化事業做出了巨大貢獻。龐口李氏的發跡，是從五世祖李儼開始的。李儼，明成化戊戌進士，仕至山西布政司參議。這批拓片藏品中關於李儼的有 3 通：一通是聖旨碑，一通是皇帝的敕諭，還有一通是李儼墓表；關於九世祖李國槽的有 2 通；關於十世祖李霶的有 3 通。這批拓片爲研究明代以來高陽諸家族提供了重要的第一手資料。

其三，提供了高陽乃至中國北方地區教育文化的重要資料。

孔廟其始爲祭祀孔子之所，唐代之後廟學合一，地方州縣學附麗於孔廟之中，州縣學的創設和重修，多作爲地方官的德政見諸史乘碑銘。這批拓片藏品中，與地方縣學教育有關的碑刻有 17 通。其中，編號017《國朝科甲題名記》記錄了明代高陽縣 79 名舉人、進士的及第時間及生平官職。由於該碑刻立於明嘉靖十七年（1538），已臨近明末，除崇禎年間的兩名舉人李化麟、張納獻未記錄外，已基本上囊括了有明一代高陽縣全部的舉人、進士信息，是研究明代科舉制度和地方教育的重要實物資料。濡上書院，乃清咸豐二年（1852）由知縣楊景彬創辦，在這批拓片藏品中，關於此書院的碑刻有 2 通，即編號078《濡上書院碑記》（清咸豐二年）和094《重修濡上書院碑記》（清光緒十六年）。其中，前者爲高陽縣紳耆等申請建立書院，以及官府准許的批復，後附書院章程；碑陰所議條例，開列了四鄉捐入書院地畝花名租數。此碑內容豐富，特別是所附書院章程價值尤大，對研究高陽乃至中國北方地區傳統書院制度提供了文字和實物佐證，在傳統教育之外，這批拓片藏品中有的碑刻反映了近代以來教育的轉型，其價值更是彌足珍貴。例如，編號116《高陽縣甲種商業學校沿革略史》（民國四年）主要記述了高陽縣甲種商業學校建立的緣起及經過，是研究民國初年高陽縣乃至北方地區教育史、工商業史重要的第一手資料。編號117《高陽縣重建甲種商業學校碑記》（民國五年），主要記述了甲種商業學校建立的緣起以及沿革變化、規模等。在內容上，兩碑可相互補充。

其四，提供了近代高陽紡織業的珍貴資料。

高陽被譽爲“紡織之鄉”。近代以來，高陽織布業的百年發展歷程，學者馮小紅視之爲“中國鄉村工業化的典型個案”。早在民國年間，高陽紡織業即引起學術界的重視。1933 年，美國太平洋國際學會及資源調查委員會即出資資助南開大學經濟研究所對高陽紡織業進行詳細調查。此後研究成果頻出，其中以高陽紡織業爲主要對象者即有吳知《鄉村織布工業的一個研究》（商務印書館，1936），顧琳著、王玉茹等譯《中國的經濟革命：二十世紀的鄉村工業》（江蘇人民出版社，2009），趙志龍《高陽紡織業的變遷（1880~2005）——對家庭工業的一個研究》（中國社會科學院經濟研究所博士學位論文，2006），李小東《高陽商會與近代高陽紡織布業研究（1906~1933）》（華中師範大學碩士學位論文，2013），馮小紅《高陽織布業的近代化進程》（河北大學碩士學位論文，1999）以及《高陽紡織業發展百年歷程與鄉村社會變遷》（中國社會科學出版社，2019）等。但綜觀這些研究成果所利用的資料主要是檔案、方志以及口述資料等，而對碑刻資料較少開掘利用。從這批拓片藏品中編號116《高陽縣甲種商業學校沿革略史》（民國四年）可知，高陽縣甲種商業學校即與織布業密切相關。此碑中提及當時高陽織布業盛況："不及三年，土布名色迸出，遠服賈者，足迹行遍北七省；而遠方設廛於高者，亦增二三百戶；而織、染兩藝，吾高城鄉居民靡不殫精研求焉。"編號117《高陽縣重建甲種商業學校碑記》（民國五年）亦提到："邑紳張佐漢、韓偉卿 / 等恒爲異地戀遷計，知非提倡實業，民間幾不能生存。始由改良土布入手，不數年成效頗著，民間不耕而食者，比比也。"編號147《特給六等嘉禾章高陽商會會董李公條庵之碑》（民國十一年），碑主李秉熙，其姓名見於《高陽縣甲種商業學校沿革略史》一碑，爲該學校發起人和籌資人。此碑碑陽列有紳商39人，蓋多爲經營紡織業者。碑陰記述了李秉熙生平，特別提及其在創辦高陽縣甲等商業學校中的貢獻，其中對高陽紡織業在全國的地位也有形象描述："農商當局以高陽一縣布業，行銷遍十餘省，揭示爲全 / 國最，海內藉甚，談者健羨。"另，編號233《捷三公（韓晉卿）墓表》（民國二十五年）一碑，墓主韓晉卿，也曾參與創設農會、商會、商農兩校。以上碑刻是反映民國時期高陽縣紡織業興起發展珍貴的第一手資料，特別是所涉李秉熙、韓晉卿等人物，事迹翔實，大大彌補了傳世文獻記載的不足。

其五，提供了高陽乃至中國北方地區民間信仰的珍貴資料。

這批拓片藏品中，除了佛教、道教等碑刻外，還有數通涉及民間信仰的碑刻。顓頊，傳説爲黃帝之孫，被封於高陽，故曰高陽氏。高陽縣爲顓頊立廟供奉，歷代不絕。除了顓頊廟、玄武廟、關帝廟、城隍廟、碧霞宮、北嶽祠等列入官方祀典的祭祀外，更值得重視的是，這批拓片藏品中還有一些長期處於地下狀態的民間信仰的碑刻。濮文起先生指出，河北是中國民間信仰的發祥地之一，許多對全國影響巨大的民間宗教教派，均發靭於河北而後才流布全國，如東漢末年的太平道、南北朝時期的大乘教，明清時代的無爲教、黃天教、東大乘教、西大乘教、弘陽教、在理教等（見《河北民間宗教史》，宗教文化出版社，2016）。對於民間信仰的研究資料，除了寶卷、檔案、方志等傳統文獻資料外，碑刻資料也不容忽視，是一座亟待開發的富礦。在這批拓片藏品中，有一通編號195《前清碩德王君起發（建業）暨德配張氏墓志》（民國十八年），此碑由墓主王建業的外孫和外曾孫所立，主要記述了王建業的生平、事迹，特別是王建業父子二人信仰并設壇傳播天地門教，對於瞭解清末民初天地門教在高陽乃至中國北方的傳播具有較高的史料價值。王建業家族是一個典型的天地門教家庭，其父王炳，見於編號114《王炳墓碑記》（民國三年），其妻、兒子，乃至孫子、外孫均信奉天地門教，這對於研究中國北方天地門教的傳播具有一定的典型個案意義。在拓片藏品中，關於王建業的碑刻除了此碑外，還有一通編號爲198《王建業墓碑記》，刻立於民國十九年。兩碑時間相差僅一年，不知何故又加以重立。後者碑陽內容甚簡，僅書寫立碑人姓名，而碑陰列有70餘個村莊名稱，并云爲王建業"徒衆"，反映了當時天地門教在高陽巨大的影響力。編號217《張殿雲妻宮氏碑記》（民國二十一年），碑主宮氏在喪夫之後，"受蠡吾大團丁王老恩師真傳"。此"王老恩師"，有可能即指王建業。另外，這批拓片藏品中有2通關於無生老母的碑刻，即編號209《創修無靈聖母、無生老母、南海大士碑志》（民國二十一年）、編號232《建修無生老母廟碑記》（民國二十五年），對於民國時期無生老母信仰在高陽乃至中國北方地區的傳播具有較高的資料價值。

二

雖然當前學術界和社會上對碑刻資料已給予了較大關注，并取得了一定的成績，但總的來看，對其關注度和利用度還很不夠。當然，這與碑刻資料分散零碎，難以充分利用有很大關係。而且僅就整理來看，也存在一些不盡如人意之處。概括起來，主要是著錄要素不全、整理不規範，録文不準確，多無標點或有標點而多有錯訛，以及僅作録文而不附圖片，或僅附圖片而不作録文等問題。本書是對河北高陽碑刻拓片的首次系統整理，在整理上努力避免這些缺憾，儘可能爲學界提供一個相對完備、準確、規範的文本。

本書收録河北省社會科學院所藏 239 通 371 幅高陽碑刻拓片，集整理公布拓片材料和研究於一體。包括整理篇和研究篇。

整理篇，突出實用性，兼具視覺效果。以時代、立碑時間先後爲序排列，每一通拓片都是采取録文在前，拓片照片緊隨其後的編排方式，以方便讀者查閲。拓片照片是在拓片托裱時，采用專業照相機拍攝。其内容包括題解、著録狀況、録文和簡單注釋等。

題解，是對該碑的總體介紹，包括碑刻的名稱，出土發現時間、地點，現存地，刻立時間，撰者和書丹者，尺寸，形制，書體，行數，字數，紋飾，碑額、碑陰、碑側情況，大致内容，主要價值等。

著録狀況，主要是反映方志、文集等傳世文獻對此碑刻的著録狀況，既體現本書整理的憑藉和基礎，也可爲學界進一步研究提供線索。

録文，采用繁體字，嚴格按照拓片的行款格式，儘可能反映碑刻的原貌。例如，異體字、俗體字等照録；因避諱出現的抬行、空格等照録；磨泐難以識讀之字，用“□”表示；模糊、殘缺，但能識别的字，置於“□”中；原碑中缺失，但據方志、文集等傳世文獻可補出者，用“[ ]”表示；因碑刻殘損，所缺字數不詳者，用“（殘）”或“（缺）”表示。除了碑陽外，碑陰、碑側的文字，包括題記、題名等，也儘可能予以著録和録文。爲了便於閲讀，録文時統一分段，并采用通行標點符號，遇原分行處，則標以行款號“/”表示。難以分出行數的，一律連行抄録。對碑文記事與史實不符或事理、用典乖謬者，也予以照録，不予改正，以存原碑文本貌，而以頁下注予以説明。原拓片有收藏章的，也一并録入或加以注釋説明。

注釋，主要是爲了便於廣大讀者理解，對碑文所涉之重要人物、時間、古地名、事件、典故、方言俚語等加以適當介紹。

研究篇包括 12 篇文章，既有對碑刻的個案考證文章，也有利用這些碑刻的綜合性研究文章，按所撰寫的碑刻年代順序排列。

整理篇 ————————

凡　例

一、本書收録河北省社會科學院藏高陽碑刻拓片 239 通 371 幅。

二、整理篇以時代、立碑時間先後爲序排列，每通碑均采用圖文對照的形式，録文在前，原拓照片在後。其内容包括題解、著録狀况、録文和注釋等。

三、原碑所在地點，以常先生所附標籤爲準。

四、碑刻年代以原碑所題爲準，并附記公元紀年，相同年代爲同一家族的放在一起，知道朝代但立碑時間不詳者放於本朝代後面，以方便讀者閱讀。

五、碑刻標題以原碑所題定名，原題中無名諱者用"（　）"標注；原碑無題或已殘缺者，參考常先生所擬，或從之或據碑文内容改擬，均加以説明。

六、録文前爲題解，包括原碑的名稱、地點、存佚狀况、年代、尺寸等，對原碑的形制、碑陽、碑陰、碑額、書體、行數、字數等情况進行描述，并簡單介紹碑刻的主要内容；對墓主、撰文者、書丹者等生平以及碑文所涉之重要歷史人物、古地名、方言俚語、所用典故等，加以適當注釋；對碑文體現出來的學術價值以及在其他文獻中的著録狀况進行説明。"題解""著録狀况""按""頁下注""研究篇"内容用繁體字。若引用碑文，遇异體字，則照碑文而用。

七、録文主要依據拓片。原式爲繁體豎刻，現改繁體橫排；因避諱出現的抬行、空格等照録；保留原碑用字，磨泐難以識讀之字，用"□"表示；模糊、殘缺，但能識別的字，置於"□"中；原碑中缺失，經查閱傳世文獻等補出的字，加"[　]"表示；録文文字與傳世文獻不同，或所缺字據文義認定的以脚注形式加以説明；無從考證之字，則照録碑刻文字之原形，部分古字、別字或舊式商碼數字等在無法造字的情况下，皆以繁體字行之；原刻中凡多行并録的，均改作單行録入，記爲一行；原刻中一些地方字號大小不一，則依照録文的標準字號謄録，并在注文中加以説明；同一篇碑文中同一個漢字繁簡不統一均依原刻；對碑文中記事與史不符或事理、用典乖謬者，不予改正，以存原碑文本貌；因碑刻殘損，所缺字數不詳者，用"（殘）"表示。

　　文字統一分段標點，遇原分行處，則標以行款號"/"表示。難以分出行數的，一律連行抄録。

元

001 元孝子百户劉智墓碑記（元泰定四年，1327）

題解：原碑位於高陽縣南蔡口村村北，縣東北三里。刻立於元泰定四年（1327），現碑已佚。拓製時原碑已殘，兩幅不規則的三角形拓片上有六處接頭，後裝裱時拼在了一起。拼接後的拓片長103厘米，寬53厘米，凡18行，滿行40字。碑文楷書。右上角殘缺較甚，首題無，常先生原題“宋朝孝婦丁香墓碑記”，估計是標籤貼錯了，今據碑文改擬。該碑由墓主劉智之子唐山縣尉劉政所立。進士劉士美撰文，堯峰隱士□寧祖書丹。劉士美、□寧祖事迹不詳。

墓主劉智，字明之，享年84歲，若此碑刻立的時間元泰定四年爲劉智卒年，則其當生於蒙古乃馬真后三年（1244）。此碑記述了墓主劉智的孝行，對於反映元代的社會風尚具有較大的史料價值。

著録狀況：《天一閣藏明代方志選刊》（《弘治保定郡志》卷十四《孝友》）記載：“劉智，字明之，高陽人。事親至孝。一日，遭疾憂懼，悲切之情無所不至，或傍求醫藥，或暗禱神明，願以身代。後乃自言曰：聞人有割肝愈疾者，信乎不？我其試之。於是竊入私室，操刀剖腹，割肝作羹，以供親，親食之，疾遂瘥。”這段文字與碑刻所述人物和事件相吻合。

清雍正《高陽縣志》卷六《集文》、民國《高陽縣志》卷十《集文》均有完整録文，題名作《元孝子百户劉智墓題詞》，經比對與碑文一致，拓片所缺文字據其補，以“[ ]”標識。而拓片所載的書丹者、立石者、石匠等信息，以及立碑時間，可補《高陽縣志》之闕如。尤其是拓片中提到的“新字”，《高陽縣志》均無記載，這對考證元代八思巴文在地方上的使用情況和使用時間至爲重要。

録文：

　　[劉士美]撰，堯峯隱士□寧祖書丹。/

　　[夫人子事親於平安之際，服]勞奉養者，未足爲難^①愛。憂親疾於^②危急之[時，捨生]殺身者，尤人情之所不易。/[果能以此竭其力、盡其誠，而]造乎其遠大之域，則可以感天地動鬼神，[而至]其子孫高貴，家門昌大者，必/[矣。陑陽^③劉公，百户^④家門大口，衆]子孫材且賢，其享年八十有四□，指以天年，終於正寢^⑤。公諱智，明之是其/[字也。賦性]剛毅，爲人灑落，□孝行□，[得]事親禮，其[愉悦]柔和之誠，旨甘脩隨^⑥之奉，未嘗有所偏廢。一日，親/[邁疾，公憂]懼迫切之情無所不至，或[旁求]醫藥，或暗禱神明，願以身代。最後乃自言曰："聞人有割肝愈疾/者，[信]乎否？我其試之。"於是竊入私室，操[刀剖腹]割肝，銳□羹以供親。親食後，病即差^⑦，已亦無恙。若然，則苟/□仁孝至愛親，重憂疾切，而肯爲是？而其感應，[致祥]餘慶之兆，如何？公生三子，男^⑧長曰政，次曰成，季曰尹。/公[不使]三子廢學，次子不求聞達，長與季^⑨以新字^⑩[通籍]^⑪，共登

---

① "難"，清雍正《高陽縣志》、民國《高陽縣志》均作"敬"。

② "於"，清雍正《高陽縣志》、民國《高陽縣志》均無此字。

③ "陑"，山名，在今山西永濟縣南。陑陽，即陑山之南。

④ "百户"，官名。金初設置，爲世襲軍職。元代相沿，設百户爲百夫之長，隸屬於千户，而千户又隸屬於萬户，爲世襲軍職，受萬户管轄。駐守各地者，設百户所，分隸於各千户所。百户所有兩等，上所設蒙、漢百户各一員，俱作從六品，銀牌。下所設百户一員，從七品，銀牌。

⑤ "正寢"，即路寢，古代帝王諸侯治事的宮室，後泛指房屋的正廳或正屋。唐水神《雪溪夜宴詩·屈大夫歌》："是知貪名徇禄而隨世磨滅者，雖正寢之死乎無得與吾儔。"宋陸游《老學庵筆記》卷十："魯直亦習於近世，謂堂爲正寢。"

⑥ "脩隨"，當作"脩髓"。旨甘脩髓，比喻一心修煉高尚的品德。

⑦ "差"，同"瘥"，病癒的意思。《國語·周語》："無天昏劄瘥之憂。"

⑧ "男"，清雍正《高陽縣志》、民國《高陽縣志》等其他版本均無此字。

⑨ "季"，清雍正《高陽縣志》、民國《高陽縣志》均作"秀"，誤。

⑩ "新字"，清雍正《高陽縣志》、民國《高陽縣志》均無此二字。"新字"指蒙古新字，是元代實行的新製蒙古字。依仿藏文字母變化而成。爲藏傳佛教一代宗師八思巴以國師的身份主持創建，又稱"八思巴文"，共有42個字母（母音10個，子音32個），方體，直書。

⑪ "籍"是二尺長的竹片，上寫官員的姓名、年齡、身份等，掛在宮門外，以備出入時查對。"通籍"指記名於門籍，可以進出宮門。出自《漢書·魏相傳》。

仕板①，各居流品，所到任處，俱以清謹見稱。噫！/以是觀之，信知劉公仁孝之至，陰功之厚所致然。一日，政會集其二弟與其子姪於前，而喻曰："凡人之享/富貴，子孫盛大，皆因祖先所積。我等不才，居/天職，食/天祿，若非祖父仁孝之致，奚克然？余欲樹一石於祖塋側，刊其行［實］，庶彰報本追遠之意，廣揚行善，垂②戒/子孫［於］無窮，何如？"眾然其言。政隨伐岩③南［山］磨礱，功畢，載酒肴，訪余於田舍數四，具狀，請予文之。予詳其/狀，因感其父子孝且賢，故不辭寡陋，聊應命以銘之。其辭曰：/

孝子良，行異常。親有疾，割肝芒。與親食，壽而康。誠所致，子孫昌。樹之石，千載揚。/

　　泰定四年 月 日 唐山縣④尉劉政立石 堯峯石匠魏恕刊。

---

①　"仕板"，一般作"仕版"，舊指記載官吏名籍的簿册，亦借指仕途、官場。宋蘇舜欽《應制科上省使葉道卿書》："某爲性本迂拙，不喜事人事，名雖在仕版，而未嘗數當塗之門，竊服於道二十年矣！"

②　"垂"，清雍正《高陽縣志》、民國《高陽縣志》均作"重"，誤。

③　"岩"，清雍正《高陽縣志》、民國《高陽縣志》均作"石"。

④　"唐山縣"，金大定十四年（1174），因避金世宗之父完顏宗堯之諱，改堯山縣爲唐山縣，金屬河北西路邢州，元屬順德路，明屬順德府，清代因之。民國十四年（1925）因縣名與京東之唐山名稱相同，易誤混，遂又恢復堯山舊名。

明

002　曉示郡邑學校生員建言事理碑（明洪武十五年，1382）

題解：原碑位於高陽縣文廟，刻立於明洪武十五年（1382），現碑已佚。首題無，常先生原題"順治曉示郡邑學校生員建言事理碑"，今據碑文改擬。其拓片長219厘米，寬67厘米。凡67行，滿行25字。碑文楷書。此爲明洪武十五年禮部所發榜文，爲端正學風，整頓教育，"頒學規於國子監，又頒禁例十二條於天下，鑴立臥碑，置明倫堂之左"①，并以勒刻石碑的形式立於各地的學宮中。此碑立於高陽縣文廟內，正是明代地方官學所在地。碑文首先爲"學規禁例"十二條，禁止生員干涉詞訟及妄言軍民大事等，後面刻"右榜諭衆通知"，幾個大字。左上側爲九疊篆"洪武拾伍年"五個字，下面間隔分開的部分爲"月""日"兩字。此碑爲研究中國古代官學教育制度和官僚機器運行機制提供了重要的實物資料。碑文中所缺字，據全國其他地方的明倫堂碑刻內容補之，以"[ ]"標識。

按：明倫堂多設於文廟、書院、太學、學宮的正殿，是讀書、講學、弘道、研究之所。明倫堂臥碑在全國其他地方也偶有發現。例如，江蘇省徐州市豐縣發現宋明兩朝雙面石碑，其中一面所刻內容與此碑同，北京市房山良鄉文廟也發現了明倫堂臥碑，《户縣碑刻》亦有著錄，圖片形制一致，題名作"敕旨榜文臥碑"。

---

① 出自《明史·選舉志一》。

録文：

　　[禮部]欽依出榜，曉示郡邑學校生貟為建言事理。本部照得：/
學校之設，本欲教民為善，其良家子弟入學，必志在薰陶德/
性，以成賢人。近年以來，諸府州縣生貟，父母有失家教之方，/
不以尊師學業為重，保身惜行為先，方知行文之意。眇視師/長，把
持有司①，恣行私事。少有不從，即以虛詞徑赴/京師，以惑/聖
聽，或又暗地教唆他人為詞者有之。似此之徒，縱使學成文章，/
後將何用？況為人必不久同人世，何也？蓋先根殺身之禍於/
身，豈有長生善終之道？所以不得其善終者，事不為己而訐/人過失，
代人[報]讎，排陷有司。此志一行，不止於殺身，未知止/也。
出榜之後，良家子弟歸受父母之訓，出聽師長之傳，志在/精通
聖賢之道，務必成賢。外事雖入，有干於己，不為大害，亦/置
之不忿，固性含情，以拘其心。待道成而行行，豈不賢人者/歟？
所有事理，條列於後：/

　　一、今後府州縣學生貟，若有大事干於家己者，許父兄弟/姪
具狀入官辨別；若非大事，含情忍性，毋輕至公門。/

　　一、生貟之家，父母賢志者少，愚癡者多。其父母賢志者，
子/自外入，必有家教之方，子當受而無違，斯孝行矣，何/愁不
賢者哉？其父母愚癡者，作為多非。子既讀書，得/聖賢知覺，雖
不精通，實愚癡父母之幸，獨生是子。若/父母欲行非為，子自外
入或就內知，則當再三懇告，/雖父母不從，致身將及死地，必欲
告之，使不陷父母/於危亡，斯孝行[矣]。/

　　一、軍民一切利病，並不許生貟建言。果有一切軍民利病/之
事，許當該有司、在野賢人、有志壯士、質樸農夫、商/賈技藝，
皆可言之，諸人毋得阻當，惟生貟不許。/

　　一、生貟內有學優才贍，深明治體，果治何經，精通透徹，
年/及三十，願出仕者，許敷陳王道，講論治化，述作文辭，/呈

---

　　① "有司"，官吏。古代設官分職，各有專司，故稱。《尚書·大禹謨》："好生之德，洽於民
　　　心，茲用不犯於有司。"漢桓寬《鹽鐵論·疾貪》："今一二則責之有司，有司豈能縛其手足
　　　而使之無為非哉？"唐柳宗元《與太學諸生喜詣闕留陽城司業書》："（太學生）有淩傲長上，
　　　而詬罵有司者。"

稟本學教官，考其所作，果通性理，連僉其名，具呈／提調正官^①，
然後親齎赴／京奏／聞，再行面試。如果真才實學，不待選舉，即
時錄用。／

一、為學之道，自當尊敬先生。凡有疑問及聽講説，皆須誠／
心聽受。若先生講解未明，亦當從容再問，毋恃己長，／妄行辨難，
或置之不問。有如此者，終世不成。／

一、為師長者，當體先賢之道，竭忠教訓，以導愚蒙，勤考其／
課，撫善懲惡，毋致懈惰。／

一、提調正官，務在常加考較。其有敦厚勤敏，撫以進學。
懈／怠不律，愚頑佼詐，以罪斥去。使在學者，皆為良善，斯／為
稱職矣。／

一、在野賢人君子，果能練達治體，敷陳王道，有關政治得／
失，軍民利病者，許赴卧在有司，告給文引^②，親齎赴／京面／[奏]。
如果可采，即便施行，不許坐家實封入遞。／

一、民間凡有冤抑，干於自己，及官吏賣富差貧、重科厚歛、／
巧取民財等事，許受害之人將實情自下而上陳告，／毋得越訴。非
干自己者，不許及假以建言為由。坐家／實封者，前件如已依法陳
告，當該府州縣布政司、按／察司不為受理及聽斷不公，仍前冤枉
者，方許赴／京伸訴。／

一、江西、兩浙、江東人民，多有事不干己，代人陳告者。今
後／如有此等之人，治以重罪。若果鄰近親戚，人民全家／被人殘
害，無人伸訴者，方許。／

一、各處斷發充軍及安置人數，不許建言，其所管衛所官負，
毋得容許。／

---

① "提調官"，始設於元代，明清時為鄉試、會試的執書官，有內提調、外提調之分，分別在
　閱卷處和試場執掌事務。清代會試提調由禮部派官充任。順天鄉試提調以府丞為之，各省
　初以市政使為上，并副以道員，後改由監臨調用本省科甲出身的道員充任。正官，猶長官，
　對副貳之官而言。《初刻拍案驚奇》卷五："今番當得一邑正官，分毫不可妄取了。慎之！
　慎之！"
② "文引"，準予通行的文書。《金史·海陵紀》："(貞元二年)七月庚申，初設鹽鈔香茶文引
　印造庫使副。"《元典章·兵部三·船轄》："今後回任官員就便出給文引，開寫見授品級人
　馬數目。"

一、若十惡①[之]事，有干/朝政，實跡可驗者，許諸人密竊/赴/京面/奏。/

一、前件事理，仰一一講解遵守，如有不遵，並以違/制論。/

一、欽奉/勑旨，榜文到日，所在有司，即便命匠置立卧碑，依式鑴勒於石，永為遵守。/

右榜諭②/衆通知/榜③/

洪武十五年 月 日④。

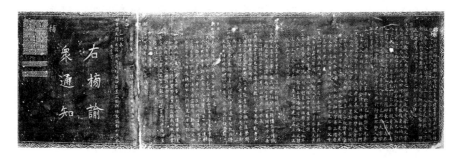

003　高陽縣知縣魯公（能）重建廟學記（明天順四年，1460）

題解：原碑位於高陽縣城內，刻立於明天順四年（1460），現碑已佚。常先生原題"魯公重建文廟碑"；碑原題"高陽縣知縣魯公重建廟學記"，今從之。碑額3行，行4字，題曰"文林郎知縣魯公重建廟學記"，小篆。碑文楷書。其碑陽拓片長238厘米，寬86厘米。凡25

---

① "十惡"，中國古代法定的十種重大罪名，爲歷代法律中最重之罪名。即：謀反（企圖推翻統治）、謀大逆（企圖毀壞皇室宗廟、陵墓、宮殿）、謀叛（企圖叛國投敵）、惡逆（毆打或謀殺祖父母、父母等）、不道（殺死一家非犯死罪者三人等）、大不敬（偷盜皇帝衣物、指斥皇帝等）、不孝（不供養或控告、咒罵祖父母和父母等）、不睦（毆打或控告丈夫等）、不義（殺死長官或師長等）、內亂（姦淫近親等）。北齊始定"重罪十條"，隋代正式列入法典。唐宋因之，沿至明清。凡犯其中任何一條，即爲"十惡"之列，遇常赦及皇帝疏決，均不能得到赦免或減刑。

② "榜諭"，張榜曉諭。《元史·忽辛傳》："烏蠻等租賦，歲發軍徵索乃集，忽辛以利害榜諭諸蠻，不遣一卒，而租賦咸足。"

③ "榜"字，位於左上方，爲小字。

④ 碑上此處爲"九疊篆"。"九疊篆"，是一種特別的篆書，原流行於宋代的"國朝官印"字體，主要用於印章鑴刻。其筆畫折疊堆曲，均勻對稱。每個字折疊的多少，視筆畫繁簡而定，有五疊、六疊、七疊、八疊、九疊、十疊之分，統稱爲"九疊"。

行，滿行 50 字。賜進士及第翰林院學士奉政大夫知制誥前右春坊大學士嘉興呂原撰文，進士文林郎江西道監察御史楊瓏篆額，進士文林郎湖廣道監察御史李敏書丹。主要記述了明天順四年（1460），知縣魯能修繕和擴建文廟的經過，對重修後文廟的規模、房舍記載甚詳，具有很高的史料價值。碑陰拓片長 181 厘米，寬 86 厘米。附捐資者姓名，其中生員若干人，另有督工老人、監生、木匠等人。

撰者呂原（1418~1462），字逢原，號介庵，浙江秀水（今嘉興）人。《明史》卷一七六有傳。父嗣芳，萬泉教諭。兄本，景州訓導。自幼家境貧寒，明正統七年（1442）進士及第，授翰林院編修，歷官翰林學士、右春坊大學士等職，參與編修《歷代君鑒》《寰宇通志》等。呂原雖官至宰相，但爲人忠厚，與世無爭，死後謚“文懿”。呂原一生著述不輟，常爲考證一事不果，而數日悶悶不樂。一旦得之，則欣喜若狂，對門人說：“進我兩階，殊不若得此可喜。”著有《通鑑綱目續篇考正》《介庵集》等。

孔廟，又稱孔子廟、夫子廟、文廟、聖廟、宣聖廟等，歷史上不同時期、不同地域有不同的名稱。最初的“孔廟”立於孔子故宅，爲私人性質的“家廟”“祠堂”，與現今“孔廟”性質迥異。西漢時，因奉祀者領有朝廷世襲的爵稱，孔廟已由“私廟”漸次轉化爲“官廟”的性質。至王莽執政，追謚孔子爲“褒成宣尼公”。褒成，其國也；宣尼，其謚也；公侯，其爵也。東漢末年孔廟正式官廟化之後，當時祭祀官、祭祀經費都已經從朝廷撥款，其聖裔也領有朝廷的爵位，祭孔成爲國家常祀祭典的定制，爲帝國制度不可缺乏的一環。

著錄狀況：清雍正《高陽縣志》卷五、民國《高陽縣志》卷九《集文》和《天一閣藏明代方志選刊》卷二十四，均有著錄，題名分別作“重建廟學碑”“高陽縣重建孔子廟學碑”，并有碑陽完整錄文，但均無立碑時間和立碑人信息，亦未著錄碑陰。

錄文：

碑陽：

碑額：文林郎知 / 縣魯公重 / 建廟學記 /

高陽縣知縣魯公重建廟學記 / 賜進士及第翰林院學士奉政大夫知制誥前右春坊大學士嘉興呂原撰文，/ 進士文林郎江西道監察御

史楊璉篆額，/進士文林郎湖廣道監察御史李敏書丹。/

安州①高陽縣重建宣聖廟，學成教諭董君恭疏其事，遣門生來京師請記，以書告予曰：高陽之為縣，舊治龍化鄉，去今治東三十里，/洪武三年河溢縣圮，與學俱遷於此。無幾，縣省入蟊②，而學亦廢。越拾年，縣復置。主簿徐原翔建廟學③，厥後官於縣者，固嘗因敝補葺。/然規度苟簡，弗易於舊。天順丁丑④，鄒平魯君⑤能來知縣事，視篆⑥之初，祗謁宣聖⑦，顧瞻廟學，庳陋弗稱，慨然有更作之志。計所費甚鉅，/非一朝夕可給，遂捐已俸為倡，僚佐、縉紳士從而和之，豐積之家，爭獻賚以助。日蓄月聚，殆幾一稔⑧，乃始諏日傭功，梓人⑨度材，陶人/埏埴⑩，他如金石設色之工，咸執藝以待事。先建大成禮殿，為間者五；次建東西兩廡，為間者各九。前敞正門，列以畫戟，外樹三門，上/應靈星。殿之中，像宣聖而奉之。配享從祀者，位設如常制，悉塑其像，捴一百二十有四。冕烏衣裳，儼乎繡繪之有別。尊崇嚴整，一洗/前陋。而又別為祠⑪，以

---

① "安州"，金天會七年（1129）陞順安軍置，治所在高陽縣，後先後移治葛城縣（今河北安新縣西南安州）、渥城縣（今安新縣）。元初還治葛城縣，至元二年（1265）廢，旋復置。明洪武七年（1374）廢葛城縣入州。1913年降州為安新縣。

② "蟊"：當作"蠡"，指蠡縣。

③ "廟學"，舊指設於孔廟內的學校。宋王安石《潭州新學》詩序："治平元年，天章閣待制 興國吳公治潭州，之明年正月，改築廟學於城東南。"明李東陽《改建忻州廟學記》："蓋自侯之來知是州，屬意廟學，圖革其故而新之。"

④ "天順丁丑"，即明英宗天順元年（1457）。

⑤ "鄒平魯君"，指魯能，今山東鄒平人，時任高陽知縣。

⑥ "視篆"，掌印視事。官印例用篆文，故稱。宋文天祥《與趙知郡孟蒲書》："以子月丙寅，視篆昭亭下。"明陶宗儀《輟耕錄·越民考》："至正甲午進士及第，授紹興路錄事司達魯花赤，比視篆，天下雲擾，所在悉痯瘝。"

⑦ "宣聖"，指孔子。漢平帝元始元年（公元1）謚孔子為褒成宣公。此後歷代王朝皆尊孔子為聖人，故詩文中多稱孔子為"宣聖"。

⑧ "一稔"，農作物成熟一次，引申為一年。晉摯虞《思遊賦》："羨一稔而三春分，尚含英以容豫。"《舊五代史·周書·王樸傳》："一稔之後，可以平邊。"

⑨ "梓人"，指木工、建築工匠。《舊唐書·李訓鄭注等傳論》："如梓人共柯而殊工，良弈同枰而獨勝，蓋在得其術，則事無後艱。"唐柳宗元《梓人傳》："裴封叔之第在光德里，有梓人款其門。"

⑩ "埏埴"，和泥製作陶器。《老子》："埏埴以為器，當其無，有器之用。"河上公注："埏，和也；埴，土也。謂和土以為器也。"漢桓寬《鹽鐵論·通有》："鑄金為鉏，埏埴為器。"

⑪ "祠"，民國《高陽縣志》作"位"。

祀文昌^①。既乃經營倫堂齋廬,與夫庫庾庖湢之所。諸生講肄^②之舍,皆撤舊為新。凡制所宜有者,罔不畢備。築為/周垣,高^③厚而固,冀^④可以經久焉。其始事[於]己卯^⑤之春,而訖工則庚辰^⑥之秋。及前教諭鄭君敞,幸悉書以告,來者於無窮,實諸生之願/也。予因披地圖,稽史志,盖高陽,漢縣也。初屬涿郡,魏晉而下至隋唐,或置郡置州,或屢更所屬,而縣仍舊。當是時,廟學建否,已無可/據。宋置高陽關於此,以控契丹^⑦,為用武之地,而文教盖有未遑。歷金暨元,又二百餘載。肆我/皇明,攘夷安夏,奄甸萬方^⑧,偃武修文,丕圖至治。自京都,達於天下郡縣,咸建學育才。而學必有廟者,良以古之學者,於其先師有釋奠釋/菜之禮,因推而用之也。高陽廟學之建久矣,其間廢興隆替,雖曰以時,而亦豈不係於^⑨令之得人與否乎?魯君篤意廟學^⑩如此,可謂/賢也已。夫學校興則賢才盛,師道立則善人多。茲學自洪武以來,士奮於科貢,列官顯融者甚眾。乃若前滎陽知縣王遜,今南京光/祿寺丞劉同,監察御史田景暘,行人吳琮,又皆起於進士。^⑪非作興模範者有其人,而何以致之哉?繼今士遊扵茲者,念廟學之新,勵/希賢希聖之志。入斯廟,如親入夫子之門牆;覿斯像,如親覿夫子之儀刑^⑫。講誦經書,以求其道,誠其道也悅焉,實盡其力。非其道也,/弗敢雜用其心。由是而需用,豈特擢巍科,躋顯位,而所以致君澤民,必有

---

① "文昌",即文昌帝君,亦稱"文昌帝",即梓潼帝君。《明史·禮志四》:"梓潼帝君者,記云:'神姓張名亞子,居蜀七曲山。仕晉戰沒,人爲立廟。唐、宋屢封至英顯王。道家謂帝命梓潼掌文昌府事及人間祿籍,故元加號爲帝君,而天下學校亦有祠祀者。'"清孔尚任《桃花扇·餘韻》:"熱如火,福德君,庸人父母;冷如冰,文昌帝,秀士宗師。"
② "講肄",民國《高陽縣志》作"講疑"。
③ "高",民國《高陽縣志》作"庚"。
④ "冀",古同"冀"。
⑤ "己卯",即明英宗天順三年(1459)。
⑥ "庚辰",即明英宗天順四年(1460)。
⑦ "控契丹",縣志無。
⑧ "皇明,攘夷安夏,奄甸萬方",此部分縣志無。
⑨ "豈不係於",此部分縣志無。
⑩ "廟學",民國《高陽縣志》作"學校"。
⑪ "乃若前滎陽知縣王遜……又皆起於進士。"此部分縣志無。
⑫ "儀刑"縣志作"儀形"。儀容、風範。唐鄭萬鈞《大唐故代國長公主碑》:"乃數月後,偵其儀刑,稍稍顀顉。"宋蘇軾《坤成節集英殿宴教坊詞·小兒致語》:"慈儉之化,無德而能名;保佑之功,如天之難報。惟流傳於歌舞,庶髣髴其儀刑。"

大過人者矣。夫然後則於魯君力新廟學，及董君刻石垂 / 後之盛意，皆不負也。庸書以記云。/

大明天順四年冬十一月朔旦。/ 進士中順大夫直隸保定府知府前大理左寺正吳郡張柷，/ 奉議大夫同知江夏劉觀，/ 承德郎通判雲中王政，/ 孝義柴讓，石匠劉信。

碑陰：

僧會司[①]僧會性通，陰陽訓術王鎬，脩職郎高陽縣縣丞京口王琮，典史越山王瑨，丁卯科鄉貢進士儒學教諭通許董恭，訓導泰和曾貫，醫學訓科陳灝，□撿邑人劉忠，/ 生員季素、董昭、吳璟、解實、張進、張輝、劉清、王鑒、秦中、程著、韓貴、劉震、苑□、封祥、孫麟、王銘、李耀、王□、王瓚、邢傑、張永、孫□、/ 李温、王聰、張矩、子安、禹健、王欽、王選、黄讓、吳□、楊芳、冉信、□安、曹政、董智、李琦、王□、劉思聰、郭滋、闞禮、田昱、馬安、韓潮、/ 齊林、王遜、李洪、崔瑛、楊輔、郭劉澄、李鳳、董甯、齊京、王□、李儼、蘇斐、□□、韓鳳、馬玉、田景昉、韓振、□□、劉□、賀□、楊□、/ 王奉、王鎰、□□、白□、馬□、張□、王□、王遵、陳賢、王雯、劉原、李□、田□、惠顧、孫禮、□□、馬聰、李敬、馬□、程正、程富、郭玉、/ 李明、張政、宋禮、鄭本、梁恭、崔順、李□、李正、董□、□琮、劉能、王憲、白禄、張瀚、張宏、高舉、□愷、□□、馮時、郭瓚、賈誠、劉璟、/ 張□、李進、耿□、宫明、許銘、耿暘、戴端、劉思忠、耿俊、張□、李□、趙淵、王□、朱□、楊忠、張通、王瑞、齊禮、楊□、陳唐、王信、□林 / 同立[②]。□吏鄭安，督工老人趙讓、王琰、蕭德、閻海，飲老邢政、郭寧、李整、齊貴、苑允德，致仕官刘志、賈真、李恭、張軻、張宣、董□、張□，監生齊福、田賦、王能、馬禎、張正，木匠李端、常得、季甫才、高四、

① “僧會司”，明清時期管理佛教事務的機構。明太祖洪武十五年（1382）始設於各縣，内置僧會 1 名，掌理一縣僧尼。高陽縣治西遷重建期間，僧會司暫寄南路台崇興寺，洪武十五年，遷於縣城。據 1999 年版《高陽縣志》，“址在南露臺村，建於元代。明洪武中傾廢爲墟。宣德間，擁城僧人祖静來此簡居，并籌備工料複修該寺，正統元年（1436）役畢落成，毀於民國初。”

② “同立”兩個字位於碑的中下部，四周爲捐資者名單。

□宣、陳亮、何□、高朋、何海、任仲礼、付□、□□，市民馬浩、□□、□□、戴禄、劉元、白昭、王玉、劉瓚、□□，泥瓦匠劉喜、□準、任礼、□俊、邢□、孟春、王鑒、賀喜、齊正。石匠劉信鑴字，石匠□得。

004　田景暘母邵氏册封碑（明成化十年，1474）

題解：原碑位於高陽縣城西東王草莊村，該村距高陽縣城三里，刻立於明成化十年（1474），現碑已佚。首題無，常先生原題"田景暘墳墓碑"，今據碑文改擬。其拓片長169厘米，寬76厘米。楷書，凡14行，滿行31字。此碑爲聖旨碑，有制誥二道：明成化四年（1468）十二月初八日制誥一道，封大理寺左寺丞田景暘之母邵氏爲宜人；明成化十年（1474）九月十三日制誥一道，封大理寺右少卿田景暘之母邵氏爲恭人。

宜人、恭人，均外命婦稱號。據《明史》卷七二《職官志一》："外命婦之號九：公曰某國夫人，侯曰某侯夫人，伯曰某伯夫人。一品曰夫人，後稱一品夫人。二品曰夫人，三品曰淑人，四品曰恭人，五品曰宜人，六品曰安人，七品曰孺人。"

田景暘，字時中，保定高陽人，景泰四年（1453）亞魁，景泰五年（1454）進士，任大理寺正卿，進封禮部尚書，成化二十一年（1485）致仕歸鄉。史稱其風采棱棱，數直諫，論時事，剴切彈劾不避權要，然勤慎明大體，不苛察也。卒後諡曰"文懿"。民國李曉泠等《高陽縣志》卷三《人物·明賢》有其小傳。《國朝歷科題名碑錄初集》列其於"明景泰五年進士題名碑錄，賜同進士出身第三甲二百一十三名"中，"直隸保定府高陽縣民籍"。

按：《明戶部郎中封都察院右僉都御史邊公（永）合葬墓誌銘》，見《新中國出土墓誌》（河北卷 壹 上冊第176頁有圖，下冊第131頁有錄文），即由田景暘篆題誌蓋："賜進士第嘉議大夫大理寺卿高陽田景暘篆"。另《明故中憲大夫雲南楚雄府知府梁公（宇）合葬墓誌銘》，見《新中國出土墓誌》（河北卷 壹 上冊第182頁有圖，下冊第138頁有錄文），亦由田景暘篆題誌蓋："賜進士通議大夫大理寺卿前監察御史鄗陽田景暘篆"。

錄文：

奉 /

天承運，/

皇帝制曰：朕於任職之臣，必襃榮及其親者，所以重大倫也。爾邵氏乃大理寺左 / 寺丞田景暘之母，相夫登仕，教子成名，推厥本源，宜膺恩命，今特封爾爲宜 / 人。服此隆恩，永綏祿養。/

寶 [①] /

成化四年十二月初八日。/

[①] "寶"，指帝王的印璽，在此指印璽簽押處。

奉 /

天承運，/

皇帝制曰：人子之賢，固成於父，亦必資母慈焉。此恩典所以並及之，而無間也。封 / 宜人^①邵氏乃大理寺右少卿田景暘之母，相夫教子，□□□□，因子錫恩，巳 / 有年矣。子今遷秩榮命，宜加特進封為恭人^②。服此榮恩，永綏祿養。/

寶 /

成化十年九月十三日。

---

① "宜人"，封建時代婦女因丈夫或子孫而得的一種封號。北宋政和年間始有此制。文官自朝奉大夫以上至朝議大夫，其母或妻封宜人；武官官階相當者同。元代七品官妻、母封宜人，明清五品官妻、母封宜人。

② "恭人"，古時命婦封號之一。宋徽宗政和三年（1113）定制，中散大夫至中大夫之妻封恭人，亦為元六品、明清四品官員之妻的封號。如係贈封母或祖母，則稱太恭人。又清制：宗室之奉恩將軍妻亦封恭人。後多用作對官員妻子的尊稱。

005 田景暘母邵氏墓碑（一）（明成化十七年，1481）

題解：原碑位於高陽縣城西東王草莊村，該村距高陽縣城三里，刻立於明成化十七年（1481），現碑已佚。首題無，常先生原題"田景暘墳墓碑"，今據碑文改擬。其拓片長138厘米，寬79厘米。楷書。撰者和書丹者不詳。內容分上下兩部分：上半部分31行，主要記錄了田景暘母恭人邵氏離世後，太子太保吏部尚書萬安等人於成化十七年十一月十五日對邵氏的祭拜。下半部分22行，主要記錄了詹事府詹事兼翰林院學士彭華、少詹事兼翰林院學士王獻等人於明成化十七年十二月五日對邵氏的祭拜。田景暘，介紹見前。

錄文：

　　成化十七年，歲次辛丑十一月辛未、朔□十五日乙未，/太子太保、吏部尚書萬安、尹旻，/侍郎耿裕、黎淳，/太子少保、戶部尚書劉珝，/尚書翁□□、□□，/侍郎潘榮、李衍，/太子少保、禮部尚書劉吉，/尚書周洪謨、施純，/侍郎徐溥、劉岌、謝一夔、立濬，/兵部尚書陳鉞，/侍郎張鵬、李敏，/太子少保、刑部尚書林聰，/侍郎張□、盛□，/太子少保、工部尚書萬祺，/尚書劉照，/侍郎胡睿、張順，/都察院右都御史戴縉、孫洪，/僉都御史屠滽、李侃，/南京都察院副都御史胡拱辰，/錦衣衛指揮使朱驥、李成、朱遠，/指揮同知陳璽、趙璟、劉綱、孫瓚、劉良，/通政使司通政使何琮，/通政李和、邊鏞，/參議陳政、毛倫、元守直，/謹以牲醴之儀，致祭于/誥封恭人邵氏之靈。嗚呼！自二南①之丁衰，喟彤管②之無繼，繫恭人之/挺生，獨□出乎流輩，四德三從，夫榮子貴，長也位居

---

① "二南"，指《詩經》的《周南》和《召南》。《晉書·樂志上》："周始二《南》，《風》兼六代。"南朝梁劉勰《文心雕龍·明詩》："興發皇世，風流二《南》。"

② "彤管"，指漢代尚書丞、尚書郎每月所賜的一雙赤管大筆。後用爲在朝任官之典。《晉書·夏侯湛傳》："入閨闥，躡丹墀，染彤管，吐洪煇，幹當世之務，觸人主之威，有效矣。"明何景明《田子行》："我持彤管雙鳳翎，浮沉帝傍近紫庭。"

乎上卿，少也／聯名乎高第。田氏之荊^①，燕山之桂^②，福禄攸降，／恩光所□謂宜永乎遐齡^③，胡遽□乎□□□□□□□□／朝實相深於恩歲庸三□於尊靈神□□□／尚饗^④。

維／

成化十七年歲次辛丑、十二月辛丑朔越／五日，／詹事府詹事兼翰林院學士彭華，／少詹事兼翰林院學士王獻，／翰林院侍讀學士楊守陳，侍講□芳、／□□□、／李傑，／左春坊左諭德張昇，／司經局洗馬羅璟，／謹以牲醴之奠，致祭于／誥封恭人田母邵氏之靈。□惟靈毓秀，名族□／嬪，德門稟姿，既明而慧，賦性復粹，以淳勤於／閨閫^⑤，而組織之功不廢。孝於舅姑，而甘旨之／奉必親，相良人荐辟雍^⑥，惟勸其育才之／善，教冢嗣^⑦晋長□□尉常戒以待刑之仁鳳／誥龍章膺／中□之寵命□冠

---

① “田氏之荊”，據梁吳均《續齊諧記》載：“京兆田真兄弟三人，共議分財。生資皆平均，惟堂前一株紫荊樹，共議欲破三片。明日，就截之，其樹即枯死，狀如火然。真往見之，大驚，謂諸弟曰：‘樹本同株，聞將分斫，所以憔悴。是人不如木也。’因悲不自勝，不復解樹。樹應聲榮茂，兄弟相感，合財寶，遂爲孝門。真仕至太中大夫。”後以“紫荊之事”教育後世子孫要團結和睦相處，或用來比喻兄弟骨肉相連之情。陸機詩云：“三荊歡同株。”
② “燕山之桂”，五代時漁陽（燕山）人竇禹鈞五子相繼登科，泛指登科及第之人。金元好問《王敦夫祥止庵》詩：“情知不義燕山桂，一樹靈椿歲八千。”
③ “遐齡”，高齡；長壽。晋郭璞《山海經圖贊下·不死國》：“有人爰處，員丘之上，赤泉駐年，神木養命，稟此遐齡，悠悠無竟。”宋蘇軾《坤成節功德疏》之六：“臣子何知，佛老有歸誠之法，敢緣净供，仰祝遐齡。”
④ “尚饗”亦作尚享，表示希望死者來享用祭品的意思，多用作祭文的結語。出自《儀禮·士虞禮》。
⑤ “閨閫”，宮院或後宮，内室。亦特指婦女居住的地方。漢班固《白虎通·嫁娶》：“婦事夫有四禮焉……閨閫之内，衽席之上，朋友之道也。”亦指家庭，家族。晋葛洪《抱樸子·清鑒》：“考操業於閨閫，校始終於信効。”
⑥ “辟雍”，本爲周天子所設大學，校址圓形，圍以水池，前門外有便橋。東漢以後，歷代皆有之，作爲尊儒學、行典禮的場所，除北宋末年爲太學之預備學校（亦稱“外學”）外，均爲行鄉飲、大射或祭祀之禮的地方。
⑦ “冢嗣”，嫡長子。《國語·晋語三》：“十四年，君之冢嗣其替乎？”韋昭注：“冢嗣，太子也。”

霞帔，坐北垂之陽春，宜優遊／於壽域，享福慶之駢臻①。何一疾而
遽終，駭訃／□之忽聞。□等□交□器欲□□音□□□／以致□伸
微悃於茲文。嗚呼！

006　田景暘母邵氏墓碑（二）（明成化十八年，1482）

題解：原碑位於高陽縣城西東王草莊村，該村距高陽縣城三里，刻
立於明成化十八年（1482），現碑已佚。首題無，常先生原題"田景暘
墳墓碑"，今據碑文改擬。其拓片長136厘米，寬77厘米。楷書。內
容分上下兩部分：上半部分19行，記述了田景暘之母恭人邵氏離世
後，大理寺卿宋旻，寺丞侶鍾、張錦等人於明成化十七年十一月庚子朔
越二十八日戊戌對邵氏的祭拜。下半部分25行，記述了直隸保定府知
府沈純同知張永等人於成化十八年正月庚午朔越十日己卯對邵氏的祭
拜。田景暘，介紹見前。

錄文：

維／

成化十七年歲次辛丑十一月、庚子朔越／二十八日戊戌，／大
理寺卿宋旻，／寺丞侶鍾、張錦，寺正陳觀、閭琮，／寺副郝隆、
王惣、王経、李旻，／評事李德恢、潘盛、鄭傑、房明、李遜、余
鐸、／周啓、戚昂、蘇泰、王存禮、朱□，／謹以牲醴之奠，致祭
于／誥封恭人邵氏之靈。惟靈名閥之冑，女士之／英，母儀婦道，
表著閨門，相夫登仕，克守廉／勤，官成知退，怡老丘園，教子勤
學，淹史飫／経，逾三望五，接武青雲，長居華要，執法明／刑，
推／恩賜典，鑾誥重膺，宜享遐福，壽考且寧，胡然②一疾，大
命以傾。旻等叨與令子列職同寅③，／訃音聿至，痛悼曷勝？陳辭奠
酒，用表□□。／嗚呼哀哉！尚／饗／。

---

① "駢臻"，釋義爲并至，一并到來。宋秦觀《代回呂吏部啓》："既承召節，仍屬嘉辰，宜戩
　　穀之駢臻，顧頌言而何既。"
② "胡然"，謂不知何故，表示不明原因。唐白居易《大官乏人策》："問：國家衮之材，臺省
　　之器，胡然近日稍乏其人，將欲救之，其故安在？"宋歐陽修《自敘》詩："余本漫浪者，
　　茲亦漫爲官。胡然類鴟夷，託載隨車輈。"
③ "同寅"，猶同僚。宋張鎡《送趙季言知撫州》詩："同寅心契每難忘，林野投閒話最長。"
　　明王錂《春蕪記·忤奸》："可奈同寅太不仁，須教明日奏楓宸。"

維／

成化十八年歲次壬寅正月庚午朔越十日／己卯，／直隸保定府知府沈純，／同知張永，／通判石海、張仁、白□，／推官敦鐸，經歷[1]李昌，／安州知州王欽，祁州知州童潮，／易州知州羅綺，清苑知縣鄭興，／雄縣知縣李序，新安知縣李俊，／新城知縣鄭鐸，淶水知縣李□，／滿城知縣張濬，安□知縣胡□，／□縣知縣唐□，蠡縣知縣張□，／深澤知縣梁驥，束鹿知縣周冕，／慶都知縣馬景，高陽知縣宋守約，／定興縣丞李慶，／謹以牲醴庶品之儀，致祭于／誥封恭人田母邵氏之靈。曰：惟靈壺儀夙著，懿／行天成。婦道母德，尤重鄉評。有子顯揚，為時／名卿。平反棘寺[2]，簡在／皇明。金冠霞帔，累拜／恩榮。宜臍茂社，遠享□齡。詎意瑤池促宴，青鳥[3]／來迎。公卿走吊，宗黨吞聲[4]。日葬日祭，／命出宸庭。光增里閈，寵被泉扃。純等忝職貴郡，／聞訃愴情，敬陳菲奠，靈其鑒歆。嗚呼！尚饗。

007　田景暘母邵氏墓碑（三）（明成化十八年，1482）

題解：原碑位於高陽縣城西東王草莊村，該村距城三里，刻立於

---

① “經歷”，爲明代諸府經歷司屬官，從七品。
② “棘寺”，大理寺的別稱。古代聽訟於棘木之下，大理寺爲掌刑獄的官署，故稱。唐劉長卿《西庭夜燕喜評事兄拜會》詩：“棘寺初銜命，梅仙已誤身。”
③ “青鳥”，神話傳說中爲西王母取食傳信的神鳥。《山海經·西山經》：“又西二百二十里，曰三危之山，三青鳥居之。”郭璞注：“三青鳥主爲西王母取食者，別自棲息於此山也。”
④ “吞聲”，無聲地悲泣。漢馬融《長笛賦》：“於時也，綿駒吞聲，伯牙毀弦。”《後漢書·宦者傳·曹節》：“群公卿士，杜口吞聲，莫敢有言。”

明成化十八年（1482），現碑已佚。此爲諭祭碑。首題無，常先生原題
"田景暘墳墓碑"，今據碑文改擬。其拓片長171厘米，寬86厘米。楷
書，凡9行，滿行17字。主要記錄了明成化十八年歲次壬寅四月己亥
朔越九日丁未，皇帝遣直隸保定府知府沈純，諭祭大理寺卿田景暘母恭
人邵氏。田景暘，介紹見前。

錄文：

維 /

成化十八年歲次壬寅四月己亥朔越九日 /丁未，/ 皇帝遣直隸
[保定府] 知府沈純，/諭祭大 [理寺卿田景] 暘母恭人 [邵氏] /曰：
惟爾 [婦] 道，母 [儀者] 稱。閭閻篤生，令□顯用 /于朝，慎於平
刑，實本慈訓，正宜禄 [養]①，□享餘 /齡，胡為一疾，□□長逝，
特隆恩典，賜以祭塋，/爾靈有知，尚其歆服。

---

① "禄養"，以官俸養親。古人认爲官俸本爲養親之資。汉焦赣《易林·革之觀》："飛不遠去，
法爲罔待，禄養未富。"

008　劉氏祖塋恤典碑（明成化二十二年，1486）

　　題解：原碑位於高陽縣北關村，刻立於明成化二十二年（1486），現碑已佚。首題無；常先生原題"劉氏祖塋恤典碑"，今從之。碑額2行，行2字，題曰"奉天誥命"，小篆。碑額兩旁有祥雲紋飾。其拓片長190厘米，寬69厘米。凡10行，滿行22字。楷書。此碑爲聖旨碑，内容爲明成化二十二年三月十六日追授時任陝西漢中府同知璽之父劉潤爲奉政大夫、修正庶尹、陝西漢中府同知。

　　按：劉潤，字君則，"麻城舉人，嘉靖三十五年（1556），由銅梁令調高陽邑。經學乏春秋，巧擇諸生之敏者授之。故事，邑大夫事他郡，司理如直指使者，惟瀾無所絀。諸司銜之，合爲蜚語，謀中之。遂拂衣歸。"[1]

　　劉璽，劉潤之子。"字天章，三坌口人，己卯授漢中府同知，升平涼知府。舊志稱其修棧糴賑，陝志稱其廉幹百廢俱興。"[2]

　　録文：

　　　碑額：奉天 / 誥命

　　　奉 /

　　　天承運，/

　　　皇帝制曰：國家推恩臣下必及其親者，祈以重本而勸孝 / 也。亦何間於存没哉？爾直隸常州府武進縣致仕知 / 縣劉潤，乃陝西漢中府同知爾之父，居官有年，早從 / 休致，克成令子璽乃云□，推厥本源，宜申郵典，茲特 / 贈爾爲奉政大夫、脩正庶尹[3]、陝西漢中府同知。九原[4] / 有知，服斯寵命。/ 寶 /

　　　成化二十二年三月十六日

---

①　民國《高陽縣志》卷三《人物》，第179頁。
②　民國《高陽縣志》卷六《人物》，第356頁。
③　"脩正庶尹"，明代文勛之第九級，表品階官銜正五品。
④　"九原"，九泉，黄泉。《舊唐書·李嗣業傳》："忠誠未遂，空恨於九原。"

009　山西布政司右參議李儼墓碑記（一）（明弘治三年，1490）

題解：原碑位於高陽縣龐口村李氏家族墓地，在高陽縣東南三十里。刻立於明弘治三年（1490），現碑已佚。該碑爲聖旨碑。碑文楷書。首題無；常先生原題"李氏墳墓碑記"；今據碑文改擬。其拓片長 139 厘米，寬 70 厘米，凡 23 行，滿行 46 字。明憲宗成化二十二年（1486）敕命一道，授予時任南京户部湖廣清吏司主事李儼"承德郎"的文散階，授予其妻郭氏"安人"的外命婦封號；弘治三年制誥一道，授予時任南京户部山東清吏司署郎中事員外郎李儼"奉直大夫"的文散階，授予其妻郭氏"宜人"的外命婦封號。此聖旨分別在日期上加蓋了三枚印章，一枚"敕命之寶"、二枚"制誥之寶"，對我們瞭解明代公文、用印制度大有裨益。

按：李儼，成化辛卯（七年，1471）舉人，戊戌（十四年，1478）進士，後任員外郎中（或言爲"户部員外郎"），陞山西布政司右參議。《國朝歷科題名碑録初集》列其於"明成化十四年進士題名碑録戊戌科，賜同進士出身第三甲二百三十七名"中，"直隸保定府安州高陽縣民籍"。《明清進士題名碑録索引》同。民國李曉泠等《高陽縣志·舉人》載其"辛卯，見進士"。同書"進士"條，載其"字仲威，龍化里人，戊戌，由南京户部主事，歷任山西參議，崇祀鄉賢有傳"，享年 66 歲。民國李曉泠等《高陽縣志》卷三《人物·明賢》有其小傳。

録文：

奉 /

天承運，/

皇帝敕曰：户部司國計，理財用，生民休戚所係，故置屬特詳於他部，必皆得人，斯稱任使。爾南京户部湖廣清吏司主 [事]/ 李儼，發身賢科，累遷今職，歷年滋久，政績有聞，宜錫寵恩，以旌勞勤。是 [用] 進爾階承德郎[1]，錫之敕命，以為爾榮。爾其 / 益盡乃心，益懋乃行，毋忝嘉命。欽哉！/

---

[1]　據《明史·職官志一》，承德郎，爲文官之散階，正六品，"初授承直郎，陞授承德郎。"

　　勑曰：朝廷推恩群臣，而必及其配者，所以示從夫之義，彰内助之勤也。爾南京户部湖廣清吏司主事李儼妻郭氏，克/敦婦道，以相其夫。夫既顯榮，爾宜偕貴。兹特封爲安人^①，服此榮恩，永光閨閫。/

　　勑　　命

　　成化二十二年三月十六日/

　　之　　寶^②

　　奉/

　　天承運，/

　　皇帝制曰：地官司國計，掌錢穀，實生民休戚所繫，故置屬特詳焉。苟非得人，奚稱任使？爾南京户部山東清吏司署郎中/事、員外郎李儼，發跡賢科，歷官部屬，迨遷今職，勤慎益彰，宜有襃嘉，以旌勞勩。是用進爾階奉直大夫^③，錫之誥命，以/爲爾榮。爾其益秉公廉，以勵志節，懋圖後效，稱此隆恩。欽哉！/

　　制　　誥

　　初任南户部湖廣清吏司主事，二任本部貴州清吏司署員外郎事、主事，三任本司員外郎，四任今職。/

　　之　　寶^④

　　制曰：夫婦齊體，恩典惟均。此人倫之常道，古今之通義也。爾南京户部山東清吏司署郎中事、員外郎李儼妻封安人/郭氏，溫柔慈惠，婦道克修。夫既有遷秩之榮，爾宜膺申命之貴。兹特加

---

①　據《明史·職官志一》，外命婦之號九，其中六品曰安人。

②　“勅命之寶”爲落款印章。

③　據《明史·職官志一》，奉直大夫，從五品，“初授奉訓大夫，陞授奉直大夫”。

④　“制誥之寶”，爲落款印章。

封為宜人 ^①，服此隆恩，永光閨閫。/

　　制　　誥

　　弘治三年十二月初五日 /

　　之　　寶 ^②

010　山西布政司右參議李儼墓碑記（二）（明弘治四年，1491）

題解：原碑位於高陽縣龐口村，現存高陽縣李氏名人紀念館，在縣東南三十里。刻立於明弘治四年（1491）十一月，現碑已佚。首題無；常先生原題"李氏墳墓碑記"；今據碑文改擬。其拓片長 138 厘米，寬 70 厘米。凡 14 行，滿行 36 字，楷書。爲明孝宗於弘治四年下達給時任山西布政司右參議李儼的一道敕諭。李儼介紹見前。該碑主要反映了明代布政司督催所轄府州縣完納糧草的情況，對瞭解明代稅收制度具有一定價值。

錄文：

　　皇帝敕諭山西布政司右參議 ^③ 李儼：比聞山西所属，遞年拖欠糧草數多，王府、軍衛所，禄米俸 / 糧，撥給不足，預備倉糧，全無蓄積，饑民無以賑濟，而管糧官員，多有受賄，縱容糧里書算 / 人等，多端作弊，兼以所在軍衛刁蹬 ^④，官舍旗軍 ^⑤，包攬挾制，不肯上納，以致糧草往往□□，/ 而所收者尤多虧折。究其所以，盖由無官專管故也。今命爾專一徃来提督所属府州縣 / 稅糧、馬草等項，并預備倉糧，依期上納，禁革奸弊。其府、州、縣管糧官并提調正官，敢有坐 / 視不行，催徵違誤限期，及似前縱容各倉官攢通同官豪勢要、軍民人等兜攬，侵欺糧價、/ 抵換等項，情弊事發，干礙

---

① 據《明史・職官志一》，外命婦之號九，其中五品曰宜人。

② "制誥之寶"爲落款印章。

③ "布政司右參議"，明代布政下官員。據《明史・職官志四》，左、右參議，無定員，從四品。參議因事添設，各省員額不等。

④ "刁蹬"，亦作"刁頓"。故意爲難，捉弄。元無名氏《陳州粜米》第一折："做的個上梁不正，衹待要損人利己惹人憎。他若是將唔刁蹬，休道我不敢掀騰。"

⑤ "旗軍"，明朝四衛營的官軍。明海瑞《革募兵疏》："我祖宗初設旗軍，繼後復設民壯。"《明史・兵志一》："四衛營者……弘治末，勇士萬一千七百八十人，旗軍三萬一百七十人。"

軍職，并文職五品以上官，指實，參奏挐問。其五品以下官貟人 /
等有犯，聽爾徑自挐送本司理問。所及所在官司，依律問擬，照例
發落。每年終，將摧徵過 / 巳、未完納糧草及措置過預備倉糧數目，
造冊繳部，以憑稽考。爾受兹專委，湏夙夜盡心，/ 廉謹自持，務
要摧督以時，出納惟公，俾前項糧儲足用，民不告勞，斯稱委任。
如或因循怠 / 忽，以致遲誤，責有所歸，爾其愼之勉之！故諭。/

　　勅　命

　　弘治四年十一月二十八日 /

　　之　寶①

011　重修龍泉寺碑記（明弘治十八年，1505）

題解：原碑位於高陽縣北坎尾村，該村在縣東二十五里，刻立於明

---

① “敕命之寶”爲落款印章。

弘治十八年（1505），現碑已佚。常先生原題“龍泉寺碑記”；碑原題
“重修龍泉寺碑記”，今從之。其拓片長 162 厘米，寬 79 厘米，保存基
本完整，間有破損磨泐之處。凡 22 行，滿行 50 字。楷書。正上方中
間題曰“皇圖永固”。王琮撰文，劉愷篆額，李師儒書丹。

　　龍泉寺是高陽古刹，不知創修於何時，明弘治《保定郡志》、清光
緒《畿輔通志》、民國《高陽縣志》、《河北通志稿》、《河北省志·宗教
志》等對此寺和此碑均無著録，故此重修碑記可補史志之闕。明成化
中，在文上人主持下，對龍泉寺進行了大規模重修。此重修碑記爲我們
研究明代小型佛寺的寺院經濟提供了第一手資料。特別是其中龍泉寺承
租民戶土地進行經營的史實，可對寺院土地利用方式增加新的認識。另
外，在明代限制寺院經濟，嚴禁寺院土地買賣的背景下，龍泉寺購買土
地是明代商品經濟發展，土地買賣頻繁的一個縮影。

　　撰文者王琮。據民國《高陽縣志》卷三《人物》“廉介”條和卷
六《人物》“進士”條，字玉振，少有才明，里中雅器重之，弘治九年
（1496）進士，“以進士尹山陽。明恕而斷，擢刑部主事，執法不撓如
山陽。”均可以與碑刻相互參證。

　　篆刻者劉愷，字承華，別號西皋，安新縣三台人。明弘治庚戌（三
年，1490）進士，授刑部陝西主事，後升鴻臚寺丞、左右少卿、正卿。
明正德七年（1512）拜右副都御史，去山東保漕平寇，次年又修治黃
河，均有成績。正德十年（1515）升兵部右侍郎，次年升禮部尚書，
執掌太常寺事。嘉靖即位，即告老還鄉。著作有《西皋吟》《咨奏稿》
等流傳於世。

　　書丹者李師儒，弘治《保定郡志》卷一一“高陽縣進士”條著録
有李師儒，但未言其官職。民國《高陽縣志·進士》載其，“字宗正，
庚戌，由庶吉士歷任山西參政，崇祀鄉賢有傳”。《國朝歷科題名碑録
初集》《明清進士題名碑録索引》均無此人。明正德《汝州志》（《天一
閣藏明代方志選刊》第 46 册）“國朝仕宦本州知州”條記載，李師儒
“直隸保定府高陽縣人，由進士弘治十六年任”。民國《高陽縣志》卷
三《人物》“廉介”條有其小傳，載“李師儒，字宗正，少從吳先生璟
學易，遂究河洛淵源。再不第，發憤與張公天衢、晁公盡孝同鉛槧閉
戶，再浹歲，登宏治丙午鄉試，庚戌進士。初授翰林院檢討，侍壽王

等王，不就，罷歸，左遷四川布政司照磨，歷仁和令。……擢守汝州，再守裕州。時逆瑾黨方橫，郡邑官皆望塵拜，公長揖而已。任郎中，分管河道。……升鳳陽知府。……升山西布政司參政，致仕。師儒凝重而介，雅有風尚。"此對李師儒宦歷記載最為翔實，但對治汝州時間并無確切記載。從碑刻來看，弘治十八年（1505），李師儒尚知汝州，可補方志之闕。

　　録文：

　　　橫批：皇圖永固

　　　重修龍泉寺碑記 /

　　　賜進士出身文林□知山陽縣事邑人　王琮　撰文 / 賜進士出身鴻臚寺少卿前刑部主事涇水　劉愷　篆刻 / 賜進士出身奉訓大夫知汝州事邑人　　李師儒　書丹。/

　　　去舊高陽東南三里許，有河曰豬龍^①。自南□流，傍砍尾村^②之右，轉而東瀠迴之灣有渡。渡之北有臺，若丘阜然。臺下有寺，曰龍泉，蓋 / 因河而得名焉。嘗考之志，聞之故老，往時□臺前，有頹垣廢址，瓦礫滿目。過而覽者，指點之曰：此□寺廢久，其址尚在，蓋□河之岩，/ 而為喚渡者之□依其剏建。信有自□，而竟不知其為何年也。天順初年，淋澇漲□，□不退，民難渡，病涉為甚。北砍尾□□□清□，/ 協力成橋，以便往來。甫為之初，議復故守，訪僧人以主之。是時，文上人^③已住榆堤清凉寺矣。故吏部解稽勳^④與上人有□□戚，力舉 / 往就。上人既至，見其頹廢，即奮然□緣，業動遠近人。不半餘載，高垣閣門，供佛棲僧之舍，完数間，規模畧具。披剃來從者五七人，□ / 授釋家書，仍租鄰寺民家地數十畝耕種。獲收粟麥，可給用，遂買牛力耕，有馬代步，仍得

---

① "豬龍"，據明弘治《保定郡志》卷三二（《天一閣藏明代方志選刊》），即瀦龍河，又稱龍化河。在郡治一百五里，屬高陽縣，東流至馮村而北入白洋澱。故老相傳顓頊時，有豬化為龍，以開河道，故以為名。

② "砍尾村"，"砍"當作"坎"。《高陽縣志》為坎尾村。

③ "上人"，原指持戒嚴格并精於佛學的僧侶。《釋氏要覽》云："智德，外有德行，在人之上，名上人。"後成為對長老和尚的尊稱。

④ "稽勳"，據《明史·職官志》，為吏部下四清吏司之一，掌勛級、名籍、喪養之事，以贊尚書。

孳息[1]之利。日用漸裕，積有白金□斤餘，欲/廣殿宇，思得大木，乃自挺身，過邊關，入靈丘深山，筏木順遼湍而下，不眠者三四夜。自出而返，過半載，眾皆意其漂没不存□。及歸，/見其胼胝憔悴，既哀而復異之。非強志堅誠，能如是哉？復鳩工陶瓦，會計從庸，閱王年，始成佛殿四楹，塑像粧金，輝煌駴視。又閱年，/架寢屋，北三間，西如之。又閱年，起東樓，聳觀一方。又閱年，構伽藍、祖師堂[2]，對峙□右。又十餘年，以米易磚石，建山門。崇垣之外，遠植/榆柳，內隙地□□井分畦，種瓜蔬，四時不取諸市。近寺及□□□□地，幾五十畝，足為常產。經營積累，至四十年，

規模成就，甚生業/次，而上人年已七十矣。衰病侵尋，慮泯泯於後，乃請諸鄉先生李公，公屬余為記。余聞上人道始末，而歎息之。夫創業之與守成□/孰難乎？當廢壞之餘，而立可久之業，一磚一瓦，一草一木，皆自勤苦中來，不有堅持卓立如上人者，安能至此？後之人可□思□□，/自而保守之乎？務祖風，修戒行，勤農業，以

---

① "孳息"，繁殖生息。晉江統《徙戎論》："始徙之時，户落百數，子孫孳息，今以千計。"唐白居易《唐故虢州刺史崔公墓志銘》："先是歆民畜馬牛而生駒犢者，官書其數，吏掾為奸。公既下車，盡焚其籍，孳息貨易，一無所問。"《明史·張本傳》："時馬大孳息，畿內軍民為畜牧所困。"

② "伽藍""祖師堂"，均為佛寺配殿。"伽藍"，為梵文音譯，意為護法神。"伽藍殿"，常建於大雄寶殿或法堂的東邊，故亦被稱為東配殿，其主像三尊，近世以來多中供關公，左供給孤獨長者，右供祇陀太子。祖師殿，乃供奉禪宗祖師之地，一般正中供奉禪宗初祖達摩禪師，左方是六祖慧能，右方是建立叢林制度的百丈懷海。

守清規，思益充拓前人之業，庶其能保守之。若但守而勿失，未必
其能不失也。成□登□，／壞如燎毛，自古有國□者皆然，而况僧家
者乎？聚異姓，同緇衣①，以求日用飲食，苟不合志同謀，如家人之
□□相親，舟□□之共濟，／其不自取隳敗者幾希。李公無恙時，逢
上人話諄諄以此戒□，飭其行徒。公今逝矣，言猶在□耳。惜哉！
上人自謂老病□已深，唯欠一／死。余將去上人，而為薄宦所縻，
數年之後，其□復得見上人否乎？舊□遊之地，回首已成陳跡，後
之繼□□者，其加念之，其敬守／之。上人名月，俗姓李，先祖諱
原名②，洪武中為禮部尚書。父諱四，母韓氏。成宣、成果、成端其
徒，佛臻、□□、□□、□鎧、佛華，又其徒孫云。／

　　　弘治十八年　　月吉日立石　　石氏　　李福鑴

012　山西布政司右參議李儼墓表（明正德八年，1513）

　　題解：原碑位於高陽縣龐口村李氏家族墓地，該村在高陽縣東南
三十里。刻立於明正德八年（1513），現碑已佚。碑原題缺字；常先生
原題"李氏墳墓碑記"；今據碑文改擬。其拓片長139厘米，寬70厘
米。右中部損壞嚴重。楷書，凡23行，滿行50字。俞琳篆額。此墓
表詳細記述了李儼的家世、出身、仕歷及其義舉，兼及其夫人郭氏及其
子嗣情況。李儼，介紹見編號009《李儼墓碑記》（一）、010《李儼墓
碑記》（二）。

　　拓片中撰者缺佚，據清雍正《高陽縣志》、民國《高陽縣志》，知撰
者爲明正德首輔楊廷和。楊廷和（1459~1529），字介夫，號石齋，四川
新都人，《明史》卷一九〇有傳，乃明代著名政治改革家、文學家楊慎
之父。楊廷和爲成化十四年（1478）進士，歷仕明憲宗、孝宗、武宗、
世宗四朝，在武宗、世宗兩朝擔任宰輔十四年，其中首輔九年。嘉靖三

---

①　"緇衣"，僧尼的服裝。唐韋應物《秋景詣琅琊精舍》詩："悟言緇衣子，蕭灑中林行。"宋
　　彭乘《續墨客揮犀·香山寺猴》："多群猴，至相呼沿掛簷楹之上……又常污僧緇衣。"後
　　用以借指僧人。唐劉商《題禪居廢寺》詩："凋殘精舍在，連步訪緇衣。"明陳汝元《金蓮
　　記·詬奸》："丞相是當朝黃閣，小尼是出世緇衣。"
②　李原名，《明史》卷一三六有傳，字資善，安州人。洪武十五年（1382），以通經儒士舉爲
　　御史。洪武二十年（1387），使平緬歸，奏對稱旨，擢禮部尚書。

年（1524），因"大議禮"與世宗意不合，罷歸故里，卒於鄉。贈太保，諡文忠。他爲官清正，雖"位及人臣，而居處同於寒素"，關心民間疾苦，爲家鄉"通水利"，"修縣城"，"置義田"，做了不少好事，很受時人稱道。曾參與修撰《明憲宗實錄》《大明會典》，著有《楊文忠公三錄》《石齋集》《楊廷和奏議》等。善書，筆法工整。清魏坤《倚晴閣雜鈔》謂："明《昌運宮碑》，大學士李東陽撰，楊廷和書。"

著錄狀況：雍正《高陽縣志》卷六、民國李曉泠等《高陽縣志》卷十第679~682頁載有《山西布政使司參議李儼墓表》，經比照與碑文一致，但無抬頭和落款。拓片模糊之字據其補，以"[ ]"標識。

録文：

明故山西布政司右參議李公（殘）/光禄大夫柱國少師兼太子（殘）/賜進士出身通（殘）/賜進士第通議□□□□□□□□□□□□□□□□□□□□□□□□□俞琳篆/

公諱儼，字仲威，姓李氏。其先世[爲高陽人，曾大父諱德明，大父諱進，皆有隱操。父諱甫榮，質直好古，卒時年]八十三，以公貴贈奉直/大夫、南京户部員外郎。母顔氏，[復]聖[公①之後，贈宜人。繼梁封太宜人。公以成化七年舉於鄉，十四]年第進士，授南京户部主事。歷負/外郎、郎中，至山西布政司右參議。[少力學攻苦，爲諸生時，常寓宿學舍，]隆冬至[以雪盥面。及居官，]長於吏理，䂓至盡心職守。每建一/事，輒思爲久遠計。在山西主邊餉，[先是姦豪多所乾没重困貧民，公盡]法繩之，不少[假借，顧爲當]路者䂓枙，遂致其事歸。曰："在我者/固無愧也！"公孝友性成，待族人有[恩義，或有強割公分地，以自益者，不]與較。曰："使[我有力如范文]正公②置義田，彼寧至是邪？"寡姊年/老而貧，其子女婚嫁，皆公爲之。[經理親表中有孤煢者，多收恤之。同官張郎中倫，與其配俱卒於官，]遺

---

① 復聖公，即顔回，孔子最得意的弟子，被稱爲七十二賢之首。元代尊爲"兗國復聖公"，明嘉靖九年（1530）尊爲"復聖"。

② 范文正公，即宋代名臣范仲淹，諡號文正，世稱范文正公。他晚年設義田、建義學，對族中子弟實行免費教育，激勸"讀書之美"。范氏義學在教化族衆、安定社會、優化風尚上取得了巨大成功，爲後世所推崇。

一女，甫及笄①。公親為殯殮，移 /
其女偕己女處，保愛周悉，[待
其家人至，資之以歸里。馬氏
孤，隨其母嫁郭氏，郭欲盡有馬
之產，嗾隣郡] 有軍籍者誣訴之
代役，訟繫 / 歲餘。公為白其事
扵 [所司，乃得釋。嘗假南京富
人金為道里費，歸休後，特令其
子走數千里往償之。性耿] 介，
取與有分辨，雖荳果之 / 微，扵
察案間，亦不輕 [受。或謂公不
能容人之私，而有容人之量。人
能屈其所可為，而不能屈所不可
為，] 聞者以為知言。配郭氏，
同 / 邑世家女，父諱寧，[母張
氏，年十七歸於公。梁宜人性
嚴甚，宜人事之盡禮。初隨公
居邑中，躬紡績，以供薪] 米及
楮 [墨] 之費。時舅氏與 / 梁留
鄉舍，旬日必具 [酒肉問慰，邑

舍有杏若梨數株，每結實]，朝暮守視，必 [先親摘以奉舅姑②，乃
敢] 嘗。其孝誠類如此。凡公有義舉，多 / 宜人贊成之。子男二
人：長師孔，七品散官；次師儒，舉進士，累官鳳陽知府，方進
未已。女五人：長適韓鴻，次適衛輝府同知張經，次適 / 都察院右
副都御史劉 [愷]，次適尚寶司丞劉皐，次適指揮袁繼勳。孫男六：
東生，邑庠弟子；東作、東升、東少皆治舉子業；東喬、東涵尚 /
幼。孫女十人，已嫁者六。其婿郭廷賀、張 [溉]、馮芝、房大有、

---

① “及笄”，《禮記·內則》：“〔女子〕十有五年而笄。”鄭玄注：“謂應年許嫁者。女子許嫁，
笄而字之，其未許嫁，二十則笄。”笄，髮簪。後因稱女子年滿十五爲及笄。《舊唐書·后
妃傳下·女學士尚宮宋氏》：“〔庭芬〕生五女，皆聰惠……年未及笄，皆能屬文。”
② “舅姑”，稱夫之父母。俗稱公婆。《國語·魯語下》：“古之嫁者，不及舅姑，謂之不幸。”
唐朱慶餘《近試上張籍水部》詩：“洞房昨夜停紅燭，待曉堂前拜舅姑。”

馮鰲、丁篋皆名家子,亦各治舉子業。餘未行①。公生正統三年正月
二十九日,/其卒弘治十六年十一月二十七日,得年六十有六。以
卒之又明年,葬所居龐口村之東北二里。宜人生于正統二年,卒于
正德八/年八月二十日,年七十有七,與公合葬。初,公葬[時]
未有銘,後師儒②請予表其墓,尚未有以應也。至是,宜人卒,乃
併以請。予與公為同/年進士,師儒又予考會試所取士,有世好
也,故為之表,復系以銘曰:/君之行己,斤斤[自持]。非以為
異,不[涉于隨。施于]有政,不必於慈。謂[果]與達,從政之
宜。不究其用,其澤則遺。彼美宜人,德則匹之。人亦/有言,刑
[家之儀。終焉同藏,子孫之思。考履於素,不愧刻辭。]

013 程子視箴碑(明嘉靖五年,1526)

題解:原碑位於高陽縣文廟,刻立於明嘉靖五年(1526)。現碑已
佚。碑原題、常先生原題"程子視箴碑",今從之。此碑爲臥碑,碑額
題曰"宸翰",凡1行,行2字,小篆。其拓片長138厘米,寬69厘
米,凡23行,滿行15字。碑文楷書。

按:編號013《程子視箴碑》、014《程子聽箴碑》、015《程子言箴
碑》、016《程子動箴碑》這四組碑刻拓片,內容未顯示立碑時間,經
查閱史料,應爲明嘉靖五年(1526)。據《明史》卷一七《世宗紀》,
明嘉靖五年冬十月,"庚午,頒御製《敬一箴》於學宮。"同書卷九八
《藝文志三》載:"世宗《敬一箴》一卷,《注程子四箴》、《注范浚心箴》
共二卷。"當時,明嘉靖帝爲了教化天下,激勵天下士子學人,嚴於律
己,遵循儒學,并希望以維護三綱五常倫理道德的理學思想來影響社會
風氣,遂將自己所作的《敬一箴》和對宋代程頤、范浚"視、聽、言、
動、心"五箴所作的注解,以統一格式頒行天下,立石於全國各地的學
宮中。這四組碑刻均爲長方體臥碑,是明嘉靖皇帝的御筆。碑文四周還
鐫刻有祥雲雕紋以及"雙龍戲珠""龍翔海宇"等紋飾。

程子,此處指程頤。程頤字正叔,洛陽伊川人,北宋哲學家、教育

---

① "行",清雍正《高陽縣志》爲"字"。
② "師儒",即李師儒,介紹見前。

家，世稱伊川先生。他與程顥兄弟二人，合稱"二程"。程頤所作視、聽、言、動四箴，講的是人在視、聽、言、動四個環節所應注意的事項。宣揚孔子"非禮勿視、非禮勿聽、非禮勿言、非禮勿動"的教導，告誡人們在觀察外界事物，接受外在影響，說話、寫文章表達自己思想以及有所行動時，均要小心謹慎，要遵循"禮"教的約束，以符合道德倫理的要求。

按：編號064《重建文昌閣碑記》："文昌閣，明嘉靖年間建於聖廟敬一亭後"。而據《高陽縣志》（方志出版社，2015）載"敬一亭，舊在明倫堂之南，後遷於堂之北。""清朝康熙二年縣令張志禧、教諭黃道啓重修，省敬一亭……移六箴於明倫堂壁。"據此推斷，高陽縣聖廟里建有"敬一亭"，敬一亭裡有"敬一箴碑"以及其他的視、聽、言、動、心箴碑。可惜的是，我院祇有程頤的"視、聽、言、動四箴碑"拓片，没有其他兩通"敬一箴碑"和"心箴碑"拓片。這組注箴碑説明，明嘉靖皇帝重視教育，對重新評價嘉靖皇帝和研究明史提供了實物依據。

著録狀況：《程子視箴碑》原文見於《明實録》及《明世宗寶訓》卷三。與原文相比較，碑文内容略有删節，某些文字亦有不同。另，此碑文字與嘉定、洪洞、温州等地的《程子視箴碑》在一些地方亦有差别。

録文：

碑額：宸翰[①] /

程子視箴 /

心兮本虚，應物無迹；/ 操之有要，視爲之則。/ 蔽交扵前，其中則遷；/ 制之扵外，以安其内。/ 克己復禮，久而誠矣。/

視、聽、言、動四箴者，乃宋儒程氏頤之所 / 作也。程氏説："人之生也，其性本善。後被 / 物慾交攻，而此性始有不善。視、聽、言、動 / 四者，或不能中，此乃受病之處居中，而 / 制萬事者，心也。心之所接，必由視、聽得 / 之。視、聽之不明、不聰，則言、動皆違□理，/ 然視居其首焉。"程氏説："凡人扵視，不無 / 被那諸般物色所蔽，惟中心安之。凡視 / 無不明，勿使外物蕩其中，常使中制扵 / 外，可也。"《書》云："視遠惟明[②]，即此意也。要操 / 存之

① "宸翰"，帝王的墨迹，一般指皇帝親筆手詔、御劄之類。
② "視遠惟明"，語出《尚書·太甲中》。

在吾心，無有遠□，視之如一。辨其／是非，觀其善惡，以吾心之正為較察，然／後可免於昏亂之失矣。朕惟人皆以視／為明，而人君所視者，尤為要焉。果以此／為，則深為益也。凡觀其邪正，辨其賢否，／不為奸巧之所惑。庶幾忠與不肖，不得／並進，用舍不至於倒置矣。嗚呼！察之。

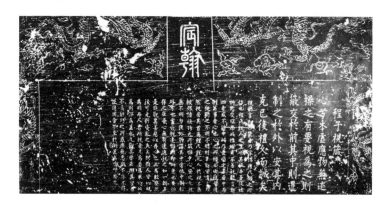

014　程子聽箴碑（明嘉靖五年，1526）

題解：原碑位於高陽縣文廟，刻立於明嘉靖五年（1526），現碑已佚。碑原題、常先生原題"程子聽箴碑"，今從之。此碑為臥碑，碑額題曰"宸翰"，凡1行，行2字，小篆。其拓片長137厘米，寬84厘米，凡33行，行15字。碑文楷書。程頤與四箴碑介紹見前。

著錄狀況：《程子聽箴碑》原文見於《明實錄》及《明世宗寶訓》卷三。與原文相比較，碑文內容略有刪節，某些文字亦有不同。另，此碑文字與嘉定、洪洞、溫州等地的《程子聽箴碑》在一些地方亦有差別。

錄文：

　　碑額：宸翰／

　　程子聽箴／

　　人有秉彝①，本乎天性；／知誘物化，遂亡其正。／卓彼先覺，知止有定。／閑邪存誠，非禮勿聽。／

---

① "秉彝"，持執常道。《詩·大雅·烝民》："民之秉彝，好是懿德。"毛傳："彝，常。"朱熹集傳："秉，執。"《孟子·告子上》引作"秉夷"。唐獨孤及《故太保贈太師韓國苗公謚議》："協恭秉彝，勤罔違德。"

　　此程氏言聽之要説，道視聽乃爲出言／之機，一或有差，患必至矣。前言視之之／道，此言聽之之道。夫人之扵視，或能察／之。然又恐聽之未善也。目視之既善，耳／聽者湏盡其善可也。耳目之間，視聽之／際，均爲要焉。若聽之不審，則無以知其／是非，故聽言之際，當分別其邪正，勿使／甘佞之言從入其心。心既受之，必爲誘／惑。《書》云“聽德惟聰”①，即此意也。蓋人生之／于天，具耳、目、口、鼻之體。口之與鼻，無所／禁者，惟耳、目爲重，故以視聽爲戒。朕論／之曰：口與鼻之無所禁，乃彼知之自然／也；耳、目之扵視聽，乃彼之不能先覺者／也。如口之嗜味，知其甘辛酸苦，嘗之自／能別也；鼻之臭物，知其好惡，嗅之自能／擇也。目之扵色，則愛其艷麗；耳之扵聲，／則愛其音律，殊不知艷麗、音律，皆人爲／之也，邜以反受其害。口、鼻之覺，故賢之／扵耳目也。故程氏箴云：“卓彼先覺。知止／有定。”謂既能卓然先覺，則自有定向。而／人君之聽，尤當審辨之也。《書》云：“無稽之／言勿聽”②。又云：“庶頑讒説”③，“震驚朕師”④。此皆／聽德之要也。人君扵聽納之間，當辨其／忠讒而已。忠言逆耳，近扵違我；讒言可／信，近扵遜我。不能審擇，其患豈淺淺哉？／但使吾心泰定，不爲諂佞之徒以惑，則／邜納者未必不可，邜屏者未必不當，惟／吾心審斷之而已。嗚呼！審之。

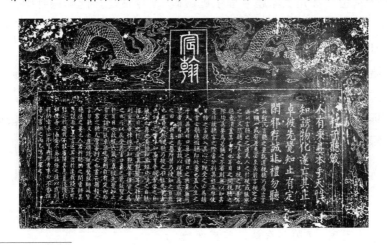

----

① “聽德惟聰”，語出《尚書·太甲中》。
② “無稽之言勿聽”，語出《尚書·大禹謨》。
③ “庶頑讒説”，語出《尚書·益稷》。
④ “震驚朕師”，語出《尚書·舜典》。

015　程子言箴碑（明嘉靖五年，1526）

題解：原碑位於高陽縣文廟，刻立於明嘉靖五年（1526），現碑已佚。碑原題、常先生原題"程子言箴碑"，今從之。此碑爲臥碑，碑額題曰"宸翰"，凡1行，行2字，小篆。其拓片長147厘米，寬84厘米，凡29行，滿行15字。碑文楷書。程頤與四箴碑介紹見前。

著録狀況：《程子言箴碑》原文見於《明實録》及《明世宗寶訓》卷三。與原文相比較，碑文内容略有删節，某些文字亦有不同。另，此碑文字與嘉定、洪洞、温州等地的《程子言箴碑》在一些地方亦有差别。

録文：

　　碑額：宸翰／

　　程子言箴／

　　人心之動，因言以宣；／發禁躁妄，内斯静專。／刻是樞機，興戎出好；／吉凶榮辱，惟其所召。／傷易則誕，傷煩則支；／己肆物忤，出悖來違。／非法不道，欽哉訓辭！／

　　樞機者，譬户之軸、弩之牙也。戎是兵戎，／好是喜好。程子之意，説凡人所言，必謹／其妄出輕發，如弩之發矢，度而思之，務／求其中焉。言易則至扵狂誕，言煩不免／扵支離。非聖賢之法言不敢道之扵口，／所以告來世之君子也。朕因而論之曰，／凡人所言，必求其合諸道理，準諸經傳，／然後可以爲言也，夫言以文身也。《書》云："／惟口起羞"。①《大學》云："言悖而出者，亦悖而／入。"《孝經》云："非先王之法言不敢道，斯之／謂也。人之扵言，必加謹焉。而人君之言，／尤當謹之。"先儒云："王言如絲，其出如綸；／王言如綸，其出如綍。"②人君之發號施令，／皆言也。令出之善，則四海從焉；一或不／善，則四海違焉。故凡出一言，發一令，皆／當合扵天理之公。因諸人情之所向背，若或徒用己之聰明，恃其尊大，肆意信／口，不論事理之得失，民情之好惡，小則／遺當

---

① "惟口起羞"，語出《尚書・説命中》。
② "王言如絲，其出如綸；王言如綸，其出如綍"，這句話出自《禮記・緇衣》，乃孔子所云。比喻君王的言論一旦發出，就會産生很大的影響。綸，用絲編織的帶子。綍，牽引棺材用的繩索，比綸粗大。

時之患，大則致千百年之禍，可不 / 戒畏之哉？程氏之作箴，其用心也至矣。/ 嗚呼！謹之。

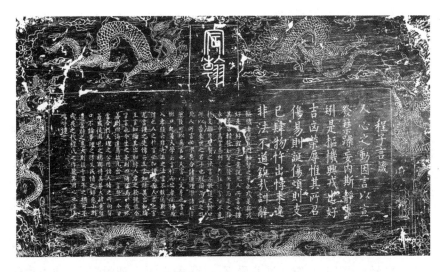

016　程子動箴碑（明嘉靖五年，1526）

　　題解：原碑位於高陽縣文廟，刻立於明嘉靖五年（1526）。現碑已佚。碑原題、常先生原題"程子動箴碑"，今從之。此碑爲臥碑。碑額題曰"宸翰"，凡1行，行2字，小篆。其拓片長136厘米，寬69厘米，凡21行，滿行15字。碑文楷書，字體稍小；"哲人是明哲之人"之下爲楷書，小字。程頤與四箴碑介紹見前。

　　著錄狀況：《程子動箴碑》原文見於《明實錄》及《明世宗寶訓》卷三。與原文相比較，碑文内容略有删節，某些文字亦有不同。另，此碑文字與嘉定、洪洞、温州等地的《程子動箴碑》在一些地方亦有差別。

　　錄文：

　　　碑額：宸翰 /

　　　程子動箴 /

　　　哲人知幾，誠之於思；/ 志士勵行，守之於為。/ 順理則裕，從欲惟危；/ 造次克念，戰兢自持；/ 習與性成，聖賢同歸。/

　　　哲人是明哲之人，志士是有德行之士。/ 誠是念之實，守是行之篤。理即天理，欲 / 即人慾。程子說："凡人所動作，便不可輕 / 舉妄動，當審事機之可否如何^①，天理人/欲^②，然後動與道合，無有墜失，狂躁之病，/戰兢惕勵。如此者，惟哲人及^③能之。君子/可求，合乎道理，^④察其當為[□所不]當為，/精別而行之，可也。而人君之所動為尤/重焉。蓋君者，以一[身]^⑤為宰萬事，不可適/已之欲，與[夫聽信^⑥讒]佞，輕舉妄動^⑦，或害/及百姓。凡[此類者^⑧，不可]枚舉，姑[説其大]^⑨/者言之。一舉動之間，上違/天^⑩意，下拂民心，而敗亡之禍隨之，是非何^⑪/不畏懼也哉？程氏之作箴，其用[心]也[至]/矣。嗚呼！畏之。

017　國朝科甲題名記（明嘉靖十七年，1538）

題解：原碑位於高陽縣文廟，刻立於明嘉靖十七年（1538），現碑已佚。常先生原題"明朝科甲題名記"；碑原題"國朝科甲題名記"，今

---

① 嘉定、洪洞、溫州等地的《程子動箴》碑，"如何"之前均有"之"字。
② 嘉定、洪洞、溫州等地的《程子動箴》碑"天理人欲"之後均有"之所在"三字。《明實錄》此句之後尚有"思其事之巨細，爲其所當爲"一句。
③ "及"，文意不通。《明實錄》作"乃"。
④ "君子可求，合乎道理"，《明實錄》作"君子可不謹之哉！朕因而論曰：凡人所動爲，當求合於道理"。
⑤ "身"，此字原拓片磨泐，今據《明實錄》補。
⑥ "夫聽信"，三字原拓片磨泐，今據《明實錄》補。
⑦ "輕舉妄動"，此句之後據《明實錄》有刪節，刪去了"或恃中國之强，而好征伐，或盤遊無度"。
⑧ "類者"，二字原拓片磨泐，今據《明實錄》補。"者"，《明實錄》作"旨"。
⑨ "説""大"，兩字原拓片磨泐，今據《明實錄》補。
⑩ "天"，此字因平闕抬行頂格。
⑪ "是非何"，《明實錄》作"是可"。

從之。其拓片長 198 厘米，寬 78 厘米。楷書。從上至下共 6 排，人名排序爲從右至左，時間依年代順序排列，姓名字體大，及第時間及生平官職字體稍小。拓片最下方從右至左還有 13 行小字，因年代久遠，已不可識。該碑記録了明代高陽縣 79 名舉人、進士的及第時間及生平官職。除崇禎年間的兩名舉人李化麟①、張納獻未記録外，基本上囊括了有明一代高陽縣全部的舉人、進士信息，是研究明代科舉制度的重要實物資料，也爲考證明代高陽年間的舉人、進士提供了第一手原始資料。

著録狀況：《天一閣藏明代方志選刊（保定郡）》卷十一《古今科第》記載了從隋朝至明弘治二年（1489）高陽縣的進士、舉人、歲貢，弘治二年以後的科第無記載；清代李周望的《國朝歷科題名碑録初集》，輯録了明代洪武至崇禎年間各科進士題名；朱保炯、謝沛霖《明清進士題名碑録索引》的明代題名録部分是在《國朝歷科題名碑録初集》的基礎上進行校録補充，并加上索引，方便檢索；民國《高陽縣志》中《人物·進士》②《人物·舉人》③中輯録了自元至清末高陽縣所出的全部進士、舉人姓名及簡單信息，拓片模糊之字據其補。

録文：

國朝科甲題名記 /

鄧諒，洪武己卯舉人，任教諭。王遜，洪武庚□進士，任知縣。邸善，永樂乙酉舉人，任監正。何達，永樂丁酉舉人，任教授。王珪，永樂庚子舉人，未仕。蘇敬，永樂癸卯舉人，任知縣。劉中，永樂癸卯舉人，未仕。田甫，[宣德己酉]舉人，任助教，誥封正卿。李恭，宣德壬子舉人，任知縣。劉同，正統己未進士，任寺丞。劉潤，正統甲子舉人，任知縣。王佐，景泰庚午舉人，任訓導。田景暘，[景泰癸酉亞魁，甲戌進士，任大理寺正卿，進封禮部尚書，謚□公]。吳琮，[景泰癸酉舉人，己丑進士，任兵□副使]。劉瀚（後殘）。/ 高寅，景泰丙子舉人，任訓導。劉銘，景泰丙子舉人，未仕。劉璽，天順己卯舉人，任知府。解賓，成化[己酉舉人，

---

① 據民國李曉泠等《高陽縣志》卷六《人物·舉人》第 360 頁，李化麟，“字禹汲，丙子。張納獻，字元克，己卯任温縣知縣”。
② 民國《高陽縣志》，第 348 頁。
③ 民國《高陽縣志》，第 361 頁。

己丑]進士，任員外郎。李敬，成化乙酉舉人，丙戌進士，任御□。田景昉，成化戊子舉人，任知縣。李儼，[成化辛卯舉人]，戊戌進士，任[户部員外郎中升參議]。田景曈，成化丁酉舉人，任同知。田景暲，成化[丁酉舉人]，任知縣。王琮，成化庚子舉人，丙午進士，任員外郎。馬龍，成化[庚子舉人]，任通判。張天衢，成化[癸卯□魁，甲辰進]士，任兵[備副使]。鄧引吉，成化[癸卯舉人]，任知縣。李師儒[①]，[成化丙午舉人，庚戌進士，任□中冊□□政]。晁盡孝，成化[丙午舉人，丁未進]士，任知縣。/李章，弘治己酉舉人，任知縣。韓鵾，弘治己酉舉人，任知縣。宋緯，弘治壬子舉人，任通判。齊鑾，弘治乙酉舉人，任教諭。關鍵，弘治戊午舉人，任推官。韓璒，弘治戊午舉人，

甲戌進士，任參政。王承恩，弘治辛酉舉人，甲戌進士，任運同。馬乾，弘治辛酉舉人，任長史。王揚，弘治甲子舉人，任知縣。朱夏，正德庚午舉人，任知縣。張濬，正德丙子舉人，任知縣。賈耕，正德丙子舉人，任知州。劉恩[②]，正德丙子舉人，辛巳進士，任參議。

① “李師儒”，又見於011《重修龍泉寺碑記》，該碑由李師儒書丹。

② “劉恩”，撰有《明亞中大夫苑馬寺卿張公（承恩）墓志銘》，其中云其官銜爲“賜進士第奉直大夫前湖廣布政司參議”，見《新中國出土墓志》（河北卷 壹 下册第181頁至第223），上册第225頁有圖。

王荔，嘉靖壬午亞魁，任□□。韓勗，嘉靖辛卯舉人，壬辰進士，任郎中。/張嵐，嘉靖辛卯舉人。董第，嘉靖甲午舉人。董懋中，嘉靖甲午舉人，戊戌進士，任□□。董立中，嘉靖甲午舉人，未仕。韓旦，嘉靖甲午舉人，任知縣。董執中，嘉靖甲午舉人。張瓚，嘉靖甲午舉人。董立中。韓博，嘉靖庚子舉人，任知縣。劉行素。韓況，嘉靖甲子舉人，知縣。張弦，嘉靖甲子舉人，知縣，歷任長史加朝列大夫。韓洞，萬曆己卯舉人，未仕。閆三槐，萬曆乙酉舉人，知縣。/王懷德，萬曆戊子舉人，知縣。孫敬宗，萬曆辛卯舉人。孫承宗，萬曆甲午舉人，甲辰榜眼。韓作楫，萬曆甲午舉人，任知府。張騰霄，萬曆甲午舉人。韓太和，萬曆丁酉舉人，未仕，卒。魏克家，萬曆庚子舉人。劉似鰲，萬曆癸卯舉人，癸丑進士。李國楷，萬曆己酉舉人，癸丑進士。孫鉁，萬曆壬子舉人。李震，萬曆壬子舉人。郭雲鵬，萬曆戊午舉人。李乘雲，萬曆戊午舉人。馮杰，萬曆戊午舉人，壬戌進士，任禮科給事中。/郭騰躍，萬曆戊午舉人，任知縣。魏蕃啓，萬曆戊午舉人。許偶，天啓辛酉舉人□□。張士秀，天啓甲子舉人。李發元，天啓甲子舉人。董士昌，天啓丁卯舉人。齊國璽，天啓丁卯舉人。/

大明嘉靖拾柒年歲次戊戌仲冬吉旦 知高陽縣事 直隸 泰州 朱軋① 立/

典史 河南 孟津 楊翥②/

儒學署學事 訓導 山西 靜樂 李珂/

河南 杞縣 □□□ 同立。

---

① "朱軋"，據民國李曉泠等《高陽縣志》卷三《人物·職官》第185頁，"泰州舉人，任邑令，正重不阿，再歲乞休去。"
② "楊翥"，《明史》卷一五二有傳，稱其："字仲舉，行二，生於明弘治二年二月初二日吉時。亦吳人。少孤貧，隨兄戍武昌，授徒自給。楊士奇微時，流寄窘乏，翥輒解館舍讓之，而己教授他所。士奇心賢之。及貴，薦翥經明行修。宣宗詔試吏部，稱旨，授翰林院檢討，歷修撰。正統中，詔簡郕王府僚，諸翰林皆不欲行，乃出侍講儀銘及翥爲左右長史。久之，引年歸。王即大位，入朝，拜禮部右侍郎。景泰三年進尚書，給祿致仕。明年卒，年八十五。翥篤行絶俗，一時縉紳厚德者，翥爲最。既没，景帝念之，召其子瑝入覲，授本邑主簿。"

018 萬木亭記（明嘉靖二十三年，1544）

題解：原碑位於高陽縣北關村，刻立於明嘉靖二十三年（1544）。現存於高陽縣方志館院內。[①]此碑碑陽和碑陰原本分別錄入的，因爲時間和地點相同，又都是關於萬木亭的，整理時就懷疑是否爲同一個碑的碑陽和碑陰，查閱《高陽縣志》也都是分別記載的。後得知高陽縣還有此碑刻，經現場和拓片比對，發現形制一致，文字相符，遂證實爲一通碑的碑陽和碑陰，現放在一起，方便讀者查閱。

常先生原題"王氏萬木亭碑"；碑原題"萬木亭記"，今從之。其碑陽拓片長 138 厘米，寬 70 厘米。凡 19 行，滿行 31 字。橫批"萬木亭記"，小篆。撰者和書丹者陶譜，"會稽人。以明經判霸州遷高陽令，平易近人，工詩文，有逸趣，暇日與士大夫相唱和，在任八月告歸，留別有句云：'居官兩地政多仁，權貴交侵乞病身，檢點行囊無一物，去時還是到時貧。'時以比東壁胡床云"[②]。文中稱其曾任高陽縣令，但因忤權勢未及十月而罷。王五菴先生，即王揚。碑陽介紹了王揚的經歷事迹，特別是他廣植樹木，創建萬木亭的經過，極力鋪陳萬木亭風景之絶佳。

碑陰拓片長 138 厘米，寬 70 厘米。題曰"書萬樹亭碑陰示子孫"。楷書，凡 21 行，滿行 32 字。撰者王揚。王揚，"字清宇，王福人，甲子，滕縣知縣"[③]初爲官欲幹一番事業，不料官匪一家，豪強難抑，於是辭職歸鄉。因高陽城北有祖上田産，便定居於此，建"萬木亭"與文人墨客在此飲酒賦詩，教授學生，世稱五菴先生。并立萬木亭碑，敘述自己恢復祖業，購置田産植樹的經過，希望子孫瞭解祖輩創業之艱辛。

著錄狀況：清雍正《高陽縣志》卷五、民國《高陽縣志》卷九《集文·萬木亭記（陶譜）》第 616~617 頁、張增德主編《高陽縣志》第 1157 頁有此碑陽碑文，但無"與豪右忤，遂致政歸""亦以忤權勢"兩句。且都没有立碑時間和立碑人信息。清雍正《高陽縣志》卷五、民國《高陽縣志》卷九《集文·王氏萬木亭碑（王揚）》，第 576~577 頁

---

① 據高陽縣檔案局編《圖説高陽》第 32 頁介紹，萬木亭碑長期埋於地下，2002 年 8 月於原北關揚水站附近（現東塋小區）出土，置於自來水公司院内，現存於高陽縣方志館院内。碑身高 150 厘米，寬 70 厘米，厚 15 厘米。

② 民國李曉泠等《高陽縣志》卷三《人物·職官》，第 185~186 頁。

③ 民國李曉泠等《高陽縣志》卷六《人物·舉人》，第 357 頁。

有此碑陰碑文，亦無立碑時間和立碑人信息。拓片模糊之字據其補，以
"[ ]"標識。

録文：

碑陽：

横批：萬木亭記 /

萬木亭記 /

高陽邑城之北距百步許有亭焉，翼然而起，樸而不華，乃邑中
賢士夫王五菴 [先]/生①㪍築也。五菴領甲子鄉薦②，為鄉寧令，當
道請于/朝，補滕之大邑。廉以律身，疾惡如仇，與豪右忤，遂致
政③歸。乃度閒曠之地以為圃，/親自樹藝，浮橐駝法④，果木必成
行列。培埴二十餘年，數以萬計，環列亭之左右、前/後。蓊欝暢
茂，望之若神僊居。入其地，畦徑紛錯，輒迷其跡，故名之曰萬
木亭。其 [東]/風扇和，春日載陽，萬卉爭妍，紅白相暎，異香
交集，侵浮几案，離明相見；南 [薰]正 [长]，/萬綠生蔭，壓簷
鋪地，禽鳥和鳴，遠近相應；大火⑤西流，金氣始生，萬寶告成，
[太和保]/合，[累累]落落，其實可食；寒氣嚴凝，草木黃落，
萬樹僵立，雨雪載途，銀柯玉枝，[輝爛/庭]户。四時之序變幻不
同，而亭之景象亦因之而異也。五菴治圃之暇，日坐亭中，/□[課]
諸子，造詣日深。塚器⑥荔以易學領京闈高第，主司録其文，以為
士子式。次子/[蓁、蓀]、茁補邑庠弟子貟，籍籍有聲，場屋皆梁
棟材也。五菴每遇客至，取酒摘實，盤/薄終日，盡醉而歸。則斯

---

① 王五菴先生，即王揚。
② "鄉薦"，唐宋應試進士，由州縣薦舉，稱"鄉薦"。唐顧雲《上池州衛郎中啓》："自隨鄉
薦，便托門牆。"宋徐鉉《稽神録·趙瑜》："瑜應鄉薦，累舉不第。"按，後世稱鄉試中式
爲領鄉薦。
③ "致政"，猶致仕。指官吏將執政的權柄歸還給君主。《禮記·王制》："五十而爵，六十不親
學，七十致政。"鄭玄注："還君事。"《國語·晉語五》："范武子退自朝，曰：'……余將致
政焉。'"韋昭注："致，歸也。"
④ "橐駝法"，源出柳宗元《種樹郭橐駝傳》。其文中稱郭橐駝："業種樹，凡長安豪富人爲觀
遊及賣果者，皆爭迎取養。視駝所種樹，或移徙，無不活，且碩茂，早實以蕃。他植者雖
窺伺效慕，莫能如也。"
⑤ "大火"，星宿名，即心宿。《爾雅·釋天》："大火謂之大辰。"郭璞注："大火，心也，在中
最明，故時候主焉。"宋司馬光《八月五日夜省直》詩："大火已西落，温風猶襲人。"《西
遊記》第二二回："光陰迅速，歷夏經秋，見了些寒蟬鳴敗柳，大火向西流。"
⑥ "塚器"，亦曰"塚嗣"或"塚子"，嫡長子之謂。

亭豈不因木而成美，木豈不因亭而益增其美耶？雖然美/不自美，因人而美。牛山之木^①固云美矣，非浮孟軻氏筆之扵書，後人孰知其美？至/若子猷^②之扵竹、淵明之扵菊^③、茂叔^④之扵蓮，不有得諸君子為之依歸，安能竊美名/□，千百載之後而與諸公並稱扵天壤間耶！余扵是知彰其美者，不在扵物，而在/扵人也。今萬木之有遇扵五菴者，何以異此？余來宰是邑未及十月，亦以忤權勢/□酌別亭中，請記書此。先生諱揚，字清宇，五菴其別號也。

大明嘉靖甲辰^⑤秋九月九日，會稽陶譜書。

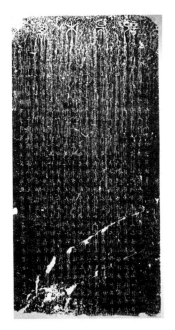

碑陰：書萬樹亭碑陰示子孫/

予齠齔時，城北關迆西有祖業地十二畝，桑、棗樹百餘株。其分扵伯叔者已為他姓/所有，獨先君^⑥者存。後，予做秀才，每經

---

① "牛山之木"，源出《孟子·告子上》："孟子曰：牛山之木嘗美矣，以其郊於大國也。"
② "子猷"，指王徽之，字子猷，東晉名士、書法家，乃王羲之第五子。史稱其愛竹，雖暫居而必種竹。
③ "淵明"，即陶潛，字元亮、淵明，東晉著名詩人。他愛好菊花，其中詩有云"采菊東籬下，悠然見南山"。
④ "茂叔"，即周敦頤，北宋著名哲學家。他酷愛蓮花，著有《愛蓮說》。
⑤ "嘉靖甲辰"，即明世宗嘉靖二十三年（1544）。
⑥ "先君"，王揚對其父的尊稱，姓名不詳。

其處，不勝嗟悼，思欲復之，而力未能；又後，先君/宦遊遼晉，官卑祿微，賴少復其一二，未洪也；最後予偶中甲子榜^①，初任鄉寧，再調滕/縣，衎得俸資，歸與爾母邢氏籌畫生計，以期復祖業為先，互相振勵，因舊圖新，遂乃/增廣四十畝。其中，曾祖手植桑樹尚有三株，計百二十歲；先君手植者尚有二十株，/計六十四歲。麓者两三圍，高者五七丈，過而覽者靡不驚且惜也。家間煙[焚]亦屢斷/矣，未忍輕剪一枝，念祖父遺澤不欲泯也。外[小]路南又置六十畝，大道東又置五十/畝，城里東南角又置五十五畝，東北角又置三十三畝。凡此周圍，各築以牆，錯雜悉/種以樹，大約不下六七千株。積令培養二十餘年，欝欝蒼蒼，如雲^②如盖。是雖借僕[役]/之為，而予一日未嘗離走^③。晨昏暴風，日皴皮膚，憊筋力人，[固]不堪其勞，而予固作之/不辭。自^④今觀之，不惟一家溫飽扵此乎取給，然而，嫩蕊濃花之春，懸黃綴紫之秋，好/鳥之和鳴於晝，明月之篩影於夜，時序之代謝不同，而佳景之變遷無盡，予晚年遊/玩盤桓之興，[亦於]此而託終也。嗟夫！置產難也，守之何難？守產易也，敗之最易。[予自]/弱冠，迄今白首，始末五六十年，備歷勤苦，僅能成此尺寸之業。創置之難如此，一[旦]/有不才者出，父兄不嚴，師友不教，詩書不講，農事不屑，形骸日放，而情欲日熾，噫！[萬]/事去矣，為之奈何？柳玭^⑤云："成立之難如登天，覆墜之易如燎毛。"^⑥三復至此，[其]可痛也。/為予之子若孫者，其[深]念之哉！其[深]念之哉！

　　嘉靖二十三年九月吉旦七十二翁謹率諸子^⑦：[荔、薊、蓀、茳，諸孫：令辰、令文、令言、令績、令原、令度、令謨、令

---

① "甲子"，即明弘治十七年（1504）。王揚於此年中舉。
② "如雲"，張增德主編《高陽縣志》作"青翠"。
③ "走"，張增德主編《高陽縣志》作"迫"。
④ "自"，張增德主編《高陽縣志》作"即"。
⑤ "柳玭"（？~894），晚唐文士，京兆華原（今陝西耀縣）人，出身於名宦世家，明經及第，官至御史大夫。爲官清直有父風，唐昭宗欲以爲宰相，因宦官進讒而罷。後坐事貶瀘州刺史，卒於任上。著有《柳氏敘訓》。
⑥ 此句話出自柳玭《柳氏敘訓》第十六"知失無失"條。《柳氏敘訓》記其祖柳公綽以次朝野事迹，多述柳氏門風及柳氏先人所持立身之道，以誡其子弟。
⑦ "諸子"，指王揚四子，據碑陰爲荔、薊、蓀、茳。其中王荔，"以易學領京闈高第"。而據民國李曉泠等《高陽縣志》卷六《人物·舉人》，第358頁言"壬子亞魁，有傳"。按：同書第308頁有其傳，其傳記載王荔中舉時間是"嘉靖壬午"。《高陽縣志·舉人》記載應有誤。

緒、令維　立石]

019　皇明賜進士大中大夫湖廣左參政韓公墓（明嘉靖二十六年，1547）

　　題解：原碑位於高陽縣愚堤村，該村在縣東八里，刻立於明嘉靖二十六年（1547）。現碑已佚。常先生原題"韓氏諱璫墳墓碑記"；碑原題"皇明賜進士大中大夫湖廣左參政韓公墓"，今從之。撰者和書丹者不詳。楷書。其碑陽拓片長 139 厘米，寬 45 厘米，凡 1 行，行 17 字。碑陰拓片長 135 厘米，寬 52 厘米，凡 11 行，滿行 24 字，具體介紹了墓主韓璫的籍貫、世系、仕歷和子女等情況。這些内容刻於碑陰的情況較爲少見。從碑文來看，韓璫卒於嘉靖二十四年（1545），并下葬，兩年之後即嘉靖二十六年方刻碑立石。韓璫，民國李曉泠等《高陽縣志》卷三《人物》"明賢"第 197~198 頁有其傳。

　　録文：

　　碑陽：皇明賜進士大中大夫湖廣左叅政韓公墓

　　碑陰：/ 公諱璫，字廷珮，別號西溪，世爲保定府安州高陽縣愚地村①人。/ 高祖士賢、曾祖傑，俱不仕。祖貴以歲貢任蘇州府長别州縣主簿，/ 父繼以公貴贈户部主事。前母于氏、母秦氏贈安人。公領弘治 / 戊午②鄉薦，□正德甲戌③進士，初授户部主事，歷陞陝西四川按 / 察司副使，湖廣布政司左叅政，行實政績，詳具墓誌。配晁氏，成 / 化丁未進士晁公之女，封安人。子男二人，長悟，邑庠廪膳生；次 / 博，領嘉靖庚子④鄉薦。女二人。孫男 人，長軒，邑庠生；次軨、輡、軓、/ 軷、輔。 孫女五人。曾孫男人。/ 曾孫人。公生於成化九年七月十九日，卒於嘉 / 靖二十四年六月五日，享年七十有三，葬新塋。

---

① 愚地村，當爲"愚堤村"。
② "弘治戊午"，即明弘治十一年（1498）。
③ "正德甲戌"，即明武宗正德九年（1514）。《國朝歷科題名碑録初集》第 584 頁載其，"明正德九年進士題名碑録甲戌科，賜同進士出身第三甲二百五十八名"，"直隸保定府安州高陽縣軍籍"。（清）李周望輯《國朝歷科題名碑録初集》，《北京圖書館古籍珍本叢刊》，書目文獻出版社，1990。《明清進士題名碑録索引》同録。
④ "嘉靖庚子"，即明世宗嘉靖十九年（1540）。

嘉靖二十六年三月十五日立石。

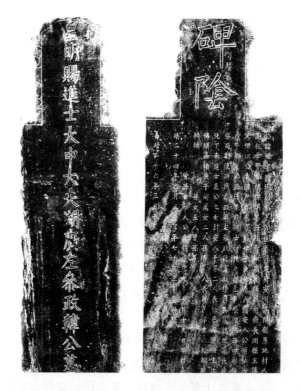

020　重建高陽圈頭□□同橋梁記（明嘉靖三十九年，1560）

　　題解：原碑位於高陽縣北圈頭村，該村在縣城東南，刻立於明嘉靖三十九年（1560）。現碑已佚。常先生原題"重建圈頭橋碑"；碑原題"重建高陽圈頭□□同橋梁記"，今從之。其拓片長205厘米，寬77厘米，凡22行，滿行59字。楷書。劉邦聘撰文，書丹者爲太學生邑人，但姓名已磨泐。

　　按：北圈頭村南有一座磚橋，名洪濟橋，俗名圈頭橋，橋下是流經高陽縣的主要河流之一的馬家河。此橋上達京師，南通諸省，爲畿輔交通要衝。但屢修屢壞，爲行旅往來帶來極大不便。此碑主要記述了明嘉靖三十六年（1557）至三十八年（1559），代王以及其他諸人捐資易以大木重修此橋的經過。

　　據民國《高陽縣志》卷一《地理》"桥梁"第 87 頁載："洪濟橋，在城南三里許圈頭村，跨馬家河，初名馬家橋。景泰中，魯令能督建。正德中，劉令振移建於舊橋西一里許，更名通濟。嘉靖七年，張令經綸重修。二十八年，馮令俞移建於稍西，易今名。萬曆戊寅，冒令守愚重修，歲久盡圮。三十三年，錢令春仍其地創修。清朝康熙六年，邑人知府齊洪勳重修。"

　　明孫承宗撰有《濟橋記》（民國《高陽縣志》第 610~612 頁）、《重建城南安瀾橋記》（民國《高陽縣志》第 756~759 頁），俱收錄於此版《高陽縣志》中。

　　錄文：

　　　　重建高陽圈頭□□同橋梁記 /

　　　　奉政大夫左長史□西劉邦聘□，/ 太學生邑人□□□書。/

　　　　高陽之有橋舊矣，去縣三里許，上達京師，南通諸省，為畿輔之衝。凡漁樵、耕牧、商賈、行旅往來者踵相接也。而病涉者，每每馬前□□有橋□□□□/ 木構之，每遇河水泛漲，即為之傾圮而壞，壞則輒更而作之。夫以一橋之制，屢構以木，屢敗以水，且不可以久。夫屢壞則病行者屢作，則病居者□□，/ 且不勝計□，亦為甚勞也。是橋之制，亦孔艱矣。每歲，/ 代藩① 國主遣内相② 一人親詣 / 泰山進□，而高陽橋實經歷焉。嘉靖三十六年，有門正王君自然朝山，因至其地，見行者之病□涉而□□□□□不為利涉之□呼？□□為□□□□，功 / 倍而難成，構以木則力省而易舉。地瘠民貧，所費不貲，是以不能建此大功也。王子□即□□承奉劉□□□同啓於 / 王，□欲易以大木，以廣闊其橋之規，永為長久之計。且曰非吾 / 王之□德行惠則不能為此□。/ 王之□，即為之惻然，雖未親歷其□，而濟涉之念□然矣。由是慨然遂捐祿□銀伍百兩，承奉劉□□□□資銀□□兩，同付□□□□□高陽縣□ / 於□而得一致仕知縣韓□□，保舉善士王良、李章等十三人，而構求大木於遐邇，

──────────

① "代藩"，明洪武二十五年（1392），明太祖封其子朱桂爲代王，就藩大同。此代藩國王，據《明史》卷一一七，當爲朱桂後嗣廷埼，他嘉靖二十六年（1547）嗣王爵，萬曆元年（1573）薨。

② 内相，指宫中太監。《紅樓夢》第八三回："門上人進來回説：'有兩個内相在外，要見二位老爺呢。'……門上的人領了老公進來。"

得若□□。其間猶有不足者，韓子□□□□錢於本地方，又□□/若干繒，□建□木橋一座，為孔三十有六，每孔闊一丈餘。經始於嘉靖丁巳①，歷己未②四月，而告成焉。噫！其功可謂甚巨，其成可謂□易矣。使非吾□□/王之博施，何其成之若易之速哉？不惟一時行者之利，於涉□百世之下，頌/王之德者猶今日也。於是彼之士民□之□/王，請書其事，□鐫於石，□垂不朽矣。橋樑，王政之首務也，王人者，將以□□而□之上下者也。/王之急病讓夷，豈從閔□□一橋之成而□哉？吾見賑窮獨，恤鰥寡，矜瞽目，泣罪人，每每以至誠惻怛之心行之，則於先王一切所以捍災預患，生□□/道，悉舉之□。嗚呼！其亦可以觀世德也夫，其亦可以觀王化也夫。/

　　大明嘉靖三十九年歲次庚申孟春吉旦立石/

　　文林郎知高陽縣事山東汶上杜鶴齡，典史張鷟/

　　儒學教諭智秉倫，訓導周汝忠、馮祿同建。

021　重修古剎龍泉寺碑記（明隆慶五年，1571）

　　題解：原碑位於高陽縣北坎葦村，該村在縣東二十五里。刻立於明朝隆慶五年（1571），現碑已佚。碑原題"重修古剎龍泉寺碑記"；常

---

① "嘉靖丁巳"，即嘉靖三十六年（1557）。

② "己未"，即嘉靖三十八年（1559）。

先生原題“重修龍泉寺碑記”，今從之。碑額 2 行，行 4 字，題曰“重修古刹龍泉寺記”，小篆。其拓片長 202 厘米，寬 75 厘米，凡 20 行，滿行 40 字。碑身正上方中間橫批“皇圖永固”。楷書。劉勃撰文，李知言書，李知方篆額。此碑除介紹佛教傳入中國内地的情況外，主要記述了僧人佛壽邀請里人張子璣等重修龍泉寺的經過。

劉勃，生卒年不詳，字仲安，號柱峰，河間府任邱縣陳王莊（今河北河間）人，明嘉靖二十九年（1550）進士，官至河南按察司僉事。李知言，高陽人，爲李師儒之孫，李師儒介紹見前。龍泉寺介紹見前，參見編號 011《重修龍泉寺碑記》。

録文：

碑額：重修古刹 / 龍泉寺記 /

橫批：皇圖永固 /

重修古刹龍泉寺碑記 /

賜進士出身、奉政大夫、河南按察司分巡河北道僉事□□劉勃撰，/ 賜進士出身、亞中大夫、前翰林院山西布政司右叅政邑人李師儒孫男、府庠生李知言書，/ 由太學仕佐郎、山東東昌府檢府政事邑人李東生男、武學生李知方篆。/

頴城之東鄉坎尾有古刹，采^①志詢者，舊矣。歷歲伊末，傾圮殆廢，本寺□僧佛壽邀請里人張子璣、閭子大智、王子一正、陸子廣，矢志屢淑，歚首其施而新之，恐未贍集，淑志之同者，樹券積資，無齒無婪，僉同鳩畫孔 / 良，數祀而工竣。是故殿宇橐廓，址垣崇麗，蔚然一新，視舊伊建且大矣。粵自逺嘰國寺肖五形，名波羅越，/ 阿育王起千八百，嗣而阿含四廟、拘夷^②歷兩塔，麗跂藍於闍賓，搆精舍以處摩騰^③，而海内在在寺之。夫釋教 / 空而迹，迦葉花城，鶴林鹿苑，亦渺如寂如。己爾新若寺固不題，亦奚禆哉？然自象教^④東流，崇者延蔓，英 / 人誹之不息，至密以紀

---

① “采”，係右方添補小字。

② “拘夷”，即拘夷那竭，道安《西域志》作拘夷國，或作拘尸那迦羅城。一説在印度北方邦境内，一説在加德滿都之東。

③ “摩騰”，即西域僧人攝摩騰，他和竺法蘭攜帶佛經至洛陽，漢明帝令建白馬寺以處之。碑文中所謂精舍，即指白馬寺。

④ “象教”，指佛教。

憲莫禁者。彼自一道寺之，不無本緣，且寺者，止也，徒釋種而止之，以地絡飛鳥之/蕩，斁泥牛之疲，置草蓐之區，育鵬者之衆，四道三輩，胥茲群鼇。矧/熙制①有都正②，會司附治春曹③，亦仍寺不靡。梓里人不崇若教而新若寺以止，若徒其知遵制也，已釋籍曰/神地造寺，長夜受福。顒志坎尾，古神龍所遊，其地神矣。葺理故寺，而膺二梵，獲三利。維祉之設，利財而毀/之，將有白馬悲鳴，青蓮勒慧，甘露隱而炎火熾，履淑者願乃爾耶？雖然世之民不易淑者，上有力役，驅之/以令，不赴要之，以期不竟④覺。即家之營造，猶愛其力，籌其費而輟焉。新若□者，未驅以要也，乃赴而竟至捐/其力與費不輟，非志在履淑者不爾也。梓里人移是志以供上，則作□□□□以營家，則克勤。究寺之義，/而各立其所，則定分亦可以風世矣。茲舉也其譿哉！先是余族人□□歸釋□□諸坎尾寺，余歸田與遊，/一悟輙道。梓里人之淑後圓極其釋弟法常止焉。余姻親文溪□□□夙善兩□，持梓里幣屬余言，故記/爲觀風者采焉。

---

① “熙制”，因平闕抬行。
② 明代僧官制度，在京師設僧錄司，統理天下僧尼。其成員有左右善世，正六品；左右闡教，從六品；左右講經，正八品；左右覺義，從八品。而地方僧官，府設“僧綱司”，有都綱、副都綱各一員；州設“僧正司”，內置僧正一員；縣設“僧會司”，內置僧會一員。
③ “春曹”，明清禮部、禮部尚書之別稱。有明一代，僧錄司并不是一個獨立自主的機構，而是隸屬於禮部統轄之下。
④ “竟”，係右方添補小字。

大明隆慶五年歲次辛未秋仲月庚寅朔越二十四日本寺□持法常吉旦立 河間府石匠胡寬、趙明同鑴。/

022 高陽縣馬公重修學記（明萬曆十一年，1583）

題解：原碑位於高陽縣北坎葦村，該村在縣東二十五里處。刻立於明萬曆十一年（1583），現碑已佚。常先生原題"學宮碑記"；碑原題"高陽縣馬公重修學記"，今從之。碑額2行，行2字，題曰"重修學記"，小篆。其拓片長138厘米，寬57厘米，凡24行，滿行46字。楷書。撰者劉行素，韓博篆額，韓況書丹。此碑主要記述了高陽縣令馬庭荊於萬曆年間重修學宮的事迹。

劉行素，民國《高陽縣志》卷六"舉人"條載其"乙酉，府學，見進士"。卷六第350頁列於嘉靖進士中，"進士"條載其爲"丙辰，有傳"。劉行素"字易簡，號得菴，恩之子，少奇穎不群，以春秋中嘉靖甲午鄉試丙辰進士，授中書舍人，以資望選南京浙江道御史。會兵變，劫殺黃少司徒懋官。行素具疏，以經制無法召亂，脫巾論劾大司馬而下數人，俱賜罷。已廉得首惡軍八十餘，盡置大辟。又飛熊衛等軍恚本兵刻削，衆鼓譟起，縛千夫長吳欽，撻之營中。復劾大司馬江，江故，世宗皇帝特簡也。行素獨不避，兩疏侃侃數百言，時論偉之。卒以此外補陝西按察司僉事，尋升河南副使兵備大梁，後又補貴州副使，恩詔進中議大夫。行素清正，恥爲婾阿，所至不憚權貴，居官廉，居家孝友，日耽琴書，嘯詠竹石間，晚而益工古文辭善聲詩，所著有集"①。除此碑外，他還撰有《明南京户部河南司郎中前監察御史高公（甲）同配封孺人齊氏合葬墓志銘》《明故高（燦）室王孺人墓志銘》②。

韓博，據民國《高陽縣志》卷六"舉人"條載，字惟约，明嘉靖庚子（明嘉靖十九年，1540）舉人，後任山東登州府文登知縣。

韓況，據民國《高陽縣志》卷六"舉人"條載，字文峰，明嘉靖甲子（嘉靖四十三年，1564）舉人，後任山西太原府清源縣知縣。

---

① 民國《高陽縣志》卷三《人物·明賢》，第198~199頁。
② 《新中國出土墓志》（河北卷 壹 下册第233頁第268），上册第271頁有圖。

錄文：

碑額：重修／學記／

高陽縣馬公重修學記／

賜進士出身、中憲大夫、陝西提刑按察司兵備副使、前浙江道監察御史、邑人劉行素譔文，／鄉貢進士[①]、文林郎[②]、知山東登州府文登縣事、邑人韓博篆額，／鄉貢進士、文林郎、知山西太原府清源縣事、邑人韓況書丹。／

高陽為保定右邑，即古顓頊之地，密邇京畿，其學校之設，尤為畿以南教本。初自洪武十年，繼修于正統四年[③]丁丑。時□／稱□□，顧歲老月深，而尹土者莫為肯構，即囊廁稱隆日敝也。歷數十稔，犁丘馬後翁[④]操符茲土，進諸生知學宮闕□□／史□[⑤]、田君二傅長曰："如是戟，道弘於士，士遊于庠，庠弗理，士何居焉？是吾有司責也。"遂具檄府道，出俸貲若干金，鳩□□／日舉事，命貳幕熊君毫董之，繼以劉君應。先飭大成禮殿訖，餘凡五十有二。更新者，曰東西廡，曰四隅房，曰戟門，曰萬□／扁，曰儒學門，曰門屏，曰□垣，曰啟聖祠，曰名宦祠，曰鄉賢祠，曰禮門。義路坊完舊者，曰櫺星門，曰明倫堂，曰聚奎坊。工萬／曆之八年五月，落成於九年五月。雕榱刻桷，丹漆黝堊，視往昔規制，煥乎改觀矣。惟公世以科第，斐聲為海內冠冕，故□／餘，每加意人士。他如躬吐握[⑥]以招延，置學田以餼廩。賙貧賻葬，督會課文，加惠之典，指不勝屈。而諸生之佩戴籍甚，□□／舉，感奮彌切。於是張、田二君相與謀曰："口碑如此，盍勒之珉，以志永永？"遂走尺素劉子[⑦]，徵詞為記。劉子曰：夫士之學，以□／為至聖賢之學，其體在

---

① "鄉貢進士"，指地方的州縣官吏依據私學養成的士人，經鄉試、府試兩級的選拔，合格者被舉薦參加禮部貢院所舉行的進士科考試，而未能擢第者則稱爲"鄉貢進士"。

② "文林郎"，散官，爲正七品文官所授的散官名。

③ "天統四年"，爲己未，不爲丁丑，原碑文误。

④ "馬後翁"，據下文指馬庭荊，號後齋，時任高陽縣令。

⑤ "□"，據後文"張、田二君"，則此處所缺之字當爲"張"。

⑥ "吐握"，即吐哺握髮的簡稱。哺，指口中所含的食物。語出《史記·魯周公世家》，史稱周武王死後，由於成王年少，由周公攝政。周公告誡其子伯禽説："我文王之子，武王之弟，成王之叔父，我於天下亦不賤矣。然我一沐三捉髮，一飯三吐哺，起以待士，猶恐失天下之賢人。子之魯，慎無以國驕人。"後以此形容禮賢下士、求賢心切。

⑦ "劉子"，即碑文撰者劉行素。

身，而其用在家、國、天下[1]。明倫宅也，心基也，基以托宅，宅以階出入，而體與用胥賴焉。吾黨之士□/修，亦謂學乎？盖人之心，譬若庠序[2]。當其湛一之初，至虛而靈，猶學之始新也；及衆欲誘之，而湛者泪焉。與學之□而□□/以為學敝而修，責在上之人；心泪而修，在士不可諉。粤稽古若堯舜之相授受，曰精一執中[3]，而孔子之告顏子，亦曰□□/。是聖賢之亦以開道統者，事心之外，無學爲爾多士學矣，其尚于亦謂新者，精之一之，克之復之，不杂于聲色，不聚于□/鉥於羞愧，不淪於浮薄，於以厚若基，安若宅，無若久敝，然則庶乎正此心以修身而義親，序別信之倫，罔不盡推此。必□/國天下，而上棟嚴廊下藩方内克，克乎天下，萬世皆吾同室

也。斯其為體用之全，而與聖賢一忒。公修學育才之意，無□/者則傾廷基曠廷宅，倚聖賢之門户以為名利淵□。是有司修之，而為士者毀之也。如學何，如公何？剙我高陽，古稱才□/傑磊砢，文采藻朗，如史亦載，蒼舒、隤敱輩，而天下謂之"八凱"[4]。彼其人，

① "家國天下"，語出《大學》所言："身修而後家齊，家齊而後國治，國治而後天下平。"
② "庠序"，古代的地方學校，後亦泛稱學校。《孟子·梁惠王上》："謹庠序之教，申之以孝弟之義。"《汉書·董仲舒傳》："立大學以教於國，設庠序以化於邑。"
③ "精一執中"，語出《尚書·大禹謨》："人心惟危，道心惟微，惟精惟一，允執厥中"，歷來被認爲是堯、舜、禹相授的心法。
④ "八凱"，亦作"八愷"，語出《左傳·文公十八年》："昔高陽氏有才子八人：蒼舒、隤敱、檮戭、大臨、尨降、庭堅、仲容、叔達，齊聖廣淵，明允篤誠，天下之民，謂之八愷。"後以八凱指賢能吏臣。

固吾土產也，爾多士亦產茲土矣。獨奈何而自遜□。／幸相與勗之，以不媿高人士云。馬公，諱庭荆，後齋其別號也。／

大明萬曆十一年歲次癸未孟冬吉旦／

直隸保定府安州高陽縣儒學教諭古營張諫／

訓導古蕩田耕莘。

023　玄武祠記（明萬曆十三年，1585）

題解： 原碑位於高陽縣北關村，刻立於明萬曆十三年（1585）。現碑已佚。常先生原題"建修玄武廟碑"；碑原題"玄武祠記"，今從之。碑額2行，行4字，題曰："高陽新建玄帝廟記"。小篆。其碑陽拓片長198厘米，寬82厘米，凡20行，滿行42字。楷書。碑陰拓片長170厘米，寬86厘米，凡20行。字迹多漫漶磨泐，難於研讀。此碑主要記述了高陽縣民重建玄帝廟的事迹，并由此闡述了如何事神的態度。撰者爲當時高陽縣令，姓名難以識讀；篆額者韓況，介紹見前。書丹者韓洞，據民國《高陽縣志》卷六《人物》"舉人"條言其，字孟瀾，萬曆己卯（萬曆七年，1579）舉人，未仕。

玄帝廟，主祀真武大帝（即玄武大帝，由於宋尊始祖趙玄朗，因避其玄字諱，故改玄爲真），故又稱"真武廟"。真武大帝，又稱玄天上帝、玄武大帝、祐聖真君玄天上帝，玄天上帝金闕化身蕩魔大天尊，全稱真武蕩魔大帝，爲道教神仙中赫赫有名的玉京尊神。道經中稱他爲"鎮天真武靈應祐聖帝君"，簡稱"真武帝君"。民間稱其爲蕩魔天尊、報恩祖師、披髮祖師。道教經書中描繪真武大帝的形象是披髮黑衣，金甲玉帶，頂罩圓光，形象十分威猛。其身長百尺，脚下踏着五色靈龜，按劍而立，眼如電光，身邊侍立着龜蛇二將及記錄三界功過善惡的金童玉女。

按，關於玄帝，編號023《玄武祠記》、025《玄帝祠記》、036《高陽縣晋莊鄉玄武祠記》、民國李曉泠等《高陽縣志》卷九《集文》第656頁載有韓洞撰寫的《元武祠記》（地址、年代不詳）都有涉及，由此反映了玄武帝信仰在高陽地區十分流行。

録文：

碑陽：

碑額：高陽新建／玄帝廟記／

玄武祠記／

鄉進士、文林郎、知高陽縣事、濟南府濱州□□撰文／鄉進士、文林郎、知清源河陰縣事、邑人韓況篆額／己卯進士邑人韓洞書丹／

□□高陽之□□□／

龍[①]□億萬之十□春也，□□耀光，熙宇徵瑞。會政餘，耆民[②]王沐恩等跽而請曰：邑治之北，有玄武祠，樹祉五木，歲／餘□，是□創時，□紀若事，無何勒石□褊，僉慮不足以垂永永，乃今新其祠之垣宇，再峙石而□□大□□□／□侯之□□誌。余曰□百姓知事神乎？請于余知事，上乎于事□事上，間能洞其義，而敦其實乎？神與祠□□／□來，語在□□□中，不復其論論。姑就爾之所，請試與□百姓□而誌焉。夫神，幽道也；事神，理幽之道也。明，不／幽不襄；幽，不明不彰。此神人之所須，而今昔之所□也。然智者，祀神不□；愚者，媚神修祀。媚則不享，不媚則享／顧爾百姓智乎？□□□廊閣□□，窅窅炳炳，鳩工群材者□□□□□之□也。歲時伏臘[③]，瞻禮□□□其□□／□，若有所異，慎毋□□福之鵠也。鍾磬動優揚之聲，香靄浮氤氲之□。一偈之□，萬號長鳴，慎毋爲□□之□／也。且爾之能祠祠之，□石皆爾之力，爾之財也，爾知力之所自□乎？財之所由□乎？蓋今／聖[④]明在上，惠我□元，□□意勤恤[⑤]，不苛征，不重斂，厝海隅蒼赤于春□，以是俯仰優遊，俾爾財之□□力之不困，以／遂所圖成□愿也。是故能事人，然後能事神語，固記之矣。供而□□而賦□而業守而分無□而衷，無驕

① “龍”，此字因平闕而抬行。

② “耆民”，年高有德之民。明李東陽《送王德潤參政還河南》詩：“還向耆民宣聖德，萬人扶杖繞行軒。”《明史・太祖紀三》：“庚寅，援耆民有才德知典故者官。”

③ “伏臘”，指伏祭和臘祭之日，“伏”在夏季伏日，“臘”在農曆十二月。或泛指節日。漢楊惲《報孫會宗書》：“田家作苦，歲時伏臘，烹羊炮羔，斗酒自勞。”《周書・晋蕩公護傳》：“每四時伏臘，高祖率諸親戚，行家人之禮，稱觴上壽。”《梁書・處士傳・何胤》：“每伏臘放囚還家，依期而返。”

④ “聖”，此字因平闕而抬行。

⑤ “勤恤”，憂憫；關懷。《書・召誥》：“上下勤恤。”漢張衡《東京賦》：“乃羨公侯卿士，登自東除，訪萬機，詢朝政，勤恤民隱，而除其眚。”

而行/，忠以事上，忱以事神，勒石可永永鏡矣。不則，爾其愚哉！若菠□□□堂□□祀以拓□亭，此□先哲之芳躅也，/□何步焉？"/

　　皇明萬曆十三年歲次乙酉季春吉旦，/儒學教諭□□□，/訓導古阜昌、余光啟，/典史閩福□□□魏□，同立。

024　高陽縣新建顓頊專祠記（明萬曆十八年，1590）

　　題解：原碑位於高陽縣南關村，刻立於明萬曆十八年（1590）。現碑已佚。常先生原題"重修顓頊廟碑"，碑原題"高陽縣新建顓頊專祠記"，今從之。碑額2行，行3字，題曰"新建顓頊祠記"，小篆。其拓片長246厘米，寬77厘米，凡22行，滿行48字。楷書。此碑記述了明萬曆年間高陽縣民重修顓頊廟的事迹，贊頌了高陽縣令孔承先在其間的功德。撰者于慎行，劉東星篆額，李楠書丹。

　　于慎行（1545~1607），字可遠，又字無垢，山東東阿人，明代政治家、文學家、史學家。《明史》卷二一七有傳。他先後擔任修撰、皇帝日講官、禮部右侍郎、禮部尚書、東閣大學士等。死後，贈太子太保，謚文定。他一生著述甚多,《明史》本傳稱其"學有原委,貫穿百家",求爲有用之學,期在經世致用,是晚明實學思潮的代表人物之一。

劉東星(1538~1601),字子明,號晋川,端氏鎮坪上村人。《明史》有傳。他曾歷任翰林院庶吉士、兵科給事中、河南盧氏縣令、刑部主事員外郎、浙江提學副使、湖廣左布政使、都察院右僉都員御史、左副都御史、吏部右侍郎、工部尚書等職。任工部尚書兼右都御史時,負責治理黄河,在治河方面頗有貢獻,因積勞成疾死於治河任所。

李楠(1550~1628),字子梁,號龍峰。世籍山西嶂縣。萬曆五年(1577),進士及第,次年二月授刑部主事。後歷任浙江清吏司郎中、陝西布政司副使、陝西按察使等。著有《四六稿》《蟬鳴集》。

顓頊,又名"乾荒",爲上古五帝之一。傳説顓頊爲黄帝之孫,封於高陽,故又稱其爲高陽氏。故高陽縣爲顓頊立廟供奉。據民國《高陽縣志》,顓頊廟在沽化關東里許,正殿三楹,其兩翼爲南正、北正祠各三楹,殿之後堂三楹。

著録狀況:民國《高陽縣志》卷九《集文》第617~619頁有此碑的録文,但無立碑時間和立碑人信息。拓片模糊之字據其補,以"[ ]"標識。另,民國《高陽縣志》卷十第673~675頁有姜璧撰文的《顓頊帝陵碑記》,可參考。

録文:

> 碑額:新建顓/項祠記/
> 高陽縣新建顓項專祠記/
> 賜進士及第、榮禄大夫、禮部尚書兼學士東阿于慎行撰文/
> 欽差總理紫荆等關、保定等府地方兵備兼理馬政驛傳、山東提刑按察司按察使沁水劉東星篆額/
> 賜進士第、中順大夫、直隸保定府知府嶂縣李楠書丹/
> 聖天子以仁孝御極,在安人,在事神,勒郡邑吏分任其事。乃吏郡邑者,非拂民,則干譽;非瀆神,則減典,謂稱塞何。闕里孔氏令/高陽[1],賑急、明農、勸學、興禮。痰瘁者,袪其瘵;澆漓

---

[1]　此高陽縣令孔氏,據後文指孔承先,曲阜人。民國李曉泠等《高陽縣志》卷三《人物》"職官"第190頁有其介紹。另,在編號025《玄帝祠記》中由他立石,并云他爲孔子六十代孫。

者，振其習。人胥以安。采風使業已下勵
檄上褒疏矣。高陽，顓頊帝之平蒲/豐鎬
也，封壝巋然而祀典湮廢，孔令竪石以彰
帝號，然無享祀祠，夫非大缺典耶？邑者
民、宿儒暨縉紳人請祀之，牘投孔/令。
示以勞民不可，牘愈亟，乃請之郡守，又
請之監司①，咸可。其牘移該邑，士民輒響
應。令曰：安所祠，服田者，樂以地售。
曰：安/所費，義會者各以資獻，且無俟
戒令。而匠者、陶者、畚鍤者，雲屯蝟集，
趨乃役惟恐後，僅數閱月而祠告成。於時，
肖儀迂休，/側八凱②氏，以配饗廡，重
黎③正以從祠，恢恢巖巖，工蔚而制備，僉
謂崇禮興廢，孔令外無前焉，事聞可牘者，
唱然奇曰：果爾/耶，可以觀民情矣。蓋
百逸民而一勞，民始忘勞；百裕民而一費，
民始忘費。斯固事神之創典，而亦安人之
大驗也。令其稱/塞者與載。稽顓頊曆④紀
以寅月朔為元春。今年祠成。而春丁其日，
素王⑤祧[系]祖顓頊，會裔令高陽而祀建，
無乃玄靈斡/注，故天運人事，曠千百世，
若符券然。索隱氏誌：顓頊帝神人不雜，

---

① “監司”，負有監察之責的官吏。漢以後的司隸校尉和督察州縣的刺史、轉動使、按察使、
布政使等通稱爲監司。《後漢書·左雄傳》：“監司項背相望，與同疾疢，見非不舉，聞惡不
察。”明楊珽《龍膏記·賜玦》：“他始拿守令，繼拿監司，我都不能禁他，如今該輪到我宰
相了。”

② “八凱”，《左傳·文公十八年》：“昔高陽氏有才子八人：蒼舒、隤敱、檮戭、大臨、尨降、
庭堅、仲容、叔達。”

③ “重黎”，亦作“重藜”，爲顓頊高陽氏之後，任帝嚳高辛氏火正。《史記·楚世家》：“高陽
生稱，稱生卷章，卷章生重黎。重黎爲帝嚳高辛居火正，甚有功，能光融天下。”由於重黎
爲顓頊後裔，故以之從祠。

④ “顓頊曆”，中國古曆名，爲先秦古六曆之一。創製、行用於戰國時期。采用四分術，選取
曆元氣朔正月己巳立春合朔夜半推算起點。

⑤ “素王”，指孔子。由於孔子修《春秋》是代王者立法，有王者之道，而無王者之位，故稱
素王。

萬物以遂。孔令安人遂物而復祠，以妥神殂，亦繩武 [以]/ 光前烈，不直屹屹，稱良吏矣。雖然爾耆民、宿儒、薦紳人 [胥]，挽頹風還古道，心令之心，以修祀事神，其歟乩。設以修祀之聲，/ 匿徼福之實；以從義之功，遂謀利之私；面而爭相趨 [赴；背] 而慢無欽崇。是故，誣已則罔人，罔人則瀆神，瀆神則褻天，[甚]非 / 良有司建祠意也。/

祀典屬宗伯 [①] 事，且扵孔令有槿楡雅誼，因記曰：稽古顓頊，建都高陽。世運寥闊，乃絶蒸嘗。闕里後裔，維令之良。創建祠宇，/ 時彼疆場。廟貌巍巍，麻靈洋洋。祀事聿修，百代流光。[惟] 神庇祐，民其永康。祠之殿廡若干楹，隙地若干 [弓]，董役勞費者若 / 干姓名勒在碑陰云。/

萬曆十八年夏四月吉旦文林郎知高陽縣事 /

聖孔子六十代孫闕里孔承先，典史犂丘蕭 [②] 九嵩 /

儒學署教諭事舉人四明張拱辰，訓導饒川 [③] 劉汝弼，督工官孫敬思等仝建。

025　玄帝祠記（明萬曆十九年，1591）

題解：原碑位於高陽縣西王草莊村，該村在縣西三里，刻立於明萬曆十九年（1591）。現碑已佚。常先生原題“玄帝祠碑記”；碑原題“玄帝祠記”，今從之。其碑陽拓片長 224 厘米，寬 81 厘米，凡 18 行，滿行 53 字；碑陰拓片長 198 厘米，寬 81 厘米，從右至左凡 14 排名單。楷書。玄帝及玄帝祠介紹見前。孔承先立石，張拱辰撰文。

孔承先介紹見編號 024《高陽縣新建顓頊專祠記》，時任高陽縣知縣。張拱辰，字仰德，號虛齋。明武宗正德十二年（1517）進士。授户部主事，歷官郎中監、福建布政司參議等，事見清咸豐《順德縣志》

---

① “宗伯”，周代六卿之一，掌宗廟祭祀等事，即後世禮部之職。因亦稱禮部尚書爲大宗伯或宗伯，禮部侍郎爲少宗伯。《尚書·周官》：“宗伯掌邦禮，治神人，和上下。”《周禮·春官·宗伯》：“乃立春官宗伯，使帥其屬而掌邦禮，以佐王和邦國。”鄭玄注：“宗伯，主禮之官。”

② “犂丘蕭”，據編號 025《玄帝祠記》補。

③ “川”，據編號 025《玄帝祠記》補。

卷二三，時任高陽縣儒學教諭。碑陽主要表彰了高陽縣令孔承先在修建玄帝祠過程中的作用。碑陰爲施主僧俗人姓名，爲了募集資金，他們成立了“會”，會首爲米堯臣、劉純、王乾等。其中涉及的村落有西王草莊、東王草莊、野王村、後屯、何家莊、南沙窩村等，落款爲萬曆叁拾[年]，顯然碑陰刻立時間晚於碑陽，是反映明代社會民間宗教活動的重要資料。

　　錄文：

　　碑陽：玄帝祠記／

　　至聖六十代孫、文林郎、知高陽縣事闕里孔承先立石／

　　典史□□蕭九嵩／

　　署高陽縣儒學教諭、四明舉□張拱辰撰文／

　　訓導饒川劉汝弼／

　　邑南帶長河，大堤林栁巽①顓頊祠，震②東岳祠，兌③三官祠，再西而玄武祠，坎④又玄武祠，再北而桃口，再北而安州。艮⑤趙通嵳，乾⑥邊窩嵳，重奇／疊翠，森欝蒼蒼，巍然一勝地也。其間人文挺秀，多爲明時俊彦，昔人謂地靈人傑，信然也。邑治之西二三里許，名王草庄，修祠玄武，所謂／再西而玄武祠者是也。臺已崇矣，村已飭矣，無何爲昌浮議者撓，役以是寢格不興。 孔⑦侯來涖兹土，振頽布新，廓模貞度，凡大有神於／邑者，悉舉而飭之，語在《顓頊記》⑧中。諸父老、子弟竊相謂曰：兹土幸矣！迺以前役請，不佞不佞，請 孔邑侯⑨，侯曰：事以從義，□役以便民也。／是役也，民所事事，義而稱便焉，何寢格爲？且玄武正祀也，民有崇正心，牧長光也，又何以寢？諸父老、子弟遂所請□沐□□

---

① “巽”，《易》卦名，八卦之一。指東南方。《易·爲説卦》：“巽，東南也。”
② “震”，《易》卦名，八卦之一。指東方。《易·説卦》：“萬物出乎震。震，東方也。”
③ “兌”，《易》卦名，八卦之一。指西方。
④ “坎”，《易》卦名，八卦之一。坎象徵險難，代表水，爲北方之卦。《易·説卦》：“坎者，水也。正北方之卦也。”
⑤ “艮”，《易》卦名，八卦之一。指東北方。《易·説卦》：“艮，東北之卦也。”
⑥ “乾”，《易》卦名，八卦之一。指西北方。《易·説卦》：“乾，西北之卦也。”
⑦ “孔”，指時任高陽縣令孔承先，其介紹見前。
⑧ 《顓頊記》，即編號 024《高陽縣新建顓頊專祠記》。
⑨ “邑侯”，縣令。宋王玄《吊末陽杜墓》詩：“邑侯新布政，一爲剪紫荆。”

之□□，赴期／興役，而操量若輸，運斤若郢①，自租歲而祠成，勢歟□□□□奪目，無論土方，氏家言而撽如烺如，偉焕乎一方奇勝也！侯属不佞紀其／事，按神淨樂②，國儲也，生而靈長，而勇不願主，淨樂願除群魔，操行登天，大酬夙願，尊列樞垣，□□□顯。我／成祖③文皇帝，張皇六師玄靈，赫赫陟降，寧我中外，戢我干戈，金若祠時若帝，所以荅神休之萬一；我／世宗④肅皇帝，申命司空⑤，再新宮宇，特加玄號，無非祐國庇民，至計也。爾父老子弟，亦知修祀，爲國重事乎？亦知崇正，爲民大典乎？修祀以忱，／崇正以心，文弗與也。　侯之從而請，從而忱也，從而心也。父老子弟能自□厥忱，湛厥心，神其永佑爾邑，永相爾民矣。是役也，肇於萬曆／十八年二月　日，迄次年三月　日事竣。因爲之記云／

　皇明萬曆十九年春三月吉旦　　立／

　本縣石匠孫嶺男孫守金孫守銀鐫字。

　碑陰：

　造碑一會：廟主刘倫李氏，會首米堯臣刘氏、李東生王氏、田良時刘氏、趙臣田氏、李廷美問氏、刘世隆江氏、□□連石氏、馬□陳氏、田仁張氏、張□□李氏、□□立石氏、朱洪漸刘氏、李廷□鄭氏、田國謨王氏、張云路□氏、宮□□王氏、□□□蘇氏、□大恩李氏、□從貴刘氏、□□□李氏；／

　一會：會首刘純史氏、程朝卿趙氏、李自友刘氏、李守分篩氏、苑自□趙氏、□□□□□、李守□楊氏、□□□張氏、李世相楊氏、□得王陳氏、王自秀范氏、陳樞李氏、李保孫氏、李自強馬氏、李自現□氏、段守全孟氏、王朝官禹氏、刘可友程氏、李仲艮程氏、李世禄王氏、李九老郭氏、李仲和馬氏、李千曷氏、苑朝恩

---

① "運斤若郢"，語出《莊子·徐無鬼》："郢人堊漫其鼻端，若蠅翼，使匠石斲之。匠石運斤成風，聽而斲之，盡堊而鼻不傷，郢人立不失容。"

② 關於"淨樂"，《元始天尊説北方真武妙經》言：真武帝君原爲净樂國太子，生而神靈，察微知運。長大成人後十分勇猛，唯務修行，發誓要除盡天下妖魔，不願繼承王位。後遇紫虛元君，授以無上秘道，又遇天神授以寶劍。入武當（太和山）修煉，居四十二年功成圓滿，白日飛升。玉帝敕令其鎮守北方，統攝玄武之位，并將太和山易名爲武當山，意思是"非玄武不足以當（擋）之"。

③ "成祖"，因平闕而頂格。

④ "世宗"，因平闕而頂格。

⑤ "司空"，指工部尚書，主管工程建造。

楊氏、王□仁；/

　　一會：會首王乾韓氏、李自□王氏、刘成蘇氏、張廷禄李氏、羅廷金鄧氏、□□□氏、□□林母□氏、李□二刘氏、朱有才王氏、張成位馮氏、張鳴陽大氏、何敬業楊氏、張鳴雷刘氏、張進田氏、張如栢阮氏、李中王氏、張士祖母李氏、刘選楊氏、崔應雷王氏、何敬花母王氏、張如寬宮氏、馬□□□氏、朱氏男；/

　　助緣善人：

　　西王草庄：住持僧人延喜、李應奎、張文焕、王從現、李守新、刘世隆母、問奉、程朝相、李廷闌賈氏、刘世封、李守謙、程朝用、朱雷張氏、李朝□、范自強、李偉、刘景羊、米得艮、王朝佐、王得山、李九登、王朝立、范朝陽、馬□□、王□□、王自新/、冐氏、張氏、趙氏、王氏、李氏、門氏、張文耀、李文登、鄭玉、朱朝卿、王自省、寇金、朱金、宮堂、宮鎮、李如、張廷位、張廷虎、朱元吉范氏、宮學、王友良、張如春、朱寅、張奎、宮二小母吳氏、/張廷蘭王氏、張云程李氏、李世隆、程住刘氏、李世□郭氏、張廷□、張鳴登、朱洪宇崔氏、□友、李自成陳氏、刘士其、范門靳氏、高延□王氏、張鳴鳳何氏、張鳴鑒李氏、張鳴科、張鳴毫、王邦臣、王□玉母田氏、宮□、刘祺；/

　　東王草庄：田芳、田良受、田釗、田國詔、趙扛、趙文彬、楊春盛、趙文登、趙文質、刘在、崔朝卿、田九官、田□益、田□、田宇、崔廷桂、郭自然、田峯、田尚只、刘章、趙秀、王朝立、趙禄王氏、蘇□定、孫得、/田□、田□□、田國□、田榮、賈大器孟氏、賈大庫蘇氏、田九思孟氏、田九念楊氏、王世科、刘大□、宋九思、崔廷之、孫教、刘相、田九律、丘仲益、田夏馬氏、田艮朱氏、田國諳、田金、刘世名趙氏、賈友、楊邦奇、刘大□、楊福呂氏；/

　　西街西□僧人□□□□奇□□□□□□□、東□□僧人□□、張万益韓氏、惠□韓氏、馬□惠張氏、刘東、刘愷、惠守礼、王汝賢、王汝□、王自器、鄭進福、冐文業、冐文明、王汝蘭、□門侯氏、馬的□□□、刘大倫馬□、李文光、田汝泰、王汝強、王自清、王可貴問氏、馬炫、冐文奎、晁□叚氏、徐□用刘氏、/秦成高、馬

□、楊□□、楊得福張氏、楊得增王氏、楊得盛邵氏、□大才母張氏、徐一□、刘世科大氏、孟天福趙氏、任相王氏、張万成、王自才李氏、馬□□王氏、□□□李氏、□守正、李成王氏、李良刘氏、張文科李氏、孫守志母賈氏、董友孟氏、刘世登張氏、大□水陳氏、馬壯、賈文高王氏、董江李氏、惠門王氏、馮的智母梁氏、/□□□□□、馮□交□氏、馬在□氏、王江張氏、賈門宋氏、刘淮陳氏、韓大旺任氏、張時用、韓大才、孫朝金尹氏、趙應時母刘氏、田□安、馬煩、馬滕云母刘氏、馬滕济、刘科、賀明□、王文耀、刘宗舜、王宗武、晁士英、齐萬倉、刘廷梅、李均□、任□□、□崇高、張應□、□□金、□□惠□氏、□□□、李門孟氏、何□、孟從□、孟艮礼、孟從智、李□□母刘氏、孟廷美、李守大、刘承□、孟從業、趙惠、孟守新、孫彦金、孫□□、孟門李氏、孟門王氏、孟福□、張仲金、馮的榮、呂東文、孟從之、李相、解門王氏、解守□、周虎、賈尚文、□□□、□□□、張朝用、陳的玉、崔洪、王九長、張□科、陳□、□□用、解九□、□良；

野王村：楊天福、楊守成、楊的合、楊的厚、楊的金、楊的先、楊門李氏、張洗；

後屯何家庄：李住王氏、李俊鄧氏、李□劉氏、李□劉□、李岳陳氏、李門王氏、李門張氏、劉仲賓鄧氏、劉□良刑氏、劉宗全辛氏、王自強米氏；

南沙窩村：汪大交馬氏、汪大还、汪大川、汪若盈母□氏、胡成、安□□氏

功德□□□□□、後香□□□□□；

會首：張雲路□□□□□、□洪漸、張雲程、張廷住、劉□純、程朝卿、□朝□、□自立、□朝恩、王自秀、王乾、李自仲、李門石氏、張鳴陽、張鳴鳳、張鳴風、張□言、李門□□，住持僧人□□。

萬曆參拾□□□□。

026　高陽縣重修儒學記（明萬曆二十九年，1601）

題解：原碑位於高陽縣城文廟內，刻立於明萬曆二十九年（1601），現碑已佚。常先生原題"重修儒學碑"；碑原題"高陽縣重修儒學記"，今從之。碑額 2 行，行 2 字，題曰"重修學記"，小篆。其拓片長 160 厘米，寬 50 厘米，凡 16 行，滿行 46 字。楷書。左下角殘缺，立碑人姓名均缺失。此碑記述了高陽建田興學的情況，是研究明代教育史的重要資料。

錄文：

碑額：重修／學記／

高陽縣重脩儒學記／

文教之関于治理尚矣，居上者章教。以同風①興學，而宅俊善政，孰要焉。盖郡國都歷郡邑，鮮有學校弛而能化民易俗／者也。高陽介畿南，昔稱顓皇②故墟，今屬保定右邑。／國礽，剙學立廟以

---

① "同風"，謂同受天子之教化。《漢書·王吉傳》："《春秋》所以大一統者，六合同風，九州共貫也。"
② "顓皇"，即顓項，介紹見前。

来沿革不具論，迄萬曆歲癸未①，馬侯②更新，遺碣在。嗣後，令長續葺靡常，侵尋數年，□□幾□□肆廢矣。/余謂先師③之道，昭如日星，而殿堂之摧，莫蔽風雨，何以嚴廟貌，煥文林，表士子瞻依地乎？□辛丑④□□師儒，謀□□□/會衛幕閏中李公登明攝篆至，謁廟顧瞻，慨然引脩廢為數己責，遂申府允，議諏吉而經營之。鳩工□□，□傾補缺，將撤/其舊而新，是圖均勞于傭直之夫區畫⑤乎？額費之美。役趨事集，不越月，告厥成功。快覩聖宇□祠□□丹堊，堂階戶牖，/咸就綢繆，周學宮所建置即時詘或稍仍，而餘規制已整設改觀。侯君子攸躋多士謂業俱□□□□興廢，雖有時□/否恒待人。詩頌魯侯，思樂泮水⑥，子產⑦聽政，不毀鄉校，漢廣屬學官之路，得人固盛也。第當仕□□□□□容未暇，刓署職/猶傳舍，情尤易諉，李公蒞高陽暫耳，念該庠積圮，輒肯搆，可不謂崇儒重道，起敝維風，

---

① "萬曆歲癸未"，即萬曆十一年（1583）。

② "馬侯"，指馬庭荆，號後齋，時任高陽縣令。馬庭荆重修的事迹，參看022《高陽縣馬公重修學記》。

③ "先師"，指孔子，他被尊爲大成至聖先師。

④ "辛丑"，指萬曆二十九年（1601）。

⑤ "區畫"，亦作"區劃"。籌畫，安排。宋葉夢得《避暑錄話》卷下："會河北大饑，流民轉徙東下者六七十萬，公皆招納之，勸民出粟，自爲區劃，散處境內，屋廬、飲食、醫藥，纖悉無不備。"

⑥ "詩頌魯侯，思樂泮水"，此句源出《詩經·魯頌·駉之什》："思樂泮水，薄采其芹。魯侯戾止，言觀其旂。"

⑦ "子產"，春秋時人，鄭國大夫。其不毀鄉校之事，見《左傳·襄公三十一年》。

而識□□□□□者耶？是舉也，/宮牆具飭，文教藉振，士進之宜由義路禮門，期登堂而入室；出之則遵聖謨賢範，矢□□□□□□□□□脩而□/德學躬脩斌斌，俊乂作王國楨偉高陽邑以學重學，以人重庶，無負良有司作□□□□□□□□□□□□□□□也。/敬因工竣，紀蹟并爲邑士勗焉。/

　　萬曆二十九年辛丑仲夏吉旦高陽縣學陞任教諭、前判雲中郡海□□□□□/署縣事保定中衛知事、陝西興□□□/、高陽縣學新任教諭任丘□□□□。

027　高陽縣儒學鼎建學田碑記（明萬曆三十四年，1606）

　　題解：原碑位於高陽縣城內，刻立於明萬曆三十四年（1606），現碑已佚。常先生原題"重修儒學鼎建學田碑"；碑原題"高陽縣儒學鼎建學田碑記"，今從之。碑額凡2行，行2字，題曰"學田碑記"，小篆。碑陽拓片長138厘米，寬70厘米，凡23行，滿行40字。楷書。碑陰拓片長138厘米，寬68厘米，字迹不清，應爲學田方位和面積。劉徵松撰文，書丹者不詳。學田乃中國古代書院和州縣官學所用的田地，設之以贍學。它始於北宋，并延至清，影響深遠。此碑記述了高陽建田興學的情況，是研究明代教育史的重要資料。

　　錄文：

　　碑陽：

　　碑額：學田/碑記/

　　高陽縣儒學鼎建學田碑記/

　　高陽學故無田，有之自/仁侯錢堂翁[①]始。侯初下車問俗也，寧惟士無田舉田廬□萊而魚鱉矣。侯櫟議蹢議賑尤澤貧士過□額/之半，而慶然曰："此不終日計也。風俗之道，士爲政，士固無恒產，而有恒心；然衣食足，而仁義附其恒也。/柰何使無田者，逢

---

① "堂翁"，明清時縣裡屬員對知縣的尊稱。錢堂翁，據碑末所記乃指錢春，別號梅谷，南直隸武晉縣（今江蘇武進）人，萬曆三十二年（1604）進士。《明史》卷二三一有傳。關於錢春重建儒學的事迹，又見於編號028孫承宗所撰《高陽縣重修儒學記》（萬曆三十六年）。

歲無歲，吾俸雖不足，而不使有餘，徐以終吾教養計乎？既期月，政通民和，百廢□興／，遂捐俸三十金，創貿郭常稔之田，在城西地名曰沙窩村，共一段，計二十畝。已方脩葺，學宮議□□田／。適侯新築邑南金堤，自車道口至坎尾村，綿亙二十里，得河壩可田，親丈之，計地六項，用□□議，悉入／學田。連前以養士之貧不能葺娶、舉爨者，餘量入爲出，以備諸生。會課易新，計付文學，時請其出□。歲／終，會計告成事，事成着爲令。夫始無田而有田，則創邑從來之所未創者，而分財教善，惠而忠也；□衛／民田，而因以增學田，則定先循，令數十年所經營未克定者，而擇勞因利，惠而不費也。自昔文□倡明／之世，恒籍勸學興文之主，而弘造士作人之功，必獲育才養士之報。當我／大^①父師起心，錢大翁建田興學造士盧陵至今，誦樸樕而芘棠蔭，其倡應在螺山鷺渚間，縉紳□□□□／，悉能覩記之。方今高陽人文甲宇內，侯又起而師帥之，文王在上，凡民猶興爲豪傑，況豪傑□□□鄉／乎？松^②聞，令莫大于培士節，而養士氣，禮、義、廉、恥是謂四維。彼仕者，縣官既祿以養廉矣；士未□□，需田／以養其廉恥。暇治禮義，將貧無忮求，富益好行其德。真儒、廉吏合爲一人者，報在多士，功歸仁信也。蓋／范文正公^③以秀才任天下，故一出而相業爛然，猶以其宅更學宮，俸置義田，啓其嗣以麦舟市□。侯固／以其鄉，范橋梓^④之相德，治高陽而因以相里勗諸士爾。繼治世者，儻事同師事，事異師意，僉以余鄉之／師盧陵者師高陽，不獨以其田矣。徵松等偕庠士食侯之德，而思永侯之澤，故謀諸同寅劉君□□特／僞記其田有功，膠序以勵諸士，且以俟後之蒞茲土者。侯諱春，別號梅谷，南直隸武晉縣人，登甲辰進／士，筮仕^⑤高陽。／

---

① "大"，此字平闕頂格。

② "松"，即本碑文撰者劉徵松。

③ "范文正公"，即范仲淹，字希文，北宋著名思想家、政治家、文學家，謚號文正，故世稱范文正公。

④ "橋梓"，源出《尚書大傳·周傳·梓材》，比喻父子尊卑之道。

⑤ "筮仕"：指初出做官。

萬曆丙午^①歲臘月穀旦^②/

高陽縣儒學署教諭事、舉人、江右安成後學劉徵松頓首拜撰/

訓導、恩貢、瀛海安水後學劉□儒，闔學生員戴鵬飛、王令

金、董用戚、李來聘等同立石。

碑陰：

□沙窩村南北地［壹段］，/本□□□王福□□□德□地壹拾□

畝□分捌/釐貳毫，用□□□□捌兩貳錢捌分陸釐玖毫。東至/秦

善，南至官道，西至□用□，北至劉源□/□□□教台村；南北豬

龍河地壹段，/計地□頃，□地北至車道口，南至坎尾村閻家橋爲/

止，東西兩□爲界。

028　高陽縣重修儒學記（明萬曆三十六年，1608）

題解：原碑位於高陽縣城內，刻立於明萬曆三十六年（1608），現碑

---

① "萬曆丙午"，即萬曆三十四年（1606）。

② "穀旦"，良晨，晴朗美好的日子。舊時常用爲吉日的代稱。《詩·陳風·東門之枌》："穀
旦於差，南方之原。"孔穎達疏："見朝日善明，無陰雲風雨，則曰可以相擇而行樂矣。"

已佚。常先生原題 "重修儒學碑"；碑原題 "高陽縣重修儒學記"，今從之。碑額 2 行，行 2 字，題曰 "重修學記"，小篆。其拓片長 231 厘米，寬 84 厘米，凡 20 行，滿行 62 字。楷書。撰文者孫承宗，汪源書丹。

　　孫承宗（1563~1638），字稚繩，號愷陽，北直隸保定高陽（今河北）人，明末軍事家、教育家、學者和詩人，明末文壇領袖，曾任明熹宗朱由校的老師。他爲萬曆甲午（萬曆二十二年，1594）舉人，甲辰（萬曆三十二年，1604）榜眼。《國朝歷科題名碑録初集》列其於 "明萬曆三十二年進士題名碑録甲辰科，賜進士及第第一甲三名" 中，"直隸保定府安州高陽縣民籍"[①]。《明清進士題名碑録索引》同録[②]。曾任兵部尚書、遼東督師、東閣大學士等。他在方志學方面造詣頗深，其詩詞創作氣魄恢弘，雄奇豪放，風格直追稼軒氣象。崇禎十一年（1638），清軍南下進攻高陽，孫承宗率領全城百姓及家人守城，城破後自縊而死。南明弘光元年（1644），追贈太師，謚號 "文忠"，清高宗時追謚 "忠定"。著有詩集《高陽集》、軍事著作《車營叩答合編》等。

　　著録狀況：李紅權輯録點校《孫承宗集》卷十八《碑記》第 608~609 頁、清雍正《高陽縣志》卷五、民國《高陽縣志》卷十《集文》第 627~630 頁均有録文。《孫承宗集》題曰《高陽縣重修儒學記》，清雍正、民國《高陽縣志》題曰《重修廟學記》，均無立碑時間和立碑人信息，個別字不同，拓片模糊之字據其補，以 "[　]" 標識。另同書第 630~632 頁有史在篇撰文的《重修廟學記》。

　　録文：

　　　　碑額：重修 / 學記 /

　　　　高陽縣重修儒學記 /

　　　　賜進士及第、翰林院 國史編修、文林郎、邑人孫承宗撰文。/

　　　　夫吏任師帥，而稍不牽拾俗，未有不欲天下回心嚮道，而獨薄書筐篚之務者。然土肥則力充，歲登則官省，吏土者得以緣飾俎豆，敦説詩禮，其爲所欲爲，魯不咄 / 嗟而辦。若夫彈丸瘠土，儉歲罷民，力不供阜牧，而政歲蟬聯，頓欲起[③]大，明於昒爽，是何異？

① （清）李周望輯《國朝歷科題名碑録初集》，第 1105 頁。
② 《明清進士題名碑録索引》，第 2583 頁。
③ "起"，民國《高陽縣志》作 "啓"。

假蜚衛①以空拳,試公輸②以塙木也。予邑廟學,自改邑来,且二百餘年。而繼/脩者,亦嘗剪荊榛塗丹艭而麗牲,方勒函席頓傾,遂至堂[絶]金絲,壁餘鼠蠹。盖李下之蹊不言,而庭中之草可鞠矣。錢明府③始視事,輙低佪久之,然煩苛未捐,瘡痍/未起,賦不忍有美金,辭④不忍有贖鍰,而魚沸扵渠,龜沈扵竈,三水薄城,家無射蛟之弩;九馗通道,人有濡首之厄。燕之萑苻畫警,行李露宿,野稀佩犢⑤,室斟織螢,嗟/乎!民不安作,吏敢煩興?明府扵時,百嗇節物,壹⑥意寧人。一之歲除苛政,二之歲綜百維,三之歲定經制。遠拊⑦長駕,漸⑧沈⑨澹災,故乃防龍河、梁馬水,徹漭池,綏下里。其/扵士也,引恬抑躁,優異惠貧,肆⑩有田,社有饙,饋醑有儀,檢⑪束有架,以故瘝夫起俞扁之門,曲士直繩墨之側。然後鳩材集力,諏日起功。即期迫,大擢而心勞經久。盖/圮多者,難以補苴告成;積寡者,雖

---

① "蜚衛",又作"飛衛",相傳是后羿之後,爲春秋時期趙國邯鄲的著名神射手,傳説他剛一拉滿弓,鳥獸自己就倒下,被尊稱爲"不射之射"。其故事載於《列子·湯問》。
② "公輸",即公輸般,相傳是魯國公族的後代,是春秋時期著名的能工巧匠,後世俗稱魯班。
③ "明府",漢魏以來對郡守牧尹的尊稱,亦指縣令,唐以後多用以專稱縣令。《後漢書·吴祐傳》:"國家制法,囚身犯之。明府雖加哀矜,恩無所施。"王先謙《集解》引沈欽韓曰:"縣令爲明府,始見於此"。錢明府,即錢春,介紹見前,時任高陽知縣。
④ "辭",民國《高陽縣志》作"詞"。
⑤ "佩犢",源出《漢書·龔遂傳》。史稱漢宣帝時,龔遂任渤海太守,時值饑荒蔓延,盗賊四起,龔遂開倉賑濟,勸民農桑。於是,百姓紛紛賣劍買牛,賣刀買犢,境内治安大爲好轉。
⑥ "壹",民國《高陽縣志》作"一"。
⑦ "拊",民國《高陽縣志》作"撫"。
⑧ "漸",民國《高陽縣志》作"灑"。
⑨ "沈",民國《高陽縣志》作"沉"。
⑩ "肆",民國《高陽縣志》作"肄"。
⑪ "檢",民國《高陽縣志》作"簡"。

有興作終廢。是以圖之三年，成之一日。自殿堂、廊廡、門庭、齋廚，以至帷幄、簠簋之屬，罔不撤舊圖新，而前啟聖於二祠①，則又崇 [尼]/山之脉，而識絕曩今也。於休弌！基壞扱難因功，同扵甫初矣。夫吏土者，輕蘧廬，重廚傳，迁縣聖人之道，何如？近結要人之歡，而况卧轍②難再，歌襦③有期，尚猶不忘 [我]/人士，而勤鄒魯之思也。我人士無忘聖人之道，其敢忘明府？而無忘明府，其敢忘聖人之道？夫士生如礪，樸不習拾級，頟不習撫席，其自負以才者，直揆藻拾華耳。/然高陽氏④之才，迺扡⑤齊聖廣淵，明允篤誠。當是時，倉舒、隤敳⑥，功名才略爛然，勛華而逡逡交讓，至與之天下不受，士柰何便孝先之腹⑦，佟桓生之綬，而况未涉風 [雲]/，頓作宦况；甫窺月露，遽傲老宿也。夫見知佐光華之旦，私淑登美富之壚⑧，唯是明誠之目，而實夫子所惓惓旒厦者，千秋學脉，始自吾鄉。而且當彈冠振 [衣之會樸]/[者近] 誠穎者近明，豈其若蠖屈扵葉，唯阼蒼黃者？予澡鬚登庠事幾令公矣。當其兩相厭薄，則學將落扵原伯⑨，校幾毀扵然明⑩。廼若幕無請間，庭無非公，而 [愛則慈]/父，畏則神君，無亦有引之繩斯材、置之溝斯竇者乎？雖然祝轍則欲遠，禳田則願奢，斯皆不緣功令，不謀父兄，而獨趨馳王路，登獲情田，則入埴之璽，尚假平傾，躍/冶之金，間狎陶鑄。夫告之則頑，是謂不明；舍之則嚚，是謂不誠。斯亦高陽氏阼不才

---

① "啟聖祠"，文廟內的配殿，主祭孔子父親叔梁紇，清雍正元年（1723），追封孔子五代祖先爲王爵，并予入祀，改名爲崇聖祠。

② "卧轍"，源出《後漢書·侯霸傳》。東漢侯霸爲淮陽太守，朝廷徵入朝，百姓號哭遮使車，卧於輒中，乞求留侯霸一年。後常被用爲挽留去職官吏。

③ "歌襦"，即 "歌襦袴"，源出《後漢書·廉范傳》，廉范，字叔度，爲蜀郡太守，"成都民物豐盛，邑宇逼側，舊制禁民夜作，以防火災，而更相隱蔽，燒者日屬。范乃毁削先令，但嚴使儲水而已。百姓爲便，乃歌之曰：'廉叔度，來何暮？不禁火，民安作。平生無襦，今五絝。'" 後常以百姓作襦袴歌，以稱頌地方良吏的善政。

④ "高陽氏"，即顓頊，其介紹見前。

⑤ "扡"，古同 "在"。

⑥ "倉舒、隤敳"，爲高陽氏顓頊八位才子中的兩人，位列八凱。

⑦ "孝先之腹"，源出《後漢書·邊韶傳》，邊韶，字孝先，史稱其以文章知名，教授數百人。"韶口辯，曾晝日假卧，弟子私嘲之曰：'邊孝先，腹便便。懶讀書，但欲眠'。韶潛聞之，應時對曰：'邊爲姓，孝爲字。腹便便，《五經》笥。但欲眠，思經事。寐與周公通夢，靜与孔子同意。師而可嘲，出何典記'，嘲者大慚。"

⑧ "壚"，同 "牆"。《高陽縣志》作 "堂"。

⑨ "原伯"，即原莊公，周大臣。

⑩ "然明"，春秋時鄭國大夫，曾要求子產毁鄉校，見《左傳·襄公三十一年》。

也。才不才之間，不可以頓身，而況鼓笥則炳炳麟麟，踵堂則闇闇秩秩。明府 [為]/ 大邑所難，而吾黨不為樂歲所易，其何以不愧才名也。予觀古之興學者，雅不欲弄筆墨徼利，達而其大節扑，臣死忠，子死孝。夫忠孝，非明誠不立，而許睢陽 ① 之 [舌、/ 劉閻戶侯] 之肝，尚芬彤管，則夫率其樸與為明，率其穎 [與為] 誠，合明府數年之誨，而復吾鄉明誠之才，將扑 [吾] 黨矣。吾黨無忘聖人之道也，廼其無忘明府。明府為 [予 / 同年] 進士，諱春，蹠梅谷，武進人。/

　　[萬曆] 三十六年歲次戊申季秋吉旦立石，　文安汪源書，　田九亮鐫字。

029　高陽縣趙通村重修北嶽祠記（明萬曆四十二年，1614）

　　題解：原碑位於高陽縣趙通村，在縣東北三里，刻立於明萬曆四十二年（1614），現碑已佚。常先生原題 "重修北嶽廟碑記"；碑原題 "高陽縣趙通邨重修北嶽祠記"，今從之。碑額 2 行，行 3 字，題曰 "重修北嶽廟記"，小篆。其碑陽拓片長 165 厘米，寬 55 厘米。楷書。孫承宗撰文，書丹者不詳。孫承宗介紹見前。碑陰拓片長 160 厘米，寬 55 厘米，其內容爲捐刻人之題名名單，從右至左共 26 排。碑陽、碑陰文字大多難以識別。

　　北嶽恒山，爲五嶽之一，其上建有北嶽廟，原在河北曲陽，清順治之後才改移至今山西渾源。文中之北嶽祠，位於高陽縣趙通村。此碑主要記述了北嶽的地勢環境，及其祭祀禮儀，反映了北嶽祭祀由諸侯王而平民而逐漸下移。

　　著錄狀況：李紅權輯錄點校《孫承宗集》卷十八《碑記》第 594~595 頁、清雍正《高陽縣志》卷五、民國《高陽縣志》卷九《集文》第 658 頁均有碑陽完整錄文，題曰《北嶽祠記》，拓片模糊之字據其補，以 "[ ]" 標識。但上述文獻均無立碑時間和立碑人信息，亦未

---

① "許睢陽"，指許遠。安史之亂期間與張巡一起守睢陽，城陷被俘，不屈而死。據民國《高陽縣志》卷一《地理·古迹》，高陽縣塔兒頭村西原有許睢陽祠。但稽諸史實，一般稱 "張睢陽之齒""顏魯公之舌""許睢陽之舌"，恐誤。

著録碑陰。

録文：

碑陽：

碑額：重修北 / 嶽廟記 /

高陽縣趙通邨重修北嶽祠記

按，嶽稱恒宗，在雲中 [渾源，而秩祀在曲陽。予嘗負劍塞下，登恒巔，歷虎谷、集仙諸峰，以攬結河山雄秀，而北]/ 望白登、紇干，[南眺五臺，逶迤幾千里而來結聚，以撐柱燕晋之交，遂以劃内外之界。是以有顯赫靈爽，莫我朝]/ 皇明 ①，而更為我北 [偏屏翰。予邑依帝畿，在日月光際，於柴周 ② 趙宋則關南要害，而元為鎮撫彈壓地，乃天下大勢]/，則北嶽之隸也。[古者表山為嶽，以分天下為五，遂分嶽建侯，以司牧元元。而嶽祀視三公，天子巡方則祀，諸]/ 侯在其地則祀，[法不得祀於下里。然年歲豐和、雨暘時若，即下里亦得以豚盂仰報，尊而親之。予嘗比天子]/ 大吏，鎮 [撫其] 地，[豈細氓得望見顏色？而軫瘝恓惶，即細氓得稱頌功得 ③，擬於岠崲神，於地興雲結雨，捍禦患]/ 災，以屏翰 [我如礪之區，則我人似宜有崇報，以比天子大吏然。予嘗謂："世昌明，憑人；世衰絕，憑神。" 倘吏土者，]/[調輯柔剛，無患苦百姓尚其唯神庥，凡我百姓尚得戴守土之吏如明神，而其榮報明神，亦復如守土之吏，]/[歲時伏臘，烹飽羊豚，醉飽庭下，即神亦樂只。而縉紳先生，且於若輩，以觀帝畿太平之象。鄉文學李大賓]/ 曰："祠 [最] 古遠，[再修於正、嘉 ④ 際，先後俱其族人。" 今天子癸丑 ⑤，會首李大受、李春陽，僧福會，徒慶蓮，洎鄉人修]/ 之。而予仲 [父壽、官府君麗、庠生王令績亦有事云]。

萬曆□□□□

左□□□□

文林郎知高陽縣

---

① "皇明"，這兩個字清雍正《高陽縣志》、民國《高陽縣志》無。

② "柴周"，即五代時期後周，由於後周世宗名柴榮，故稱之曰柴周。

③ "功得"，據民國《高陽縣志》補，當爲 "功德"，《孫承宗集》作 "德"。

④ "正、嘉"，即明武宗正德和明世宗嘉靖。

⑤ "癸丑"，即明萬曆四十一年（1613）。

兵□□□□□吏司

□學□教諭

訓□北平□□□

碑陰：

重修北嶽廟□□□□□/

在城善人（後殘）；

/李大□、李大□、王□用、李大受、王令認、王□誠、王令玉、王令績、孫鉉、劉端□、劉端朴、劉端□、劉文德、劉□、趙的先、王崇儒。西庄村：劉延福、□□□、蕭洪道、李南□。留祥左善人：王□、陳萬策、宋李善、□如□、□□□萬□。施磚善人：/姚□芳、王一龍、曹自仲、曹自明、王令高、李堂、王洪基、王令宣、石可學、劉端基、劉端支、劉端士、劉□□、劉

□□、李□周、李一□、段仙齡、韓文斗、马騰禄、李□基、王玉麒、王玉麟、戈用峯、劉□登、程東□、王昆、/王全仁、曹自□、李□龍、李雲龍、石□、韓希礼、王洪□、戴世科、王崇礼、刘端召、楊棟、楊朴、□□、王思□、任甫安、田□□、寇仲金、寇仲銀、李得濟、蕭□貴、王玉衡、王玉官、賈能文、王廷珍、□的才、/李兆龍、李成龍、李世龍、李行龍、李君文、王尚賓、戴選科、張□選、張□志、楊□想、楊□思、刘林、□貴、□□□、魏□、□□□、張□□、寇□、李□、戴鵬□、王玉科、王玉登、□永□、□万里、□□。/李怀仁、李君武、李君奉、李庭訓、李□□、韓懋德、韓□斗、張守宅、李□澡、刘端亮、□□、刘□、段□□、王玉□、張□才、□□□、□□、□□□、陳光□、陳□、□□□、□□□、吴□□、□登科、/王加寶、王士寶、王寅寶、王和、王千、韓懋鳳、王成功、趙明□、刘國棟、楊□、刘□、□□□、刘□□、□□□、刘□□（後殘）/王登、王洪亮、王守福、王□福、李棟、韓養蒙、吴經□、陈□□、楊□震、楊□□（後殘）/寇世賓、孫自然、孫動、孫廷□、孫廷問、宋明綱、王廷□、郭守心、李□□、李□、楊□□（後殘）/孫□福、孫□□、曹尚□、曹□□、曹登科、王大□、孫成□、朱尚□（後殘）/韓和、韓全、□□□、賈順、□□□、□□□、□九成、石應□、□□□、楊守立（後殘）/□□平、宋□□、宋□□、宋成□、李□明、田時雨、王永□（後殘）/李□、李□陽、李秀、李□陽、李□□、田淂雨、王□、李□□、□□□、刘有□、張万仑、李守業、崔□□（後殘）/李春雷、李春□、李春雨、李□□、李景□、王成□、□□□、刘□□、□□□、李邦□、刘有□、崔自□、馬□□、刘□□（後殘）/□□□、□□□、李□□、李□□、李□、□明山、張應期、馬騰雲、周□□、刘有用、蔣守金、李守金、王家□、王家□、趙□、臧文□（後殘）/王高、王九□、王□□、王□□、韓□、□□□、楊的倡、楊的□、□□□、□守孝、田□□、孫□□（後殘）/王□明、王守業、王□□、王□□、韓守□、齊林□、楊□□、□□□、楊文節、□□□、王天才、王□、常三懷、常三惟、常三□、□□□、

□□□/□相、□□□、□□□、□□□、□□□、□□□、曹旭、王守甫、刘宗孝、□□□、駱□時、駱□時、駱□（後殘）/王□、□□□、□□□、孫文□、刘文進、馬□、馬□（後殘）/韓□朝、□□夫、張大□、張大仕、刘君壯、刘君仕、王□□、王大禄、張□安、韓國□、□門梁氏、□門張氏（後殘）/王成、孫□□、孫□□、孫□□、趙天才、趙天成、□文□、江□、賈天才、韓□計、刘門任氏、□門□氏、郭□、常万□、趙應時、田□忠、王九□、趙山（後殘）/刘守□、刘從善、刘進善、石應峯、齊揚、孫讓、賈繼先、楊千、李文秀、趙起、趙興、侯度、常彦策、王守業、沈朝卿、曹金、□□□、□大才、刘門趙氏、王門吳氏、李□□、□□□、/齊□、張淂才、范成業、戴福貴、李直、李門馬氏、王成□、馬騰明、寇震華、韓懋□、王雪、李守登、秦成云、趙洪儒、王的□、李的才、□大保、侯□□、刘□禄、段門□氏、李□□、李□□、/齐万名、段□乾、周淂江、吕□□、周的方、李门韓氏、張三□、刘□禎、韓懋□、刘有富、楊宗海。蠡縣：常清、常鑒、常進、李□□、范金、馬門齊氏、馬門段氏、崔門刘氏、□門□氏、/楊□□、吕□、梁成□、梁成、賈守□、姚門□□、寇門□氏、張門王氏、韓懋功、胡應奎、□□□。趙堡村：常□□（後殘）、馬門刘氏/（後殘）。

　　□□百户尹三聘/

　　□□住持比丘福會、慶義、慶連、慶壽 真順/

　　助緣□□□　　□□

030　元劉孝子墓碣（明萬曆四十八年，1620）

題解：原碑位於高陽縣南蔡口村村北，县東北五里，刻立於明萬曆四十八年（1620）。現碑已佚。常先生原題"明朝劉孝子墓碑記"，碑原題"元劉孝子墓碣"，今從之。其拓片長 111 厘米，寬 55 厘米，凡 16 行，滿行 36 字。楷書。孫承宗題，孫銓書丹，鄉進士孫鈙潤色。孫承宗介紹見前。

　　孫鈙，據民國《高陽縣志》卷六《舉人》，字韞若，萬曆四十年

（1612）舉人。

劉孝子，即劉智，參看編號001《元朝孝子百戶劉智墓碑記》。此碑表彰元代劉孝子的善行，在忠孝關係上，闡述了移孝作忠的思想。

著錄狀況：清雍正《高陽縣志》卷六《集文》補錄、民國《高陽縣志》卷十《集文》第678~679頁、李紅權輯錄點校《孫承宗集》卷十七《墓志銘 傳 祭文》第579頁對此碑均有著錄，均題曰"元孝子百戶劉智墓記"，但無立碑時間和立碑人信息，且有個別字不同。拓片模糊之字據其補，以"[ ]"標識。

錄文：

元劉孝子墓碣 /

劉孝子者，勝國①百夫長②，曾剖肝瘳親，事在劉進士士美題詞。蓋縣泰定③來，三百餘年，兵火 / 幾遭，而此石④巋然無[壞]⑤，亦孝[秉]天彝，即夫悍[卒]有不忍墮者。孝子里去城三里許，去予塋 / 可半里。予每拉友人步其下，即枯株野鳥，啁嘲上下，嘗低佪久之不能去。其地佩兩水，面 / 孤峰，[元爽]周⑥環，故其人遂得與舒、敫⑦[同]名天壤，則人地靈傑，豈偶也？孝子之裔孫，諸生燦 / 然，為予門人。予偶謂生云："為侯王之裔，不若為忠孝之裔。世有裔侯王，而不敢自列其先， / 廼忠孝纇侈言之。"予邑許睢陽⑧，忠烈苗裔滿天下，而麗在列其塚祠。一時熏轑⑨豪華，如某 / 如某，其子孫聞語及者，[無]不[靦]然[汗]下，而不能語。然則忠孝之裔，勝

---

① "勝國"，被滅亡的國家。《周禮·地官·媒氏》："凡男女之陰訟，聽之於勝國之社。"鄭玄注："勝國，亡國也"。按，亡國謂已亡之國，爲今國所勝，故稱"勝國"。後因以指前朝，此指元朝。元張養浩《濟南龍洞山記》："歷下多名山水，龍洞爲尤勝……勝國嘗封其神曰靈惠公。"

② "百夫長"，舊時統率百人的小頭目。《尚書·牧誓》："千夫長，百夫長。"孔傳："師帥卒帥。"孔穎達疏曰："百人爲卒，卒長皆上士。"

③ "泰定"，元泰定帝也孫鐵木耳年號，1324~1328年。文中所提及的劉孝子碑，刻立於泰定四年（1327）。

④ "此石"，即前劉孝子之唐山縣尉劉政所立的《元朝孝子百戶劉智墓碑記》，見編號001。

⑤ "壞"，據清雍正《高陽縣志》卷六《集文》、李紅權輯錄點校《孫承宗集》補。

⑥ "周"，民國《高陽縣志》、李紅權輯錄點校《孫承宗集》作"回"。

⑦ "舒、敫"，即倉舒、隤敫，二人爲高陽氏顓頊手下，位預八凱。

⑧ "許睢陽"，即許遠，其介紹見前。

⑨ "熏轑"，喻威逼。《漢書·杜業傳》載，翟方進"横厲無所畏忌，欲以熏轑天下"。顏師古注："熏言熏灼之，轑讀曰燎，假借用字。"

公胄也，予既表許忠/[烈祠]①，
廼更低佪孝子。[適燦然]除先
墓，而[薙]②蕪立僕，補其缺瓶，
遂題其語扵石。嗟乎！臣忠子/
孝，[宇]宙[大]倫。劉戶侯③，
韡韡君子，而躬摯行，以彼引𨺩，
一念乘[障]，當敵尚可為睢陽④
乎？誰謂/不[經不]訓也，敢藉
以勵糜糜者。/

　　大明萬曆歲次庚申⑤/

　　賜進士及第、奉訓大夫、左
春坊、左諭德、兼翰林院侍讀、
前　太子中允、/國史編脩、直/起
居注、編纂六曹章□撰□文臣/

　　誥勅　予告同□後□孫承宗題
邑學生孫銓書　鄉進士孫鉁潤色/

　　十世孫生貟燦然

　　□□

　　甥孫生貟張式仝立石/

031　喬繼科等詩文碑（明萬曆）

　　題解：原碑位於高陽縣城內，現碑已佚。首題無，常先生原題"孫
敬宗草書碑"；今據碑文改擬。其拓片長 67 厘米，寬 51 厘米，凡 12
行，滿行 15 字。行草。碑文內容爲三首七言律詩，分別由喬繼科、孫
敬宗、諸葛元聲所題。

① "許忠烈祠"，指許遠入高陽縣之忠烈祠。
② "薙"，雍正《高陽縣志》爲"薙"、李紅權輯錄點校《孫承宗集》作"剃"。
③ "劉戶侯"，指劉孝子，因其爲百戶故稱。按：戶侯，明代百戶所百戶之尊稱。明余庭璧
　《事物異名》卷上《君臣·所》："百戶，稱之戶侯。"明吳昭明等《五車霏玉》卷五《百官
　總稱》："戶侯：百戶。"
④ "睢陽"，指許遠，因其爲睢陽太守，故稱之。
⑤ "庚申"，即萬曆四十八年，光宗泰昌元年（1620）。

　　喬繼科，曲靖舉人，萬曆二十年（1592）任高陽知縣，節縮財用，爲政寬和，歲稔立社倉，儲穀數千石，築城易以磚石葺學宮，并樹之柏，又創建文昌祠，文筆峰，市民感之。民國李曉泠等《高陽縣志》卷三《人物·職官》第 163 頁有其介紹。

　　孫敬宗，據民國《高陽縣志·舉人》載，字叔倩，高陽人，係明大學士孫承宗三兄。萬曆辛卯（萬曆十九年，1591）舉人。初授武強教諭，歷吏部、工部、都察院司務、兵部職方司員外郎。

　　諸葛元聲，生卒年月不詳，號味水，浙江會稽（今浙江紹興）人，諸生，稽考諸方志可知，其生活於明嘉靖、隆慶、萬曆時期。明萬曆九年（1581）至雲南臨元道賀幼殊（長沙人）處作幕客，直到萬曆四十五年始離滇。撰有《滇史》14 卷，爲研究雲南古史翔實而完備的資料典籍。另外尚輯有《兩朝平攘錄》5 卷、《三朝平攘錄》6 卷。除史學外，他還進行戲曲創作，并撰有重要的戲曲理論文章《西廂記序》。商溶在萬曆三十四年（1606）所作的序中對諸葛元聲評價甚高："余鄉諸葛先生，淹貫古今，獨數奇不侯，且與燕陽先大人同籍誼交歡，時時相與抵掌國家大禮、大戎一切典故，灑灑若懸河靡有殫也。"

錄文：

　　　　□□清泉一脉通，應知造化有神功。謾誇 /□□分河潤，肯慕千金易素衷。鼎内烹 /雲香細細，窗前明月夜濛濛。更薪菽粟長 /如此，坐見閭閻免困窮。喬繼科題 /

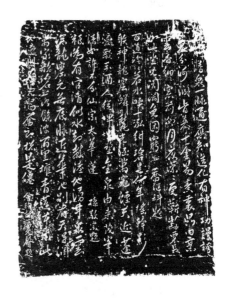

　　　　百道泠泠若水喚，一泓紺碧是何年。瑤幹影 /射神龍窟，鱗鬐光涵萬灶煙。天近蓬 /瀛歌玉酒，人從埠□望金泉。由來茂宰 /清如許，不分仙家太華蓮。孫敬宗題 /

　　　　祇爲有官清似水，却教陸地湧甘泉。雲 /溟龍窟元無底，脉近華池別有天。浮潤 /萬家歌碧落，餘波百里擁青蓮。本來此 /地瀛

州左，□□喬郎①捻是仙。會稽諸萬元聲題/

032　高陽縣重修城隍廟記（明天啓四年，1624）

題解：原碑位於高陽縣城，刻立於明天啓四年（1624），現碑已佚。常先生原題"重修城隍廟碑"；碑原題"高陽縣重修城隍廟記"，今從之。其拓片長227厘米，寬78厘米，凡20行，滿行70字。楷書。城隍廟，創修時間不詳，明永樂七年，知縣沈淵重修。位於縣治南三十步（或稱50米），正祠三楹②。李國檜篆額，孫承宗撰文，劉似鰲書丹。孫承宗介紹見前。

劉似鰲，高陽人，号橫海，萬曆癸卯（萬曆三十一年，1603）舉人，癸丑（萬曆四十一年，1613）進士。《國朝歷科題名碑録初集》載其爲"明萬曆四十一年進士題名碑録癸丑科，賜同進士出身第三甲二百七十四名，直隸保定府安州高陽縣民籍"③。《明清進士題名碑録索引》作劉汝鰲④，應誤。他曾任聞喜、榆林兩縣令，有古循良風，擢刑部郎中。此碑中記載他時任太平府知府，民國《高陽縣志·進士》亦載其曾任太平府知府。其傳見民國《高陽縣志》卷四"人物"第234頁。此碑主要介紹了城隍的職能，告誡鄉民奉公守法。

録文：

高陽縣重修城隍廟記/

賜進士及第、光禄大夫、柱國、少傅兼太子太師、兵部尚書、兼文淵閣大學士、知經筵、日講、制誥、捻裁國史、督理山海薊鎮昌平保定天津登萊等處軍務、邑人孫承宗撰文/

賜同進士出身、奉訓大夫、左春坊、左諭德、管國子監司業事、記注起居、編纂章奏、分修國史、邑人李國檜篆額/

賜同進士出身、中憲大夫、太平府知府、邑人劉似鰲書丹/

凡分土百里而置邑，則據川原凝匯之氣置城，城盛也。其下曰

---

①　"喬郎"，當指喬繼科。
②　見《天一閣藏明代方志選刊》卷二十。
③　（清）李周望輯《國朝歷科題名碑録初集》，第1169頁。
④　《明清進士題名碑録索引》，第2592頁。

隍，易之□□城言隍，要以重捍
衛，而無□闌出入。/國家祀典，
有神曰城隍，若于邑□呵護焉。有
善，欲無即患害，唯護；有不善，
欲無為患害，唯呵。蓋/朝廷羣邑
人而置吏，神于幽有所司若吏然。
陰吏主生，不主死，猶有明吏主
利，不主殺。然生而之死，所以佐
為生利而之殺，所以佐為利世。人
見儕類蒙顯，禍以為陰殛之，而
曰陰吏專/主伺察，如見令公于
邑，或摧抑之，或僇辱之，以為
令公之權無殺而不知殺，正口以玉
汝于成，則陰吏之主死，所以為
生。世人熙熙攘攘日趨死，而又熙
熙攘攘日乞生，孰知生死？惟/身
而明幽，相為用。夫旱乾水溢，天
札疾癘，豈謂非神而修救修禳？曰
無法，強淩弱，眾暴寡，小加大，
豈謂非法？而未殄、未滅曰無神？
蓋幽有神，明有法，法則邑令公
輕重布之，神則□翼/其法，而時
借令公之法以用其神。時或專用
其神，以佐令公之法。吾儕父老
子弟，以獲然神明之意，遵奉令公
之法，而檢束至行，以□于父子兄弟之間，無敢闌出入，即以無斁于
神。/蓋/朝廷置法，以束天下，內不過父子、兄弟、長幼、夫婦，外
不過君臣、上下、友朋，法嚴而無弗備焉。其用有嘗神□，而無弗入
焉。其用不測，有蔑神而得辟法也，有逭法而淂禍神也。神□形俱，/

───────────────

① "令公"，此指高陽知縣。

吾一範人①之形，而百神寓焉；人以父子、兄弟為形，□□慈孝□□為神。試即予邑高陽氏才子蒼舒、隤敳輩，八遭顯庸；不才子饕餮、窮奇②輩，八遭顯僇。此十六族，自以才浮舉，自以不／□浮殺。迺若熙工，亮載其清神快□，如日中天，貪殘□慘，其神情懟阻，曾不可以對友朋，仍有聞雷霆，而心戰者。乃知自古大聖、大賢，摶挽陰陽，陶鑄造化，不過尋常日用，而非有恇／畢不可究詰之事。吾儕父老子弟，試尊君親，上事父與兄，郵人之苦，振人之急，其家□□，其人穆穆，其子孫繩繩，振振才且賢，有不稱神庥者乎？又觀觀記③以來，斂人財利，擴人危險，／時或苟延於法，而今尚有在者乎？其子若孫，有隆隆炎炎不滅者乎？予謂令公生殺予奪，皆神而□□□□福，惟神佑以不才，禍唯神殛。故兄友弟恭，積為慶門；父慈子□，釀成禍□。／然則，幽神明法，吾神吾法也。父老子弟，其勿以不來之行，試法而□神，神必□之。高陽有城隍廟，後□□□修葺，多以父老子弟為釀，而邑令公命之，其月日工料俱有籍。／

天啓四年，歲在甲子仲冬月告／賜同進士出身、文林郎、知高陽縣事、武陵唐紹堯④，／文林郎、知高陽縣事、□地張金門，／署儒學教諭、舉人、平湖陸之元；訓導馬士昌，典史王治，典史吳世昌。新安胡□書。／

033　董氏族譜記（明天啓五年，1625）

題解： 原碑位於高陽縣于堤村，該村在縣東八里，刻立於明天啓五年（1625），現碑已佚。常先生原題"董氏祠堂碑記"；碑原題"董氏族譜記"，今從之。其拓片長88厘米，寬59厘米，凡15行，滿行18

---

① "範人"，給人作楷模。《北史·令狐整傳》："周文又謂整曰：'卿勳同婁項，義等骨肉，立身敦雅，可以範人。'"
② "窮奇"，古代惡人的稱號，謂其行惡而好邪僻。《左傳·文公十八年》："少皞氏有不才子，毀信廢忠，崇飾惡言，靖譖庸回，服讒蒐慝，以誣盛德，天下之民謂之窮奇。"杜預注："謂共工。其行窮，其好奇。"孔穎達疏："行惡終必窮，故云其行窮也；好惡言，好讒慝，是所好奇异於人也。"
③ "觀記"，見聞與記憶。《史記·魏世家》："翟璜忿然作色曰：'以耳目之所覩記，臣何負於魏成子？'"
④ "唐紹堯"，字延祖，號大愚。明湖廣武陵人，明朝萬曆戊午年（1618）鄉試中舉。天啓壬戌（1622）進士，授翰林院庶吉士，後授高陽知縣。終官户部右侍郎。

字，楷書，有印章。此碑乃董氏家族合族所立，主要記述了董氏族譜的緣起和立碑目的。從碑文來看，碑陰列有董氏家族諸人姓名，惜其拓片已不存。

録文：

董氏族譜記 /

明興來，我族肇基一人，世澤遞衍，以迄□今。孫□□ / 遊泮[1]者，□蒸翔奮，因流遡□□，自□□□□□ / □始，我 / 始祖，下暨 / 列祖，歷有譜牒，居今憶昔，□□□□□ / 披記冊□，世次如睹，迫譜□□□□□ / 不就其所□記憶者銘之，□□□□□ /，不知宗派何出，一□所分，□□□□□ /，訊之先輩，傳述採之。□年□記□□□□□ / 幻，一一譜之碣陰。俾自今以後，□□□□□ / 源，善相勸□，相規倫，相正恩，相篤□。然一氣□ / 親相愛，詎非休美盛事與？是為鑴石，以志不忘。/

大明天啓五年仲春穀旦立 /

合族立會衆德時鳴鳳歷 □□ □□ □□ □□ 領

字□田九亮□

---

[1] "遊泮"，古代學宫前有泮水，故稱學宫爲泮宫。明清時，儒生經考試取入府、州、縣學爲生員，謂之"遊泮"。

034　重修關帝廟碑記（明崇禎六年，1633）

題解： 原碑位於高陽縣東王草莊村，該村在縣正西三里，刻立於明崇禎六年（1633），現碑已佚。首題無，常先生原題"重修關帝廟碑記"，今從之。其拓片長134厘米，寬69厘米。由於碑體磨泐剝蝕甚烈，拓片字迹無法識讀。關帝廟，供奉三國時期蜀國的大將關羽。北宋徽宗時，追封關羽爲"義勇武安王"，其廟最初名關王廟。後又因佛教將關羽神化，尊爲"關帝"，乃更名爲關帝廟。

按： 民國《高陽縣志》卷一《地理·古迹》載有關帝廟，在縣城南街，當非此碑所言之關帝廟。明代關帝廟在全國各地多有修建，數量甚多。

《孫承宗集》、清雍正《高陽縣志》卷五，有同一篇"關帝廟記"。從拓片偶爾識別的字看，與此不同。

035　高陽縣城南新建慈臨庵記（明崇禎十年，1637）

題解： 原碑位於高陽縣南關村，刻立於明崇禎十年（1637），現碑已佚。常先生原題"孫承宗書撰建修慈臨庵碑"；碑原題"高陽縣城南新建慈臨庵記"，今從之。其拓片長119厘米，寬68厘米，凡17行，滿行40字。楷書。撰者孫承宗，孫承宗介紹見前。他撰此文時已75歲高齡。此碑主要介紹了慈臨庵的周邊環境，并以撫軍爲例，諄諄告誠世人應以清净爲懷，不要心懷貪念。

著録狀況： 李紅權輯録、點校《孫承宗集》卷十八《碑記》第591~592頁、清雍正《高陽縣志》卷六《集文》、民國《高陽縣志》卷十《集文》第 667~669 頁有録文，題曰"慈臨庵記"，但均缺 5 行字，且無立碑時間和立碑人信息。中國國家圖書館特色資源（碑帖菁華）亦收録此孫承宗手書碑文拓片。

録文：

高陽縣城南新建慈臨庵記 /

縣之南城有重門，題曰"濚襟"。繇濚襟門南行，折而東，逕三皇廟①，過錢梅谷②諸令公祠，有庵曰慈臨，蓋天啓 / 六年以祠白衣大士③。其東有火德祠，有碧霞祠，有真人祠，有古高陽氏廟，而風雲雷雨，壇居數祠之中。是 / 庵當祠廟間，以左右諸祠廟，而北負城之東南隅，適以新角臺若樓為後屏。其前則兩郡劇驂④，又前則大 / 河如帶，而名家兆域⑤，分列河陽。其阜岡點綴，林樾簇環，時則艒船柳蔭，漁網鳩州，或作城南記焉。其東北 / 隅，則楞嚴寺浮屠⑥插霄乎二里外，而大河之南佩者，東折而北，過浮屠，左受城西之水，合襟於予之西原。/ 左其比庵，而左鄰亦予柰園也。庵入門，而隊柏蔥蔥，輒有凌雲氣。祠三楹，中為龕相白衣，蓋三十二相之 / 一相，曰主善信胤嗣云⑦。後為僧寮三楹，亦有列柏其土，高而煬，每安步埃壒，苦門外諠闠，而一入門，則若 / 深岩邃壑中，不復聞。因念嚮居東有撫軍私公家，金御史槃之，以行金不問，而怖思嚮予，廼為下教偵人 / 曰："愧不能黃

---

① "三皇廟"，祀伏羲、神農、黃帝。

② "錢梅谷"，指錢春，別號梅谷，南直隸武晉縣（今江蘇武進）人，萬曆三十二年（1604）進士。曾任高陽縣令。《明史》卷二百三十一有傳。關於錢春重建儒學、增置學田的事迹，見於編號 027《高陽縣儒學鼎建學田碑記》（明萬曆三十四年）、028 孫承宗所撰《高陽縣重修儒學記》（明萬曆三十六年）。

③ "白衣大士"，即觀音菩薩。

④ "劇驂"，七面相通的大道。《爾雅·釋宮》："七達謂之劇驂。"郭璞注："三道交，復有一歧出者。今北海劇縣有此道。"《釋名·釋道》："七達曰劇驂。驂馬有四耳，今此道有七，比於劇也。"

⑤ "兆域"，墓地四周的疆界，亦以稱墓地。《周禮·春官·塚人》："掌公墓之地，辨其兆域而為之圖。"孫詒讓《正義》："辨其兆域者，謂墓地之四畔有塋域埒埓也。"三國魏曹操《終令》："其廣為兆域，使足相容。"

⑥ "浮屠"，亦作"浮圖"，此指佛塔。北魏酈道元《水經注·河水一》："阿育王起浮屠於佛泥洹處，雙樹及塔今無復有也。"

⑦ "曰主善信胤嗣云"，清雍正《高陽縣志》卷六《集文》、民國《高陽縣志》卷十《集文》、李紅權輯録點校《孫承宗集》均無此句。

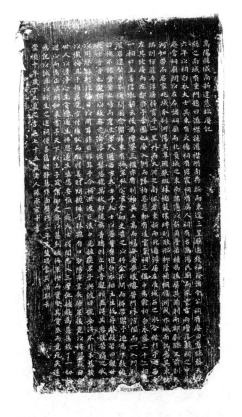

葉止啼^①，而震旦^②學人遜西方大士乎？"^③大士以無量身，現白衣相主生，故尋聲救苦，曰觀世音。/夫世音，音也，觀何以故？無亦淪落泥犁，悲號萬狀，都現為音，聽則止其音，觀則並浮其悲號苦痛之狀。形/以用聲，非形非聲；目以用耳，非目非耳。予今從洪波巨浪中，見披發男子與波呼號，安浮不引手慈筏，曩/以懺悔？且千伯^④萬魔，方付維馱^⑤，而暇從善財^⑥，問龍珠乎？林鸚有口，勿防宰官矣。撫軍後竟以怖思死。因念^⑦/世人以清淨心生貪戀，遂生怖思，遂生嗔怨，要惟一癡。大士從聞思入三摩地^⑧，破癡為

---

① "黃葉止啼"，出自《涅槃經》卷二十，其故事說一個嬰兒啼哭不止，他父母乃用楊樹黃葉哄他說這是錢，嬰兒以爲是金錢便不再啼哭。本指佛陀以天上樂果勸阻人間衆惡，在此比喻假設方便乃權宜之計，真正境界尚須自心領悟。

② "震旦"，古代印度稱中國爲震旦。《佛説灌頂經》卷六："閻浮界内有震旦國。"唐王勃《益州德陽縣善寂寺碑》："蛟臺蜃閣，俄交震旦之墟；月面星毫，坐照毗邪之國。"

③ "因念僑居東有撫軍私公家，金御史發之，以行金不問，而怖懼嚮予，迺爲下教偵人曰：'愧不能黃葉止啼，而震旦學人遜西方大士乎？'"清雍正《高陽縣志》卷六《集文》、民國《高陽縣志》卷十《集文》、李紅權輯錄、點校《孫承宗集》均無此部分内容。

④ "伯"，通"百"。

⑤ "維馱"，一般作"韋陀"或"韋馱"。佛教天神，傳說爲南方增長天王的八神將之一，居四天王三十二神將之首。唐道宣載其事，謂佛涅槃時，捷疾鬼盜取佛牙一雙，韋馱急追奪還，以授道宣。後佛教因以韋馱爲護法神，亦稱護法韋馱，並置其像佛寺中，着武將服，執金剛杵，立於天王殿彌勒佛之後，正對釋迦牟尼佛。

⑥ "善財"，即善財童子，爲觀音菩薩的脅侍之一。《華嚴經·入法界品》稱他本是福生城長者之子，經文殊菩薩的指點，參訪了五十三個善知識而成菩薩。因其參過觀音菩薩，故觀音的塑像或畫像旁，一般常有善財童子之像。

⑦ "林鸚有口，勿防宰官矣。撫軍後竟以怖思死。因念"，李紅權輯錄、點校《孫承宗集》無此部分内容。

⑧ "三摩地"，佛教用語，又作三昧、三摩提、三摩帝、三摩底、三麼地、三昧地等，漢譯爲定，即住心於一境而不散亂的意思。

慧^①，慧故了一切輪／迴心，而為正法，明如来嘗予天下以生。予
笵謂御史能以慧劍破撫軍慳，而實堅其貪□，而竟死矣。遂次／為
記，以誠且以际生之途^②。祠僧昌蘊頗静慧，作面壁行三年，其竪碣
當其滿期云。／

  崇禎十年歲丁丑夏之吉，邑七十五歲老人孫承宗手書。

036 高陽縣晋莊鄉玄武祠記（明崇禎十年，1637）

  題解：原碑位於高陽縣北晋莊村，該村在縣西十八里，刻立於明崇禎十年（1637），現碑已佚。楷書。常先生原題"建修玄武廟碑記"；碑原題"高陽縣晋莊鄉玄武祠記"，今從之。其碑陽拓片長178厘米，寬74厘米，凡26行，滿行83字，碑刻左下角後補6行，行19字。碑陰拓片長156厘米，寬82厘米，為建碑人員名單，從會首、鄉官到普通民衆，從右至左排列凡18排，并簽有印章。孫承宗撰文，旭□書丹。孫承宗介紹見前。此碑主要記述了晋莊鄉玄武祠建造的緣起和經過，并贊頌了王鼎蕭的功德。王鼎蕭，據碑文可知為孫承宗的内侄，其名又見於039《修學碑記》（崇禎十一年），當時的身份是學生員。

  按，此碑碑陽和碑陰都有後人補刻内容。碑陽拓片左下端有6行文字，其内容是乾隆四十五年（1780），蔣□茹將自己的一段土地施捨於玉皇廟作為香火地的券證，詳載了土地的四至。字體、字號與其他部分明顯不同，其時間乾隆四十五年更是遠在崇禎十年（1637）之後143年，當是後來所補刻，與原内容無關。但為了保證整理碑刻内容的完整性，此部分亦加以録文附後；碑陰後"萬曆叁拾年修廟。叁拾貳年，史自安化銅三千，鑄玄帝聖像一尊"，這部分内容亦顯然與上面題名并非一體，其時間萬曆三十二年（1604）亦在崇禎十年（1637）之前33年，當是補記。

  録文：

  碑陽：

---

 ① "慧"字，李紅權輯録、點校《孫承宗集》無。
 ② "以誠且以际生之途"，李紅權輯録、點校《孫承宗集》無此句。

高陽縣晋莊鄉玄武祠記 /

盖五行各以德，帝其方。玄武，北極之神，稱北帝。而五各有肖，龜蛇肖北，藉坎、離①濟天下也。古稱幽都黑水，有人焉，踐龜蛇，其□□□□□□□曰恊□紀，亦曰静樂②儲，去王□□也。□以天一化生，□神靈鎮北紀。古 / 稱玄武，以宋諱曰真③，今仍宜玄武云。我 / 成祖④文皇帝，祇念神庥，肅命即阠脩煉天柱之巔，冶銅為殿，飾以金泥，範神之像，以享祀無窮。若曰：上以殷薦 / 皇考妣，下為海内臣庶，迓休祉也。下臣嘗竊讀 / 御⑤製辭要，謂神於我 / 太祖⑥高皇帝，陰翊顯祐，神靈赫奕；肆于我 / 成祖文皇帝，亦復輔相左右，風行霆擊。其後，茂錫多眖，鈞有異徵，下臣因念 / 文皇帝⑦，奠鼎幽燕，自宜妥神京國。我高陽為黑帝⑧初封，與禺疆并顯，今且當坼甸要，雄邑更宜神。晋莊西連三岔草橋閡⑨，與雄、霸相犄角，以當三虜之衝，則又用武之區，似于神更宜。至九水疊襟，仍分两派，當莊之坤隅⑩，/ 若雙虹蜿蜒，夾间左右，而合天市⑪。益陳令公⑫六車攬結河山，顧瞻廟貌，嘆風土清嘉，而提

---

① "坎""離"，本爲《周易》的兩卦，猶言鉛汞、水火、陰陽。《易·説卦》："坎爲水……離爲火。"

② "静樂"，即净樂。根據道教的説法，真武帝君原爲净樂國太子，他發誓要除盡天下妖魔，不願繼承王位。後遇紫虚元君，授以無上秘道，又遇天神授以寶劍。入武當（太和山）修煉，居四十二年功成圓滿，白日飛升。玉帝敕令其鎮守北方，統攝玄武之位。參見前面介紹。

③ "真"，由於宋尊始祖趙玄朗，因避其玄字諱，故改玄爲真。

④ "成祖"，因平闕抬行頂格。

⑤ "御"，因平闕抬行頂格。

⑥ "太祖"，因平闕抬行頂格。

⑦ "文皇帝"，因平闕抬行頂格。文皇帝，即明成祖朱棣。

⑧ "黑帝"，古指北方之神，爲五天帝之一。《史記·天官書》："黑帝行德，天關爲之動。"《周禮·天官·大宰》"祀五帝"。唐賈公彦疏："五帝者，東方青帝靈威仰，南方赤帝赤熛怒，中央黄帝含樞紐，西方白帝白招拒，北方黑帝汁光紀。"

⑨ "草橋閡"，即高陽關。北宋太平興國七年（982）置，故址在今河北高陽東，地接契丹境，爲邊防重鎮。民國《高陽縣志》卷一《地理·古迹》云在邑西二十里三岔口社，爲後周時周世宗所置三關之一，誤。碑文所記草橋關亦誤。參見《辭海》"草橋關"。

⑩ "坤隅"，西南方。唐李華《含元殿賦》："望仙闕於巽維，建福敞於坤隅。"

⑪ "天市"，星名。《史記·天官書》："東北曲十二星曰旗。旗中四星曰天市。"張守節《正義》："天市二十三星，在房、心東北，主國市聚交易之所，一曰天旗。明則市吏急，商人無利；忽然不明，反是。市中星衆則歲實，稀則歲虚。熒惑犯，戮不忠之臣。彗星出，當徙市易都。客星入，兵大起；出之，有貴喪也。"

⑫ "陳令公"，姓名待考，時任高陽知縣。

土人以學也。先是，里人劉鐵山輩以形家言建帝祠①，當天皇護乾軫。蓋里中王、李兩姓，感令公言，而興學扵祠。予因念歲時／伏臘，單里而出，亦唯是三多五福之祈，而一方沴垂，四體痾痛，佞於祈奢。顧耳記稱帝聰明勇猛，意除邪魔，跡其毘贊／二祖赫靈，亦唯是盪穢滌氛，以安天下。然則里人祈為，聚族釀橐而告虔，將無仰藉陸離②之長劍，靖天下邪魔，而光揚我／二祖之武烈乎！嘗聞五氣之運，各以神行，氣沴為灾，灾溢為魔。蓋北神③正持之，而百魔邪干之，自非神力勇□，將正不勝邪。天下嘗有百千萬魔于太平而文明□黟，諸子衿④若以一鄉文運，榑捥自神，予且□神麻于文／運以邕靈赫而望文，士以神武精進，奮大義而成文。昔傳宗伯文毅，訪晁克仁于莊也，詠翠柳黃雲之語，尚見一時人文光奕之風華，而喆人一殄，流風遂湮，無論八才⑤舊德，即後來慷慨，盡化囂□。蓋比閭倚舭，不／識誦讀，去百十年而後，予內侄王生鼎嘉，始以名家子，鼓篋⑥玄武祠。一時遊從者，盡歌子衿，其步趨王生，而謁記若德于祠之有王生，廼王生不自功，而德于諸子衿之有祠也。或又謂王生攜群弟子，邕神麻，應昌／運，以大一隅風氣，而復晁先生之舊，遂以昭國家首善之沾，濡深而明允，篤誠將復出，寧獨子衿輝里塾也？予謂世治憑人，世亂憑神。今天下平治，／聖天子秉正黜邪，予何敢信蔡元長⑦，詭證神圖，亦何敢依謠讖，詭談九九？獨以久逸而亂，若以神憑久勞而治，若以人憑昔我／文皇帝祠神於參嶺也。蓋在荊、襄兩派，而用武之地也。廖道南⑧曰：天下無事，祝釐錫羨；海內多故，燭微慎防／。聖謀遠哉！

---

① "帝祠"，即玄武祠，又稱真武大帝祠。
② "陸離"，長劍低昂貌。源出《文選‧屈原〈九章‧涉江〉》："帶長鋏之陸離兮，冠切雲之崔嵬。"呂向注："陸離，劍低昂貌。"唐聶夷中《胡無人行》："腰間懸陸離，大歌胡無行。"
③ "北神"，又稱"北帝"，即玄武，被稱爲北極之神。
④ "子衿"，《詩‧鄭風‧子衿》："青青子衿，悠悠我心。"毛傳："青衿，青領也。學子之所服。"後因稱學子、生員爲"子衿"。
⑤ "八才"，又稱"八凱"，指顓頊手下的八才人。
⑥ "鼓篋"，謂擊鼓開篋，古時入學的一種儀式。《禮記‧學記》："入學鼓篋，孫其業也。"鄭玄注："鼓篋，擊鼓警衆，乃發篋出所治經業也。"
⑦ "蔡元長"，即蔡京，字元長，爲北宋著名奸臣。
⑧ 廖道南（?~1547），字鳴吾，蒲圻人。正德十六年（1521）進士，改庶吉士，授翰林院編修。著有《楚紀》六十卷、《殿閣詞林記》。

里人身轉風運中，而藉武為文，予且目擊文運，而勵諸生以神之武。夫武非以地當用武，而今適用武也。士腕呫嗶，而豪傑聖賢，非武不入司□□曰仁明武，蓋見義必為之，謂武諸生□神，神其終以武□之，/ 而竟其文。惜陳令公□見今之文也。《書》云："乃聖乃神，乃武乃文。"① 王生尚為神誦之。/

賜進士及第、特進、光祿大夫、左柱國②、少師兼太子太師、吏部尚書、中極殿大學士、知 / 制誥、起居、日講總裁、□錄 /

王□參詳章奏燕掌櫃曹□ /

命兼兵部尚書督師予□奉 /

詔召起仍兼兵部尚書督師予告邑人孫承宗撰 /

崇禎歲□丁丑③ 夏四月既望立 /

江右古□武科後學□士旭□書　□□□ /

住持道人史守陽募

張萬全、王自才□④/

乾隆肆拾伍年正月拾伍日，蔣□茹情願發心，將 / 自己村西北南北地一段拾叄畝捨與玉皇廟，以 / 作香火之地。長闊壹百玖拾陸工，寬闊拾伍工肆 / 尺伍寸，三□亭。東至蔣坦茹，西至刘奇慮，□至地□，/ 北至道。垂庥百驥，存照。領袖人程□乾、翟常、陳 / 大猷、霍承宗，住持李陽福。

碑陰：

建碑會首五人：生員王鼎蕭，承差李世泰，生員王三錫、劉堯相、劉廷相。/ 鄉官：總旗李正春，訓導李光祚，知縣王鼎銘，誥封齊大士，鎮撫王鐘彝，寺丞李光聘，守備張鴻謨。/

儒士王廷楹、吳邦住。吏員白受彩、白受燁，吏員梁一鳳。武舉蘇傑。太學田之珍、田之會、田之璠。生員吳邦基、張鴻猷、劉耀祖、李養心、李樸、陳三策、張洪範、孫之渼、孫之泳、王允熙、王暹、李一松、李光卿、李尚汶、孫鍊、王廷桂、王牖銘、郭達、

---

① "乃聖乃神，乃武乃文"，源出《尚書·大禹謨》："帝德廣運，乃聖乃神，乃武乃文。"
② "左柱國"，文職勛階名，明代置。《明史·職官志一》："正一品，左、右柱國。"
③ "丁丑"，即崇禎十年（1637）。
④ "江右古□武科後學□士旭□書　□□□ / 住持道人史守陽募、張萬全、王自才□"，此部分文字拓片裝裱後缺失。

吴國珍、蕭宗孔、張成名、王允煦、張一儒、孫之淬、屈曔、張浴日、李躍鱗、西長庚、吳邦翰、吳廷秀。儒士王籃銘、王永禄、吳邦鼎。承差李居正、李體正。/晋莊屯：劉澤遠、刘澤沛、刘溡遠、楊秋、刘從仁、刘思讓、刘思信、刘思聰、刘守厚、刘思明、刘廷悟、刘思忠、朱自明、刘方廷、賈志花、刘朝鑾、刘朝夫、刘邦住、柴明選、楊自用、刘掌正、刘邦成、刘增、柴明亮、于廷松、于廷栢、刘從林、楊天良、林得時、單從立、刘從起、楊花、王二仙、楊文選、賈志果、刘進賢、刘從惠、史長學、于廷枝、于邦正/于邦庭、王明道、楊逢盛、王和、刘万全、楊雙槐、馬自立、王夢禎、賈志葉、楊果、于尚忠、晁應福、刘找、史應奎、刘朝旺、宋治寧、刘守益、刘思領、李成京、于伸□、晁應惠、于邦彦、刘保山、紀逢春、刘朝舉、楊有才、楊自□、宮鳴鳳、刘澤貴、刘邦全、楊時運、熊自边。楊家左：白受山、李鳴鳳、楊得名、李鳴山、司守住、白受燦、李湖。/晋莊村：王三樂、李芬春、張安、王甫全、程万敖、張信、魏三聘、□轉樓、張可愛、李春海、王用忠、李可

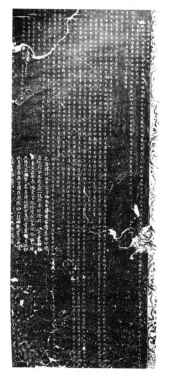

言、王用秀、李世登、羅自秀、谷從玉、魏如選、羅自□、魏汝賢、李守志、李國賓、霍彥仲、王明仁、趙明旺、王廷才、王用孝、王用宰、王用相、王用臣、李云登、趙邦才、張尚才、晁文夆、張甫全、趙武山、張尚科、趙江、霍世孝、王廷艮、王用福。/苑家橋：張大化、趙湖、李守成、李如佩、李廷中、李守已、劉思恭、王守高、岳從法、晁應元、李世科、王甫勤、杜九成、李西住、李應周、李云旺、魏邦俊、刘才、魏守礼、王守江、李雲甫、王明進、李明乾、王明夆、李彥春、李云騰、張可敬、張可法、李春和、魏三善、張可遠、魏三仲、李云治、晁玉樓、李自西、王用登、王名海、張可久、張業、李登科、王用文、/李登周、趙名揚、王明礼、王守正、單自付、張汝山、李云雷、火邦科、程万倉、程万庫、李夢熊、李夢勳。葦園屯：陳文夆、于福才、伍邦德、陳國興、陳文選、張應龍、陳強、伍邦讓、陳未道、石邦艮、張黃、李應龍、陳壯、李廷鋆、李應蛟、陳國政、陳武孝、陳朋、陳有榮、陳万才、陳文保、張化龍、伍邦先、李廷梅、李門刘氏、金天夫、李廷枝、陳万銀。/剌剌地：臧秉蕙、于化龍、蔡廷仁、伍天祥、李門刘氏。左家庄：屈大伸、張守亮、屈得清、屈得亮、屈得升、屈之通、屈之亨、邢仲花、王受山、肖桂、邢尚策、王清山、左邦俊、左邦仕、王加太、蕭文山、蕭文明、蕭天雨、王門康氏、張守民、蕭元、左邦傑、王堂、張守方、蕭門張氏、王興太、蕭天福、蕭榮、左得立、蕭保山、張進登、邢得下、蕭西、蕭秀、王進忠、/戴時行、張行、王保山、王自禄。季朗村：魏守財、魏自果、田光明、田學進、田九奉、徐琮、布應才、張從艮、張門盛、徐万保、田金、韓登科、付自賢、邵滕、田光題、張明金、張得艮、范禄、徐孝、張保佑、李文進、張鴻猷、范艮、貫金、刘承宗、張光統、邵文盛、田世相、張守川、田孝書、田孝仕、田孝訓、田自然、刘進忠、田正根、/張九常、祁守奉、呂金、祁閏、田進忠、趙子明。圈頭村：宋得政、齊國臣。趙貫左：秦朝陽、魏思明、魏思礼、魏思讓、郭士高、魏思賢、魏守志。新留左：馮龍、馮佃、李尚質、李冬夏、李文選、李思文、李思敬、馮宗文。南板村：金自登、周自安、孫天寿、周自忠、李守艮、周自淳、冉平、冉坡山、任守金。南晋庄：張時豪、張文名、張名、王□花、郭安重、張從樂、李進良、郝守業、張從善、宋大榮、張忠臣、李宅官、郭尚義、王尚志、王自明、賈宗信、張從安、張時朋、賈宗智、李世花、李進才、賈宗禮、張萬業、張萬善、郭元、賈宗義、劉三樂、郭尚辛、張自科。 蔡家橋：蔡克儉、蔡克智、蔡應徵、蔡朝昇、蔡治隆、蔡尚恭、蔡双鳴、石國現、蔡立春。/ 于八口村：魏清、王自貴、康自存、胡清、趙一爵、張時進、胡喜運、張進科、胡喜時、胡喜富、康印、張進舉、陳名遠、齊雲騰、張進登、張門王氏、趙一文、張實、陳嘉言。路台營：張守桐、王士□、陳謨、李思整、李敬、李思聖、李愛、高進舉、高進善、劉廷栢、李新、張其教、李大寶、何天華、劉廷果、劉廷花、張其化。 西庄村：王鼎灝。/各村眾信人等：李賢愚、石善會、李進善、王善會、王妙甚、陳妙然、楊善成、龍妙住、李門張氏、王用甫趙氏、刘廷艮張氏、趙門刘氏、張門曹氏、李門黃氏、刘守巴李氏、王門陳氏、張忍种氏、刘門柳氏、楊暴張氏、趙得才張氏、趙登張氏、馬孝武王氏、李門石氏、吳林、楊金刘氏、楊雄梁氏、張善成、郭門韓氏、候門霍氏、李門馬氏、單從智、張可亮、刘邦寧、周尚才、李守平、刘立正、何妙善、刘門楊氏、李三剛、晁文高、劉中興、柴喜樂、熊自边、/霍善雨、高門楊氏、丁□亮、高□奎、張善云。 三岔口：刘進忠、楊守礼、楊得保、白世禄、白受彩、白大山、石自龍、刘進孝、楊門任氏、楊門田氏、李守容、張万倉、戴自英、董守宅、伍天才、刘芳、□□□、朱自開、李連登、李應其。盧家庄：李進保、盧尚礼、盧文道、盧應乾、李善宇、張善才、孫玄真、張尚忠、甄門趙氏、盧大良。/宋家橋：韓堯實、西守艮、西養民、西守金、杜文才。 邊家庄：邊友良、邊宗和、邊宗義、李宗善、邊文斗、史自明、史宗仕、王進保、邊宗舜、門良在、田自高、米万敖、王士杰、郝良敬、雷登云、王尚志、王文奇、王文正、刘仲□、趙鳳、雷大才、雷大金、□顯基、張守付、邊文祚、邊文仲、田自才。/北路台：閆有榮、閆有華、王良、李從宅、張仲、高宗士、李應周、于守金、常明全、李俊、李魚江、李光國、李自忠、李承芳、常文科、李思代、李思勤、閆有貴、王守艮、李門陳氏、李秀、臧進孝、于進孝、高宗□、高治庫、李魚芳、常文登、李思后、王□先、李應相、許可忠、張成巳、孫得才、李光斗、梁平、李光漢、李思孔。　甄家庄：甄從教。　阮家庄：阮門刘氏。／南路台：李應□、刘守艮、王□心、許朝逢、葛明善、刘万才、翟世龍、李應選、翟雲祿、李應科、翟寧、葛三光、李計然、刘守忠、葛三俊、王□□、王喜□、翟雲□、葛三禁。　武家營：董得科、董得仲、董有□、武尚廉、秦自成、董世奉、王克盛、秦一善、史仲仁、張忠、朱自榮、王之秉、秦自現。／閣學人等：屈□、楊珂、魏斌、李實、張昱、張啓元、馮欽明、張國詔、王球、張標、張□、馮明傑、李□□、王□訓、刘□□、李蘖、李□。　六家庄屯：李尚忠、李林、李應進、李應全、李□心、李儒心、李登科、陳進善、李寬、韓時信、李□□／

　　萬曆叄拾年修廟。叄拾貳年，史自安化銅三千，鑄玄帝聖像一尊，情願自誓，一心向道，愿將祖業瓦房一座，平房兩座，地十五畝，隨入廟內，求授道名曰守陽。焚修香火，永為看守，繼續徒人，開具於後：□□□□□孫張清江、王清河，孫柴一德。

037　高陽縣重修儒學記（明崇禎十年，1637）

　　題解：原碑位於高陽縣城內，刻立於明崇禎十年（1637），現碑已佚。常先生原題"孫承宗書撰重建儒學紀念碑"；碑原題"高陽縣重修儒學記"，今從之。碑額凡2行，行4字，題曰"高陽縣重修學宮記"。小篆。其碑陽拓片長246厘米，寬85厘米，凡25行，滿行67字。楷書。孫承宗撰文并書丹。孫承宗介紹見前。崇禎十一年（1638），清軍進攻高陽，孫承宗率領全城百姓及家人守城，城破後自縊而死。此文距其殉國僅一年，爲其絕筆之作。主要敍述了高陽與孔子的淵源關係，贊頌了時任高陽縣令孔子後裔孔弘頤重修學宮的德政。左下端一段文字爲崇禎十四年其子孫銓補記，凡4行，滿行55字，主要言學宮毀於戰亂，學官王納諫，請示高陽縣令擬加以重修。孫銓，爲承宗之子，據碑陰可知任山東高苑縣知縣。其碑陰刻立於明崇禎十一年（1638），比碑陽晚一年。拓片長246厘米，寬85厘米，周士旭書陰并篆。楷書。內容爲修學題名，從右至左凡22排，內有孫承宗。其中涉及高陽縣諸多村落名稱，是研究當時鄉村社會的重要資料。

録文：

碑陽：

碑額：高陽縣重 / 修學宮記 /

高陽縣重修儒學記 /

孔子之先，蓋與高陽帝同派，而邑為高陽帝[1]舊國。史稱帝十三致太平，而憸儉嗛約，以自小也。故顓曰專，項曰信，其子蒼、敱蕫，天下稱八愷[2]，亦曰八日、八力、八英，膺皇虞之 / 薦，與八元[3]主后土，揆百事，布五教於四方。當是時，父義子孝，兄友弟恭，遂致内外平成，開勳華大業，為萬世君，天下法。廼八子之才，史稱齊聖廣淵，明允篤誠，實與專信為 / 世德，而明誠兩言佐精一帝學，堯舜見知。又聞萬世師，天下法。竊意尼山[4]之脉，二龍五老[5]祇啓祥，而八才實孔氏之先，則誠明世學也，即攝相不佐唐虞，而誠明實祖堯舜。/ 史稱八才，世濟其美，不隕其名，得無迄孔氏而大乎？ / 肅皇帝[6]朝則有今令公大父，行司學鐸，倡大道，從祀宦學。/ 神皇帝朝，則有令公伯甫[7]，視邑篆，封顓帝陵，築宮而事之，登河陽，憑吊上古，有才難之嘆。我人士實始悉尼山遙華，浮洗心才不才之間。今令公復叙述兩世，操刀下邑，力能以 / 清。公敏劲剔抉，數十年當興未興，當除未除者，一旦為士民興除。蓋既以精明應綜核大政，而呴噢覆育，特佐精明，嫗祇疾苦於淒風凍雨之中者，立置暘和。而又嚴不才 / 之誠以育才，遂修數十

---

① "高陽帝"，即顓項，傳説顓項爲黄帝之孫，封於高陽，故稱其爲高陽氏。

② "八愷"，亦曰八凱。《左傳·文公十八年》："昔高陽氏有才子八人：蒼舒、隤敱、檮戭、大臨、厖降、庭堅、仲容、叔達，齊聖廣淵，明允篤誠，天下之民謂之'八愷'。"

③ "八元"，古代傳説中的八個才子。《左傳·文公十八年》："高辛氏有才子八人：伯奮、仲堪、叔獻、季仲、伯虎、仲熊、叔豹、季狸，忠肅共懿，宣慈惠和，天下之民，謂之'八元'。"孔穎達疏："元，善也，言其善於事也。"《漢書·古今人表》季狸作季熊。南朝梁劉勰《文心雕龍·章表》："故堯咨四嶽，舜命八元。"後用以稱頌有才德的人。

④ "尼山"，指孔子。《四庫全書總目·子部一·儒家類序》："王通教授河汾，始摹擬尼山，遞相標榜，此亦世變之漸矣。"

⑤ "二龍五老"，後人爲孔子編纂的靈異故事，説孔子出生的晚上，有兩條蒼龍從天而降，繞護着孔家，還有五位神仙在天樂奏鳴中降臨孔家院中。此故事以後成爲祥瑞題材"二龍五老"。

⑥ "肅皇帝"，因平闕抬行頂格。當指明世宗嘉靖帝。

⑦ "令公伯甫"，當時後文中的錢公，姓名不詳，伯甫當爲字，曾任高陽縣令。

年久廢之學宮，其事盡因，其因盡刱。蓋錢令公後，頓成茂翰，令公①覩缺狀，捐俸率邑人，於是紳衿百姓，咸有捐藉，而以孝廉合諸生有行業者，董其/事，費不贏千金而竣。昔鄭僑②留鄉較，而孔子稱仁，又況乎明見之仁與之警策其耳目，遂洗濯其靈腑者乎？信乎聖人之後，明德之達人也。方今/聖明在御，尊崇正學，式迪萬方。高陽依日月光際，爲畿輔緊望，/朝廷大化，首先被之。適又浮聖人之裔，爲萬子孫麟鳳者，以豪傑之才，捧檄於先世師帥之鄉。竊意古才邈矣，洒瑤光蔭暎，而若水封淵，尚浮過高亭而問焉。千百年風氣□/，當復合，況地依首善，濡三百年/聖明大化，是宜真才輩出，上應休明。而生聖人之鄉，企聖世之才，聆聖人之裔之教，洒不能遵/朝廷大化，以明聖人之道，是高陽之羽銅可鼎，息石可填。畫景騰空，可指八方；浮鐘沉磬，可振百里。而龍山鳳水，曾不可當/聖明首善，其壽罷之與居，不可復蒼、歟大才也。夫家敦一卷之師，異時遘其師之子姓，罔不周旋道故，而其子姓亦罔不敘述先業，以是正後學。孔子固高陽帝派，而高陽令大/聖苗裔也，以尼山正裔，遊玄聖舊邦，擷其鄉先正之才，以警濯其自有，誠明其道，尊士人，循耳目見聞，藉聖謨詒後者，以企仰聖道於前。其道親尊則易信，親則易從，既從/既信，洒盡其才而化。嗟乎！布手知尺，舒肱知尋，知不窮尋尺也，才寧窮手肱？又況才以誠明，不才以檮杌③也。帝業衍爲勳華，帝學蔚爲精一，而總八才之誠明也，洒稱才耳。/《易》論才，稱三才，遂以人之才，合地合天。予聞天地之才，浮聖人而大；聖人之才，浮聖人之後之徒而久。今天下人盡徒也，而予邑適逢其後，將無衍庭學開久，大育我經綸/天地之才乎？竊意振彩蜚英豪於無豪未定才也。嗟乎！布五教於四方而父子兄弟間有太平焉。固孔氏先人明德也，諸才士其問之令公當闕里六十一代，名弘頤/，號觀頤，以恩選爲邑令。是

---

① "令公"，據後文當指當時任高陽縣令孔弘頤，號觀頤，爲孔子六十一代孫。
② "鄭僑"，即子産，鄭國大夫，其不燬鄉校的故事見前。
③ "檮杌"，傳説中的一種野獸。《山海經·神異經·西荒經》中云："西方荒中有獸焉，其狀如虎而大，毛長兩尺，人面虎足、口牙，尾長一丈八尺，擾亂荒中，名檮杌。"後用以比喻頑固不化、態度兇惡之人。《左傳·文公十八年》："顓頊有不才子，不可教訓，不知話言，天下謂之梼杌。"

記在甲戌^①冬，以丁丑^②夏書石。於時學博^③爲胡序、馮時伸，今則周之瑾、劉光先，尉爲陳詔，今則魯之藩適完縣簿，蘇國来署篆，例浮並書。/ 賜進士及第、特進、光禄大夫、左柱國、少師兼太子太師、兵部尚書、中極殿大學士兼支尚書倅知　起居　制誥　經筵　日講總裁實録　玉牒參詳章奏兼掌樞曹奉 / 命督師改兼吏部尚書　予告奉 / 詔召起仍改兼兵部尚書督師　予告邑人孫承宗撰并書 /

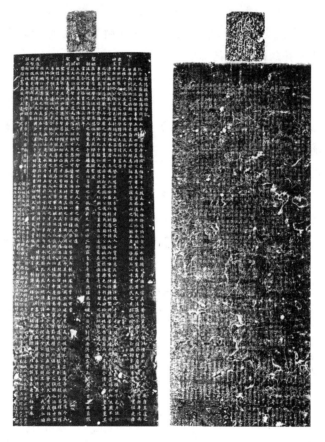

崇禎十年歲次丁丑夏四月之吉 /

杜少陵^④曰：國破山河在，春城草木深。先公製孔廟記^⑤，盖絶

① "甲戌"，即崇禎七年（1634）。
② "丁丑"，即崇禎十年（1637）。
③ "學博"，唐制，府郡置經學博士各一人，掌以五經教授學生。後泛稱學官爲學博。
④ "杜少陵"，即杜甫，字子美，自號少陵野老，故世稱杜少陵。此兩句詩，引自《春望》。
⑤ "孔廟記"，即孫承宗崇禎十年所撰《高陽縣重修儒學記》。

筆也。雖胡塵昏莽，而一片石可壯河山，惟草木無知，幾成殘斷耳。庚辰^①秋，銓以興建城／議登鱣堂，低徊於莓痕燼尾中，不忍諦視。移之　殿左，無何，大城王君，諱納諫者，以安州學博來視庠篆，智勇沉深，起衰濟溺，謂廟石荒臥，學博／之責也。請於明府，將舉此闕典，命銓記之。　明府張君，諱京，澤州人，梾時大手，履任未數月，而威惠浹人，萬□□焉。吐氣士民，業有祠祝，□百／務，倥傯之際，間及清事，可知其暇整，予讀《廉吏傳》，未多見也。前此寧無其人，各有所事未遑也。崇禎十四年七月七日不肖銓頓首恭記。／^②

　　碑陰／修學題名／

　　新任高陽縣知縣關中雷覺民^③，景州知州前署教諭□嚴恪／

　　邑人、左柱國、少師兼太子太師、吏部尚書、中極殿大學士、督理軍務孫承宗／

　　左柱國、少師兼太子太師、吏部尚書、中極殿大學士李國樻^④／

　　宗人府掌府事、駙馬都尉王昺^⑤／

　　太子太傅、駙馬都尉齊贊元^⑥／

　　尚寶司^⑦司丞孫鑰，尚寶司司丞李爵，尚寶司司丞孫之洁，户部主事李國棠，工部主事李秉雲，／禮科給事中馮杰，户部主事李霑，中書科中書舍人孫之沆，錦衣衛指揮僉事孫之澇，／光禄寺署丞李光聘，／浙江鹽運司都轉運使韓作楫，河南河南府知府胡騰蛟，南直徽

---

① "庚辰"，即崇禎十三年（1640）。

② "杜少陵曰：國破山河在……"，此段内容爲孫銓四年後補記。

③ "雷覺民"，韓城人，舉人，崇禎十年（1637）任高陽知縣。

④ "李國樻"，字元治，號續溪，萬曆己酉（萬曆三十七年，1609）舉人，癸丑（萬曆四十一年，1613）進士。《碑録初集》列其於 "明萬曆四十一年進士題名碑録癸丑科，賜同進士出身第三甲二百七十四名" 中，"直隸保定府安州高陽縣民籍"。《索引》同録。由翰林院庶吉士歷任光禄大夫，左柱國少師兼太子太師，中極殿大學士兼吏部尚書，贈太保，謚文敏。民國《高陽縣志》有其傳。

⑤ "王昺"，生卒無考，明高陽縣城東街人。其高祖爲高陽名士王揚，曾祖父爲王荔。明萬曆十五年（1587），王昺被已故隆慶帝的六女兒延慶公主朱堯姬選爲駙馬，後官至太子太傅，掌宗人府事。王昺才華出衆，擅詩詞創作及繪畫，名聞宮廷，與書畫家董其昌、陶望齡等交往甚密。著有《白洋詩草》等。

⑥ "齊贊元"，北直隸保定府高陽縣（今河北省高陽縣）人。他天啓六年（1626），娶遂平公主朱徽婧，授駙馬都尉。崇禎末年降清，順治五年（1648），授拜喇布勒哈番騎都尉。

⑦ "尚寶司"，明官署名。掌寶璽、符牌、印章。設卿一人，正五品；少卿一人，從五品；司丞三人，正六品；初以侍從儒臣、勳衛領卿，勳衛大臣子弟奉旨始得補丞。

州府同知許侗，浙江寧波府推官李發元，□府推官郭雲鵬，/河南林縣知縣張騰霓，山東鄒平縣知縣魏克家，河南淅川縣知縣王鼎銘，山東高苑縣知縣孫銓，河南武陟縣知縣郭騰躍，/舉人孫鉁，舉人張士秀，舉人魏蕃啟，舉人李化鱗，官生孫□，訓導王朝棟，訓導齊光裕，訓導李光祚，縣丞冉應科，經歷陳夢龍，/選貢張納謨，選貢董□徵，貢士馮嘉祥，貢士孫鉉，貢士董恪，貢士李榮春，/監生王于豐、劉振龍、田继祖、冉時桂、王廷桂、王進，/閭學生員：李世貞、郭居中、陳思文、張納猷、成寅、張龍光、孫□、王鼎嘉、李霑、韓廷對、錢鑒、續應聘、韓時懋、吳道昌、柴幼沖、李銓、張式、/馮挺、李琰、張名彝、王允熙、王建極、李得春、張士瑜、閭沫、王玉麒、王士傑、韓四畏、王怡、韓作梅、王建極、宋玘、王牖銘、劉一是、孫□/、董作霖、王良儒、劉源潔、嚴士良、齊國□、許琬、黃思清、韓時範、單继志、孫鑒、劉芳聲、馬如龍、劉學寬、李之華、齊徵胤、葛文煥、許琯、齊國琳、/蔡醒一、王鏊、張納牖、李一松、孫之溎、武鳳□、張名常、文光祚、董時錦、董維新、韓子奇、孫鍊、孫銑、孫釘、黃玹、□□□、孫之漂、孫之濾、/王阼知、段愈、蔣起龍、郝如蘭、吳經世、董國祥、李尚、馬猶龍、李淳然、王廷譜、魏養邃、王辟瀌、李三極、李光漢、王二鶴、蕭升、王民帥、王麟徵、/王廷俊、王朝機、王源清、李潤、王一鵬、王一鶚、周雲鵬、王□禮、韓作柱、謝九重、王廷潤、王廷玘、楊逈秀、田廷瑞、王一鸢、齊嵩胤、韓讓光、宋璿、/張納忠、于化龍、王家士、劉嫩、閭和、張士幟、劉國棟、王家栻、李預、齊國良、楊芳秀、孟璧、王廷□、單琪、王□弼、賀来旌、孫之渼、孫之滹、/蔡元輔、劉瑢、韓翊運、□□□圖、文萬祚、常光緒、常光輝、王□柱、吳國鉁、李時升、李時成、錢震、李之蘭、劉輝光、安瀾、張士璠、孫之泳、孫之沂、/周定鼎、王鈴、趙傑、劉其清、張士玠、曹玉傑、趙俊、李養蒙、張景濂、劉泉昌、郭□□、劉源瀟、陳宗舜、王曜、楊□震、趙振先、孫之澤、孫之澇、/陳翹楚、張世修、蕭宗孔、郭璋、于鵬翀、韓光泰、張國彦、張爾行、李三奇、王□、張夙、成天錫、文炳、賀烺、王鍊、胡靜、孫之翰、侯勳、/孟光先、韓廷論、田乃登、任光先、董□琳、王國掄、李曜、

單振鷺、劉源、朱之礽、劉霈、宋啟泰、王昌胤、王于鎬、張洪猷、
李弘昌、李徽之、陳嘉謨、/閆三英、郭騰鳳、蘇家祚、劉光源、齊
煜、王廷謨、戴斑、嚴銘、冉振秀、孫之漢、趙樟、嚴鈺、□□、
趙儒、郭達、單璿、張之琯、閆景巍、/宋之琦、張洪範、郭守正、
許理、吳應期、宋得望、劉禧、李宜之、于應龍、王民法、王民鈴、
王源浩、王□、張瑞、王□生、蘇承軾、宋瑠、王之鐸、/石可學、
郭國錫、劉茲霖、□時欽、宋志□、田理、趙文運、王胤祚、董起
鴻、劉洪基、董鳴鳩、李夢思、屈□、王士健、宋傑、劉□/、劉源
泗、/孫挺，/府學生員：孫鏘、孫之渙、孫之澁、王芸、李尚汶、
戈□文、張成名、張聖化、黃中理、王之彥、王家遵、王任、王慎、
王殉、李光鄉、單臻、/單珣、西長庚、李□滋、劉濟、王錫、王□
基、王固基、孟光代、董澤延/

　　舊城鄉約□崇先等，厖口村許登旺等，西王果庄□延祿等，左
家庄邢得□等，南進庄郭安金等，楊家左張守銀等，宋家橋張克已
等，北辛庄王明高等，趙貫左□□□等，南路台許朝官等，西塩□
村郭凌云等，東田果庄李應玄等，南塩福村李應楨等，□連城劉世
□等，邊家務劉應科等，厖家庄艾可孝等，小連口張守業等，西煙
村□增亭等，南北佛陳萬全等，南歸還村□□對等，北歸還村劉孝
等，西邊渡口許樂山等，南北新莊羅計曾等，南圈頭高田明等，八
果庄王守畢等，岳家左楊自禎等，雍城村李思奉等，西北龍化韓疊
等，布里村梁學等，蔡家口常三沛等，北塩福村段應科等，/

　　良佃鄉約□儒等，田村張從信等，邢家南李守金等，野王村石
國太等，新留左李思敬等，北路台李思實等，三岔口白明山等，留
祥左李桂等，于留左趙賓等，史家左王汝林等，西田果庄王加祥
等，季朗村胡應中等，南沙窩劉聲遠等，□沙窩貫從亮等，利家口
楊美廷等，南連城□□志等，楊家務白□等，西柳村董國珍等，賈
家務周清等，北留庄王之業等，劉果庄冉國祚等，李果庄張平等，
東屯村曹思仲等，北圈頭孫守業等，叫台村楊漢儒等，石氏村曹邦
仁等，良村田大信等，南龍化宮廷棟等，于堤村韓封魯等，趙通村
王九一等，西庄村張士登等，/孟仲峯鄭得見等，□□王天賜等，
王果庄夏王仕等，汜頭胡得銀等，出岸王敬等，樓堤張文英等，南

馬村劉師儒等，東邊渡口李棟等，惠伯口孟登崇等，□里王得禎等，西王家庄王良周等，東王家庄馬從富等，張施禾招先等，邊關楊太和等，南北坎尾張文詩等，東王草庄孫廷貴等，六家庄趙名高等。/

　　大明崇禎拾壹年歲次戊寅秋□月吉日立石。江右臨川後學周士旭書陰并篆，江西吉水羅□章鐫

038　愚堤新建碧霞宮記（明崇禎十一年，1638）

　　題解：原碑位於高陽縣愚堤村，該村在縣東八里，刻立於明崇禎十一年（1638），現碑已佚。常先生原題"建修碧霞宮廟碑記"；碑原題"愚堤新建碧霞宮記"，今從之。其拓片長 177 厘米，寬 85 厘米，凡 23 行，滿行 54 字，其中右部和中部有兩處磨泐甚烈。撰者殘缺，蔣知化書丹。主要記述了愚堤村碧霞宮建立的緣起，分析了碧霞元君信仰興起的原因，指出了其可以佐助聖教的功能。

　　愚堤，在今高陽縣于堤村一帶。唐建中年間（780~783），韓氏由陝西韓城遷往河北昌黎，途經高陽，卜居愚堤，故名愚堤村。高陽本屬九河下淵，十年有九年澇，經常修葺水利。此堤明代已有，南北延伸十公里，始稱"榆堤"。時豬龍河、馬家河一遇險汛，于堤等村即遭水患，故築此堤東防高河、豬龍河，西防馬家河。清朝康熙元年（1662），知縣張志禧督工修復潰堤十餘處。康熙四年（1665），知縣廖玉調集百姓，由于堤村向南接至高陽蠡縣縣界，向北又續舊堤約 3 公里。清康熙年間（康熙三十年以後），直隸巡撫、河道總督于成龍督修愚堤，村隨堤名改稱于家堤，後簡稱于堤。

　　碧霞元君，是道教中的重要女神，道經稱爲"天仙玉女碧霞護世弘濟真人""天仙玉女保生真人宏德碧霞元君"，因其道場在五嶽之尊的泰山，因此又被尊稱爲"泰山聖母"，碧霞元君俗稱"泰山娘娘""泰山老母"等。關於碧霞元君的來歷，說法不一，有黃帝所遣之玉女說、漢代民女石玉葉說、東嶽大帝之女說等。爲了祭祀朝拜碧霞元君方便，在各地也建有其道場，稱之爲行祠。碑文中高陽所建碧霞宮即爲行祠。按：民國李曉泠等《高陽縣志》卷九《集文》收錄有一篇《碧霞宮記》，

馮俞撰文，與該碑不同。

録文：

　　愚堤新建碧霞宮記 /

　　賜進士出身、户部山西清吏司員□郎、□□□□□□□□□□□□□□□□□生蔣知化書 /

　　帝□□之都□里曰愚堤，余幼負□□□□□□□□□□□□□□□□□孔子廟，且密邇新□□□氏之祠，儼然在望，盖猶有八愷① 遺風，/ 而□□先聖之教，可□□□□里人□□□□□□□□□□□□□□□□建之，故則曰下里□□□□□□□相與語，去岱② 遙，走竭爲艱也。黃 / 應登者，遂以募建諾，久而未舉，一□□□□□□□□□□□□□□□□□踐矣。應登覺曰：“然奈力之微，何此後每一瞑目，即若有督責之者？”應登於 / 是齋心殫力，廣行募化。里人咸捐賫供事，卜□□里東□□武，甫表厥位，則遠邇祇謁，齎輸者沓至，因以購材饟工，建正殿三楹，祀 / 天仙玉女碧霞元君，配以子孫眼光諸仙聖，併侍女備左右。廡各五楹，塑冥府十五及三曹對案之神，與夫□燒、舂磨、鞭敦、變相諸魂鬼。東南 / 爲靈官祠，前豎以門，周繚以垣。經始于崇禎元年九月朔日，告成于九年某月某日。棟宇巍峨，金碧輝映，神靈烜赫，香火祇虔。凡進謁者跬步 / 即爲岱宗，無復修阻之虞矣。幸擲片言，庸垂於後。余謂其里之人，素崇儒術，豈至今日而漸弛□？誠欲仰止大成，則有孔廟在；追蹤英力，則有 / 帝祠③ 在，奚以碧霞之宮爲然？绎其建宮之意，或有可以佐吾先聖之教者，請得暢言之。盖行宮之設，昉于岱巔之宮也。粤考虞典，東巡守至於 / 岱宗，柴望秩□□□□□□□□□□五□□七十二代之事，矯誣不經，而秦、漢、唐借之以徼福□夸，皆有事於其山耳，未聞有玉女之祀 / 也。而玉女元君名號，畧見□□□□□□□□□□□□□□□□□□像，祠祀始興。迨我 / 皇明，累加拓建，額曰碧霞，其宇益恢，而□□□□□□□□□□□□□□□□者，歲以億萬計，而行宮亦幾遍

---

① “八愷”，又作“八凱”，注釋見前。
② “岱”，即泰山，其山頂建有碧霞元君祠，爲祖壇。
③ “帝祠”，玄武祠，又稱真武大帝廟。

天下。雖以陝陽^①叢爾行宮，不下廿餘/區。因稽玉女所始，或以為黃帝時焚修于岱岳者，□□□□□□□□□于泰山之石屋者，事屬傳疑，可存弗論□之。苹岱嶽之精美，毓東方/之純秀，陰摶玄化，顯洩靈光，東為□□□□□□□□□□□□□□，本稱元君，其封號也，若子孫殆取生生之義，眼光即木德之發，而為/照者乎？又翼以十五者何？岱之□□□□□□□□□□□□□□□地獄，凡登謁岱巔者，既下則禮其中，此所以列于行宮之廡也。夫茲/宮之建，其里之人固謂遙慕于岱岳，不若近瞻于里□，供奉祈禳，得以朝夕從事。余則謂里門非近，

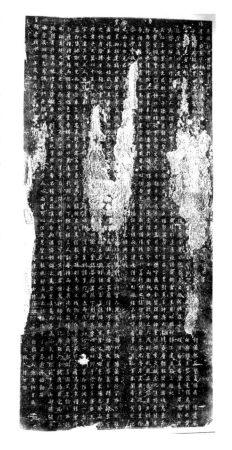

而近莫如心，一□□善，即陟洞天；一念之/惡，即墮地獄。況充此善念，奉上為忠，事親為孝，篤兄弟則為友，敦朋友則為信，教子孫則為慈。不戕物焉，仁矣；不取非其有焉，義矣。種秬實修，/即獲種秬實福，而假像簷楹，乞靈香楮，不猶以為遠乎戏？雖然，天下惟上根之人能無待而善，其次或敬慎易渝，或邪僻易溺，父兄諭之弗聽/也，師友規之弗受也，此即示以宣父^②之格言，歆以才子之芳躅，亦□如充耳。計可牖其頑者，惟鬼神禍福之說，為能□之試。進謁茲宮，及門而/踧踖矣，升階而悚惶矣。降觀廡下，則更肅然凜然，未有不頓生敬慎之念，而深悔邪僻之為者。其去惡而

① 陝"，古山名，在今山西永濟南。陝陽，陝山的南邊。
② "宣父"，指孔子。據《新唐書·禮樂志》，唐貞觀十一年（637）詔尊孔子為宣父，作廟於兗州。

善焉，必矣。將默範于尼山[①]，而駸駸乎/齊聖，廣淵明允篤誠之
列無難矣。則□□□□□，禪于人心，而實可以佐吾先聖之教也耶。
遂為之記，稿成于丁丑[②]春，逾年始勒石。/

　　皇明崇禎十一年歲在戊寅季秋吉日□□造，禮部儒士韓作礪，
肅寧縣鐫字人張應科，男張□，/化緣人韓世帳。/

---

① "尼山"，即尼丘，也用以指孔子。《四庫全書總目‧子部一‧儒家類序》："王通教授河汾，
　始摹擬尼山，遞相標榜，此亦世變之漸矣。"
② "丁丑"，即明崇禎十年（1637）。

清

039　明特進光禄大夫左柱國少師兼太子太師吏兵兩部尚書中極殿大學士謚文正孫公（承宗）墓表（清順治六年，1649）

題解：此碑位於高陽縣西莊村，該村在縣北二里，刻立於清順治六年（1649），現碑已佚。常先生原題"孫承宗墳墓碑記"；碑原題"明特進光禄大夫左柱國少師兼太子太師吏兵兩部尚書中極殿大學士謚文正孫公墓表"，今從之。其拓片長 220 厘米，寬 87 厘米，凡 37 行，滿行 98 字。楷書。撰者胡統虞，書丹者不詳。

胡統虞（1604~1652），字孝緒，號此菴，常德府武陵縣（今湖南省常德）人。明末清初理學家、官員，明崇禎十六年（1643）進士。入清後，歷任國子監祭酒、秘書院學士等職。著有《明善堂集》、《此菴語録》及《三家撮要》等。墓表，猶墓碑，因其豎於墓前或墓道内，表彰死者，故稱。此碑當原立於孫承宗墓前。

孫承宗介紹見前，《明史》卷二五〇有其專傳，在《明史》列傳中多爲多人之合傳，專傳微乎其微，可見孫承宗之地位和影響力之隆。據《畿輔通志》，孫承宗墓在高陽縣城西北二里，即孫承宗故鄉高陽縣西莊村，其位置與拓片捐贈者常先生在拓片上所附標簽相符，墓已毀。

此碑爲孫承宗墓表，敘述了孫承宗生平、仕宦經歷和主要事迹等。其年代早於《明史》卷二五〇《孫承宗傳》，《明史》卷二五〇《孫承宗傳》許多内容當源自墓表，且一些内容較本傳記載詳盡，或爲本傳所無，例如其世系中所涉及的曾祖、祖父、父親姓名，均爲本傳所不載，他督師關外時的整治部署和解北京之圍時的事迹，遠較《明史》

爲詳，具有較高的史料價值，可以與《明史》卷二五○《孫承宗傳》相參證。

按：民國《高陽縣志》第 686~687 頁載有魏裔介所撰《孫承宗墓表略》，兩者可以參看。

録文：

明特進、光禄大夫、左柱國、少師兼太子太師、吏兵両部尚書、中極殿大學士、諡文正孫公墓表 /

公諱承宗，字愷陽①，姓孫氏，高陽人。曾祖諱懷，祖諱逵，父諱□②。公貴皆贈如公□。公長身鐵面，□□如戟，嘗□經易水、雲中，仗劍遊塞下，從飛狐、拒馬間，直走白登。又從紇干、青波故道南下，結納其豪傑及戍將老卒，訪問要害□塞，以故曉暢邊事。萬曆三□/二年③，試進士第二，授翰林院編脩。公在詞館中，寡交遊，却晏會，講究經，□□學，以天下爲己任。閣臣中賢者，爭相引重，而公終無所附麗。四十四年，遷左春坊、左中允，歷司經局洗馬。熹宗即位，遷左庶子，充日講官，進詹事府少詹事，加禮部右侍郎，日講如□。/是時，　大④清兵破遼易，經略袁應泰自焚死，起熊廷弼⑤代之。廷弼主堅壁守，與巡撫王化貞⑥不合，兵部尚書崔景榮老，御史方震孺上疏請以公代景榮，朝臣和之。要公扵會極門，相率下拜，願公身任天下大計，帝未之許也。二年正月，大清兵略廣寧。未至，/化貞棄城走閭陽。廷弼唾其面，不得已焚棄右屯，以□四百□躡化貞後入關。京師□□數□，朝臣請□公益急，帝以公爲兵部尚書蕪東閣大學士，典樞務。代廷弼經略者，王在晉⑦也，請

---

① 《明史》卷二五○《孫承宗傳》言孫承宗，字稚繩，與碑文不同。

② 按：孫承宗之父孫麒，所缺當爲"麒"字。其母亲張氏，繼母曹氏。

③ 據《明史》卷二五○《孫承宗傳》，當爲三十二年。

④ "大"字前空一格。

⑤ 罷官投入監獄被殺。《明史》卷二五九有傳。熊廷弼（1569~1625），字飛百，江夏人。曾任遼東經略。與廣寧（今遼寧北鎮）巡撫王化貞不和，終致兵敗潰退，廣寧失守。

⑥ 王化貞（?~1632），諸城人，萬曆四十一年（1613）進士，爲首輔葉向高的弟子，原屬東林黨，後投靠魏忠賢的閹黨，在任遼東巡撫時，素不習兵，輕視大敵，好謾語，并與遼東經略熊廷弼不和，導致廣寧之戰慘敗，被朝廷緝拿，魏忠賢雖對王化貞百般祖護，但罪行確鑿，緩刑至崇禎五年（1632）被處死。《明史》卷二五九有傳。

⑦ 王在晉（1567~1643），在熊廷弼兵敗後，以兵部尚書繼任遼東經略。他采納總督王象乾的建議，主張撤除關外防守，退守山海關。

築重關扵山海關外之八里鋪為畫關退守之策，副使袁崇煥等持不／可。大學士葉向高欲身往决之，公曰："某當往。"加太子太保，賜蟒[玉、銀幣□]行。公抵關，相八里鋪形勢，□在[晋]議不合。崇煥曰："守寧遠便，在晋不可。"公馳出關，望寧前險隘，乃天設重關，而覺華一島①，孤懸海中，視寧遠如左右掖，益知畫關而守者之失策也。關以／東、寧遠以西，凡五城二十七堡，僅存者中前所一城、八里鋪一堡而已。遂決計收復，條奏凡十數踈，□面陳在晋不足任。扵是，召在晋為南兵部尚書②，而八里鋪築城之議罷。公計朝臣中無可辦東事者，乃慷慨流涕，自請督師。帝大悦，賜尚方劍，御門臨遣焉。／當是時，關兵號七萬，延潰之餘，一营□兵數十，官多至十數員，為符籍冒餉。公定兵制、立营房，五人一房，三千一营，十五营為三部，將帥以营部為署，俾兵不離將，將不離帥。關城、埤垸三千有奇，兵营綦布，其下置垛十八，直廬三，定城操法。又築關城，南防海／口，北防角山。水則從望海臺出芝蔴灣，置巨礮為横擊；陸則三關石城頓萬人，開突門為夜擊。北水關外峻嶺築號臺十一，置礮坊外瞰，以大將馬世龍為中部，佩平遼將軍印，駐羅城③；王世欽為左部，駐角山；尤世禄為右部，駐海口；副將趙率教為前部，駐□／屯④；孫諫為後部，駐紅花□。又教演火器，戢關支，禁饋遺，罷供帳，汰副總兵以下冗官數百員。定總兵謁径撫儀，浔具賓客禮。□□閱月，兵民安堵、文武輯□、□旅填咽。立六館招天下豪傑，奇材劍客爭摩属，求□效焉。公之建置，屯大兵山海關，練精兵□□□，／分奇兵扵覺華、彌串、廣鹿諸島，犄毛文龍，俾遠結鮮人撼鎮江，檄登帥沈有容據廣鹿，以為多方誤之之勢。然後用登萊兵圖四衛北，覺華兵圖四衛南，俾應分而備多，則四衛可復，復四衛以復遼，公之志也。明年二月，出關按視寧遠城。城

---

① "覺華島"，位於遼寧興城東南十餘公里，唐宋時代稱桃花島，遼金時改稱覺華島。它居東西海陸中途，扼遼西水陸兩津，是明軍的囤積糧料的基地，并與寧遠相爲犄角，戰略地位十分重要。明天啓六年（1626）正月，後金攻陷此島。

② "南兵部尚書"，《明史》卷二五〇《孫承宗傳》言爲南京兵部尚書。南京在明初爲首都，在成祖朱棣遷都北京後，南京爲留都，仍保留六部建制。

③ "羅城"，《明史》卷二七〇《馬世龍傳》作"衛城"。

④ 據《明史》卷二五〇《孫承宗傳》和《明史》卷二七一《趙率教傳》，"屯"字前所缺當爲"前"字。

大而□，俾祖大 [壽]/ 司版築。凡戰守之具，自關門漸移前屯，自前屯漸移寧遠，以崇焕統三泰將経営寧遠，三大將更番陳兵扵二百里內外。寧前以西可屯田五十餘頃，督將吏買牛種耕鑿其中，分兵護屯人，河東人歸者萬餘。遼人出關者，又十餘萬。輪蹄相接，城堡相望，如□/ 平時，行採青之法，□洩□給扵關東，省度支鉅萬，又□塩興鼓鑄，因舡以廣貿易。扵是，烽煙頓息，中外解嚴，長安士大夫①漸忘邊患，司農厭供億之繁，本兵②張節制之勢。公不勝其憤，上疏劾罷戶部堂属。又上疏言："臣以閣臣督師，凡條奏唯皇上可否，而樞□/ 高坐司馬堂，任意批抹，俾臣候指□如彊吏，不已甚乎？" 以故怨者、妒者，持文法，議論籍籍，謂公任關撫間，鳴泰③登撫岳和聲及大將馬世龍為非是。會王象乾以憂去，公請罷設總督④，竟不從公言。尋寧遠城成，延袤二百里，東南抵右屯，西北及錦州，東至大□，/ 直通閭陽。公至寧遠，遣馬 [世] 龍、袁崇焕等東巡至廣寧，抵醫無閭山，還歷十三山。陸營屯右屯，城東二十里，舟師歷三岔，泊二家□□將探益州。尤世禄自錦州會師右屯，分両營哨松錦間，去寧遠幾二百里。胥會 [撫] 寧遠，文武將吏相與奮臂抵掌，謂明年□/ 大舉。公廼西巡薊、昌，閲喜峯、古北諸口，取道京師。會十月十四日，為萬壽節⑤，因請入賀焉。初楊漣之劾魏忠賢也，公聞而嘆曰："上冲幼在奸人掌握，疏入弗覽，覽弗省也。昔進講時，上輒為心開，倘老臣浮因奏對，極論奸邪諸狀，萬一覺悟，尢不恨矣。" 至是，魏 [廣]/ 微急語忠賢曰："樞輔擁關兵數萬清君側，兵部侍郎李邦華內應，公等虀粉矣。" 忠賢悸甚，繞御床哭，帝亦心動，顧秉謙⑥擬旨□離信地，非祖宗法責。公疏言："薊門、昌平一帶，載在勑書，臣本奉勅旨行□地，豈敢擅離？" 而忠賢

---

① "長安士大夫"，代指北京城內的掌權者。
② "本兵"，指兵部尚書，為明代兵部尚書的別稱。
③ "鳴泰"，即閻鳴泰，原為監軍，後經孫承宗推薦任遼東巡撫，後孫承宗知其無實，軍事多不與之商議，故與孫承宗有隙。撫岳，指巡撫，此指遼東巡撫。
④ 所謂 "罷設總督" 之事，係指孫承宗擔心主款者撓己權，言督師、總督可勿兼設，請罷己，不可，則弗推總督。見《明史》卷二五〇《孫承宗傳》。
⑤ "萬壽節"，指皇帝的誕辰，此指明熹宗的誕辰。
⑥ "顧秉謙"，《明史》卷二五〇《孫承宗傳》作 "顧秉廉"，誤。其身份為次輔。按：顧秉廉《明史》卷三〇六有傳，為閹黨重要成員。

□知，公不攜一甲士，疑稍稍釋。廣□①/嗾崔呈秀、徐大化、李蕃連□劾公，□比公於王敦、李懷光。下九卿襍議，吏部尚書崔景荣訟言邊事，非公無可任者。乃下詔切□□，公視事羣小，謂公擁兵市重，惟削兵乃易制，且或激變，則罪公有詞，而兵科給事中李魯生汰兵之議起矣。公既視事，汰大[將]/尤世祿、王世欽、李秉誠、孫諫，汰官兵一萬七千三百餘人，省費五十六萬②。公留寧遠，歷錦州，遂如右屯，自西而東，借汰兵名為布置出關計，恐中朝之議其後也。會馬世龍遣哨將魯之甲襲　大③清兵，橃水將金冠等會柳河。金冠等受遼撫喻安性指，弗會，□/敗歿者四百人，之甲曰："無面目見閣部④矣。"投河歿。臺諫數十人，希忠賢指，爭論柳河□。時公留寧遠，臺諫請勒公囘關門防秋。公嘆曰："此召岳飛班師也，防秋豈防之關內乎？"乃抗章求去，帝遂許焉。加少師兼太子太師，廕一子，行人護送如例。公在鎮四年，□/大城九、堡四十五，練精兵十一萬，立車營十二，水營五，火營二，前鋒後勁營八，沙唬船六百，進四百里，招集遼人四十餘萬，邊塞無事。莊烈帝⑤即位，有旨召用公，而王在晋入為兵部尚書，極論馬世龍罪狀，逮世龍下獄，又嗾臺諫詆公，沮公出。二年⑥十月，[大]/清兵入大安口，破遵化，將薄都城，帝乃召公守通州。詔甫下，旋有勑趣行，更下帖子召見，公踉蹌入，帝已待平臺久，勞公曰："事急矣，無備，柰何？"公曰："聞袁崇煥駐薊州，尤大威駐密雲，滿桂駐順義，侯世祿駐三河，皆據要害為得策。"⑦帝曰："卿不湏往通，即為朕[調]/度京城，□當如何措處？"公奏曰："應戰機宜，當機立辨，不可預設。若城守則有地可憑，有方可據，具糗糧，出器甲，有兵有將，則臣調度不難。"帝稱善。又詳奏守城器具藥物、守垛丁夫及關門

---

① "廣□"，據上下文當指魏廣微，所缺爲"微"字。
② "五十六萬"，《明史》卷二五〇《孫承宗傳》作"六十八萬"。
③ "大"，前因平闕空一字。
④ "閣部"，指孫承宗。由於孫承宗爲兵部尚書兼東閣大學士，故稱。
⑤ "莊烈帝"，即崇禎朱由檢。他死後廟號懷宗，後改毅宗、思宗。清朝追謚爲"守道敬儉寬文襄武體仁致孝莊烈湣皇帝"，簡稱莊烈帝。
⑥ "二年"，即崇禎二年（1629）。此碑雖撰於清代，但仍使用明崇禎年號紀年。
⑦ 此句《明史》卷二五〇《孫承宗傳》作"臣聞袁崇煥駐薊州，滿桂駐順義，侯世祿駐三河，此爲得策。又聞尤世威回昌平，世祿駐通州，似未合宜"。與碑文内容略有差異。

車營火炮，更番子母之制，帝一一是之。又曰："此時就煩卿去，諭首輔 [韓]/爌即擬勑來，諭禮部即鑄關防。"公出朝，漏下二十刻，周閱都城四十里，五鼓而畢。見士卒醉臥詐語，守禦不設，秉燭草揭回奏，知帝念城守甚切，草畢即出閱重城，乃乘月巡壕塹，度險阻。質明，門啓内閣傳旨趨公星馳通州，料理不及召見，中外愕然失措，□/書李騰芳①等要衆伏闕請留公聞之，疾馳出宣武，宿僧院，明日抵通。公之初被召也，朝議以守通責公，既入而帝留之。君臣相咨警甚切，以為遂可潯君行政，而公遂不能留矣。公乃從二十七騎，至通州。是時，崇煥中間諜語，謂大清兵之入也，崇煥實招□/之。而吏部尚書王永光，欲傾大學士錢龍錫，因傳會蜚語，御史高捷、史□②者，永光黨也，捷劾崇煥，並及龍錫有持火入倉者，荁捕得之，指崇煥家人所遣。帝逮崇煥，下詔獄，而祖大壽、何可綱憤甚，率所部萬五千人東潰。朝廷謂大壽果與大清兵□，關寧十/萬衆將反戈内向，禍在漏刻，又疑大壽據關城，則以東數十城中斷，將割以自王。公密奏："大壽危疑東潰，非果有叛志，且遼將多世龍舊部，臣遣世龍往，必有觧甲歸者，可勿慮。"又諭大壽，急上疏立功自贖，且贖崇煥罪，許代為別白。大壽得帖子大哭，諸將皆/哭，報如公指。時大壽已出關，世龍追及扵歡喜嶺，發步騎兵一萬五千，俾將之入援，帝命公移鎮關門。三年正月四日，大壽整兵入關謁公，甲士衛者五百人。公開誠與語，大壽喜曰："公真生我矣。"公入大壽營，視壁壘，部曲言笑移晷，又時時具酒肴，招大壽飲/城樓。時大壽有搜望之捷，公喜曰："大壽果為我用矣。"是役也，公督關寧薊昌兵及天下入援兵，可三十萬戰守。七閱月，復建昌、三屯、馬蘭、松棚、大安，繼復永平、灤州、遷安、遵化四城，及冷口、□坡、龍井、潘關諸邊堡四十有奇，前後獲九千餘級，而大壽血戰□居/多。邊關甫定，言官欲追論大壽東潰事。公密奏曰："東兵東將偶語藉藉，且疆場方寧，遽忘血戰功，何以服諸將心乎？"事乃止。兵部尚書梁廷棟請分兵遼、薊兩撫，而督師權遂輕。遼撫丘禾嘉大言："閣部老矣！遼事我隻手可辦。"又數攻馬世龍撼公，公

---

① "□書李騰芳"，據《明史》卷二一六《李騰芳傳》，所缺當爲 "尚" 字。
② "□"，據《明史》卷二五九《袁崇煥傳》，此字爲 "堇"。

求□疏□／一，上帝不允，遣官
趣視事論功，祖大壽加少傅、廕
子錦衣三品世襲。公廕錦衣四品
而已，以考滿，加太傅。公三疏
辭，帝許焉。初，大凌河之築城
也，梁廷棟實主之，丘禾嘉相慶
稱，便命祖大壽董其役，護以
石砫兵萬人。廷棟罷，朝議謂
凌河荒遠，不當築勒撫鎮，／囬
奏。禾嘉懼，揚言非己意，盡撤
防兵。公謂防兵不可撤，禾嘉不
聽。八月，　大清^①兵圍凌城。禾
嘉率宋偉、吳襄救凌，遇扵長
山，襄敗績。凌城食盡，何可綱
為文自祭以旡。大壽從二十七騎
詣　大清^②兵營，質養子，□還。
公復上疏求去，帝許焉。論長山
敗，削世廕，□／帶閑住。公為
人公忠沉練，痛國步多艱，不惜
身任艱鉅，而深謀雄才，所畫輒
中要領。其初督師也，熹宗臨遣
隆重，持兵柄功多而言信，雖逆
奄^③竊政，羣小讒構，猶得以恩

禮進退。其再出也，受命扵危急之際，片綍夜下，單車戎行。迨勘
定禍亂，疆圉初靖，而橫□／曲排，俾左枝右捂，前跋後□而後已。
十一年，　大清^④兵破高陽，公坐北城樓，勸之降，不從，遂縊旡，
年七十有六。從公旡者：子舉人鈵、廪生銓、尚寶司丞鑰、官生鋪、

附學生鎬；孫之沅、之滂、之濡、之洁、之濾；兄之子鍊、鏘①；鍊
之子之瀧、之渼、之泳、之澤；鏘之子之渙、之/瀚。太監高起潛
兵至高陽，具洴公尨狀，治棺製一被以殮，拜而哭之。禮部以卹典
請詔復官予祭，墓妻王氏，贈一品夫人。甲申②春，從僉事宋獻請謚
文正。公闔門殉莭，惟長子鈴高苑知縣，鈴子之滂錦衣衛指揮僉事，
以守官不及拚難。/

　　皇清朝順治六年歲次己丑秋月吉旦/

　　內秘書院學士、加一級、教習、庶吉士、前國子監祭酒、翰林
院檢討、武陵後學胡統虞頓首拜撰/

040　明特進光禄大夫左柱國少師兼太子太師吏兵兩部尚書中極殿大學士贈太傅謚文正孫公（承宗）專祠碑記（清順治十五年，1658）

　　題解：原碑位於高陽縣南關村③，刻立於清順治十五年（1658），現
碑已佚。常先生原題"孫承宗專祠碑"；碑原題"明特進光禄大夫左柱
國少師兼太子太師吏兵兩部尚書中極殿大學士贈太傅謚文正孫公專祠
碑記"，今從之。碑額2行，行3字，題曰："文正公專祠記"，小篆。
其碑陽拓片長143厘米，寬68厘米，凡19行，滿行32字。楷書。碑
陰拓片長143厘米，寬68厘米。碑陽撰者沈純禔，時任高陽縣令。篆
額者何响，書丹者不詳。文中假以玄穹上帝問答的形式，極力贊頌了孫
承宗的德望和功業。碑陰由孫承宗之孫之藻述，孫桂書丹，分上下兩部
分：上半部分凡25行，滿行27字，記其謚與祠之由，特別是解決了
孫承宗謚號到底是文正還是文忠的懸案；下半部分記助工姓氏，從右
至左三排名單，碑陰部分生員姓名模糊，據編號041《李文敏公（國
楫）專祠碑記》補。

　　文正公，即孫承宗。編號039《明特進光禄大夫左柱國少師兼太子
太師吏兵兩部尚書中極殿大學士謚文正孫公墓表》中云孫承宗的謚號

---

① "鏘"，《明史》卷二五〇《孫承宗傳》不載。
② "甲申"，即崇禎十七年（1644）。
③ 常先生標籤題，與孫承宗其他碑地址不同。

亦爲"文正"。據《明史》卷二五〇《孫承宗傳》載："福王時，始贈太師，謚文忠。"蓋"文正"當是清代所改。

按：民國《高陽縣志》第 637 頁有《孫文正公專祠記略》（范士楫撰），與此碑文不同，可以參看。

録文：

　　碑陽碑額：文正公 / 尚祠^①記 /

　　明特進、光禄大夫、左柱國、少師兼太子太師、吏兵兩部尚書、中極殿大學士、贈太傅、/ 謚文正孫公尚祠碑記 /

　　恨置黄金鑄太傅，不如無字碑^②雅甚。誅茅一畝，伐木三槽，祝□爾乎？而髮芜爾乎？而 / 即廡諸文廟，公奚愧聖賢哉？讀公書便謂公前乏才子，奴隸古今文不爲傲，即侍諸 / 太廟，公奚負君父^③哉？核公狀便謂公後少忠臣，補塞天地氣不為誕。私淑兮凱陽，遂 / 俯伏合眼，遁世睡鄉，干謁玄穹上帝。帝曰："孫承宗萬代全人也，沈純禔一介賤吏也，/ 彼攀龍髯，汝守蝸角。"乃命六丁^④力士秤之，果異等。禔即叩頭謝罪，急呼署云："孫太傅^⑤之學問，不唱狀元，止登榜眼^⑥，朱衣神^⑦豈勿狥情？七十六年梗槩可敬；孫太傅之節義，/ 功存社稷，禍及閽門，黑獄地必多冤聽，三十多人殉節堪憐。今其子若孫壁立矣，何 / 處立錐？試搜四海中間，有出

---

① "尚祠"，指爲了紀念其功德，而爲特定的人或神建立的祠宇。凡有大功德於民者，得敕封神號專立祠廟，以及以身殉職或親民之官，在立功之地或原任職之地建立專祠。專祠從漢代便已出現，多爲奉祀有功於國的文武官員。

② "無字碑"，位於乾陵，唐武則天所立紀功碑，上面未刻一字，蘊含千秋功罪任人評説之意。

③ "君父"，特稱天子。三國魏曹植《求自試表》："昔耿弇不俟光武，亟擊張步，言不以賊遺於君父也。"

④ "六丁"，道教認爲六丁（丁卯、丁巳、丁未、丁酉、丁亥、丁丑）爲陰神，爲天帝所役使，道士則可用符籙召請，以供驅使。《後漢書·梁節王暢傳》："從官卞忌自言能使六丁。"李賢注："六丁，謂六甲中丁神也。若甲子旬中，則丁卯爲神，甲寅旬中，則丁巳爲神之類也。役使之法，先齋戒，然後其神至，可使致遠方物及知吉凶也。"

⑤ "孫太傅"，指孫承宗。據《明史》卷二五〇《孫承宗傳》，福王時，贈太師。而贈太傅，據此碑文，明崇禎末禮部擬贈太傅，并爲清代所沿襲。

⑥ "榜眼"，指孫承宗在萬曆三十二年（1604），登進士第二人。

⑦ "朱衣神"，稱指點學子科舉中的神明，明清以後魁星、文昌帝君、朱衣神、關公、呂洞賓被合稱爲"五文昌"。《天中記》卷三八引宋代趙令畤《侯鯖録》："歐陽修知貢舉日，每遇考試卷，坐後嘗覺一朱衣人時復點頭，然後其文入格……始疑侍吏，一無所見。因語其事於同列，爲之三歎。嘗有句云：'唯願朱衣一點頭'。"

將入相，乃文□武，如孫穉繩①者?"帝默不答，禔亦拂衣出。/ 出
數步，忽見青衣童子將帝命，就而問，童子語頗詳，"孫太傅近在
枚舉十殿閻羅天 / 子中。上帝避嫌，故惱汝，汝速去"。驚起視之，
翻案開卷，得韓雄冑、董我楫、李曜、張景清、/ 韓雄弼、咼鉉、
田極、齊震峒等乞碑記牘在。時難再寐，取公數萬言遺稿，燉藜悶
誦後，/ 忍不住拍手大笑曰："榜眼將相事蹟，忠孝恭儉行徑，記何
能盡公，公安用我記?" /

　　順治十五年十二月之望，高陽縣知縣西浙後學沈純禔拜手謹撰 /

　　儒學教諭古羹何　峋篆額 /

　　訓導漳川郝有光勒石 /

　　典史關中郭鳴鷥督鐫 /

　　善人王守庫督工 石匠王林 /

　　碑陰 /

　　先文正公專祠立，而謚文正。立專祠之由，人未盡悉也，因
脩述焉。先 / 公扵明崇禎戊寅②，率闔門死節，督兵太監高起潛疏
奏，奉 / 聖旨："舊輔孫承宗從容就義，慘及闔門，朕心殊惻，着該
部從優議卹。"部 / 覆，予祭予葬，御筆親填，准復原官。其贈謚
祠廕，阻扵薛中堂③。緣金 / 吾兄之涝④叩闕籲天，語侵令公。雷姓
諱覺民者，失守令公，爲中堂同 / 邑且姻親也，故槩未予。後二年
壬午⑤，宋公獻特疏請公卹，奉 / 旨優卹，前旨已明，着該部速與議
覆。至甲申⑥正月，部覆得 / 旨，准贈太傅，廕一子，中書其謚擬文
正、文忠⑦，並建祠之。疏甫上，而國祚 / 鼎革。乙酉⑧冬，仲叔脩

_____

① "孫穉繩"，即孫承宗。孫承宗，字穉繩。穉又作"稚"，《明史》卷二五〇《孫承宗傳》即
作"稚繩"。
② "戊寅"，即明崇禎十一年（1638）。
③ "薛中堂"，指薛國觀。據《明史》卷二五〇《孫承宗傳》："帝嗟悼，命所司優恤。當國者
楊嗣昌、薛國觀輩陰扼之，但復故官，予祭葬而已。"
④ "之涝"，爲孫承宗長子孫銓之子，因時任錦衣衛指揮僉事，故以前代官職稱之爲金吾。
⑤ "壬午"，即崇禎十五年（1642）。從崇禎十一年至十五年，相隔四年，文中所云"後兩年"，
殊不可解。
⑥ "甲申"，即明崇禎十七年（1644）。
⑦ 宋獻爲孫承宗請謚之事，又見於編號039《明特進光祿大夫左柱國少師兼太子太師吏兵兩
部尚書中極殿大學士謚文正孫公墓表》，其中祇提到了文正，而未及文忠。
⑧ "乙酉"，即清順治二年（1645）。

王爾炘隨父任，留南京，書報云岳祖贈太傅，諡／文正，建專祠，廕兩子，與定興鹿太常同／旨至。丙戌①秋，錢公謙益晤金吾兄扵都門，云先師卹典俱完，必文正方／稱，文忠非余心也，遂誤有文忠之傳。戊戌②夏，鹿孝廉盡心，太常公孫／也，移書曰："南中國朝遺史③，文正公有傳，而先祖附之，文忠諡何自而／聞，豈刻傳之誤耶？"由是，文正乃定，祠則創扵前令公張姓，諱京者。未／幾，公繁調雄邑，旋遭鼎革，祠遂未竟。藻輩以舟蟄改矣，未敢輒舉，會／沈公④蒞任，崇賢課士，百廢聿興，庠友韓雄胄等請復建，蓋謂文正峇／祠必得此令公乃可舉。沈公，廉吏也，首出資斧爲唱，復作募疏，隨申／上臺，郡守張公署其文，願蠲薄俸，共成盛舉，邑紳士釀金，不日成之。／公呈請春秋祭，郡守張公擬炤鄉賢祭，舉行邑。當圏佔裁減後，費無／所出，沈公以裁鄉飲酒銀之半，辦羊豕爲兩祭，更贈碑作記，額曰文／正公祠記。沈公，才子也，又謂必得此令公文乃可傳。例有碑陰，記助／工姓氏，乃並記其諡與祠之由云。／

邑廩生孫男之藻謹述／

邑庠生曾孫男柱謹書／

助工姓氏／

鄉官：韓雄胤、王慎、齊賛□、李如㴻、張暄、董□。

生貟：王鼎鼎、李一松、王廷［楨］、李擊楫、韓雄胄、董我楫、戴斑、張景嫌、齊七［政］、韓國振、韓雄弼、齊佐□、張景清、李如沆、齊震［坰］、李曜、齊佳胤、冐［鉉］、郭廉、宋炳、韓之□、田極、李玩、郭□、王銅、韓煦、張大□、韓養蒙、王榜、李□、馮夢熊、尹斯覺、王允□、王之彥、劉耀祖、張□、張紀、鄧澄、白起□、王勳、劉滋霖、張□、崔自振、任丘外孫劉□。

庠生：孫男之滿、之汴、之灃、之藻；曾孫樞、桃、／柟、桄、林、□、檀、楷、相、□；玄孫爾焪　立石。／

---

① "丙戌"，即清順治三年（1646）。
② "戊戌"，即清順治十五年（1658）。
③ "南中國遺史"，當指福王時所修史。據《明史》卷二五〇《孫承宗傳》，福王時，始贈孫承宗太師，諡文忠。
④ "沈公"，指時任高陽知縣沈純褆。

041　李文敏公（國榗）專祠碑記（清順治十五年，1658）

　　題解：原碑位於高陽縣南關村^①，該村在縣東南三十里，刻立於清朝順治十五年（1658）。現碑已佚。常先生原題"李文敏公專祠碑"；碑原題"李文敏公專祠碑記"，今從之。碑額 2 行，行 3 字，題曰："文敏公專祠記"，小篆。其拓片長 160 厘米，寬 68 厘米，凡 20 行，滿行 40 字。楷書。下端缺損 30 個字左右。沈純禔撰文。沈純禔，見編號 040《明特進光禄大夫左柱國少師兼太子太師吏兵兩部尚書中極殿大學士贈太傅諡文正孫公專祠碑記》，亦由其所撰，時任高陽知縣。主要敘述了爲李國榗建專祠的緣起。

　　李文敏公，即李國榗（1585~1631），字元治，號續溪，明萬曆四十一年（1613）進士，天啓六年七月，超擢禮部尚書入閣。釋褐十四年即登宰輔，魏忠賢以同鄉故援之也。崇禎元年（1628）五月，

---

　　① 常先生標簽題，與李氏家族墓地不同，當爲高陽縣龐口村。

得請歸里，薦韓爌、孫承宗自代。崇禎四年（1631）卒後贈太保，諡
文敏。《明史》卷二五一有傳。高陽有李國㮨專祠，孫承宗撰其墓表。

　　按：李紅權輯録點校《孫承宗集》卷十七、民國李曉泠等《高陽縣
志》卷十《集文》第 687~704 頁有《明光禄大夫、左柱國、少師兼太
子太師、吏部尚書、中極殿大學士、贈太保諡文敏李公暨原配一品夫人
陳氏、繼配一品夫人趙氏合葬墓志銘》，係由孫承宗撰文。民國李曉泠
等《高陽縣志》卷十《集文》第 705~709 頁有《李文敏公墓略》，由王
崇簡撰文；第 709~715 頁有《李文敏公墓表》，由胡世安撰文，均可與
此碑相參看。柴春芳《高陽龐口李氏》記載，清康熙元年（1662）李
霨爲先父李國㮨立碑。另外，編號 042《皇清誥贈資政大夫内翰林秘書
院學士加二級前光禄大夫左柱國少師兼太子太師吏部尚書中極殿大學
士贈太保諡文敏李公（國㮨）專祠碑記》亦爲李國㮨專祠記，而且同
爲沈純禔所撰，時間僅相差兩年。

　　録文：

　　　碑額：文敏公／峬祠記／

　　　李文敏公峬祠碑記／

　　　抱日月之奇光而文正①生，搊日月之瑞光而文敏出。欲成太傅②
名，天試其艱；欲完太保③福，天妒其壽。禔乳／臭時，曾從老宮人
游數宮中逸事。熹宗臨凡先三日，萬歲爺揮淚耳提諸嬪曰：不誤朕者，
僅李元冶□□／大臣，俄現尺五紅雲篆結李國㮨，移孝作忠，字如赤
籀，椒陛驚嘆，遂授顧命，捫胸誌之，愐慕靡□，謬□□／溪，太師
故里，□學□行，知太傅勿祠，知太保勿祠，是謂溺職。溺職鄙夫，
羞對兩公墓木，茲雙峙並□□□／者，兩公燊墻也。同邑同朝耿烮，
同方同歲峬祠。特罄元輔，若衷偶吐，淺儒陋吻，悔將盡餅，文敏
□□□□／太傅耶？公從弟李君國棠，緩頰相告曰："太傅碑記文今脱
稿，守二千石榮獨非太保賜食公之□□□□／乎？"禔辭不敢。公外
孫馮子夢熊齌顔再請，曰："太保墓誌銘□信史，歷二十載餘，共是
太傅貺□□□□□／祖師乎？"禔遜不敏，亟檄龐口村民□詢焉。允

---

　　① "文正"，指孫承宗，其諡號文正。
　　② "太傅"，指孫承宗，死後贈太傅。
　　③ "太保"，指祠主李國㮨，死後贈太保。

訥口耆，來一曰：安貧鮮賤，辭榮罔辱；去一曰：六年□□□□/□帝輦上忠臣；去一曰：遠聞共聞首揆①重，近見不見首揆尊，去沈純禔爰呵凍贊曰：道愈大□，□□□□。/高德彌沉，四十七齡。蚤登絳殿，五世三公。希遘彤廷，公鋤朋黨。匪斧②正色，潔身公剪。奸佞□管，□□□□/述公祖德。公破龍脣，覬□孫□。公補龍鱗，無徵寡信，可質我/

　　坦園先生/

　　順治十五年十二月之望高陽縣知縣東海後學沈純禔拜手謹撰/

　　儒學教諭古蓺何　峋/

　　訓導漳川郝有光/

　　生員：王廷楨、王鼎鼎、李一松、董我楫、孫之潭、張景濂、李擎楫、戴琏、郭廉、韓雄胄、李曜、高鉉、韓公魏、宋炳、田極、齊七政、孫之藻、韓國振、韓雄弼、孫之汧、李如沆、齊震坰/仝立。/

042　皇清誥贈資政大夫內翰林秘書院學士加二級前光禄大夫左柱國少師兼太子太師吏部尚書中極殿大學士贈太保諡文敏李公（國㯦）專祠碑記（清順治十七年，1660）

題解：原碑位於高陽縣龐口村，該村在縣東南三十里③，刻立於清

---

① "首揆"：首相。揆，宰相的職位。《明史·宰輔年表一》："諸輔之中，尤以首揆爲重。"清陳康祺《郎潛紀聞》卷一："時倭文端公方以首揆掌院，偶有違言，遂疑倭公迂闊沮大計。"

② "匪斧"，源於《詩經·豳風·伐柯》。匪，通"非"。

③ 常先生標簽在高陽縣政府，當爲拓製時保管地点。

順治十七年（1660）。現碑已佚。常先生原題"李公專祠碑記"；碑原題"皇清誥贈資政大夫、內翰林秘書院學士、加二級、前光禄大夫、左柱國、少師兼太子太師、吏部尚書、中極殿大學士、贈太保諡文敏李公專祠碑記"，今從之。碑額 2 行，行 4 字，題曰："李文敏公專祠碑記"，小篆。其拓片長 257 厘米，寬 94 厘米，凡 27 行，滿行 88 字。楷書。下半部四分之一字迹模糊。金之俊撰文，胡兆龍書丹，高景篆額。

金之俊（？~1670）字豈凡，江南吳江人，明萬曆四十七年進士，在明朝官至兵部侍郎。入清後，仍故官，歷任吏部侍郎、工部尚書、左都御史、吏部尚書、國史院大學士等。康熙元年（1662）致仕，九年卒，諡文通。《清史稿》卷二三八有傳。胡兆龍，字具茨（一字予衰），號宛委，浙江山陰（今紹興）人，順天大興籍。順治三年（1646）中式丙戌科二甲第二十一名進士。選庶吉士，散館授弘文院編修，官至吏部左侍郎。著有《息遊堂詩集》。高景，直隸新安人，順治十八年（1661）任倉場侍郎，旋改刑部尚書。文敏李公，即李國橝，其介紹見前。

按：編號 041《李文敏公（國橝）專祠碑記》撰於順治十五年（1658），早於此碑兩年，此碑記相較前文爲詳，介紹了李國橝專祠建立的緣起，及李國橝的主要仕歷和功業。李國橝《明史》卷二五一雖然有傳，但附於李標傳，記述甚簡。此碑記某些地方可補《明史》之缺，例如李國橝卒於崇禎四年，正史未載，但碑記也頗多誇飾回護之語，例如李國橝與魏忠賢的關係即避而不談，而大談對閹黨的鬥爭。

著錄狀況：清雍正《高陽縣志》卷五、民國李曉泠等《高陽縣志》卷十《集文》第 638~643 頁有錄，題曰"李文敏公專祠碑記"，內容相同，但無立碑時間和立碑人信息。皆有缺字，可互補。拓片模糊之字據其補，以"[ ]"標識。

錄文：

碑額：李文敏公 / 專祠碑記 /

皇清誥贈資政大夫、內翰林秘書院學士、加二級、前光禄大夫、左柱國、少師兼太子太師、吏部尚書、中極殿大學士、贈太保諡文敏李公專祠碑記 / 光禄大夫、太保兼太子太師、吏部尚書、中和殿大學士、加一級、通家侍生金之俊頓首譔 / 賜進士出身、經筵、日講官、太子少保、禮部左侍郎、文淵閣學士、教習、庶吉士

年眷姪胡兆龍頓首書丹／賜進士出身、通議大夫、總督倉場、户部
左侍郎年眷姪高景頓首篆額／

夫祀典之崇，非獨表揚先喆，亦所以風勵後世。至鉅典也而崇
祀於鄉，爲學者矜式之所，自始其關係名教尤切，而徵信於月旦
更真，必其人品望超卓，德業兼隆，大節 [細] 行，毫無 [間] 然，
[俾] 後人愛慕 [感悦，歷數] 十年如一日，斯足生／俎豆之光，而
廟貌亦永永弗替。此非聲勢赫奕，所可襲而取也。故有位登台鼎，
傾動一時，其始也，畏壘之宫，非不巋然，而或名與實不相副將，
嗡嗡訿訿①，無論田夫、牧 [豎]，皆得 [指摘其短]。即 [身在祼將
之列者，或貌承而心不愜，久且]／羣情懈弛，掉臂去之，敗瓦頹
垣，淪没於荒煙衰草者多矣。况能令父老子弟興懷於隔代，相與焕
榱桷、潔牲醴，以媲隆大饗爲愉快者乎？明故大學士李文敏公，捐
館在崇禎四年辛未，[距]②／今上龍飛之十一季甲午，閲二十四春秋
矣。鄉之縉紳士民思公，未嘗刻置，列狀有司，稱公懿行純備，亮
節昭著，功繫一時，社稷之重，而澤貽百季，風教之遠，請崇祀澤
宫，以昭③／國典慰輿望。維時鉅禮雖舉，喁喁者尚未厭也。又六載，
爲今順治己亥④春，復請建專祠祀公，愚議僉孚，新楹聿焕，蠲
吉薦羞，猗歟盛哉！縉紳士民，將勒辭麗牲之石，而徵余言颺其
事。[余按] 高陽 [爲上谷傍邑，受博大爽塏之氣，固宜鴻]／啓人
文，光彰大業。而公以德閎儒宗，接四世南宫⑤之武。甫垂髫，即
天挺逸藻，迥然不羣，登萬曆癸丑⑥進士，繇庶常⑦授簡討，己未⑧，

---

① "嗡嗡訿訿"，嗡嗡：形容衆口附合。訿訿：詆毁。語出《爾雅·釋訓》："翕翕訿訿，莫供
職也。"郭璞注："賢者陵替奸黨熾，背公恤私曠職事。"後因以"翕訿"謂小人相互勾結，
朋比爲奸。
② 此處缺 16 個字，《高陽縣志》亦缺，但無標識。
③ 此處缺 22 個字，《高陽縣志》亦缺，但無標識。
④ "己亥"，指清順治十六年（1659）。
⑤ "南宫"，指禮部會試，即進士考試。四世南宫之武，指李國楷四世皆進士出身。
⑥ "癸丑"，即萬曆四十一年（1613）。
⑦ "庶常"，明庶吉士之别稱。明沈德符《萬曆野獲編》卷一〇《詞林、吉士寫佛經》："永樂
辛丑，翰林吉士高穀，寫經於海印寺。……穀以乙未科改庶常，至是且七年矣，久次拜中
書舍人。"簡討，即檢討，翰林院檢討之異稱。李國楷進士及第後的釋褐官，《明史》本傳
則云："萬曆四十一年進士。由庶吉士歷官詹事。"
⑧ "己未"，即萬曆四十七年（1619）。

分較禮闈^①，稱得士。後三歲，涖
晉宮僚，攝少司成^②。值天啓初季，
猶勤新政，[修臨雍之典，公升堂
講《易》，天子]/動容，橋門環
聽，一時歎稽古之效，復見漢東
京盛事。既而啓沃經筵，引《尚
書》義，規切時務，格非廣益，朝
野且拭目公參大政，致太平。會璫
焰方張^③，詔獄屢起，負鯁者既逞
螳立靡，[含垢]者[因]結蟬[紓
禍。撲炎乃益其灼，從風不勝其
靡。]/公燕居深念，謂城社未便灌
熏也，故正己而不示以圭稜，闚
虒弗可犢牲也。故閑邪而不深其嫉
忌，劇牙也弗以抵吻，絡首也弗以
決踶。方璫冒引邊功，合諸營，建
捕緝，竊崇五等，[濫及厮養，要
結黨附，恐喝朝紳，駸駸乎劝進九
錫]/矣。公矢心曲防，以身爲砥，
所被誥麼賞予，再四疏辭，婉言微
中，令積慮頌新者，不寒而慄。及
璫計傾戚畹，以撼中宮^④，公雪涕
危言，"子不宜佐父難母"，奸謀沮戢，宮闈獲安。時媚璫[者，至
頌天與人歸建祠遍海宇，其在輦下者，公未嘗]/捐賞拜謁。後復規
覬辟雍隙地，以公持之堅而寢。諸所挾喜怒，以矯僭威福，公委蛇

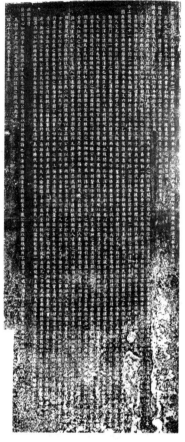

---

① "禮闈"，指古代科舉考試之會試，因其爲禮部主辦，故稱禮闈。唐杜甫《哭長孫侍郎》詩：
"禮闈曾擢桂，憲府舊乘驄。"

② "少司成"，即小司成。唐龍朔二年（662）至咸亨元年（670），國子監司業改名少司成。此
乃沿用古稱。

③ "璫焰方張"，指魏忠賢所在的閹黨專權。

④ "中宮"，指明熹宗懿安皇后張氏。天啓元年（1621）四月，册爲皇后。其父國紀。據
《明史》卷二五一李國楨本傳，順天府丞劉志選劾張國紀，以撼中宮，冀事成則立魏良卿
女爲后。

曲劑，釐正保全爲多，葢以正色垂紳之度，寓其潛消默折之權，至於導揚末命，擁戴長君，弭肘[腋之危疑，啓風雷於旋轉，公之爲功，藏於不見不]/聞，真無得而稱焉。其爲功也，更何如哉？迨夫滌除兇豎①，庶政維新，向之徘徊持禄者，或自陳曲突之勞，爲躐升之地，而公獨介然引咎，屢疏乞身。人主援義則奪，勉出受命，一時高文大冊，如登[極]如[冊，後咸取辦。公手所條列十事]，/皆用人恤民之大至爲勅幾者防忽，藉權者杜微，比於魏文貞②之陳規思漸。當日稱崇禎始政，庶幾貞觀遺風云。葢正人秉鈞，雖碩果猶食福。而是時，四郊多壘，中朝日搆玄黄，民窮餉匱，綢繆[罔策]。公[隨事抒葢，用圖匡救，人主亦]/降心倚重，而公既堅引退，復感人言，連章稱母老身病，情辭剴摯，始得允歸。其予告隆恩，爲輔臣所罕遘，祖賬傾都門，人皆榮之。公以冲襟雅量，際明夷艱貞之會，念漢季北寺酷禍③，成於正人憤疾輕試，[爲不密失身之戒，逮宋元]/祐、熙豐間，君子以徑情獨往，方隅自室，爲小人所儕援，而適以重其搆。公是以匡躬兩朝，惟和衷求濟，嚴於律己，弘於恕物，常令吾身立於有餘，以默杜兇人不測之圖，不遺履尾而速之咥，幾沉慮遠，恒[形諸前後章奏中。其辭有]/云："天下不可以方隅限人才，不可以恩雠私，以天下心，用天下人；以天下人，理天下事。"又云："舉世無不可用之人，而無必同於己；天下無不可爲之事，而不必有其功。"又云："恩威出於明主，或藉之以行私；[職掌隸在諸司，或干之以]/行意。巽懦博長厚之譽，偏執冒介勁之聲，惟便身圖，罔恤國事"，皆切中時弊之語。上稱其忠清端亮，誠然哉！葢嘗論公生平大節，有呼吸安危者三：當熹廟大漸，璫猶矯遺旨竄顧命，公奮議削之，使不得逞，比[漢絳侯④之立奪北軍]/；憑几之際，承諭大聲，傳宣皇弟⑤，以絶非常，同韓魏

---

① "滌除兇豎"，指崇禎即位後剷除魏忠賢閹黨勢力。

② "魏文貞"，指魏徵，謚文貞，唐代著名諍臣，他撰《十漸疏》，述唐太宗不能善始善終之十端。

③ "漢季北寺酷禍"，指東漢末宦官專權，最後釀成黨錮之禍。

④ "漢絳侯"，指西漢周勃，封絳侯。當吕后專權擅政時，他奪北軍，剷除諸吕勢力，擁立漢文帝。

⑤ "皇弟"，指崇禎。崇禎帝爲明光宗之第五子、明熹宗之弟。

公①之捲簾;審視至身,將去國,首薦蒲州象雲韓公②,謂可當大任,用心等之酇、武兩侯③。而疏中所稱,破方隅忘恩怨,實公居身立朝之第一義。自筮仕以至蓋棺,[總] 無 [渝此。嗚呼! 若公]/ 者,洵無愧休休之个臣歟! 公孝友天性,痛贈公不逮祿養,哀慕終身,其遄歸晨昏太夫人,愉愉膝下者三載④,所受兩朝敇廛,分予從弟及從兄之子。祀先而家廟剏,贍族而義倉置,敦倫好義,殆不遺餘力。角 [巾杖履,徜徉洪山白水]/ 間,海內仰公如祥麟威鳳,猶望東山再起,而台星⑤告殞,俄乘箕尾。德功高於曠代,而享季不登中壽⑥,天下悼焉。公本以儒術起家,摻一心,周旋兩主,履險如夷,出處爭光日月,[肯] 堂敷畝,克開翼子。今 [揆輔坦園公⑦,發跡]/ 興朝⑧,懇膌 / 簡注,宅心如水,觸事如鏡,廓然於方隅恩怨之外,皆纘公令緒,以引伸於無窮也。昔濂、洛⑨諸儒,崇正闢邪,廟食千載,公更益以圓機妙用,不毀其方,而適以濟其方。在朝朝重,在鄉鄉重,所稱鄉先生没而 [祭於社者,唯公足以當之。《詩》曰]: / "高山仰止,景行行止"⑩,是不可無記,以詔後之聞風興起者。/

順治十七年歲次庚子孟冬吉旦立。

---

① "韓魏公",指北宋大臣韓琦,封魏國公。關於捲簾的典故,史稱韓琦勸曹太后還政於英宗,經反復勸説,曹太后表示從某日起,不再上朝理事,韓琦聽罷,即令人捲簾撤座,將太后御座的那一套東西全都撤去,然後前去報告英宗。
② "韓公",指韓爌。據《明史》卷二四〇《韓爌傳》,韓爌,字象雲,蒲州人。據《明史》卷二五一《李國橝傳》,李國橝在崇禎元年(1628)五月得請歸里時,除了推薦韓爌外,還推薦了孫承宗。
③ 酇侯,指蕭何,漢高祖即位,論功行賞,評爲第一,封酇侯。武侯,指諸葛亮,劉禪繼位後,諸葛亮被封爲 "武鄉侯"。
④ "三載",指李國橝崇禎元年五月致仕,四年卒,首尾三年。
⑤ "台星",指三台星。《晋書·天文志上》:"三台六星,兩兩而居,起文昌,列抵太微。一曰天柱,三台之位也。在人曰三公,在天曰三台,主開德宣符也。"因以喻指宰輔。
⑥ "中壽",次於上壽爲中壽,古代説法不一,有九十、八十、六十等多種説法。按:李國橝,去世時年僅四十七歲,此當取中壽六十歲的説法。
⑦ "坦園公",指李霨(1625~1684),高陽人,字景霱,號坦園(或《清史稿》卷二五〇本傳云字坦園),明大學士李國橝之子,清順治三年(1646)進士。官至太子太師、保和殿大學士兼户部尚書。謚文勤。《清史稿》卷二五〇有傳。
⑧ "興朝",新興的朝代。此指代明而起的清朝。
⑨ "濂""洛",爲宋代理學學派,與關、閩等學派并稱。濂指周敦頤,因其原居道州營道濂溪,世稱濂溪先生,爲宋代理學之祖,程頤、程顥的老師。洛指程頤、程顥兄弟,因其家居洛陽,世稱其學爲洛學。
⑩ "高山仰止,景行行止",此句詩源於《詩經·小雅·車舝》。

043　重修泰山碧霞元君廟記（清康熙十七年，1678）

題解：原碑位於高陽縣西莊村，該村在縣正北二里，刻立於清康熙十七年（1678）。現碑已佚。常先生原題"建修碧霞元君廟碑記"；碑原題"重修泰山碧霞元君廟記"，今從之。碑額 2 行，行 4 字，題曰："重修泰山元宮碑記"，小篆。其碑陽拓片長 214 厘米，寬 78 厘米，凡 20 行，滿行 50 字。李如涝撰文，齊贊宸篆額，李百齡書丹。楷書。李如涝，字仲淵，號澹庵，高陽人。順治己亥（順治十六年，1659）進士，官至鄆都縣知縣。著有《行素堂詩集》。碑陰拓片長 138 厘米，寬 78 厘米，爲名單，共七排，前三排字跡模糊，前六排每排 28 人，第七排 8 人。

碧霞元君，介紹見前。西莊村碧霞元君廟爲泰山碧霞元君之行祠。此碑主要記述了西莊村碧霞元君廟重修的緣起和建置規模。其住持爲僧常明，反映了明清時期佛教與民間信仰雜糅的特徵。

録文：

　　碑額：重修泰山 / 元宮碑記 /

　　碑陽：重修泰山碧霞元君廟記 /

　　賜進士出身文林郎□□中書舍人邑人李如涝撰文 /

　　賜進士出身文林郎候補知縣邑人齊贊宸篆額 /

　　賜進士第吏部進士邑人李百齡書丹 /

　　世之治也，天下物力盛，人情閒，一時碩人善士，率以蘭若為園林，以精舍為別墅，以青山白社①為主人，以高人勝流為徒侶。故其時，/ 地無不祀之神，神無不新之宇。若乃晨鐘暮鼓，時透林間，蘭宇花宮，半出木末，枌以粧妍景物，點綴太平，亦盛世之休徵，鄉閭之盛 / 事也。邑西庄村，舊有碧霞元君廟，規模宏闊，屹為巨觀。自陵谷遷變②以後，居民流離，香火中絕，斷碑遺礎，毀扵兵燹；破壁蠹簷，圮扵 / 風雨，遂使清涼之域，鞠為茂草，蕩為黍離③。豈無一二

---

① "白社"，借指隱士或隱士所居之處。南朝梁蕭統《錦帶書十二月啓·林鐘六月》："但某白社狂人，青緗末學。"唐白居易《長安送柳大東歸》詩："白社羈遊伴，青門遠別離。"
② "陵谷遷變"，指明清王朝之鼎革。
③ "黍離"，本爲《詩·王風》中的篇名。《詩·王風·黍離序》："《黍離》，閔宗周也。周大夫行役，至於宗周，過故宗廟宮室，盡爲禾黍，閔周室之顛覆，徬徨不忍去而作是詩也。"後遂用作感慨亡國之詞。

善信，慨然修復？徒以離亂之餘，謀生不給未暇也。自我/朝定鼎以來，生聚教養，垂十數年。雖天地之恩，無私覆載，而邑以仰依日月，沾荷獨深。蓋其地近 神京，情既不壅於上聞，而恩復不/隔於下貸。間遭水旱，則蠲恤賑貸之典，恒先及之。即潢池①不戒，偶爾竊發，而六師之撻伐，滅不旋踵。夫是以民間之康阜，遠倍遐方，/而民乃得以出其餘，庀神宇，脩祀事焉。此碧霞元君之廟所繇重新也。廟之□神宮三楹，有甍焉，周扵宮趾，環以短墻。甍之南，為□/觀火德祠；祠以南，為十殿閻羅剎；又□南之中，為南海大士及十八羅漢堂；神宮之後，折而西，迤北為佛室，其前為韋馱殿，其左右/為僧房。總其外，則圍墻環遶，延袤數十丈，大約種種，規模一襲當年之舊，而踵事增華則不啻過之。是役也，庀材鳩工，費可數百金，/皆常住持僧常明，邀其閭鄉諸善信，醵金作會，積數歲，始得告成事焉。乃其間，董事之勤，蠲貲之厚，則□韓陳、于國善之力為多。余/常一至其地，第見朱楹玉砌，雲棟風窗，固不減

---

① "潢池"，池塘，典出於《漢書·循吏·龔遂傳》："海瀕遐遠，不霑聖化，其民困於飢寒而吏不恤，故使陛下赤子盜弄陛下之兵於潢池中耳。"後因以"潢池弄兵"謂叛亂、造反。

觀蓬壺扵陸海，移兜率扵人間。舉向所為，蔓草寒雲，煙鞏露泣之景，況螿巳化為清 / 塵，消為徃刼。至扵二三野老，傴僂提攜，覓薄暖扵墙隈，納微涼扵樹底，猶庶幾見仰父俯子，含哺鼓腹[①]之遺風焉，是亦足以愧物力 / 驗人情矣。鄉之人以工既告竣，謀所以勒石紀名者，而遣王子允俠問記扵余。余惟世事之廢興，固各有時，乃若問其廢興之大畧，/ 實有可以考世道之盛衰、驗政治之得失者，是皆可書也，至扵神明之道幽賛 /

皇綱，凡茲生全，罔非神力，此則諸善信素所崇奉深信，而無俟余□者。遂次其語，以為之記。/

康熙十七年歲在戊午暮春吉旦立，善人孫之漳、劉得□督工，石匠高存□、史□□鐫字。/

碑陰：

陳國□、劉得安、孫之□、□□□□□□□□□□□□□□□□□□□□□□□□□□□□、楊□□、孫□□、馬邦□、馬邦□、馬邦金、張自明、孫廣思、王允□、□□□、□□昭、□□進、□□□□□□□□□□□□□□王之為、黃□□、李□香、/ 苑應選、盧廣鳳、盧廣進、韓之秀、孫之□、孫之□、孫之□、孫之淀、孫之清、孫之□、季從□、王得山、韓之俊、馬邦棟、孫之□、岳國柱、段世金、段世貴、段世龍、段世銀、□□□、□□□、□□□、□□□、□□□、張應魁、張應□、魏邦□ / 范成科、韓□□、孫□□、張□□、馬進寶、張得安、白有道、解得禄、解得福、韓光祖、王京、魏守倉、郭集、馬啓先、馬騰雲、史得春、蕭應科、蕭應舉、蕭應進、季天懷、賀邦海、丁有仁、郭朝重、張保山、齊登□、馬邦□、馬邦柱、盧廣□、/ 劉英、趙懷玉、張進忠、□洪信、□□香、□順、張強、寇為道、劉得穩、賈悅、王之蕩、魏守才、段明、盧進孝、董思貴、韓永住、張雲路、張□、梁文士、王允□、宋文科、于明善、趙應科、趙應中、智自真、盧之香、魏九聰、齊進才、/ 孟登科、張自儒、宮永秀、楊得金、楊得銀、□為公、王

---

① "含哺鼓腹"，口含食物，飽食挺腹。語出《莊子·馬蹄》："夫赫胥氏之時，民居不知所爲，行不知所之，含哺而熙，鼓腹而遊，民能以此矣。" 後因以形容人過着安樂的生活。《後漢書·岑彭傳》："狗吠不驚，足下生氂，含哺鼓腹，焉知凶災？"

為學、韓守才、王來感、劉進孝、劉進忠、田喜龍、段世明、劉芳、李□□、石進□、范得用、段四、祁登科、季蘭、王學書、田寔茂、李和、段培禄、張懷亮、任廣、□守枝、王來鳳／馬進禄、段培時、武應舉、宋文儀、冉應扶、李良、周尚文、馬邦海、賈治民、高名有、段培道、李之梅、季明、薛文、熊尚捷、王進、孟得安、李全、尹得水、孫得領、張起龍、劉文明、馬邦山、寇崇高、□□德、□得福、□尚禮、崔□夏、／陳□□、賈才、賈愷、趙印、尹峻鳳、張文進、蕭應起、李生起。／住持僧常明□徒，□□。

044　高陽王氏祖塋萬木亭碑文（清康熙十七年，1678）

題解：原碑位於高陽縣北關村，刻立於清康熙十七年（1678）。現碑已佚。常先生原題"王氏祖塋萬木亭碑"；碑原題"高陽王氏祖塋萬木亭碑文"，今從之。碑額2行，行3字，題曰："重修萬木亭碑"，小篆。其碑陽拓片長160厘米，寬68厘米，凡20行，房循薙書篆①。滿行37字。楷書。保定知府劉履旋撰文，白惺涵校閱，房循薙書篆。主要記述了王揚創建萬木亭，後其孫王文伐木取利，爲了防止再有此類事情發生，故立碑禁。碑陰拓片長137厘米，寬68厘米，爲王氏族譜，一世至七世記於左側，八世至十二世記於右側。從九世開始右邊的世系依次下移，字跡模糊，比較亂。萬木亭，又名"萬樹亭"，介紹見前，有關碑文參見編號018《萬木亭記》。

錄文：

碑額：重修萬／木亭碑

高陽王氏祖塋萬木亭碑文／

賜進士出身、歷任户部郎中、監督大通橋及□安倉務、瓊州府知府、今授中／憲大夫、知保定府事　劉履旋　撰文／

賜進士第、朝議大夫、吏部稽勳清吏司郎中、加一級、前考功清吏司郎中、奉／命監督九江關務、驗封司員外郎、文選司主事白惺涵　校閱／

---

① "房循薙書篆"，此句拓片裝裱後缺失。

歲進士、歷任文林郎、知淳安泰順兩縣事　　　房循薙　書篆 /

凡祖宗創業艱難，惟在後人守成善繼，如程正公①立有祭議、范文正公②設有義庄，莫不以孝義垂 / 訓，使子若孫各敬所生，而共守祖澤也。高陽王氏稱衣冠望族，有祖塋在邑城之北。其世祖王揚 / 公③，舉甲子孝廉④，任鄉寧、滕縣兩令，生四子：荔、蘅、蒜、茳。長子荔，壬午舉亞魁⑤，出仕青州司李⑥，時王揚 / 公賦歸林下，經營墳山一座，迤而東復建一亭，廣以□□，圍植萬樹，欝然以蒼，後顏之萬木亭焉。/ 一爲文蘁風水，一爲祭掃公所，迄二百餘年，祖宗魂魄，實式憑之。凡爲子若孫者，允宜世守，弗敢 / 替也。無何，□之□□□□□者，亦子衿也，罔念先人手澤，將圍拱古木，伐之以爲利，與同棧三□ / 等訐訟府庭。予矢公對簿詢之，族長多□直文，爰行飭之非，疾惡之深也。夫君子家貧不鬻祭器，/ 故宮離黍，行道興嗟，文獨非人之子歟？況爾祖垂戒碑文具在邑東志之，觀其引柳玭云："成立之 / 難如登天，覆墜之易如燎毛"，三復及此，有不爲之撫膺而痛惜者哉？子衿王巽輩，慮嗣後再有毀 / 傷，仍立碑禁，請文於予。予曰："唯唯，推爾設禁之心，念祖澤也，善後計也，即以敦族誼也，後人能遵 / 守勿悖，踵美有加，則先人將必詒穀燕翼⑦於弗衰矣。"爰爲文，以勗其後。/

---

① "程正公"，即程頤，字正叔，故世稱程正公，又稱伊川先生。祭議，當作"祭儀"，據《宋史》卷一五七《藝文志》，程頤著有《伊川程氏祭儀》一卷。

② "范文正公"，即范仲淹，謚號"文正"。

③ "王揚公"，即王揚，字清宇，王福人，於明弘治十七年（1504）中舉人。初任鄉寧（今山西西南部）縣令，後補滕縣（今屬山東）縣令。後辭職歸鄉。因高陽城北有祖上田産，便定居於此，每日度地爲圃，植樹不止。他林中建"萬木亭"，與文人墨客在此飲酒賦詩，教授學生，世稱五菴先生。

④ "甲子孝廉"，即明弘治十七年（1504）中舉。

⑤ "壬午"，即明嘉靖元年（1522）。關於王荔中舉的時間，民國李曉泠等《高陽縣志》卷六《人物·舉人》第358頁言"壬子亞魁，有傳"。同書第308頁有其傳，其傳記載王荔中舉時間是"嘉靖壬午"，與此碑文記載相同。按：壬子，即明嘉靖三十一年（1552），與情理不合，故民國《高陽縣志·舉人》記載有誤，當以此碑文記載爲準。

⑥ "司李"，官名，即司理，爲掌獄之官，又爲對推官的習稱。明黃道周《節寰袁公傳》："凡公（袁可立）精神著於爲司李、御史時，即不躋台輔，其精神亦有以自見。"

⑦ "燕翼"，《詩經·大雅·文王有聲》："武王豈不仕，詒厥孫謀，以燕翼子。"毛傳："燕，安；翼，敬也。"孔穎達疏："思得澤及後人，故遺傳其所以順天下之謀，以安敬事之子孫。"陳奐傳疏："詒，遺也……言武王以安敬之謀遺其孫子也。"後以"燕翼"謂善爲子孫後代謀劃。

旹／

大清朝康熙拾柒年玖月吉旦　立墳地八畞亭地四畞／

房循雍書篆

碑陰：高陽縣王氏族譜

一世始祖從善，二子。／二世德明在利家口譜；德甫三子。／三世智；璉，五子，任豐縣訓；璟。／四世綱；紀，四子，任王府紀善；□；章；麟。／五世□；揚，四子，弘治甲子舉人，任鄉寧、滕縣兩令；採；攄。／六世荔，三子，嘉靖壬午亞魁，任青州司李；蘅，二子；蒜，三子，貢生；茳，二子，庠生。／七世令辰，二子，庠生；令原、令兆無嗣；令□，貢生，□子；令□；令言，無嗣；令謨，貢生，三子；令訓，□子；令績，庠生，一子；令緒，庠生，無嗣。／八世鼎鉉，三子，增生授兵馬指揮，贈文林郎；鼎□，二子；鍾；彝，無嗣；鼎□，一子；鼎建，無嗣；□建，□生，三子；鼎銘，二子，任浙州縣令；□□，一子；鼎□，三子，貢生。／九世㫷，三子，庠生；昺，二子，宗人府掌府事、太子太師、駙馬都尉；㫷；昂，一子，庠生；昇，五子；冕，庠生，一子；昆三子；符，庠生，一子；籙，庠生，一子；策，一子；晋，二子；□□ □□子；□，二子 □□□ 進，□子，□生；□，三子，□□。/ 十世允煦，庠生；允默，奉杞生；允燕，□□；允嘉，一子，任周橋營□□；允懋，任順天兵馬司；允熙，二子，庠生；允濟，一子；允諧，二子，庠生；允□，一子；允□，無嗣；允誠，三子；允□，四子；允明，二子；允□，一子；□□，一子，庠生；允章，三子，庠生；□□，□子；允斌，一子；允□，□□；允□；允達 □□；□福；□禄。/ 十一世瓛；玫，一子；□，二子 □生；瑤；璨，一子；昌□，一子；昌□；琛，一子；□，三子；□，二子；瑞；玢；□鳴；楚鳴；燕鳴；□；理；琥，武庠生，二子□；有仁；義；有□；有□；有禄；有良。/ 十二世鳳羽；鳳翱；鳳翔；鳳麟；鳳□；鳳□；鳳禎；鳳彩 / 連名。

045　重修顓頊廟記（清康熙二十年，1681）

題解： 原碑位於高陽縣南關村，刻立於清朝康熙二十年（1681）。現碑已佚。常先生原題"重修顓頊廟碑"；碑原題"重脩顓頊廟記"，今從之。其拓片長 194 厘米，寬 99 厘米，凡 25 行，滿行 55 字。李霨撰文，書丹者等姓名已殘泐。

李霨（1625~1684），高陽人，字景霄，號坦園（或云字坦園），明大學士李國樌之子，清順治三年（1646）進士。官至太子太師、保和殿大學士兼户部尚書。謚文勤，世稱坦園公。《清史稿》卷二五〇有傳。

顓頊介紹見前。南關村的顓頊廟建於明萬曆十八年（1590），參見編號 024《高陽縣新建顓頊專祠記》。此碑主要記述了顓頊廟由於年久失修，在李珩倡議下，從康熙七年至十五年對顓頊廟進行了重修，特別是考述了顓頊與高陽的問題，就舊傳說提出了一些疑問。據碑文内容，碑陰列捐輸者的姓名、爵里，但本院藏品中無此拓片。

著録狀況： 清雍正《高陽縣志》卷五、民國《高陽縣志》卷十《集文》第 619~623 頁内容和拓片一致，但無立碑時間和立碑人信息。拓片模糊之字據其補，以"[ ]"標識。

録文：

　　重脩顓頊廟記 /

　　邑之有顓頊廟也，自前令孔侯承先①始也。[初侯履行舊治城東，覩] 所謂顓頊帝陵者，歸然榛莽中，懼其久而湮也，遂伐石以表之，因立廟扵今治 / 之霑化 [關外。蓋自前戊子②歲]，迄今垂百年矣。日月 [滋久，兵爛薦更，薨桷] 陊剝，丹堊黝昧，摧圮將及，不第風雨。余 [從] 子珩怵 [然] 傷之，間以 [語] 余："失今 / 弗葺，後將 [一墜而難] 復 [也。" 余因屬令首唱，以告里之士大夫，咸踴] 躍從 [事，珩乃釀資庀材，身任] 其瘁，始扵 [康熙] 七年三月，閱八年四月 [訖工。微故]/ 易腐，嚴嚴 [翼翼，古蹟] 炳燿，瞻眺一新，邦人樂 [觀。厥成] 也，走京師謁余一言，記 [扵麗牲] 之石。余按地志，邑以高河之陽得名，帝顓頊初封扵此，故號 / 高陽氏。然考之 [史，稱] 帝生扵若水，則《禹貢》之 [梁州]；其都扵帝丘，則所謂九河，既道雷夏，既澤者是也。邑相去遠者數千里，近者千餘里，其初國扵 / 高陽者，何也？帝之 [父] 昌意，為黃帝元子，既不得立，史亦不詳所封。帝則如後代所稱樹子，毋乃以疏通靜淵之材，年少佐理，故 [膺選建為] 藩屏，如 / 周之魯、衛，漢之燕、代、齊、趙，而其後遂入継大統者耶？《書》曰："奠高山大川"③，"恒衛既從，大陸既 [作]"④。盖恒水東流，合滱至扵瀛，由邑入易水，其 [故道然] 也。/《周禮》職方氏之 [掌]："其山鎮曰恒山，其澤藪曰昭餘祈⑤，其川虖池、嘔夸，其澤淶、易。"⑥ 然則邑故負山襟河，川原匯環，風氣宣達，而 [威紆帝以藩國] 發祥，/ 入踐天位，豈 [偶也哉]？夫然曷爲而改都也？

---

① "孔侯承先"，即高陽知縣孔承先。

② "戊子"，指明萬曆十六年（1588）。

③ "奠高山大川"，源出《尚書·禹貢》："禹敷土。隨山刊木。奠高山大川。"

④ "恒衛既從，大陸既作"，源出《尚書·禹貢》。

⑤ "昭餘祈"，古澤藪名。在今山西省祁縣西南、介休縣東北。是《周禮·夏官·職方氏》的并州藪，《爾雅·釋地》的十藪之一。

⑥ 此句源於《周禮·夏官·司馬》。碑文中引文有誤，嘔夸，當作 "嘔夷"，其澤，當作 "其浸"。

[金天氏]都曲阜①，帝丘其畿内地，帝既嗣服繼統，則舍故封而就帝丘，亦其勢宜然也。又考帝[崩，葬]濮陽/，濮陽即帝丘，陵[墓]、祀典皆在焉，乃今邑東之[有帝]陵，何也？[夫帝]既都[帝]丘，則歿而[葬]也，自不當在舊都，豈當有國之日，[或]其妃御[支庶之屬]宛葬/其處，而世遠傳訛，[遂]指爲帝墓也耶？抑帝雖[建統]東都，而猶念舊封之[山]川風物[以及]父老子弟，間嘗車駕從東[來燕息]，流連[扵]此，[以爲吾]百歲/後，魂魄猶思故都，乃像爲墓宮，以當棲神②[者耶？即]不然帝子孫衆多，[昆吾③、豕韋④、秦趙之間]皆有之，安知不有在邑，而[若後世爲衣冠之葬，以親]其/先王者耶？是皆

[不可]知，不可知則姑置[焉可]也。而至扵廟，則邑人所以思帝明德之遠，[而不]可以或弛者。按，西漢永光以前，祖宗廟在[郡國，合]一/百六十餘[所，而周公]祀文王、武王扵洛邑，已有原廟之意。邑之有廟，蓋亦竊取斯義，而[非]僭也。雖然余用

---

① "金天氏"，爲少昊之號，中國傳説中的古帝王。《帝王世紀》曰，少昊帝名摯，字青陽，姬姓也。母曰女節。黃帝時有大星如虹，下流華渚。女節夢接意感，生少昊，是爲玄囂。降居江水，有聖德，邑於窮桑，以登帝位，都曲阜。

② "棲神"，謂死後安息。北魏酈道元《水經注·汝水》："左右深松列植，筠柏交蔭，尹公度之所棲神處也。"

③ "昆吾"，夏商之間部落名。己姓。初封於濮陽（今河南省濮陽市）。夏衰，昆吾爲夏伯，遷於舊許（今河南省許昌市），後爲商湯所滅。《詩·商頌·長發》："韋顧既伐，昆吾夏桀。"毛傳："有昆吾國者。"

④ "豕韋"，即豕韋氏。《左傳·昭公二十九年》："夏后嘉之，賜氏曰御龍，以更豕韋之後。"漢韋孟《諷諫》詩："肅肅我祖，國自豕韋。"

是，進與邑人共勉之也。[《詩·那》] 之章曰："自 / 古在昔，先民有作"①；又《思齊》之章曰："古之人 [無斁，] 譽髦斯士"②，言先民之作，所以善後世也。予邑在并、冀之間，而其俗敦禮讓、稱先王，士 [無偽] 行，下無 / 淫巧，相親相愛，[而無] 離異也，非帝之作焉，而貽之者乎？今者新其廟貌，崇其祀饗，當益致其愨，益致其信，祇法乎帝之所以養材任地、治氣教化 / 之道，以進 [其俗扵隆] 古斯得矣。苟徒事 [乎] 脩舊 [觀]、循往跡，歲時 [選] 牲爲酒，拜庭跽起，與浮屠、道士之宮比侈而已。其與夫弛 [且墜] 者，何異哉？余既 / 序次其顚末，因辨核其疑端，以俟後起之 [博] 洽者 [藉] 以爲考据云。其棟宇之制，土木之資，以暨捐輸者之姓名爵里則詳列碑陰，不具 [綴]。/

　　旹 /
大清朝康熙二十年歲次辛酉六月吉旦 /
賜進士出身、光禄大夫、太子太傅、户部尚書、保和殿大學士、加三級、邑人李霨撰 /
賜進士出身、太子太保、秘書院大學士、□□□□□ /
賜進士出身、太子太傅、□□□□□ /
鐫字匠桂奇秀劉□□ /

046　韓鼎藩墓碑記（清康熙二十年，1681）

　　題解：原碑位於高陽縣愚堤村，該村在縣東八里，刻立於清康熙二十年（1681）。現碑已佚。首題無，常先生原題"韓鼎藩墳墓碑記"，今據碑文改擬。其拓片長 190 厘米，寬 68 厘米，凡 8 行，滿行 24 字。楷書。

　　此碑爲聖旨碑，記述了墓主韓鼎藩爲工部營繕清吏司主事韓雄岱之父，因韓雄岱的關係，追贈韓鼎藩爲承德郎、工部營繕清吏司主事。民國李曉泠等《高陽縣志》卷五《人物·材武》第 324 頁對韓鼎藩有介紹；卷十第 733 頁有張玉書撰寫的《禮部儀制司正郎毅菴韓先生傳》。

---

① 此句源於《毛詩·商頌》。
② 此句源於《毛詩·大雅》。

按：編號054《賜進士出身任沂州守備敕贈承德郎待贈奉政大夫韓公（鼎藩）墓表》爲其墓表，055爲其子《院庶吉士韓公（雄岱）墓表》。三碑可以互相參證。

録文：

奉 /

天承運 /

皇帝制曰：資父事君，臣子篤匪躬之誼作忠以孝，國家弘錫類 / 之恩。爾韓鼎藩乃工部營繕清吏司主事韓雄岱之父，善積 / 於身，祥開闕後，教子著義方之訓，傳家裕堂構之遺。茲以覃 / 恩，贈爾爲承德郎、工部營繕清吏司主事，錫之勅命。於戲！殊 / 榮必逮於所親，寵命用光夫有子。承茲優渥，永苾忠勤。/

　敕　命

康熙二十年十二月二十四日 /

　之　寶①

047　駱母昌氏碑記（清康熙二十一年，1682）

題解： 原碑位於高陽縣駱家屯村，此碑在村西縣東南三里，刻立於清康熙二十一年（1682）。現碑已佚。常先生原題"駱氏祖塋駱母昌氏碑記"；碑原題"駱母昌氏碑記"，今從之。碑額1行，行2字，題曰："碑記"，兩邊爲祥雲紋飾，其下碑文四周均爲花卉圖案，底部圖案未拓。楷書。其拓片長137厘米，寬68厘米，凡19行，滿行35字，保存基本完整，中間有兩處對稱的菱形破損。劉繼昌撰文，書丹者不詳。

劉繼昌，《清史稿》未載，《清世祖實錄》記載了其仕歷："順治十年八月壬辰，升浙江溫州府同知劉繼昌，爲廣東按察使司僉事、海北

---

① "敕命之寶"，落款印章，漢滿兩種文字。蓋於"熙"字之上。

道。"順治十五年庚戌，升廣東海北道僉事劉継昌，爲陝西布政使司參議、分守商雒道。""順治十六年甲子己刻。日生暈，青黄白色。升陝西商雒道參議劉繼昌，爲湖廣按察使司副使、分巡湖北道。"碑文中劉繼昌題銜爲"湖廣等處提刑按察使司分巡湖北道管轄辰常靖州等處駐劄常德府副使"。由《清世祖實録》可知，劉繼昌是順治十六年（1659），由"陝西商雒道參議"升爲"湖廣按察使司副使分巡湖北道"。

碑主咼氏，爲高陽駱家屯人，其丈夫駱三桂早逝，獨自撫養兒子瑞宇成人。碑文中贊揚其："天性温淑，勤儉持家"，下至"僕夫娌女，莫不寬和"，"旁及鄰里，罔弗同恤"。

按："咼"姓，不見於《百家姓》，是尤爲稀見的姓氏，源出楚地。《淮南子》載有咼氏璧，即"卞和"之"和"，或云，女媧氏之後，去女以咼爲姓。"咼"姓者，五代南唐有咼拯，宋代有咼輔，明有咼文光。對於高陽咼氏而言，由於其爲明確的單一祖先傳遞，人口數量較少，家系結構也較爲簡單，因此，其在明清時期高陽縣境內的分布及活動情況實屬罕見，無疑是稀有姓氏研究的珍貴史料。

録文：

碑額：碑記 /

駱母咼氏碑記 /

湖廣等處提刑按察使司、分巡湖北道管轄、辰常靖州等處駐劄、常德府副使劉継昌撰文 /

聞嘗驅車南北，見古墓故壘半没於荒煙斷草，幾不辨其為誰何氏之塚也。駱君瑞宇其殆 / 有感，於是，值伊母歸宅之餘，而以碑記請耶。瑞宇生於高陽之駱家屯，

父三桂早逝，獨育於/母冏氏之膝前，撫摩百端，劬勞倍至。偶遇我/大清兵戎之變^①，遂携以北□切不獲將母之嘆。幸際我/朝定鼎，瑞宇乃占居蠡邑北陲古靈山鄉，距高不一舍，乃得躬迎母氏，而奉養焉。豈非孝心□/感，天假之緣乎？瑞宇迺率其子捷元、捷福晨昏定省，備物盡志，無所不致。氏天性温淑，勤儉/持家，慈惠字□，下逮僕夫、婢女，莫不寬和，旁及鄰里，罔弗同卹。瑞宇□身隸旗下，意嘗謙謹，/家□□饒，□無驕客，殆以仁義為倉囷，以德善為□稷，而□□於友誼，四方賓客慕其義俠，/□□□□邑候□□□公往來眷稅駕^②焉，蓋可知矣。斯□□□之春風善氣，醇醪飲人，抑令/母□賢淑，有□啟□也。余每切聲聲之思□，未識輒往歲□月，余同閨舍親□來喬梓及巽/動吳公文止、蔣公鬱□郭公詣郡。偶於大莊，晤瑞宇長郎，見其器宇軒豁，欵洽情深，酷似乃/公。郡還，復同□老，登覽靈山，瑞宇復邀其舍，惓惓雅意，殊有投轄^③繫駒之風。斯時□聳，其令/堂抱恙憂慽之容，殆不忍睹，其永言孝思，蓋如此。今則母氏已歸北，□瑞宇生事死葬，母亦/可以含笑九泉矣。瑞宇猶未忍其寂寂於荒煙斷草中也，謹録其狀，以劉公助老請記於余，/若恐弗勝。余曰："此其事之近孝者也。"遂次其語於石。/

　　嵓/
　　康熙二十一年歲次壬戌仲秋吉旦　　建立/

048　皇清誥贈光禄大夫太子太傅户部尚書保和殿大學士加三級前明累贈光禄大夫左柱國少師兼太子太師吏部尚書中極殿大學士顯祖考振野府君（李知先）墓表（清康熙二十三年，1684）

題解：原碑位於高陽縣龐口村，該村在縣東南三十里，刻立於清康

---

① "大清兵戎之變"，指明崇禎十一年（1638），清軍攻占高陽縣。
② "稅駕"，解駕停車。喻指退休或歸宿。《史記·李斯列傳》："當今人臣之位，無居臣上者，可謂富貴極矣；物極則衰，吾未知所稅駕也。"
③ "投轄"，《漢書·陳遵傳》："遵耆酒，每大飲，賓客滿堂，輒關門，取客車轄投井中，雖有急，終不得去。"轄，車軸兩端的鍵。後以"投轄"指殷勤留客。

熙二十三年（1684）。現碑已佚。常先生原題"李振野墳墓碑記"；碑原題"皇清誥贈光禄大夫太子太傅户部尚書保和殿大學士加三級前明累贈光禄大夫左柱國少師兼太子太師吏部尚書中極殿大學士顯祖考振野府君（李知先）墓表"，今從之。其拓片長211厘米，寬78厘米，凡21行，滿行65字。楷書。有收藏章（明燭）。

　　墓主李振野，本名李知先，字振野，爲明朝大學士李國櫹之父、清朝大學士李霨之祖父。明朝時，以子李國櫹貴，歷贈光禄大夫左柱國少師兼太子太師中極殿大學士兼吏部尚書。清朝時，又以孫貴，歷贈光禄大夫太子太師傅保和殿大學士兼户部尚書加三級。此墓表由其孫李霨撰寫，拓片中"霨"字都偏向一邊，字體略小，以示謙恭。書丹者不詳。此碑中李霨詳述了其祖父李知先（即振野府君）的事迹和德行，碑末述及李氏家族自始祖遷居高陽龐口村以來的世系。

　　按：編號049有《皇清誥贈光禄大夫太子太傅户部尚書保和殿大學士加三級前明誥贈光禄大夫左柱國少師兼太子太師吏部尚書中極殿大學士振野李公（知先）墓碑銘》；李紅權輯録點校《孫承宗集》卷十七、清雍正《高陽縣志》卷六、民國李曉泠等《高陽縣志》卷十有孫承宗撰《明累贈光禄大夫左柱國少師兼太子太師吏部尚書中極殿大學士振野李公暨配累封一品太夫人酈氏合葬墓志銘》，俱爲李知先的專門記述，可以與此碑相互參證。

　　録文：

　　　　皇清誥贈光禄大夫、太子太傅、户部尚書、保和殿大學士、加三級、前明累贈光禄大夫、左柱國、少師兼太子太師、吏部尚書、中極殿大學士、顯祖考振野府君墓表 /

　　　　嘗誦歐陽文忠表厥考崇公之阡 [1]，謂惟祖考積善成德，宜享其隆，雖不克有於其躬，而賜爵受封，顯榮褒大，足以□見後世，而庇賴子孫，不禁喟然嘆興念祖德之不可忘 / 也。霨譾劣無似，不敢

---

① "歐陽文忠公"，指歐陽修，字永叔，號醉翁、六一居士，謚號文忠。"崇公"，歐陽修的父親歐陽觀，他生前先後做過幾任州府的判官、推官，在歐陽修年僅三歲時，歐陽觀就去世了。"表"，指歐陽修在爲其父母墓塚寫的表文《瀧岡阡表》。

遠望文忠之盛烈，而我王考之篤行履善，以貽謀式穀①者，實不異於崇公。自王考②之卜葬，迄今已六十餘年，潛德幽光，不亟表而傳之於後，罪滋甚矣。/霽不幸幼而孤，即我顯考太保公立朝時豐功大節不能盡識，矧去王考之歿益遠，彌懼祖德之弗詳，然猶幸有竊聞，□當顯考之致政歸也。□母③郕太夫人春秋高，顯考/以得奉色□，恪恭婉愉，而每念王考之不逮養，輒嗚咽不自□。王母亦時追述王考生平，歔歔泣下。時霽方七齡，繞膝前，敬聞而□識之。王考兄弟凡六人而異產，王考爲/曾王母吳太夫人出，嫡則為胡太夫人。王考之奉嫡也，無間於所生，竭甘旨，調溫清，庭闈雍睦，靡不謂王考之能子。幼則梨棗相讓，長則塤篪相和，析產則推□□确，怡然/秩然，靡不謂王考之能弟。賦質穎拔，讀書輒數行，□既補邑弟子員，蜚才擒華，儔伍辟易，而文壇馳騁，友朋會盟，仍處之退讓，不以意氣加人。又性負倜儻，每急人之窮，成/人之善，宗

① "式穀"，謂賜以福祿。《詩·小雅·小明》："靖共爾位，正直是與。神之聽之，式穀以女。"朱熹《集傳》："穀，祿也。以，猶與也……當靖共爾位，惟正直之人之是助，則神之聽之，而以穀祿與女矣。"

② "王考"，對已故祖父的敬稱。《禮記·祭法》："是故王立七廟，一壇·一墠，曰考廟，曰王考廟，曰皇考廟，曰顯考廟，曰祖考廟。"孔穎達疏："曰王考廟者，祖廟也。王，君也。君考者，言祖有君成之德也。祖尊於父，故加君名也。"

③ "□母"，據下文所缺字當爲"王"。

黨嫺戚，咸賴噓植，又靡不謂王考之能謙而能惠。其他隱德高行之施於當時者，不盡記憶，而以爵獲聞于王母及顯考者，大率孝弟仁讓，行善以實不以名。嗚／呼！王考蓋身爲之，而未嘗身享之，遂賫志以歿也。以萬曆乙巳①八月二十一日卒，距生嘉靖辛亥②四月十一日，得年僅五十有五，葬邑之龐口里。□考③歿□十二年④，爲明天／啟丙寅⑤，時顯考已入內閣，迨崇禎戊辰⑥，得累贈王考光祿大夫、左柱國、少師兼太子太師、吏部尚書、中極殿大學士，王母酈累封一品太夫人，以崇禎□未卒，享年八十有／六。當時學士大夫及故家遺老，睠溯我王考之舊德者，罔弗歎美乎食報之不爽也。乃爵生甫七齡，顯考即見背。幼失怙恃，故業□落，且一阨於戊□之兵燹⑦，再阨於甲申⑧／之盜氛。國亡家破，流移轉徙，故業之不絕者如綫。方懼不能自立，以貽祖父羞，幸遭遇／

熙朝，既忝一第，官翰林十餘年，而遂參幾務。今且越二十六年，屢蒙／

殊恩，得晉封四世，王考乃／

誥贈光祿大夫、太子太傅、戶部尚書、保和殿大學士、加三級。嗚呼！當鮮民抱痛，禍患日櫻，君子□澤時虞中斷，曩之世家大族，子孫孤□者，比比而是。爵獨得綿延堂構，復重荷／國恩，用光祖父於泉壤，豈爵之能自樹立哉？良由王考冥德至行，植基深而培本固，永庇其後，陰相其成，以是流澤無窮，而邀榮至今也。夫自我始祖⑨公，初居邑之龐口村，／三傳至贈奉直大夫公⑩，四傳至成化戊戌⑪進士、歷官山西參公⑫，五傳至公，官七品散官⑬，公弘

① “萬曆乙巳”，指明萬曆三十三年（1605）。
② “嘉靖辛亥”，指明嘉靖三十年（1551）。
③ “□考”，據下文所缺字當爲“王”。
④ “□十二年”，從明萬曆乙巳至天啟丙寅，共二十二年，故所缺字當爲“二”。
⑤ “天啟丙寅”，指明天啟六年（1626）。
⑥ “崇禎戊辰”，指明崇禎元年（1628）。
⑦ “戊□之兵燹”，蓋指明崇禎十一年（1638），清軍攻陷高陽。所缺字爲“寅”。
⑧ “甲申”，即明崇禎十七年（1644）。甲申之盜氛，蓋指李自成攻陷北京，明朝滅亡。
⑨ “始祖”，此碑諱而不書。據編號049李知先墓碑銘，指平福。
⑩ “贈奉直大夫公”，其姓名此碑諱而不書。據編號049李知先墓碑銘，指甫榮。
⑪ “成化戊戌”，指明成化十四年（1478）。
⑫ “山西參公”，其姓名此碑諱而不書。據編號049李知先墓碑銘，其名字爲儼。
⑬ 其姓名此碑諱而不書。據編號049李知先墓碑銘，名字爲師孔。

治庚戌①進士，歷官山西參政，六傳至公②，官臨洮府／經歷，七傳
而至我王考。上世之擅科名、被綸誥者，不可謂非遠矣，而承先啟
後，實惟我王考之遺澤彌長。故自高祖而下俱得贈，如顯考及爵
今官皆祖德也。記曰：祖有美／而弗知，不智也；知而弗傳，不仁
也。小子爵孤愚荒陋，不能殫述前徽，謹追憶幼所得聞者，誌其萬
一，揭之於阡，俾知我祖考之垂裕後昆，惟善惟德，而爵以庸鄙
小儒，遭際／一時，實賴佑啟之仁於未艾。後世子孫，尚其永念祖
德，無忝所生云爾。／

　　康熙二十三年歲次甲子春月吉日，孫男光禄大夫、太子太師、
户部尚書、保和殿大學士、加三級爵謹表。／

049　皇清誥贈光禄大夫太子太傅户部尚書保和殿大學士加三級前明誥贈光禄大夫左柱國少師兼太子太師吏部尚書中極殿大學士振野李公（知先）墓碑銘（清朝康熙二十三年，1684）

　　題解：原碑位於高陽縣龐口村，該村在縣東南三十里，刻立於清康
熙二十三年（1684），現碑已佚。常先生原題"李振野墳墓碑記"；碑
原題"皇清誥贈光禄大夫太子太傅户部尚書保和殿大學士加三級前明
誥贈光禄大夫左柱國少師兼太子太師吏部尚書中極殿大學士振野李公（知
先）墓碑銘"，今從之。碑額2行，行2字，題曰："李公墓碑"，小篆。
其拓片長240厘米，寬87厘米，凡24行，滿行70字。有收藏章（考
文）。王熙撰文，黃機書丹，吳有正治篆額。

　　王熙（1628~1703），字子雍，一字胥庭，号慕齋。清順天宛平
（今北京豐臺）人。明禮部尚書王崇簡之子，順治四年（1647）進士及
第，選庶吉士，授檢討，累遷右春坊諭德。召直南苑。譯《大學衍義》，
充日講官，進講稱旨，累擢弘文院學士。十五年，擢禮部侍郎，兼翰林
院掌院學士。考滿，加尚書銜。時王崇簡爲尚書，父子復同官。世祖病
篤，他撰擬遺詔，宣示諸王貝勒。康熙即位，改兼弘文院學士。康熙五

① "弘治庚戌"，指明弘治三年（1490）。
② 姓名此碑諱而不書。據編號049李知先墓碑銘，名東少。

年（1666）擢左都御史。時三藩擁兵逾制，吳三桂尤崛強，擅署官吏，浸驕蹇，萌异志。王熙首疏請裁兵減餉，定藩臬兩司徇庇處分條例，又議裁汰冗官。歷工部、兵部尚書。十二年冬，吳三桂反，翌年三月，命王熙專管密本。有清一代，漢臣與聞軍機自王熙始。十七年，以父憂去。二十一年，即家拜保和殿大學士，兼禮部尚書。并充《三朝聖訓》《平定三逆方略》《大清一統志》《明史》總裁官。康熙四十年（1701）致仕，四十二年卒，上命皇長子直郡王允禔、大學士馬齊臨喪，行拜奠禮，舉哀酹酒，恩禮有加，謚文靖。著有《寶翰堂集》。《清史稿》卷二五〇有傳。

黃機（1612~1686），字次辰，一字澄齋，號雪臺。浙江錢塘（今屬杭州）人。清順治四年（1647）進士，選庶吉士，授弘文院編修，遷弘文院侍讀。順治末，詔輯太祖、太宗《聖訓》，充纂修官。累遷國史院侍讀學士，擢禮部侍郎。康熙六年（1667），進禮部尚書。疏陳民窮之由，主張嚴察地方各級官吏。尋調戶部、吏部尚書。因以疏通銓法、議降補官對品除用，爲人所劾。尋以遷葬乞歸。十八年（1679），特召還朝，以吏部尚書銜管刑部事。二十一年，拜文華殿大學士，兼吏部尚書。次年致仕，康熙二十五年（1686）卒。贈太傅、太師，謚文僖。《清史稿》卷二五〇有傳。

吳正治（1618~1691），字當世，號賡庵。湖北江夏人。順治六年（1649）中進士，選翰林院庶吉士，授國史院編修。歷任陝西按察使、工部侍郎、刑部侍郎、禮部尚書等。康熙二十年（1681）拜武英殿大學士，時修《太祖實錄》《聖訓》《會典》《方略》《一統志》等，俱充總裁官，加太子太傅。康熙二十六年（1687）致仕，三十年卒，謚號文僖。《清史稿》卷二五〇有傳。

墓主振野李公，即李知先，介紹見前。本碑爲其墓前神道碑，記述了其祖上世系和勛德。特別是自始祖以來的世系及贈官介紹甚詳，其姓名爲編號048《皇清誥贈光禄大夫太子太傅户部尚書保和殿大學士加三級前明累贈光禄大夫左柱國少師兼太子太師吏部尚書中極殿大學士顯祖考振野府君（李知先）墓表》所缺載。

録文：

碑額：李公／墓碑／

皇清誥贈光禄大夫、太子太傅、户部尚書、保和殿大學士、加三級、前明誥贈光禄大夫、左柱國、少師兼太子太師、吏部尚書、中極殿大學士振野李公墓碑銘 /

賜進士出身、光禄大夫、禮部尚書、保和殿大學士、加三級、後學眷晚生、宛平王熙頓首拜譔文 /

賜進士出身、資政大夫、吏部尚書、文華殿大學士、門下晚生、錢塘黃機頓首拜書丹 /

賜進士出身、光禄大夫、禮部尚書、武英殿大學士、後學、通家晚生、漢陽吳正治頓首拜篆額 /

粤自京兆侯封七葉，用綿其緒；弘農台衮^①四傳，能裕其昆。瑯琊之裔宜昌，庭槐早植；河内之門必大，車駟旋高。德彰繡被之飄風，瑞應畫旛之廣宅。嘉源是積，渙水發其流長；茂本斯榮，/豐幹垂其陰遠。載光重壤，彌仰前徽。公，諱知先，號振野，直隸高陽人也。顓帝遺區，渚有化龍之勝；陽臺舊里，池留洗馬之踪。高河之接雄閣，箕躔辨野；巁口之廻大陸，昴宿鐘靈。應地脈 / 以發祥，近邦畿而啟族。公始祖平福，咏初生於瓜瓞，傳望氣扵閞門。六世祖德明，五世祖進，嗣永平拜老之風，肇文德表閭之澤。高祖甫榮，贈奉直大夫、南京户部員外郎。曾祖儼，成化 / 戊戌進士，歷官山西參議。瓊堦擢秀，玉幹舒萃，千箱遺賑粟之功；赤綏方來，丹綸食報，三石頌立犀之績。祖師孔，七品散官，叔祖師儒，弘治庚戌^②進士，官山西參政。考東少，臨洮府經歷。/ 兄弟□名，集成花萼，後先仕宦，服佩華紳。醇謹重規，擬石家之建慶；清廉疊軌，方胡氏之質威。自參議公以下，皆贈左柱國、少師兼太子太師、吏部尚書、中極殿大學士。生膺袍易之榮，/ 殁有綸章之錫。畢萬^③封知將大，翁孺後卜其興。公夙禀靈襟，蚤成碩

---

① "弘農"是漢朝至北宋期間長期設置的一個縣級行政區劃，始終是弘農郡的治所，漢武帝置弘農郡時，也名弘農，是弘農縣之始，治所在今天河南省三門峽市靈寶市東北黃河沿岸。"台衮"，猶台輔。衮，古代帝王及上公的禮服。漢應劭《風俗通·十反·太尉沛國劉叔方》："叔方爾乃翻然改志，以禮進退，三登台衮，號爲名宰。"
② "弘治庚戌"，即明弘治三年（1490）。李師儒，編號021《重修龍泉寺碑記》（明弘治十八年）即由其書丹。
③ "畢萬"，春秋晉人，周畢公高之後。事獻公爲大夫，封於魏。卜偃曰："魏大名也，萬盈數也，畢萬之後必大。"其後果然與韓、趙分晉，列爲諸侯，爲戰國七雄之一。

學。春雲等潤，獨粹風儀；秋月同澄，羣欽模楷。擅懷蛟之譽，筆海吞溟；符曼鳥之祥，詞峰抗岳。弱冠補博士弟子員，翔/遊黌序[1]，披辟水之芹香；領袖藝林，發騷壇之藻彩。固已名□□□□重瑤林，若其盛鄣堪師，鄉評久溢。烝烝色養，畫留陳紀之圖；戀戀承歡，溫奉羅威之席。念艱難於堂構，鄴架披繁；事/聖善於庭幃，潘輿御岳。棣華何韡，讓□之誼偏深，荊葉奚分，推宅之情倍篤。愛能共被[2]，序且踰三，居等易衣，行真得六。和拎婣戚，謝安見重於羊曇；睦及友朋，鮑叔[3]能知乎管仲。棄蠶與/箔，緩急堪資；贈麥及舟，死喪必卹。褚彥回[4]之門下，弗罪盜衣；丙少卿[5]之堂前，何妨醉酒[6]。家聲祇慎，不炫綺紈；僮約嚴恭，曾無綠幘。鄉國推為祭酒，儒林重以登門。豈期猿臂□封，鳳毛徒/頓，都尉之頭空白，身未為

① "黌序"，古代的學校。《北齊書·文宣帝紀》："詔郡國修立黌序，廣延髦俊，敦述儒風。"
② "共被"，典出唐玄宗與其兄弟，常共被而眠。用以指兄弟友愛。
③ "鮑叔"，指鮑叔牙，春秋時齊國人，他推薦了管仲。
④ "褚彥回"，指褚淵（435~482），字彥回，河南陽翟人，南朝劉宋時人，《南齊書》卷二三有傳。
⑤ "丙少卿"，指丙吉，或作邴吉，字少卿，魯國人。西漢時名臣，《漢書》卷七四有傳。
⑥ "何妨醉酒"，據《漢書·丙吉傳》："吉馭吏耆酒，數逋蕩，嘗從吉出，醉嘔丞相車上。西曹主吏白欲斥之，吉曰：'以醉飽之失去士，使此人將復何所容？西曹地忍之，此不過汙丞相車茵耳。'遂不去也。"

郎；緋衣之使俄逢，文偏有召。以萬曆乙巳^①八月二十一日卒，春秋五十有五。配酈氏累封一品太夫人，以崇禎辛未^②卒，享年八十有六，合葬扵邑之龐口里。彦 / 倫終□，蚤留公輔扵後昆；亭伯長辭，已裕茂才於華冑。子一為前明太保文敏公，諱國樞，腰懸銀艾，手奠金甌，策定□侯，掃□輩而翊運，功高博陸，上麟閣以圖形。自天啟丙寅^③，至崇禎 / 戊辰^④，累贈公光禄大夫、左柱國、少師兼太子太師、吏部尚書、中極殿大學士。鶴歸華表，輝碑版以重新；鸞降綸扉^⑤，貴堂封而永被。苟家觀閣，已看六代九公；來氏勳庸，更見一門二相。孫 / 男一，即今 太子太師、戶部尚書、保和殿大學士、加三級，諱霶。仰承貽硯，克紹良弓，侍紫極以調元，坐形廷而論道。東華之升泰道，帷幄資謀；北斗之近台星，絲綸拜寵。公遂扵順治十 / 七年至康熙十四年，累遇 / 覃恩，/

　　誥贈光禄大夫、太子太傅、戶部尚書、保和殿大學士、加三級。伯起^⑥得楊賜為孫，位仍宰相；嘉貞^⑦寶弘靖之祖，代晉平章。盛極衣冠，陋彼桐門，識樹榮盈，誥軸光於畫戟，名家簪紱，蟬聯更□，□ / 仍振振，聲華鵲起，益知瓜瓞綿緜。溯承先啟後之功，知積德累仁之素，豈獨薹方司隸，□顯鮑宗，相並封侯，重揚韋氏。唧珠有鶴，常歸紫盖之松；映斗成龍，永護延平之水。乃為銘曰：□ / 天挺儒英，為世典型。聳如泰華，昭如日星。代鴻閥閱，世篤忠貞。盤根仙李，通駿家聲。龍蛇其德，珪璋其器。積厚流光，勳名相継。哲嗣聞孫，功隆保乂。襃榮 / 兩朝，千秋輝賁。/

　　康熙二十三年歲次甲子春月穀旦立 /

---

① "萬曆乙巳"，指萬曆三十三年（1605）。
② "崇禎辛未"，指明崇禎四年（1631）。
③ "天啟丙寅"，指明天啓六年（1626）。
④ "崇禎戊辰"，指明崇禎元年（1628）。
⑤ "綸扉"，猶內閣。明清時稱宰輔所在之處爲"綸扉"。
⑥ "伯起"，指楊震，字伯起，東漢弘農華陰人，官至司徒、太尉。楊震及其孫楊賜的事迹，見《後漢書》卷五四。
⑦ "嘉貞"，即張嘉貞，唐開元中任中書令，唐代著名賢相，張弘靖祖父。張弘靖，唐憲宗元和中拜刑部尚書，同中書門下平章事。

050　保和殿大學士太子太師户部尚書加三級諡文勤李霨墓碑記（清康熙二十四年，1685）

題解：原碑位於高陽縣龐口村，該村在縣東南三十里。刻立於清康熙二十四年（1685）。首題無，常先生原題“李霨墳墓碑記”；今據碑文改擬。其拓片長252厘米，寬88厘米，凡12行，滿行47字。楷書。墓主李霨，介紹見前。此碑爲李霨病故後，朝廷遣朱弘祚祭奠時的祭文。

按：柴春芳主編《高陽龐口李氏家族》有碑刻照片，但她錯把李霨墓碑當作了李國楷墓碑。原碑有額，爲二龍戲珠圖案，説明此碑當時還在。

録文：

維 / 康熙貳拾肆年拾月貳拾伍日 /
皇帝遣管理直隸錢穀守道泰議朱弘祚①，諭祭保和殿大學士、太子太師、户部尚書、加三級、諡文勤李霨之靈曰：朕惟國家，/ 考稽古典，優眷大臣。生則畀以崇階，殁必加之寵卹，所以弘厚終之禮，敦念舊之仁。彝紀具存，不可廢也。爾李霨簪紱②/ 承家，文章華國。初繇侍從，旋簡綸扉，班遂陟扵孤

---

① “朱弘祚”（1630~1700），字徽蔭，東昌府高唐州（今山東省高唐縣高唐）人，乃朱昌祚之弟。清順治五年（1648），鄉試中舉，授江南盱眙知縣，有惠政，舉卓異。康熙十四年（1675），拜御史，以昌祚子紱官大理寺卿回避，改刑部主事。再遷兵部督捕郎中，出爲直隸天津道僉事，調直隸守道參議。二十六年，超擢廣東巡撫。三十一年，擢福建浙江總督。三十九年，命修高家堰河工，病卒。
② “簪紱”，釋義是冠簪與緩帶，古代官員服飾，亦用以喻顯貴，仕宦。唐李頎《裴尹東溪別業》詩：“始知物外情，簪紱同芻狗。”

卿，任獨隆扵密勿①。周旋禁近，踰二紀以蒙休；泰預謨謀，閱 /
一，兩朝②而均寵。何圖奄逝，良用盡傷，既膺峻秩扵生前，寧
靳隆施扵身後？馨香重賁，常憲為優，窀穸增光，嘉名特畀。庶
脩哀 / 榮之典，聿全終始之恩。於戲！三事③久登巖廊，稱為耆
舊；九原可作松楸，亦荷輝榮。爾靈有知，尚其歆格。/

維 /

康熙貳拾肆年拾月貳拾陸日 /

　皇帝遣管理直隸錢穀守道泰議朱弘祚，諭祭保和殿大學士、太
子太師、户部尚書、加三級、諡文勤李霨之靈曰：惟爾宣勞，/ 既
以佐理克勤，被榮寵扵當年，蚤登台席，悼淪亡扵一旦。軫念遺
踪，申以綸章。初終昭其恩禮，頒之卹典；存殁脩其休 / 光，再薦
苾芬④，式承綏寵。/

051　保和殿大學士太子太師户部尚書加三級諡文勤李霨碑文（清康熙二十六年，1687）

　　題解：原碑位於高陽縣龐口村，該村在縣東南三十里，刻立於清康
熙二十六年（1687）。常先生原題“李霨墳墓碑記”；碑原題“保和殿
大學士太子太師户部尚書加三級諡文勤李霨碑文”，今從之。其拓片長
256厘米，寬97厘米，漢滿兩種文字。漢文凡6行，滿行50字；滿文
凡8行。李霨介紹見前。按：李霨卒於康熙二十四年（1685），據編號
050《李霨墓碑記》，康熙二十四年十月，管理直隸錢穀守道參議朱弘
祚奉敕祭祀，其中即提到了李霨的諡號文勤。此碑内容爲賜李霨諡號爲
文勤的敕旨，故敕旨時間亦應爲康熙二十四年，但此碑立於敕旨兩年之
後，令人殊不可解。

　　按：柴春芳主編《高陽龐口李氏家族》第133頁有此碑録文，亦説

---

① “密勿”，指機要之職。宋王禹偁《懷賢詩·王樞密》：“文學中甲科，風雲參霸府。直躬在
　密勿，未始畏強禦。”
② “兩朝”，指順治、康熙兩朝。
③ “三事”，指三公。《詩·小雅·雨無正》：“三事大夫，莫肯夙夜。”孔穎達疏：“三事大夫爲
　三公耳。”
④ “苾芬”，代祭品。《詩·小雅·楚茨》：“苾芬孝祀，神嗜飲食。”

明此碑尚在。

録文：

保和殿大學士、太子太師、户部尚書加三級、謚文勤李霨碑文/

朕惟人臣，遭逢盛事，被服殊榮，特躋三事之班，仰贊二麻之重。樞機委任，夙夜靖共，則飾終之誼，易名之典，固不靳也。爾李霨學有/淵源，才稱敏練，登朝最夤，拔置清秘之司[1]；受知獨深，簡在論思之地。際一代休明之運，荷歷年眷注之隆。出入絲綸，討論多詳掌故；/參知密勿，折衷每合機宜。東觀讐書，咸資筆削[2]；南宮校士，頻藉品題。任久而參贊罔愆，位崇而寅恭匪懈。爾遽逝矣，朕甚悼焉。嗚呼！/念効力之多，時寵豈渝扵存歿？稽舊章而具在，禮弗替扵哀榮，謚曰文勤，慰兹泉壤，勒之金石，光乃松楸。/

康熙貳拾陸年貳月貳拾捌日立/

[滿文 8 行略]

052　皇清誥授光禄大夫太子太師户部尚書保和殿大學士加三級謚文勤李公（霨）墓碑銘（清康熙二十七年，1688）

題解：原碑位於高陽縣龐口村，該村在縣東南三十里，刻立於清康熙二十七年（1688）。楷書。常先生原題"李霨墳墓碑記"；碑原題

[1] "清秘之司"，據《清史稿》卷二五〇《李霨傳》，順治三年，成進士，選庶吉士，授檢討，進編修。十年，世祖親試習國書翰林，霨列上等，擢中允。累遷秘書院學士。

[2] "東觀"，東漢洛陽南宮内觀名。明帝詔班固等修撰《漢記》於此，書成名爲《東觀漢記》。章、和二帝時爲皇宫藏書之府。後因以稱國史修撰之所。"東觀讐書，咸資筆削"，指李霨與修《世祖實録》，充總裁官，并預修《太宗實録》。

"皇清誥授光禄大夫太子太師户部尚書保和殿大學士加三級謚文勤李公（霨）墓碑銘"，今從之。其拓片長 236 厘米，寬 99 厘米，凡 40 行，滿行 96 字。杜臻撰文，熊一瀟書丹。

杜臻（1633~1703），字肇余，浙江秀水（今嘉興）人，順治十五年（1658）進士，改庶吉士散館授編修。累遷内閣學士，擢吏部侍郎。康熙二十三年（1684），任工部尚書。二十八年，任刑部尚書。三十年，任兵部尚書。三十三年，任會試正考官。三十八年，任禮部尚書。著有《經緯堂集》《粵閩巡視紀略》。《清史稿》卷二六八有傳。

熊一瀟（1638~1706），字蔚懷，江西南昌人。康熙三年（1664）進士，改庶吉士，授浙江道監察御史，官至工部尚書等。工詩文，有《浦雲堂詩文集》。

文勤李公，即李霨，介紹見前。其墓位於高陽縣龐口村，墓前有 4 通漢白玉石碑，龜趺底座，其中一通有滿漢兩種文字，均爲當年康熙所賜。李霨死於康熙二十三年（1684），此碑立於其死後四年，詳述了李霨的世系和生平事迹、功業等，其中一些記載《清史稿》卷二五〇《李霨傳》無，且記載頗有舛異牴牾之處。另外，對李霨祖上世系的記載，可以與編號 049《皇清誥贈光禄大夫太子太傅户部尚書保和殿大學士加三級前明誥贈光禄大夫左柱國少師兼太子太師吏部尚書中極殿大學士振野李公（知先）墓碑銘》中的記載相參照。

按：柴春芳主編《高陽龐口李氏》第 132 頁對此碑有記載。

録文：

皇清誥授光禄大夫太子太師户部尚書保和殿大學士加三級謚文勤李公墓碑銘 /

賜進士出身資政大夫　經筵講官工部尚書門生秀水杜臻頓首拜撰文 /

賜進士出身資政大夫工部尚書受業南昌熊一瀟頓首拜書丹 /

賜進士出身通議大夫兵部督捕左侍郎受業河陽趙士麟頓首拜篆額 /

自古國家運際休和，人才蔚起，必有忠良之佐一德一心以贊襄大業，傳譽無窮。我 / 皇清誕膺天命，風雲之會，名賢碩輔，接踵而興。惟是鞠躬盡瘁，歷事 / 兩朝。當運會之初開，值乾坤之再靖。遭逢／聖主，弼亮清時。輔翼昇平，而不矜其德；贊理戡定，而不伐其功。早歲登庸，白首如素，獨於我師文勤公見之。謹按公諱霨，字景霱，號坦園①，直隸高陽人也。居龐口村，世有隱德。至公之五世祖，諱儼，中明成化戊戌②進士，仕至山西布政司參議，有聲／藩翰，始為顯族；高祖諱師孔，曾祖諱東少，官臨洮府經歷。祖諱知先，父諱國楷，中明萬曆癸丑③進士，歷官光祿大夫、左柱國、少師兼太子太師、吏部尚書、中極殿大學士、贈太保、謚文敏，事業彪炳，人多稱之。自高祖以下三世，皆贈如文敏公／官；自曾祖以下三世，皆贈如公官。文敏公元配陳太夫人早卒，繼室趙太夫人實生公，甫七月，即遘趙太夫人之變。公自幼穎悟絕倫，目光如電，文敏公奇之。善事繼母張太夫人，無異所生。七歲而孤，居喪盡哀，如成人禮。讀書過目成誦，已／見頭角，宗黨戚友咸謂文敏公有子矣。文敏公宦橐蕭然，家無遺貲，公勉力以襄大事。已而高陽被兵④，奉張太夫人移居京邸，下帷攻苦。辛巳⑤補博士弟子員，益肆力於經史百家之言。學既成，會／皇清定鼎，闢門籲俊，公以順治乙酉⑥舉於鄉，丙戌⑦成進士，改庶吉士。習國書，丁亥⑧授檢討，壬辰⑨晉編修，癸巳⑩以御試第二人，擢春坊中允。尋遷侍講學士，乙未⑪擢秘書院學士，充日講官，丁酉⑫充經筵講官，戊戌⑬五月奉／命擢內院大學士，入直辦事，時公年僅三十有四云。公自釋褐十餘年間，出入侍從之列，廻翔著作之林，

① 《清史稿》卷二五〇，言李霨，字坦園。
② "成化戊戌"，指明成化十四年（1478）。
③ "萬曆癸丑"，指明萬曆四十一年（1613）。
④ "高陽被兵"，指明崇禎十一年（1638），清軍進攻高陽。
⑤ "辛巳"，指明崇禎十四年（1641）。
⑥ "順治乙酉"，指清順治二年（1645）。
⑦ "丙戌"，指清順治三年（1646）。
⑧ "丁亥"，指清順治四年（1647）。
⑨ "壬辰"，指清順治九年（1652）。
⑩ "癸巳"，指清順治十年（1653）。
⑪ "乙未"，指清順治十二年（1655）。
⑫ "丁酉"，指清順治十四年（1657）。
⑬ "戊戌"，指清順治十五年（1658）。《清史稿》卷二五〇作"秘書院大學士"。

碩學宏才，早膺主眷。官學士時，每奏對殿廷，/世祖章皇帝①輒為注視良久，固知帝心簡在非一日矣。與公同升者，為井研胡公②、曲沃衛公③，兩公皆由尚書枚卜④，而公獨以學士超遷。及入政府，諸公皆老成宿望，而公獨以黑頭比肩共事，持重精敏，無過之者。尋更官制，以公為工部尚書兼/東閣大學士。己亥⑤，晋太子太保，坐條旨偶誤⑥，鐫四級調用。公閉閣思過，未幾，命復原官供舊職。辛丑⑦，恭逢/今上登極，誥授光禄大夫。七月，再更官制，以公為弘文院大學士。時上方諒陰，恭默機務，決於輔政大臣。每議事，公有所不可，不苟同，亦不遽示異，俟其意氣稍平，乃出微言解之。票擬有未當者，不輕執論，嘗於設堂饌時，婉諷曲諭，聞者往/往相悦，自為更正。其黙施轉移，裨益國體，多此類也。戊申⑧夏，奉

---

① “世祖章皇帝”，指清順治帝。他廟號世祖，謐號爲“體天龍運定統建極英睿欽文顯武大德弘功至仁純孝章皇帝”。

② “井研胡公”，指胡世安（1593~1663），字處静，別號菊潭，因是井研（今四川樂山市井研縣）人，故稱。明崇禎元年（1628）進士，官至少詹事。順治初，授原官，四遷禮部尚書。十五年，授武英殿大學士，兼兵部尚書。《清史稿》卷二三八有傳。

③ “曲沃衛公”，指衛周祚（1611~1675），字文錫，因是曲沃（山西臨汾市曲沃縣）人，故稱。明崇禎十年（1637）進士。歷工、吏二部尚書。順治十五年（1658），授文淵閣大學士，兼刑部尚書。《清史稿》卷二三八有傳。

④ “枚卜”，古代以占卜法選官，因以指選用官員。明代專指選大臣爲大學士，入內閣主事。《明史·楊漣傳》：“國家最重無如枚卜。忠賢一手握定……豈真欲門生宰相乎？”

⑤ “己亥”，指清順治十六年（1659）。

⑥ “坐條旨偶誤”，《清史稿》卷二五〇作“以票擬疏誤”。

⑦ “辛丑”，指順治十八年（1661）。

⑧ “戊申”，指清康熙七年（1668）。

詔清獄，減重罪七十九人，釋繫囚四十二人，民以不冤，稱上德意。庚戌①，官制復舊，以公為保和殿大學士兼戶部尚書。癸丑②，吳逆③倡亂，繼以諸寇。王師四出，皆仰稟/睿算④，決機萬里，公日侍禁闥，參預密謀。凡勅諭統兵親藩諸將方署，及招徠攜貳，撫輯流離，上口授公書之，公屬草如飛，不加點竄⑤，而詞旨煥然，皆能婉達上意。出省或□夜分，或竟留宿禁中。公又熟於掌故，稽核案牘，不以屬吏，/第召吏，命取某年月日某牘來檢之，隨手輒得。上由是益倚眷公，而公俞小心慎密，人以為有古大臣風。壬戌⑥春，上以殘孽盡除，天下大定，置酒乾清宮，集廷臣效栢梁□賦詩，親灑宸翰，勒石頒賜。公詩有“止戈化洽民物昌”/之句，以此見公之乃心王室，拳拳報主之忱，蓋少慰矣。尋加太子太師，辭不允。公服官以來，國家有大典禮，必以屬公。/世祖章皇帝梓宮發引，公奉詔護行。及升祔，奉詔恭黙/神主。又前後奉詔恭黙/孝康章皇后⑦、/仁孝皇后⑧神主，冊立/中宮，充副使，持節行禮。又奉詔詣遵化，相視/仁孝皇后山陵；詣沙河，恭黙/孝昭皇后⑨神主，奉安坤寧宮扁額，持節冊封惠妃⑩。前後扈從巡幸者十八。戊戌、甲辰、丙辰，典會試者三，乙未、戊戌教習庶常者二，文武殿試讀卷者十四，纂修實錄、聖訓、大訓、方署、會典、通鑑諸書，監修《明史》充/正副總裁者十一，文廟行禮者十五，武闈監射者三。又嘗奉詔，辨驗欽天監正楊光先所推日影及木星

---

① “庚戌”，指清康熙九年（1670）。
② “癸丑”，指清康熙十二年（1673）。
③ “吳逆”，指吳三桂。
④ “睿算”，亦作“睿算”。聖明的決策。唐白居易《賀平淄青表》：“皇靈有截，睿算無遺。妖氛廓清，遐邇慶倖。”唐元稹《謝御劄狀》：“伏以睿算若神，聖慈猶父。”
⑤ 點竄，刪改；修改。《三國志·魏志·武帝紀》：“他日，公又與遂書，多所點竄。”
⑥ “壬戌”，指康熙二十一年（1682）。
⑦ “孝康章皇后”（1640~1663），本爲固山額真佟圖賴之女。本姓佟，屬漢軍旗，後改爲滿洲旗，改姓佟佳。初爲順治帝妃，生康熙帝玄燁。康熙帝即位，尊爲皇太后。
⑧ “仁孝皇后”，即赫舍里氏（1654~1674），康熙帝原配妻子，滿洲正黃旗人，輔政大臣索尼孫女，康熙十三年（1674）卒，謚號仁孝皇后。
⑨ “孝昭皇后”，即孝昭仁皇后（1653~1678），鈕祜祿氏，滿洲鑲黃旗人，康熙帝第二任皇后，清朝開國名將額亦都孫女，輔政大臣遏必隆之女。
⑩ “惠妃”（?~1732），納喇氏，滿洲正黃旗人，索爾和之女。初爲庶妃，康熙十一年（1672）生皇長子胤禔。康熙十六年八月，冊封爲惠嬪，二十年十二月晉惠妃，爲當時冊封的四妃之首。

火星躔度、太陰行度，較之吳明烜所推孰是。公精心體察，得其乖合之數，不差銖黍。前後受賞賜御書、卷軸、龍蟒、貂狐、/金綺、鞍馬、上尊、貢茗之屬，不可勝計。公承恩既深，矢報彌切，在相位二十有七年，恪恭奉職，昕昔靡間。初佐/世祖，混一寰宇，創立章程，繼輔今上，安反側，致太平，而公亦自此病矣。甲子①五月，公奉事瀛臺，上察公體羸，勤問所苦，公以脾衰對，上又諄諄諭以藥物所宜。公易簀時，猶感念　國恩，不忘報稱，君臣相遇之隆，古所罕有。□/月，公遂不起，享年六十。其家以聞，上軫悼，特命大臣，賜茶酒之奠，加祭一壇，予葬如例，諡曰文勤。公生平不喜近名，惟以忠誠結主知。為人內明外和，議論風采，一軌於正，雖暴忼者遇之，不覺自化。私座肅客，音琅琅徹户外，/察客意將及於私，輒正襟斂容，客望而氣懾，不敢復申所請。居常服御儉嗇，餝家有法，無聲色之奉，然能約己濟物，所得禄賜，多推予宗族。文敏公②嘗移己廕以予從弟國棠，公體先志，亦移己廕以予國棠之子霖，人以為難。平時，既慎重，不/輕洩禁中語，事後或有言及者，公輒曰："恩咸出自朝廷，奉行則有部院，我何預焉？"由是密勿之議，終無有能述之者。公雅負藻鑑③，能知人，前後得士甚盛。築寄園於舍北，退食之暇，手不停披，自稱據梧居士。所著有《心遠堂集》《伴星草》《閩/役紀畧》《心遠堂續集》，或已行世，或藏於家。乙丑④二月，公之子户部郎中其凝、肇慶府知府其恕、幼子其旋，將奉公靈匶歸葬於厐口村之原，已請銘於大學士宛平王公⑤矣，復具狀請題其隧道之碑。臻自戊戌⑥受知，又執業翰苑，已而承乏閣/學，朝夕趨侍，奉教深矣，奚敢以不文辭？子女孫支婚姻氏牒詳於誌，狀者不復書，書其大者，而系以銘。銘曰：

---

① "甲子"，指康熙二十三年（1684）。
② "文敏公"，指李霨之父李國楷，諡文敏。
③ "藻鑑"，品藻和鑒別（人才），引申爲擔任品評鑒別人才的職務。唐劉禹錫《上門下武相公啓》："藻鑒之下，難逃陋容。"
④ "乙丑"，指康熙二十四年（1685）。
⑤ "大學士宛平王公"，指王崇簡。
⑥ "戊戌"，指清順治十五年（1658）。

/雲漢下委，析木之津。龍□屈蟠①，篤生偉人。偉人篤生，相門有相。威鳳九采，翺翔天上。基圖肇造，文運光啓。公振黃鐘，以開正始。乃窺中秘，乃領宮坊。出奉豹尾，入捧御床。/宸眷既隆，班行屬目。遂躋崇階，授以鈞軸。繼輔/今上，益懋篤誠。巽乎中正，務劑和平。四征勿庭，蠢旗屢出。靈璪沈沈，惟公在側。決機萬里，廟筭若神。公受以筆，尉爲風雲。任鉅剸繁，不囏不竦。清寧既奏，髉座垂拱。不懈於位，有俶今終。錫諡文勤，神其罔恫。爰伐山石，以當烝鼎。刻兹銘/詩，奕祺有永。許公申公，文正忠宣。世德盛門，孰黨儷焉。/

康熙二十七年歲次戊辰季春穀旦立/

053　過高陽拜孫文正公（承宗）墓（清康熙二十七年，1688）

題解：原碑位於高陽縣西莊村，該村在縣北二里，刻立於清康熙二十七年（1688）。現碑已佚。常先生原題、碑原題"過高陽拜孫文正公墓"，今從之。其拓片長138厘米，寬84厘米。碑文由三部分構成：第一部分爲詩五首，喬萊題，劉鵬雲書；第二部分爲挽孫文正公詩所作跋，由時任高陽知縣孫鴻業撰，撰於康熙二十六年（1687）；第三部分破損嚴重，基本不能識讀。

喬萊（1642~1694），字石林，寶應（今江蘇寶應縣）人。寶應，別稱白田，故碑文中稱爲"白田喬萊"。康熙六年（1667）進士，授內閣中書，康熙十八年（1679）詔舉"博學鴻儒科"，被欽取爲一等，改授翰林院編修，參與修纂《明史》。二十四年，充日講起居注官，旋遷侍講，再升侍讀。後因觸犯權貴，於康熙二十六年罷歸。康熙三十三年春，有旨命其入京居住，至京後居未半載而病卒，時年53歲。喬萊一生著述頗豐，主要有《易俟》十八卷，各種詩文集十六卷以及《西

---

① "屈蟠"，意思是盤曲。出處，賈思勰《齊民要術·桃》引漢衛宏《漢舊儀》："東誨之內度朔山上有桃屈蟠三千里。"唐杜甫《西枝村尋置草堂地夜宿贊公土室》詩："惆悵老大藤，沉吟屈蟠樹。"宋陸游《寄酬曾學士》詩："小印紅屈蟠，兩端黃蠟塗。"清陳田《明詩紀事辛簽·孫承宗》："作爲文章，伸紙屬筆，蛟龍屈蟠，江河競注。"

蒙叢話》《古文分類粹編》（喬萊輯，其子崇烈校）等，并編纂《康熙志》，參與《寶應縣志》二十四卷的修纂工作。喬萊工於詩賦，生平吟詠之作衆多，結有《石林賦草》《應制集》《南歸集》《直廬集》《使粤集》《歸田集》等數集，此外對繪畫也頗有造詣。《清史稿》卷四八四《文苑傳一》有傳。孫文正公，指孫承宗，謚文正，故世稱孫文正公，其介紹見前。

著錄狀況：清雍正《高陽縣志》卷五、民國李曉泠等《高陽縣志》卷九《集文》第 599~560 頁，均有"詩五首"部分，題作"過高陽拜孫文正公墓五首"，但無其他兩部分内容。

録文：

過高陽拜 /

孫文正公墓 /

勝國君臣事可傷，每因門户悮封疆。時 / 危下詔須裴度[1]，亂[定]連章逐李綱[2]。難覓 / 斷碑迷[姓]氏，空餘衰草帶風霜。平生讀 / 史多悲憤，涕泪縱橫灑夕陽。/

關門八里[3]說屯兵，誰識寧前拱帝京。山 / 跨琺瓏孤嶂遠，地環溟渤晚潮生。夜聞 / 鼓角連三島，日射旌旗控五城。麾下材 / 官齊攘臂，春深且向隴頭耕。/

禍連鈎黨暗乾坤，閫外還餘正氣存。下 / 獄已知誅李固[4]，入朝何遂比王敦[5]。九閽 / 晝閉孤臣[遠]，[一]紙宵傳[白日]昏。區畫右 / 屯天下計，[防秋更]遣入[關門]。/

縱橫鐵騎[似排]墻，烽火[連霄]達未央。倉 / 卒自誅檀[道濟][6]，張皇還問[郭]汾陽[7]。誰憐 / 匹馬趨孤堞，[更]整千軍[靖

---

① 裴度，唐後期名相，唐憲宗時在他主持下，取得了討伐叛藩淮西的勝利。

② 李綱，宋代名臣，力主抗金，被主和派斥逐出朝。

③ "八里"，指八里鋪。明末兵部尚書王在晋代熊廷弼經略遼東，主張於山海關外八里鋪築重關。

④ 李固，字子堅，東漢後期名臣。不畏權貴，以匡扶社稷爲己任，後被權臣梁冀所殺。《後漢書》卷六三有傳。

⑤ 王敦，字處仲，東晋王導的堂兄，官至大將軍。因劉隗用事，頗疏間王氏，遂起兵反晋，失敗被殺。《晋書》卷九八有傳。

⑥ 檀道濟，高平金乡（今山東嘉祥西阿城鋪）人，南朝宋名將，因受朝廷猜忌被殺。他臨死憤慨地説："乃復壞汝萬里之長城！"成語"自毁長城"即出此。

⑦ 郭汾陽，指郭子儀，唐後期平定安史之亂再造唐室的功臣，被封爲汾陽郡王。

大]荒。從此紛/紛多廟籌，[老臣]①束手事[戎行]/。

　　凄凉一老[臥孤]岑，細考[生平]痛不禁。肯/去黄扉辭紫塞，空留朱綬臥青林。功成/未竟經綸志，身死誰消媚嫉心。與難兒/孫凡十八②，長餘松柏晝陰陰。/

　　白田喬萊題/
　　邑後學劉鵬雲書/
　　敬跋挽
　　文正公詩/

　　余蒞兹土八年矣耳。　文正公居鄉懿/行、殉城大節，雖樵夫、牧竪亦交口稱之。/故公歿而□□請祀□邑庠□□□/祀□郡序更請定專祠□□□□文□/撫憲自戊戌□行□□三十春秋矣。/余每謁　公祠，即肅然起敬，徘徊不忍/去。今年春，巡憲胡公拜瞻　公墓，□/禁慘惻，顧左右曰："公之□行文□□/猷亮節，冠冕有明，奈何使□墓荒□□/是?"隨捐俸金，製序文，命余立石□□□/額□祠□有□□喬公③寄□□□□□/，囑勒瑨祠內，□□不朽□□□□□/告竣焉。公後□□□□崇賢□□□□□/，請余俚言，附□□□□記之。余□□其/盛，躬親其事，□□□□□公歿□□十/餘年之前，而□□□公乃□□□□□/餘年之後，

---

① "老臣"，指孫承宗。明崇禎元年（1628），皇太極繞過山海關寧錦防線，進入長城以内，京師告急，在危殆時刻，孫承宗蒙詔起用，議守京師，出鎮通州，時已56歲。
② "十八"，指明崇禎十一年（1638），高陽被清軍攻陷，孫承宗子侄孫輩共十八人遇難。據《明史》卷二五〇《孫承宗傳》，除孫承宗外，還有子舉人鉁，尚寶丞鑰，官生鉌，生員銘、鏻，從子鏈及孫之沆、之滂、之澂、之潔、之瀗，從孫之澈、之渼、之泳、之澤、之渙、之瀚，皆戰死。以此統計共17人。
③ "喬公"，指喬萊。

自□□徃，將必□□□□□/相感者，其推□□，當何如耶？□□□□/公之後裔彬彬□起，余莅政之□，□加/提撕，勉以繩武，而諸子駸能操觚。自余/所拔童子入泮者八人，食餼、登副車、薦/廷試者數人。扵此卜公之世澤方興而/未艾也。仁人有後，亶其然乎？謹跋。/

康熙歲次丁卯^①癸卯舉人知高陽縣事/□□後學孫鴻業撰/

恭□□□□□/

孫文正□□□□□□/

□文駿□□□□□/有□萬□□□□□/□恨（後殘）/忠孝□□□□□□/姿不可□□□□□燐燐孤臣□/

康熙歲次戊辰^②文林郎知高陽縣□/

後學史在篇/

054　賜進士出身任沂州守備敕贈承德郎待贈奉政大夫韓公（鼎藩）墓表（清康熙三十年，1691）

題解： 原碑位於高陽縣愚堤村，該村在縣東八里，刻立於清康熙三十年（1691）。現碑已佚。常先生原題"韓鼎藩墳墓碑記"；碑原題"賜進士出身任沂州守備敕贈承德郎待贈奉政大夫韓公（鼎藩）墓表"，今從之。其碑陽拓片長192厘米，寬46厘米，凡2行。碑陰拓片長196厘米，寬68厘米，凡20行，滿行58字，字迹模糊。王澤弘撰文，書丹者不詳。韓公，即韓鼎藩，死於清順治十七年（1660），卜葬^③於愚堤村之原塋。閱廿餘年，其嗣君念子先生立石於墓，此碑立於其死三十餘年之後，主要記述了韓鼎藩的世系和生前事迹及其子孫情況。從碑文來看，今于堤村，清代本稱爲"愚堤村"。

按： 編號046《韓鼎藩墓碑記》爲其敕諭之碑，055爲其子《院庶吉士韓公（雄岱）墓表》。三碑可以互相參證。

---

① "丁卯"，康熙二十六年（1687）。
② "戊辰"，指康熙二十七年（1688）。
③ "卜葬"：古代埋葬死者，先占卜以擇吉祥之葬日與葬地，稱爲"卜葬"。《禮記·雜記下》："卜葬其兄，弟曰'伯子某'。"孔穎達疏："謂卜葬擇日而卜人祝龜之辭也。"後即爲擇時地安葬之代稱。

録文：

碑陽：

賜進士任沂州守備勅贈承德郎待贈奉政大夫韓公／

皇清　　　　　　　　　　　　　　　　　　　之墓／

勅贈太安人待贈太宜人馮氏、陳氏／

碑陰：

賜進士出身、任沂州守備、敕贈承德郎、待贈奉政大夫韓公

墓表／

明威韓先生卜葬於愚地村之原塋。余年友王公恥古為撰墓誌至詳且悉，閱廿餘年，其嗣君念子先生立石于墓，持前誌，乞余言以表之。以余時協理／儀曹，而念子□襄厥事也。□釋褐[1]時，與念子並轡詞壇，握手訂交，同譜中稱莫逆者，惟余兩人，以故先世家繩，惟予知之最稔。及在儀部[2]時，朝夕與俱，幾／至二年，相知者愈久，聞其家世愈詳。余樂為表章，固不待今日之請也。謹按誌，先生諱鼎藩，字貢九，世為高陽縣愚地村□。歷代簪纓，遠難備述。高祖諱／璔，明正德甲戌[3]進士，歷官鄖陽巡撫，以從弟晁職方忤權□，避禍致仕歸，載邑志。璔生悟，邑學生。悟生軒，郡庠生。軒次子□鳳，善詩，精岐黃[4]道，生子三，先／生其季也。先生生而英異，□戲嘗設弧矢，且罢石為八陣圖，其天性然也。稍長就塾，有所指授輒不忘。為文倚馬萬言，□□書翰，善詞賦，項陽素推才藪／，卒無出其右者。因志在邊疆，不欲久事筆硯，迺輟舉子業，一出而三捷武闈。時寺人典兵，英雄減色，先生鄙之，棄劍□弓，藏器而待者，凡三十年。及我／朝定鼎，先生□□精志

---

① "釋褐"：1. 脫去平民衣服。喻始任官職。（漢）揚雄《解嘲》："夫上世之士，或解縛而相，或釋褐而傅。" 2. 指進士及第授官。（宋）高承《事物紀原・旗旒采章・釋褐》："太平興國二年正月十二日，賜新及第進士諸科呂蒙正以下綠袍靴笏，非常例也。御前釋褐，蓋自是始。"

② "儀部"，明初禮部所屬四部之一。《明史・職官志一》："初，洪武元年置禮部。六年設尚書一人，侍郎二人。分四屬部：總部、祠部、膳部、主客部……二十二年改總部爲儀部。二十九年改儀部、祠部、膳部爲儀制、祠祭、精膳，惟主客仍舊，俱稱清吏司。"

③ "正德甲戌"，指明正德九年（1514）。

④ "岐黃"，岐伯與黃帝的合稱。古代相傳有黃帝令岐伯研究醫藥而創立經方之説，《黃帝内經》中有不少內容是以黃帝問、岐伯答的體裁寫的，因而古代把岐黃作爲中醫醫學的代稱。

□壯，騎射對策，冠絕一時，遂成丙戌①進士。始仕備守沂州，沂舊涉疲靡，先生起而力振之，旌旗壁壘，煥然一新。兼之闢荒墾肥，植乃 / 百穀，士畏民懷，豐碑矗矗，至今沂人傳頌，猶馨香齒頰間也。先生甲第晚成，居官未幾，歲聿雲暮②，爰脫屣功名，解綬歸里。雖功業炳然，猶未大展，厥蘊時 / 論□之。然其�□也以端方，待人也以寬厚，□闔族黨以暨内外，□知稱孝友者，罔有間言。致政餘，間則博涉經史，牖啓諸子侄輩，一門科甲，絡繹蟬聯，/ 皆□生曲成□也。元配馮安人，少司馬□鷥公孫女，□□□勤紡績，克孝克敬，門内重稱之。繼配陳安人，閨儀閫範，井井有條，諸姑伯姊悉得其歡心，無 / 逆辭。然則先生雖□，不因内助而益彰。采詩曰："詒厥孫謀，以燕翼子"③，先生之謂也。宜其家室，宜其家人，兩安人之謂也。雖無老成人，尚有典型，表□出之 /，非余之責，而誰責歟？先生生于明萬曆戊子④年十一月初六日丑時，卒於清朝順治庚子⑤年八月二十二日申時，享壽七十有三。馮安人生于明萬曆癸巳⑥ / 年二月十三日酉時，卒于清朝順治丙戌⑦年八月初三日戌時，享年五十有四。陳安人生于明萬曆癸丑⑧年三月二十八日卯時，卒于清康熙丙午⑨年六月 / 十三日卯時，享年五十有四。生子二：長即余年友，諱雄岱，順治乙未⑩進士，禮部儀制清吏司郎中、前翰林院庶吉士；次雄裔，康熙乙卯⑪舉人。/ 女四人，孫男人：長居仁，貢士；次居易，邑庠生；次居泰⑫，貢士。/ 孫女人，曾孫人，長樹德，曾孫女□人，累世姻戚，備詳墓誌，不復贅。/

---

① "丙戌"，指清順治三年（1646）。
② "歲聿雲暮"，指一年將盡。同 "歲聿其莫"。《魏書·樂志》："既歲聿雲暮，三朝無遠，請共本曹尚書及郎中部率呈試。"
③ 此詩句源於《毛詩·大雅·下武》。
④ "萬曆戊子"，指明萬曆十六年（1588）。
⑤ "順治庚子"，指清順治十七年（1660）。
⑥ "萬曆癸巳"，指明萬曆二十一年（1593）。
⑦ "順治丙戌"，指清順治三年（1646）。
⑧ "萬曆癸丑"，指明萬曆四十一年（1613）。
⑨ "康熙丙午"，指清康熙五年（1666）。
⑩ "順治乙未"，指清順治十二年（1655）。
⑪ "康熙乙卯"，指清康熙十四年（1675）。
⑫ 據編號 055《院庶吉士韓公（雄岱）墓表》補。

賜進士第、通議大夫、禮部左侍郎、前翰林院侍講、提督順天
等處學政、黃□年眷侄王澤弘頓首拜撰／

康熙三十年四月初六日男雄岱等立石／

臨城趙汝純鐫／

055 院庶吉士韓公（雄岱）墓表（清康熙三十一年，1692）

題解：原碑位於高陽縣于堤村，該村在縣東八里，刻立於清康熙
三十一年（1692）。現碑已佚。常先生原題"韓氏墳墓碑記"；碑原題
"院庶吉士韓公墓表"，今從之。其拓片長137厘米，寬68厘米，共20
行，滿行45字。韓種玉撰文。由於碑文磨泐，一些字模糊難識，與一
般墓表不同的是，此碑似乎并未言墓主姓名，但從碑文內容來看，墓

主爲韓鼎藩之子，故可推知此韓公當指韓雄岱。韓雄岱，字念子，號毅菴，生於乙丑年，壽六十有七。據碑文推算其卒於清康熙三十一年（1692），此碑詳述了韓雄岱的家世、生平、事迹及其子嗣情況。

按：編號046《韓鼎藩墓碑記》、054《賜進士出身任沂州守備敕贈承德郎待贈奉政大夫韓公（鼎藩）墓表》均爲其父墓碑。三碑可以互相參證。民國《高陽縣志》卷十第733~736頁有其傳，張玉書撰文。

錄文：

院庶吉士韓公墓表 /

來夙稱莫逆，五十年爲耐久之友。邇者謂告而歸，余爲年力未衰，庶幾春明□□，不意其以是年赴玉樓①也。其門人 / 以表其墓，余慨念平生，一執筆輒涔涔淚下，何忍爲先生贅一詞？然落落齊年，知先生者，宜莫如余，故不敢□不文諉 / 代有顯者。正德中，五世祖璿以御史大夫，撫治鄖陽，□益振，歷傳至明威將軍鼎藩②，仕爲沂州守備，先生父也。先生少 / 洒洒千餘言，辛卯③舉于鄉，乙未④成進士，授翰林院庶吉士，以抗節敢言，忤當事，謫山海衛教授。人或爲扼腕太息先生。/ 山海，舊稱繁盛，經流寇⑤殘掠，士多□不能向學。先生宣德教，立章程，以身率之，或爲分俸以贈，且請于學使，廣衛庠，至 / 授如在山海時。庚戌⑥，移國子監，助教諸生，會課親裁甲乙。十年間，會狀名魁多先生首拔士，海内咸服其知人也。辛酉⑦ / 年十二月，駕幸沙河，命修橋梁道路。時方嚴冬，冰雪滿布，先生自出俸金，募役修築數十里，傾側不平者，並 / 惜焉。差竣，商賈居民，置酒正陽門，鼓樂喧集，請留□督街道，先生咲

---

① “玉樓”，傳說中天帝或僊人的居所。《十洲記·昆侖》：“天墉城，面方千里，城上安金臺五所，玉樓十二所。”前蜀杜光庭《莫庭乂青城本命醮詞》：“洞里之玉樓金闕，塵俗難窺。”宋張耒《歲暮福昌懷古》詩：“天上玉樓終恍惚，人間遺事已埃塵。”

② “韓鼎藩”，即墓主韓雄岱之父。據民國《高陽縣志》卷六，韓鼎藩，字貢九，武進士，任山東沂州都司。以子雄岱貴，贈奉政大夫、禮部儀制司郎中。

③ “辛卯”，指清順治八年（1651）。

④ “乙未”，指清順治十二年（1655）。

⑤ “流寇”，係對明末李自成農民軍的蔑稱。

⑥ “庚戌”，指清康熙九年（1670）。

⑦ “辛酉”，指清康熙二十年（1681）。

而謝之。壬戌①，奉 命入闈②，矢公矢慎，得士十有／鈔關，關吏□交代之期，陰行侵渙。先生廉其尤者重懲之。由是，奸胥滌慮。凡商人納稅，委屈撫慰，止收正額，不溢分毫，／詣制府□疏以任以格□，例不果行，諸商人勒石紀德焉。乙丑③八月，轉副郎。丁卯④，議修貢院北闈。舊無庭覆，先生請於／至今鄉會實永賴之。尋陞刑部郎中，執法明允，以公事調理藩院院判，轉營繕司副郎。庚午⑤，再轉儀制司郎中。國／皆請于文廟前勒石，官民皆于此下馬。事下禮部議，先生慨然曰："贊襄文教，吾輩戢也，今外臣言之，宜從其请。"宗伯□。辛未⑥ 疾，請

告奉旨回籍調理，病痊補用，先生遂以四月出都門，越八月而終不起。嗚呼哀哉！先生生于乙丑⑦年／十七日寅時，壽六十有七。一時聞者，莫不悼典型之逝也。先生居兩親喪，哀毀骨立，幾至成滅性，棺衾□□，誠敬無所悔。／好施，儉歲施粥，賑饥全活甚衆。居官處家，動為士法，洵哉一代之偉人也。獨是直道孤行，鉏铻

① "壬戌"，指清康熙二十一年（1682）。
② "入闈"，指科舉考試時考生或監考人員等進入考場。清蒲松齡《聊齋志异·于去惡》："七月十四日奉詔考簾官，十五日士子入闈，月盡榜放矣。"
③ "乙丑"，指清康熙二十四年（1685）。
④ "丁卯"，指清康熙二十六年（1687）。
⑤ "庚午"，指清康熙二十九年（1690）。
⑥ "辛未"，指清康熙三十年（1691）。
⑦ "乙丑"，指明天啟五年（1625）。

于世，由木天 ① 清切之地 / 無窮矣。所可慰者，中外剔歷，有聲于時，
後進推之以為北斗，雖未躋崇班，而令名無窮焉。斯□足為□譜之
光，而士林 / 道碑文，可無溢美之媿。爾男三人：長居仁，貢生；次
居易，邑庠生；居泰，貢生。女一人，孫男 / 孫女 人，曾孫 人 /

　　姻戚備在墓誌，不具載。/

　　種玉頓首拜撰。/

056　重修高陽縣學宮碑（清康熙三十二年，1693）

　　題解：原碑位於高陽縣城內，刻立於清康熙三十二年（1693）。現
碑已佚。常先生原題 "重修學宮碑記"；碑原題 "重修高陽縣學宮碑"，
今從之。碑額 2 行，行 5 字，題曰："皇明高陽縣重修儒學記"，小篆，
裝裱後缺失。其拓片長 182 厘米，寬 72 厘米，共 23 行，滿行 71 字。
楷書。史在篇撰文，韓璧書丹，李其凝篆額。

　　史在篇，姚江人，時任高陽知縣，從碑文內容來看，他始任高陽知
縣當在康熙三十年（1691）。李其凝，字孟續，號思齋，蔭生。由戶史
論部山東清吏司員外郎，升戶部陝西清吏司郎中，加三級。康熙四十二
年（1703）卒，年 59 歲，以子敏啓貴賜通議大夫、太常寺卿，又賜資
政大夫，大理寺卿加三級。高陽縣學宮介紹見前。本碑主要記述了重修
學宮的緣起及目的，寄予了對學子的殷切希望。

　　著錄狀況：此碑民國李曉泠等《高陽縣志》卷九《集文》第
630~632 頁，題曰 "重修廟學碑"，有完整錄文，個別文字不同，但無
立碑時間和立碑人信息。第 625~627 頁有《重修廟學記》，酈灝撰文，
第 627~630 頁有《重修廟學記》，孫承宗撰文，可參閱。

　　錄文：

　　碑額：皇明高陽縣 / 重修儒學記 /②

　　重修高陽縣學宮碑 /

---

① "木天"，指翰林院。明唐寅《貧士吟》："宮袍著處君恩渥，遙上青雲到木天。"清鈕琇
《觚賸續編·傅徵君》："是年應試中選者，俱授翰林院檢討。然其人各以文學自負，又復
落拓不羈，與科第進者前後相軋，疑謗旋生，多不能久於其位，數年以後，鴻儒掃迹木天
矣。"
② 碑額拓片裝裱後缺失。

文林郎知高陽縣事姚江史在篇撰文／

戶部陝西清吏司郎中加三級邑人李其凝篆額／

丁卯科舉人候選知縣邑人韓璧書丹／

高陽為古顓帝故墟，其在扵今則畿輔近邑也。其民俗朴野，最稱淳古，而被服聲教，亦最先表率。天下樹之風聲，無異辟雍鐘鼓，／俾四方仰首。善地千百年來，人文蔚起，猶令人想見八才子[1]遺烈，有由來矣。篇[2]不敏，承乏茲土，抱樸守拙，以與父老子弟相保聚。視／事三載，既靜以和，訟庭簡暇，廼謀修舉廢墜，為邦國計永久。而文廟堂宇傾蕪勿治，上無以俎豆威儀，承祀／先聖，下之無以興賢起化，弦歌風雅。是守土者之責，亦邑士大夫之羞也。爰是捐俸為邑人倡，

一時薦紳先生與多士譽髦，懽然從之。遂／諏良日，飭工師，釀金庀材，且擇士之老成醇謹、素以行誼稱扵鄉者七人，命董其役。九十閱月而畢。工役竣，偕師儒、屬吏設牢醴奠／扵／先師，且進邑士大夫洎多士，而落之成。廼告之曰：／國家建立庠序，自太學迨扵郡縣，萃秀良而樂育之，非徒使之騁材辯、為文詞、博取浮名、

①　"八才子"，指顓項手下的八才人。又稱"八凱"。

②　"篇"，指本碑撰者史在篇，時任高陽知縣。

掇拾科第已也，盖將使之遊聖人之門，溯〔大〕/道之源，而遏其末流。處則表章六經，發揮精奧；出則拜獻明廷，不負生平所學；在朝則矢忠作孝，謨謀廟堂；在郡邑則循良清白，為/天子惠養黎元。不朽大業，煌煌天壤，書之史册，垂之後昆。其不幸而際陽九①遭百六，猶能卓卓著忠節，爭日月光。俾國家收數百年/養士之報，以是而稱曰聖人之徒，是真聖人之徒也。若其侈富厚，驕爵土②，肥身潤私，苟以榮耳目，而誇鄉里，則流俗人所歆豔，以為/不可幾及，而凡有心者，所鄙而勿道也。爾多士學扵聖門，以古人自命，請自今努力自愛，為第一流人物。豈惟余不佞之光，實宗社/無疆之慶，尚有寵休哉。是為記。/

康熙三十二年歲次癸酉五月穀旦/

署高陽縣知縣事直隸天津經歷司經歷鄧希侃/

戊午科舉人署高陽縣教諭事　滄江王廷鏷/

壬午科副榜訓導肥鄉　李　甡/

典史富春　王錫命仝立石/

甲子科舉人邑人劉鵬雲書　石匠趙汝純鐫/

057　順治皇帝曉示生員條例碑（清康熙四十一年，1702）

題解： 原碑位於高陽縣城文廟明倫堂内，卧碑，刻立於清康熙四十一年（1702）。現碑已佚。首題無，常先生原題"順治皇帝曉示生員條例碑"，今從之。其拓片長29厘米，寬100厘米，凡37行，滿行35字。所刻爲順治九年（1652）頒布的清开國以來的第一例學規禁例，《清實録》卷六三"順治九年二月庚戌"條載，"頒行六諭卧碑文於八旗及直隸各省"。"六諭卧碑文"，即指此。其内容包括八條，詳細羅列了對生員各方面的禁約，是研究清初教育史的重要資料。立碑人爲時任

---

① "陽九""百六"，道家稱天厄爲陽九，地虧爲百六。三千三百年爲小陽九，小百六。九千九百年爲大陽九、大百六。唐黃滔《融結爲河嶽賦》："則有龜負龍擎，文籍其陽九陰六；共觸愚移，傾缺其天樞地軸。"參閲《靈寶天地運度經》。
② "爵土"，官爵和封地。《東觀漢記·陰興傳》："臣未有先登陷陣之功，而一家數人并蒙爵土，令天下觖望。"《新唐書·封常清傳贊》："常清乃驅市人數萬以嬰賊鋒，一戰不勝，即奪爵土。"

高陽知縣陳守創。陳守創，民國李曉泠等《高陽縣志》卷三《人物·職官》第164~165頁有介紹。他字木齋，江西高安人。康熙甲戌（康熙三十三年，1694）進士，由庶吉士改授高陽知縣。在任凡十三年，政績斐然，士民爲之祠以祀。

按：有此内容的臥碑在全國其他地方亦不鮮見。劉兆鵬、吳敏霞編著《户縣碑刻》有收録，題名作"告示臥碑"，現藏户縣文廟。此碑對照編號002《曉示郡邑學校生員建言事理碑》，不難發現清初對生員之規定要求，主要是因襲了明代，但也有一些不同。

録文：

順治玖年貳月初玖日禮部 /

題奉 /

欽依刊立臥碑，曉示生員。/

朝廷建立學校，選取生員，免其丁糧，厚以廩膳，設學 / 院、學道、學官以教之。各衙門官以禮相 / 待，全要養成賢才，以供 / 朝廷之用，諸生皆當上報 / 國恩，下立人品。所有教條，開列扵後：/

一、生員之家，父母賢智者，子當受教；父母愚 / 魯或有非為者，子既讀書明理，當再三 / 懇告，使父母不陷于危亡。/

一、生員立志，當學為忠臣清官，書史所載忠 / 清事跡，務湏互相講究，凡利國愛民之 / 事，更宜留心。/

一、生員居心忠厚正直，讀書方有寔用，出仕 / 必作良吏，若心術邪刻，讀書必無成就，/ 為官 [必取禍患，行害] 人 [之事者]，往往自 / 殺其身，當宜思省。/

一、生員不可干求官長，交結勢要，希圖進身。/ 若果心善德全，上天知之，必加以福。/

一、生員當愛身忍性，凡有司官衙門，不可輕 / 入。即有切己之事，止許家人代告，不許 / 干與他人詞訟，他人亦不許牽連生員 / 作證。/

一、為學當尊敬先生，若講説皆湏誠心聽受，/ 如有未明從容再問，毋妄行辯難。為師 / 者亦當盡心教訓，勿致怠惰。/

一、軍民一切利病，不許生員上書陳言，如有 / 一言建白，以達制論，黜革治罪。/

一、[生員]不許糾党多人，立盟結社，把持官府，/武斷鄉曲。所作文字不許妄行刊刻，違/者聽提調官治罪。/

康熙肆拾壹年伍月貳拾玖日/

高陽縣知縣陳守創、/儒學教諭張 □、儒學訓導李 姓仝立。/

058　重修學宮碑記（清康熙五十一年，1712）

題解： 原碑位於高陽縣城內，刻立於清康熙五十一年（1712）。現碑已佚。常先生原題、碑原題"重修學宮碑記"，今從之。其拓片長106厘米，寬50厘米，凡13行，滿行40字。楷書。陳守創撰文，書丹者周堉。陳守創（1668~1747），字業候，號木齋，江西高安荷山人。康熙二十六年（1687）鄉薦舉人，三十三年（1694）進士及第。撰碑時任高陽知縣。他畢生著述甚富，有《舉業字學會通》《易經講義》《四書制藝》《易經文稿》《留餘堂全稿》等行世。高陽學宮介紹見前。從此碑來看，此學宮始建於明洪武三年（1370），清康熙三十二年（1693）曾重修，距此次重修不過二十年時間。本碑記述了重修學宮的緣起和經過，其中未提及康熙三十二年的重修。

錄文：

重修學宮碑記/

賜進士第、文林郎、知高陽縣事、戊子辛卯順天鄉試同考官、今/特簡補授大興縣、前翰林院庶吉士、高安陳守創撰文/

國家興才育俊，首重學宮，而化民成俗之要，即於是焉基之，典蓋重也。高陽縣署遷自有明洪武三年，學/宮之建置，實始於此。厥後世代迭更，滄桑互變，盛衰興廢之故，三百四十於茲矣。余不敏承乏斯邑，訪/其風土人物，科名之盛，素甲州邑。至開濟壯猷，忠貞大業，光礎柱炳旗常者，亦復後先相望，猗歟盛哉！向／非□□流馨，其胡以至此？及入廟展謁，規模甚偉，而垣頹瓦敗，一望蕭然，徘徊延竚，太息者久之。顧修復／無計，力不從心，徒深悒悵。是歲之春，割俸繕修，蠲吉庀材，會諸生馮子采臣輸金佑之，迺委屬李尉董治／其事。凡兩閱月而落成。役既竣，邑士大夫索余一言，以勒諸石。愚聞之，魯侯□泮，思樂垂休，學校不飾，青／衿[1]興刺，則今日之葺宮牆新廟貌，修□起墜，令茲土者，誼不容辭。若夫振作鼓舞□多士而譽髦之師儒／之責也。經明行修，漸摩於仁義之途，俾夫功業文章卓乎可紀，則多士之事也。余且拭目俟之。／

大清朝康熙五十一年歲次壬辰季夏穀旦高陽縣典史牧野李作舟督修／

邑增廣生周　堉書丹／

059　重修高陽縣學記（清雍正十二年，1734）

題解：原碑位於高陽縣城內，刻立於清雍正十二年（1734）。現碑已佚。常先生原題"重修縣學碑"；碑原題"重修高陽縣學記"，今

---

[1] "青衿"，青色交領的長衫，爲古代學子和明清秀才的常服。借指學子，明清亦指秀才。《魏書·逸士傳·李謐》："方欲訓彼青衿，宣揚墳典。"唐楊炯《大唐益州大都督府新都縣學先聖廟堂碑文》："絳帳語道，青衿質疑。"

從之。其碑陽拓片長 181 厘米，寬 78 厘米，凡 22 行，滿行 56 字。楷書。吳應棻撰文，林廷璧篆額。其碑陰拓片長 137 厘米，寬 69 厘米，爲捐資助修人員名單，字迹模糊不清。高陽縣學官介紹見前。此碑主要記述了知縣嚴宗嘉重修高陽縣學的緣起經過。重修的具體時間不詳，其碑刻立時，他已調離高陽，轉任永平府玉田縣知縣。

吳應棻（？ ~1738），原名應正、應禛，因避清世宗名諱，而改名。字小眉，號眉庵，又號青靈山谷、青靈山人，歸安（今浙江湖州）人。清康熙五十四年（1715）進士，授編修，任河南鄉試副考官。雍正七年（1729），任河南鄉試正考官，提督河南學政，擢任右中允，遷侍講。歷官少詹事、順天（今北京）學政，轉右通政，又擢左僉都御史。兩爲學政，以廉明見稱。十三年，任湖北巡撫、兵部右侍郎，兼巡撫。上疏彈劾布政使李世倬、按察使胡瀛爲政廢弛，得到雍正帝嘉獎。楚中時有“龙圖（包拯）再世”之稱。乾隆元年（1736），入京供職，命勘察河南疑獄、廣東參案。在廣東發現程、安、德三縣繳糧數額過重，奏請蠲免。官終兵部左侍郎。吳應棻博通詩、詞、古文。工書法，善畫墨竹，兼作竹石小景，著有《青瑶草堂詩集》。事迹收錄於《國朝畫徵錄》《画傳編韻》。

錄文：

重修高陽縣學記 /

學校之制，載於《周官》①《戴記》②者詳矣。漢董子③嘗以庠序進奏，而言格不行。□□□□□□□□之□獨在成□□天下郡邑□廟祀 / 孔子而無學④。宋之中葉，詔州縣士滿二百人者，方得立學，少則不能中律甚矣。□□之□□□□ / 朝治化隆盛，文德誕敷，遐陬僻邑，皆設學以造士。高陽密邇京師，人文□□□□□ / 國家之教澤者，更深且久。余疊膺 / 簡命，校士⑤京畿，輶軒所至，必宣揚 / 聖訓，以興修學校為急務。於時高陽令嚴君為吾　師侍御公□子⑥，

---

① “周官”，指《周禮》。
② “戴記”，指《小戴禮記》，其中有關學校的記述見於其中的《學記》。
③ “董子”，指董仲舒，《漢書》卷二六有傳。
④ “天下郡邑□廟祀孔子而無學”，其實從唐代開始已廟學合一。
⑤ “校士”，考評士子。校士京畿，指吳應棻任順天學政。
⑥ “嚴君”，據碑末署名，指嚴宗嘉，時任高陽知縣。

□世□□□□□為吏□，政修民和，百廢具舉，又與余為同年友，知之最悉。去/歲，余由瀛海赴保陽道，經茲土，恭行謁/廟之儀。見其堂廡門庭，嚴嚴翼翼，規制煥然，心竊喜曰：是必守□者□□□□□□□君□。余而前曰：邑之學宮，前令史君[1]修葺扵康熙癸酉秋，/閱今四十餘稔[2]，歲久漸圮，因於簿書餘暇，集紳士而謀之，捐俸經始□□□□□其成是□也，庶有裨風化於萬一乎。公風化之司也，敢以記請。/皇上隆師重道，追封五代，發帑金數十萬，興修闕里/廟庭，尊崇典禮，至詳且備。三輔[3]郡邑，聞風興起，如河間、正定、成安、南宮□□□式□□□□□煥新模工竣必徵余文，以誌顛末。余之為學記也數/矣，今又狥嚴君請，為之攷古今學制之詳畧。上昭/聖天子振興文教之心，下闡賢有司鼓勵人

---

① "前令史君"，指史在篇。其介紹見編號058《重修高陽縣學宮碑》（清康熙三十二年）。康熙癸酉，指康熙三十二年（1693）。

② "四十餘稔"，從康熙三十二年（1693）至雍正十二年（1747），中間相隔實際爲55年。由於重修學宮是在嚴宗嘉任高陽知縣時，雍正十二年刻立碑時，他已離任。另外，學宮在康熙三十二年重修之後，還有康熙五十一年（1712）的一次重修。碑文中對此次重修似乎有意忽視了。

③ "三輔"，西漢治理京畿地區的三個職官的合稱，亦指其所轄地區，後泛稱京城附近地區爲三輔。此處指北京附近地區。

才之意，俾高陽人士瞻 / 廟貌之崇隆，仰宮墙之巍焕，有以觀感而奮興焉。從此經明□修，雲蒸□□□當世□□時，余言亦無嫌扵贅也已。/

　　欽命提督順天等處學政、詹事府少詹事、兼翰林院侍講學士、加二級吳應棻撰文 /

　　特授文林郎、知高陽縣事、今調任永平府玉田縣知縣、□□卓異紀錄二次□①宗嘉重修 /

　　文林郎、知高陽縣事、加三級、紀錄二次林廷璧篆額 /

　　高陽縣儒學教諭邱　湄 /

　　訓導王汝翼 /

　　高陽縣縣　丞李必顯 /

　　典　史張大法 /

　　儒學□膳生員李才□書丹 /

　　雍正十二年歲在甲寅孟冬月穀旦立　石匠王廷鳳鐫 /

　　碑陰：

　　闔縣紳衿、庶民、商人，捐資助修，/ 在城四路貢、監、生員、耆老，募化辦料，□鐸督工。/ 貢生韓□□、□瑛、□□、□□ /，監生□□、王□周、劉履成、□祚繁、/ 王□銘，/ 生員韓宸、韓□欽、韓佴，/ 李□□、□□、齊□正，/□□□、□□、劉□茇，/孫□□。

060　皇清例授儒林郎候選州同知上功韓公（德立）墓表（清乾隆六年，1741）

　　題解：原碑位於高陽縣于堤村，該村在縣東八里。刻立於清乾隆六年（1741）。現碑已佚。常先生原題"韓氏墳墓碑記"；碑原題"皇清例授儒林郎候選州同知上功韓公（德立）墓表"，今從之。其碑爲斷碑，下部缺失約三分之一。碑陽拓片長85厘米，寬50厘米，凡4行。楷書。碑陰拓片長87厘米，寬52厘米，凡20行，滿行35字。碑陰

---

① "□"當作"嚴"。

磨泐頗甚，幾乎難以卒讀。碑陽、碑陰"待授、例授"不同。從碑文可知，韓公，名德立，字上功。其六世祖爲韓璒，其詳細情況參見編號019《皇明賜進士大中大夫湖廣左參政韓公（璒）墓碑》。此碑主要記述了其祖上世系和其生平、子孫情況。

録文：

　　　碑陽：乾隆六年□月／

　　　皇清待授儒林郎候選州同知□（後殘）／

　　　贈　安　人　王　□（後殘）／

　　　孝男韓□（後殘）／

　　　碑陰：

　　　皇清例授儒林郎候選州同知上功韓公墓表／

　　　嗚呼！是爲候選州同知上功韓三世兄之墓。君□乾隆五年二月卒，□嗣永裕卜葬□□□（後殘）／以行遠，但素聞　先文勤公[1]與君令祖念□世□生□□□□。予扵康熙辛□奉侍□□（後殘）／，負罪抱痛，倄老古道，念舊不忘。近年令兄賢啓與上功，詩文周到，往來既久，見聞倍悉，追念（後殘）／實獲我心多矣。謹按□□□述者，□其世系事□□□□□□德立，字上功，□□□世居□（後殘）／六世祖諱璒[2]，正德□□□□□[3]；四世祖□，郡庠生；高祖諱□□（後殘）／，□順□乙未[4]進士。□□□□□□愿□禮部□□□三子，長居仁，候選知縣。君□□生父也（後殘）／□□□知孝敬□歲□傳爲文□有□□□師□□□□士□□□□□取以□□聲有□（後殘）／識。七上棘圍[5]，不得□□□例入成□考，授州同知，著有□柳堂，藏扵家。嗣父□□□因□（後殘）／同居□□養□□□聞，連遭家□，與兄徑營無□□□庶母□□□生母，俱曲盡孝□，兄□（後殘）／情殷存殁教子□方□以□□□□待也，獨凜衾影，思勵□存□□，孝子慈孫所宜遵。聞行（後殘）／詔□孝廉方正，士民公

---

① "文勤公"，指李霨，諡號文勤，其介紹見前。

② "璒"，即韓璒，見編號020《皇明賜進士大中大夫湖廣左參政韓公墓》（明嘉靖二十六年）。

③ "正德□□□□□"，據編號020《皇明賜進士大中大夫湖廣左參政韓公墓》（明嘉靖二十六年）碑文，爲"正德甲戌進士"。

④ "順□乙未"，從上下文來看，當指順治乙未，指清順治十二年（1655）。

⑤ "棘圍"，指科舉時代的考場。唐五代試士，以棘圍試院以防弊端，故稱。

□□□□□公廉其事，以聞於憲□□辭□乃不果行。其修安瀾橋之急（後殘）/，行孝友□□任□如君之善事父母，善於兄弟□□□族，親於姻姪，信□朋友，賑於貧乏，懿（後殘）/歷通顯，□□訓導勤儉，名揚宗黨，嘉言善行□，有可□□，斯亦可以□矣。君□以康熙三十四（後缺）/十六歲□□□□選□同知。配王氏，本邑進士□部□□司郎中諱作舟女。子一永裕，監生（後殘）/賈諱正□□□。孫男二：長會聘，任邱丙子舉人，□□□□□山西藩司，高諱成齡孫女甲辰（後殘）/劉諱□□□□酉舉人，揀選知縣，諱□□□□□□□大者而為□銘曰：邦之彥兮，惟文□（後殘）/勒石□□□□寶之。/

　　誥授□□大夫兵部□選□□□□□郎加四級年□（後殘）/□□六年歲次辛酉□月□旦□/

061　皇清例授修職郎恩貢生候選教諭本初韓公（侗）墓碑（清乾隆十年，1745）

　　題解：原碑位於高陽縣于堤村，該村在縣東八里。刻立於清乾隆十年（1745）。拓製時碑殘破，現碑已佚。常先生原題"韓侗墳墓碑記"；碑原題"皇清例授修職郎恩貢生候選教諭本初韓公（韓侗）墓"，今從之。其碑陽拓片長 148 厘米，寬 33 厘米，凡 1 行，滿行 19 字。楷書。碑陰拓片長 138 厘米，寬 65 厘米，凡 14 行，滿行 25 字。任啓運撰文，韓德峻書丹。

任啓運（1670~1744），字翼聖，世稱釣臺先生，江蘇宜興人。少貧，年五十四，始舉於鄉。雍正十一年（1733），雍正特詔進行廷試，授翰林院檢討，在阿哥書房行走。乾隆即位，仍上書房行走，署日講起居注官，不久擢中允，晉侍讀學士。乾隆四年（1739）擢侍講學士。乾隆七年（1742），擢都察院左僉都御史。八年，充《三禮》編纂館副總裁官，不久升宗人府府丞。乾隆九年（1744），卒於賜第。任啓運學問宗朱子（宋朱熹），著作宏富，著有《肆獻祼饋食禮》三卷、《宮室考》十三卷、《禮己章句》十卷、《周易洗心》九卷、《四書約指》十九卷、《孝經章記》十卷、《夏小正注》、《竹書紀年考》、《逸書補》、《孟子時事考》、《清芬樓文集》等。

韓德峻，乾隆丙辰（乾隆元年）舉人，爲墓主韓侗之侄。從碑文來看，墓主韓侗（1673~1744），字本初，號穆齋，乃湖廣左參政、鄖陽巡撫韓璔□孫。本碑詳述了韓侗世系及其生平、子孫情況。他與編號 060《皇清例授儒林郎候選州同知上功韓公（德立）墓表》中的韓德立出於同一家族，一些内容可以相互補正。

錄文：

碑陽：皇清例授修職郎恩貢生候選教諭本初韓公墓 /

碑陰：/

公諱侗，字本初，號穆齋，乃明正德甲戌[1]進士、湖廣左參政、升鄖陽 / 巡撫諱璔□孫也。璔生悟，悟生輇，輇生鍾宿，鍾宿生用仕，俱不仕。/ 用仕，公祖也，邑庠生，以子貴，贈微仕郎、待贈文林郎。□國球順治 / 戊子[2]舉人，署遵化教諭，升四川洪稚縣知縣，内升中城兵馬司指 / 揮。嫡母段氏贈孺人，生母徐氏例贈孺人。公乾隆丙辰[3]恩貢，候選 / 教諭行□□本傳。元配郭氏，清苑縣詹事府正詹郭公胞侄女、候 / 選知縣郭公女；繼配蔣氏，蠡縣蔣

---

① "正德甲戌"，即明正德九年（1514）。
② "順治戊子"，即清順治五年（1648）。以上下文觀之，所缺字爲"父"。
③ "乾隆丙辰"，即清乾隆元年（1736）。

公女；繼配張氏，同邑張公女，俱／例贈孺人。子男三人：長承
祖，次耀祖，次光祖，俱邑庠生。孫男調元，／次調□，次調梅，
次調燭。　□人。曾孫　人，／元孫　人。公生於康熙十二年二月
十九日，卒於乾／隆九年五月初七日，享壽七十二歲，葬於祖塋。／

　　賜進士出身、日講官、起居注、翰林院侍讀學士、宗人府府
丞、年家眷侍弟任啓運頓首拜撰／

　　丙辰科舉人受業姪德峻書丹／

　　乾隆十年二月立石／

062　高陽縣學重修文廟記（清乾隆二十一年，1756）

　　題解：原碑位於高陽縣于堤村，該村在縣東八里，刻立於清乾隆
二十一年（1756）。拓製時此碑殘破。現碑已佚。楷書。常先生原題
"重修文廟碑"；碑原題"高陽縣學重修文廟記"，今從之。其碑陽拓
片長175厘米，寬79厘米，凡23行，滿行57字。李闇書丹。撰者不
詳，從碑陽末端題名及碑文内容來看，當爲張泰開。碑陰拓片長167

厘米，寬80厘米，凡26行，滿行40字，高陽縣文廟情況介紹見前。此碑碑陽主要記述了高陽文廟重修的緣起及其重修後的盛況。碑陰爲捐資助修者的姓名，涉及官員、有功名的舉人、生員、商人和普通村民等，包括許多村名，是研究當時地方文教和基層行政區劃的第一手珍貴資料。

錄文：

碑陽：高陽縣學重修 文廟記/

乾隆十有八年癸酉三月，余由保定，按考河間道，出高陽邑，諸生韓承祖等來謁，具述/文廟傾圮日久，邑宰任君①倡率紳士，捐貲修葺，業已興工，乞余作文礱石以記。余以校試匆迫，未遑掭筆。閱三載，賓興諸生來京者，復以請余，不敢辭。竊惟/ 建國君民教學爲先，學校者儲才之地也。學校之政修，則詩書之教溥；詩書之教溥，則禮義之俗興；禮義之俗興，則英賢之輩出。方今/聖明在御，重道崇儒，誕敷文教。高陽爲畿輔近地，幸依日月之光，作人雅化，首先被之。余按試高庠，見諸生被□儒雅彬彬乎，質有其文。茲復以學校之新，/

見氣運之隆也。廟之基址，向甚卑隘，歷年既多，日就頹剥。今則卑者崇之，隘者擴之。治其殿廡，經其門□，□其祠齋，繚其垣宇，靡不煥然一新，誠盛舉/也。倡其謀者，前邑宰李君名時發；成其事者，今邑宰任君名寶坊，學博白名受采、馬名應襄、紀名宗周、張名如載；董其事者，縣尉葛名修齡，紳士韓三/公、李諶、韓承祖、韓德峻、李謨。經始於癸酉②春，落成於丙子③秋。瞻仰廟貌，樂成功之易，喜規制之新。負笈圍橋，雲蒸霞蔚。仰聖賢之道德光輝，思/聖天子之振興教育。尊所聞而高明，行所知而光大。犖然傑出之彥，視昔有加，則是舉也，誠高陽人士之厚幸也。是烏可以不記？因併係之以銘。銘曰：/

粵稽高陽，顓頊封國。有子八人④，能繼帝德。惟我/□聖，派

---

① "邑宰任君"，據碑文上下文，當指任寶坊，時任高陽知縣。
② "癸酉"，指清乾隆十八年（1753）。
③ "丙子"，指清乾隆二十一年（1756）。
④ "有子八人"，指高陽氏顓頊的八個才子：蒼舒、隤敳、檮戭、大臨、尨降、庭堅、仲容、叔達，號稱八凱、八愷。

垺高陽。道統攸在，祖□憲章。/ 聖德猶天，斯文黼黻。師世覺民，化工著物。希賢入聖，義路禮門。奕奕廟貌，靈爽斯存。獻薦有所，敎學有地。俎豆崇嚴，弦歌載起。泮宮之作，詩□魯侯。文以記 / 之，式光前休。/

　　賜進士出身 / 誥授光禄大夫前提督順天學政工部右侍郎加一級上書房行走錫山張泰開 /

　　文林郎前知縣事調任邯鄲縣加三級商城李時發 /

　　文林郎知高陽縣事加三級紀録五次蕭縣任寶坊 /

　　修職郎高陽縣儒學教諭紀録一次臨榆□受采① /

　　修職郎高陽縣儒學教諭陞用知縣晋州紀宗周 /

　　修職郎高陽縣儒學訓導紀録一次遵化馬應襄 /

　　修職郎高陽縣儒學訓導紀録二次永清張如載 /

　　承德郎前高陽縣縣丞陞任正定府通判上海張鳳孫 /

　　修職郎高陽縣縣丞加一級紀録一次華亭李世武 /

　　登仕佐郎高陽縣典史加三級紀録四次崑山葛修齡 /

　　乾隆二十一年歲次丙子元月穀旦　廩膳生員李閶書丹 /

　　碑陰：

　　董事紳衿：/ 己丑進士文水縣知縣韓三公、丙辰舉人韓德峻、恩貢②李□、廩貢③李謨、生員韓承祖。/

　　募捐紳衿：/ 乙酉舉人甘泉縣知縣劉履乾、丙辰副榜④滕縣縣丞李迪哲、己酉□□邯鄲縣教諭李敏祜。/ 舉人張益□、韓憲祖、冉槩。貢生白尚質、王銑、韓能承、齊寬。監生韓欽祖。/ 生員韓三典、孫爾榮、高珩、韓承志、于弘毅、張朋、王文彩、鄧炳。/

---

① "□受采"，據碑文内容可知，所缺字爲"白"。

② "恩貢"，明清科舉制度規定，每年由府、州、縣選送廩生入京都國子監肄業，稱爲歲貢。凡遇皇帝登極或其他慶典而頒布恩詔之年，除歲貢外再加選一次，稱爲"恩貢"。《明史·選舉志一》："入國學者，通謂之監生。舉人曰舉監，生員曰貢監，品官子弟曰廕監，捐貲曰例監。同一貢書也，有歲貢，有選貢，有恩貢，有納貢……恩貢者，國家有慶典或登極詔書，以當貢者充之。"《清會典·禮部·學校》："凡生員食餼久者，各以其歲之額而貢於太學，曰歲貢。有恩詔則加貢焉，曰恩貢。"

③ "廩貢"，指府、州、縣的廩生被選拔爲貢生，亦稱以廩生的資格而被選拔爲貢生者。

④ "副榜"，科舉時代會試或鄉試取士，除正榜外另取若干名，列爲副榜。始於元至正八年（1348）。明永樂中會試有副榜，給下第舉人以做官的機會。嘉靖中有鄉試副榜，名在副榜者準作貢生，稱爲副貢。清代衹限鄉試有副榜，可入國子監肄業。

捐資紳衿：/

進士：萊蕪縣知縣王□鈞、銅陵縣知縣冉瑾、洛陽縣知縣齊士□、拔貢□定縣知縣張瓏。/

舉人：管水口鹽務韓□祖，教諭升知縣李曰鏻、義州學正解爾璉、侯□翰、□爾□、黃聖傳、/李惟□、韓龍震、冉士偉、韓克鉉，副榜韓增輝、房肖峻、王居明。/

武舉：鳳陽□運千、王兆熊、劉圻、董人龍；候選運千韓永裕。/

貢監：高正、張彭年、韓其位、王其銘、孟得鑒、李璽、韓德懋、李□、韓澄基、齊鏜、孫爾龍、□□倉、王萬九、/王超凡、王象□、王廷機、王其鐸、王子壯、張維□、張維新、王燦、王瑞、李永淑、李永□、□□元、高偉、/段念、孔田、龍□、孫思越。/

閣學：韓景思、李中和、李才蕡、韓龍霖、孫爾炤、齊天章、齊建□、李爾炳、周其儆、房星輝、韓□□、□□□、陳潮、/崔如陵、孫斌、陳飲和、陳瑛、田龍在、李爾煒、陳□範、張維翰、□承祚、單椿、劉重□、寇文炳、王子瑾、/崔臨藩、王鳳聲、王琬、李詁、單梓、韓芮、韓與信、劉文炳、韓天球、單純侑、韓定□、張廷輝、宋陶璋、/張敏求、竇玉廷、蘇希賢、李雲龍、王梅、陳容、謝純仁、王應揚、王國瑞、王祚胤、王□朱、王居仁、王作人、/王偉、張國寶、董士忠、王助、田龍瑍、董璜、齊秉鈞、齊秉禮、殷芝、宮維培、□□□、陳公遜、陳芬、/王有義、郭夢熊、韓允□、董士龍、李繽、李璉、宋芬、董國一、張燦、孫坮、王□□、張正本、馬維新、/王承忠、陳公弼、王國寧、王景芬、王金聲、高彥、李三善、房星耀、李子漣、李詰、陳□儒、齊倬、楊文炳、/胡文彬、田見龍、黃際安、邢宗夔、李□祥。/

吏員：候選經歷蘇希聖。/

商人：劉啟和、張奕儒、石亮采、張景良、孟琳、梁可型、梁鳳羽、成學洙、張謙、田可稅、李榮基、任毓成、曹世梅、/劉□禮、梁玠生、武名世、燕瑞、任福龍、南蘭芝、郭世爵、梁屬中、孫天祚、燕永興、張大受、高份、□坦、/李正祥、宋忠正、韓倉海、牛天魁、周士曾、張志文、陳萬章、聶振萬、解有果、王士鍋。/

在城四旁關：/王瑞龍、王久師、韓芝秀、李道周。/

北路：/岳家左、傅家營、良村、石氏、長果庄、/三叫台、小
王果庄、雍城、于堤、三龍化、/□福、馬果庄、梅果庄、兩佛堂、
兩留果庄、/李果庄、劉李庄、西庄、博士庄、蔡家口、/崔家庄、
魏家庄。/

西路：/兩田果庄、六合屯、北沙窩、兩王草庄、□□、/趙
貫左、何家庄、于留左、葦元屯、邢家南、/□□庄、左家庄、三
□□、□□□、□晋庄、/□□□、延福屯、季□□、□家左。/

東路：/□□村、王圍、陳家庄、殷家庄、兩坎尾、/張施、連
家庄、邊關、百尺、高家庄、/兩王家庄、良店、□□庄、汜頭、
劉家庄、/出岸、田村。/

南路：/小良口、白家庄、兩連城、兩边渡口、河西村、/兩歸
還、利家口、兩辛庄、小馮村、西柳村、/賈家務、龐家左、張家
庄、西煙、任家左/楊家務、八果庄、北留庄、皮里、田家左、/
小圍丁、邊村、邊家務、□□□、□曹□、/龍□、齊家庄。/

063　齊氏新塋碑銘（清乾隆二十一年，1756）

題解：原碑位於高陽縣小王果莊村，該村在縣東十五里。刻立於清乾隆二十一年（1756）。現碑已佚。常先生原題"齊鏗墳墓碑記"；碑原題"齊氏新塋碑銘"，今從之。其拓片長132厘米，寬60厘米，凡20行，滿行48字。楷書，簽有印章，印文曰"薛鳳鳴"。張永祜撰文，書丹者不詳。張永祜爲墓主齊鏗之婿，碑文中題銜爲順天府薊州儒學訓導。

錄文：

齊氏新塋碑銘 /

公諱鏗，字慎齋，姓齊氏。祖父而上，世爲高陽縣人。與家君①子居同邑，氣誼相孚，結爲婚媾，故其女歸於我。洎予援例謁選，秉鐸② / 薊郡，中間不得見公者有年，猶憶爲諸生時飲之、食之、教之、誨之，所以盼望予之健翮者，恩意至周且渥。母天資淑明，無世俗 / 習，而吾妻特其所鍾愛，不謂曾幾何時，先後見背，此則不能不重哀思者。每一念至，未嘗不涕橫集，而心欲折也。今年春，公之 / 仲子以書來，謂"先人卜新塋於王果庄之原，雖歲時邱壟，不敢廢祭掃之職，而墓石未立，恐人遂泯滅，後代無以知齊氏之新 / 塋，實自府君始。然知我之先人者莫如子，圖所以傳久遠者莫如子之文"。予何敢以夆陋辭？謹按公之先世，居城南之龐家左 / 村，並晦跡邱園，傳芳清閟，而其徙居城東，公爲之創。光大前人之令緒，意在斯乎？矧其大節，有不可沒者。聞公髫齡時，居母喪 / 即哀毀如成人，見者莫不感動。事父純孝，耋年常在床蓐，而奉侍湯藥，母廢離，則其天性有過人者矣。公之伯兄早逝，撫其子 / 女如己出。常曰："吾兄不幸亡其下，惟有我，倘不爲之主辦，亦何以慰同胞扵地下？"他若篤於姊氏之事，類如此。公雖列身太學， / 不求仕進，居家甚理，遂致富饒。晚節益勤，約視先

---

① "家君"，《易·家人》："家人有嚴君焉，父母之謂也。"後因稱己父爲家君。《後漢書·列女傳·汝南袁隗妻》："孔子大聖，不免武叔之毀；子路至賢，猶有伯寮之愬。家君獲此，固其宜耳。"

② "秉鐸"，指擔任文教之官，此指撰者張永祜擔任順天府薊州儒學訓導。清戴名世《〈巢青閣集〉序》："陸君秉鐸於茲，倡明風雅，鼓吹休明。"

世猷畝有加焉。性好施與，中外姻黨有貧乏者，輒乞不吝。雍正乙巳[①]歲，太祲[②]，/捐米若干石，以食餓者，全活無筭。輕財重義，積而能散，古所謂愷悌，公實近之。他如居鄉以仁，接下以禮，與人交以信，指難勝/屈，而尤拴師傅，待之極其誠。以故公之後嗣，皆聯翩入泮[③]，卓然有聲黌序[④]間，天之報施善人為何如耶？予雖一官匏繫[⑤]，尚想公/蕭然野服，與父老相過墟曲中，談桑麻舊故，以為笑樂，則壽考之延，寧有涯量？方期從給假後一接見之，而胡以遽奪之速也？/嗚呼痛哉！公沒拴乾隆十八年十一月二十五日。前母侯氏無所出，先卒。繼配母齊氏前公一載卒。生子二：長育遷，邑庠生，早/卒；次茂遷，丙子[⑥]科副榜，克承其家，即索文拴予者也。女一歸拴我，孫男一，茂遷出。孫女二，長育遷出，適同邑庠生韓公諱紹緒之子；/次茂遷出，尚幼。二母皆與公以次祔葬於新塋，從治命也。銘曰：/

鄉有名賢，古訓是律。篤學力行，不□自逸。富而有禮，末

---

① "雍正乙巳歲"，指雍正三年（1725）。

② "太祲"，即大祲，又作"大侵"，重歉收、大饑荒。《穀梁傳·襄公二十四年》："五穀不升謂之大侵。"范寧注："侵，傷。"楊士勛疏："大侵者，大饑之異名。"

③ "入泮"，古代學宮前有泮水，故稱學校爲泮宮。科舉時代學童入學爲生員稱爲"入泮"。

④ "黌序"，古代的學校。《北齊書·文宣帝紀》："詔郡國修立黌序，廣延髦儁，敦述儒風。"

⑤ "匏繫"，源出《論語·陽貨》："吾豈匏瓜也哉！焉能繫而不食？"劉寶楠《正義》："匏瓜以不食，得繫滯一處。"後以"匏繫"謂羈滯。唐李商隱《爲大夫安平公華州進賀皇躬痊複物狀》："心但葵傾，迹猶匏繫，伏蒲之覲謁未果，獻芹之誠懇空深。"

⑥ "丙子"，指清乾隆二十一年（1756）。

俗罕匹。樂善好施，里黨必卹。一方苦飢，積粟盡出。比之彥方，久有其實。/ 遽爾升遐，哭泣若失。公配幽□，今亦同穴。王果之原，巍巍高墳。樹之松柏，鬱然如雲。盛德之源，澤流子孫。厥聲弗泯，視此刻文。/

順天府薊州儒學訓導①加一級紀錄二次紀功一次婿張永祜頓首撰文　咠 /

大清乾隆二十一年歲次丙子季春穀旦 /

064　重建文昌閣碑記（清乾隆二十五年，1760）

題解：原碑位於高陽縣城内。刻立於清乾隆二十五年（1760）。臥碑，現碑已佚。常先生原題、碑原題均爲"重建文昌閣碑記"，今從之。其拓片長 69 厘米，寬 117 厘米，凡 40 行，滿行 22 字。楷書。文昌閣，爲奉祀文昌帝君建造的建築。文昌，亦稱文昌星、文星、文曲星，是中國民間和道教尊奉的掌管士人功名禄位之神。文昌閣初見於宋代，而大盛於明清，是科舉制發展深入人心的產物。關於高陽縣文昌閣，此碑文第一句："文昌閣，明嘉靖年間建於聖廟敬一亭後"。按：敬一亭，1999 年版《高陽縣志》第 412 頁載，"敬一亭，舊在明倫堂之南，後遷於堂之北。"而據《明史·世宗紀》載："（嘉靖五年）冬十月庚午頒御製《敬一箴》於學宫。"據此推斷高陽縣文昌閣應建於嘉靖五年（1632）之後。此碑主要記述了高陽文昌閣的歷史和乾隆二十五年間重修的經過，碑末爲捐資助修者的題名及其捐資數額。

録文：

重建文昌閣碑記 /

文昌閣，明嘉靖年間建於聖廟敬一亭後，至喬□継科築 / 臺於北城之巔，始構祠其上。崇禎十四年，學博②焦公莊復 / 同諸生重建架梁為閣，規模較前巍然矣。高陽凤號望邑，/ 顯闥殊勳，接

---

① "儒學訓導"，官名。明、清於府、州、縣學均置訓導，輔助教授、學正、學諭教誨生員。順天府儒學訓導，清置，滿、漢各一人，秩從八品。

② "學博"，唐制，府郡置經學博士各一人，掌以五經教授學生。後泛稱學官爲學博。

武而起，至其膺鶚薦^①、題雁塔^②者，科不乏人。孰／非向 帝^③乞靈，有以啟厥鑰哉？第棟宇歷年滋久，與城俱／圮。前歲 大憲^④方制府^⑤題請重建新城，惟此祠不在報修／之內。迨城既竣，而閣未起，某等恐其一墜而難復也，請於／ 邑侯^⑥欲興之。迺慨然捐俸，以為首倡，一時邑之縉紳士／庶，聞風興起，咸歡然破慳市義，亟欲觀厥成。遂諏良日，鳩／工庀材，不兩月畢乃事焉。共用銀陸百壹十兩有奇，而選／材極美，丹楹繡栱，寶像雲裾，鹹乎一方之大觀矣。□念我／ 侯蒞兹邑近十載，修舉廢墜，為方域計久遠之業，百里／內奉如神君。其於文治尤為加意，自兹譽髦斯士，濟濟彬／彬，上以應 國家文明之運，則 帝之祐我科名，錫厥福／類者，正未有艾 □，作興士氣，邑之頌豫大，而蒙休美者，／亦寧有既耶？兹役捐者若干人，工既成，因述其顛末，並識／諸君子姓名，畢勒諸石，以為後來者觀法焉。／

　　知高陽縣事任寶坊捐俸貳拾兩／

　　儒學教諭馬拱辰捐俸伍兩／

　　儒學訓導張如載捐俸伍兩／

　　管河縣丞李世武捐俸肆兩／

　　典史虞煌捐俸陸兩／

　　進士韓龍震壹兩，舉人張益芬伍錢，韓述祖貳兩，韓憲祖壹兩，／李惟肅伍錢，韓克鋐伍錢，副貢李迪哲壹兩，韓增輝□錢，／李敏祐貳兩，張彭年貳拾兩，韓能承拾兩，韓其位貳兩，武舉王其□叁錢，／千衛韓永裕貳兩，監生李敏勳伍錢，韓令詘叁錢，李敏建壹兩，／韓承志伍錢，李詒叁□，韓承祖伍錢，韓龍霖叁錢，李

---

① "鶚薦"，源出漢孔融《薦禰衡表》："鷙鳥累百，不如一鶚，使衡立朝，必有可觀。"後用"鶚薦"謂舉薦賢士。宋蘇軾《次韻王定國謝韓子華過飲》："親嫌妨鶚薦，相對發微泚。"

② "雁塔"，塔名。在今陝西省西安市南慈恩寺中，亦稱大雁塔，係唐高宗爲追薦其母而建。今爲七層。唐代進士及第後常題名於此，當時社會均以雁塔題名爲榮。

③ "帝"，指文昌帝君。

④ "大憲"，唐代御史大夫別稱，明清時期則指按察司按察使。

⑤ "制府"，宋代的安撫使、制置使，明清兩代的總督，均尊稱爲"制府"。方制府，指方觀承（1698~1768），字遐穀，安徽桐城人。清乾隆十四年（1749），擢直隸總督，兼理河道。二十年，加太子太保，署陝甘總督。二十一年，回直隸任。凡督直隸二十年，治績彰顯。《清史稿》卷三二四有傳。

⑥ "邑侯"，此指高陽縣令任寶坊。

惟一叁錢，/周龍光叁錢，李連欣伍拾玖兩，房星輝叁錢，韓其佶叁錢，周大經叁錢，/李田錕叁錢，□鳳聲叁兩，陳洪範叁錢，李篤學伍拾捌兩，韓芮叁錢，/□瀚叁錢，李嘉履伍錢，房肖□叁錢，韓鑒叁錢，孫土叁錢，/崔如陵叁錢，陳飲和叁錢，孫型叁錢，王效路叁錢，孫念鎬叁錢，/王有義伍錢，李誥叁錢，張連拾伍兩，王其鐸伍錢，王其銘伍錢，/王永耀叁錢，李□伍錢，高偉伍錢，崔其清伍錢，單純脩叁錢，/王其錕伍□，孫思越叁錢，孫增叁錢，韓德崇叁錢，/ 旗庄高玠、魯珍伍拾兩，□民趙雲鳳陸拾兩，李思耀、李士梅陸拾貳兩，李福林拾柒兩，/李之桐叁拾柒兩，羅瑞拾陸兩，張士美拾肆兩，李義美肆拾伍兩，李勝如拾□兩。/

　　乾隆二十五年歲次庚辰九月穀旦，邑人李迪哲、韓承祖、韓承志、李璽勒石。/

065　韓鰲墓碑記（清乾隆二十六年，1761）

　　題解：原碑位於高陽縣于堤村，該村在縣東八里，刻立於清乾隆二十六年（1761）。現碑已佚。首題無，常先生原題"韓氏墳墓碑記"，今據碑文改擬。此爲聖旨碑，從拓片來看，此碑當時已殘破。其碑陽拓片長185厘米，寬35厘米，僅存文字2行。碑陰拓片長185厘米，寬60厘米，凡12行，滿行37字。楷書。內容爲追封湖南長沙府通判韓鰲之祖母董氏和繼祖母彭氏、齊氏爲安人的敕書。

按：敕命之寶，爲清二十五寶之一，通高9厘米，印面11.3×11.3厘米。碧玉質，蛟龍紐。據《交泰殿寶譜》，此寶作“以鈐誥敕”之用。

錄文：

碑陽：

勅授承德郎湖南長沙府通判諱縈字祁采韓公

皇清　　　　　　　　　　　　　　　　之墓／

　　例　封　安　人　李　安　人

碑陰：

奉／天承運／皇帝制曰：冊府酬庸，聿著人臣之懋績，德門輯慶，式昭大母①之芳徽。爾董氏乃湖南長沙府通判／韓縈之祖母。箴誠揚芬，珩璜表德，職勤內助，宜家久著，其賢聲澤裕後昆，錫類式承乎嘉命。茲／以覃恩，貤贈爾為安人，於戲！播徽音於彤管②，壺範彌光；膺異數於紫泥③，天庥永卲。／制曰：嘉績聿隆於報最，奕世蒙麻；慈徽載著於貤封，重闈襲慶。爾彭氏乃湖南長沙府通判韓縈／之繼祖母，珩瑀傳芳，蘋縈濟美。溯貽謀於閫則，繼美益彰；宏錫類於朝章，推恩並厚。茲以覃恩，／貤贈爾為安人。於戲！鸞書賁采，普昭一體之榮施；馬鬣揚休，永表重泉之遺澤。／制曰：嘉績聿隆於報最，奕世蒙麻；慈徽載著於貤封，重闈襲慶。爾齊氏乃湖南長沙府通判韓縈／之繼祖母，珩瑀傳芳，蘋縈濟美。溯貽謀於閫則，繼美益彰；宏錫類於朝章，推恩並厚。茲以覃恩，／貤封爾為安人。於戲！鸞書賁采，普昭一體之榮施；馬鬣揚休，式著五章之慶典。／

乾隆二十六年十一月二十日（敕命之寶④）

---

① “大母”，祖母。《墨子·節葬下》：“其大父死，負其大母而棄之，曰鬼妻不可與居處。”《漢書·濟川王劉明傳》：“李太后，親平王之大母也。”顏師古注：“大母，祖母也。共王即李太后所生，故云親祖母也。”

② “彤管”，杆身漆朱的筆。古代女史記事用。《詩·邶風·靜女》：“靜女其孌，貽我彤管。”毛傳：“古者后夫人必有女史彤管之法，史不記過，其罪殺之。”鄭玄箋：“彤管，筆赤管也。”陳奐傳疏引董仲舒曰：“彤者，赤漆耳。”

③ “紫泥”，古人以泥封書信，泥上蓋印。皇帝詔書則用紫泥。《後漢書·光武帝紀上》“奉高皇帝璽綬”，李賢注引漢蔡邕《獨斷》：“皇帝六璽，皆玉螭虎紐……皆以武都紫泥封之。”

④ 落款乾隆的“隆”字上鈐有“敕命之寶”印章。

066　重建圈頭橋碑記（清乾隆四十三年，1778）

　　題解：原碑位於高陽縣城東南北圈頭村。刻立於清乾隆四十三年（1778）。現碑已佚。常先生原題"重建圈頭橋碑"；碑原題"重建圈頭橋碑記"，今從之。碑額2行，行3字，題曰"重建圈頭橋碑"。小篆。其拓片長158厘米，寬70厘米，凡17行，滿行40字。楷書。

　　圈頭橋，位於高陽縣北圈頭村南，爲一座磚橋，又名洪濟橋，其情況見編號020《重建高陽圈頭□□同橋梁記》（明嘉靖三十九年）。此橋乃明景泰中，魯令能督建，始名馬家橋；正德中，縣令劉振移建於舊橋西一里許，更名通濟橋；嘉靖七年（1528）縣令張經綸重修；嘉靖二十八年（1549）縣令馮俞移建於稍西，改稱洪濟橋；萬曆戊寅（1578）知縣冒守愚重修，歲久傾圯，萬曆三十三年（1605）知縣錢春又仍其地重修；清朝康熙六年（1667）邑人知府齊洪勳又加以重修。

此碑記述了乾隆四十三年在高陽知縣周裕主持下重修此橋的緣起和經過，這次重修後改名爲圈頭橋。

　　按：民國李曉泠等《高陽縣志》第 86 頁對此碑有介紹，1999 年《高陽縣志》第 381~382 頁有明孫承宗撰《洪濟橋記》《重建城南安瀾橋記》。

　　録文：

　　　　碑額：重建圈 / 頭橋碑 /

　　　　重建圈頭橋碑記 /

　　　　余既重建安瀾橋，足以壯觀瞻、利行旅，過者稱便。城南三里許，有河名曰馬家，即縣志所載，承滱、沙、滋三 / 水下流，匯於蒲陰之三岔口。出邑之南，經延福淀，又北經圈頭，佩城而東，折而北者是也。有橋跨其上，初 / 名馬家橋，始建之名也，更名曰通濟、曰洪濟，移建之名也。後圮而復脩，有邑文正孫公[1] 記表於橋側，此皆 / 有明之脩置。我 / 朝康熙六年，邑太守齊君[2] 因傾圮而重脩，皆入邑乘[3]，迄今百有餘年。雖以時小脩，而歷年久遠，橋柱之石勢 / 將傾欹，架棟之木悉皆朽壞。舊亦未設扶欄，而橋勢且極陡峻，行者危之。兹

①　“文正孫公”，即孫承宗，“記表於橋側”，即其所撰《洪濟橋記》《重建城南安瀾橋記》。

②　“邑太守齊君”，指齊洪勳，高陽人，字樹駿，號鐘銘，順治十一年（1654）中舉，十二年進士及第，初任山西郭丘知縣，升大興知縣，又升浙江紹興府同知，後任真定府知府。所謂“太守”，乃使用古稱，指真定知府。

③　“邑乘”，指《高陽縣志》。

河久經淤滯，惟有河形，然或／上游漫溢，水勢下趨，仍歸河內，橋日就圮，過涉維艱。矧路當赴省衝途，冠蓋輪蹄，聯鏕絡繹，所關不綦重／而且要哉？余扲脩安瀾橋之次年，捐廉①倡率，邑之好善樂輸者，又共相捐助。爰扲丁酉②之春，鳩工重造，凡／木料皆新易，其樁之欹者皆扶之使正，兩旁增以磚欄。樁為石質，既無慮其難載；欄以磚砌，且更便扲補／脩。至孟夏工竣，易名圈頭，因與其地相值也。前之過此趑趄者，今若履康莊而遵周道矣。夫橋梁、道路同／以便人，邑境內兩鉅橋③，既次第脩建，而大道越歲既久，日就窪下，一遇盛雨，行旅仍不免阻滯。余復就治／內故道之形，西訖安州，南達河間，東至任邱，□濠土而均加高潤。雖盛暑雨濛濛，可以蓄水，而道則平坦／無滯，視向之履危梁、經泥淖行者，當必有辨。余因董其成，爰即重脩之歲時，誌其始末。若謂事成記功，則／又非余之本懷也。／

特授文林郎、知高陽縣事、加三級、紀錄五次浙江錢塘周裕重建。／

乾隆四十三年歲在戊戌二月穀旦立石。／

067　王氏祠堂碑文記（清乾隆四十三年，1778）

　　題解：原碑位於高陽縣西田果莊村，該村在縣西南三里。刻立於清乾隆四十三年（1778），現碑已佚。常先生原題"王氏家祠碑記"；碑原題"王氏祠堂碑文記"，今從之。碑額2行，行2字，題曰"永垂不朽"，楷書。此碑爲王氏家祠碑，合族人等立石。其碑陽拓片長137厘米，寬53厘米，凡15行，碑下方三分之一風化無字。主要追溯了王氏家族的淵源及修建家祠的緣起經過。其碑陰拓片長137厘米，寬53厘米，記錄了乾隆十八年（1753）重修家廟以及乾隆四十三年（1778）補修家廟時首事人并捐修人姓名和捐錢數額，凡5排。

---

① "捐廉"，指捐養廉銀。養廉銀，爲清朝特有的官員俸祿制度，始於清雍正元年（1723）。其來源來自地方火耗或稅賦，因此視各地富庶程度，其數目均有不同。
② "丁酉"，指清乾隆四十二年（1777）。
③ "兩鉅橋"，指安瀾橋和碑文所言的圈頭橋。

録文：

　　碑額：永垂 / 不朽 /

　　王氏祠堂碑文記 /

　　從來源遠者流長，根深者枝茂，子孫無窮之福，賴祖宗培植為□□□□□ / 人音容，而優聞愾見，用以展孝思、泯怨恫也。我族 / 始祖，號遐昌，本貫山西洪洞縣人也，自洪武七年奉旨遷居高陽□□□□□ / 子，長子乏嗣，三子皆名揚黌序，開書香焉。是為我族三支之始□□□□□ / 極繁矣。而譜牒淪亡，次序難以稽考，所可考者，廟之木主□□□□□ / 祖宗憑依在是，即子孫班位亦在是，所係顧不重哉！廟不知□□□□□ / 雍正元年又重修，規模未宏，兼之人失其守，致木主間有□□□□□ / 而增痛也。我族人琬與承祚、珩與瑞等，不惜捐貲，而更脩之。工起自□□□□□ / 正室三間，東屋二間，西屋二間，南屋一間，木料丹漆，俱極輝煌，極整□□□□□ / 子孫殷薦之心亦慰然，迄今二十餘年矣。正室無恙，東西兩屋不能□□□□□ / 共力修葺，復建石碣，整家譜，以傳奕禩示來。茲後之人，苟功名□□□□□ / 疊，為光前之舉是吾望也，即不然或遇損壞，合力修補，無忘報□□□□□ / 展孝思，而泯怨恫矣。是為記。/

　　大清乾隆四十三年歲次戊戌孟夏上澣穀旦合族人等立石，生員璣□□□□□。/

　　碑陰：

　　報本 / 追遠 /

　　乾隆十八年重修家廟首事人：生員琬、承祚，太學生瑞，處士珩①，並捐脩人，開列扵後：/

　　允龍銀伍錢、允鳳錢千五百、允雪一百、允福五百、瓈二百五十 / 瑞一百、瑾五百、璨壹兩、琬五錢、玥壹兩 / 珩五錢、瓛五錢、玢五錢、廷彥一百、文蔚一百、/ 文炳一百、玫五百、琡二百五十、珠二百、邦彥□□□□、/ 承祚五錢、振二百五十、丕祚千五百、耀祚三百、□祚□□□十、/ 清風五百、

---

① "珩"，字迹模糊，據碑陽補。

增祚二百五十、榮祚二百、敬祚五百、明祚一百/清林二百五十、清海一百、君佐二百、甥張文進二千。/

乾隆四十三年補修家廟首事人：生員璣、卓然、元凱，處士明馨，並捐脩人書名扵後：/

琢二百五十、琳二百五十、珣五百、璣壹千、琮三百、/清江二百五十、天佑五百、承業二百五十、輝祚五百、福祚三百、/承志五百、思敬八百、浩然二百五十、明馨八百、卓然千五百、沛然二百五十、承訓五百、明廷八百、承祚五百、□然五百、/寧祚二百五十、泰祚三百、元凱二千、秀嶺二百五十、雲□□□、/玉五百、進財二百五十、興泰二百五十。/

068　王氏墓記（清乾隆五十四年，1789）

題解：原碑位於高陽縣西田果莊村王氏家族墓前（原碑地点係根據碑文和其他拓片推斷），該村在縣西南三里，刻立於清乾隆五十四年（1789）。現碑已佚。常先生原題"王氏墳墓碑記"；碑原題"王氏墓記"，今從之。碑額 2 行，行 2 字，題曰"常留千古"，小篆。其碑陽拓片長 142 厘米，寬 51 厘米，凡 17 行，滿行 40 字，楷書。丁兆隆撰文，□隆緒書丹。丁兆隆生平事迹不詳，根據此碑文，其題銜爲賜進士出身、前署雲南晋寧州事、□亥雲南鄉試文武同考官、試用知縣、現任直隸保定府教授。主要記述了王氏家族墓址幾次變動的原由和經過。碑陰拓片長 133 厘米，寬 52 厘米，爲王氏世系表，風化嚴重，字迹模糊不易辨認。

按：王氏家族情况，又見於編號 067《王氏祠堂碑文記》，兩者可相互參證補充，而此碑所載王氏家族世系情况遠較《王氏祠堂碑文記》爲詳。

錄文：

　碑陽：

　碑額：常畱 / 千古 /

　王氏墓記 /

　高陽王氏先□□□□居西田果 [莊] 東數十步，自前明洪武中，葬其 / 始祖遐昌公①。數傳□派別□□各因地隘改卜，有諱② □宸，字炳若，公其本支之祖。則一遷而居□□之東南 / 隅，再遷而居□之北。其葬炳若公之處則三遷。而地又□麗□北也，炳若公同父祖□□□人，子孫 / 日益蕃衍，度非地所能容。故當其子諱③ 天佑，字虔寵公病□時，其孫燹請擇地爲葬計。虔寵公以不能 / 依父母難之，燹等又請扵祖墓立石，書祖孫父子名字。祖父高拱扵上，子孫羅侍□前，而扵□遷之塋，/ 安祖之靈位扵其□，庶幾體魄雖隔，而精

---

① "始祖遐昌公"，據編號 068《王氏祠堂碑文記》（清乾隆四十三年），本貫山西洪洞縣人也，自明洪武七年（1374）奉旨遷居高陽。

② "諱"，爲小字。

③ "諱"，爲小字。

神可常相聚也。虔寵公頷之，遂卒。卒後，求佳壤逾十二年，始／於炳若公墓之西南百步外得地，將舉柩而定焉。燨兄弟詣予，乞為文記其本末。予詢其族譜，則缺畧／已久，諶將修之。且曰燨兄弟之所以礱石者，蓋恐子孫因近忘遠，故欲大為之戒也。予聞之，前人自世祿／廢，而宗法不講；宗法亡，而祀事亦異扵古。其可考者，賴族譜以序世系，而子孫墓祭，乃得悉其昭穆□序，／別其支派之分。今王氏兄弟善承治命，以全其父之孝思，而又有志扵族譜以教子孫，是猶不失水木本／源之意也，庶幾古者尊祖敬宗收族之道，不至若藜氏所云視宗族如途人也。燨為邑諸生，熾、烜皆讀書務／本業，王氏之澤其有後起者乎？因其請，而為之記云。／

賜進士出身、前署雲南晉寧州事、□亥雲南鄉試文武同考官、試用知縣、現任直隸保定府教授丁兆隆撰／

邑庠生姪孫□隆緒書／

內閣供事選湖北荊州府經歷郭居□□／

大清乾隆五十四年歲次己酉季春穀旦立石／

碑陰：

世系：/

祖諱宸，字炳若，/祖母 劉氏。/父諱天佑，字虔寵，/母賀氏。/長子燨，娶鄧氏；/次子熾，娶崔氏；/三子□，娶李氏。俱早/亡，合葬北墳；/四子烜，娶張氏。/長孫崐峰，聘蔣氏；/次孫金峰；/三孫桂峰。/

069　韓軾墓碑記（清嘉慶六年，1801）

題解：原碑位於高陽縣于堤村，該村在縣東八里。刻立於清嘉慶六年（1801）。現碑已佚。首題無，常先生原題"韓軾墳墓碑記"，今據碑文改擬。墓主爲高陽縣于堤村明邑庠生貤贈奉直大夫刑部福建司主事韓軾，立碑人爲韓軾的四個兒子：允中、一中、致中、積中。其碑陽拓片長 145 厘米，寬 50 厘米，凡 3 行；碑陰拓片長 137 厘米，寬 57 厘米。爲韓氏北塋譜系，二世到九世共 15 排名單從右至左排列。

録文：

碑陽：

明邑庠生　貤贈①奉直大夫刑部福建司主事諱軾韓公之墓 /

男允中、一中、致中、積中奉祀 /

嘉慶六年仲春穀旦立 /

碑陰：

北塋 / 譜系 /

二世：一中、致中、允中、積中；/

三世：謙光、觀光、五季、劔光、掌光、蓋光、耿光、葆光、末光；/

四世：雄昆、雄鎬、雄錫、雄釗、雄錦、雄謨、雄立、雄嗣、雄訥、雄談、雄敏、雄誌；/

---

① "貤贈"：據清制，謂將本身和妻室封誥呈請朝廷移贈給先人。封、贈，是清代政府給予官員的直系親屬一種襃獎的制度，即官員的高、曾、祖、父（含同級的配偶）、妻授予和官員現任官階相匹配的封號。生前給與稱號的稱"封"，死後給與封號的稱"贈"。給與官員本人的榮譽官階稱"授"。五品以上稱"誥封"或"誥贈"，六品以下稱"敕封"。婦女的封號相同。

五世：三才、醇、三典、三多、三交、三喜、三策、寅辰、文煜、文烆、文煊、三聘、三異、三錫、三公、三善、/三省、三事、與信、三思、三變、三用；/

六世：懷琳、遇魁、懷瑾、懷琮、懷璞、懷琛、法祖、會修、雙喜、遇隆、遇盛、遇時、遇孟、遇孔、遇賢、念祖、輝祖、/養正、述祖、紹祖、憲祖、欽祖、昌祖、龍霖、龍震、龍雯、龍霆、龍彩、龍霈、龍霈、龍霨、懷瑚、懷璉；/

七世：端英、端友、端書、端敏、世美、端揆、振聲、端本、世德、世棟、世樑、成德、振德、端履、中倫、中慮、/巽言、謹言、訒言、喜祥、嘉言、林鳳、朝鳳、王發、王臣、王福、王佐、王經、廷珍、廷瑜、掄衡、廷衡、/克鋐、克錡、克銓、克鍵、清彥、端彥、慶彥、鍾彥、聖彥、學彥、國衡、賜榮、湯衡、治衡、珠衡、景月、/景寬、景汾、景瑞、杏壇、杏莊、杏林；/

八世：寶山、荆山、桐蕃、栢蕃、杞蕃、桂蕃、椅蕃、栲蕃、一清、濯清、潔清、維寅、維恭、維精、維一、維清、振東、/維寧、紀勳、奇勳、玉林、盛林、後知、永泰、永明、永健、永利、永吉、永安、永平、煜廷、儀廷、献廷、應東、/明廷、立廷、奉廷、勉、文定、文極、文棟、文存、浴、淑、堯年、彭年、汝鈞、汝銘、良貴、良玉、壽林；/

九世：俊登、全登、連登、裕登、蘭登、先登、慶雲、長著、長昭、雙美、昇、綏、綬、造、泰、武。/

070　高陽縣北圈頭村宋氏（經）碑記（清嘉慶十八年，1813）

題解： 原碑位於高陽縣北圈頭村村南，縣東南三里。刻立於清嘉慶十八年（1813）四月，現碑已佚。常先生原題"宋經墳墓碑記"；碑原題"高陽縣北圈頭村宋氏碑記"，今從之。碑額2行，行2字，題曰"萬古流芳"。楷書。其拓片長138厘米，寬47厘米，凡3行。墓主爲明代鎮殿義勇將軍宋經。此碑爲重修碑，未載其生平、事迹，從碑文中"五世祖"稱謂來看，當爲其五世孫所刻立。

錄文：

碑額：萬古／流芳／

高陽縣北圈頭村宋氏碑記／

前明鎮殿[①]義勇將軍五世祖諱經宋公之墓／

大清嘉慶十八年四月重健[②]／

---

① 鎮殿將軍，古時朝廷選身軀高大者擔任。宋孟元老《東京夢華錄·元旦朝會》："正旦大朝會，車駕坐大慶殿，有介冑長大人四人立於殿角，謂之'鎮殿將軍'。"明陶宗儀《輟耕錄·大漢》："國朝鎮殿將軍，募選身軀長大异常者充。"
② "健"，應作"建"。原碑文如此。

071　皇清旌表節孝例贈孺人賈母邑太君碑記（清嘉慶二十三年，1818）

　　題解：原碑位於高陽縣北關村，刻立於清嘉慶二十三年（1818），現碑已佚。常先生原題"賈姓墳塋貞節碑"；碑原題"皇清旌表節孝例贈孺人賈母邑太君碑記"，今從之。碑額 2 行，行 2 字。題曰"旌表節孝"。小篆。其碑陽拓片長 138 厘米，寬 57 厘米，凡 3 行，楷書。此乃朝廷爲旌表賈母邑太君貞節所賜的節孝牌坊。碑陰拓片長 138 厘米，寬 57 厘米，凡 16 行，滿行 36 字，賈椿年撰文，賈椿年爲邑太君之孫，主要記述了邑太君守節育孫的事迹。

　　録文：

　　　　碑陽：

　　　　碑額：旌表 / 節孝

　　　　欽命日講起居注詹事府詹事提督順天等處學院杜　爲 /

　　　　貞　操　裕　後 /

　　　　高陽縣已故生員賈序賢之妻邑氏立 /

　　　　碑陰 /

　　　　皇清旌表節孝例贈孺人賈母邑太君碑記 /

　　　　嗚乎！立一身之節已屬維艱，存再世之孤尤爲不易，惟我 / 先祖母邑太君無遺憾焉。念自我　先曾祖，家傳孝友，世肄詩書，再世而 □，□生伯仲。我　先伯 / 祖昭度公，蜚聲泮水①，耀采黌宫②。公舉孝廉，獨存　我　先祖賓初公③。與元方④ 而繼美□，仰白 / □□□節之

---

①　"泮水"，古代學宫前的水池，形狀如半月。《詩·魯頌·泮水》："思樂泮水，薄采其芹。"毛傳："泮水，泮宫之水也。"鄭玄箋："泮之言半也。半水者，蓋東西門以南通水，北無也。"後多以指代學宫。宋蘇軾《答臨江軍知軍啓》："泮水政成，繆膺桑梓之敬；海邦畫諾，又觀枳棘之樓。"

②　"黌宫"，即圣廟、文廟、夫子廟、孔子廟，是供奉孔子的廟宇。自唐之後，廟學合一，亦是地方爲學之地。

③　"賓初公"，據碑陽，其名爲賈序賢，生員。

④　"元方"，指陳紀，字元方，東漢人。與父陳寔、弟陳諶（字季方）俱有才德，聞名於世。陳紀、陳諶之子曾爭論各自父親的德行，請祖父陳寔評判，陳寔認爲二人德行俱佳，説"元方難爲兄，季方難爲弟"。見南朝宋劉義慶《世説新語·德行》。後因以"元方"稱美德行高之人。

家聲。人留青眼，初經玉尺，量寸早□，金沙①毓秀，記意京闈。未試遽爾騎□，家□從／存，難言趨鯉。維時我　祖母烈欲相從，誓將並逝，乃欲□□金而見志，捐生則孤將疇□？□□／託井水以銘心，撫幼而夫猶有子。因鞠我　先君以全母德，備嘗艱苦，歷有歲時。迎□□□□／生孫不肖，乃又父上夜台②，母歸泉壤。椿年煢煢五歲，踽踽一身。我　祖母重揮老淚於霜天，悲／更深於往日；再捫孤見於雪夜，慘尤甚於當年。終歲幕布釵荊，製新衣而施稚子；□日菜羹豆／粥，留□味□育童孫。就傅傳經，勤則恐流於惰，束身習禮，嚴而復濟以寬，相依為命。之時，受重／慈之罔極，自稱未亡之日。嗟小子之何知，且夫男重修行，女惟守節，我　祖母金石為心，松筠／見志，茹苦而甘，含貞自夫，宜增國史之光，共仰徽

---

① "金沙"，即金沙嶺。據民國《高陽縣志》卷一《地理》，金沙嶺，在邑東二十五里，自汜頭村跨舊城，歷樓堤諸村，以入任邱，隱約蜿蜒，若見若伏，曰嶺斷處，細沙如金色。

② "夜台"，墳墓，亦借指陰間。南朝梁沈約《傷美人賦》："曾未申其巧笑，忽淪軀於夜臺。"

音之嗣。恨顯揚之無術，忻旌表之有由。自／愧樗材①，未進陳情之表②；愴懷念祖，宜垂墜淚之碑。幸蒙同里 先生，深賴一時長者，公懇 儒／宗，上申 大使。表幽貞於既往，襃裕後於將來。從今澤衍，箕裘□德，皆由吾 大母。自此香生／俎豆，銜悲以示我後。／

嘉慶二十三年歲次戊寅十一月初一日孫椿年謹記／

072　陳氏祖塋墓志碑文（清道光元年，1821）

題解：原碑位於高陽縣邢家南村，該村在縣西十里。刻立於清道光元年（1821）。現碑已佚。常先生原題“陳氏墳墓碑記”；碑原題“陳氏祖塋墓志碑文”，今從之。碑額2行，行2字。題曰“水源木本”。楷書。此碑爲陳氏祖塋墓志，其拓片長126厘米，寬56厘米，凡17行，滿行31字。清苑縣舉人司廷璋撰文，陳郁文書丹。本碑追溯了高陽陳氏的歷史源流及建碑的經過，對研究高陽陳氏的歷史提供了第一手資料。

按：墓志埋於地下，多爲方形，墓碑位於地上，兩者有所不同。而此碑文標題稱“陳氏祖塋墓志碑文”，將墓志與墓碑連稱，似乎混淆了墓志和墓碑的概念。

錄文：

碑額：水源／木本③／

陳氏祖塋墓誌碑文／

盖聞物本乎天，人本乎祖，木本水源宜溯其所自始，瓜綿瓞衍必□□□□／生。是以派別支分，雖子孫千億，而靡不敬宗；即至服窮親盡，總高曾百□，□／忝知尊祖。高陽陳氏，舊族有年。余

---

① “樗材”，喻無用之材。多用爲謙詞。元王逢《得尚書汪公凶問》詩：“樗材荷推奬，思報輯遺編。”
② “陳情之表”，指《陳情表》，是西晋時李密寫給晋武帝的辭官的奏章。該文從自己幼年的不幸遭遇寫起，説明自己與祖母相依爲命的特殊感情，叙述祖母撫育自己的大恩，以及自己應該報養祖母的大義。除了感謝朝廷的知遇之恩以外，又傾訴自己不能從命的苦衷，辭意懇切，真情流露，語言簡潔，委婉暢達。此文被認爲中國文學史上抒情文的代表作之一。晋武帝看了此表後很受感動，特賞賜給李密奴婢二人，并命郡縣按時給其祖母供養。
③ “水源木本”，語本《左傳·昭公九年》：“王使詹桓伯責晋侯曰：‘我在伯父，猶衣服之有冠冕，木水之有本源，民人之有謀主也。’”

考其家譜，其／始祖自前明小興州^①，遷扵保府高陽縣邢家南村，附籍本縣六家庄七甲，氏立□／本村迤南数十步許，及今三百餘年。其地勢叢□，今猶如故焉，但子孫繁□，／不無分門，因塋窄而各立塋墓。其處所不及詳載，而此塋則為／祖基焉。其世祖諱力者，序譜所云如此。又攷其譜中，出仕縣丞、教諭及□／饒膠庠者，□不乏人，茲不必臚舉。嚮亦未立碑碣，自乾隆五十八年，族人□／芝、陳雲會、陳廷録、陳蘭、陳菖、陳有義、陳有智、陳炳文、陳清寧、陳琛，祖孫三□／共議建碑，而均係寒家，費無所出。塋舊有祭田十畝，止出資二十二千，屢□／生息，以期成此舉。

自乾隆五十八年計，至道光元年，本利孳息五百四十五／千有奇。今可以建此碑矣。府中有本支陳濤者，籍隸清苑，已經数世，因□□／之，遂劚勒以成其事焉。／

　　旹／

　　道光元年四月吉日　　　　　穀旦立／

　　清苑縣舉人司廷璋撰文　　陳郁文書

---

① "小興州"，治所在今河北省灤平縣小城子村。據清朝《欽定熱河志》載，宜興故城，金初爲興化縣白檀鎮，泰和三年（1203）置宜興縣，屬興州。元初因之，致和元年（1328）升爲宜興州。因舊有興州，故俗稱此爲"小興州"。小興州是明初洪武、永樂年間官方組織移民的又一集散地，河北方志中追溯祖源時，多言自小興州遷來。

073 重修藥王廟碑記（清道光元年，1821）

題解：原碑位於高陽縣南關村，刻立於清道光元年（1821）。現碑已佚。常先生原題"重修藥王廟碑"；碑原題"重修藥王廟碑記"，今從之。碑額 2 行，行 3 字，題曰"重修藥王廟記"，小篆。其碑陽拓片長 138 厘米，寬 60 厘米，凡 19 行，滿行 35 字；碑陰拓片長 138 厘米，寬 60 厘米，從右至左爲施緣姓氏村莊名單及捐獻數額，凡 6 排。楷書。李壽通撰文，李冠卿書丹，韓堯年篆額。李壽通，高陽人，事迹不詳，碑文中其題銜爲"甘肅寧夏府中衛縣知縣"；李冠卿，爲癸酉（嘉慶十八年）科舉人；韓堯年為廩膳生。此碑中藥王廟供奉的是孫真人（孫思邈），主要記述了邑國學任向榮重修藥王廟的功德、事迹。碑陰中條列了高陽縣（還有肅寧縣）諸多村莊、店鋪，是研究清代基層地方的重要資料。

藥王是中國民間對古代名醫的尊稱，隨時代、地區之不同，藥王所指人物亦有不同。其中著名者有春秋時期的扁鵲，東漢邳彤，隋代許智藏，唐代孫思邈、韋慈藏、韋善俊、韋古道（韋老師）等。這些名醫在後世不斷被神化，被尊爲藥王，并設廟祭祀，統稱爲藥王廟。關於高陽的藥王廟，《保定弘治郡志》載，"藥王廟在高陽舊城"。2004 年，出土一方"藥王廟碑"，祇有碑首，碑身及碑座尚未找到。其碑首高 110 厘米，寬 100 厘米，厚 29 厘米，雕有二龍戲珠圖飾，中下方有"藥王廟記"四字，爲篆書，碑首後面浮雕與前面相同，中下方有"碑陰"二字，也爲篆書。

録文：

碑額：重修藥 / 王廟記 /

重修藥王廟碑記 /

邑南郭外有藥王廟，或又稱孫真人①廟，素著靈顯。其基在顓頊帝廟之南，前臨孔道。每當孟夏 / 之交，四方之祝神示而答霋覬者，趾踵相接。但歷年久遠，風雨傾頹，遺址雖存，而廟貌不

---

① "孫真人"，指孫思邈（581~682），京兆華原人也，唐代著名醫學家。他隱居太白山，隋唐時期朝廷多次徵召授官而均辭不受。自注《老子》《莊子》，撰《千金方》三十卷，行於世。又撰《福祿論》三卷，《攝生真錄》及《枕中素書》《會三教論》各一卷。

可復／覩矣。歲辛己^①，邑國學任君向榮者，以折肱^②名手，施藥材以溥濟同人，慨然溯本窮源，而有念於／藥王之血食此土，不可聽其殿宇傾圮也。爰偕同眾善士，募化多方，鳩工庀材，因其舊址，中為／正殿三間以棲神，旁成耳房一所，為主持寢食之地。外則圍以鞏牆，正南則山門森矗。事起於／春三，而功成於夏季，計共四越月，約費八百餘千。從此靈應倍昭，而香煙罔絕，皆任君力也。□／以藥王為唐代純儒，既活人於當時，而千金諸方^③，又復施及萬世，宜其食報之隆，永遠勿替。而／非任君有毅然敢任之氣，無因以為利之心，未有不事敗於垂成者也。方今／聖天子九五，當陽時和歲稔，固已納一世於仁壽，无夭札疫癘之虞矣。而／詔誥所頒，又復／令各直省大憲脩舉古聖、先王之廟。藥廟雖祀典所不載，而功施於民則祀之。任君其善體／聖天子調元之意，俾報德之宇，煥然維新。吾知藥王有靈，當更陟降庭止，默監在茲，俾吾邑人之／熙／來穰逞，咸遊樂愷於無窮也，宜與顓頊帝廟永祀不朽云。襄其事而捐貲樂施者，庠生：宋□□、／張有恢、齊傑；監生：韓振岱、韓藝；鄉耆：齊景梅、齊鳳彩、蘇金樑、駱慶雲。／

道光元年歲次辛巳且月甘肅寧夏府中衛縣知縣邑人李壽通沐手撰文／

癸酉科舉人李冠卿書丹／

廩膳生韓堯年篆額／

石匠田樂山鐫字／

碑陰／

施緣姓氏村庄／

高陽縣□堂卜施錢肆仟、高陽縣汎廳王施庄錢貳仟、趙堡店孟天申施錢伍仟、齊家庄魏宅施錢十千、麗果庄厖宅施錢五千、肅寧縣灣上王宅施銀四兩、刑房施錢二千、戶捴房施錢二千、承發房施錢二千、戶南房施錢二千、戶旗房施錢二千、兵房施錢二千、

---

① "辛己"，當作"辛巳"，指清道光元年（1821）。
② "折肱"，比喻久經磨練而富有經驗。明王守仁《傳習錄》卷下："醫經折肱，方能察人病理。"
③ "千金諸方"，指孫思邈著有《千金方》三十卷，此書全稱《備急千金要方》，取"人命至重，有貴千金"之意，係孫思邈根據自己數十年的臨床實踐經驗編著而成，它集唐代以前診治經驗之大成，對後世醫家影響極大。

工房施錢二千、倉房施錢一千、禮房施錢五百、边家務李步瀛二千五百、李步源二千五百、王福村李洛敬施錢二千、/南圈頭施錢三十七千四百文、季朗施錢三十二千、北沙窩施錢十千、西庄施錢十五千、西王草庄施錢五千四百文、連城閆洛庭施錢一千、龎家左馬治平施錢二千、边渡口萬昌當施錢五千、边渡口張明儒施錢五千、邢家南施錢十九千一百文、周家新庄劉景成施錢五千、西田果庄施錢十六千、/南沙窩施錢四千七百文、東王草庄施錢六千八百文、北圈頭施錢十三千、東田果庄施錢十四千、岳家左施錢十六千五百文、陽家屯施錢九千一百文、東河施錢四千五百文、北蔡家口施錢七千一百文、南蔡家口施錢六千四百文、趙通施錢十五千八百文、任家左施錢九千七百文、西關施錢十三千二百文、南關施錢十千、北關施錢二十二千九百文、東□施錢十四千、/裕成盐店施錢二十千、萬裕當施錢十千、義順當施錢十千、碾房施錢

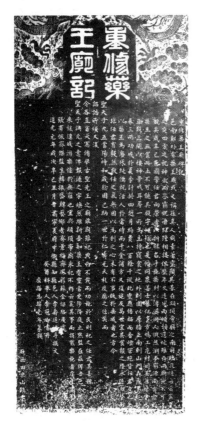

四千、和順號施錢六千、齊長發施錢四千、萬和號施錢四千、静深號施錢四千、泰來號施錢二千、豐順號施錢二千、德成號施錢二千、仝義布店施錢四千、永盛號施錢四千、瑞成號施錢四千、慶豐局施錢二千、/復興號施錢一千、中和堂施錢一千、和興烟鋪施錢一千、新豐號施錢一千、物華樓施錢聚三元施錢一千、同心堂施錢二千、張融施錢一千，靈石縣人、趙耀施錢二千、萬昇齋施錢一千、板店、王恒泰施錢二千、協成號施錢二千、濬順齋施錢一千五百文、永昇號施錢二千、裕興局施錢二千、/板店、馮茂修施錢一千、春元堂施錢一千、相經堂施錢八千、世德堂施錢八千、敦厚堂施錢四千、世和堂施錢二千、九如堂施錢四千、東街施錢二十七千五百、相府街施錢八千九百、西街施錢八千六百五、西小街施錢九千八百五、北街施錢八千一百、南小街施錢十五千二百、在城茶酒各鋪共施錢六□五百文

　　管事人、任向榮施錢三十五千、齊景梅施錢十五千、蘇金樑施錢十五千/齊傑施錢二十千、宋光彌施錢十□、齊鳳彩施錢□□、韓振□□□□□/□□□□□□/□□施木工十名/□□修。

074　重修文昌閣碑序（清道光六年，1826）

題解：原碑位於高陽縣城，刻立於清道光六年（1826）。現碑已佚。常先生原題"重修文昌閣碑序記"；碑原題"重修文昌閣碑序"，今從之。此碑爲卧碑，其拓片長66厘米，寬138厘米，凡34行，滿行15字。楷書。張孔道撰文，韓堯年書丹。張孔道時任高陽知縣。主要記述了文昌閣重修的緣起和經過。文昌閣主要供奉文昌帝君，其介紹見前。

録文：

　　重修文昌閣碑序/

　　頊陽為古帝之都，土廣而沃，士秀/而文，盖歷代一大都會也。城之東/北隅，舊建/文昌閣，歲久傾廢，雕梁畫棟，僅餘碎瓦/頹垣。□假明倫堂，以備春秋祀事/，竊恐鑒觀有赫、陟降無憑，犧牲[俎]/豆　神其吐之矣。嘗玫/文昌，位列斗樞，職□科

第，自吾蜀梓潼／七曲山而外①，禋事久遍寰區。嘉慶／六年，／詔封／文昌三代，春秋享以太牢②，鉅典煌煌，扵／今為烈。我高邑人文鱗集，搢紳鵷／聯，忍令／文昌閣廢為坵墟？菝斯土者，心竊愧焉。／或□／文昌閣未廢以前，科甲盛扵佗邑，逮斯／閣廢，而科甲亦因以衰。予謂科甲／之盛衰，原不□關乎風水，苐昔人／創造斯閣，必建扵北城之巔、／黌宮之後者，抑或效周公卜築洛邑瀍／東澗西，此意亦未可厚非也。爰與／少尹③陳君樾善興此舉，属茂才④李／君□□等，領袖勸捐，集腋成裘，凡／一切規模悉，率由舊章。越三月，而／告□成功。繼自今人文愈興，科甲／愈盛，蕞尔小邑，雄稱都會，謂／神霙之默佑也可，即謂風水之發／祥也亦可。誰云高陽才子，古今人／不相及哉？謹序。／

　　知高陽縣事蜀人張孔道敬撰／

　　郡庠廩生韓堯年書丹／

　　道光六年夏四月　吉旦／

① "文昌帝君"，又稱"梓潼帝君"。道家傳説文昌爲周之張仲，十七世爲士大夫，又化身爲張仲之後，爲張惡子，一名亞子，居蜀之梓潼七曲山，曾在晋代出仕，戰死，唐宋時封英顯王。經道家渲染，謂上帝命他掌管人間禄籍，元仁宗延祐三年（1316）加封爲"輔元開化文昌司禄文昌帝君"。四川梓潼七曲山有其廟，香火尤盛。由於撰者張孔道爲蜀人，故稱梓潼七曲山爲"吾蜀"。

② "太牢"，古代祭祀，牛羊豕三牲具備謂之太牢。《莊子·至樂》："具太牢以爲膳。"成玄英疏："太牢，牛羊豕也。"

③ "少尹"，官名，唐初諸郡皆置司馬，開元元年（713）改爲少尹，是府州的副職。後爲州縣輔佐官，如縣丞、典史、吏目、巡檢之類的別稱。

④ "茂才"，即秀才。漢代因避漢光武帝劉秀名諱，改秀爲茂。明清時人府州縣學的生員叫秀才，也沿稱茂才。《後漢書·黃琬傳》："舊制，光禄舉三署郎，以高功久次才德尤異者爲茂才四行。"清侯方域《賈生傳》："閉讀書爲文詞，幹謁當世，舉茂才第一。是時，賈生年二十餘。"

075　義倉碑記（清道光十年，1830）

題解： 原碑位於高陽縣政府，刻立於清道光十年（1830）。現碑已佚。常先生原題"建修義倉碑記"；碑原題"義倉碑記"，今從之。碑額2行，行2字，題曰："義倉碑記"，楷書。其拓片長138厘米，寬67厘米，凡18行。此碑字迹模糊不清，有些字勉强辨認出來。

録文：

碑額：義倉／碑記／

奉　檄□建高陽縣義倉暨捐户姓氏記／

道光十年三月□五日奉／

直隷保定府正堂張□札蒙／

奉政□□憲札蒙／

内大臣宫□總督部堂那□□憲札照□□□通省□收豐稔，本部堂因民之□□□／□富於民，劀餙屬接□□□，并令將□理章程，捐□穀數銀數，分□□□□□／暨立倉門及衙署大堂，總期黎庶周□，以昭久遠。等因伏查高陽一邑，□設義倉，／四鄉刱置。於乾隆十八年間猶存□□，興復於道光八年冬月，仍舊□模乘年□／□□□□賤不□□□□□□□豫□□耕□知□義□無抑□自有□將若不／□□□□□設□當念□之□易守之□難□修成□以時葺之，倉正□□□□／之矢□□□保□□□□□人之美之謂□正以成己之美，竊

人之財，猶不可□／□□□□□□□□□□□□□□□□□□昭察目
衆共睹共□之地有美□□／□□□□□□□□□□□□□□□□□□
凡茲十姓百名，久久自芳者，請□□／□□

　　高陽縣知縣錢□□撰　□諭劉□□仝撰／
　　訓導孫□登□□　縣丞朱瑞金篆額／
　　高陽□□□　典史黄文□同建／
　　道光十年歲次庚寅四月／

076　重修高陽縣城隍廟碑記（清道光十五年，1835）

　　題解：原碑位於高陽縣城，刻立於清道光十五年（1835）。現碑已
佚。常先生原題"重修城隍廟碑"；碑原題"重修高陽縣城隍廟碑記"，
今從之。碑額2行，行3字，題曰："重修城隍廟記"，小篆。其碑陽拓
片長232厘米，寬81厘米，凡17行，滿行39字。楷書。爲重修城隍
廟碑記，由賜進士出身、承德郎、户部山東司主事、兼廣西司行走、加
三級、紀録五次、邑人李龠通撰文，優行廩膳生邑人王崇勤書丹并篆
額。碑陰拓片長257厘米，寬83厘米，爲重修城隍廟檀户輸金題名，
從高陽縣知縣到普通老百姓都參與了捐資，還有多家商號捐資，最後爲
韓兆桐所作的重修城隍廟建碑跋，韓秉權書丹。

　　按：高陽縣城隍廟，始建於明天啓四年，參見編號032《高陽縣重
修城隍廟記》。

録文：

　　碑額：重修城／隍廟記／
　　碑陽：重修高陽縣城隍廟碑記／
　　賜進士出身、承德郎、户部山東司主事、兼廣西司行走、加三
級、紀録五次、邑人李龠通撰文／
　　優行廩膳生邑人王崇勤書丹并篆額／
　　廟宇之創建難，脩舉尤難。人情多苟安，費出衆人，謀同築
室，此創建之所以難也。創建矣，而愛而祀／之者恩去剷衰，畏而
祀之者威盡剷則怠。即畏愛常存，而非邑之官長有興舉廢墜之恩，邑
之士民有／樂善不倦之志。且非董其事者得其人，剷不足以集事，

故脩舉尤難也。吾邑／城隍廟舊制陝隘，乾隆甲辰歲[①]，胡公文英蒞茲土，建正殿、寢殿、兩廡，重門式廓，規制煥然，事屬創始，夐／乎難哉。迄今五十餘禩，梁桷赤白，夥剝不治，圖象之威，甈昧就滅。邑之紳民，相與請於邑侯段公紹圭。捐廉倡義，鳩工庀材，規模一如其舊，而架構巍巇，黝堊剝落，馨香始升，觀瞻以肅。雖不知視胡公／肇造為何如，然邑故瘠區乘來，更雕弊處，萬難之時，不畏難而奮然經始，卒之廢以興，墜以舉。輸其／財者無吝，董其成者不私，上下協謀，剋期成事。後之人其無以難自諉，踵而脩之，妥侑昭而密祀奠，／不亦休哉？雖然／神之監觀，固不僅此也。使吾一邑之人，子不以孝為難，而俛於事父；弟不以友為難，而俛於事兄；婦不以順為難，而俛於事夫。士農工賈勿惰業，相率而趨於君子之行，作善降祥，諸福畢至，／神實佑之。而不然者，澆薄詐偽之風日習而日甚，痧咎悔吝之來愈陷而愈深。泰之上六，城復于隍居／，泰之終而為否之始。入於否剝傾覆之不暇，奚暇新廟？類戜吾恐脩舉之更難也。／

　　大清道光十五年，歲在旃蒙[②]協洽痈月中澣建。／

　　書碑今古不同，文尚已然。孜東魏李仲璇[③]修孔廟碑，為任城王長儒書，眾用篆分隸草，於正書中一行之內相間，則此碑用古碑幢字體眾錯書之，似非百衲炫奇，惟書字姓氏，仍不出青箱[④]族／望，後先輝映，是迺希觀□邑特樹豐碑以□來，茲為之記於。石邑後學韓兆桐謹誌，道士沈陽慧李教玉史萊瀛　石匠滿城縣徐□滿、薛蘭鑴。／

---

① "乾隆甲辰歲"，指清乾隆四十九年（1784）。

② "旃蒙"，十干中乙的別稱，古代用以紀年。《爾雅·釋天》："太歲在甲曰閼逢，在乙曰旃蒙。"協洽，未年的別稱。《爾雅·釋天》："太歲在寅曰攝提格……在未曰協洽。"痈月，農曆三月的別稱。《爾雅·釋天》："三月為痈。"郝懿行義疏："痈，本或作宎……然則宎者，丙也，三月陽氣盛，物皆炳然也。"

③ "李仲璇"，東魏趙郡平棘人。李暟從弟。歷官弘農太守，宮、牛二姓阻險為害，仲璇以威惠平服。除以威衛將軍、北雍州刺史。孝靜帝天平初，遷都於鄴，為營構將作。出為兗州刺史，修整孔子廟。官至將作大將。卒年六十六。參見《北史》。

④ "青箱"，收藏書籍字畫的箱籠。唐賈耽《賦虞書歌》："須知《孔子廟堂碑》，便是青箱中至寶。"

碑陰 /

重修城隍廟檀户輸金題名：/

高陽縣知縣段紹主、高陽縣鹽捕廳黄文楷、高陽縣鹽捕廳孫慧勳、饒陽縣□□試用知縣翟維本、任邱縣盧龍教諭劉佩衡、蠡縣武舉人李奇觀、天津府鹽山縣盧相廷、安州張家莊張廷望、户部江南司貟外郎韓篤培、進士户部山東司主事李龠通、舉人廣東候補知縣劉濟寬、浙江昌化縣知縣李棣通、兩淮何㲦垜場鹽大使韓修淳、舉人平谷縣教諭齊允葬、舉人鐵領縣教諭孫漣、舉人寧晉縣教諭韓銘、舉人候選教諭李冠卿、副榜署隆平教諭韓兆桐、河南候補縣丞韓繼宗、候選縣丞韓漸逵、候選州同^①劉清凝、浙江千總李瑛玉、吏員齊鐘蘭、舉人歲貢生冉鳳齡、劉伯超、周孔禄、拔貢生宋近仁、李掄奎、歲貢生韓緯、李穆勤、李祝椿、廩膳生孟毓珍、張惺、貢生王崇勤、/廩膳生韓堯年、韓朝□、李光泰、齊傑、房書素、生員韓浴、韓羽儀、韓封曾、李清顧、李漢雲、王斌、何鎮南、齊鐘岳、齊雲嵐、張莊敬、張憬、張培棠、劉承宣、孫桂林、馮鈞、蘇有爲、吳慎典、房梅素、監生韓振岱、韓藝、宋士誠、武舉人王家勳、武生/武生王□鼎、□躍龍、張光耀、李清平、齊掄奎、從九品李彭年、張廷璣、韓沂甄。督工姓氏：馮懋修、齊莘階、蘇天章、韓健行。勸捐姓氏：李穆勤、韓浴、韓朝礪、王斌、王元鼎、房馨圃、房徙安、劉汝楫、王友旂、王朗山、王澤田、徐友蘭、蘇純□、吳□典、□□□、□廷梅、/李待聘、張數峯、費繼善、高□連、李金聲。樂輸姓氏：張宗由、齊元善、黄昇齋、韓秀峯、續德馨、續秀章、續德修、續□□、齊壽凝、齊康凝、齊玉保、王全□、田静邊、孫祇寅、程際昌、王成德、郭清瑞、貫秀廷、劉元□、孔士亮、□成玉、李壽祺、王持業、王宗周、梁炳文、/陳榮□、李青雲、王省三、王爽峯、李萬年、戴洛□、戴洛花、戴化被、孫洛德、崔洛輝、孫如公、張孚遠、容□堂、張洛存、柴林書、柴殿勳、蔡奇勳、齊□元、劉開國、保善堂、王鳴□、王慶會、王春山、王愷、王達保、王鳳舉、王金城、王護、王韶鳴、李輝廷、李長青、/張夢祥、張眉

① "州同"，官名。清代知州的佐官。屬於直隸州的，相當於同知；屬於散州的，則與州判分掌督糧、捕盗、海防、江防、水利諸事，均從六品官。

壽、邵青玉、劉香遠、胡方、祁兆魁、胡守義、胡傑、□近臣、魏體□、魏其旋、戴殿元、張鵬程、張懷謹、張彩、蘇秉衡、張立業、張建濟、張仞千、王玉清、王□□、□□峯、邢玉廷、邢雲若、孫相五、胡寅亮、趙經元、吉勝蘭、趙勝雲、王洛韻、喬洛静、/常洛□、蘇冠賢、馬湏美、馬紹業、王殿魁、齊美玉、王元朗、齊鳳□、齊正己、王振明、齊殿勳、齊□堂、王振華、王進峰、王敏中、孟冠軍、王成太、戴維城、張□□、高洛文、戴維繩、戴洛天、尹洛洪、史秉德、史凌霄、田治平、毛和衷、趙洛盛、趙啓、趙洛定、畢會乾、/郭鳴岐、李洛鳳、傅廷對、李國柱、李九齡、趙興邦、張正遠、積瑞堂、王國□、王勳、劉鏡修、馬魁鳳、馬鏡蘭、王□恒、王壽□、王德方、王壽□、王書和、何銓衡、王靖邊、王連福、王□資、□嚴琢、孟有功、□□修、馬□普、王尚九、冉蘭坡、冉□之、冉□□、高□□、/冉奕君、冉念祖、周孔安、周孔壽、周蘊山、周巍然、劉□□、王玉□、范良玉、田清元、劉振戎、張勝□、宋德仁、陳耀奇、宋和中、宋□□、宋顯明、宋□□、田達之、孫洛維、劉洛蔭、張洛永、劉洛壽、□洛立、張洛本、苑濂溪、苑式玉、苑鍾麟、苑近仁、楊□□、楊□□、/李洛林、曹洛善、劉汝楫、張洛秉、董洛明、□□□、董洛穎、宮洛素、宮□德、宮翠峯、宮雙信、王洛欽、王貫初、董玉春、李春芳、李步瀛、劉瑞符、劉殿符、居易堂、齊洛運、劉□振、王篤志、趙和風、王洛玉、王德興、趙炳、王廷韶、駱慶雲、趙立山、趙國清、候振麟、/劉鍾起、馬兆熊、任欣若、李永年、李萬鍾、張秀峯、鄭洛美、□洛棟、宋洛貫、□洛貴、張洛恊、李壽山、楊慶雲、劉洛運、劉榮先、史樂易、李鵬年、戴洛德、百忍堂、敬業堂、明遠堂、王士俊、王士偉、楊化魯、姚洛豐、姚化龍、耿禄田、趙毓寶、誠意堂、蔡青雲、董萬春、/李洛欣、姚紉蘭、張文元、郭建功、李天一、張文光、劉象儀、胡振東、吉惠迪、蘇文泰、趙亮公、田信遠、劉永壽、劉應祥、劉雙全、□昇文、陳□□、梁德昭、張洛愷、韓洛印、張廣益、張明貴、韓一清、韓洛義、韓洛紹、張澤□、張洛亞、孟德成、孟麟閣、房馨圃、馬鏡齋、/李申佩、李天壽、姚洛魯、姚洛萬、曹金鑰、田相禮、貝之湖、趙秉、王洛明、王端臨。六房：劉汝楫、田

殷揚、王持業、張受仁、王琢、李漸鴻、張數峯、蘇純修、趙盛、馮景輝、董培元、張奉先、崔玥珊、李待聘、[壯捕]兩班、[端陽]樂輸客商、德順号、松茂号、四合号、順成号、/太和号、德盛号、萬順号、廣義号、永豐号、元裕号、任士杰、郭掌櫃、益美号、協成号、三[盛口小義]估衣鋪、廣順号、天興号、永豐号、德盛公、萬興号、雙益号、永興号、玉興号、魁杰堂、田洛省、王洛梅、晋和号、永興号、萬興号、未洛廣、常洛安、張洛立、常洛相、廣明堂、和興号、/協盛号、焦洛□、長興号、雙和号、彭玉壺、韓洛天、魁陞号、王洛義、[重陽]樂輸客商、慶豐号、德興号、宏立号、錦太号、慶成号、永發号、吉全号、正祥号、萬盛榮、恒成公、魁盛永、德義元、大德順、萬興昌、段洛懷、劉洛國、田洛治、李洛春、王洛榮、孫洛超、張治玉、張洛廷、/王洛奎、王洛騰、孫洛德、張洛福、李進忠、吳洛雙、張洛明、宋洛槐、張洛玉、王洛占、田洛昆、

□□□、[辛橋] 樂輸客商、大全當、在茂當、靳平安、李保衡、郭瑤峯、靳書田、晉興号、隆泰布店、[勝芳] 樂輸客商、王□發、李文魁、李廷儀、德隆号、城鄉樂輸鋪戶、裕成鹽店、清和當、萬裕當、義盛當、福興當、/義和當、萬昌當、静深号、中和号、和順号、泰來号、永隆号、義合号、聚和号、興隆号、全興号、益祥号、義興号、中義□、天合布店、義盛元、德茂号、增興号、三義店、慶盛号、杜家燒餅鋪、陳家燒餅鋪、劉家酒鋪、長盛菜局、李家燒餅鋪、德泰號、三益油店、劉太、戈家酒鋪、永義局、韓家燒餅鋪、/恒順号、成發板店、楊家餅鋪、孫家茶鋪、永順油店、裕興酒店、長發酒店、道生堂、義合号、連盛号、宣發号、萬全号、□□号、永源号、全義号、全泰号、永發号、興盛号、永和号、松茂号、開源齋、福祥号、□順号、義成号、和增号、永祥号、永聚号、廣生堂、天賜号、三和号、萬和号、/長發号、天順号、同心堂、大興成、郭洛重、孫洛在、王洛奇、永成号、德聚号、大興号、物華樓、耿家餅鋪、順成鞋鋪、四美軒、義興菸鋪、聚三元、宋家酒鋪、廣泰染坊、增盛館、東茶鋪、協利号、聚成樓、和興菸鋪、益源鞋鋪、丈元齋、茂盛肉鋪、和源号、復順飯鋪、張家餅鋪、四合軒、李家肉鋪、/同興号、韓家飯鋪、悦來肉鋪、三合順、蘇家茶鋪、廣興賃鋪、春元堂、東拾錦、福興菸鋪、協興号、齡壽元、全順号、永盛染坊、同心染坊、萬順醋店、慶和館、茂盛肉鋪、春和館、聚慶軒、同順染坊、王福均、楊德山、元興号、六合春、義盛染坊、任祥雲、德成酒店、源和号、延年堂、慶成号、義和軒、/悦來号、增盛号、萬寶樓、雙盛号、義和肉鋪、義合米鋪、正興号、復興菸鋪、齡盛元、太和成、天盛布店、益壽堂、義成何、義昇号、復順成、四合館、紅杏林、大興成、慶豐局、永聚板店、王洛爽、永盛号、玉豐号、天成号、濬成永、復興炭鋪、義順炭鋪、許洛玉、蔡陳周、韓洛笑、廣裕号、/義盛隆、恒興号、劉彩章、東來号、四鎮銀行、張保光、薛希賢、城内四街、城外四關、安瀾橋鋪戶、豐盛館、隆興館、天興號、□洛茂。東關勸捐姓氏：徐化龍、齊永全、齊壽凝、齊康凝。北關勸捐姓氏：王仲環、王保清。西關勸捐姓氏：孫祇寅、張洛青。

　　南關勸捐姓氏：黄洛振、侯洛奇、侯□萬、郭來、[南蔡口]

王洛和。/樂輸各村莊：小馮村、龐口、崔家莊、蘇果莊、西留果莊、何家莊、王家坨、季朗、田村、馬果莊、劉家莊、邢家南、王福、田家左、高家莊、史家左、北沙窩、南蔡家口、北蔡家口、趙通、南圈頭、東王家莊、延福屯、南佛堂、北坎尾、/北佛堂、東王草莊、趙官左、東合家莊、魏家莊、野窪、西柳村、舊城、賀家莊、陳家莊、南馬、西莊、梅果莊、西王家莊、八果莊、連家莊、小圈丁、大王果莊、北馬、南坎尾、李果莊、北路台、楊家塢、惠伯口、南布里、良家莊、/留祥左、小王果莊、南北歸□、邊關、北辛莊、氾頭、□留左、南路台、楊家屯、□李二莊、南龍化、邊渡口、東教台、西龍化、北龍化、西王草莊、良淀、殷家莊、南連城、左家莊、楊家左、張施村、王團、邊村、尹家左、出岸、/利家口、延福村、石氏村、龐家左、東邊渡口、石家莊、賈家塢、路台管、北晉莊、三岔口、堤口、南晉莊、南莘莊、葦園屯、六合莊、六合屯、西田果莊、東田果莊、南沙窩、北圈頭、都曹口、安瀾橋、河西村、岳家左、河間韶舞班、百尺、/承取在城四街四關布施張敬久。/

　　重修城隍廟建碑跋：/

　　粵自勝國天啓四年，邑先賢文敏李公國楷、賜謚忠/□孫公承宗、太平太守劉公似鰲重修此廟，樹碑于殿前/左首，迄今我/大清道光十五年，凡二百一十三年。殿前之右，始建此碑，形/製雖不古，若視邑侯胡公所立碣，體例殊有區別。一日，兆/桐拂閱碑陰，見前人題名，□德□人，不一而足。其錚錚者，/如駙馬都尉王公昺　賜謚忠烈，李公乘雲　賜謚/節愍，魏公克家，中翰齊公養蒙，暨我韓氏先都閫公鼎□，/同族鰋侯公作楫。或□行名賢，或殉節死義，肩綱常而彪/史乘，何其盛歟？仰惟申甫[①]，從此翹襟，悵望雲天，疇其繼□/。不意重修此廟，倡義董事諸碩彥，又數姓苗裔為多。是數/姓者，非茂材異等除授輶軒，即務本課農，遺傳堂構，作□/餘力，尚似績于二百年，後圖維巨，觀差亦相垺，固不特董/勸幹濟，足膺雋選，實亦明德之後，繩武前徽，必若是而後/無愧先人也。兆桐不揣荒謬，亦黽勉從事，竝捐施，佐其□

---

① "申甫"，周代名臣申伯和仲山甫的并稱，往往借指賢能的輔佐之臣。《梁書·元帝紀》："大國有蕃，申甫惟翰。"

逮，/ 正唐張蠙詩所謂"纖草不銷春氣力，微塵還助嶽形 [儀]①"
者，/ 愧前賢遜諸公矣。雖然興起後昆，舍此奚舉？後之視今，/
當猶今之視昔，勿以韓陵片石②為漠漠也。後學韓兆桐、瑟 / 白氏
敬跋，命弟秉權書□，蔡福鐫。/

　　清苑樂輸姓氏：臧念德、王新德、賈俊峯、劉純儒、庫□□、
趙重□、/ 朱景南、劉麟趾、□□左、□安邦、□□□、/
王廷貴、胡明、劉勇、靳玉、崔廷和、□□□、/ 徐義、吳廷貴、
李貴山、石曉山、錢德符、劉□崗、/ 孫志田、司國安、馬天相、
王太、郝林一、武成、/ 王治國、洪太、郝榮、李殿邦、賈海學。/

　　邑後學韓秉權習書；石匠李玉、蔡福、張□正；木匠宋美林、
劉□□；泥瓦匠瞿殿元、陳耀宗；畫匠王□□、張順□。/

077　馬家河橫堤碑記（清道光十五年，1835）

　　題解：原碑位於高陽縣城南，刻立於清道光十五年（1835）。現碑
已佚。常先生原題、碑原題均為"馬家河橫堤碑記"，今從之。碑額 2
行，行 2 字，題曰"永遠遵行"。小篆。其碑陽拓片長 138 厘米，寬 55
厘米，凡 21 行，滿行 48 字。楷書。碑陰拓片長 138 厘米，寬 53 厘
米，為在城十五村管事人等名單，從右至左，從上至下共 7 排。劉曾璥
撰文，韓堯年書丹。劉曾璥的題銜為"乾隆甲寅科舉人、高陽縣儒學教
諭、截取即選知縣"。韓堯年，高陽人，為郡庠廩生。本碑詳述了馬家
河橫堤自明以來歷次重修及其潰堤的歷史，是反映河北地區水利工程的
重要史料。

　　按：編號 074《重修文昌閣碑序》亦由韓堯年書丹。據民國《高陽
縣志》卷一《河流》："馬家河起於縣屬趙官左村，西南有水時流經趙
官左、東田果莊、北圈頭、岳家左、蔡家口等村，北入白洋淀。""春
冬時，往往乾涸，當夏秋之際受各村暴雨輸入，則水深數尺。若逢上游

---

① 此句源出張蠙《投翰林蕭侍郎》，所缺字為"儀"。
② "韓陵片石"，又作"韓陵石"，源出唐 張鷟《朝野僉載》卷六："梁庾信從南朝初至北方，
文士多輕之。信將《枯樹賦》以示之，於後無敢言者。時溫子昇作《韓陵山寺碑》，信讀而
寫其本，南人問信曰：'北方文士何如？'信曰 '唯有韓陵山 一片石堪共語。薛道衡、盧思
道少解把筆，自餘驢鳴犬吠，聒耳而已。'"後因以"韓陵石"借指好文章。

潴龍河決口灌注，其中巨浪洪濤崩騰而下，一夕可漲十餘尺。偶爾潰決，環城各村盡成澤國。"馬家河堤，又稱"萬柳金堤"，在城南，始修於明景泰六年（1455），沿馬家河兩岸從南到北綿延三十餘里，直達白洋淀邊。

録文：

　　永遠 / 遵行 /

　　馬家河橫隄碑記 /

　　吾邑馬家河，距城東南三里許，是溏、滋、沙三水□□陰三岔口者，□博陵，歷蠡吾所泛溢波及者也。□岸有隄，自前明景泰六 / 年，至嘉靖十七年，邑令魯能、王公継宗、孫公□□，前後□□□。自岳家左，北抵同口，□□三十里而遙，萬 [曆] 四年河決，□蠡 / 之陳家臺，北注邑之西偏。冒令公守愚遍修舊□，樹柳萬株，時號萬柳金隄。□□記兩臺議於延福西衡為坊，以護邑西偏，起 / 延福迄□□□頭，可七里許，名曰橫隄，民以永賴。三十□年，河淤隄□，錢令公春增築橫隄而西三里餘，迄於留祥左之南，其舊 / □又遍築之。三十九年，橫隄潰，水薄城，周令公之藩□傾□□役，遍築之，皆載在縣志。天啓五年，河決蓮子口，水從而東，二十 / 餘年，患少弭。迨我　朝順治十年，祁州五女堤潰，水自蠡漫溓侵隄，近薄城，而東田果莊等十五村正當其衝，被害尤劇。以後 / 蠡之留氏等村，水每年溢輒侵堤，增高加厚，殆無虛歲，迄於今百八十餘年矣。夫橫隄附郭僅三里，上之為城池倉庫，所資以 / 保障，下之為十五邨，田畝廬舍所賴以環衛。倘修□不勤，一旦橫流暴漲，則城□魚沸室歎黿，沉害將不可勝言。此以舊坊為 / 無用而壞之者，必有水患，古人所以深為戒也。□修築不勤，由於人心之不齊；人心不齊，由於責成之不專；責成不專，由於當 / 事者主持督率之不力。因憶嘉慶六年水溢，七年蒙清河觀察　蔡公親勘三次，飭令在城四關及東田果莊等十五村，加高 / 培厚，修築橫隄，以護城池倉庫，保十五村田廬。今　上四年，復經　欽差程公奏定章程，十里內有隄岸所有一帶河堤，/ 責令堤內人民自行修守，免築遠隄，就近易於集事。八年，又蒙郡守　張公諭令東田果莊等十五村仍照舊章修築馬家河 / 隄埝，是有主持之者矣。

然非有督率之者，則彼山觀望，事未□集。十三年夏，我邑侯 段公^①來蒞茲土，甫下車即殷然以水利／為急務。今年自夏入秋，河自蠡之新橋陳邨決，而溢者再，水侵橫隄，不浸者尺許。 公親至勘驗數四，齊集十五村士民，諄諄／以小心防禦，各自保守為屬且令自今聿始，加高培厚，歲以為常。遣吏董其事，而不斂其費，各村民人亦復踴躍從事，荷畚鍤／負土薪，不數日而工成堅固，得免波及之□。是惟其督率力，故責成專；責成專，故人心齊；人心齊，故修築勤。士民等既喜，衆志／有成城之固。更幸我 公之從民所欲，相與以有成也。爰紀其顛末，勒諸貞珉，以垂永久云。／

乾隆甲寅科舉人、高陽縣儒學教諭、截取^②即選知縣、平津劉曾璈譔文／

郡庠廪生邑人韓堯年書丹／

道光十五年歲次乙未仲秋穀旦 在城四關西路十五村士民公立／

碑陰／

在城十五村管事人等／

西田果庄：王應徵、王深、王秀發、張尚賓、王言聖、單濟川、張茂林、王坦、單萬千、單振聲、李治平、李介福、曹□清、王振邦、蘇錦、馬濟。在城四關：李殿元、韓蕙圃、齊清臣。／型家南：鄧廷献、陳在文、陳清凝。東田果庄：王彬、張清潔、□香廷、韓□□、韓□□、李福□、趙清雲、李芬、李敏。西王草庄：李寅、張智深、劉天佑、張朝盈、于利貞、王承業。／趙貫左：魏鳳、王凌萬、王□忠、□□圖、徐慶雲、朱□□、王□□、王□□、□曾、□□千、□亭、吳□茂、王□□、郭能安、韓山、苑捷英、未信、王奎信、許文光。季郎村：胡慶、劉洛蘭、張俊、劉潔、胡洛金、田和禮、田士忠、戴殿元、祁兆奎、田琛、張德輝、王成、董萬春、李洛和、未允中、劉芳、張廷和、胡芳、張怀瑾。／南沙窩：王榮、汪振、汪學□、牛鴻儒、胡騰溪。于留左：趙定國、畢會

---

① "邑侯段公"，指時任高陽知縣段公。據編號078《重修高陽縣城隍廟碑記》，其名字爲段紹圭。

② "截取"，在清制，凡舉人考中後經三科，由本省督撫給咨赴吏部候選，稱截取。又以食俸年限及科分、名次爲資格之官員，由吏部核定其截止日期而選用，亦稱截取。

乾、王成、祁明、王平、畢俊、孫青、趙德輝。/野窩：劉聲遠、高巨川、楊錦、王遲年、楊□□、李觀之。留祥左：杜洛士、趙書美、杜青選、王博學、趙儉、李貴、王其□、趙崗。/東王草庄：田從風、田國興、崔象兌、田應元。北沙窩：張紹勳、蘇殿元。六家莊：李興若、何真、王蛾、張記正、劉榮美、劉振、王真。/六合屯：李無言、李智、李興龍、陳士哲、陳坦。何家莊：劉建功、田□聞、劉斐然、刘玉占、刘玉奉、劉繼祖、刘登山、何尚志。石工左印佩 刊。/

078　濡上書院碑記（清咸豐二年，1852）

題解：原碑位於高陽縣城內，刻立於清咸豐二年（1852）。現碑已佚。常先生原題、碑原題均爲"濡上書院碑記"，今從之。碑額2行，行2字，題曰"永垂不朽"，楷書。其碑陽拓片長138厘米，寬58厘

米，凡 12 行，滿行 30 字，爲高陽縣紳耆等申請建立書院，以及官府
准許的批復，後附書院章程；碑陰拓片長 148 厘米，寬 59 厘米。上端
中間題曰"碑陰"二字，楷書，兩邊雲紋，碑陰所議條例，開列了四
鄉捐入書院地畝花名租數，凡 5 排。濡上書院，乃清咸豐二年（1852）
由知縣楊景彬創辦，據 1999 年版《高陽縣志》第 798 頁，院址在文廟
旁義學舊址。此碑對研究河北書院問題提供了文字和實物佐證，特別是
在北方地區書院資料方面價值尤大。

錄文：

碑陽：

碑額：永垂／不朽／

濡上書院碑記　署高陽縣事楊景彬飭工勒石／

咸豐□□□月□一日高陽縣紳耆等□／

保定府正堂^①　　衙門具稟：將濡上書院章程並四鄉捐入地畝，
懇請立案，以垂／久遠。蒙批：據稟，捐資贖地，創建書院，各鄉
聞風，均願以無主、無契地畝歸／入丁數，建立書院，脩脯膏火等
用，洵爲培植人才之善舉，可嘉之至，候即飭／縣查明□畝，造記
檔冊，妥議章程，詳府立□，以垂永久可也。／

□書院章程，開列於後：／

生童每日月課、官課，定期初八日，齋課定期二十日。生童等
先期赴禮房報名，課卷由禮□備辦；／

一、山長^②脩□，每□隨時酌用；

一、山長每月薪水隨時酌用；

一、監院兩學，每月共京錢^③叁吊；

一、董事、齋長二人，每人每月京錢肆吊；／

一、禮房□□、□□，每月京錢肆吊、叁吊；

一、齋夫工食，每月京錢叁吊；

---

① "正堂"，明清時對府縣等地方正印官的稱呼。
② "山長"，唐、五代時對山居講學者的敬稱。宋元時爲官立書院置山長，講學兼領院務；明
　　清時改由地方聘請。清末改書院爲學堂，山長之制乃廢。
③ "京錢"，舊時北京通行的錢。清沈濤《瑟榭叢談》："今京師用錢，以五百爲一千，名曰
　　'京錢'。"

一、超等生員二名，每人膏火^①京錢貳吊；

一、特等生員二名，每人膏火京錢壹吊伍百；/

一、壹等生員八名，每人膏火京錢壹吊；

一、上取童生二名，每人膏火京錢壹吊伍百；

一、中取童生八名，每人膏火京錢捌 [百；

一、下取] 童生二名，每人膏火京錢伍百。/

生童月課等第、名數、膏火較少，因限於現在所入款項，俟續籌有資，再隨時加額，庶期益臻鼓舞。/

碑陰：/

四鄉捐入書院地畝花名租數開列於後^②/

---

① "膏火"，照明用的油火，此借指供學習用的津貼。《明史·楊爵傳》："兄爲吏，忤知縣繫獄。爵投牒直之，并繫。會代者至，爵上書訟冤。代者稱奇士，立釋之，資以膏火。"

② 此行爲大字。

　　另案租銀每年共征銀伍拾兩零叁錢:/上忙^①征銀貳拾伍兩壹錢伍分，下忙^②征銀貳拾伍兩壹錢伍分。/南歸還張連科等共地伍頃伍拾壹畞壹分壹厘，/每年共租錢壹百肆拾捌吊捌百文。/高家莊王春華等共地叁頃，/每年共租錢柒拾陸吊叁百肆拾陸文。/龐口村李秀德等共地兩頃零柒畞叁分捌厘伍毫，/每年共租錢伍拾叁吊肆百肆拾肆文。/史家疃胡善元等共地壹頃壹拾柒畞伍分，/每年共租錢叁拾貳吊肆百玖拾文。/南坎尾張銘新等共地□拾伍畞玖分，/每年共租錢貳拾伍吊□百玖拾貳文。/

　　北坎尾閆東山等共地壹頃捌拾壹畞柒分，/每年共租錢肆拾伍吊貳百零肆文。/北留莊劉聲遠等共地玖拾伍□，/每年共租錢貳拾肆吊貳百陸拾□文。/南龍化董開山等共地叁拾□□陸分，/每年共□錢柒吊陸□□拾貳文。/北龍化梁□□等□地貳拾捌畞柒分，/每年共租錢陸吊叁百壹拾肆文。/西田果莊王良臣等共地叁拾畞，/每年共租錢捌吊壹□文。/陳家莊陳有勳等□肆畞□□，/每年□錢壹吊貳百肆拾□文。/

　　邱家疃高奇才等共地拾捌畞，/每年共租錢叁吊玖百陸拾文。/延福屯戴志仁等共地肆拾貳畞，/每年共租錢玖吊貳百肆拾文。/季朗村張維銘等共地拾壹畞伍分，/每年共租錢叁吊陸百捌拾文。/延福村于遇明等共地捌畞，/每年租錢壹吊柒百陸拾文。/楊家塢刘□□等共地伍畞，/每年租錢壹吊陸百文。/北齊村李光奇等共地陸拾肆畞，/每年共租錢拾肆吊零捌拾文。/

　　任家疃任雨三等共地壹頃貳拾柒畞，/每年共租錢貳拾玖吊陸百肆拾文。/田家疃傅月安等共地叁拾叁畞，/每年租錢捌吊伍百陸拾文。/南□□刘鵬飛等共地玖畞，/每年租錢兩吊肆百叁拾文。/舊城村郭立等共地叁拾伍畞，/每年共租錢柒吊柒百文。/戴家莊戴華國等共地柒畞伍分，/每年共租錢壹吊陸百伍拾文。/城里韓盂喆地柒畞伍分，/每年租錢壹吊□百伍拾文。/

---

① "上忙"，清代徵收田賦，分上下二期，規定地丁錢糧在農曆二月開徵，五月截止，叫作上忙。語出清馮桂芬《與許撫部書》："大憲懼州縣之滋事，知催科之不效，遂有展緩上忙之請。"
② "下忙"，清代徵收田賦分上下兩期，下期從八月到十一月，叫下忙。

北蔡家口王景宜等地叄拾畆，/每年共租錢陸吊陸百文。/北
辛莊張芝芳等共地叄拾柒畆，/每年共租錢玖吊貳百肆拾文。/

　右共地貳拾項零柒拾玖畆玖分玖釐伍毫，共錢伍百叄拾壹吊伍百
捌拾文，内每畆准給收租人京錢貳拾文。/自咸豐五年為始，議定每年
三月□租，户交租一半，九月如數交清。此後有續捐者，載入於後。/

　□議明各地户應交租錢，每百文俱用制錢，滿數交收。至膏火
等項，均按市錢玖肆支發。所餘底數，以作書院零星雜費之需。/

079　合村公建彰義碑記（清咸豐六年，1856）

題解：原碑位於高陽縣龐口村，該村在縣東南三十里。刻立於清咸豐六年（1856）。現碑已佚。常先生原題"公建彰義碑記"；碑原題"合村公建彰義碑記"，今從之。其拓片長 110 厘米，寬 48 厘米，凡 14 行，滿行 32 字。楷書。生員張銘新撰文，李紹瀛書丹。其內容是表彰萬青李公割良田玖拾玖畝有餘捐入合村以作永久辦公之費的善舉。碑文中云"邑侯批示勒之於左"，而拓片中并無批示。文末簽有印章，爲"永錚"二字。

録文：

　合村公建彰義碑記 /

　盖聞善者慶之本，德者福之基。有善必彰，向善之心益勵；修德必報，進德之志愈殷。/茲有萬青李[公]，道光辛巳恩科武舉。鯉庭[①]秉訓，

---

① "鯉庭"，《論語·季氏》載，孔鯉"趨而過庭"，遇見其父孔子，孔子教訓他要學詩、學禮。後因以"鯉庭"謂子受父訓之典。唐楊汝士《宴楊僕射新昌里第》詩："文章舊價留鸞掖，桃李新陰在鯉庭。"

麟閣^①標名。慷慨本自家傳，施與 / 由於天性。因本村地勢滷下，戶口貧窮，雖薄賦輕徭，而差務一出，實難辦理，遂割自 / 己良田玖拾玖畝有餘，捐入合村，以作永久辦公之費。效子敬^②指囷之高風，慕善明^③ / 開倉之陰德，用解牂羊^④之困，以息牙鼠^⑤之爭。士農工商咸安其業，鄰里鄉黨共沐其 / 恩。宜達　上聞，以彰義舉。於是合村紳民人等具稟請旌，特蒙　邑侯梁父臺^⑥俯賜 / 簽批以示獎勵。洵樂善不倦之深衷，亦積德必昌之盛事。倘非著於貞瑉，何以表其 / 懿行？爰為立石垂後，永誌不忘，並將　邑侯批示勒之於左，庶爲彰善報德之一助 / 云。　再者，楊家庄向與麗口一村辦差，楊家庄差 / 徭亦在此項地畝完納 /。

　　本邑 / 生員張銘新撰文， / 生員李宸襄參正， / 李紹瀛書丹。 /
　　大清咸豐六年歲次丙辰季春穀旦 /

080　創立義田碑記（清咸豐六年，1856）

　　題解：原碑位於高陽縣西留果庄村，該村在縣東二十里，刻立於清咸豐六年（1856）。現碑已佚。常先生原題、碑原題均爲“創立義田碑記”，今從之。碑額兩行，行2字，題曰“萬古流芳”，小篆，兩邊爲雲紋，兩條龍相對向上。其碑陽拓片長135厘米，寬66厘米，凡21行，滿行37字。楷書。記載了西留果庄孫氏振宗、振邦兄弟出其恒產三十三畝，創立義田的義舉，碑末有當時高陽知縣梁父臺的批示。碑陰拓片長129厘米，寬64厘米，上部分爲三塊義田土地的位置和面積，

---

① “麟閣”，麒麟閣的省稱，漢代閣名，在未央宮中。漢宣帝時曾圖 霍光等十一功臣像於閣上，以表揚其功績。封建時代多以畫像於“麒麟閣”表示卓越功勳和最高的榮譽。

② “子敬”，指魯肅，字子敬，三國吳人。《三國志·吳志·魯肅傳》：“周瑜爲居巢長，將數百人故過候肅，並求資糧。肅家有兩囷米，各三千斛。肅乃指一囷與周瑜。”後以“指囷”喻慷慨資助。唐李咸用《古意論交》詩：“見義必許死，臨危當指囷。”

③ “善明”，即劉善明，其父懷民，仕宋，爲齊、北海二郡太守。元嘉末，青州饑荒，人相食。善明家有積栗，躬食鹽粥，開倉以救，鄉里多獲全濟，百姓呼其家田爲續命田。見《南史》卷四九《劉懷珍附善明傳》。

④ “牂羊”，母羊。《詩·小雅·苕之華》：“牂羊墳首，三星在罶。”毛傳：“牂羊，牝羊也。”《晉書·束皙傳》：“大賈牂羊，取之清渤；放豕之歌，起於鉅鹿。”

⑤ “牙鼠”，源出《詩·國風·行露》：“誰謂鼠無牙，何以穿我墉？”

⑥ “梁父臺”，指時任高陽知縣，姓梁，其名字待考。

下部分爲管事人名單。李繼曾篆額，廩生韓毓璘撰文，儒醫郭齊政敢書。此碑是反映清代義田的第一手材料，亦是清代華北地區義田較爲典型的個案，具有重要的資料價值。

李繼增，據民國《高陽縣志》卷六《人物·舉人》第 367 頁載，字省吾，號續園。清咸豐辛亥（咸豐元年，1851）舉人，同治壬戌（同治元年，1862）大挑一等。民國《高陽縣志》卷四《人物·宦業》有其小傳，言其曾任江西弋陽、浮梁、興國等縣知縣，所在政聲斐然。著有《左韜》三卷，待刊，卒於任所，鄉謚貞介先生。

錄文：

碑額：

萬古 / 流芳 /

碑陽：

創立義田碑記 /

文舉 李繼曾 篆額 /

同邑 廩生 韓毓璘 撰文 /

儒醫 郭齊政 敢書 /

嘗讀古書，見有所謂義士者，每浮一太白。誠以慷慨好施，能救人之疾苦、周人之困乏、援人手於 / 患難倉卒中，而漫無德色，以自行其所是爲不可及也。然而上下數千年間，其所謂義士者，什無 / 二三焉，而鄙吝瑣屑之徒曾不可指屈，抑又何故？豈有之而人或未之見耶？不則雖見之而仍未 / 之識耶？何相須之殷，而相遇之疏若此？雖然有之而未之見，見之而未之識，此其人終不得爲義 / 士也！所謂義士者，固未有不救人之疾苦、周人之困乏、援人手於患難倉卒中，使人頌美至於歌 / 舞、感激至於流涕，相與沒齒而不忘者也。如吾項西留果庄孫公振宗、振邦兄弟者，則誠可謂義 / 士矣！其鄉四十戶，少豐裕而多饑寒，每至歲荒，勢幾無以應胥吏。孫公兄弟家僅小康，出其恒產 / 三十三畝，遽然輸諸公，鄰里藉之辦差務，自是永爲例焉。於是鄉之人立碑以記其事。或曰："孫公 / 兄弟固所謂義士，而非好名者也，不忍鄉受胥吏之擾，故爲之拯其急，設因此而獲名，使于後世 / 疑其有市美意，此大感也，其鄉人於是乎不善報孫公。"吾曰："否！否！當今之時，如孫公兄弟者幾

人 / 哉！權子母^①以倍人之息，操左券^②以取人之償。流離不相顧，骨肉成路人，利害如毫髮，朋友至割席^③，/ 如是者比比然。使其至碑之下，讀碑之文，曉然扵義士之行事，當必有面熱耳赤，而輒思改計者，/ 則孫公之惠，又豈施及一世歟！”故余為之記。/ 梁老父臺^④批云：急公向義，鄉里所難，樂善好施，編珉恒少，求其睦婣、任恤，^⑤比戶休風，恒不數數覩也。/ 吾自下車以來，聞通邑僅數村，各有善人牌匾。考其行事，而好施之心亦如孫翁二人者。此風一樹，/ 鼓舞人心，葦薄從忠，咸敦古處，民風將蒸蒸日上矣！

---

① “子母”，猶言本利。子，利息；母，本金。唐柳宗元《道州文宣王碑》：“立廩以周食，圃畦以毓蔬，權其子母，贏且不竭。”

② “左券”，又稱“左契”。古代契約分爲左右兩片，左片稱左券，由債權人收執，用爲索償的憑證。《史記·田敬仲完世家》：“公常執左券以責於秦韓。此其善於公而惡張子多資矣。”

③ “割席”，南朝宋劉義慶《世説新語·德行》：“管寧、華歆……又嘗同席讀書，有乘軒冕過門者，寧讀如故，歆廢書出看。寧割席分坐曰：‘子非吾友也。’”後以“割席”謂朋友絕交。

④ “梁父臺”，又見於編號080《合村公建彰義碑記》，其名字待考。

⑤ “睦婣”，亦作“睦姻”。睦婣、任恤，語出《周禮·地官·大司徒》：“二曰六行：孝、友、睦、婣、任、恤。”鄭玄注：“睦，親於九族；婣，親於外親。”“任，信於友道。恤，振憂貧者。”後因以“睦婣”謂對宗族和睦，對外親親密。任恤，謂誠信并給人以幫助同情。

親題匾額，以表門閭，庶幾永垂不朽焉。/

咸豐六年歲次丙辰季冬穀旦/

碑陰：/

西刘果庄村東廟北東西地壹/段九畝零四厘七毫，/計開長可壹佰零四工半，/寬可弍拾工零四尺/叁，可仝①下地行粮；/村西硝池子地壹段弍拾畝，/計開長可壹佰五拾五工，/東寬可叁拾壹工四尺弍/寸，中寬可叁拾壹工壹尺/柒寸，西寬叁拾工零壹尺/柒寸，下地行粮。/村西地壹段四畝，/計開長可壹佰五拾工，/寬可六工弍尺/叁，可仝大粮。/

管事人：武舉解友龍、解兆書，武生解漸鴻，監生王尚忠、張士敏、解清太、王玉柯、解德一、王永川、張殿魁、宮繼宗，武生高尚桓，監生王登山、賈志遠。/

村中日後斗秤開買用，不開賣用。/

081　王延年施舍義田碑記（清同治四年，1865）

題解：原碑位於高陽縣西田果莊村，該村在縣西南三里。刻立於清同治四年（1865）。現碑已佚。首題無，常先生原題"王氏家祠碑記"；今據碑文改擬。碑額2行，行2字，題曰"永垂不朽"，小篆。其碑陽拓片長145厘米，寬53厘米，凡17行，滿行47字；碑陰拓片長137厘米，寬53厘米。楷書。蔣會圖撰文，王鶴年書丹，縣學增廣生王引年篆額。蔣會圖，蠡縣人，其題銜爲"同治甲子、乙丑聯捷進士分發江蘇即用知縣"。此碑主要記述了西田果莊村王延年施舍義田七段共地三十四畝半，以作全村一切公務雜票之用，全村士民感念其恩德，故立此碑。碑陰詳細記錄了全村每年的開支、王延年施舍的地畝座落清單、經管地畝支發錢文人、闔村管事人等。

錄文：

碑陽：

碑額：永垂/不朽/

---

① "仝"，"同"的古字。相同，一樣。唐盧仝《與馬异結交詩》："昨日仝不仝，异自异，是謂大仝而小异。"《廣韻·平東》："仝，同古文。"

　　西田果莊閣村為王延年施舍義田以為合村一切公務雜票之用，合村士民具禀報官，蒙 /

　　欽加知州銜署高陽縣正堂加一級紀録十次隨帶加二級王老父台批：準其勒石以垂久遠。/

　　同治甲子、乙丑聯捷進士分發江蘇即用知縣蠡邑蔣會圖撰文王鶴年書丹 /

　　縣學增廣生王引年篆額 /

　　古者五族①為黨，五州為鄉，睦婣、任恤之風，由來尚矣。顧慕乎婣睦之名，未必見諸實事；襲乎任恤之跡，徒以記諸空□。即 / 有力矯此弊者，或有無相濟，不能盡閭里而問饑寒，則小惠難徧也；或緩急相通，不能綜比閭而慰疾苦，則私恩難□也。/ 求一盡乎婣睦之實，充乎任恤之量者，恒戛戛乎其難之。惟王君壯齡有足多者。王君名延年，壯齡其字，世居陬陽西田 / 果莊。以宿儒而入國學，忠厚傳家，孝友成性。其弟長年，字縣齡，亦謹慎無失，克盡弟道。至好善樂施，兄弟有同志焉。其 / 祖母在時，諄諄相勖，勿以鄙吝而違遜讓之風，勿以刻薄而虧敦睦之誼。王君敬而誌之，不敢忘。故於鄉黨間，濟困周急，□ / 以為常。然其心猶缺然，不自足也。村中正賦之外，舊有差徭諸項，費用浩繁，雖合村樂於輸將，而財力維艱，豐年尚可支 / 持，荒年遂受拖累。王君見而惻然，遂請於 太孺人，並與其弟縣齡商議，共施膏腴之田叄拾肆畝半，以為合村雜色差 / 徭之用。在王君視為分中之故，並非格外之施，然鄉黨之受其益者，恐後人之忘所自也，更欲聞風興起者，知所則傚也。/ 願勒貞瑉，以旌芳行。屬予為文以誌之，且示諸後世，永遠遵行。猗歟休哉！何道之隆哉！自此差徭一出，依限而納，何待追 / 呼？□期可完，無須催討，將見為士者安於食，舊德為農者安於服，先疇為工者安於利，器用為商者安於通貨財。縣有□ / 治之官，巷無夜呼之吏，父老子弟均各安然，其為安樂莫踰於此。自有此舉，庶幾一人倡之，衆人從之，一家行之，一鄉傚 / 之。里

---

① "五族爲黨，五州爲鄉"，源出於《周禮·地官·大司徒》。原文作 "令五家爲比，使之相保。五比爲閭，使之相受。四閭爲族，使之相葬。五族爲黨，使之相救。五黨爲州，使之相賙。五州爲鄉，使之相賓"。

仁^①為美，比户可封，風俗蒸蒸日上矣。予因為文，以垂不朽。/

大清同治四年歲次旃蒙赤奮若涂月中澣之吉　　勒石 /

碑陰 /

計開合村每年應交西街地方差務錢文，每年照舊章，不論閏月與否，交京錢叁拾九吊六百 / 文，按十二次交，每次交錢三吊三百文。一年雜票照舊章，共該錢五吊零四十文，按十二次交，/ 每次交錢四百二十文，交□頭應擋雜票。/

地畝座落清單：/

一段座落在村西南東西民地一段九畝，當價京錢二百四十四吊五百文，中地行糧；

---

① "里仁"，謂居住在仁者所居之里，與仁人爲鄰。《論語·里仁》："里仁爲美。"何晏《集解》引鄭玄曰："里者，仁之所居。居於仁者之里，是爲美。"陸德明《釋文》："里，猶鄰也。言君子擇鄰而居，居於仁者之里。"晋潘岳《閒居賦》："訓若風行，應如草靡。此里仁所以爲美，孟母所以三徙也。"

又一段座 / 落在村南東西民地一段六畝，當價京錢一百六十五吊，下地行糧；又一段座落在村南東西民地一 / 段九畝，當價京錢二百吊整，下地行糧；又一段座落在村南東西民地一段五畝，價錢□百吊整，下地行糧；/ 又一段座落在村東東西民地一段三畝半，上地行糧；又一段座落在堤東圍子一畝，當價京錢四十二 / 吊，夥井一眼；又圍子一段一畝，當價京錢二十四吊，夥井一眼，兩段俱上地行糧。以上七段，共地三十四畝半。/

經管地畝支發錢文人：/ 王墨林、/ 駱文瑞、/ 王聖祥、/ 單清明。/

日後倘有攬種地畝、霸租 / 累地者，許合村人送官 /

閤村管事人：/ 侯益友、王藝通、王□□、曹玉柱、朱懷珍、曹芝軒、/ 蔣穎川、單近仁、李純磓、苑登文、□登□、單鳳九、/ 胡興業、侯蔭棠、單錦、單魯珍、單文炳、單騰輝、/ 張連□、趙德順、郭丹艭、單巨溥、李振山、馬步雲、/ 王潛光、王玉生、王茂齋、侯合天、侯統星、王士奎、/ 王亭望、王調元、王覲光、侯洛純、侯興平、侯祥集、/ 王良辰、王雙全、張桂林、陳洛本、張席珍、王萬銓、/ 王賡平、王勳、王端□ / 仝立。/

082　例贈修職郎貤贈儒林郎吳君行一（士□）墓志銘（清同治九年，1870）

題解： 原碑位於高陽縣北路台村，該村在縣西南十五里。刻立於清同治九年（1870）。現碑已佚。常先生原題"吳氏墳墓碑記"；碑原題"例贈修職郎貤贈儒林郎吳君行一墓志銘"，今從之。碑額 2 行，行 2 字，題曰"德裕後鼎"，小篆。其拓片長 123 厘米，寬 51 厘米，凡 16 行，滿行 35 字。楷書。王調元撰文，張彝憲書丹。王調元、張彝憲二人均為高陽縣北路台村人，壬辰恩科舉人。碑末簽有印章，其文字曰"金鎖"二字。墓主士□，字鳴九，碑首所云之"行一"當亦為其表字。此墓志記述了墓主的生平，但主要筆墨則是言其二子的德行。

録文：

碑額：德裕 / 後鼎 /

例贈修職郎貤贈儒林郎吳君行一墓誌銘 /

君諱士□，字鳴九，邑之望族也。先世小興州人，明永樂間，遷於蠡，遂家於蠡，世有令□□□/□令望焉。□一生之嘉言懿行，難以枚舉。其事親孝，臨財義，教子嚴，里人豔稱之。君誠非□/也。君生子二：曰 汝蘭，字馥遠，太學生，公舉孝友，貤贈儒林郎；曰 汝蕙，字芳遠，公舉孝□，/贈儒林郎。邑侯胡、學政王均，賜匾額。其公舉，余實與列，非從眾也。余與二公俱相善□/言行，每造廬焉。見其父子之間肅而雍，兄弟之情懇以摯。太公之教誨，顯易周詳，二公之□，/如出一轍。厥後太公棄世，而二公之奉行尤善焉。馥遠公性寬厚，長文章，洞物理，善誨□，/□門人里□有失所者，無不矜恤而開導之。即乞人上門，必教以生活之計。其於 芳遠公/□□□難，更有不

能殫述者。因所愛及其不愛，北海[1]高風未必過也。芳遠公性方嚴好□，/里人有為財物爭鬧者，無不破貲以求解和。其教子姪規矩周越，不行即繼以怒，然雖盛怒，/一聞 馥遠公之聲息，輒熙洽焉。祗厥父以恭厥兄，西山雅□，詎多讓乎？嗚乎！二公之行□/鳴九公之教耶？二公之天性耶？其二公之天性，其鳴九公之教也。迄乎二公相繼云□，/父子兄弟之□聲泣笑，常遇諸心目焉。以是並述

① "北海"，即孔融，字文舉。漢末文學家，建安七子之一。因其曾任北海相，故稱。性好賓客，賓客日盈其門。他常歎曰："座上客常滿，杯中酒不空。"參見《後漢書·孔融傳》。

之，以冀永存云。銘曰：喬梓並茂兮，不愧□□；/華萼相□兮，一室呈祥。哲人已往，令我傍徨。勒之貞珉，没世不忘。/

同里壬辰恩科舉人　王調元撰文 /

同邑壬戌恩科舉人　張彝憲書丹 /

大清同治九年歲在庚午春叁月穀旦 /

083　皇清國子監太學生顯祖考葛□君諱清泰字永安享年八十一壽墓志（清同治九年，1870）

題解：原碑位於高陽縣北路台村，該村在縣西南十五里。刻立於清同治九年（1870）。現碑已佚。常先生原題"葛氏墳墓"；碑原題

"皇清國子監太學生顯祖考葛□君諱清泰字永安享年八十一壽墓志"，今從之。碑額 2 行，行 2 字，題曰"永垂不朽"，小篆。其拓片長 135 厘米，寬 56 厘米，凡 15 行，滿行 28 字。楷書。此墓志主爲葛清泰，墓志爲其孫所立，與一般墓志内容不同的是，此墓志首題中載志主姓名、字號、生年等，正文中未敘述志主生平事迹，而主要敘述葬先祖於新塋的原因。

録文：

碑額：永垂 / 不朽 /

皇清國子監太學生顯祖①考葛□君諱清泰字永安享年八十一壽墓誌 /

嗚乎！事有曠百世而如出一日者，非特有承先之人，而特有啟 / 後之命也。吾先祖於本年二月初四日壽終，不孝襄吾兩叔竭 / 力喪事，穆卜三月初一日，葬先祖於新塋，非故遷也，尊祖命也。/ 因

---

① "顯祖"，舊時對祖先的美稱。《尚書·文侯之命》："父義和，汝克紹乃顯祖。"《晋書·樂志上》："皇皇顯祖，翼世佐時。"

勒石，以垂示後昆焉。先祖妣徐孺人，生吾父兄弟三人及吾/姑姊妹二人。吾父早去世，継祖妣李孺人無所出。二祖妣俱先/吾祖而壽終，均葬祖塋之次。先祖在時，屢指吾先祖、継祖妣之墓，而/囑不孝曰："此塋地勢雖旺，而穴道甚隘，日後予欲葬於原塋之/左，將爾兩祖妣各書靈牌與吾合葬。"然此雖係祖命，而於不孝/心總未安。及先祖壽終，不孝徧訪親族、耆老及縉紳先生，皆云/遺命可遵，况新塋與舊塋接壤，不遷其柩，而遷其神，與同穴無/以異。不孝即於先祖考、祖妣之墓前各立礦誌，俾我後世子孫咸知/吾先祖考之墓與吾先祖妣之墓不合葬之有由然也。不孝匍/匐哀號，跪書其事於石，以示後人不忘云爾。/

同治九年歲次上章①敦牂皋月上浣穀旦　立/。

084　忠義題名碑（清同治十年，1871）

題解：原碑位於高陽縣文廟。刻立於清同治十年（1871）。現碑已佚。碑原題、常先生原題"忠義題名碑"，今從之。楷書。碑額2行，行2字，題曰："忠義題名"，楷書。其拓片長137厘米，寬60厘米。文字磨泐難識。

碑額：忠義/題名/

高陽縣為忠義題名事：照得同治六七兩年□匪捻□迭擾高陽縣[境，狼奔豕]突，到處□□。所有紳民人等，或□□□□/

明，按□造冊，詳蒙　爵督憲曾②　奏奉/

諭旨（上曰）："均着照所請，交部分別旌卹，欽此。欽遵行知到縣。本縣查閱卷内原報，該紳民死事情形，殊堪憫惻，除將節烈□□□□□（後殘）/姓字，泐諸貞瑉，以垂永久。"

□□

庠生：齊奎喜、李鈺、□國□、王允□、郭有倫、劉廷光、瞿□□、史秉□、張□□、□明、□□□□□/、□洛□、□仁、史

---

① "上章"，十干中"庚"的別稱，用以紀年。《爾雅·釋天》："（太歲）在庚曰上章。"敦牂，古稱太歲在午之年爲"敦牂"，意爲是年萬物盛壯。《爾雅·釋天》："（太歲）在午曰敦牂。"

② 爵督憲曾，當指時任直隸總督曾國藩。

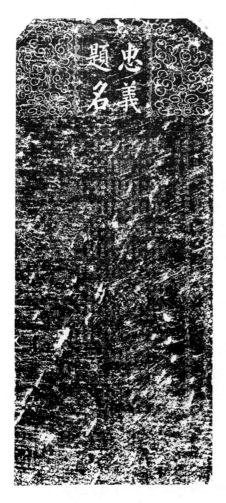

□□、史秉思、李春和、李國安、李樹德、李崇德、牛麻子、王□、□本固、蔡□□、□□□□□、/牛清源、牛□、史□、史禿子、齊□、□洛紅、侯洛□、侯□、李同德、侯□、□□□□□、/侯山、績鎖、侯進、侯二禿、侯洛芬、□□、王元、馬遜、王全、張中、張印堂、□□□□□/、侯向□、潘有、齊鴻業、魏成□、張群、于漢□、□□□□□、/□三、劉有、張四、晁□新、□□、辛洛恩、張小二、李□、晁六、王十三、□□□□□、/王年、張狗、侯祥集、侯老、侯振□、侯□□、□松□、□□、□□□、張洛壽、戴葉小、杨□盛、張□、□□□□□、/張洛辉、張洛開、祁懷子、張小二、侯□□、□□□、趙杏標、田□□、王馬、葛□山、馮□□、□□□、張□亭、□□□□□、/

陳洛□、伍瑞和、陳洛星、陳山得、陳□、郭刁、劉浴福、□□欽、陳炳蘭、陳洛台、陳小二、陳□□、陳好□、□□□、陳洛□、□□□□□、/陳□、郭祿、程國瑞、辛恩義、侯林、白壽仙、白法、□□、白錦堂、白國瑞、趙老、王□、白吟閣、白□喜、李玉柱、□□□□/□/ 梁夫□、楊謨、楊來、楊連登、李詮、劉齊達、□□雄、□□□、□玉□、于□□、郭□□、□保太、蔡□□、陳□□、□□□□□□、/陳柏、于□山、劉曾、伍□昭、陳黑子、郭天、□□彬、□□巴、閆□□、韓□山、劉□□、王洛懷、王大□、□□□□□、/柴□□、□□□、王致中、王夫□、□老、王順、王毛子、□银、李□、李□□、□□□、陳福□、陳□、張義、

□□□□□、/劉□□、張洛榮、王福□、趙虎、吳二倉、□□、楊
保、張□、尚□□、王大壯、戈洛良、□成先、田□、□□□□□。/
　　欽加運同銜候補知州署高陽縣事南豐趙□□
　　欽加五品銜在任候選知縣高陽縣教諭□□□□候□□
　　欽加光祿寺署正銜高陽縣訓導□□□若□
　　在任候□主簿高陽縣典史□□□□□
　　□□□□本邑□□□□□
　　膳生本邑□□□□□
　　大清同治十年歲次辛未仲□上□

085　公務碑記（清同治十年，1871）

　　題解：原碑位於高陽縣趙通村，該村在城東北三里。刻立於清同
治十年（1871）。現碑已佚。常先生原題、碑原題"公務碑記"，今從
之。碑額2行，行2字，題曰"永垂不朽"，楷書。其碑陽拓片長136
厘米，寬60厘米，凡16行，滿行37字。由邑人縣學增廣生王芝田書
丹。主要記述了趙通村因數年來連遭荒旱，兼之兵燹，民生日蹙，物
力維艱，爲了解決公務支出的難題，同鄉諸公商議將村邊兩井、枯樹數
株售賣，以爲生息之術，并訂立章程。碑陰拓片長135厘米，寬67厘
米，爲管事人等名單，字迹模糊不清，最後一排字完全看不清了。

　　録文：

　　碑額：永垂/不朽/

　　公務碑記/

　　蓋自古無不愛民之政，亦無不便民之政。於便民之中，而能自
得其公便者，其良法美意□可垂/爲後世法。茲縣城東北趙通村，
地雖叢爾，憶當隆盛時，隸民籍者殆百餘戶，故於□賦正供，其
輸/將恐後，固因民俗之殷盈，即雜項差徭亦必踴躍爭先。措之而
裕如者，要皆物力豐裕使然也。乃/自數年來，連遭荒旱，其逃竄
餬口而外，僅存者不過數十家，又兼兵燹之餘，民生日蹙，物力維
艱，/每當公務，按月雜出，雖非成例，亦屬常規。胥隸則督課惟
嚴，輸納則資力多窘，井里中莫不□□/憂之。茲同鄉諸公會議，

將村邊兩井、枯樹數株售賣，以為生息之術。酌議章程，有出券契者，□可 / 借用，所得利息，以濟公務。設有吞使不償及借而不出息者，許將所質之地秉公典賣。不遵□約，/ 則闔村呈縣共質。至廟中雖有香火地五□餘畝，仍為香火之資，而辦公之費不與焉。所議闔村 / 管事人等，必各司其事，亦不得因避嫌退諉。而同鄉父老，莫不翕然樂從，共為公便。善哉！此舉誠 / 公便也。上可報 / 朝廷子民之德，□力不□；下可免闔門丁役之征，脂膏不竭。追呼莫擾，耕鑿胥安，使後之君子世世 / 奉承，永無廢弛。其良法美意，詎有窮極歟？爰勒貞珉，以垂不朽。/

邑人縣學增廣生王芝田書丹 /

石工王□然鐫石 /

同治十年歲次辛未痟月上浣　穀旦 /

碑陰 /

管事人等：/ 武□：李□隆；盤生：田致遠、田省三；文生：

孫惕三；天文生：王錫疇、田致忠、□鴻儒、□嶺南、劉苟雲、喬
西成、田玉璽、張翠亭、王□山、田有□、張□□、□善儒、/田
墨林、程□遠、李□□、張文清、王景川、□涛溪、趙俊義、李純
修、張廷、周墨林、王書林、王瑞祥、王繩武、劉振宗、□□一、
程焕章、/田宗齊、□在中、田□侯。

　　幫貼北街地方錢每月□錢[1]壹吊八百文，方土錢壹吊三百文，
五道□票錢兩吊五百，背桌子錢三百，抬春牛錢二百。錢糧係閤村
□，貨夫錢五百文。/

　　（後殘）

086　節烈題名碑（清同治十年，1871）

　　題解：原碑位於高陽縣文廟，刻立於清同治十年（1871）。現碑
已佚。首題無，常先生原題"節烈題名碑"，今從之。碑額2行，行
2字，題曰"節烈題名"。其拓片長150厘米，寬58厘米。楷書。撰
者不詳，蓋爲時任知縣趙秉恒。韓□亮書丹。韓□亮，高陽人，廪膳
生。原碑乃署高陽縣事趙秉恒等人所立，以紀念同治六年和同治七年間
（1867~1868）因西捻軍兩次圍攻高陽縣而死於戰亂的本縣婦女。碑中
共開列了114名死難婦女的姓氏，其中已婚女子80人。在一些人姓名
之下，以小字注明其身份，本書在録文時小字部分以（）加以標注。關
於捻軍進攻高陽之事，當時的高陽知縣爲張恩旭。據民國《高陽縣志》
卷三《人物》"張恩旭"："佚其籍貫，以名進士令高陽，多惠政。清同
治七年，捻匪擾畿南，公與邑紳協力，晝夜守城，不稍懈。適有劉總兵
景芳率隊至，尤資協助，城賴保全，至今稱之。"

　　録文：

　　碑額：節烈/題名/

　　高陽縣　為節烈題名事：照得[2]同治六、七兩年匪捻□迭擾高
陽縣境，狼奔豕突，到處□□。所有婦女人等，或守貞而死烈，
或全節以喪生，□□□張□查/明，按口造册。詳蒙　爵督憲曾

---

① "錢"，用符號表示的。下同。
② "照得"，查察而得。爲舊時下行公文和布告中之常用詞。

奏奉①/諭旨："均着照所請，交部分別旌卹，欽此。"欽遵行知到縣，本縣查閱卷內原報，該婦女死事情形，殊堪憫惻。除將忠義紳民另行題名，彙總入祠外，理合將節烈婦女姓/氏泐諸貞珉，以垂永久。/

計開：/

李戴氏、劉田氏、于韓氏、王王氏、王李氏、侯石氏、王王氏、趙張氏、侯李氏、/侯常氏、張胡氏、王蔡氏、王高氏、王齊氏、張賈氏、陳孫氏、李李氏（李□之妻）、程程氏（程立清之妻）、/劉劉氏（劉□之妻）、李李氏（李洛維之妻）、馮王氏（馮洛壽之□）、禹劉氏（禹□長之□）、劉氏（劉□□之妻）、張張氏（張□□伯母）、王何氏（王□□□□妻）、趙張氏（趙桂林之妻）、王王氏（王樹林之妻）、/田劉氏（田□□之妻）、白楊氏（白夢齡之妻）、陳陳氏（陳牛之母）、張戴氏（張□之母）、張薛氏（張洛瑞之妻）、張張氏（張□□之妻）、王張氏（王宗□之妻）、王邊氏（王□□之妻）、許張氏（許忠之妻）、/劉侯氏（劉□珍之妻）、王王氏（王惠之妻）、張牛氏（張□峰之妻）、陳張氏（陳□元孫媳）、王王氏（王鳴飛之妻）、伍喬氏（伍會林次媳）、于楊氏（于洛□之妻）、陳李氏（陳□之妻）、郭蔡氏（郭刁之妻）、/陳王氏（陳好□之妻）、陳劉氏（陳朋之妻）、陳閆氏（陳合之妻）、陳劉氏（陳□□之妻）、伍呂氏（伍會林之妻）、蔡□氏（蔡榮之妻）、伍白氏（伍□友之妻）、陳阮氏（陳□□之妻）、陳李氏（陳□□□□）、/孫王氏（孫士封之妻）、楊楊氏（楊□南之妻）、李劉氏（李斐然之妻）、張周氏（張三重之妻）、王王氏（王永□之妻）、王戴氏、謝呂氏、李董氏（李璿之妻）、李張氏、/馬張氏、馬氏、陳孫氏、錢氏、白王氏（白□芬之妻）、劉王氏、趙史氏（趙□之□）、王王氏（王翠之妻）、劉氏（劉□□之妻）、/劉氏（劉仲之妻）、晁氏（晁玉新之妻）、蔣氏（蔣二門之妻）、某氏（辛敬盈之妻妹）、劉□氏、齊何氏（齊□□之妻）、張大姐（張浩然之女）、張乙姐（張長清之女）、楊多姐（□□□之女）、/楊申姐（楊□□之女）、李領姐

① "爵督憲曾"，指時任直隸總督曾國藩。同治五年（1866），曾國藩奉旨進駐周家口，以欽差大臣的身份，督師剿捻軍。同治七年（1868），改任直隸總督。所謂"爵督"，因他攻陷南京鎮壓太平軍之功，被封爲一等侯爵。

（李士里之女）、王經姐（王□和之女）、王荷姐（王河中之女）、楊三姐（楊□孫女）、侯□姐（侯□□之□）、張成姐（張□城之女）、陳妞姐（陳牛之女）、蔡二姐（蔡□□之女）、/□□姐（□會□之孫女）、陳大姐（陳合之長女）、陳二姐（陳合次女）、陳寶姐（陳□□之女）、胡月姐（胡□之女）、張大姐（張□□之□）、常敬姐、王姐（王清□之女）、韓姐（韓九之女）、/王姐（王百之女）、陳姐（陳□□之女）、張八姐（張秋長之女）、晁五姐（晁□□之女）、牛吟姐（牛□□之女）、張三姐（張明之□）、魏七姐（魏□□之女）、王大姐（王□□之女）、陳五姐（陳□之女）、/于六姐（于保元之女）、于芹姐（于懷瑾之女）、蔡芸姐（蔡洛志之孫女）、陳七姐（陳好□之女）、解李氏、解趙氏（解□□之女）。

欽加運同銜候補知州署高陽縣事　南豐趙秉恒 /
欽加五品銜在任候選知縣高陽縣教諭　威縣張康侯 /
欽加光祿寺署正銜高陽縣訓導　灤州李若樾 /
在任候升主簿高陽縣典史　蕭山沈昌本 /
候選九品本邑韓□　熹督工 /
廩膳生　本邑韓□亮書丹 /
大清同治十年歲次辛未仲□□澣穀旦。/

087　重修圈頭橋记（清同治十一年，1872）

題解：原碑位於高陽縣東南北圈頭村，刻立於清同治十一年（1872）。現碑已佚。常先生原題"重修圈頭橋碑"；碑原題"重修圈頭橋記"，今從之。碑額2行，行2字，題曰"流芳千古"，小篆。從拓片來看，碑左下角缺。其碑陽拓片長173厘米，寬79厘米，凡22行，滿行40字。碑陰拓片長139厘米，寬69厘米，凡4行，滿行12字。楷書。趙秉恒撰文，王沐尊書丹。趙秉恒，南豐人，其題銜爲署高陽縣事。編號086《節烈題名碑》即其所立。圈頭橋在高陽縣東南北圈頭村，其介紹見前。據編號020《重建高陽圈頭□□同橋梁記》、066《重建圈頭橋碑記》，此橋曾於明朝嘉靖三十九年（1560）重建，清乾隆四十三年（1778）重修，此次爲第三次較大規模的重修。此碑主要記述了圈頭橋的歷史及同治十一年重修的緣由，特別是詳述了同治十年（1871）的水患，是反映河北地區乃至華北地區水文的重要資料。碑陰爲高陽知縣趙秉恒關於此橋的訓令。

録文：

碑額：流芳／千古／

重修圈頭橋記／

嘗聞士大夫以利濟爲懷，矧地當衝要，行旅有跋涉之虞，司其土者，宜如何力圖而使之坦行也。邑東南／有圈頭橋，本名大同橋，因在圈頭河，故俗謂之圈頭橋。建自前明嘉靖間，後重修，更名曰"宏濟"。歷年既遠，／廢已久矣。余筮仕直省需次^①幾二十年，捧檄往還，迭經其處。蓋南北通衢，冠蓋輪蹄、行旅往來之孔道也。／橋既廢，率取道徑由其下。每遇大雨，夏秋積潦，遠近苦之。余嘗目擊，惻然而有志，未逮者十餘年。庚午^②冬／，來權斯篆，會供帳頻□，未暇及此。辛未^③暮春，邑衿請□築潴龍河隄，余以爲可備水患、衛田廬。於是，信宿／河干，督其工，且捐廉以

---

① "需次"，舊時指官吏授職後，按照資歷依次補缺。宋樓鑰《送袁恭安赴江州節推》詩："九江需次幾年，去去淥水依紅蓮。"清李慈銘《越縵堂讀書記·守默齋雜著》："應祺以監生得官，後需次江西，嘗署吉南贛寧道。"參閱清袁枚《隨園隨筆·官職下》。

② "庚午"，指清同治九年（1870）。

③ "辛未"，指清同治十年（1871）。

充其用。及五月既望①，所築各隄口正居合龍，而大雨傾注，兼旬不止，上游河水漲／漫，勢如建瓴，所在汪洋，莫辨其涯涘，橋下大道亦波及而過顙矣。詢之父老，皆謂數十年所未見者。被水／村莊，共四十餘處，雁嗷惻耳，鶴警②疚心，不覺淚涔涔滴。遂陳情廩請，分別蠲緩賑撫。時直省被水七十餘／州縣均蒙 大府入 奏，發帑粟，以工代撫。是時，水勢漸緩，各口甫克合龍。既得所發，乃加工培厚河隄，／挑濬河道，因而重修城垣，添建城樓，重修書院，增蓋生舍以及舊倉、龍王廟。各等工同時並舉，尚有不敷／者，則又分廉勸捐，以補足之。幸民情踴躍趨事，告成有日矣。因念此橋為往

① "既望"，周曆以每月十五、十六日至廿二、廿三日爲既望。後稱農曆十五日爲望，十六日爲既望。《尚書·召誥》："惟二月既望。越六日乙未，王朝步自周，則至豐。"孔穎達疏："周公攝政七年二月十六日，其日爲庚寅，既日月相望矣。於已望後六日乙未，爲二月二十一日。"

② "鶴警"，謂鶴性機警。語本《藝文類聚》卷九十引晉周處《風土記》："鳴鶴戒露，此鳥性警，至八月白露降，流於草上，滴滴有聲，因即高鳴相警，移徙所宿處。"唐王勃《梓州郪縣兜率寺浮圖碑》："宵汀鶴警，乘鼓吹而齊鳴；曉峽猿清，挾霜鐘而赴節。"

來要道，復於紳耆中擇董令／選材購料興工，以責其成。越月
餘，而蕆事。紳耆等請記，勒諸石。余謝不敏焉，繼而思之，是
役也，居者利其／便，行者忘其勞，亦利濟之一端也。且余十數年
之志願，一旦將釋然於懷，藉非賴　上之涵煦所被，何克／臻此哉？
又烏可不記？然此河來自蠡縣，居邑上游，故要害皆在蠡境，惟願
神靈默佑，使蠡河永無漫決，／則吾邑百姓不致受浸灌之害，而此
橋亦無冲刷之憂。更冀後之為理者，有同志焉。復隨時體察，而保
護／之，斯利濟之及人愈歷久，而彌長也。是為記。／

　　署高陽縣事南豐趙秉恒撰文／

　　六品軍功邑增生王沐尊書丹／

　　邑庠生齊□□，／六品軍功韓熹，／邑庠生張元熙，／邑庠生王
□宗，／民人□□邦／等五人監□。／

　　大清同治十一年歲在壬申仲春□□重建／

　　碑陰

　　橫批：正堂示

　　橋座重修平坦，利人遄行來往。／禁止村民人等，不許登橋撒
網。／嗣後各宜懍遵，捕魚莫在橋上。／庶免泥淖難行，故違拘拿
枷杖。

088　許希賢功德碑記（清同治十三年，1874）

　　題解： 原碑位於高陽縣南沙窩村，該村在縣西南二里。刻立於清同
治十三年（1874）。首題無，常先生原題"許氏家祠碑記"，今據碑文
改擬。現碑已佚。碑額2行，行2字，題曰"萬古流芳"，楷書。周邊
爲花枝紋飾，碑身周邊爲幾何紋飾。其拓片長138厘米，寬55厘米，
凡13行，滿行31字。楷書。下端磨泐較甚，左下角爲管事人名單，
爲小字。癸酉科（清同治十二年）舉人梁士俊撰文，張彤旭書丹。家祠
即祖廟，宗祠。此碑主要記述了許希賢以己身之身價公諸一鄉之公差，
於同治十三年當旗地一頃八十□□□／五百六十吊，交與村中持重者，
歲歲討租五十四吊，爲濟公之備的義舉。其與編號143《許希賢功德碑
記》（民國十年，1921）內容相同，互爲參考。

録文：

　　碑額：萬古／流芳／

　　盖聞古之人輕財好義，以濟時艱，此吾披閱於典冊間，而不禁慕其高風□□／誼也。乃流俗至今，趨利者多，急公者少，無論其財用，不足，即富厚之家□□□／恤之心，且嘗以稱貸與人，以營求田産；其不知足者，寔囿於末俗澆漓之□□□／和親康樂，相保關哉。況南沙窩村人多貧寠，地鮮肥饒，更當公務太□□□□／入，而猶不能供。斯時之迫於無可如何者，大抵如斯矣。獨有許希賢舉□□□／年即以己身之身價公諸一郷之公差，於同治十三年當旗地一頃八十□□／五百六十吊，交與村中持重者，歲戢討租五十四吊，為濟公之備。久後□□□□／或製田産，或製庄基，無一不可，惟是人皆有賴，捍吏不能擾於閭門，□□□□／之勝舉乎？所以合村人等，莫不頌德，感情公議，垂碑録善，厥後芳名□□□□／聞吾，願見此碑者，當以此為鑑焉。／

　　癸酉科舉人梁士俊　撰文／

　　張彤旭　書丹／

　　管事人：／胡□□、／胡□□、／胡□□、／胡□□、／王□□、／王□□、／牛定□。／

　　同治十三年歲次甲戌孟春　穀旦書／

089　重修關帝廟碑記（清同治十三年，1874 年）

題解： 原碑位於高陽縣，刻立於清同治十三年（1874）。現碑已佚。常先生原題、碑原題 "重修關帝廟碑記"，今從之。碑額 2 行，行 2 字，題曰 "萬古流芳"，小篆，碑額螭龍紋。其碑陽拓片長 110 厘米，寬 55 厘米，凡 14 行，滿行 20 字，楷書。數處有敲鑿痕迹。郭運昌撰文，張鏡涵書丹，二人均高陽人。其碑陰拓片長 108 厘米，寬 67 厘米，碑上端凡 13 行，爲關帝廟地基情況，包括面積、四至等，下端爲管事人名單，名單爲小字。此碑主要記述了關帝廟的重修緣起和經過。關帝廟重修於同治八年（1869），而碑立於五年之後。

關帝廟介紹見前。民國《高陽縣志》卷一《地理·古迹》載有關帝廟，在縣城南街。從碑文中 "西街" 等名稱來看，此關帝廟當位於此縣城內，故碑中的關帝廟或即此。另，編號 034《重修關帝廟碑記》中的關帝廟位於東王草莊村，該村在高陽縣正西三里。

録文：

碑陽：

碑額：萬古 / 流芳 /

重修關帝廟碑記 /

□余生是鄉，嘗往來於此地，□烟野草，磚瓦為 / □。或曰此 馬王廟[①] 舊址也，又曰此　關帝 / □舊址也。斯時即有好善里人，意欲修舉，特苦 / 於無資焉耳。幸有官樹賣錢五仟，西街管事人 / 等經管生息，增至三百餘仟，至 同治八年春，/ 關帝廟於是重修焉。未經募化，獨力而成，不惟肅一 / 村之觀瞻，而且壯神□之赫。濯□巍乎，義氣常 / 昭，赫赫然精忠永著。□此地係□來通衢，過者 / 慨莫而賦詩，觀者流連，而□德□，以見　關 / □□君扶持□室之精□□□□彌彰也。故為 / □□以志。/ 同里郭運昌撰文，張鏡涌書丹。/

大清同治十三年歲次甲戌三□　立

碑陰 / 廟地基：東西長可十四工，南 / 北□可八工一尺，東北

---

① "馬王廟"，是祭祀馬王爺的廟宇所在地，同時也是明清時辦 "馬證" 的機關，又有相當於現在交通局的功能，在全國各地特別是北方較爲普遍流行。

二至／道，□南二至程訓典／地□落村，西南孟家頂。東西／地一段九畝七分七厘：東西／二至頂頭，南至郭素封，北至／□墨林。東寬可三十五工四／尺，西寬可三十四工一尺，北／長可七十六工，中長可六十／□□，□長可□十五工，□□／□□□工四尺，寬可二□□／□□□陳啓發施京錢□□／□□邑李廷書施香爐一□。／

[管] 事人：／程震、陳永發、崔福謙、程正遠、蘇煥然、冉占奎、郝蘊璞、董萬育、程明剛、韓奎元、李福祥、郭運昌、郭□臣、程印川、郭常清、程爽廷、張繼祖、張化南、張化朋、程友廷、住持張文良。／

090　清故邑庠生田銘勳先生（捷三）墓志銘（清光緒元年，1875）

題解：原碑位於高陽縣東王草莊村，該村在縣正西三里。刻立於清光緒元年（1875）。現碑已佚。常先生原題 "田氏祖塋碑記"；碑原題 "清故邑庠生田銘勳先生墓志銘"，今從之。碑額 2 行，行 2 字，題曰 "永垂不朽"，楷書，周邊爲螭龍。碑身兩邊爲卉枝紋。其拓片長

137厘米，寬54厘米，凡15行，滿行33字。楷書。王福田撰并書丹，魏浴恩篆額。王福田，高陽人，其題銜爲"六品軍功邑庠生"，魏浴恩爲"濡陽州學增廣生"。墓主田捷三，號銘勳，此墓志主要記述了其生平事迹。雖名曰墓志，而實曰墓碑，反映清末之時民間已將墓志與墓碑混淆。

録文：

碑額：永垂/不朽/

清故邑庠生田銘勳先生墓誌銘/

蓋聞士食舊德，農服先疇，此皆承先澤於勿替也。況儒者以身教家，克勤克儉，創之□/辛，垂之久遠，為子孫者，宜何如永念哉？斯里有銘勳先生者，其先自漢唐来，世習□□，/後世之列巍科登顯宦者，代不乏人，故吾邑田氏稱望族焉。世次□先生讀書聰穎，□/屬古文詞，奈科名連蹇，僅博衿帶。因菽水①乏供，遂授生徒於鄰里，所得□儀仰□□□/，即置田畝種植，亦輒豐裕，非倖致也，亦天之報施善人不爽耳。且賦性朴直，凡鄰□□/爭訟事，先生排難解紛，不惜心力，必欲寢其事焉為快，至鄅郇貧乏更不待言。又因□/教子孫。先生之長男統一早歿，即使次男汝弼理家事及課，三男藍成名後，先生歿世。/而先生之長孫占鰲、次孫殿鰲、三孫曉峯遂連入膠庠②，迄今

---

① "菽水"，豆與水。指所食唯豆和水，形容生活清苦。語出《禮記·檀弓下》："子路曰：'傷哉！貧也！生無以爲養，死無以爲禮也。'孔子曰：'啜菽飲水盡其歡，斯之謂孝。'"後常以"菽水"指晚輩對長輩的供養。

② "膠庠"，周代學校名。周時膠爲大學，庠爲小學。後世通稱學校爲"膠庠"。語本《禮記·王制》："周人養國老於東膠，養庶老於虞庠。"《梁書·裴子野傳》："且章句洽悉，訓故可傳，"脱置之膠庠，以弘獎後進，庶一夔之辯無尋，三豕之疑無謬矣。"

繼繼繩繩，其科名家業蒸/蒸日上者，□未可量也。噫！儒者以身教家，克勤克儉，使後之享其遺澤者未艾。予雖□/詞未善，又何忍不樂為誌乎？先生諱捷三，銘勳其號也。/

同邑六品軍功邑庠生王福田撰並書/

濡陽[①]州學增廣生　魏浴恩　篆額/

男汝弼，孫占鼇、殿鼇、曉峯、曉□敬立/

光緒元年歲次乙亥病月上浣　穀旦/

091　好義碑志（清光緒元年，1875）

題解：原碑位於高陽縣南路台村，該村在縣西南八里。刻立於清光緒元年（1875）。現碑已佚。常先生原題、碑原題"好義碑志"，今從之。碑額2行，行2字，題曰"永垂不朽"，小篆。其拓片長135厘米，寬60厘米，凡15行，滿行32字。楷書。

錄文：

碑額：永垂/不朽/

好義碑誌/

韋布[②]而彰十世名，一舉而為千戶；利良以輕財好義，奉上急公，固所謂數百年/而僅有者。如尚公香國、彭公聰明，皆誠篤君子也。性仁厚，尤聰敏，以勤儉持家，/承先世詩書之澤，遂漸至富有。而二公不之驕，且好禮焉。其平生忠厚待人，謙/光

---

① "濡陽"，即安州城（今河北安新），因位於濡水之陽（即北岸）而得名，別名"葛城"。

② "韋布"，韋帶布衣。古指未仕者或平民的寒素服裝，借指寒素之士、平民。宋岳珂《桯史·萬春伶語》："〔胡給事〕物色為首者，盡繫獄，韋布益不平。"

蓄衆，早豔稱一時矣。路台村自有班車公務以來，每年應納京錢九十餘緡。/同治十三年十二月間，香國公捐施京錢四百吊，每歲所得生息以辦合村班車公/務。鄉誼感之，往白邑宰，邑宰　趙以急公好義　恩賜匾額一方。/光緒元年七月間，聰明公因差徭甚重，艱於供納，情願捐施民地十二畝，每歲所得/租價，以備不虞。又捐施民地三畝，每歲所得租價，以備孤寡買棺之用。是舉也，/補大造之生成，龐鴻共洽，庇一鄉之福命，涸鮒①俱蘇。彼張公②施濟之仁，劉氏分/與之惠，諒不是過也。而二公不自德，鄉誼皆銘心焉。因屬余為文，余固謭陋實/甚，第仁人好施之風，厥有不可磨滅者，遂備序其事，聊以作頌云。頌曰：二公之/識大而精，二公之量深且溥，二公之志有始有終，二公之德，可忻可慕。急公好/義存一心，勒之貞砥垂萬古。/

　　大清光緒元年歲次旃蒙大淵獻相月下浣穀旦　立。/

092　重修城隍廟碑記（清光緒二年，1876）

　　題解：原碑位於高陽縣城內，刻立於清光緒二年（1876）。現碑已佚。常先生原題、碑原題"重修城隍廟碑記"，今從之。碑額 3 行，行 3 字，題曰："重修城隍廟記"，小篆。其拓片長 222 厘米，寬 83 厘米，凡 18 行，滿行 41 字。楷書。韓塈撰文，房士訥書丹，韓景模篆額。韓塈，高陽人，碑文中其題銜爲"咸豐己未恩科舉人候選知縣"；房士訥，安州（治今河北安新）人，碑文中其題銜爲"道光己酉科拔貢候選知縣"。高陽縣城隍廟，位於縣治南，介紹見前。其歷代之重修情況，參見編號 032《高陽縣重修城隍廟記》、076《重修高陽縣城隍廟碑記》。

---

①　"涸鮒"，即"涸轍之鮒"。《莊子·外物》："莊周家貧，故往貸粟於監河侯。監河侯曰：'諾。我將得邑金，將貸子三百金，可乎？'莊周忿然作色曰：'周昨來，有中道而呼者。周顧視車轍中，有鮒魚焉。'周問之曰：'鮒魚來！子何爲者邪？'對曰：'我，東海之波臣也。君豈有斗升之水而活我哉？'周曰：'諾。我且南遊吳越之王，激西江之水而迎子，可乎？'鮒魚忿然作色曰：'吾失我常與，我無所處。吾得斗升之水然活耳，君乃言此，曾不如早索我於枯魚之肆！'"後因以"涸轍之鮒"比喻處於困難、亟待援助的人或物。

②　"張公"，指張説（667~731），字道濟，一説説之，河南洛陽人，唐代政治家、文學家。其所著《錢本草》中云："取與合宜謂之義，無求非分謂之禮，博施濟衆謂之仁。"

録文：

碑額：重修城／隍廟記／

重修城隍廟碑記／

咸豐己未恩科舉人候選知縣　邑人韓　堃撰文／

道光己酉科拔貢候選知縣　灊陽房士訥書丹／

邑庠生韓景模篆額／

余按《説文》，城以盛民也，城之池無水曰隍。城與隍，蓋民所以藉衛者，而實有神焉。以主之載在祀典，郡縣／皆立廟，廟惟時加修葺，始足以申誠愙而肅觀瞻。然必有倡首任事之人，乃能為相與有成之事，畏難□／安，無濟也。吾邑／城隍廟①，建有年所，繕葺相仍，憶自道光乙未②重修，後瞬經三十餘年，上雨旁風，摧殘日甚。同治乙丑③，余族叔／祖耐軒與邑人興議重修。維時無款可籌，專事敦勸，而義者寡財，財者寡義，集腋之舉遲之，又久而後成。／由是鳩工庀材，土木斯作。越數月，缺者增之，殘者完之，故者新之，殿廡門牆，一切煥然改觀。且工堅料實，／未肯稍涉苟簡，大畧雖仍其舊，而規模之軒豁、氣象之輝煌，較諸曩昔，殆有過之無不及焉。工既竣，屢謀／建碑記事，適值連歲兵

---

① 高陽城隍廟，創修時間不詳，明永樂七年，知縣沈淵重修。明天啓四年重修的情況，參見編號032《高陽縣重修城隍廟記》（明天啓四年）。

② “道光乙未”，即道光十五年（1835）。此次重修城隍廟的情況，參見編號078《重修高陽縣城隍廟碑記》（清道光十五年）。

③ “同治乙丑”，即清同治四年（1865）。

荒，首事之人亦歿，前者購來片石遂亦臥置階旁。塵積苔封，忽忽以迄扵今，鮮有／過而問者。而或且謂修舉廢墜，我輩分內事耳，非若奇勳偉績，赫赫昭人耳目，不可不銘諸鼎鐘也。故此／碑之建也可，不建也亦可。余聞之，竊以為不然。夫人欲為分內事，則扵分外者，決不妄為。一遇義所當為，／必且挺肩任之，而凡事皆有成功，斯人可無遺憾。然則如茲善舉，顧可不勒之貞瑉，垂之永久，俾有所觀／感興起而踵而行之乎？會紳商幸有同心，議立前石，而屬文扵余。余不能文，惟不欲没首事者之勞，且恐／因循中止，至無以示今，茲而勸將來也。因不揣譾陋，援筆而為之記。／

大清光緒二年歲在柔兆[①]困敦乏月下澣建　　石匠徐廷風鐫／

093　重修白衣大士庵碑記（清光緒十二年，1886）

題解： 原碑位於高陽縣北關村，刻立於清光緒十二年（1886）。現碑已佚。常先生原題"重修白衣庵碑記"；碑原題"重修白衣大士庵碑記"，今從之。碑額2行，行2字，題曰"永垂不朽"，楷書。其拓片長136厘米，寬68厘米，凡14行，滿行39字。楷書。邑人□芝田撰文，濡陽房明德書丹。白衣大士，即觀音菩薩。此碑因風化剝蝕，碑文幾乎難以卒讀，其內容主要記述了重修白衣大士庵的緣起。

録文：

碑額：永垂／不朽／

大清光緒十二年歲次丙戌仲春下浣／

重修白衣大士庵碑記／

且過而□化□而□□□者君子也，而聖不可知之□，神亦扵□知其善。□邑城北關，舊有白衣大士庵，／東都玄帝廟西□□武外□□□萬木□南北□□□北□□陽界門來□□三□□供大

---

① "柔兆"，歲陽名之一，指太歲在"丙"。古代歲星紀年法用歲陽和歲陰相配合以紀年。《爾雅·釋天》："〔太歲〕在丙曰柔兆。"《淮南子·天文訓》："民食三升，辰在丙曰柔兆。"高誘注："在丙，萬物皆生枝布葉，故曰柔兆也。"困敦，十二支中"子"的別稱，用以紀年。《爾雅·釋天》："〔太歲〕在子曰困敦。"《淮南子·天文訓》："困敦之歲，歲大霧起，大水出。"高誘注："困，混；敦，沌也。言陽氣皆混沌，萬物牙蘗也。"乏月，農曆四月的別稱。其時青黃不接，故名。《太平御覽》卷二二引《四時纂要》："四月也，是謂乏月，冬穀既盡，宿麥未登。"

士□□三／十二□之一□云
□無碑記□□修之□人無
可考。此外多□□□夏秋雨
□□□□□□□□依依／□廟
宇之□□於□□□□之□乃歷
年既久，修補亦□□垣之傾
圮，□存□此□有好□君子
□□／神之説，欲新廟貌，而出
資□力□，罔不從風，得毋善
財□□□感斯人□□□身正直
□□者神也。有／神默感人，不
惜其資力；無神默感人，遂吝
其資力乎？而主不然。大士見
無□□□從風波□□中□□／航
以普渡，亦如今人□□□□將
入於井，皆有怵惕惻隱之心耳，
□知神道之□必默有不忍之心
□／□道之遍，亦共有不忍之
心。使人發不忍之心以事神者，

待人則神人共悦者，孰知斯□□鳩工庀材／，而富者果出資，貧者
果出力。越三月，其工告□，不必踵事增□而□□之□□□故非
必變本加屬，而／神靈之赫濯從新，凡□□□□□在風波患難者，
大士必發慈悲，以拯救於人所□救者矣。於是為記。／

　　邑人□芝田撰文／

　　濡陽房明德書丹／

094　重修濡上書院碑記（清光緒十六年，1890）

　　題解：原碑位於高陽縣城內，刻立於清光緒十六年（1890）。現
碑已佚。常先生原題、碑原題"重修濡上書院碑記"，今從之。碑額2
行，行2字，題曰"萬古流芳"，楷書。其拓片長150厘米，寬58厘

米，凡16行，滿行40字，下端題名爲小字。撰者并書丹者姓名磨泐，從碑文來看，其題銜爲"欽加知府銜賞帶花翎候補直隸□知高陽縣事"。本碑追述了濡上書院的歷史，主要記述了光緒十六年重修書院的緣起和其規模。

按：編號095《重修奎星閣記》，亦出於其手，同爲清光緒十六年（1890），姓名亦磨泐難識，部分文字據此補。濡上書院介紹見前。關於濡上書院，又見於編號078《濡上書院碑記》（清咸豐二年）。

録文：

碑額：萬古／流芳／

重修濡上書院碑記／

光緒十有六年歲庚寅冬十一月，予倡修濡上書院，咸邑之紳耆咸問記於余，欲勒其事於瑉，以識弗諼。／余未之許。齋長李士芝、張□□乃讀於余曰："邑之有書院也，自前邑侯楊公①始也，日月既久，榱杞將不第／風雨。　公下車伊始，即留心文教。每□□生童，除向章外，必捐庶□，獎並選諸生，而試之以詩古文詞，勗／之以砥礪名行。蓋公垂意於書院也久矣。夏六月，霖雨浹旬，書院傾塌，僅存基址。公乃集材鳩工，銳／志倡首，邑之人咸踴躍從事，更於城東南隅角台上重建奎星閣暨閣西南宮塔②，均與邑之文運相為隆／替者。而公復□其瘁，躬自督修，不避寒暑。凡不數月，而工訖，巍然焕然，遙

────────────

① "前邑侯楊公"，據編號078《濡上書院碑記》（清咸豐二年），指署高陽縣事楊景彬。
② 奎星閣暨閣西南宮塔的重修，參見編號095《重修奎星閣記》（清光緒十六年）。

相輝映。甚矣！公之勞也。/ 公又因膏火寡薄，不足以資□□，於是仿照省城蓮池書院①，定立新章，經費不充，慨然捐俸。俾勵志於學/者，月得有所□助，故寒素之士，交相奮勉。 公蒞任年餘，薦於鄉者五人，捷於禮闈者一人，非公有以/之光寵 公之惠，又豈有涯□□？公之□者，不思□其□□，以垂永久而□來，茲其可哉？"余固辭不獲，/遂並録其言以為記。計正院：講堂三楹，東西齋房各三楹；東院：敬業堂三楹，東西齋房各二楹，厨房三楹；/西偏院耳房二楹，二□外東西齋房各二楹，東西廠栅各二楹。所議條例，並刊列碑陰。/

　　欽加知府銜賞帶花翎候補直隸[州]知高陽縣事皖[懷]□□□撰文並書丹/

　　乙酉科拔貢候選知□□□教諭調□高陽縣教諭永安姚維錦、/乙亥科孝廉方[正高陽縣訓導深州李蔭棠]校刊/

　　貢生張相、文生李士芝督鐫/

　　五品軍功趙廷良、韓杰、王謨、侯維翰督工/

　　石工王□□刻字/

095　重修奎星閣記（清光緒十六年，1890）

　　題解：原碑位於高陽縣城東南角，現碑已佚。刻立於清光緒十六年（1890）。現碑已佚。常先生原題"重修奎星閣碑"；碑原題"重修奎星閣記"，今從之。碑額2行，行2字，中間題曰"永垂不朽"，楷書，周邊雲龍紋。其碑陽拓片長138厘米，寬57厘米，凡18行，滿行42字。撰者為時任高陽知縣，姓名磨泐，其題銜為"欽加知府銜賞戴花翎候補直隸州知高陽縣事皖懷□□□"，乙酉科拔貢邑人董芝書丹。主要記述了重修奎星閣的緣起和經過及其規制。碑陰拓片長138厘米，寬57厘米，凡兩排，為重修奎星閣時各村捐輸者的姓名和錢數。奎星閣，又名奎閣、魁星樓等，中國民間信仰認為魁星是主宰文運之神，奎星閣內塑有一個鬼形的神像，一腳向後蹺起，形如"魁"字的大彎鈎；一手

---

① 蓮池書院，原址在河北保定南古蓮花池。清雍正十一年（1733），直隸總督李衛奉敕創建，為直隸省城書院，延請名儒碩學蒞院任教，使之成為當時北方教育和學術中心。

捧斗，象徵"魁"字中的小斗字；一手執筆如點狀，以示點中了中舉的士子。這就是傳說的"魁星點斗"。

録文：

碑額：永垂 / 不朽 /

重修奎星閣記 /

帝顓頊之都，載生賢哲，才子八人，震鑠今古，名卿巨儒，項背相望。蓋以星分箕尾^①，近接奎光^②，科甲蟬聯，此其應 / 也。余己丑^③夏，來蒞斯邑，下車伊始，巡視城垣，文昌宮、南宮塔南北相映，頗有人文蔚起之象，而東南隅□有奎 / 樓，獨渺然不可復観。詢之紳耆言舊建，今圮已百餘年矣。余為悵然者久之。是歲，/ 朝廷舉行　恩科，余援賓興^④典，延闔邑士子置酒學宮，議為重建。士皆首肯，極贊成功，適方修葺書院^⑤講堂，不暇兼 / 顧，然功雖未舉，而衆志已堅。是科領鄉薦者五人，冠冕保屬，何神靈報我之速也？爰於庚寅^⑥夏，捐俸倡始，士林 / 樂從，鳩工飭材，赳日興事。奈六月初，癡龍^⑦作虐，河伯生驕，雉堞半傾，鴻嗷遍野。余拯溺勘災，防河籌賑，又遷延者 / 久之。迨水勢退落，人心稍安，乃集紳耆亟議興工。計自八月初旬，迄於十月初二日，凡兩閱月，而工畢。築城一 / 隅，拓基半畝，窗六面，樓兩重，箕張翼舒，肇飛鳥革，與文昌宮、南宮塔金碧遥相輝映焉。從此文運宏開，人才萃 / 蔚，安知不媲美八才、爭光史乘耶？考北斗七宿，四星方形為

① "箕尾"，星宿名，指箕宿和尾宿。《莊子·大宗師》："傅説得之，以相武丁，奄有天下，乘東維，騎箕尾，而比於列星。"古人根據星宿與地域相對應的説法，認爲箕尾相當於幽燕之地。

② "奎光"，奎宿之光。舊謂奎宿耀光爲文運昌明、開科取士之兆。明高明《琵琶記·蔡宅祝壽》："奎光已透三千丈，風力行看九萬程。"

③ "己丑"，指清光緒十五年（1889）。

④ "賓興"，本指國家考校取士，明清時期主要指地方成立各種基金組織資助科舉考試的活動。清江西巡撫德馨稱："國家以科目取士，士之伏處衡茅，懷鉛握槧，皆懋就試於有司。由郡縣而之行省、之京師，或數十里，或數百里，或數千里，舟車扉屨之費，未能取辦於臨時，此留心風教、力敦古誼者所以有賓興之舉也。"參見《清江縣賓興全集》德馨序。

⑤ "書院"，指濡上書院，參見編號095《重修濡上書院碑記》（清光緒十六年）。

⑥ "庚寅"，指清光緒十六年（1890）。

⑦ "癡龍"，傳説洛中有大穴，有人誤墜穴中，見有大羊，取髯下珠而食之。出而問張華。華謂："羊爲癡龍。其初一珠食之，與天地同壽；次者延年，後者充饑而已。"見《法苑珠林》卷四一引 南朝宋劉義慶《幽明録》。後用爲典故。五代韓定辭《答馬彧》詩："崇霞臺上神仙客，學辨癡龍藝最多。"

魁，取運動之義。白虎七宿，十六星長形為奎主。溝∕瀆之象，皆於文事無與。然斗魁[①]戴匡，隸文昌而闢化王良[②]，執策兼武，庫以承天，則武緯文經，捄文奮武，皆於是∕星主之。司□榜之權衡，享士林之香火，良有以也。爰作歌，以侑神。其詞曰：∕東垣[③]君兮承帝旨，赤兩足兮髮上指。胸羅星兮虬髯紫，目如炬兮電光起，筆如椽兮斗如璽。墨花灑遍人間兮，∕光騰萬丈兮照項里，助文思兮錫帝祉。修明禋兮薦芳祉，詠霓裳兮徼神喜。∕

欽加知府銜賞戴花翎候補直隸州知高陽縣事皖懷□□□撰文∕

乙酉科拔貢候選知縣高陽縣教諭青縣姚維錦校刊∕

乙亥制科孝廉方正高陽縣訓導深州李蔭棠校刊∕

候選主簿高陽縣典史會稽馮謨監修∕

董事人：韓 □、李士芝、∕趙廷良、□□□、∕梁芝岩、□□∕

乙酉科拔貢邑人董芝書丹∕

木工劉奎隆∕

土工張洛海∕

石工王萃然∕

□長∕

碑陰∕

捐輸各村姓氏芳名開列於左∕

計開∕

河西村有餘堂捐錢二百吊∕

于留左趙廷良捐錢一百五十吊∕

陳家莊張藝林捐錢一百五十吊∕

教台村苑鴻勳捐錢一百五十吊∕

---

① "斗魁"，指北斗星的第一至第四星，一般多簡稱爲魁，亦借指北斗。《史記·天官書》："斗魁戴匡六星，曰文昌宮。"

② "王良"，星座名。《史記·天官書》："漢中四星，曰天駟，旁一星，曰王良。"張守節《正義》："王良五星，在奎北河中，天子奉御官也。"《晋書·天文志上》："王良五星，在奎北，居河中。"

③ "東垣"，指太微垣的左垣。《漢書·李尋傳》"天官上相上將，皆顯面正朝"。顏師古注引三國魏孟康曰："朝太微宮也。西垣爲上將，東垣爲上相，各專一面而正天之朝事也。"《史記·天官書》"南四星，執法"。唐張守節《正義》："端門西第一星爲右執法……其東垣北左執法。"參見"三垣"。

代家莊王生齋捐錢一百五十吊 /

北歸化村續士峰捐錢一百吊 /

小王果莊齊兆瑞捐錢六十吊 /

邊關村劉錫疇捐錢一千一百七十二吊 /

本城捐錢一百六十二吊五百四十文 /

東留果莊高老萬捐錢二十吊 /

卜士莊董光鑒捐錢二十吊 /

南路台村尚老香捐錢二十吊 /

李果莊張蘭修捐錢十吊 /

邢家南村鄧慶雲捐錢十吊 /

出岸村王元敬捐錢十五吊 /

　　磚瓦木料用錢、瓦匠木匠工錢、鐵器雜支，一切用錢共二千三百七十五吊六百二十六文。/

　　大清光緒十六年十二月穀旦敬立 /

096　重修碧霞宮碑志（清光緒二十年，1894）

題解：原碑位於高陽縣舊城村，該村在縣東二十三里，刻立於清光緒二十年（1894）。現碑已佚。常先生原題"重修碧霞宮碑記"；碑原題"重修碧霞宮碑志"，今從之。碑身周側爲卉枝紋。其碑陽拓片長105厘米，寬55厘米，凡9行，滿行23字。楷書。邑庠生郭運昌撰文，張鏡涵書丹。主要記述了碧霞宮重修的緣起和經過。它由帶髮僧人倡議重修，碑陽題名中有"住持僧立功、成功"，反映僧人在碧霞宮重修中的重要作用，顯示出明清以來佛道融合的時代特徵。其碑陰拓片長105厘米，寬55厘米，分上下兩部分：上端是廟地基周圍等三段田畝的面積和四至，下端是管事人名單。碧霞宮，介紹見前。

按：編號038《愚堤新建碧霞宮記》所載之碧霞宮在愚堤村，而此碧霞宮在舊城村。

錄文：

碑陽：

重修碧霞宮碑誌／

蓋碧霞宮者，昭然在上，協崧嶽而誕生，金城屏障於東南，海／子環繞於西北，亦可謂顓頊古郡形勝之區。百經風雨摧殘，／多年頹廢，神形暴露，目覩慘然，是以帶髮僧人，邀請董事，／募化四方，於 光緒十五年春，落地重修，廟貌煥然一新。茲／者 神威赫濯，祈禱有靈，求男者於斯，求女者於斯，無一不／應於斯，真 神乎其 神，故誌之。／

同里邑庠生／郭運昌撰文，／張鏡涵書丹。／

大清光緒貳拾年歲次甲午余月穀旦，住持僧立功、成功。／

碑陰：

本廟地基周圍一段四十八畝三分，／南北長可壹百弓①，東西寬可壹百／十六弓，三可仝。東至冉，西至官坑，／南北二至頂頭。／

---

① "弓"，量詞。原爲與弓同距離的長度單位，與步相應，後亦用作丈量地畝的計算單位。其制歷代不一：或以八尺爲一弓；或以六尺爲一弓；舊時營造尺以五尺爲一弓（合1.6米），三百六十弓爲一里，二百四十方弓爲一畝。《儀禮·鄉射禮》："侯道五十弓。"賈公彥疏："六尺爲步，弓之下制六尺，與步相應，而云弓者，侯之所取數，宜於射器也。"

又小四天東西地一段五畝，/ 長可壹百五十弓，寬可八弓，三可 / 仝。東西二至道，南至王，比[1] 至楊。/

又石家莊道南北地一段五畝，/ 長可八十弓，寬可十五弓，二可仝。/ 東至馬，西至藥王廟香火，南至道，/ 北至橫頭。/

行弓五尺二寸 /

管事人[2]：/ 張宜春、/ 程福元、/ 程殿元、/ 張世馨、/ 李福祥、/ 程震、/ 郭藎臣、/ 郭懋德、/ 冉成才。/

頊水古郡石匠陳墨珍鐫 /

097　賞戴花翎特用道候補知府即升直隸州調署高陽縣事西林王公裁椿葦錢紀德碑（清光緒二十二年，1896）

題解：原碑位於高陽縣城內文廟，刻立於清光緒二十二年（1896）。現碑已佚。常先生原題"王公德政碑"；碑原題"賞戴花翎特用道候補

---

① "比"當作"北"。
② "管事人"，此三字爲大字。

知府即升直隸州調署高陽縣事西林王公裁椿葦錢紀德碑"，今從之。碑額2行，行2字，題曰"懲前毖後"，小篆。其拓片長137厘米，寬55厘米，凡21行，滿行54字。楷書。碑兩側爲人物、花卉圖案。閻鳳閣撰文，成貞廉書丹。閻鳳閣，高陽人，爲乙未科貢士；成貞廉，爲邑庠生。本碑主要記述了高陽知縣西林王公裁革當地椿葦錢的德政。

錄文：

碑額：懲前/毖後/

賞戴花翎　特用道候補知府即升直隸州調署高陽縣事西林王公裁椿葦錢紀德碑/

乙未科貢士邑人閻鳳閣撰文/

邑庠生成貞廉謹書/

今上皇帝欽奉/懿旨①，諭封疆大吏曰："時時以愛民為心。"凡有血氣者，無不聞感而涕零矣。顧/朝廷寄權於疆臣，疆臣倚重於縣尹，為其職任親民，聞最先見最確也。往者，高陽民害，莫烈於見年。見年者，徭名也，沿自明初，積久彌酷，/歲費四千餘金，社甲輪流供應。歲值某甲，皮肉為盡，孫文正公家由此破。讀公撰縣志②序，如聞痛哭太息之聲，深望守此土者，急圖禁/革。其奈明末千瘡百孔，何暇問此？我/聖清有天下，前後三藩大定，/聖祖仁皇帝③保赤誠，求盡洗勝朝虐政。於時，鄉先哲齊林玉慨發大難，向地主孫公瀝血披陳。而其時，點黠胥隸與夫陽鱎④者流，猶以不遂所/私，煽結梗阻，辛賴神明宰與賢士同心，數百年瘡痛，一旦絕除之，四境良黎如去湯火。此康熙十八年事，即為孫公勒石紀功矣。若今/茲為邑害者，其惟瀦龍河乎？光緒紀元以來，合肥節相⑤加意隄防，吾邑士民敬體公意，兩岸出險，量攤椿葦。為

---

① "懿旨"，指慈禧太后的旨意。

② "縣志"，指孫承宗所纂崇禎《高陽縣志》，凡十四卷。"縣志序"，崇禎《高陽縣志》作"高陽縣志叙"。

③ "聖祖仁皇帝"，指清康熙帝，其廟號聖祖，謚號"合天弘運文武睿哲恭儉寬裕孝敬誠信功德大成仁皇帝"，葬於景陵。

④ "陽鱎"，亦作"陽喬"，亦作"陽橋"。魚名。漢劉向《說苑·政理》："夫投綸錯餌，迎而吸之者，陽橋也。"明楊慎《陽鱎》："陽喬，魚名，不釣而來，喻士之不招而至者也。其魚之形則未詳……喬從魚爲鱎，字義乃全。"比喻不召而自至的人。清周亮工《祭建寧司李君碩孫公文》："公閉戶服古，固不屑爲陽鱎也。"

⑤ "合肥節相"，指李鴻章，安徽合肥人，因其官拜文華殿大學士、直隸總督，故稱。

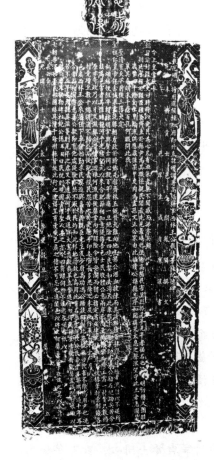

險工，需一村費只數緡，/原非苛政，乃以日久滋弊，今昔情事迥殊。河流遷徙靡常，向所謂險，今皆安瀾，而猶必指定舊處，肆其□求。且不收樁葦，折索制錢，各/村竟增至數十緡。涓滴不歸公，而徒飽蠹役，民怨苦之。於是歷年印委官長，多思除之，未及施行。歲乙未①十一月，/邑矦西林王公②來蒞任，下車伊始，勤求民瘼。迨與蠡吾蔣觀臣先生及少府禹功馮公晤談，昭晰此弊，慨然曰：“民害不除，烏用尹也？況/今者，節相宣防，悉籌公款，即有他處隄險，亦迨不取於民，灼知此邦地瘠故也。烏用此有名無實縱役殃民者乎？且弊端不過十年耳，/若不及早芟夷，聽其滋蔓，則見年之虐，又不遠矣。可乎哉？”通詳大憲，悉數裁革，立案遵守，勿得復萌。羣情歌舞，歡聲盈路，既製衣繳以/祝公壽，又欲勒碑以紀公德。鳳閣③曰：“民悅則覘國者，懼聖人善之。方今四裔環伺，所不遽恣吞噬者，祇以/十朝④厚澤如膏，民心固結耳，儻千餘州縣皆倣此行之造福，豈有量哉？邑矦之德，不可忘也。”適闔邑以碑文相屬，爰泚筆敬識之，冀以垂諸永/永云尒。/

　　光緒二十二年太歲在丙申季夏穀旦　　闔屬公立/

---

① “乙未”，清光緒二十一年（1895）。
② “西林王公”，指時任高陽知縣，名字待考。西林，地名，一在杭州西湖孤山西北，也稱西陵、西泠、西村；一在廣西壯族自治區西部，與雲南接鄰。
③ “鳳閣”，指本碑之撰者閻鳳閣。
④ “十朝”，清自皇太極改國號爲清，至光緒，凡十帝。

098　江蘇鎮江府丹徒縣己丑科進士特授高陽縣正堂鄒公德政碑記（清光緒二十七年，1901）

題解：原碑位於高陽縣城文廟內，現碑已佚。刻立於清光緒二十七年（1901）。常先生原題"鄒公德政碑"；碑原題"江蘇鎮江府丹徒縣己丑科進士特授高陽縣正堂鄒公德政碑記"，今從之。碑額2行、行2字，題曰"萬古流芳"，楷書。碑身周邊爲幾何紋。其拓片長127厘米，寬55厘米，凡19行，滿行42字。庠生皮宗揚撰文，郡庠生賀錫齡書丹，二人均高陽人。此碑爲高陽闔邑紳民爲高陽知縣鄒公所立之德政碑，主要表彰其在清末義和團運動和八國聯軍侵境時保境安民之舉。

錄文：

碑額：萬古／流芳／

江蘇鎮江府丹徒縣己丑科進士特授高陽縣正堂　鄒公德政碑記／

同邑　庠生　皮宗揚　撰文／

同邑郡庠生　賀錫齡　書丹／

昔虞升卿[①]爲朝歌令，語人曰："志不求易，事不避難，不遇盤錯，無以別利器。"[②]故卒弭禍亂，造一方福。自來名賢抒／偉略，澤民泯用於多變之□□□易見，斯民得遇之，而受其庇者，抑尤幸也。吾邑尊／鄒公，以己丑[③]科進士，觀政銓部，惡其冗而無裨於民也，自求外任，來涖斯邑。下車以慈惠爲政，爲文諭士民，申明大／義，剴切誠至。遵其教者，皆知所向，而不爲異端惑。涖任甫一載，當拳教[④]變起，首禍者假異術以惑人觀聽。即時／之號達人持政要者[⑤]多爲所動，故禍深而不可驟輯。我　公獨堅持正議，浚城隍，練義勇，諭禁部民，勿爲所陷。／既而津防潰，都城告警，鑾

---

① "虞升卿"，即虞詡，字升卿，陳國武平（今安徽亳州鹿邑縣東北）人。《後漢書》卷五八有傳。

② 此句源出《後漢書》卷五八《虞詡傳》。史稱朝歌賊甯季等數千人攻殺長吏，屯聚連年，州郡不能禁，乃以虞詡爲朝歌長。故舊皆吊詡曰："得朝歌何衰！"虞詡笑曰："志不求易，事不避難，臣之職也。不遇槃根錯節，何以別利器乎？"

③ "己丑"，指清光緒十五年（1889）。

④ "拳教"，指義和團，又稱義和拳。

⑤ "號達人持政要者"，指清廷中剛毅、載漪，以及莊親王載勳等人，他們出於極端的排外心理，主張招撫義和團，希望能利用義和團所謂法術以達到"扶清滅洋"的目的。剛毅當時任兵部尚書、協辦大學士。載漪是光緒帝的堂兄弟，襲封端郡王，爲御前大臣。

興西幸①,泰西②兵棻布畿内,民之震駭逃匿破家失業者, 比縣皆是, 吾邑獨晏。/ 然蓋 公之預為規制, 隱相庇蔭者多矣。邑當津保孔道, 敵兵屢過境, 公率士民辦廩餽, 待之以禮, 而爭之 / 以義。彼帥亦感其廉正, 嚴禁部曲勿擾吾邑民。世變既久, 邊境愚氓有隱與其亂者, 四方駭傳其譬, 懼將請於 / 彼帥, 借外兵以靖亂。我 公聞之, 悚然曰: "如此則一方塗炭矣。"雪夜馳赴, 委曲商於彼國帥, 俾無來, 請自任之。/ 獨率我兵數百, 掩□其尤, 驅餘黨出境, 良善受累者, 更力為保持, 使安其業。詎獨一村蒙其福, 蓋保全於吾邑 / 者大矣。迄今和議成, 外兵遠退, 羣見鄰境之困苦, 返而思吾邑之所以獨完者, 於以感我 公之德深且遠。雖 / 公益仁愛斯民, 更將興學校, 謀教養, 用以福厚吾民者, 尚且難量, 而即此既被之德, 已感戴於無衰。迺公議 / 勒石, 以永 公惠, 且以卜 公之將大用, 更為天下之民福也。於是擇其德之遠大者, 為之記。/

闔邑紳民仝立,/

督修人: 邑庠生杜書田, 石工郭力田、吳德林　仝刊 /

大清光緒貳拾柒年歲在重光③赤奮若小陽月上澣　榖旦。/

---

① "鑾輿西幸", 指慈禧太后與光緒帝外逃西安。

② "泰西", 猶極西。舊泛指西方國家, 一般指歐美各國。清方以智《東西均·所以》: "泰西之推有氣映差, 今夏則見河漢, 冬則收, 氣濁之也。"

③ "重光", 歲陽名稱之一。《爾雅·釋天》: "〔太歲〕在辛曰重光。"赤奮若, 地支"丑"的異名。《爾雅·釋天》: "[太歲] 在丑曰赤奮若。"《史記·天官書》: "赤奮若歲: 歲陰在丑, 星(歲星)居寅。"司馬貞《索隱》引李巡曰: "言陽氣奮迅。若, 順也。"

099　重建義田碑記（清光緒二十七年，1901）

題解：原碑位於高陽縣舊城村，該村在縣東二十三里，刻立於清光緒二十七年（1901）。現碑已佚。楷書。首題無，常先生原題"重建義田碑記"，今從之。其拓片長126厘米，寬60厘米。碑文上部分爲三塊義田土地的位置、面積及四至，下部分爲管事人名單。

録文：

義田坐落畝數弓尺／

泗淀窪東西地一段二十二畝／

南至張仲箎，北至王世偉，東西二至道。長闊二百弓，／東寬闊三十弓零三尺五寸，中寬闊二十五弓三尺／二寸五，西寬闊二十三弓三尺。／

雙圪墶南北地一段十六畝半／

東至林鳴霄，西至張崑山，南至張太和，北至韓蕚園。／長闊二百四十七弓，北寬闊十六弓二尺五寸，中寬／闊十弓，南寬闊八弓，短弓長闊二百弓，寬六弓，三闊／同南，至張崑山。／

馬家隄東西地一段十二畝半、東至道，西至頂頭，南至張杰，北至張萬成。長闊二百／三十四弓，東寬闊十二弓二尺五寸，中寬闊十三弓，／西寬闊十三弓。／

行弓五尺二寸／

管事人①：

冉成才、張世馨、郭義深、

---

① "管事人"，爲大字。

程旭升、程有亭、郝澤深、郭懋德、郭書佩、程壽椿、李福祥、郭全德、張印潭、/張殿奎、程俊元、張景新、郝壽春、程正遠、郝潤川、程憲章、崔錦華、郝萬春、李永祥、李官弼、張毓瑛。/

100　常氏始祖諱克成墓表（清光緒三十二年，1906）

題解：原碑位於高陽縣北蔡口村，該村在縣東北五里，刻立於清光緒三十二年（1906）。現碑已佚。楷書。常先生原題"常氏祖塋碑記"，碑原題"常氏始祖諱克成墓表"，今從之。其碑陽拓片長130厘米，寬40厘米，凡3行。碑陰拓片有兩幅，内容相同，均由常克成之裔孫常鶴齡撰文，邑庠生常集勳書丹，均爲長方形，但形制有所不同：其中碑陰一長97厘米，寬52厘米，凡15行，滿行30字；碑陰二長127厘米，寬55厘米，凡14行，滿行36字。碑陰一有個別字因磨泐難以識讀，而碑陰二保存完好。碑陰一中所缺字，今據碑陰二補，以"[ ]"標識，并錄之。碑陰主要記述了常氏世祖的淵源以及爲始祖常克成建立墓表的緣起和目的。至於爲何會有兩幅内容相同，而在一些細節方面有所區別的碑陰拓片，尚待進一步考察。

錄文：

碑陽：光緒三十二年孟春之日穀旦/

大明處士常府君諱①克成之墓/

管事人等：士奇、慎修、佐周、永修、鶴舫、鶴書 敬立/

碑陰一：

常氏始祖諱克成墓表 裔孫光緒戊子②科舉人、戊戌③科大挑二等、/揀選知縣鶴齡撰[文]。/禮言報本反始，本也者，人之所自生也；始也者，人之所由起也。人苟忘其所[自]/生與其所由起，

---

① "諱"，爲小字。
② "光緒戊子"，即清光緒十四年（1888）。
③ "戊戌"，指清光緒二十四年（1898）。大挑，清乾隆以後定制，三科以上會試不中的舉人，挑取其中一等的以知縣用，二等的以教職用。六年舉行一次，意在使舉人出身的有較寬的出路，名爲大挑。挑選的標準多重形貌，相傳有"同田貫日氣甲由申"八字訣，合於前四字形貌者爲合格。例如長方面型爲"同"，方面型爲"田"，身體長大爲"貫"，身體勻稱爲"日"。清錢泳《履園叢話·雜記下·治賦》："餘友 陳春噓名昶，以舉班大挑得知縣，分發浙江。"

雖日飲食動作於宇宙間，是亦妄人也已矣。吾族 始祖，相傳/自前明永樂時，由山西小興州，遷居是鄉，迄今五百餘年。無從稽考，族譜復經/散佚，以故族人名字，往往重見疊出，心甚痛之。早欲糾合族之父老，修訂譜系。/鶴齡每年奔波在外，總無暇晷，此願將何日償耶？竊以謂人生斯世，不必有驚/天地、動鬼神之偉業，始可稱為完人，但能隨分之所當為、力之所得盡，不辭 [艱]/苦，不避謗譏，奮發直前，必達其目的而后已，而且獨行不愧影，獨寢不愧衾，[此]/其人即可上對祖宗，下貽孫子。彼委瑣齷齪之輩，視財若命，計較錙銖，終其身/不辦有益於人之事，曾不轉瞬而嚮之貨悖而入者，旋悖而出，徒為有識者所/嗤，乃憬然於古人多藏厚亡、蘊利生孽之言，良不為過，不已晚乎？本年族之董/事，議將賣樹一款為 始祖刊石，囑鶴齡為文以記之。鶴齡自慚譾陋，不能 [闡]/揚先人之功德，以昭示於來茲。然諸君皆好義急公，有報本反始之誠，又不忍/沒其美意，因粗述厓略，勒諸貞珉，以為世之為善者勸。/

裔孫邑庠生集勳書 [丹]

碑陰二：

常氏始祖諱克成墓表/

裔孫光緒戊子科舉人、戊戌科大挑二等、/

揀選知縣鶴齡撰文。禮言報本反始，本也者，人之所自生也；始也者，人之所由起也。人苟忘其/所自生與其所由起，雖日飲食動作於宇宙間，是亦妄人已矣。吾族 始

祖，相傳自前明永樂／時，由山西小興州遷居是鄉，迄今五百餘年，無從稽考，族譜復經散佚，以故族人名字徃徃重／見疊出，心甚痛之。早欲糾合族之父老，修訂譜系，鶴齡每年奔波在外，總無暇晷，此願將何日／償耶？竊以謂人生斯世，不必有驚天地、動鬼神之偉業，始可稱為完人，但能隨分之所當為、力／之所得盡，不辭艱苦，不避謗議，奮發直前，必達其目的而后已，而且獨行不愧憬，獨寢不愧衾，／此其人即可上對祖宗，下貽孫子。彼委瑣齷齪之輩，視財若命，計較錙銖，終其身不辦有益於／人之事，曾不轉瞬，而嚮之貨悖而入者，旋悖而出，徒為有識者所嗤，乃憬然於古人多藏厚亡、／薀利生孽之言，良不為過，不已晚乎？本年族之董事，議將賣樹一欵為始祖刊石，囑鶴齡為文，／文以記之。鶴齡自慙謭陋，不能闡揚先人之功德以昭示於來茲，然諸君皆將義急公／反始之誠，又不忍沒其美意，因粗述厓畧，勒諸真瑉，以為世之為善者勸。／

　　裔孫邑庠生集勳書丹／

101　皇清孫氏十一代祖義官鄉飲大賓敬思公之墓碑記
（清光緒三十二年，1906）

題解：原碑位於高陽縣西王草莊村，該村在縣正西四里。刻立於清光緒三十二年（1906）。現碑已佚。楷書。首題無，常先生原題"孫氏墳墓碑記"；今據碑文改擬。其碑陽拓片長110厘米，寬45厘米，凡1行；碑陰拓片長110厘米，寬45厘米，凡12行，滿行35字，下端爲二龍戲珠圖案，左右兩側爲瑞獸、瓶花、花草等圖案。優廩師範生張同文撰文。明朝大學士孫承宗有三個哥哥，分別是敬先、敬思、敬宗，而墓主孫敬思爲其二哥。由於孫敬思終身未仕，無顯赫事迹，故此碑未主要記述其生平事迹，主要講述尊宗敬宗之意，并指出孫敬思墓之所在乃新塋，自他始孫氏祖塋自城北西莊，而遷至城西西王草莊。

錄文：

碑陽：皇清孫氏十一代祖義官^①鄉飲大賓敬思公之墓

碑陰：

歲丙午^②正月既望，里前輩孫氏樹藩等，以墓表之文屬同文，因正告之曰：古今氏族塋域，非／必其子孫陵替，乃不可識，殆必自遷居始矣。孫氏祖塋，先在城北西莊，後遷城西西王草莊，／實爲新塋。周圍六十九畝半，乾首巽趾，巍然北上者，始遷祖義官敬思公之墓，良村孫氏之／祖也。公爲文正公愷陽^③之仲兄，文正以純忠大孝，式化一門，迄今三百年，先澤綿延，猶爲望／族。昔嘗怪世人禮神徼福，求諸幽遐，而於廟祀墓祭之隆，每多闕而不講者，何哉？宗法不立，／而孝友睦媍之義微，亂離遷徙，壠樵無禁，水源木本，歲久漸忘，斯古所以有墓誌，而孫氏所／爲諄諄者，意至遠也。抑又聞名家祖墓，必立碣石，障土於前必豐碑，以記年月名氏，及立碑／之子若孫。又必布石以便跪起，陳設必有舍田，以

---

① "義官"，明清時，以出錢糧賑災或修築城、橋等，所得的官職稱義官。大賓，古鄉飲禮，推舉年高德劭者一人爲賓，也稱"大賓"。《儒林外史》第二四回："他是做過福建汀州知府，和我同年，今年八十二歲，朝廷請他做鄉飲大賓了。"

② "歲丙午"，指清光緒三十二年（1906）。

③ "愷陽"，孫承宗，據編號040《明特進光禄大夫左柱國少師兼太子太師吏兵兩部尚書中極殿大學士諡文正孫公墓表》，字愷陽。

便守塚或謁墓。一切墓山樹木必歲巡，以／審界畫，防侵盜，何其勤也！孫氏欲講宗法乎？則有程朱之書在；欲榮其先，則於墓道之規模，／宵無意焉？善乎！文正之言曰：'自余而上，思不願我爲子孫；自余而下，又思不願祖父我也'①，烏／廑念哉？"

優廪師範生張同文撰文／

大清光緒三十二年歲次丙午仲春穀旦　孫氏管事人浩軒、雅軒、培曾、逢吉、寬池／敬立／

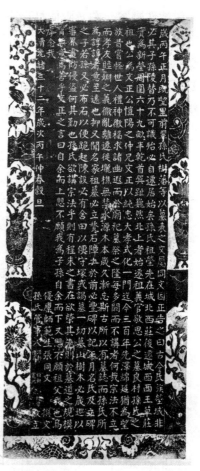

---

① 此句源自孫承宗於明崇禎三年九月爲其家譜所作序，語句略有不同，其原文爲："余以先少師晚子，今遂得長族姓。自余而上五世，予懼不願以我爲子孫；自余而下三世以後，其後予又懼不願以我爲祖父也。"見李紅權輯校《孫承宗集》卷一一《序文·家乘序》，學苑出版社，2014，第353頁。

102 處士諱輔廷董府君墓碑記（清光緒三十三年，1907）

題解：原碑位於高陽縣南龍化村，該村在縣東二十五里，刻立於清光緒三十三年（1907）。現碑已佚。楷書。首題無，常先生原題"董氏墳墓碑記"；今據碑文改擬。其碑陽拓片長110厘米，寬50厘米，凡2行；碑陰拓片長107厘米，寬50厘米，凡12行，滿行27字，其紋飾精美，左右兩邊爲八仙圖案，下端爲蓮花圖案。墓主董輔廷，爲他和其妻宮太君合葬墓。此碑由其子祥麟暨孫倬、管所立。

録文：

碑陽：

皇清　處士諱輔廷董府／君之墓／
　　　待贈孺人　白太／

男祥麟暨孫倬、管敬立／

碑陰：

吾府君諱輔廷，生於嘉慶廿五年三月廿四日。幼而聰穎，為父母所鍾／愛；長而成立，為親友所推戴。此何故也？蓋事親孝與士信，成人之美，未／嘗成人之惡，固有昭昭若揭者矣。又況吾母宮太君，佐理家務，晝夜不／停。一粥一粒，未嘗輕棄；半絲半縷，恒念維艱。吾府君愈加勉勵，為耕為／貫，不憚風塵，走東走西，每隨日月，遂致興家立業，卓卓一村。使天假之／年，豈不甚善？無如男福薄命淺，府君未享大年，頓作疾病，醫藥不靈，溘／然而逝，卒於光緒五年二月初五日。嗚呼！府君之嘉言懿行，頓成故事。／人心之感召，恍然若聞。人人墮淚，不亞羊淑子①；家家送葬，追跡平原君②。／男承德澤於府君，恐湮没於後人，不揣固陋，刻碑以為銘，乃思永垂不／朽云。／

---

① "羊淑子"，當作"羊叔子"，即羊祜（221~278），字叔子，泰山南城（今山東新泰）人。魏晉時著名政治家和文學家。《晋書》卷三四有傳。史載其去世後，晋武帝素服哭之，甚哀。是日大寒，帝涕淚沾鬚髯，皆爲冰焉。南州人征市日聞祜喪，莫不號慟，罷市，巷哭者聲相接。吳守邊將士亦爲之泣。

② "平原君"，指戰國時趙國公子勝，爲戰國四公子之一。《史記》卷七六有傳。

男祥麟暨孫倬、管謹誌 /

光緒三十三年二月十六日　　立 /

103　處士諱福隆程府君合祔墓碑記（清光緒三十四年，1908）

　　題解：原碑位於高陽縣舊城村，該村在縣東二十三里，刻立於清光緒三十四年（1908）。現碑已佚。楷書。首題無，常先生原題"程氏墳墓碑記"；今據碑文改擬。其拓片長 90 厘米，寬 40 厘米，凡 7 行，滿行 28 字。簽有印章，印文曰"田"。墓主程福隆，此墓乃其與妻王太君的合葬墓，此碑主要記述了由新塋遷入老塋及樹碑之緣起。

　　録文：

　　曾祖邑庠生諱襄麒，祖武庠生諱 芸，父諱福隆，原先俱安葬新塋，自光緒二十八年經榜[①] / 等又遷入老塋。相其隙地之吉者，別

---

① "榜"，即墓主之子程登榜。

站一所，自上而下，以次相葬。理宜各／樹碑銘，垂諸久遠，乃因手不便，獨立於我　父之墓前，為此，特記。／

皇清　處士諱福隆程府／　　君之墓／
　　　待贈孺人程母王太／

　　　　男登榜、登山、登名敬立／

肖／

大清光緒三十四年歲次戊申　季春　穀旦／

104　處士諱欽丰宮府君合祔墓碑記（清光緒三十四年，1908）

題解：原碑位於高陽縣南龍化村，該村在縣東二十五里，刻立於清光緒三十四年（1908）。現碑已佚。楷書。首題無，常先生原題"宮氏墳墓碑記", 今據碑文改擬。其碑陽拓片長 110 厘米, 寬 55 厘米, 凡 3 行; 碑陰拓片長 110 厘米, 寬 55 厘米, 凡 16 行, 滿行 45 字。歲貢生候選訓導冉榜華撰文并書丹。墓主爲宮欽丰, 此墓爲其與妻白太君的合葬墓。此碑主要記述了白太君守寡撫養幼子的事迹。

錄文:

碑陽:

　　　　光緒戊申^①夏月穀旦／

　　　　　　處士諱欽丰宮府／
　　皇清　　　　　　　　　　君之墓／
　　　　　　待贈孺人　白太／

　　男杏林暨孫潤波、潤德／敬立。／

碑陰:

杏林二歲, 慈父見背。父諱欽丰, 享壽三十六歲, 母氏白時年三十有七, 姊七歲, 遭□□□, 適董門不幸, 短命死矣。予小／子零丁孤苦, 子焉一身, 家室蕭條, 終鮮兄弟, 僅餘薄田數畝、茅屋數椽而已。誰為耕之深? 誰為補其漏? 形單影隻, 苦^②莫／苦於此矣。吾父處世待人, 規模遠大, 其嘉言懿行, 雖更僕^③不能終也。惜予冲幼, 不復記憶。後求之父老, 嘗有為予道其／梗概者, 欷歔流涕, 何日忘之? 幸母子二人, 相依為命, 予從群兒遊, 則倚門而望^④。及稍長, 母命配曹氏, 早亡, 繼配賀氏, 生／子二: 長名潤波, 生而穎異, 果入邑庠; 次名潤德, 肆業學堂, 其進取當有後來居上者。孫晚成。人口日盛, 家道日隆, 吾母／當之若固有也。蓋堪流傳千古者, 原不在此也。撮其要, 提其綱, 約有五大端焉: 一曰勤。籌燈紡績, 未嘗斷絕, 夜以繼日, ／何時有輟? 嘵音瘏口, 井臼躬操, 日新月異, 志氣頗高。二曰儉。食不兼味, 療飢而已, 衣不加飾, 禦寒而已。慎乃儉德, 惟懷／永圖, 儉而中禮, 與古為徒。三曰孝。菽水承歡, 脂甘嗜

---

① "光緒戊申", 即清光緒三十四年 (1908)。
② "苦", 此字疑爲衍文。
③ "更僕", 謂計算。明宋濂《復古堂記》: "古今人物, 其優劣不倫, 雖更僕未能盡也, 欲師古者, 宜取則於上。" 參見 "更僕難數"。
④ "倚門而望", 源出《戰國策·齊策六》: "王孫賈年十五, 事閔王。王出走, 失王之處。其母曰: '女朝出而晚來, 則吾倚門而望; 女暮出而不還, 則吾倚閭而望。'" 後因以 "倚門" 或 "倚閭" 謂父母望子歸來之心殷切。唐張說《嶽州別姚司馬紹之制許歸侍》詩: "天從扇枕願, 人遂倚門情。"

口，孝也，而吾母之孝□，善體乎親心焉，於無形也而視之，於無聲／也而聽之，先□承志，得為婦之道焉。四曰慈。心誠求之心乎愛矣，慈也。而吾母之慈，則獨見其大料焉。勸導之，使之為／善；撻記之，使不為非。教子成人，有太姒[①]之風焉。五曰節。臨大節而不可奪也，君子。人與君子，人也。吾母之守節，儼然女／丈夫也。每當風瀟雨晦，□坐深思，夜長如年，燈小於豆，孤子獨眠，蟲聲四起，仰天一呼，泣數行下。然而凄涼□以移其／志，冰霜足以勵其操。不苟言，不苟笑，嚴氣正性，不動聲色，而措身於泰山之安，易□苦節，不可爭非，確論也。否極泰來，／識盈虛之有數；福緣善慶，知報答之無差。而且子又生孫，孫又生子，意謂享溫飽、抱子孫，無復有窮期矣。不料於光緒／五年□疾而終，春秋七十有三。嗚呼痛

---

① "太姒"，亦作"大姒"，有莘氏之女，乃周文王之妻，周武王之母。《詩·大雅·思齊》："大姒嗣徽音，則百斯男。"毛傳："大姒，文王之妃也。"《史記·管蔡世家》："武王同母兄弟十人，母曰太姒，文王正妃也。"後用爲賢母的典實。

哉！天實為之,謂之何哉？讀詩至《蓼莪》①《柏舟》②兩篇,未嘗不廢書而歎也。禮宜請旌／挂區光大門□,但次子婚期太迫,辦旋不及,姑先立石,以發嘗德之幽光。其有餘志未成,願以俟之異日。／

歲貢生候選訓導冉榜華撰文并書／

105　處士諱聚隆賀府合祔墓碑記（清宣統元年，1909）

題解：原碑位於高陽縣賀家莊村，該村在縣東南二十五里，刻立於清宣統元年（1909）。現碑已佚。楷書。常先生原題 "賀氏墳墓碑記"；碑原題 "賀公諱聚隆行述碑記"，今據碑文改擬。其碑陽拓片長100厘米，寬35厘米，凡2行；碑陰拓片長106厘米，寬48厘米，凡15行，滿行32字。邑庠生賀全禮撰文，國學生賀全智書丹。賀全禮爲立碑人賀金如族弟。簽有印章，引文曰 "董"。墓主賀聚隆，此墓爲其與夫人崔太君的合葬墓。碑陰主要記述了賀聚隆及其夫人孝於親、勤儉持家等德行。

錄文：

碑陽：

處士諱聚隆賀府

皇清　　　　　　　　君之墓／

待贈孺人崔太

男金如，孫瀛洲、登洲、鳳洲、漢洲，曾孫復德、濟德、頤德、旅德、豫德敬立。／

碑陰：

賀公諱聚隆行述碑記／

先世自明永樂二年，遷居高陽縣賀家莊，傳迄於今，數十世矣。族伯聚隆生於道光／二年十二月初七日，光緒四年五月十六日以疾卒，年六十有八。配北坎葦村崔孺／人，亦道光二年三月初九

---

① "蓼莪"，爲《詩·小雅》篇名。此詩表達子女追慕雙親撫養之德的情思。後因以 "蓼莪" 指對亡親的悼念。《後漢書·清河孝王劉慶傳》："〔諸王〕常有《蓼莪》、《凱風》之哀。"

② "柏舟"，爲《詩·鄘風》篇名。《詩·鄘風·柏舟序》："柏舟，共姜自誓也。衛世子共伯蚤死，其妻守義，父母欲奪而嫁之，誓而弗許，故作是詩以絕之。" 後因以謂喪夫或夫死矢志不嫁。晋潘岳《寡婦賦》："蹈恭姜兮明誓，詠《柏舟》兮清歌。"

日而生，同治十三年七月初九日以疾卒，年五十有三。生／子一、女三。二人疏食縕服，劬苦終身。族兄金如嘗終日不食，終夜不寢，以思罔極之／恩，終為莫報，問心有愧地下矣。是以鑱山磨石，令弟為文，以表九原之德。弟則太息／以謂堯舜之道，孝弟而已。二人事親，則冬溫夏凊，昏定晨省，能竭其力。其立志也，克／絕三惑；其存心也，永懍四知。肩挑貿易，田間作苦，井臼躬操，紡迍夜分。有若宣子①之／安貧樂道，仉氏②之辛勤機杼。復聞兄以為有時諭愚曰："爾夫婦及爾子孫，行事務實，／應世勿虛，理家必須勤儉，汝夫婦當銘心刻骨，切識毋忘。"憶所述之懿行嘉言，百不／一有得焉，亦萬不能一二陳焉。謹銘其略，以光泉壤是幸。／

邑庠生賀全禮撰文／

① "宣子"，指范宣，生卒年不詳，陳留（今河南開封陳留鎮）人。字宣子。東晋成帝時人，家境貧寒，崇尚儒術，博覽群書。後被召為太學博士、散騎郎，皆辭不就，於江南傳經授業，學徒甚衆。史稱他"家於豫章，太守殷羨見宣茅茨不完，欲為改宅，宣固辭之。庾爰之以宣素貧，加年荒疾疫，厚餉給之，宣又不受。"唐人評論曰："宣子之樂道安貧，弘風闡教，斯并通儒之高尚者也。"《晋書》卷九一《儒林傳》有傳。
② "仉氏"，孟子之母，為中國古代著名賢母。孟子早孤，孟母以織布為生，將孟子撫養成人，她特別注重對孟子的思想教育，斷機教子、孟母三遷等故事膾炙人口。

國學生賀全智書丹 /

匠人陳玉珍刻 /

大清宣統元年歲次屠維^①作噩菊月穀旦立 /

106　四川成都府中軍贈明威將軍諱鳳翔字小山李公合祔墓碑記（清宣統二年，1910）

題解：原碑位於高陽縣
龐口村，該村在縣東南三十
里，據碑陽原刻立於清康熙
五十二年（1713），清宣統二
年（1910）重立。現碑已佚。
楷書。常先生原題"李氏墳
墓碑記"，今據碑文改擬。其
碑陽拓片長 142 厘米，寬 40
厘米，凡 3 行；碑陰拓片長
98 厘米，寬 35 厘米，凡 1
行。墓主李鳳翔，字小山，
此墓爲其與夫人李母張太君
的合葬墓。李鳳翔，又見於
編號 107《皇清康熙丁卯恩科
武舉贈明威將軍諱嗣靖字丹
忱李公塈張恭人劉恭人之墓

碑記》，他爲李嗣靖之父，其題銜"四川成都府中軍贈明威將軍"乃李
嗣靖"追請誥命"所致，并非其生前所任官。

錄文：

　　碑陽：

　　康熙五十二年三月　　穀旦

---

① "屠維"，一作"徒維"。天干中己的別稱，用以紀年。《爾雅·釋天》："〔太歲〕在己曰
屠維。"《淮南子·天文訓》："未在己曰屠維。"作噩，十二支中"酉"的別稱，用以紀年。
《爾雅·釋天》："〔太歲〕在酉曰作噩。"菊月，農曆九月是菊花開放的時期，因稱九月爲
"菊月"。清厲荃《事物異名録·歲時·九月》："九月爲菊月。"

四川成都府中軍贈明威將軍諱鳳翔字小山李公 /

皇清誥封　　　　　　　　　　　　　　　　之墓 /

　　恭　人　李　母　張　太　　　　　君 /

男嗣靖、愛靖敬立 /

碑陰：

宣統貳年六月六世孫士珍、巨珍、恒之、潤之、藩之重修。/

107　皇清康熙丁卯恩科武舉贈明威將軍諱嗣靖字丹忱李公塈張恭人劉恭人之墓碑記（清宣統二年，1910）

題解：原碑位於高陽縣龐口村，該村在縣東南三十里，刻立於清宣統二年（1910）。現碑已佚。楷書。常先生原題“李氏墳墓碑記”，今據碑文改擬。其碑陽拓片長153厘米，寬43厘米，凡3行；碑陰拓片長151厘米，寬51厘米，凡14行，滿行38字。簽有印章兩枚，一枚印文曰“考文”，另一枚模糊不清。墓主李嗣靖，此墓爲其與夫人張恭人、劉恭人的合葬墓。李嗣靖爲清康熙時期人，此碑由其玄孫等人所立。主要記述了李嗣靖生平、事迹、德行，以及其下的世系情況。

按：編號106《四川成都府中軍贈明威將軍諱鳳翔字小山李公合祔墓碑記》爲其父碑刻，可以參看。

錄文：

碑陽：宣統二年歲次庚戌季春月榖旦 /

皇清康熙丁卯恩科武舉贈明威將軍諱嗣靖字丹忱李公塈張恭人、劉恭人之墓 /

元孫潤之、恒之、藩之，六世孫琴堂、慶堂、雅堂、明堂、錦堂、善堂、建堂敬立。/

碑陰：

《禮經》載大孝首在尊親。尊親云者，不但光顯前人，而且垂裕後嗣。凡我子孫，継續綿延，守詩禮家 / 傳，以至扵億萬斯年，而不敢荒墜厥緒者，皆我先人培植篤厚之力，有以啟迪後人也。我高祖 / 丹忱公，棄文就武，康熙丁卯[1]恩科中式，授淮南東昌等府

————————————

[1]　“康熙丁卯”，指清康熙二十六年（1687）。

千總，癸巳^①陞四川成都府中軍守府，贈／明威將軍。一生仕宦，著有政聲，曾為我　太高祖小山公^②追請誥命，立碑修影，晨昏奠祭，事死如／生，孝行格天，顯親地下，清俸以外，無他贏餘。故至我　曾祖金藩公，教讀四方，藉以餬口，卒以恩／貢生，授南皮縣訓導。光前裕後，我　高祖之孝扵斯，益見我　祖又思公、叔祖瑞五公兄弟二／人，善承親志，接續書香，因家境困難，丁口繁夥，遂議分居。我　祖入邑庠，食廩餼，苦心用工，力圖／上進，教讀安州馬家莊，偶得時症，至三十九歲捐館。前二年，我　祖母已棄世。當是時也，我　伯／父應成公方十五歲，我　父應元公方五歲，孤苦零丁，無依無靠，由今追昔，痛何可言？我　伯父／讀書未能，改就商業，後無所出，命恒之兼承兩支。綜計我　伯父及我父，少年苦況，耕無尺土，／讀無束脩，險阻艱難，盖較前人尤有甚焉者。雖如此，而我　父之心，常念我　高祖之孝能尊親／，及我高祖以下歷代相傳之事蹟，非銘墓石，誠恐歷年久遠，湮沒弗彰，每訓恒之等言，日後度／用稍舒，務將心願以償。恒之年已屆八旬

①　"癸巳"，指清康熙五十二年（1713）。
②　"小山公"，指李鳳翔，字小山，其碑見編號110《李鳳翔墳墓碑記》（清宣統二年）。

矣，水源木本，人孰無情，/憶念親言，泣數行下，命長子明堂/
等樹碑修墓，光顯前人，垂裕後嗣，猶是我 高祖尊親之意也夫。/

108 皇清誥封資政大夫李公諱念祖字芝蓀合葬之墓碑（清末）

題解：原碑位於高陽縣北關村，從"皇清"一詞來看，當刻立於清代，但具體時期不詳，蓋爲清末。現碑已佚。隸書。常先生原題"李氏墳墓碑記"，今據碑文改擬。其拓片長 139 厘米，寬 48 厘米，凡 4 行。墓主李念祖，此墓爲其與原配和繼配夫人的合葬墓，比較少見的是，此碑由其兩個已出嫁的女兒刻立，蓋其無子或兒子已去世。

錄文：

元 配 劉 太 安 人 /

皇清誥封資政大夫李公諱念祖字芝蓀合葬之墓 /

繼 配 魏 太 安 人 /

長女適劉氏、次女適侯氏敬立。/

109　李萬青墓碑記（清末）

題解：原碑位於高陽縣東田果莊村，該村在縣南三里，刻立於清代，具體時期不詳。現碑已佚。首題無，常先生原題"李氏墳墓碑記"；今據碑文改擬。其拓片長 137 厘米，寬 55 厘米，凡 15 行，滿行 43 字。撰者和書丹者不詳。墓主李萬青。此碑由其子李企賢、李聚賢、李樹賢述，主要記述了其父母畢世之懿行。其子李企賢爲高陽商會副會長、商會會董。編號 079《合村公建彰義碑記》，刻立於清咸豐六年（1856），其内容是表彰李萬青割良田 99 畝捐入合村，以作永久辦公之費的善舉，從中可知其爲道光辛巳恩科武舉。另，從編號 197《誥贈光禄大夫李氏始祖平福公之墓碑》可知其爲李氏十七世孫。

録文：

先嚴[①]諱萬青，字柏延。性孝友，尚誠樸，自奉儉，與人厚，戚友乞借，恒慨然與之，無吝色。且復謹言慎行，公私各事，不／辭勞瘁。教子以方，訓女有則，吾　父生平事業之成就，以此爲本。然吾　父十二歲失怙，遺吾　父兄弟姊妹各／一人，全家六口，房僅數椽，薄田二十畝，家無蓋藏，財無蓄積，衣食居住，風雨飄摇，孀母孤兒，困頓可想。／先慈[②]縣屬城北西莊村　韓公存仁之女，二十歲適吾　父，相夫孝親，無或稍怠，贊襄家務，亦復井

---

① "先嚴"，稱亡父。清吳趼人《二十年目睹之怪現狀》第七四回："兄弟繈褓時，先嚴、慈便相繼棄養，虧得祖父撫養成人，以有今日。"
② "先慈"，稱亡母。清陳夢雷《絶交書》："先慈恐不孝激烈難堪，遣人呼入家。"

井有條，不但／兄嫂弟婦毫無間言，即鄰里鄉閭咸稱道不置，全堂雍睦，各樂操勞，家無冗人，漸有起色。嗣經髮逆①亂作，盡室北／逃，顛沛流離，備嘗艱苦，然卒得轉危為安，少長歸聚，亦天之有以相吉人也。光緒三年，與吾　伯叔析産得田十／三畝，仍無住居，又兼吾姊三人皆幼，聚賢尚在襁褓，事無巨細，必須吾　父母躬親操作，困苦情形，不可思議。／父裘且商，母纑且績，終歲勤勞，不遑安息，由是積有微資，購買房産，以安厥居焉。光緒六年，吾　祖母棄世，吾／父母節哀治喪，葬禮如儀，自此大事告終，吾　父母之責任庶可少息矣。未幾，企賢、樹賢相繼誕生，吾姊等于歸②，復為聚賢延／師課讀，稍長使之學商，綜計此數十年間，吾父母所感之痛苦，所受之劬勞，至矣，盡矣，蔑以加矣。倘非心胸志氣，／卓越恒人，曷克膺此？而且吾父職膺村董，計四十年之久，里無異議，其處理村務之公允，迄今人猶稱之。吾／母享期頤上壽③，其福澤之綿長，億萬人中未必一遇，得天獨厚，洵可尚已。總之，吾父母儉己厚人，孝親教子，敬兄／友弟，好義急公，有此種種善因，始獲身後之子孫繩繩家業，成就之善果也。聚賢等謹將　父母畢世之懿行，畧陳梗／概，刊之扵石，不僅表揚先德，亦冀後世之子孫，承述先人之志，永誌勿忘，扵願斯足。／

　　奉祀男企賢、聚賢、樹賢謹述。／

110　王眖勤墓碑記（清末）

　　題解： 原碑位於高陽縣西演村，該村在縣東南二十五里，刻立時間不詳，現碑已佚。首題無，常先生原題"王氏墳墓碑記"；今據碑文改擬。從碑末"大清光緒甲午科舉人友誼王兆臨撰竝書"，仍使用"大清"

---

① "髮逆"，清廷對太平軍的蔑稱，因其不剃髮，故稱。
② "于歸"，指女出嫁。源出《詩·周南·桃夭》："之子於歸，宜其室家。"朱熹《集傳》："婦人謂嫁曰歸。"
③ "期頤"，一百歲。語本《禮記·曲禮上》："百年曰期、頤。"鄭玄注："期，猶要也；頤，養也。不知衣服食味，孝子要盡養道而已。"孫希旦《集解》："百年者飲食、居處、動作，無所不待於養。方氏慤曰：'人生以百年爲期，故百年以期名之。'"唐李華《四皓銘》："抱和全默，皆享期頤。""上壽"，三壽中之上者。《莊子·盜跖》："人上壽百歲，中壽八十，下壽六十。"晉嵇康《養生論》："或云，上壽百二十，古今所同。"

一詞觀之，應在清末，清光緒二十年（1894）後，而在民國建立之前。其拓片長113厘米，寬50厘米，凡14行，滿行34字。楷書。王兆臨撰並書丹。墓主王睍勤，高陽縣西演村人。此碑乃墓主之子所立，記述了墓主王睍勤的生平，但主要筆墨是寫其夫人撫養幼子的事迹。

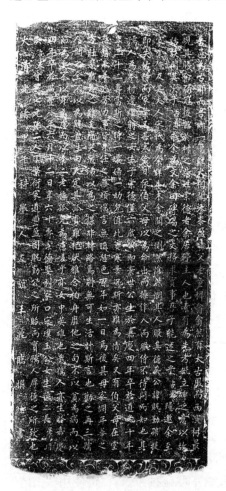

録文：

吾邑為古郡，而吾鄉一帶雞犬相聞，禾黍盈疇，父老童穉翕翕然，有太古風，而西演村最 / 覘其勝。余弱冠後，館於村之柴姓。崇德者，余居停主人也，素有為先考妣立碑之意，以故 / 話談間，其次子占春求余為文。余曰："碑碣之文，務求實事，吾子能述之乎？"占春歸邀余至 / 家，崇德及其夫人宋氏為余詳本末。余聞之惻然愴然，憫其人，服其德矣。公諱睍勤，孩提 / 即失怙恃，而家業又甚寒儉，日依伯父母以為命，出而操作入而服侍，不待問而知也。其 / 孀人為本村邊繼翁之女，生子崇德，僅六歲公即棄世。公生於嘉慶四年，卒於道光十年，/ 享三十二壽。當斯之時，一孀婦一幼兒，值此貧寒景况，斯亦難為情矣。又有伯父母[1]在堂，/ 慇懃奉養，凡勞力事皆身任之，無煩惱言，無瞋怒色，百年如一日焉。後其母家憫年華之 / 方壯，悲歲月之難支，痛哭流涕以為之謀，非轉路[2]焉別無可生活計。斯言也，勸之再三，孀 / 人聞之，全不以為韙。蓋性由天

---

① "伯父母"，指公婆。
② "轉路"，指改嫁。

定，其孤貞難犯狀，雅合《柏舟》靡他①之句，不以貧為病，而以／節為要；不以身為慮，而以養二老撫孤兒為慮。嗟乎！亦女中英雄也哉！孺人亦生於嘉慶／四年，卒於咸豐八年六月十二日，享六十壽。崇德娶利家口宋璞玉公女，生孫二：長星閣、／次占春，曾孫七，元孫二。人丁繁衍，家道豐盈，固覘勤公之所貽，而實孺人厚德之所致也。／

　　大清光緒甲午科舉人友誼王兆臨撰竝書。／

---

① 靡他，亦作“靡它”“靡佗”，謂無二心。《詩·鄘風·柏舟》：“之死矢靡它。”晋潘岳《寡婦賦》：“要吾君兮同穴，之死矢兮靡佗。”

民 國

111　牛雲錦墓志銘〔民國元年，1912〕

題解：原碑位於高陽縣南沙窩村，該村在縣南一里，刻立於民國元年（1912）。現碑已伏。常先生原題"牛氏墳墓碑記"；碑原題"高陽縣牛公墓志銘"，今據碑文改擬。碑額中間題曰"墓志"二字，楷書。其拓片長136厘米，寬57厘米，凡18行，滿行49字。撰者、書丹者、題額者爲魏□□、李□□、薛福□，因磨泐，一些字難以識讀。墓主牛雲錦，宣統二年（1910）卒，享年四十有一，以此推斷當生於清同治九年（1870）。主要記述了牛雲錦由於時局和生計等原因棄文從武的事迹。按：此碑雖名曰"墓志"，實爲墓碑，反映了當時人對墓志和墓碑已混淆不辨。

録文：

　　碑額：墓誌 /

　　高陽縣牛公墓誌銘 /

　　公諱雲錦，字秋浦，居城西南隅之沙窩，兄弟三，公爲仲。生即英異，甫能言，已挺然露頭角。九齡失怙，哀戚如成人。母□□□ /之不忍使習稼，次年，入塾讀書，邁常等。廿三授室①，逾歲，補縣庠。公孝友，慮家計窘，設童蒙帳，嗣以養不給，隻身遊木山。奈□□ /乖蹇，出無所遇，徃返數百里。徒呼負負②，行就保陽聘館三

---

① "授室"，本謂把家事交給新婦。語本《禮記·郊特牲》："舅姑降自西階，婦降自阼階，授之室也。"孔穎達疏："舅姑從賓階而下，婦從主階而降，是示授室與婦之義也。"後以"授室"指娶妻。宋朱熹《答呂伯恭書》："此兒長大，鄙意欲早爲授室。"

② "徒呼負負"，語出《後漢書·張步傳》："步曰，負負，無可言者。"負負，形容非常慚愧，衹能説很慚愧。

載，遭團匪①變，倉皇歸蒿。目時艱無可借足，遂棄儒權子母②，而一介書生，/不善謀利益賠累，爲隣黨誚，不知 公沉深彊毅，雖孤而且貧，固負奇略，有大志者。居久困不支，因與姊丈李君培之赴□□□/爲兵，後資同邑韓公力，入將弁學。人方謂公文士，或不堪其苦，詎意公棄毛錐如敝屣，從戎橐筆乃其索心。是以功勤□□□/兵法之奇正，戰事之機宜，無不精求而通變。因之公之名以著，畢業歸省，旋偕兄去。光緒三十一年，趙中丞爾巽③撫湘，知□□/檄調充軍官教習，公喜得展布，益自奮。中丞愛而重之，令招募成軍，洊升至統帶④。公遽膺重任，不少自滿逸，每日必□□□/屬以考詢用武方略。

士卒之甘苦，尤於操練認真外，極加體恤，然意摯法嚴，官與兵之故蹈愆咎者無或貸。用能營章□□□□/犯律。三十三年，兄在寓病，公既不便以私廢公，又不忍拋手足，惕惕然教閱之餘，即親醫藥，憂心默禱，常至徹旦不寐。□□□/救，公揮涕殯殮，合營愴莫。及遣姪厚菴扶柩旋，公以悲傷，更形感慨。且推孝友之心，撫循兵士，遂各有爲。公效死

① "團匪"，對義和團的蔑稱。
② "權子母"，《國語·周語下》："古者，天災降戾，於是乎量資幣，權輕重，以振救民。民患輕，則爲作重幣以行之，於是乎有母權子而行，民皆得焉。若不堪重，則多作輕幣行之，亦不廢重，於是乎有子權母而行，小大利之。"謂國家鑄錢，以重幣爲母，輕幣爲子，權其輕重而使行，有利於民。後遂稱以資本經營或借貸生息爲"權子母"。
③ "趙爾巽"（1844~1927），字公鑲，號次珊，又名次山，又號无補，清末漢軍正藍旗人，奉天鐵嶺（今遼寧鐵嶺市）人。碑文中所謂"撫湘"，當指光緒二十九年（1903）一月，趙爾巽由山西布政使調充湖南巡撫。而碑文中言在光緒三十一年（1905），誤。光緒三十一年趙爾巽改任盛京將軍。
④ "統帶"，清末統轄一標的軍官。見《清史稿·職官志六》。

□□□/成勁旅，方期率萬衆貔貅①以報家國，垂功名於竹帛，積勞成疾，遂於宣統二年四月二十日捐館。先時　公以母老□□□□/定省焉，公卒年四十有一，公秩授督粮府　欽加五品銜，封奉政大夫。曾祖諱若麟，祖諱定邦，父諱連元，均□□□□/政大夫。曾祖妣費、祖妣張，例封太恭人。先妣趙、繼先妣劉、繼生母張例封太恭人。淑配劉封恭人，弟雲漢，姪厚菴公□□□□/付家事。子積溪幼讀。銘曰：嗚呼！牛公，幼而困阨，卞璞②不霽。詩書蘊抱，淪晦沉冥。憤投鉛槧③，抗志談兵。漢水擊楫④，湘蘭□□。□□/甫煥，功名未終。幽阡既隧，歎慕無窮。嗚呼！牛公，足爲吾邑之英。/

　　同邑五品銜、截取⑤知縣、改選福建、補用塩大使魏□□/五品銜候選縣丞　李□義/

　　滿城縣子口村　薛福□/

　　中華元年歲次壬子即宣統四年十月樹碑/

112　阻欄築塾碑記（民國二年，1913）

題解：原碑位於高陽縣龐口村，該村在縣東南三十里，刻立於民國二年（1913），現碑已佚。首題無，常先生原題“阻欄築塾碑記”，今從之。碑額2行，行2字，題曰“永垂不朽”。楷書。其拓片長136厘米，寬51厘米，凡12行，滿行22字。撰者和書丹者、題額者不詳。其內容是由於王果莊南北橫築大堤，堵塞馬家溝，導致水道不能下泄，以致上游邊關、店上、張家莊等村田禾俱被淹没。高陽查縣長經過勘

---

① “貔貅”，亦作“豼貅”。古籍中的兩種猛獸。多連用以比喻勇猛的戰士。唐張説《王氏神道碑》：“赳赳將軍，豼貅絶群。”

② “卞璞”，指和氏璧，亦泛指美玉。漢焦贛《易林·漸之萃》：“西行求玉，貴得卞璞。”

③ “鉛槧”，古人書寫文字的工具。鉛，鉛粉筆；槧，木板片。語出《西京雜記》卷三：“揚子雲好事，常懷鉛提槧，從諸計吏，訪殊方絶域四方之語。”隋江總《皇太子太學講碑》：“外史所掌，廣内所司，靡不飾以鉛槧，雕以細素，此文教之修也。”

④ “擊楫”，亦作“擊檝”，指晉祖逖統兵北伐，渡江中流，拍擊船槳，立誓收復中原的故事。後亦用爲頌揚收復失地統一國家的壯志之典。宋張孝祥《水調歌頭·和龐佑父》詞：“我欲乘風去，擊楫誓中流。”碑文中“漢水”，疑誤，當爲“江水”。

⑤ “截取”，清制根據官員食俸年限及科分、名次，核定其截止期限，由吏部予以選用，稱爲截取。又舉人於中式後經過三科，由本省督撫給咨赴吏部候選，亦稱截取。清黃輔辰《戴經堂日鈔》：“咸豐初，任清政府吏部郎中。咸豐二年截取知府。”

驗，令王果莊出資，在龐口村建立此碑，以爲日後築墊阻水者戒。碑末爲建碑者姓名及所在村莊。

録文：

碑額：永垂／不朽／

本年八月間，瀦龍河小劉村與溏沱河兩處決口，水勢浩大。／大王果莊在村西三里有奇，南北橫築大堤，堵塞馬家溝，／水道不能下洩，以致上游田禾，俱被淹沒。經邊關、店上、張／家莊等村呈控在案，查縣長親詣勘驗，實屬有礙水利，因／見堤內禾稼茂盛，俱已成熟，限王果莊十日内將堤剗平，／秋成亦可無害。此係縣長愛民厚意，法外施仁，復勸令各／村仍歸和好，着王果莊賠補上游受害各村大洋一百五／十元。後又從寬免賠，令王果莊出資，在龐口村建立碑碣，／垂諸永久，以為日後築埝阻水者戒。／

邊關村：劉逢辰、周聿脩。王團村：馬奎璧、劉松齡。西𢄙村：王德宣、王同溪。張家莊：皮宗揚。河間南店：劉玉珍。李家莊：李志義。劉家村：陳世傑、劉德彰。北店村：南鴻文、楊鶴年、楊春榮。田村：劉篤林、郭景全。龐口：李金蘭、王靜脩。／

民圀二年陰曆十月立／

113　李公酉山墓志碑記（民國三年，1914）

題解：原碑位於高陽縣龐口村，該村在縣東南三十里，刻立於民國三年（1914）。現碑已佚。常先生原題“李氏墳墓碑記”；碑原題“李公酉山墓志碑記”，今從之。其碑陽拓片長100厘米，寬39厘米，凡

4 行；碑陰拓片長 146 厘米，寬 55 厘米，凡 17 行，滿行 36 字。楷書。
李國勳撰文，劉東陽書丹。墓主李酉山，此墓爲其與妻劉氏和繼室孟氏
的合葬墓。由於其無子，此碑由承嗣孫德立，奉祀外孫錢鑄鎔等人所
立，主要記述了李酉山先世淵源及其家族成員情況。

録文：

　　碑陽：

　　民國叁年甲寅歲四月穀旦 /

　　處士諱酉山李太府

　　　　　　　　君之墓 /

　　待贈孺人李祖母劉太、孟太

　　承嗣孫德立奉祀 /

　　外孫錢鑄鎔、馬維駱、鞠國柱、邊思聰敬立 /

　　碑陰：

　　李公酉山墓誌碑記 /

　　公姓李，諱酉山，忠誠人也。先世自前明永樂貳年，始祖平
福公遷居龐口邨。宅兆扵邨南為 / 塋，李氏合族，名為老南塋。我
十一世上澤祖，又遷居田邨，公遂世居田邨，而為田邨人焉。然
居 / 雖遷，塋地未改，由公上溯則　始祖平福公十九世孫也。公
性最孝，童年父母俱逝，每讀書 / 至蓼莪^①，常以生我為憾，懶扵誦
讀，同學諸人論者謂頗得先仇廢詩大義，且與人無妄居。然太 / 古
衣冠，待人以寬，不涉刻責，意見典則奉行，不勝枚舉。元配劉，
名光耀公胞姊。劉太孺人生女 / 一，適同邑東邊渡口邨錢。劉故，
繼配河間縣郭家口邨孟，前清邑庠生名臺熙公胞姊。孟太孺 / 人生
女三：長適河間縣三十里鋪鞠，次適河間縣邊家邊邨，三適任邑
陳家莊邊宅。公 / 因家業彫謝，北赴關左，教讀數年。孟太孺人在
家，勤紡織，畊田畮，艱辛畢歷，内外毫無廢事。後 / 公歸里，頻
年水淹，變產遷扵郭家口邨，以避水災。至光緒十六年，公捐館^②，

① “蓼莪”，《詩·小雅》篇名。此詩表達了子女追慕雙親撫養之德的情思。
② “捐館”，亦作“捐館舍”“捐舍”。抛棄館舍，死亡的婉辭。《戰國策·趙策二》：“今奉陽君
捐館舍。”唐白居易《故滁州刺史榮陽鄭公墓志銘》：“公自捐館舍，殆逾三紀，家國多故，
未克反葬。”

擇堂孫德立為嗣，/以明世系以永流傳。苦心人，天竟負於公，誠
謂然矣。壬子①冬，孟太孺人忽欲歸里，素患喘疾，延/至民國貳
年正月初五日背世。外孫等感公與劉、孟兩太孺人，艱苦一生，盡
歸湮沒，欲勒諸石以/彰潛德，以誌不忘，索敍於余。余年近六
旬，於行文一道，已甚荒疏，僅就己之所目見耳聞者，畢/述公生
平遺事。後之人如有覯斯碑者，或慕公之德，不忘公之為人，流連
往復而不能置，斯則/余之深望也夫。/

　　高邑邑庠生族姪國勳沐手撰文/高邑邑庠生劉東陽丹書/

114　王炳墓碑記（民國三年，1914）

　　題解：原碑位於高陽縣左家莊村，該村在縣正西十七里，刻立於
民國三年（1914）。現碑已佚。楷書。首題無；常先生原題"王氏墳墓
碑記"；今據碑文改擬。其碑陽拓片長107厘米，寬55厘米，凡3行；

_____

① "壬子"，指民國元年（1912）。

碑陰拓片長 153 厘米，寬 65 厘米，碑右側 5 行文字，後面從右至左爲
16 排名單。凌煜釗撰文，李桂元書丹并篆額。此墓爲王炳與其妻陳氏
的合葬墓，此碑由其子建功、建業所立。碑陰主要贊揚立碑者起公之品
德，説明立碑的緣由。下端爲題名，包括村民姓名和其所在的高陽城内
外村莊名，字體較小。

　　按：編號 136《王建功墓碑記》爲王炳長子王建功之碑，195《前
清碩德王君起發（建業）暨德配張氏墓志》、198《王建業墓碑記》爲
其次子王建業之碑，可相互考證。

　　録文：

　　　碑陽：

　　中華民國三年十月穀旦 /

　　　考　府君諱炳

　　顯　王　　　　　合葬之墓 /

　　　妣　母陳太君

　　奉祀男建功、建業。/

　　　碑陰：

　　盖聞孝莫大於顯親，功莫博於濟衆。　起公^① 以鄉曲布衣，而
道術湛深，兼能推其博愛之誠，以謀地方樂利之福。因災請賑，
捨田辦 / 公，舉凡官家之徭役、鄉間之疾苦，罔不以一身捍衛之。
有士大夫所不能爲者，公獨毅然行之，數十年而不惓，故受其惠
者，雖婦 / 孺咸感頌焉。兹　公爲其 / 先德炳翁先生建石顯揚，以
伸孝思，因附記數言扵碑陰，聊以表揚　公之濟衆公德扵萬一云
爾。是爲記。/

　　　清苑布衣凌煜釗撰文　邑人小徒李桂元書丹并篆額 /

　　邢果莊：楊文修、楊文錦、楊新貴、楊宣猷、李相賢。路台：劉
文德、李京、王積玉、李廷璋、王錫慶、王福田、張玉堂、王錫倫、
李鵬鰲、張玉壽、李祥和、牛樹勳、王春田、白善慶、/ 李春喜、李
八、李興武、李保通、李榮春、任占峯。趙官佐：王勤修、王治君、
魏榮先、魏德、郭恩波、郭建功、郭建勳、郭瑞圖、郭遜志、王真

---

　　① "起公"，爲墓主王炳之子建業。

修。阮家庄：孫養元、孫治國、盧春雨、/李寶義、白玉堂。史家佐：王念祖、王爽峯。板橋：王鑑堂、魏福昌、魏福春、魏福珍、劉万春。雷家庄：邊怀東、雷士敬。南北郭丹：張榮韜、張二皂、王友諒、翟鳳羽、石朝柱、祁榜。/謝家庄：謝福、程兆芝、謝樹桐。北邊吳：白貴和、周晋亭、周述禮。營頭：李廷謨、李廷祥、李廷春、梁春榮。胡家桥：史進禮、郭斌、王□、梁興仁。嚴庄：陳双全、高廣禄。/西田果庄：侯廷棟、王相臣、趙安邦、蔣士蘭、胡素庵、郭□峰、朱運隆。斗窪：陳端方、陳志修、魏占奎、梁岩山、陳靖之、梁修已、梁魁元、王鳳雲。保駕佐：張高升、張文華、張舉庵。/李果庄：韓邦明、薛遴選、韓林祥、韓有年。雍城：蘇稚言、郭馨藻、郭杏壇、郭恩會。延□：于台星、賀全真、于金峯、賀寬才、于樹曾、于墨林。南圈頭：吳景昌、王秀蘭、王侯氏。/東西王草庄：田曉岩、田曉亭、田溴興、田秋、李慶長、韓彤、王立祥、王四冬、李六合。于八：王建佑、張景春、陳維言、張明宗、張義清、李振、劉振海、劉振綱、魏雅秀、馬占奎。/高陽城内：程顯龍、何鎖住、李桂林、孫見福、齊玉林、田榮九、徐臣、李德騏、張汝均。佛堂：鄧恩明。梅果庄：李茂林、齊朋之、鄧維章、閻舜卿。趙通：王綱、趙有、張佩住。/舊城：張殿奎、韓紹文、韓金榮、程玉年、程秋、程印。季朗：田化龍、王致祥、張春和、張春年、劉見、田良玉、劉德彰。東西河：劉廷恩、馬振聲、戴隆泰、張義、趙雲從。/董家庄：張洛現。西柳村：王長卿、胡春。賀家庄：賀宗周、賀占鰲、賀庚吉、賀長春、賀友之。南北蔡口：梁廷謨、王順堂、崔双峯、王致和、陳鎮嶺、常正元。耿家庄：耿鳳儀、王虎山。/沙窩：劉藍田、王敬久、張萬全、王常氏。邊渡口：劉雲會、劉名奎、劉登科、劉玉科、張敲之、倪金城、蕭致中。厖口：李緒紹、索墨林、成巨川、成百川、屠培章。高家庄：王吉雲。/王家庄：王文凱、王槙材、王德林、李錫齡、王玉環。齐家庄：張壽先、姜福林、齊興隆、齊法曾。龍化：李維藩、宮義藻、宮懷仁、梁鵬程。尹家佐：尹印山、尹兆勳、尹燕春、李興唐。/边村：邊士林、邊士吉、于肥。田村：張峻山、李巨典、張俊傑、郭守之、郭奎之、張森桂、張佐治、劉金堂。田家庄：韓凤池。白家庄：劉心誠、張奉先、□□口、梁大水、梁福

來。/ 鋪上：楊勝、劉錫田。萬安：吳瑞祥、吳大德。沈家坯：苑錫
齡、苑慎修、王貴璘、苑藻蘭、段金玉、段岳山、藏堂子、苑皂兒。
柳灘：楊廷義、楊廷印、王愛恒、趙陳氏、李慎修。/ 佐家莊：蕭良
選、蕭文義、楊泉林、蕭志學、蕭長林。牛角：陳蘭。東石橋：王玉
田、王文藻、康墨田、邢金堂、邢尚義、王綿堂。辛橋：熊斐然。延
福屯：高維先。西田果庄：王奉璋、蕭良生、鄧豐年、陳來璽、張洛
純、朱有林。定州：馬崑山 / 恭立，/ 夏桂林刻石。/

115　郭修齡墓碑記（民國四年，1915）

　　題解：原碑位於高陽縣舊城村，該村在縣東二十三里，刻立於民國
四年（1915）。現碑已佚。首題無，常先生原題"郭氏墳墓碑記"；今
據碑文改擬。碑額2行，行2字，題曰："萬古流芳"。楷書。其拓片長
120厘米，寬42厘米，凡8行，滿行30字。墓主郭修齡，由於其無
子，收續其侄懋德，以承香火。懋德原配無子，在另娶王氏後遂有子
孫。因在遷葬新塋之際建立此碑。此碑對於認識當時北方地區農村習俗

和宗族制度具有一定資料價值。

録文：

　　碑額：萬古/流芳/

　　先叔父太學生郭府君，諱修齡，享壽六十六歲，卒於前清同治十二年。先叔母/閆孺人享壽五十八歲，卒於同治四年，無子。兩叔妹奉父遺命，命余承繼。因/余元配張氏久病不育，兩叔妹慮焉，以為先叔父既無子有子，更宜無孫有/孫。兩叔妹復為余娶王氏，冀後日有子，弗至再絶宗祧。至今子已生子，孫又/生孫，蟄蟄繩繩，庶足慰我兩妹孝思、先叔父在天之靈已。因祖塋地隘，遷葬/新塋，爰為立石，永垂不朽云。/

　　奉祀男懋德暨孫愛賢，曾孫寶華、光華敬立/

　　中華民國四年二月　　穀旦/

116　高陽縣甲種商業學校沿革略史（民國四年，1915）

　　題解：原碑位於高陽縣城内，刻立於民國四年（1915）。現碑已佚。卧碑。常先生原題"建修商業學校碑"；碑原題"高陽縣甲種商業學校沿革略史"，今從之。其拓片長68厘米，寬152厘米，凡46行，碑左側爲發起人、募款人、維持人名單，凡4排。楷書。張佐漢撰文，李桂元書丹。主要記述了高陽縣甲種商業學校建立的緣起及經過，是研究民國初年高陽縣乃至北方地區教育史、工商業史重要的第一手資料。按：甲種商業學校，又見於編號117《高陽縣重建甲種商業學校碑記》（民國五年），兩者内容可相互補充。

錄文：

　　高陽縣甲種商業學校沿革畧史 /

　　吾高[①]畿輔瘠區也。前清光緒末葉，不佞[②]與田法宗、韓晉卿諸紳倡 / 立商業夜學於關帝廟禪院，邑令陳公培蘭深韙其議，凡將商家 / 所捐之一文綠全數撥歸。適吳鼎昌、馬建瑩諸君，以省視學往來 / 吾高，託為力持原議，並將商業知識為今世國民生存之必要，剴 / 切[③]向衆商婉勸。奈事屬創舉，物議驟盛，勢行中輟。幸商民好義，風 / 氣既開，沛然莫遏。韓紳偉卿、李紳秉熙、楊紳木森、李紳益謙、李紳 / 桂元、齊紳懋德、王紳璽暨吾棣興漢等均團結精神，奔赴斯役，遂 / 獲合城商人贊成，將合城商家戲捐加入底款，而有改立初等商 / 業學校之舉，提學盧公批准立案。時，何隆恩大令適攝邑篆，力為 / 維持，而吾高商務分會亦克成立。□時，經營商學諸君又復鼓勇 / 直前，籌辦商會，首以提倡織業為商會進行要務，蓋因地制宜，拓 / 充國貨，用廣招徠，必如是標本並治，方可以團體名義而市信義 / 於社會也。不及三年，土布名色迭出，遠服賈者，足迹行遍北七省； / 而遠方設廛於高者，亦增二三百戶；而織、染兩藝，吾高城鄉居民 / 靡不殫精研求焉。所以至此者，皆商學諸董以商會名義召招而 / 提倡力也。宣統之初，布商行董楊煥文等，以商學僅初等班，不過 / 僅造就商夥而已，求其有海外貿易之能力，恐瞠乎未也。商學諸 / 董事亦深韙其議，首由各布商按收布數每匹認捐京錢六文，/ 為改立中等商學底款，其購地、建築費則另由商會諸公協各行 / 商擔認，議定後，以團體名義上陳中央商部，已准照辦矣。浚以自 / 治機關欲挪用此款，纏訟者半載。適傅公增湘[④]提學畿輔，深恐商 / 學為所破壞，急檄王令大成來高剖決

---

① "吾高"，蓋即 "吾高陽" 之省稱。

② "不佞"，謙辭，猶言不才。《左傳·僖公十五年》："寡人不佞，能合其衆而不能離也。" 宋葉適《上西府書》："某不佞，自以為無三者之患而獨有憂世之心。"

③ "剴切"，懇切規諫。《漢書·賈鄒牧路傳贊》"賈山自下劘上" 顏師古注引三國 魏孟康 曰："劘謂剴切之也。" 切實，懇切；切中事理。《新唐書·魏徵傳》："徵亦自以不世遇，乃展盡底蘊無所隱，凡二百餘奏，無不剴切當帝心者。"

④ 傅增湘（1872~1949），字叔和，號沅叔，別署雙鑑樓主人、藏園居士、藏園老人、清泉逸叟、長春室主人等，四川宜賓江安縣人。中國近代著名藏書家。1902 年入袁世凱幕府，歷任貴州學政、教育總長、故宮博物院圖書館館長等。

此役，卒，婉勸布商再加二／文，以折半為商學底款，而中等商學於以成立。然因自治挪用此／款，不符概算，每年虧累甚鉅，商會諸公力任其難，屢籌墊之。貴州／陳小石制軍①以此學之成，深賴商校諸董及商會仝人之不辭勞／怨，錫之曰：毅飭勸業道通行全省，俾資矜式在事諸公之熱忱，遂／稍為暴白矣，而諸公對斯校維持之責，亦因是益堅。民國初纂，地／方紛亂，諸公始終其役。旋自治停辦，奉教育部通令，凡從前自治挪用之學款，有案可稽者，仍劃歸學款，以維學務。是以商會諸公／循部令，稟請民政長批准，飭縣將自治挪用之布捐撥回二文為／商校底款，以符原案，學款始不拮据。遂邀邑紳李君曉泠主斯校／事，李固精英文而久歷教育事業者也，管理、教授均極認真，吾高／實業教育得公生色矣。適遵部章改稱甲種商業，報部立案，已蒙／允准。刻下，頭班學生行將畢業，李君擬刊其一切章程，以資永久／遵守。屢欲倩不佞記其沿革，不佞辭不獲已，遂誌其涯畧於左。雖／然不佞泚筆②之餘，不能無慨。吾高舊稱瘠區，今不數年，漸稱富庶，／豈非以人力經營哉？淪灌智識之商學僅一部分事耳，充諸公團／結精神之力，事業之進步，豈可限乎？善夫③偉丈之言曰：“吾高生計／最終之發展，非濬馬夾河以便交通，開紡紗廠以裕織料，吾高生／計界終不克伸頭角於東亞。與夫吳之南通、日之大阪，並馳騖於／太平洋，以樹吾高商權之幟也。”不佞誌商學事，根觸④前言，深望我／最信仰、最精進之全體商人，腦海皆印此言，投袂奔赴，俾早觀其／成，不佞尤佇立望之，此甲種商校不過商界仝人對公益之區區／發

---

① “陳小石制軍”，指陳夔龍（1855~1948），貴州貴築（今貴陽）人，字筱石（或作小石）。清光緒進士。由於深受榮祿器重，累遷順天府尹。戊戌變法時，反對維新。光緒二十六年（1900），義和團運動期間，辦理軍糧及運輸事項，受到清廷倚重。慈禧太后西逃後，充奕劻助手，參與議和及簽訂《辛丑條約》。1901年起歷任河南布政使，漕運總督，河南、江蘇巡撫，四川、直隸總督兼北洋大臣。辛亥革命後蟄居上海。1917年張勳復辟，任弼德院顧問大臣。著有《夢蕉亭雜記》等。制軍，明清時總督的別稱。又稱“制臺”。清薛福成《庸盦筆記·史料一·巡撫折藩司之焰》：“咸豐八九年間，昆明 何根雲制軍總督兩江。”

② “泚筆”，以筆蘸墨。《新唐書·岑文本傳》：“或策令叢遽，敕吏六七人泚筆待，分口占授，成無遺意。”清錢謙益《南征吟小引》：“上方臨遣授鉞，如晉公故事，伯應（袁可立子）其將有雄篇麗句繼退之而作乎，餘將泚筆以和焉！”

③ “善夫”，官名。西周置。周王近侍。掌傳達王命。《大克鼎銘》：“王乎（呼）尹氏册命善夫克。王若曰：‘克，昔余既命汝出入朕命，今余唯緟乃命。’”掌飲食。同“膳夫”。

④ “根觸”，感觸。出自《新唐書·儒學傳下·禇無量》。

靭耳。民國四年七月三十號，張佐漢誌，李桂元書丹。/

　　高陽縣甲種商業學校校長李曉泠 /

　　發起人：張佐漢、韓偉卿、李益謙、王璽、齊懋德、張興漢、韓晉卿、田法宗、楊木森、房錫齡、李桂元、李秉熙。/

　　募款人：韓偉卿、張興漢、楊煥文、李企賢、齊懋德、楊木森、李秉熙、梁松齡、李桂元、楊葆森、王璽。/

　　維持人：齊樹勳、許書田、李海曾、李秉成、周輔之、李秉義、楊占卿、侯維藩、周錦川、馬法駿、孫耀曾、/ 李聚賢、房耀德、房森德、凌煜釗、韓步霄、李桂林、韓步墀、李兆蘭、管兆棠，商會諸董，各行衆商。/

117　高陽縣重建甲種商業學校碑記（民國五年，1916）

　　題解：原碑位於高陽縣城內，刻立於民國五年（1916）。現碑已佚。此碑係臥碑。楷書。常先生原題“建修商業學校碑”；碑原題“高陽縣重建甲種商業學校碑記”，今從之。其拓片長67厘米，寬143厘米，凡41行，滿行20字。凌煜釗撰文，李桂元書丹。主要記述了甲種商業學校建立的緣起以及沿革變化、規模等。按：甲種商業學校，又見於編號116《高陽縣甲種商業學校沿革略史》（民國四年），兩碑均由李桂元書丹，在內容上互有詳略，可以相互參看。

　　錄文：

　　高陽縣重建甲種商業學校碑記 /

　　學校之制，其來尚矣。古者黨庠州序各有專科，其明 / 驗也。

後世儒者，各立門戶，自為師說，王者又以牢籠／之術，羈縻士子，而學校之制於以浸衰。迨夫明清，專／事帖括[1]，各縣雖有義學之設，率多擁皋比[2]而無其業／者，充乎其間，亦餼羊[3]類耳。晚清之季，歐風東漸，知文／字之不足恃，始夷然廢科舉、立學堂。然只通都大邑／創設一二師範、警務，又多期於速成，求一有裨於社／會實用者，誠不數覯。至於工商專門學校，幾鳳毛麟／角矣。高陽蕞爾小邑，幅員偏狹，地勢窪下，土質墝鹵，／設遇水旱偏災，民間幾難自活。邑紳張佐漢、韓偉卿／等恒為異地懋遷[4]計，知非提倡實業，民間幾不能生／存。始由改良土布入手，不數年成效頗著，民間不耕／而食者，比比也。于是又研求服賈術，使所出布匹可／以不脛而走。繼復思服賈[5]一道，非有人才以幹濟之，／決不足以戰勝歐西。遂由商會諸君集資創設商業／小學，初止夜班，原不足觀，繼復改組初等商業小學，／終以小學造就尚淺，迺由本地所

① "帖括"，泛指科舉應試文章。明清時亦用指八股文。清蒲松齡《聊齋志异·金和尚》："金又買异姓兒，私子之。延儒師，教帖括業。"

② "皋比"，古人坐虎皮講學。後因以指講席。唐戴叔倫《寄禪師寺華上人次韻》之二："禪心如落葉，不逐曉風顛。猊座翻蕭瑟，皋比喜接連。"宋朱熹《橫渠先生畫像贊》："早悅孫吳，晚逃佛老。勇撤皋比，一變至道。"

③ "餼羊"，古代用為祭品的羊。《論語·八佾》："子貢欲去告朔之餼羊。子曰：'賜也，爾愛其羊，我愛其禮。'"比喻徒具之形式。清趙翼《新春宴集草堂》詩之三："儒餐野味無官鮓，翰苑虛名漸餼羊。"

④ "懋遷"，貿易。語出《書·益稷》："懋遷有無化居。"孔傳："勉勸天下，徙有之無，魚鹽徙山，林木徙川澤，交易其所居積。"

⑤ "服賈"，意思是經商。《書·酒誥》："肇牽車牛，遠服賈。"

出土布籌集欵項，/並倡率捐資建築學校，於前清宣統二年，改爲甲種/商業中學，初亦畧具儲形，規模小就而已。邑紳李君/曉泠來主斯校，大加整頓，舉管理、教授諸法，無不力/求完善。第一班學生已於民國四年畢業，成績頗有/可觀。又以增加班次，學舍狹隘，遂將原有學舍售出，/另在邑城南關外里許購地，改建新學舍。計大門一/間，存儲室、接待室各兩間，禮堂五間，講室十三間，宿/舍二十六間，厨房四間，厰棚兩間，操場一區，學校園/一座，均已毗連，其外圍牆共計百丈，局度宏敞，規模/完備。烏乎！學校之設，往往勤於始而懈於終。斯校始/由諸君極力經營，主校又復殫精積慮，力求美備，爲/世模。概兹復新建學舍，更是擴張，行見生徒輩出，從/事商場，將來與泰東西①巨商，戰勝於比廬廛肆間，將/唯斯校是賴，因不禁屬望於創辦斯校、維持斯校、主/講斯校及肄業於斯校者焉！民國五年七月，值斯校/行新落成禮，主者欿將斯校緣起勒石垂後，因屬余而爲之記。/

　　清苑布衣凌煜釗撰文/商會會董李桂元書丹/

　　商會會董李企賢、周輔之、齊懋德督工/

　　中華民國五年七月立/

118　前清例贈迪功郎諱善元張府君之墓碑記（民國五年，1916）

題解：原碑位於高陽縣南龍化村，該村在縣東二十五里，刻立於民國五年（1916）。現碑已佚。楷書。常先生原題"張氏墳墓碑記"，今據碑文改擬。其碑陽拓片長118厘米，寬58厘米，凡3行，滿行29字。碑陰拓片長135厘米，寬56厘米，凡12行，滿行29字。宮潤波撰文并書丹。墓主張善元，此碑由其子張福全所立，碑陰主要記述了墓主張善元的身世，突出其家生活之艱難。"洪憲"是袁世凱復辟稱帝後的年號。1916年是個特殊的年份，既是民國五年，同時也是"洪憲元年"，當時報紙稱中國爲中華帝國，上海報紙則把"洪憲元年"印成小

---

① "泰東西"，泛指歐美和東亞、南亞、東南亞各國。嚴復《中俄交誼論》："果如是也，不特俄人之交可以歷久而不渝，即泰東西各國亦將從容揖讓。"

字。對於袁世凱的倒行逆施，蔡鍔與唐繼堯在雲南宣布獨立，發動護國戰争。在全國人民反對浪潮下，帝制僅僅維持了三個多月即不得已取消。"洪憲"紀年的碑刻在全國很少，這也是此方碑刻獨特價值所在。

按：此碑墓主張善元與編號119《張統元墓碑記》（民國五年）墓主張統元爲兄弟，可互爲參證。

録文：

碑陽：

洪憲丙辰①杏月上浣之吉 /

前清例贈迪功郎②諱善元張府君之墓 /

隆服③男福全敬立 /

碑陰 / 蓋聞木有本，水有源，喻孫之不能忘祖，子之不能忘父也；春露之惕，秋霜之 / 感，喻子孫之起孝思也。男福全④自束髮⑤以來，雖未從事詩書，輒聽先聖遺言，/ 不禁泣下沾襟矣。吾府君諱善元，自幼赤貧，地無立錐，塵生在釜。其所以謀 / 生者，居商行賈，不憚艱辛，走東走西，每隨日月。更兼吾母宫太君主持家政，/ 布裳椎髻，操作而前。半絲半縷，不忍輕棄，一粥一飯，恒念維艱。□擬困極斯 / 亨，自有運轉時來日也，乃福薄命淺，未享大年，吾府君年三十餘，竟薀然而 / 長逝。母甘苦守，之死靡他⑥。無奈昊天不惠，所憶頻差，偏當饑饉薦臻⑦，不堪餬 / 口。伊時之境，甚至日午晨煙未炊，薄暮朝粥未食。母子相泣，生路幾無，不得 / 已遂權適他門，男依命於嫡堂伯。當斯時也，母中道而棄兒，

① "洪憲丙辰"，即"洪憲"元年（1916），時爲民國五年。杏月，農曆二月的別稱，因爲農曆二月爲杏花開放時節，故稱。
② "迪功郎"，古代官名，又稱宣教郎，始於宋。《宋史·職官志八》："迪功郎……爲從九品。"《明史·忠義傳四·吳暢春》："〔吳暢春〕手刃數賊，被執不屈死。贈迪功郎、安慶府經歷。"
③ "隆服"，最重的孝服。漢班固《白虎通·喪服》："弟子爲師服者，弟子有君臣父子朋友之道也，故生則尊敬而親之，死則哀痛之，恩深義重，故爲之隆服。"
④ "福全"，此二字在"男"字之下側出，以示謙卑。
⑤ "束髮"，古代男孩成童時束髮爲髻，因以代指成童之年。漢賈誼《新書·容經》："古者年九歲入就小學，蹍小節焉，業小道焉；束髮就大學，蹍大節焉，業大道焉。"
⑥ "之死靡他"，至死不變。形容忠貞不二。同"之死靡它"。出自宋王讜《唐語林·補遺一》："一言革面，願比家奴，之死靡他。"明李贄《昆侖奴》："忠臣俠忠，則扶顛持危，九死不悔，志士俠義，則臨危自奮，之死靡他。"
⑦ "饑饉薦臻"，意思是連年災荒不斷。出自《詩經·大雅·雲漢》。

兒幼年而無母，/苦莫苦於此矣，慘莫慘於此矣。男回首思之，真是肝腸俱斷矣。噫！既生事而/未得，更厚奠而無從，特借筆墨陳言，以圖永垂不朽云。/

　　前清邑庠生宮潤波撰文并書丹/

119　張統元墓碑記（民國五年，1916）

　　題解：原碑位於高陽縣南龍化村，該村在縣東二十五里，刻立於"洪憲"元年（1916）。現碑已佚。楷書。首題無，常先生原題"張氏墳墓碑記"，今據碑文改擬。其碑陽拓片長99厘米，寬56厘米，凡3行；碑陰拓片長100厘米，寬53厘米，凡11行，滿行26字。飲□室王□書丹。墓主張統元，此墓爲其與妻董氏的合葬墓。碑陰記述了張統元辛勞勤儉致富的事迹，以使子孫知宗祖創業守成之不易。"洪憲"年號介紹見前，此碑是使用"洪憲"紀年的又一方碑刻。按：1916年3月22日，袁世凱即取消帝制，而此碑末題曰"寒食佳節"，時爲四月份，而此時已不再使用"洪憲"年號，這表明此消息尚未傳到高陽。

　　按：此碑墓主張統元與編號118《前清例贈迪功郎諱善元張府君之墓碑記》（民國五年）墓主張善元爲兄弟，可互爲參證。

録文：

　　碑陽：

　　洪憲元年歲次丙辰仲春穀旦 /

　　　　處士諱統元張府

前清　　　　　　　　　君之墓 /

　　　　待贈孺人張母董太

　　承嗣男福全暨孫濟□五月曾孫保聲、保安、保恒、保木敬立 /

　　碑陰：

　　聞嘗曠觀今古，秘揣虛無，因以信否極泰來，識循環之有自；福緣善 / 慶，知報答之無窮。念及此，不禁為吾父母痛也，又不禁為吾父母喜 / 也。痛恨者何？吾父母初則家甚貧寒，節財用，儉衣食，俾晝作夜□，場 / 圃之辛勤，手胼足胝[①]，效田間之作，苦有生來，勞勞碌碌，險阻備嘗。此 / 所以為吾父母痛；喜悅者何？繼則

---

　　① "手胼足胝"，意思是手掌足底生滿老繭；形容經常地辛勤勞動。出自《韓非子·外儲説左上》。

家稱富有，擁厚貲，嗔奴僕，地雖未／滿千頃，而餘三餘一 [1]，居然室有紅塵矣；房雖未崇樓閣，而竹苞松茂 [2]，／依然能潤屋矣。好遇合，興家立業，卓卓一村，此所以為吾父母喜。若／曰 [3]：否極泰來，福緣善慶，循環報答，天何言哉？非先世之積德累仁，焉／能至此？人壽幾何，男今耄矣，無能為也，恐後世子孫不知宗祖之創／業守成真不易也，爰勒斯銘為誌云。／

寒食佳節，飲□室王□書法。／

120　董澤棠墓碑記（民國五年，1916）

題解： 原碑位於高陽縣南龍化村，該村在縣東二十五里，刻立於民國五年（1916）。現碑已佚。首題無，常先生原題“董氏墳墓碑記”；今據碑文改擬。碑額 2 行，行 2 字，題曰：“萬古流芳”。楷書。其碑陽拓片長 113 厘米，寬 32 厘米，凡 3 行；碑陰拓片長 115 厘米，寬 44 厘米，凡 9 行，滿行 20 字。宮潤波撰文，梁法乾書丹。宮潤波，除此碑外，編號 118 張善元墓碑也爲其所撰。墓主董澤棠，此墓爲其與妻子王氏的合葬墓。此碑記述了董氏家族這一房支的遷徙情況，是反映高陽人口遷徙流動的重要資料。

錄文：

碑陽：碑額：萬古／流芳／

民國五年歲次丙辰季春穀旦／

　　　　邑庠生澤棠公

清故九世祖　　　　　　之墓／

　　　　王　太孺人

十八十九世孫敬立／

碑陰／

竊嘗考世系，余家本常山藁城董里之裔，於有明洪／武時遷於

---

[1] “餘三餘一”，參見《禮記·王制》：“三年耕，必有一年之食；九年耕，必有三年之食，以三十年之通，雖有凶旱水溢，民無菜色。”

[2] “竹苞松茂”，松竹繁茂。比喻家門興盛。也用於祝人新屋落成。出自《詩經·小雅·斯幹》：“如竹苞矣，如松茂矣。”

[3] “若曰”，這樣說來。柳宗元《駁復仇議》：“若曰無爲賊虐，凡爲理者殺無赦。”

雄関東鄙，永樂年間又遷高陽之妻堤村。/ 自八世祖諱時欽公，遷居龍化[1]，歸癸祖塋。九世祖諱 / 澤棠、澤遠、澤邃公兄弟三人，卜塋於此。三支蕃衍，瓜 / 瓞綿綿[2]，雖年湮代遠，遷於此，系知確於何時。按譜帙[3] / 推來，殆明歿清初時也。余等承先人之遺澤，恐祖功 / 宗德湮没而不彰也，爰勒斯銘，以圖永垂不朽云。/

前清邑庠生宫潤波撰文 /

優級師範生梁法乾書丹 /

---

① “龍化”，即龍化村，位於今河北省欒城縣南高鄉西部。據清道光《欒城縣志》載，欒城縣境内原有一土崗，起伏如龍，名卧龍崗。崗起乏馬，終至該村，據崗得名龍化。

② “瓜瓞綿綿”，源出《詩·大雅·綿》：“綿綿瓜瓞，民之初生，自土沮漆。”瓞，小瓜。意思爲如同一根連綿不斷的藤上結了許多大大小小的瓜一樣，多用來祝頌子孫昌盛。

③ “譜帙”，作示範或供尋檢用的書籍。清李漁《閑情偶寄·種植·木本》：“藝植之法，載於名人譜帙者，纖髮無遺，予倘及之，又是拾人牙後矣。”

121　景洙尚先生（鴻儒）墓志銘（民國五年，1916）

題解：原碑位於高陽縣南路台村，該村在縣西南十八里，刻立於民國五年（1916）。現碑已佚。常先生原題"尚氏墳墓碑記"；碑原題"景洙尚先生墓志銘"，今從之。碑額2行，行2字，題曰"水源木本"。楷書。其碑陽拓片長133厘米，寬48厘米，凡3行；碑陰拓片長133厘米，寬51厘米，凡13行，滿行32字。石之梅撰文，編號122《香翁尚先生（蘭）墓志銘》也出於其手。墓主尚鴻儒，此墓爲其與夫人段氏的合葬墓。他卒於清咸豐十一年（1861），而此碑刻立於民國五年（1916），中間已相隔五十餘年，主要記述了尚鴻儒的生平事迹和德行。

按：其子尚蘭之碑見編號122《香翁尚先生（蘭）墓志銘》（民國國五年，1916），內容可相互參證。

錄文：

碑陽：碑額／水源／木本 ①／

道光戊子科副榜諱鴻儒字景洙尚府

□故　　　　　　　　　　　君之墓／

例　贈　孺　人　尚　母　段　太

嗣孫成章、焕章、漢章、琢章 ②，曾孫諤　敬立／

碑陰／景洙尚先生墓誌銘

景洙先生姓尚氏，諱鴻儒，世居高陽南路台村。父凌霄，以耕讀持家，聲望赫濯，觀聽／一時。先生承先人之志，鋭意讀書，力求上進，特時運坎坷，僅扵道光戊子科以副貢／生列名。後棄舉子業，研究實學，以教育人材爲己任。凡一言一動間，純以敬心處之，／遠近名師鉅子，多屬先生門下士，門庭濟濟，稱至盛焉。先生性純孝，事親敬長，終身／無閒言。兄弟三人，獨能以身作則，爲諸弟先。至撫育子侄輩，尤以嚴肅行之，而不使／入扵邪。以故子孫繩繩，世德罔替，誠先生德澤之所及也。德配氏段，年七十一

---

① "水源木本"，水的源頭和樹的根。語本《左傳·昭公九年》："我在伯父，猶衣服之有冠冕，木水之有本原，民人之有謀主也。"後用以比喻事物的根源，多指血統關係。

② 嗣孫中，其下碑文還提到了"絅章"，而碑陽未列，蓋其已去世。

歲，奉/事翁姑，咸以孝聞。子蘭[①]，議敍九品，尤能大振家聲。孫
五：銅章、成章、煥章、漢章、琢章；曾/孫：諤、鐸、錕、詮、
鈐、鎧、鎺、鑑、鋒、銘、錄、鑄、燿；玄孫：春元、春惠、景
順、增順。樹棠純嘏[②]，先生壽六/十五歲，卒於咸豐十一年吉月吉
日。卒之日，遠近之人無不感泣，謹略誌之，而為之/銘曰：天生
蒸民[③]，德育為先。先生挺出，拯挽狂瀾。整躬率物，則古齊賢。門
前堯李，馨/香百年。/

　　清邑丁酉科舉人石之梅撰/

　　中華民國五年歲次丙辰榴月上浣穀旦立/

---

① "蘭"，即尚蘭，其碑見編號122《香翁尚先生（蘭）墓誌銘》。

② "純嘏"，大福。《詩‧小雅‧賓之初筵》："錫爾純嘏，子孫其湛。"

③ "蒸民"，眾民、百姓。《孟子‧告子上》：《詩》曰：'天生蒸民，有物有則。'"

122　香翁尚先生（蘭）墓志銘（民國五年，1916）

　　題解：原碑位於高陽縣南路臺村，該村在縣西南十八里，刻立於民國五年（1916）。現碑已佚。常先生原題"尚氏墳墓碑記"；碑原題"香翁尚先生墓志銘"，今從之。碑額2行，行2字，題曰："永垂不朽"。楷書。其碑陽拓片長123厘米，寬54厘米，凡1行；碑陰拓片長130厘米，寬54厘米，凡13行，滿行29字。碑陽左下端和碑陰右下端磨泐甚烈，中部有兩處殘缺。石之梅撰文，薛輔臣書丹。石之梅，高陽人，乃清丁酉科（光緒二十三年）舉人，編號121《景洙尚先生（鴻儒）墓志銘》也出於其手。墓主尚蘭，本墓爲尚蘭與夫人的合葬墓。此碑題爲墓志銘實則爲墓碑，主要記述了尚蘭的生平事迹及其子嗣情況，可以相互參證。

　　按：其父尚鴻儒之碑見編號121《景洙尚先生（鴻儒）墓志銘》，內容可相互參證。

　　錄文：

　　　　碑陽：碑額：永垂 / 不朽 /

　　　　　　　　徵仕郎尚府君諱蘭字□ /

　　　　□□例贈

　　　　　　孺人尚母□□ /

　　　　碑陰 / 香翁尚先生墓誌銘 /

　　　　尚先生香國諱蘭，景洙先生之哲嗣也 [1]，秉性耿直□□□□□□□□□□□□□□ / 不支，經名醫多人，始全生命。後年稍長，經營家事，勤□□□□□□□□□□ / 食指繁盛，衣食豐足，遠近以富庶聞。先生治家嚴肅，□□□□□□□□，/ 寒衣飢食，体恤彌周，有口角者悉聽先生以爲斷。以故□□□□□□□□ / 報無由，頌之扵上，以議敘九品獎勵焉。先生性至孝，德□□□□□□□□□□ / □□□□夫人之力居多。先生壽八十六歲，卒扵中華□□□□□□□□□□□ / □□□□□卒扵中

---

　　① "景洙先生"，指尚鴻儒，爲墓主尚蘭之父，其事迹見編號121《景洙尚先生（鴻儒）墓志銘》。

華民國元年七月吉日。子五：絅章①□□□□□□□□□□□□/，名重一時。孫諤、鐸、詮、錕、鈴、鎧、鍽、鑑、鋒、銘、録、鑄、燿等。曾孫春元、春惠、景順、增順□□□□/。子孫繩繩，家聲丕振，誠先生之德致之也。謹略誌，以俟觀風采者之採拾云。/

清邑丁酉②科舉人石之梅撰，/滿邑薛輔臣書。/

中華民國五年歲次丙辰榴月③上浣穀旦立。/

123　蕭吉祥墓碑記（民國六年，1917）

題解：原碑位於高陽縣左家莊村，該村在縣正西十七里，刻立於民國六年（1917）。現碑已佚。楷書。首題無，常先生原題"蕭氏墳墓碑記"，今據碑文改擬。其碑陽拓片長117厘米，寬50厘米，凡3行；碑陰拓片長120厘米，寬47厘米，凡10行，滿行26字。此墓爲蕭吉祥

---

① "絅章"，編號121《景洙尚先生（鴻儒）墓志銘》中作絅章，應爲同一個人。
② "丁酉"，指清光緒二十三年（1897）。
③ "榴月"，農曆五月的別稱，因石榴五月開花，故稱之。

和其妻子李氏的合葬墓。由於二人無子，祇有一女，且已出嫁，此碑由其女刻立。碑陰以女兒的語氣，記述了其父母生活的艱難困苦，對於瞭解民國時期一般百姓生活狀況具有一定的資料價值。

錄文：

碑陽：

　　考　　府君字吉祥

先　蕭　　　　　大人之墓 /

　　妣　　母李太君

陳門蕭氏之女 /

中華民國六年三月初二日敬立 /

碑陰：

意想吾父母之在世時也，依依扵膝下者，第有吾在。及吾適邢家南 / 村陳宅于留左許宅，亦無厚匲。既甚貧窮，且無姒續。吾父母初不以 / 為意者，謂其猶有待也。孰意天違人願，吾父以方剛之歲，竟與吾母 / 女相離。時雖葬焉，未能成禮，言念昔者，未免憾然。雖然吾父之苦，由 / 此終矣，而吾母之苦，由此始。領食

之事，必需親自操勞，舉動之間，但／影與燈時為之伴。無姒續也，今雖如昔，而貧窮後甚於前。此某事，不／惟吾所深知也，亦戚里間之所共知也。顧時人知之，不能使後時之／人畫知^①，而吾之心猶未快，惟為文以著之，且勒石以傳之，使後之經／此地者，觸斯石，覽斯文，知此間大有人在，則吾之心足己，吾父母之／苦明己，是則吾之所為記。／

124　郭公（治邦）碑記（民國六年，1917）

題解： 原碑位於高陽縣舊城村，該村在縣東二十三里，刻立於民國六年（1917）。現碑已佚。常先生原題"郭氏墳墓碑記"；碑原題"郭公碑記"，今從之。碑額2行，行2字。題曰"萬古流芳"。楷書。其碑陽拓片長135厘米，寬44厘米，凡3行；碑陰拓片長117厘米，寬43厘米，凡13行，滿行38字。成其相撰文，耿塾書丹。從碑陰來看，墓主郭治邦爲撰者太姻伯，此碑陰概述了郭治邦生平，突出記述了其急公好義，籌款疏濬河流的事迹。

按： 從碑陽立碑人可知，編號125《郭鯤躍墓碑記》中的郭鯤躍當爲其子，兩碑可以相互參證。

錄文：

碑陽：碑額：萬古／流芳／

中華民國六年歲次丁□^②孟夏上浣穀旦／

　武庠生諱治邦號振遠郭府

清　　　　　　　　　　　君之墓

　例贈孺人郭母高太、董太

曾孫書翰（故^③）、書諫（故）、書佩、書元、書勤、書俊　敬　立。

碑陰：

郭公碑記／

---

① "畫知"，據文義當作"盡知"。
② "丁□"，丁後之字磨泐，中华民國六年，爲農曆丁巳，所缺□爲"巳"字。
③ "故"，爲側出小字。

　　公諱治邦，號振遠，余之太姻伯①也。□而剛健，弱冠即入武庠，□應科舉，被挑三次，迄未獲偶，公乃決/然捨去。篤天倫之樂，孝友性成，盡□田間，留心家務，並於有益地方之事，毅然為之，不憚其難。嗣因/新立莊之南、潴龍河北隄，決口下流，淤塞溢流，卅有餘年，而河北一帶村莊，皆有其魚之歎矣。公慨/然憂之，與眾村數請於官，求捍此患。官以北流入淀水，有所歸，歷任支吾□似，置諸不理。公以河水/漲發之時，俱成澤國，膏腴之壞，竟作廢田，遂與□村提倡捐資，措辦椿料。官以其急公好義，既為請/款，且畀以權。赵日興工，通力合作，先於河之下流疏濬，使水順流，次將口門堵築完固。積年水患一/旦消除，因無不頌公之德。公有一女，適江蘇常熟縣屈蓋，以姻家久宦畿輔，始締朱陳②，迨其旋里□/往視兩次，雖相距三千餘里，而往返乃皆步行

---

① "太姻伯"，凡親戚中長自己一輩而又無專門稱呼的，如兄弟之岳父、姊妹之翁舅等，可稱姻伯或姻叔，自稱姻侄。如果長兩輩，則可稱太姻伯。

② "朱陳"，古村名。唐白居易《朱陳村》詩："徐州古豐縣，有村曰朱陳……一村唯兩姓，世世爲婚姻。"後用爲兩姓聯姻的代稱。明葉憲祖《素梅玉蟾》第五折："兩家都是好門楣，結下朱陳事更宜。"

□□，公之儉德可風，為里黨所共仰者。公以其老塋/稍狹，歷請堪輿相視吉地，即於老塋之前、河隄之後，卜成兆宅，以作本支新塋。及公歿，遂葬於是焉。/其後子孫蕃衍，功名事業，甲於一鄉，人皆以為方興未艾，實公之培養所致云。/

前清光緒乙亥恩科舉人吉林綏芬廳教諭姻再晚成□相[1] 撰文 /

前清邑庠生師範畢業耿塾書丹 /

125　郭鯤躍墓碑記（民國六年，1917）

題解：原碑位於高陽縣舊城村，該村在縣東二十三里，刻立於民國六年（1917）。現碑已佚。顏楷。首題無，常先生原題"郭氏墳墓碑記"，今據碑文改擬。其碑陽拓片長 111 厘米，寬 37 厘米，凡 3 行；碑陰拓片長 112 厘米，寬 40 厘米，凡 9 行，滿行 23 字。墓主郭鯤躍，此碑由其諸孫刻立。碑陰記述了祖塋改動及塋地數量、四至等情況。

---

① "成□相"，據編號 127《李渭墓碑記》，當作"成其相"。

按：從碑陽立碑人可知，編號 124《郭公（治邦）碑記》（民國六年，1917）中的郭治邦當爲其父，兩碑立於同年，可以相互參證。

錄文：

碑陽：

中華民國六年歲次丁巳孟夏上浣穀旦／

授修職佐郎諱鯤躍號陞高郭府

清　　　　　　　　　　君之墓

例贈孺人郭母陳太、王太①

孫書翰、書諫、書佩、書元、書勤、書俊敬立②／

碑陰：

本祖塋原立壬山丙向③，自光緒十七年塋前河隄決口，水流／沖刷，地勢變更，水法遷移，歷請堪輿，相視地脈，因改為癸／山丁向④云。塋地共計三十九畝二分二厘，東至城，西至郭／素封，南至橫頭，北至頂頭。計開南北長可西邊壹百三十／六弓，東邊壹百三十五弓。南頭東西寬可六十二弓，北頭／東西寬可六十一弓。又東南角南北小地，長可二十六弓，／東西寬可二十四弓。南至城，北至城，東至道。又東北角南／北小地，長可三十八弓，東西寬可十二弓。孫等恐日後代／遠年深，地界湮沒，遂為之碑記焉。／

126　王崇修祖塋碑記（民國六年，1917）

題解：原碑位於高陽縣南蔡口村，該村在縣東北二里，刻立於民國六年（1917）。現碑已佚。首題無，常先生原題"王氏祖塋碑記"，今據碑文改擬。碑額2行，行2字。題曰"永垂不朽"。楷書。拓片長

① "陳""王"，二字爲橫行，字體稍小。
② "翰""諫""佩""元""勤""俊"，爲橫行，字體爲小字。
③ "壬山丙向"，古代堪輿所用的羅盤上把全地域分成東西南北四方，又分成八卦，再把八卦分成二十四山（即每卦三山），壬、丙都是二十四山中的一山。壬居北、丙居南，壬與丙剛好相對，壬山丙向就是坐壬山向丙山的意思，屬於坐北向南的其中一種方向。丙向，南向，即朝南。宋龔鼎臣《東原錄》："《地理新舊志》：'江淮間宅與墓，則隨五音取向，宅則皆須西北高、東北下，流水辰巳間出，兼同用丙向爲上。'非也。凡宮寺、祠廟、郵館，皆無常主，故用丙向，宅舍則當各隨本音。"
④ "癸山丁向"，古代風水用語，爲風水二十四山之一，坐北偏東向南偏西，民間認爲是"地理第一吉向"。

137 厘米，寬 54 厘米，凡 13 行，滿行 27 字。梁壽昌撰文。墓主王崇脩。此碑主要記述了墓主安貧樂道的品質。特別是碑文中所記"光緒初年，歲比不登，又兼瘟疫流行，餓殍載道"，對研究清末社會生活具有一定資料價值。

録文：

碑額：永垂／不朽／

公姓王氏，字崇脩，高陽南蔡家口人也。其先累世務農，無咎無譽，然服／田力穡，而於先疇[①]畎畝，未敢失墜，亦可謂一鄉善士矣。至公命數偃蹇[②]，／家業中落。光緒初年，歲比不登，又兼瘟疫流行，餓殍載道，公窮於稱貸，／俯仰無資，乃終日營營，作小負販，冀得蠅頭利以餬口。而二子二女，幼／稺未能作苦，窮困之極，幾乎併日而食，易衣而出者矣。而公志氣昂然，／不畏挫折，農功而外，乃閉戶家居，與婦子團坐，一廬笑語無倦。雖曰勉／而為之，其堅忍之性，可概見也。配劉孺人，繼李孺人，與公同心儷志，維／德是行。公歿後，支持門戶，教訓子女，含辛茹苦，倍於曩昔，婚嫁未畢，亦／謝世。其子順成，痛其父母之無禄也，乃商諸兩姊，乞予為文，以傳諸久／遠。予聞而憫之，故聊叙數語，以表彰其遺行云。／

安新縣梁壽昌頓首拜　撰／

男順成敬立／

民國六年歲次丁巳十月　　穀　旦／

---

① "先疇"，先人所遺的田地。清顧炎武《桃花溪歌贈陳處士梅》："嘉蔬名木本先疇，海志山經成外史。"

② "偃蹇"，驕橫；傲慢；盛氣凌人。还有高聳、困頓、窘迫等意思。出自《柳河東集·答韋中立論師道書》。

127 例授迪功郎李渭墓碑記（民國七年，1918）

題解： 原碑位於高陽縣龐口村，該村在縣東南三十里，刻立於民國七年（1918），現碑已佚。楷書。首題無，常先生原題"李氏墳墓碑記"，今據碑文改擬。其碑陽拓片長115厘米，寬36厘米，凡3行；碑陰拓片長111厘米，寬55厘米，凡16行，滿行35字。李明堂撰文，王金彥書丹。墓主李渭，此碑由其十七世孫、十八世孫等人所立，碑陰主要記述了李氏家族淵源、籍貫遷徙和諸房支情況。

按： 關於李氏家族世系，又見編號049《皇清誥贈光禄大夫太子太傅户部尚書保和殿大學士加三級前明誥贈光禄大夫左柱國少師兼太子太師吏部尚書中極殿大學士振野李公（知先）墓碑銘》。另，此碑與編號128《例授迪功郎李河墓碑記》、129《誥贈明威將軍李漢墓碑記》這三塊碑除立碑人不同外，立碑時間相同，其碑大小、形制亦同，碑陰僅有個別字不同。蓋李渭、李河、李漢三位墓主或是胞兄弟或爲堂兄弟。

録文：

碑陽：

民國七年十二月二十六穀旦 /

例授迪功郎諱渭李公之墓

十七世孫懷春、懷璧、懷瑜，十八世孫治遠、慕芬等敬立

碑陰：

始祖平福公，自前明永樂二年，由山西小興州，遷居直隸保定府高陽縣，建家龐口村。二世 / 長支祖德明公，在村南老塋守祖；次支克明祖，遷居河間城東北北石曹村，另立新塋。三世 / 祖進、四世祖甫榮，俱葬始祖老塋；五世祖儼，俱有兄弟。以下三世失傳。自始祖以下七世，並 / 無修立族譜。在萬曆初年，有北塋西支八世知新祖，以内閣中書，老年辭官旋里，創修族譜，/ 俱已修齊。以後每十年一叙。順治六年，土寇之變，將祖譜燬爐無存。以後一百十餘年，至乾 / 隆初年，吾族失傳，並無可考。文勤公①之三子顧齋祖，以兵部武選司郎中，老年致仕回家，聞 / 族譜已經失

———

① "文勤公"，指李霨，謐號文勤，其介紹見前。

落，年在古稀，時常思念。至乾隆八年，邀族中尊輩數十人，商酌妥協，在高、蠡、河、/任、安數縣，張貼帖示。又採訪是高陽龐口李姓之後，赴高陽相府報名，或知父之名諱，或知/祖之名諱，或知以上數世名諱。惟有北塋五世祖儼有墓表，並未失傳。南塋渭、河、湖、漢、深、江、/桃、杏、上中、上澤、廣亮、元龍十二位祖以上，並無可考。由此追敘八世，渭、河、漢三位祖，在萬曆/初年遷葬村西南，另立新塋，名為少南塋。此三位祖不知是胞兄弟，亦不知是堂兄弟，各葬/一支。渭祖葬此南支，立祖位；漢祖葬東支，立祖位；河祖葬西支，立祖位。八世以上，有三世/失傳，以上各有可考，其他位列祖，亦有遷葬另立新塋者，亦有守祖塋者。自此刻修碑記流/傳，後世庶幾繼序不忘矣。/

　　十九世孫明堂謹撰，又經同里光緒乙亥恩科舉人吉林綏芬廳教諭成其相　校正刻石/

　　同里邑庠生王金彥　書　丹/

128　例授迪功郎李河墓碑記（民國七年，1918）

　　題解：原碑位於高陽縣龐口村，該村在縣東南三十里，刻立於民國七年（1918）。現碑已佚。楷書。首題無，常先生原題"李氏墳墓碑記"，今據碑文改擬。其碑陽拓片長112厘米，寬36厘米，凡3行；碑陰拓片長111厘米，寬55厘米，凡16行，滿行35字。李明堂撰文，成其相校正刻石，王金彥書丹。墓主李河，此碑由其十八世孫、二十世孫等人所立，碑陰主要記述了李氏家族淵源、籍貫遷徙和諸房支情況。

　　按：關於李氏家族世系，又見編號049《皇清誥贈光禄大夫太子太傅户部尚書保和殿大學士加三級前明誥贈光禄大夫左柱國少師兼太子太師吏部尚書中極殿大學士振野李公（知先）墓碑銘》。另，此碑與編號127《例授迪功郎李渭墓碑記》、129《誥贈明威將軍李漢墓碑記》這三塊碑除立碑人不同外，立碑時間相同，其碑大小、形制亦同，碑陰僅有個別字不同。蓋李渭、李河、李漢三位墓主或是胞兄弟或爲堂兄弟。

　　録文：

　　　碑陽：

　　　民國七年十二月二十六穀旦 /

　　　例授迪功郎諱河李公之墓 /

　　　十八世孫義行、士行、慕唐、雲行，二十世孫大韶、治韶等敬　立

　　　碑陰：

　　　始祖平福公，自前明永樂二年，由山西小興州，遷居直隸保定府高陽縣，建家龐口村。二世 / 長支祖德明公，在村南老塋守祖；次支克明祖，遷居河間城東北北石曹村，另立新塋。三世 / 祖進、四世祖甫榮，俱葬始祖老塋；五世祖儼，俱有兄弟。以下三世失傳。自始祖以下七世，並 / 無修立族譜。在萬曆初年，有北塋西支八世知新祖，以内閣中書老年辞官旋里，創修族譜，/ 俱已修齊。以後每十年一叙。順治六年，土冦之變，將祖譜燬爐無存。以後一百十餘年，至乾 / 隆初年，吾族失傳，並無可考。文勤公之三子顧齋祖，以兵部武選司郎中，老年致仕回家，聞 / 族譜已經失落，

年在古稀，時常思念，至乾隆八年，邀族中尊輩數十人，商酌妥協，在高、蠡、河、/任、安數縣，張貼帖示。又採訪是高陽龐口李姓之後，赴高陽相府報名，或知父之名諱，或知/祖之名諱，或知以上數世名諱。惟有北塋五世祖儼有墓表，並未失傳。南塋渭、河、湖、漢、采、江、/桃、杏、上中、上澤、廣亮、元龍十二位祖以上，並無可考。由此追叙八世，渭、河、漢三位祖，在萬曆/初年遷葬村西南，另立新塋，名爲少南塋。此三位祖不知是胞兄弟，亦不知是堂兄弟，各奠/一支。河祖葬此西支，立祖位；漢祖葬東支，立祖位；渭祖葬南支，立祖位。八世以上，有三世/失傳，以上各有可考，其他位列祖，亦有遷葬另立新塋者，亦有守祖塋者。自此刻修碑記流/傳，後世庶幾継序不忘矣。/

十九世孫明堂謹撰又經同里光緒乙亥恩科舉人吉林綏芬廳教諭成其相　校正刻石/

同里邑庠生王金彥　書　丹/

129　誥贈明威將軍李漢墓碑記（民國七年，1918）

　　題解：原碑位於高陽縣龐口村，該村在縣東南三十里，刻立於民國七年（1918）。現碑已佚。楷書。首題無，常先生原題"李氏墳墓碑記"，今據碑文改擬。其碑陽拓片長112厘米，寬36厘米，凡3行；碑陰拓片長111厘米，寬55厘米，凡16行，滿行35字。李明堂撰文，成其相校正刻石，王金彥書丹。墓主李漢，此碑由其十八世孫、十九世孫等人所立，碑陰主要記述了李氏家族淵源、籍貫遷徙和諸房支情況。

　　按：關於李氏家族世系，又見編號049《皇清誥贈光禄大夫太子太傅戶部尚書保和殿大學士加三級前明誥贈光禄大夫左柱國少師兼太子太師吏部尚書中極殿大學士振野李公（知先）墓碑銘》。另，此碑與編號127《例授迪功郎李渭墓碑記》、128《例授迪功郎李河墓碑記》這三塊碑除立碑人不同外，立碑時間相同，其碑大小、形制亦同，碑陰僅有個別字不同。蓋李渭、李河、李漢三位墓主或是胞兄弟或爲堂兄弟。

　　録文：

　　　碑陽：

　　民國七年十二月二十六日穀旦 /

　　誥贈明威將軍諱漢李公之墓 /

　　十八世孫恒之、潤之、籓之，十九世孫凱庭、翠峰、明堂、凱祥等敬立 /

　　　碑陰：

　　始祖平福公，自前明永樂二年，由山西小興州，遷居直隸保定府高陽縣，建家龐口村。二世 / 長支祖德明公，在村南老塋守祖；次支克明祖，遷居河間城東北北石曹村，另立新塋。三世 / 祖進、四世祖甫榮，俱葬始祖老塋；五世祖儼，俱有兄弟。以下三世失傳。自始祖以下七世，並 / 無修立族譜。在萬曆初年，有北塋西支八世知新祖，以内閣中書，老年辭官旋里，創修族譜，/ 俱已修齊。以後每十年一叙。順治六年，土冠之變，將族譜燬爐無存。以後一百十餘年，至乾 / 隆初年，吾祖失傳，並無可考。文勤公之三子顧齋祖，以兵部武選司郎中，老年致仕回家，聞 / 族譜已經失落，年在古稀，時常思念，至乾隆八年，邀族中尊輩數十人，商酌妥

協，在高、蠡、河、/任、安數縣，張貼帖示。又採訪是高陽龐口
李姓之後，赴高陽相府報名，或知父之名諱，或知/祖之名諱，或
知以上數世名諱。惟有北塋五世祖儼有墓表，並未失傳。南塋渭、
河、湖、漢、深、江、/桃、杏、上中、上澤、廣亮、元龍十二位
祖以上，並無可考。由此追敘八世，渭、河、漢三位祖，在萬曆/
初年遷葬村西南，另立新塋，名為少南塋。此三位祖，不知是胞
兄弟，亦不知是堂兄弟，各奠/一支。漢祖葬此東支，立祖位；河
祖葬西支，立祖位；渭祖葬南支，立祖位。八世以上，有三世/失
傳，以上各有可考，其他位列祖，亦有遷葬另立新塋者，亦有守祖
塋者。自此刻修碑記流/傳，後世庶幾繼序不忘矣。/

　　十九世孫明堂謹序。又經同里光緒乙亥恩科舉人吉林綏芬應教
諭成其相　校正刻石/

　　同里邑庠生王金彥　　書　丹/

130　從翁翟先生（廷杰）墓志銘（民國八年，1919）

題解：原碑位於高陽縣南路台村，該村在縣西南十八里，刻立於民國八年（1919）。現碑已佚。碑額2行，行2字，題曰"奉先思孝"。楷書。常先生原題"翟氏墳墓碑記"；碑原題"從翁翟先生墓志銘"，今從之。其碑陽拓片長125厘米，寬57厘米，凡2行；碑陰拓片長122厘米，寬56厘米，凡13行，滿行29字。撰者和書丹者不詳。墓主翟廷傑，此墓爲其與夫人程氏的合葬墓。碑陰主要記述了翟廷傑的生平事迹及其子嗣情況。

録文：

碑陽：

碑額：奉先/思孝/

　　　　徵處士諱廷傑字從龍

清故待　　　　　　　　　　之墓/

　　　　贈孺人翟母程太君

奉祀男□□□□自立 [①]/

碑陰/

從翁翟先生墓誌銘/

翟先生，諱廷傑，字從龍，良臣先生之後嗣也。秉性耿直，慷慨好義，素有傷寒/之症，竟至數年，請名醫調治始愈。經營家事，勤勞不倦，置民地兩頃八十畝，/人丁日盛，衣食豐足。先生治家嚴肅，而待人尤忠厚。鄉人有借貸者無有不/周，有鬭毆者無不爲之調處。先生性至孝，德配 [②] 程氏，尤能奉事翁姑。家人勤/慎，內政無虧，先生壽六十六歲，卒於同治六年二月初六日。德配壽五十八/歲，卒於咸豐七年十月十二日。子三：進德，元配北沙口白氏；慎德，元配北晉/庄王氏；監生明德，年八十二歲，元配北晉庄程氏。五男二女。孫郁文庠生、焕/文、修文、會文、書文、錦文、富文、

---

① 此行爲小字。從碑陰內容來看，墓主翟廷傑有三子，進德、慎德、明德，"奉嗣男"之後所缺當爲其中的兩人。

② "德配"，舊時尊稱人妻。清程麟《此中人語·儒將風流》："劉君德配工吟詠，故末句及之。"

翰文、炳文。曾孫金鏞、金鉀、金鈴、金鎧、金鏡、金鏡、/金鑑、金鐲、金鍔、金釗、金錫、金鑰、金鐸、金銖、金鋒、金鐘、金鐙、金鈺。元孫虎山、鳳/來、鳳池、鳳鳴。子子孫孫，家聲丕振，皆由先生之德致之也。謹略誌，以俟觀風/采者之採拾云。/

中華民國八年歲次己未孟春之月　　　　吉日立/

131　王祖妣張孺人墓碑記（民國八年，1919）

　　題解：原碑位於高陽縣西田果莊村，此碑在村南，該村在縣西南三里，刻立於民國八年（1919）。現碑已佚。楷書。首題無，常先生原題"王氏墳墓碑記"，今據碑文改擬。其碑陽拓片長127厘米，寬50厘米，凡3行；碑陰拓片長135厘米，寬52厘米，凡12行，滿行26字。王輝撰文，并立碑，王輝乃墓主之孫。碑陰數處有殘缺，主要記述了張孺人的事迹。此碑係專門爲女性所立碑，在男尊女卑的中國傳統社會并不多見。

録文：

碑陽：

聖旨 / 前清淑德王祖妣^①張孺人之墓 /

孫□輝^②敬立 /

碑陰 /

嗚呼！天下□矣，而人之名為考者有幾，□為節者有幾？有一於此，已 / 屬寥寥，兼而有之，尤非易易。念吾祖母族，本南口張姓，雖非巨富，世 / 代書香，太□□家，吾祖父及二十三□□□去世，他人至此，無可言 / 矣。吾祖□□□性致常變無移節本□□□終如一。此其事不惟吾 / 家知之，即□里親戚，莫不知之也。然人□知，不能使人盡知，而吾父 / 之心猶未足，由是升聞於上，而上以 "冰霜勁節" 賜之。其時，恩於國而 / 慶於家，豈不甚善？其事未果，

---

① "祖妣"，稱已故祖母。《後漢書·孝安帝紀》："戊申，追尊皇考 清河孝王曰孝德皇，皇妣左氏曰孝德皇后，祖妣宋貴人曰敬隱皇后。" 宋歐陽修《瀧岡阡表》："祖妣累封吳國太夫人。"

② "□輝"，爲小字側出，所缺 "□"，當作 "王"。

而吾父遂殁。愚念及斯，心殊戚戚，亦知 / 但勒夫石，未足盈情，第思勒石之餘，誠能令人之過於斯者，觸斯石 / 誦斯文，知此中大有人在，未始非吾父之意也，亦未始非吾祖母之 / 光也。是為誌。/

中華民國八年正月二十四日　　立 /

132　韓金元墓碑記（民國八年，1919）

題解：原碑位於高陽縣左家莊村，該村在縣正西十七里，刻立於民國八年（1919）。現碑已佚。首題無，常先生原題"韓氏墳墓碑記"，今據碑文改擬。碑額 2 行，行 2 字，題曰"萬古流芳"，楷書；其碑陽拓片長 136 厘米，寬 42 厘米，凡 3 行；碑陰拓片長 117 厘米，寬 45 厘米，凡 7 行，滿行 24 字。墓主韓金元，此墓爲其與妻子邊氏的合葬墓。碑陰主要記述了韓金元的生平及其夫人邊氏的善行。

錄文：

碑陽：

碑額：萬古 / 流芳 /

中華民國八年歲次己未花月^①上旬榖旦敬立 /

　　碩　　　府君諱金元字正直　　　四　六

前清　德韓　　　　　　　享壽　十　歲之墓 /

　　淑　母　邊　太君　　　　八　四

奉祀男韓桂、韓吉，孫端玉，曾孫花子頓首。

碑陰：

古來士稱豪傑，女稱丈夫者，何也？盖士有超人之資，女有過人 / 之節，人情有所不能忍者。陑陽城西六合屯，有韓君金元，其人 / 者，世居合屯，後徒雷庄，正直無私，以耕為業，不幸壽僅四十有 / 六焉。其妻邊氏，正位乎內，勤儉治家，壼範^②之風可慕；義方教子，/ 趨庭之訓維嚴。創業艱難，置田數十畝，兼有生涯，家業漸次發 / 達，守志四十年，壽終八十四歲。其子韓桂，欲盡孝思，以勒貞珉，/ 故命男端玉，臘月中旬祈余作文以記之。/

133　前清處士蕭寧康墓碑記（民國八年，1919）

題解：原碑位於高陽縣左家莊村，該村在縣正西十七里，刻立於民國八年（1919）。現碑已佚。楷書。首題無，常先生原題 "蕭氏墳墓碑記"，今據碑文改擬。其碑陽拓片長105厘米，寬45厘米，凡2行，不知何故碑陽下半部分缺字；碑陰拓片長130厘米，寬50厘米，凡13行，滿行26字，右下角磨泐。師範生楊春耀撰文。墓主蕭寧康，爲其與妻子韓氏的合葬墓。此碑由其子壽堂立，碑陰主要記述了蕭寧康和妻子韓氏的生平事迹。

録文：

碑陽：

中華民國八年季春上浣榖 [旦]

　　處士　府君字寧康 /

前清　蕭

---

① "花月"，指農曆二月。

② "壼範"，婦女的儀範、典式。宋陸游《賀皇帝表》："伏以聖人有作，追參堯、舜、禹之盛時；壼範增光，上配姜、任、姒之至德。"

淑德　　母韓太君 /

男壽堂□□□□ /

碑陰 /

嘗聞虞舜為帝，興發於畎畝之中[①]，太公相文[②]，名著於□□之上。古之 / 先難後獲，由困而安者，歷代然也。由是知天降大任，必先苦其心志[③]，/ 而况為民者乎？陜陽城西左家莊村，有蕭君寧康，其人者幼而務農 / 稼穡，壯而貿易，講論商業經營。春耕夏耘，不辞風塵之苦，夙興夜寐 / 而眠，勞力勞心，一身分營於兩念，論農論賈，何暇嘗有？時而心安切，/ 無不欣羡。勤勞公義，遇事爭先，但任重輕身，鬱成一病，日積月累，遂 / 享五十有六，卒於光緒八年。其妻韓氏，正位乎內，治家有法，教子教 / 於成立，克勤克儉，不忍妄用一文。故家業興隆，積資巨萬，廣治莊

---

① “虞舜為帝，興發於畎畝之中”，據《史記·五帝本紀》“自從窮蟬以至帝舜，皆微為庶人”；“舜耕歷山”。

② “太公相文”，太公指姜尚，“文”指周文王姬昌。姜尚垂釣於渭河之濱，周文王請之為輔佐。

③ “天降大任，必先苦其心志”，語出《孟子·告子下》。

田，/孰意於光緒二十九年，竟返駕歸西，享耋壽有一焉。迨其後，其子壽/久逝，既不能孝順於生前，則當追遠於殁後，以報父母之困苦艱難，/故勒貞珉，備述其終身之事，使後人覽斯文，而知其子孝思不匱矣。/故求于作文以記之。/

師範生楊春耀撰/

134　王芳蘭墓碑記（民國八年，1919）

題解： 原碑位於高陽縣南龍化村，該村在縣東二十五里，刻立於民國八年（1919）。現碑已佚。楷書。首題無，常先生原題"王氏墳墓碑記"，今據碑文改擬。其碑陽拓片長 102 厘米，寬 41 厘米，凡 3 行；碑陰拓片長 106 厘米，寬 47 厘米，凡 13 行，滿行 40 字。此墓爲王芳蘭與其夫人宮氏的合葬墓。碑陰以承嗣曾孫的口吻，主要記述了其曾祖父王芳蘭、祖父王繼韶早卒後，其曾祖母宮氏和祖母王氏持家守志的嘉言善行。

録文：

碑陽：

民國八年歲次乙未桃月之吉/

　　處士諱芳蘭　　　　父齊府

前清　　　　　　太王　　　　　君之墓/

　　待贈孺人　　　　母宮太太

　　承嗣玄孫渭泉，暨曾孫金祥、磁、罐敬立/

碑陰：

吾曾祖父，諱芳蘭，享壽廿三歲。曾祖母氏宮，時年廿有五歲，心甘苦守，靡有他志，幸天福齊門，留有後嗣。/吾曾祖父殁方三月，吾祖父生焉，諱继韶。既無伯叔，終鮮兄弟，零丁孤苦，至於成立。吾曾祖母遂為之娶/吾祖母氏王，滿冀其享大年，興家業昌，子孫恢我齊者，其在斯乎？不料壽未可知，吾祖父年僅十六歲而/卒，吾祖母又青年寡守。婆媳二人，相依為命。晝則滿□荒涼，夜則孤燈寂寞。行單影隻，子焉一身，仰天一/呼，泣數行下。誰為耕之深，誰為補其漏？不得已而從權，覓孫承桃，以继宗枝。惜余冲幼，不能記

憶。及稍長，/ 聆吾曾祖母與吾祖母訓，始知其嘉言善行，雖更僕^①不能終也。撮其要，提其綱，約有數端焉。首曰孝。菽水 / 亦可承歡，非必脂甘嗜口，不違生於又敬居，然怡色柔声。次曰慈。心乎愛矣，心誠求之，慈也。而吾曾祖母 / 之慈，不在此也。法孟母之擇鄰，義方可仰；效班姑^②而續史，文學堪稱；再曰勤。紡績不輟，井臼躬操，勤也。而 / □曾□母之勤，尤有甚焉。席不暇暖，領場圃之艱辛；飯不及餐，效田間之作苦。又曰儉。一粥一飯，當思來 / 處不易；半絲半縷，恒□物力維艱。□尚曰節。惟吾曾祖母孀居數十年，在□苦情，既難□迷，其節操為何 / 如乎？嚴氣正性，不動聲色，不苟言，不苟笑。語云"臨大節而不可奪也，君子人與？君子人也"^③。而吾曾祖母之 / 守節，儼然女丈夫也。余不敏，過蒙暱愛，恐吾曾祖母生平閱歷，有美而不彰也，爰勒斯銘，以圖永垂不朽 / 云。/

　　有名石匠宮錦華刊刻 /

---

① "更僕"，形容多，數不勝數。宋曾鞏《戲呈休文屯田》詩："已聞清論至更僕，更讀新詩欲焚硯。"

② "班姑"，指漢代班固之妹班昭。班昭博學高才，班固撰《漢書》，餘八表及天文志未竟而卒，班昭續成之。

③ 此句出於曾子，見《論語·泰伯》："可以托六尺之孤，可以寄百里之命，臨大節而不可奪也。君子人與？君子人也。"

135　齊氏世代序（民國八年，1919）

題解： 原碑位於高陽縣小王果莊村，該村在縣東十五里，刻立於民國八年（1919）。現碑已佚。常先生原題"齊氏墳墓碑記"；碑原題"齊氏世代序"，今從之。其拓片長114厘米，寬38厘米，凡13行，滿行40字。楷書。齊法韶撰并書，齊法韶爲十八代孫。主要記述了齊氏的源流及世代傳衍情況。

録文：

齊氏世代序 /

聞之禮曰："萬物本乎天，人本乎祖。"① 祖也者，人生之本也。我後世上承 祖廕，力學有年，雖未能修大 / 德，勤遠略，揚名顯親，而貽厥孫謀② 者，可數典而忘乎？粤稽齊氏，宗於姜姓，太公封齊，齊之受氏自此始。然 / 代遠年湮，自周至秦漢，由唐而宋而元，或世襲侯封，或位置卿相，或大夫、士、庶人，概不可考矣。憶自前明，/ 我 祖諱文益者，里於高邑，係龍化社一甲人，至五世入邑庠者二名，六世至十世入邑庠者五名，出任 / 教授者一名，廩生一名。斯時也，家用平康，人才焕發。岑查大使莅職，任於邦家；宣武將軍顯榮，封於門第。/ 至十一世，祖業克昌，乃文乃武，東安有訓導之任，漁河著守備之功，歲貢者一，附生者六。然我 祖，諱 / 溁

① "萬物本乎天，人本乎祖"，此句源出於《禮記·郊特牲》。
② "孫謀"，順應天下人心的謀略。孫，通"遜"。語出《詩·大雅·文王有聲》："詒厥孫謀，以燕翼子。"鄭玄箋："孫，順也……傳其所以順天下之謀，以安其敬事之子孫。"一說，"孫謀"是爲子孫籌畫的意思。朱熹《集傳》："謀及其孫，則子可以無事矣。"唐王維《裴僕射濟州遺愛碑》："爲其身計，保乎忠貞，將爲孫謀，貽以清白。"

者，名望重於文林，氣質秉於貞靜。湫隘囂塵，宅欲更諸爽塏者，乃相宅於邑之東十五里許小王果莊，/迄於今，我　祖之自西徂東者，二百餘年矣。夫以齊氏之累代書香，文才武略，任恤敦於閭里，教諭及於/邯鄲。祖德既底，允修宗功，尚期克建。由是，我　叔父兆珍命我兄弟　叔姪諸人，相其地勢，營其基址，/固其牆垣。今永觀厥成矣。奠宗社於南郊，聊效承先之力；妥神靈於北闕，旋伸祀上之心。勒諸金石，銘之/祖廟，後世子孫有感於斯文者，其克承厥志也。夫謹序。

　　十八代孫法韶撰并書/

　　民國八年歲次己未清和月 ① 上浣榖旦　　立/

136　王建功墓碑記（民國八年，1919）

　　題解：原碑位於高陽縣左家莊村，該村在縣正西十七里，刻立於民國八年（1919）。現碑已佚。楷書。首題無，常先生原題"王氏墳墓碑記"，今據碑文改擬。其碑陽拓片長 100 厘米，寬 45 厘米；碑陰拓片長 102 厘米，寬 45 厘米，凡 8 行，滿行 31 字。墓主王建功，此墓爲王建功與其妻的合葬墓。碑陰主要贊頌了王建功的品德。

　　按：編號 114《王炳墓碑記》爲其父王炳之碑，195《前清碩德王君起發暨德配張氏墓志》、198《王建業墓碑記》爲其弟王建業之碑，可相互考證。

　　錄文：

　　碑陽：

　　中華民國八年八月下浣/

　　　　登士郎 ②　　府君諱建功字奎盛

　　前清例贈　　　　王　　　　　　　合葬之墓/

　　　　孺　人　母　畢太君、西太君

---

① "清和月"，指農曆四月。謝靈運詩"首夏猶清和"，言時序四月，猶餘二月景象。庾信《謝趙王新詩啓》云："首夏清和。"白居易詩云："孟夏清和月。"

② "登士郎"，當作"登仕郎"，官階名，唐代置，宋以後歷代沿置。明朝爲正九品之升授。清朝爲正九品之封贈。

承重孫①鳳台，奉祀男善継、善述，孫鳳林、鳳池、鳳山敬立。/

碑陰：

盖聞人生以孝弟為先，霽世以天倫為重，故水源木本，此世道之大節存也矣。若/奎翁，昔時治家儉要，霽世中和，奉父母則誠敬，待兄妹則友恭，以至鄉黨之中，助/喪、助婚、救苦、救難不一而足也。如是行之，猶恐不當，獲罪於天，每每焚香，祝告天/地，以贖己之罪，則遠近親鄰，咸慕其義，常有自遠方聞其義者。自　奎翁三年，無/改於父之道矣。　翁六十九歲歸西，停柩在堂，以待家道小康，而厚葬之。乃不意/庚子變②起，猝不能為禮，從權殯殮，善述念及於此，終身抱愧，謹勒石於茲，以彰先/君之德，庶可報親恩於萬一也。故誌之。/

世晚李靜觀、田霽軒、鄧豐年恭頌，/安國縣石匠高壙銀。

---

① "承重孫"，長子死了，由嫡孫代替服喪，稱之爲承重孫。若長房長子還健在的話，長房長孫祇能被稱爲"嫡孫"，祇有在長子已經先於其父母去世，由嫡孫代替其父，爲祖父母服斬衰（三年孝）的情況下，這個長房長孫才能被稱爲"承重孫"。

② "庚子之變"，1900 年初，義和團勢力發展很快，其主力轉進直隸，逼近京畿。慈禧太后由於與西方列強的矛盾，欲利用義和團的力量對抗西方列強，遂同時對西方列強宣戰，發生了八國聯軍攻占北京的事件。由於 1900 年爲農曆庚子年，這一事件被稱爲"庚子之變"。

137　邊氏（鳩）碑記（民國八年，1919）

題解：原碑位於高陽縣左莊村，該村在縣正西十七里，刻立於民國八年（1919）。現碑已佚。楷書。常先生原題"邊氏墳墓碑記"；碑原題"邊氏碑記"，今從之。其碑陽拓片長93厘米，寬39厘米，凡3行；碑陰拓片長135厘米，寬55厘米，凡17行，滿行31字。撰者和書丹者不詳。墓主邊鳩，此墓爲其與夫人王氏的合葬墓。此碑由其兒孫所立，碑陰以兒子的口吻，記述了父母生計之艱難，寄託了對父母的哀思。

錄文：

碑陽：

中華民國八年歲次己未九月二十四穀旦　立 /

　　碩　　　府君諱鳩字洗之　六　三

中華　德邊　　　　　　　享　十　歲之墓 /

　　淑　　母　王　太　君　五　二

奉祀男學周、學禮、學義暨孫大和、二和、房子、屋子。/

碑陰 /

邊氏碑記 /

且夫人自有生以來，必賴父母生養之，懷抱之，而後可以成其為人矣。今者吾兄 / 弟三人，嘗念吾父母生吾兄弟姊妹七人，受盡劬勞之苦，欲報之德，誠昊天罔極 / 矣。當斯時也，世道變更，風俗亦易，吾兄弟三人，為吾父洗之。公諱鳩、母王氏，其一 / 生之行，為銘於碑，而聊陳之。憶昔吾父母生時，吾父戴月披星，慇懃度日，吾母生 / 男長女，節儉持家，際斯時也，家業雖不甚富，亦云小康。吾父母上事翁姑，冬溫而 / 夏清①，下養兒女，偎濕而就乾，人生當此，老少雙全，誠我邊門一樂境也。然而，天有 / 不測風雲，人有旦夕禍福，吾王父、王母，不幸早夭，嗚呼！吾父母無父何怙，無母何 / 恃？誠令吾兄弟姊妹七人言念之，而慟哭不忘也。自此以後，吾邊門運際時艱，命 / 途多舛，至光緒二十五年六月間，吾母

---

① "冬溫夏清"，或作"冬溫夏凊"，冬溫被使暖，夏扇席使凉。謂事親無微不至。語出《禮記·曲禮上》："凡爲人子之禮，冬溫而夏凊；昏定而晨省。"北魏《張猛龍碑》："冬溫夏凊，曉夕承奉。"

染病在床，延醫調治，厥疾弗瘳，吾母去世 / 矣。吾父挾男抱
女，仰天椎心^①，大殮之後，停柩在堂。至民國元年八月中，吾父
竟得 / 不治之症，於二十九日，吾父竟舍合家老幼，而溘然長逝耶。
嗚呼！吾父母歿後，衣 / 衾不美，棺椁不豐，吾兄弟恨未盡昏定晨
省之孝，徒勞陟岵陟屺^②之瞻，未報屬毛 / 離里^③之恩，嘗有夏露秋
霜之歎。歲在民國八年，時維九月，吾弟兄入山求石，乞人 / 撰文
於月之二十四日，扶櫬歸塋，豎碑於墓，以表雙親之功德，少盡為
人為子之 / 心，方遂吾弟兄之素志。言有窮而情不可終，吾父母其
知之也耶？其不知之也耶？ / 故勒於碑，以為永誌不忘云。 /

---

① "椎心"，捶擊胸口。形容極度悲痛的樣子。清王士禛《池北偶談·談藝九·韋蘇州》："惶
　怖無暇，縈維不安。仰天椎心，收血續淚。"
② "陟岵"，源出《詩·魏風·陟岵》："陟彼岵兮，瞻望父兮。"後因以"陟岵"爲思念父親之
　典。《後漢書·黨錮傳·李膺》："荀爽恐其名高致禍，欲令屈節以全亂世，爲書貽曰：'久
　廢過庭，不聞善誘，陟岵瞻望，惟日爲歲。'"李賢注："爽致敬於膺，故以父母喻也。"陟
　屺，源出《詩·魏風·陟屺》："陟彼屺兮，瞻望母兮。"鄭玄箋："此又思母之戒，而登屺
　山而望也。"後因以"陟屺"爲思念母親之典。唐元稹《追封李逢吉母王氏等制》："孝子之
　於事親也，貧則有啜菽之歡，仕則有捧檄之慶，離則有陟屺之歎，歿則有累茵之悲。"
③ "屬毛離里"，比喻子女與父母的關係十分親密。語見《詩經·小雅·小弁》："靡瞻匪父，
　靡依匪母。不屬於毛，不罹於里。"《毛傳》："毛在外，陽，以言父；里在內陰，以言母。"
　鄭玄箋："此言人無不瞻仰其父取法則者，無不依恃其母以長大者。"

138　榮錦吳公（瑞堂）墓表（民國八年，1919）

題解：原碑位於高陽縣小王果莊村，該村在縣東十五里，刻立於民國八年（1919）。現碑已佚。常先生原題"吳氏墳墓碑記"；碑原題"榮錦吳公墓表"，今從之。其拓片長 111 厘米，寬 43 厘米，凡 14 行，滿行 36 字，下端略有殘缺。楷書。鈐有印章。陳兆麟撰文。墓主吳瑞堂，此碑主要記述了其世系、生平、慷慨好施濟的品行及其子嗣情況，對於認識當時農村民間收繼風俗具有一定的價值。

錄文：

　　榮錦吳公墓表 /

　　吳公諱瑞堂，字榮錦，前清太學生，世居萬安村，祖芳遠。公生父孔昭公，兄弟五人。孔昭公行□ /，生公一人。公德配孫孺人，早卒。继配蔣孺人，孝事翁姑，喪祭盡禮，撫姪輩若親生，課讀課耕，□ / 鄉稱望族焉。而且相夫持家，富有甲於一鄉。性慷慨好施濟，每遇凶年，貧乏不能自存者，推食 / 解衣，賴公家生活者無算。其他不及備載。當同治六年，人遭災劫，該村千有餘戶，死不能備棺，/ 殯不能卜地者，不知凡幾。公毅然施棺，具捨義田，安安然，無吝色德容焉，矯矯如公者，皆蔣孺 / 人贊助之力也。又配張孺人，冰心自矢，大節常昭，尤閨門中之卓著者。公卒於同治十三年，壽 / 五十四歲。孫孺人卒於道光十九年，春秋二十五歲。蔣孺人

卒於光緒二十二年，壽七十八歲，/ 旌表節孝。張孺人卒於宣統三年，
壽六十六歲，旌表節孝。子女皆無所出，擇立服姪錦如公^①為 / 嗣，又
無子，過繼捷三為嗣，生子一，名會田。繼繼繩繩，類能承先業以
保宗祊，歷三世而箕裘不 / 墜，是我公無子而有子，無孫而有孫矣。
余生也晚，不獲親睹其光儀。公姪蓴樓與余係道義交 /，偕公曾孫會
田徵文於余，余不揣翦陋，謹就所聞者，以為記。/

　　前清歲貢士陳兆麟拜撰 /

　　中華民國八年歲次己未孟冬上浣榖旦敬立 /

139　綱章吳君（錦如）墓表（民國八年，1919）

　　題解：原碑位於高陽縣北路台村，該村在縣西南十五里，刻立於
民國八年（1919）。現碑已佚。常先生原題 "吳氏墳墓碑記"；碑原題
"綱章吳君墓表"，今從之。碑額 2 行，行 2 字，題曰 "百代流芳"。楷
書，其拓片長 133 厘米，寬 45 厘米，凡 14 行，滿行 40 字。鈐有印章
"金鎖"。下端略有殘缺。陳嘉楷撰文。墓主吳錦如，此碑雖名為吳錦
如墓表，但主要記述其妻劉孺人事迹。對於認識當時農村民間收繼風俗
具有一定的價值。

　　錄文：

　　　碑額：百代 / 流芳 /

　　　綱章吳君墓表 /

　　　吳公諱錦如，字綱章，世居蠡縣萬安村。其室劉孺人，吾邑北
辛莊太學生常茂公之女。十九□ / 吳門，曲盡婦道，賢聲遠播。蓋
綱章之府君榮錦公^②，本無子，捐館後，德配蔣、張太孺人擇服姪之
賢，/ 立綱章為嗣。慈孝相感，無異所生。洎孺人入門，相夫事親，
尤得堂上歡心。及老母壽終，奠祭皆 / 禮。先是，綱章君有志上進，
讀書攻苦，因艳羸疾，孺人深憂之，輒竟夕不寐，疾既篤，禱於神，
求□ / 代，竟不起。此時孺人年纔二十許，只生一女，無子，哀毀
甚，因念古有烈婦殉夫之義，遂欲相從 / 地下，經親戚婉勸，繼思

---

① "錦如公"，其碑見編號 139《綱章吳君（錦如）墓表》。
② "榮錦公"，指吳瑞堂，字榮錦，其碑見編號 138《榮錦吳公墓表》。

姑老女幼，夫死無嗣，縱以身殉，目亦不瞑，遂勉進飲食。竭力事姑，終□ / 無少懈。擇立服侄捷三為嗣，嫁女於南于八邊門，心事略盡。不期嗣子又亡，僅留一孫名會田。/ 人摒擋諸事，勤苦自勵，四十餘年，而家業轉日增，人方謂其秉氣獨厚，矢心常貞，譬之松柏，□ / 雪而愈茂，乃於民國八年八月十五日以疾終，享壽六十有二。嗟乎！世事無常，陵谷變易，其□ / 天地互古今而不沒者，惟節與孝耳。若孺人之淑德懿行，其他不及備載，獨撮此大端，為文以 / 貞石，可為閫內樹儀型，可為衰世持風化，垂諸久遠，豈不偉哉！/

　　前候補直隸州署理昌邑等處知縣陳嘉楷撰 /

　　中華民國八年歲次己未孟冬上浣穀旦敬立 /

140　王友蘭德澤碑記（民國八年，1919）

　　題解：原碑位於高陽縣南圈頭村，該村在縣東南三里，刻立於民國八年（1919）。現碑已佚。首題無，常先生原題"王友蘭德澤碑記"，今從之。其碑陽碑額 2 行，行 2 字，題曰"萬古流芳"，楷書，拓片長137 厘米，寬 55 厘米，凡 18 行，滿行 37 字；碑陰碑額 2 行，行 2 字，題曰"永垂不朽"，楷書，拓片長 131 厘米，寬 56 厘米，有圖案，為開彩協力等諸人名單，凡 7 排。撰者和書丹者不詳。該碑主要記述了王友蘭按地均攤差徭、平息訴訟，申請減免該村役錢等善政，對於深入研究民國初年賦役制度具有一定的資料價值。

　　錄文：

　　　碑陽：碑額：萬古 / 流芳 /

　　　夫舟非得水不行，事非得人不善。如吾村差徭，南北分辦，由來已久。厥後，貧富不均，百餘年屢次涉訟，/ 未從懈手。至光緒三十三年，又起上訟，兩造均費錢千餘緡。吾村人自治研究所畢業生、宣統元年公 / 舉孝廉方正、賞賜"志潔行芳"匾額王先生友蘭，字菊秋，君認明宗旨，非按地均攤不可，坐視不忍，孤立 / 無助，遂出而調停。沈舟破釜①，月餘之久，兩造方認可按地均攤。由此，埃②戶公舉充作村正。爾時，紅差錢 / 九拾六吊，堤工錢五拾五吊，今辦至堤工錢五吊五百文。紅差錢，君胞姪之綱，字次常君，充任東區巡 / 官，君使伊與縣長孟君通融，減至四十八吊。君猶不滿意，及至縣長王君蒞任斯邑，君又屢次懇求，減 / 至二十四吊。宣統年間，變法、洋欵、巡警、學堂林立，花費愈繁，每年花錢四百緡左右。吾村人等恍然晤 / 曰："若非菊君出而調停，按地均攤，猶是纏訟不休"。君常以埃戶斂錢，晝夜為難，苦拶無計。民國六年，大 / 潦，吾村學堂坍塌，無欵舉辦。至七年，遂有開彩③之舉，君即趁時作事，邀請村副齊硯芝、董事馬瑞圖等 / 君，倡議開彩，眾皆欣然贊成。自八月初旬，君即入省置票，十月初十日開彩，十二月初旬，開彩之事開 / 除清楚。百餘日之苦衷，俾夜作晝，勞力苦心，不及備述。得洋六百五十元，充作閤村經費。出賬生息，至 / 八年十二月初一日，得利一百二十六元七毛五，連本與利，除支凈存現洋七百元。自此，閤村分文不 / 斂，實吾村之幸福也。況君總理村事，非義之財，一介不取，即如田房交易，監證人戳記之稅，章程津貼 / 正副應得之財，尚且施在閤□□公，非君等孰如是之廉潔乎？二十餘年，解紛排難，勞瘁不□，公尔忘 / 私，白圭無玷，老幼均皆贊成。事事經手，即完末舉訟事，何莫非君之澤及鄉閭吾村之保障乎？君誠德 / 隆望重，誠古今之卓卓也。愚鄉誼德，無以報公，同會議咸願敬刊碑銘，使德澤永垂不朽，遺型作則，以 / 資鼓勵焉。日後正副諸君，萬勿使君等所遺洋錢墜替，吾村人等共祝之矣。/

　　中華民國八年歲次己未季冬穀旦閤村人等 公　　立 /

---

① "沈舟破釜"，即 "破釜沉舟"。"沈" 一般作 "沉"。
② "埃"，同 "挨"。
③ "開彩"，公布彩票的中獎號碼。瞿秋白《文藝雜著續輯·"矛盾" 的繼續》："那天發財票開彩了，他去一看，頭彩十萬元的號碼，正是他那一張發財票。"

碑陰：

碑額：永垂 / 不朽 /

今開彩協力等君列左，使德澤永垂，以資鼓勵。/

郭澤霖、齊松齡、齊順成、齊仙泉、王之綱、王之緯、王之綸、王之經、王之紀、王仕禄、王樹勳、王印堂、王金全、/齊福元、齊萬成、齊文、齊樹珍、齊喜堂、齊延年、齊恒祥、齊壽臣、蘇翊東、齊硯芝、馬瑞圖、齊鐘俊、齊樹桐、/齊振出、王秉仁、王玉芳、王德燮、王土堂、王鍋堂、王太、王夢蘭、齊□德、齊百祥、齊敏卿、齊啓堂、齊長榮、/齊永茂、齊傳基、齊宗之、齊麟趾、齊醴泉、齊長夬、齊長順、齊長鎖、齊信芝、齊卯、齊壽恒、齊三多、齊仁義、/蘇福山、蘇清玉、馬木森、齊令名、馬永太、蘇迁良、蘇映江、蘇会三、齊魯齋、齊相亭、齊貫之、齊吉元、齊占元、/齊掄元、許冠卿、齊賡祥、趙利禎、蘇靖賢、齊砥平、馬欽荣、蘇士平、馬喜成、蘇法宗、蘇可儒、吳大炳、蘇鳳林、/馬安然、馬鑑堂、馬坦然、蘇迁柱、蘇鳳章、蘇德元、馬豐年、李普安、蘇生、蘇平亮。/

141　王氏（善成）碑記（民國九年，1920）

題解：原碑位於高陽縣左家莊，該村在縣正西十七里，刻立於民國九年（1920）。現碑已佚。常先生原題"王氏墳墓碑記"；碑原題"王氏碑記"，今從之。碑額2行，行2字，題曰"永言孝思"。楷書。其碑陽拓片長133厘米，寬43厘米，凡3行；碑陰拓片長130厘米，寬43厘米，凡12行，滿行37字。墓主王善成，此墓爲其與妻子邊氏的合葬墓。此碑以其子的口吻，記述了其父母的生平事迹、品行等。

録文：

碑陽：

碑額：永言/孝思/

中華民國九年 月 日　穀旦/

　　　　府君諱善成字步雲　　四　七

前清王　　　　　　　　　享壽　十　歲之墓

　　　　母　邊太君　　　　六　九

奉祀男鳳台、鳳林、鳳池，孫安、未、瞿、鍋、堂、皀、柱，曾孫春、義立/

碑陰/

王氏碑記/

且夫人自有生以來，未有不賴父分生我、母分鞠我，出入顧拊，而後可以成其為人矣。痛想吾父/母在時，生我兄弟三人，受盡劬勞之苦，並其一生處世為人，故勒於碑，而聊陳之。吾父善成公，字/步雲，母邊世。其二老在堂之日，事翁姑盡乎孝，愛兒女盡乎慈，兼之夫倡婦隨，殷勤度日，節儉持/家，鄉黨中留有口碑矣。然而人之命運不齊，天之報施亦異。吾父於光緒二十一年四月中，竟①染/不治之症，是月初六日寅時，吾父冥目而去世。吾母子四人，仰天椎心，號泣不止，將吾父含殮，停/柩在堂。延至光緒二十六年，忽有外國洋人入境，世界犯乱，吾母恐受兵燹之苦，吾母命吾兄弟/等將吾父之靈柩，送入墳塋，蒼猝安葬。至宣統元

_____

① "竞"，當作"竟"，原碑文如此。下同。

年二月間，吾母竟得重病，延醫調治，厥疾不瘳，／於廿日卯時，吾母竟舍合家老幼，而溘然長逝耶。嗚呼！時耶？命耶？天之報施，竟如是耶？越三年，又／將吾母殯葬，衣衾不美，棺椁不豐。自此以後，吾弟兄三人，每念及此，而慟哭不忘也，使吾父母多／享天年，不孝等聊行孝道，以盡昏定晨省之心，方不虧為人為子。無奈樹欲靜而風不息，子欲養／而親不在[1]，吾父母其知之也耶？其不知之也耶？故銘於碑，以為永誌不忘云。／

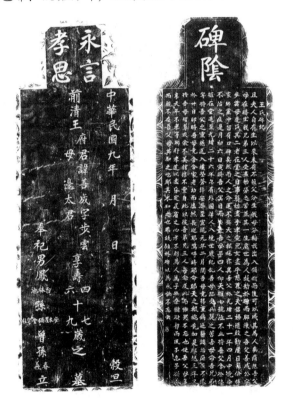

142　張汶騫墓碑記（民國十年，1921）

　　題解：原碑位於高陽縣北關村，刻立於民國十年（1921）。現碑已佚。首題無，常先生原題"張氏墳墓碑記"，今據碑文改擬。其拓片長137厘米，寬61厘米。墓主張汶騫，此墓爲其與妻子劉氏的合葬、新

---

① "樹欲靜而風不息，子欲養而親不在"，語出《幼學瓊林》。

遷之墓，由其孫和曾孫所立。

　　録文：

　　　民國十年夏曆九月吉旦/

　　　　承德郎　　考汶騫張府君

　　清封　　　顯祖　　　　　新遷之墓/

　　　　安　人　　妣　劉太君

　　　孫興漢、佐漢、翊漢，曾孫侃、偉、傑敬立/

143　許希賢功德碑記（民國十年，1921）

　　題解：原碑位於高陽縣南沙窩村，該村在縣西南二里，刻立於民國十年（1921）。現碑已佚。首題無，常先生原題"許氏家祠碑記"，今據碑文改擬。碑額2行，行2字，題曰"萬古流芳"。楷書。其拓片長137厘米，寬48厘米，凡16行，滿行41字。梁士俊撰文，張彤旭書丹。原立於清同治十三年（1874），此碑乃重修，主要贊頌了許希賢輕財好義，急公忘私的品德。

録文：

碑額：萬古／流芳／

蓋聞古之人輕財好義，以濟時艱，此吾披閱於典冊間，而不禁慕其高風，欽其雅誼也。乃流俗至今，趨利者／多，急公者少。無論其財用不足，即富厚之家，不第無惓恤之心，且常稱貸與人，藉以營求田產。其不知足者，／更囿于末俗澆漓之氣，欲求和親康樂、互相友助者，寔難其人。況南沙窩村，人多貧窶，地鮮肥饒。比年，公務／太煩，村事殊多棘手，其孰能輕財好義，急公忘私乎？獨有許君希賢，每年與人貿易，即以己身之積蓄，公諸／一鄉之差務，乃于同治十三年，施旗地一頃八十餘畝，交與村中持種者，歲歲討租五十四千，為一村辦公／之費。並囑久後，錢有贏餘，或製田產，或製莊基，無一不可因。是人皆有賴，悍吏不能擾于閭閻，豈非許君希／賢之盛舉哉？所以闔村人等頌德，感情公議，樹碑垂久，以廣見聞。吾願見此碑者，皆以之為鑑焉。／

癸酉①科舉人梁士俊　撰文／

張彤旭　書丹

合村管事人等：胡殿用、王呈祥、王從周、胡映昌、胡朝霞、／汪運隆、劉文思、汪發祥、牛定邦、胡墀香、／劉□山、牛生元、汪憲章、王興業／公立。／

同治十三年歲次甲戌孟春　穀旦／

民國十年歲次辛酉孟冬　重修／

---

①　"癸酉"，指清同治十二年（1873）。

144　李恒之墓碑記（民國十年，1921）

題解：原碑位於高陽縣龐口村，該村在縣東南三十里，刻立於民國十年（1921）。現碑已佚。楷書。首題無，常先生原題"李氏墳墓碑記"，今據碑文改擬。其碑陽拓片長138厘米，寬39厘米，凡3行；碑陰拓片長158厘米，寬52厘米，凡15行，滿行48字。成其相撰文，王金彥書丹。成其相所撰碑，又見於編號127《例授迪功郎李渭墓碑記》、128《例授迪功郎李河墓碑記》、129《誥贈明威將軍李漢墓碑記》、150《清光緒乙亥恩科舉人恩賞五品銜廣平府成

安縣教諭王公（蔭南）墓碑記》、152《李有徵墓碑記》。墓主李恒之，此墓爲其與妻王氏、柴氏的合葬墓。此碑由其子孫所立，以其子的口吻，叙述了父母一生遭際及其子嗣情況。

録文：

碑陽：

民國十年歲次辛酉陽月 [①] 穀旦 /

　　授登仕郎恩榮者民諱恆之李府

清例贈 孺　人　李　母　王　太　君之墓 /

　　封孺　人　李　母　柴　太

男雅堂、明堂、錦堂（已故），孫香齡、香翰、香國、香莆、

---

① "陽月"，農曆十月的別稱。漢董仲舒《雨雹對》："十月，陰雖用事，而陰不孤立。此月純陰，疑於無陽，故謂之陽月。"《後漢書·馬融傳》："至於陽月，陰慝害作，百草畢落，林衡戒田，焚萊柞木。"

香芸、香萼（已故）、香浦、香桂等敬立。/

[碑]陰/

[民]國十年陰歷十月十九日，男明堂與二弟雅堂及已故三弟錦堂之子香齡，葬我父母於先人之兆，並為我　胞伯祖與我/祖一同追主啟　前妣　王太孺人壙，合葬立石。謹將我　父母一生遭際，及明堂等所目見耳聞者，畧述梗概，使我後世子孫，/得以繼序思不忘焉。我　祖應元公，祇生我　父及　大姑母二人，因我　胞伯祖應成公無所出，我　父遂承兩支，生事/葬祭，皆以一身任之。我　父幼讀，從　成表伯　治平公數年，以持家無人，改務農業。自咸豐九年，我　先妣　王太孺人去/世，我　母　柴太孺人繼適我家，彼時家道艱難，種地僅五十餘畝，父力耕芸①，母操井臼②，終年勤苦，所不忍聞。況經光緒/初年，連遭旱澇，日用艱窘，苦不可言，然猶供給我兄弟相繼讀書。明堂已年逾弱冠，改就商業。數年以後，家既小康，錦堂以幸/入邑庠。奈於光緒三十年，我　母患半身不遂，口亦不能言語，至三十四年十一月間棄世。遲之數年，錦堂於民國五年十月/間又病故。斯時，我　父年邁八旬，精神雖好，而心血已耗傷矣。至民國八年正月間，我　父以年近九旬，無病而逝。彼時即宜/卜日，與我　母一時發引，因明堂有病在身，故延遲至今，始擇吉得安窀穸。我　父母生我兄弟與妹五人：長男明堂，娶邊關村/劉；仲男雅堂，娶尹家左尹，繼娶陳家庄張；三男錦堂，娶任邱辛倉辛庄張。長女適東王家庄王；次女適白家莊李，不幸早亡。孫/男八：香圃，娶西柳村胡，繼娶西王家庄王，明堂出；硯田娶博士庄趙，香翰娶白家庄邢，香萼少亡，香芸聘陳家庄陳，俱雅堂出；/香齡娶西柳村胡，香莆娶任邱東固賢村崔，香桂年幼尚未訂婚，俱錦堂出。孫女十：一適西王家庄孫，一適賈家塢史，一適北/柳庄劉，一適小王果庄齊，俱明堂出；一適本村成，一適傅家村周，俱雅堂出；一適任邱石門橋孔，一適利家口王，一適任邱

---

① "耕芸"，即耕耘。翻土除草，亦泛指耕種。《管子·八觀》："行其田野，視其耕芸，計其農事。"

② "井臼"，汲水舂米，泛指操持家務。漢劉向《列女傳·周南之妻》："親操井臼，不擇妻而娶。"唐柳宗元《送從弟謀歸江陵序》："足其家，不以非道；進其身，不以苟得。時退則退，尊老無井臼之勞。"

李／家庄馮，一字^①任邱史村辛庄丁，俱錦堂出。

　　前清舉人吉林省綏芬廳教諭成其相代□撰　邑庠生王金彥書丹，世侄陳玉和敬修。／

145　高陽縣鄧公（慎修）墓表（民國十年，1921）

　　題解：原碑位於高陽縣左家莊村，該村在縣正西十七里，刻立於民國十年（1921）。現碑已佚。魏楷。常先生原題"鄧氏墳墓碑記"；碑原題"高陽縣鄧公墓表"，今從之。其碑陽拓片長114厘米，寬46厘米，凡3行；碑陰拓片長115厘米，寬47厘米，凡17行，滿行46字。魏兆麟撰文，張振釗書丹。墓主鄧慎修，字健德，此墓爲其與妻單氏合葬墓。此碑乃其孫所刻立，碑陰主要記述了鄧慎修的家世和其子嗣情況，突出了其經營農商、發家致富的艱辛。

　　録文：

　　　碑陽：

　　中華民國十年十一月二十五日穀旦立／

　　　　　　考　健德太府

　　前清處士、顯祖　　　　　　君之墓

　　　　　　妣　單太太

　　承重孫鄧豐年、鄧鶴年，曾孫蘭亭、雨亭、瑞亭、澤亭、化亭、月亭，玄孫懷義、懷禮納石。／

　　　碑陰：

　　高陽縣鄧公墓表／

　　公諱慎修，字健德，先世江西人。自朝元公攜其子義文公，經商北遊，卜宅扵直隸省高陽縣城西左家莊居焉。義文公，即／健德公之父也。其時，杰無寸土，僦屋而居，慘澹經營，不遺餘力。後朝元公歸，卒扵江西。義文公以貧故，仍習先業，然性喜／學，既不弜自爲，則以責諸其子。時公尚务，義文公乃使就塾師讀，既又以貧廢學，復從義文公習爲商。是時家甚微，節一／日之食，分之二日，併數日之事，責之一朝，掃葉爲薪，析糠作食，凡人生之困苦，庸常所不能堪者，皆親歷之。迨其後，資少/豐，稍稍市田宅，而義文公逝世矣。於是公益孤，而公亦愈奮勉，不敢稍自暇逸。食無兼味，夏不葛，冬不裘，遠道馳驅。時其/有無貴賤，居則持籌握算，劑其盈虛，又以其間巡行田畒，省視籬栅。宿不安寢，晝無暇晷，卒使商貨充盈，田禾

被隴，雞猪/豐碩，豆瓜肥大。其始也，貧無立錐，迨其暮年，則馬騰於櫪，人喧於室，使其孫曾得充容就學者，皆公之力也。先是，公以求/學未終，嘗恨未能竟先人之志，則又以望其子孫，既又以國家變法[1]，求學兆易，是以仍世爲農商，至其曾孫輩，始稍稍出/就學，而公之精力已盡，不及見矣。光緒二十六季十月二十八日，以疾終，年六十有九。娶單氏，勤儉耐勞，一秉公訓，治家/教子皆有條理，後公卒，先後合窆於村南之先塋。公一生勤儉，然事生母蕭氏、繼母喬氏，皆以孝聞。又責己嚴而待人寬，/人有貧乏則周之，有危難則扶之，與人言恐失其歡，忠厚和平，小心翼翼，故死之逵，人盡思之。公子一：慶堂；女一適王；孫/二：豐季、鶴年；曾孫六：蘭亭、澤亭、雨亭、化亭、瑞亭、月亭[2]；玄孫二：懷義、懷禮[3]。澤亭就學於直隸公立專門法政學校，稱其父之言，請爲述目，爲之表，/使世之人知高明通顯，不如工商稼穡之爲貴也。/

① "國家變法"，指光緒二十四年（1898），光緒帝任用康有爲、梁啓超等維新派發起的戊戌變法。其中的一條就是興建學堂。
② "蘭亭""澤亭""雨亭""化亭""瑞亭""月亭"，爲小字。
③ "懷義、懷禮"，爲小字。

吉林長春賓州等府地方審判廳刑庭推事、直隸公立法政專門學
校教授、癸巳科舉人魏兆麟撰/

陸軍步兵少校、己酉①科拔貢生張振釗書丹/

中華民國十年陰曆十一月二十五日穀旦　　　立/

146　張君（從桂）墓志（民國十年，1921）

題解： 原碑位於高陽縣北晋莊，該村在縣正西十八里，刻立於民
國十年（1921）。現碑已佚。楷書。常先生原題"張氏墳墓碑記"；碑
原題"張君墓志"，今從之。其碑陽拓片長115厘米，寬46厘米，凡3
行；碑陰拓片長116厘米，寬55厘米，凡9行，滿行36字。張至冬撰
文。墓主張從桂，此墓爲其與妻李氏的合葬墓，此碑由其子、孫、曾孫
所立。碑陰記述了張從桂的生平事迹及其子嗣情況。

錄文：

碑陽：

中華民國十年仲冬中浣敬立/

　　　碩　　　府君諱從桂字壯生

前清　德張　　　　　　　之墓/

　　淑　母　李　太　君

男金秀、金玉、金續，孫尺、鍋、明，曾孫江　立/

碑陰：

張君墓誌/

君諱從桂，姓張氏，養君之五子，吾邑北晋莊人也。君幼時家
貧業耕，配本村李氏女，頗能事親/佐夫，教子有令德焉。君勤儉
治家，戴月披星，不辞其苦，櫛風沐雨，克殫其勞，儉於己，不
儉於人。/其處鄉也以仁睦，其持己也以殷勤，由此家業漸興，而
人丁亦旺，理應永享遐齡，稍息其劬勞/焉，乃竟於民國八年七
月二十一日棄世，壽稀有二②。李太君後於民國九年七月初十日棄
世，/壽稀有三。子三人：長子金秀，次子金玉，三子金續。思其

①　"己酉"，指清宣統元年（1909）。

②　70歲爲稀壽，張從桂"壽稀有二"，即72歲去世，李太君"壽稀有三"，即73歲去世。

親弟受其勞，而未享其逸，即葬雖云盡／禮，終覺未報寸恩，非樹
碑勒名，揚名顯親，而此心終未安焉。其長男金秀索予為之記，予
漫無／習聞，又焉能勝任乎？因力辭不獲事，妄為俚言以誌之。／

　　畢業生張至冬撰文

147　特給六等嘉禾章高陽商會會董李公絛庵之碑（民國十一年，1922）

　　題解：原碑位於高陽縣趙通村，該村在縣東北六里，刻立於民國
十一年（1922）。現碑已佚。楷書。常先生原題"李氏墳墓碑記"；碑
原題"特給六等嘉禾章高陽商會會董李公絛庵之碑"，今從之。其碑陽
拓片長131厘米，寬58厘米，凡2行，碑陽右下側列有直隸實業廳長
嚴智怡、高陽縣縣長孫賢以及各地商會會長、代表、會董等名單24人，
左下側列有紳商名單39人；碑陰拓片長138厘米，寬57厘米，凡13
行，滿行37字。張佐漢撰文，劉續曾書丹，記述了李秉熙生平，特別
是其在創辦高陽縣甲等商業學校中的貢獻，對研究高陽縣清末民初商業
和教育史具有一定的資料價值。

　　碑主李秉熙，其名又見於編號116《高陽縣甲種商業學校沿革略史》，爲該學校發起人和籌資人。

　　録文：

　　　　碑陽：民國十一年壬戌三月／

　　　　特給六等嘉禾章高陽商會會董李公條庵之碑／

　　　　直隸實業廳長嚴智怡、高陽縣縣長孫賢、遷安商會長□雲、天津總商會長卞蔭昌、甘肅全省商會代表雲維儒、祁州商會長卜繼彬、威縣商會長張清吟、□芳商會長王香廷、／唐山商會長劉子真、石家莊商會長王之華、望都商會長邵星五、正定商會長馬崇本、正定商會副會長張紹基、北京總商會董鄧子安、天津總商會董楊明僧、北京古玩商會董張毓傑、／高陽警務長張光川、高陽商會長周錦川、高陽商會副會長李企賢、高陽甲種商學長王倫、高陽商會會董李秉義、前全國商會聯合會副會長楊木森、前高陽商會長韓偉卿、前高陽商會副會長張興漢／立。／

　　　　紳商：丁芸閣、楊雨農、李竹庵、成亦農、李子涵、韓仙舟、李蒿山、齊慎修、／王子豐、常翊華、張穆如、畢百亭、蔣藝林、李振遠、韓貢山、耿化南、／崔宇澄、穆育蒼、程尊周、王聘資、周輔之、田蔭卿、齊世傑、韓賡廷、／韓耀庭、楊鴻均、耿鑑泉、侯桂五、楊樹梅、冉凌雲、田鴻德、韓相五、／齊振東、王德欣、曹菱波、李樹庵、李桂元、張品三、劉呈之／公立。／

　　　　碑陰／

　　　　特授六等嘉禾章^①高陽商會會董李公事略／

　　　　公諱秉熙，字條庵，幼隨其父東序公業醫，克承家學，婦孺皆稱為老條先生。其慧心仁術，無間貧／富可知也。公沈毅多條理，尤潛心於新政，治文牘。光宣時代，吾鄉士夫倡辦商會、商學，鑑於舊日／紳衿魚肉之害，擬規訂章程，由商會自為董理。公與當事同仁，盡心籌措，獨能區處事務，應付社／會，各當其可，晉行無

<hr>

　　① “嘉禾章”，即嘉禾勳章、嘉禾獎章。嘉禾即生長得特別苗壯的禾稻，古人視嘉禾圖案爲吉祥的象徵。嘉禾獎章設於1912年7月，共九等（後有變動），授予那些有助勞於國家，或有功績於學問、事業的人，授予等級按授予對象的功勞大小及職位高低酌定。中華民國成立後，嘉禾圖案取代清代的龍紋經常出現在貨幣、徽章上，并具有簡易國徽的性質。

礙，心思細密，加人一等矣。比以改立甲種商業學校[1]，提倡織業，大著成效。巡／按朱公，據實入告大總統黎[2]，特給六等嘉禾章，公與當事諸君益為奮勉。直隸省當局以高／陽一商會，獨力創一商學，通令為全省冠；農商當局以高陽一縣布業，行銷徧十餘省，揭示為全／國最，海內藉甚，談者健羨。此固公與創事諸君子，視公如私，瘁精奔赴，十五年來之心血鑄成也。／公前舊患痰疾，去臘廿七日卒。商界同仁多公勤勞，擬立石記之。商會諸君謂余對此事源委綦／詳，□謂亡友條庵，為人直潔，身後蕭條，令人欽仰，同仁此役固行古之道也。然公是公非，胡克湮／沒？謹誌厓略，以示□□。公享壽六十一，原配李宜人早故，繼配張氏。子四：長雪瑞，次雪香，三雪祥，／四雪廬，皆張夫人出。原籍河南武安縣，于民國十一年四月，葬於高陽之新阡。／

民國十一年三[月]十八日　張佐漢敬撰　劉續曾敬書／

① "甲種商業學校"，其前身爲初等商業學校，由高陽諸鄉紳籌資建立，清宣統二年（1910），改爲甲種商業中學。其詳細情況，參見編號116《高陽縣甲種商業學校沿革略史》、117《高陽縣重建甲種商業學校碑記》。
② "大總統黎"，指黎元洪。

148　重修學堂碑記（民國十二年，1923）

題解：原碑位於高陽縣岳家左村，該村在縣東三里，刻立於民國十二年（1923）。現碑已佚。楷書。首題無，常先生原題“重修學堂碑記”，今從之。其拓片長 107 厘米，寬 61 厘米，凡 8 行，滿行 35 字。石寶三撰文并書丹。主要記述了岳家左村學堂重修的緣起和籌資重建的經過，末附認捐者之姓名、捐納之數目和發起人姓名，對於反映民國時期鄉村教育狀況具有一定的資料價值。

録文：

國家之強弱，視乎教育之良否；良否之結果，以經費為斷。敝村學堂，成立已十餘年，只以經／費無着，學舍未行建築，每年暫借楊君郁文房舍四間，為講學地點。現風氣稍開，讀書之青／年，逐漸增多，非建築學舍，不足以容納多人。村董等有鑒於此，因招集村人，詳為討論，量力／輸捐，為建築欵項。村人亦稍明大義，輸納恐後，捐淨大洋五百三十一圓。使非有所表揚，竊／恐有負捐款者之雅意。村董等擬將認捐者之姓名及捐納之數目，勒諸石□，一以作建築／之紀念，一以將來之引導，庶吾村國民小學教育，必日見起色，固意中事也。因鑴刻坊表，以／期永垂不朽云。／

　　茲將認捐諸君之姓名及數目，詳列於左　　特別捐五名／

宋君智山五十元，楊君郁文五十元，劉君壽之五十元，安君純如二十元，石君錫侯二十元，馬君壯齡二十元，宋君崑山二十元，楊君壽隆二十元，馬君慎修二十元，蘇君明德二十元，楊君信隆十六元，/劉君士瑞十五元，胡君振宗十五元，馬君升堂十五元，石君璞亭十五元，王君輔臣十五元，安君僧仙拾元，白君振綱拾元，宋君継宗拾元，蘇君景川拾元，蘇君慶榮拾元，劉君生祥拾元，/石君清波八元，石君橋衡八元，李君仁田五元，楊君興隆五元，侯君魯占五元，石君壽春四元，劉君資亭四元，石君庭楷三元，石君聘三三元，李君夢輝三元，趙君焕龍三元，/蘇君文芳五元，劉君雲卿二元，侯君榮名二元，安君啟祥二元，石君朴衡二元，石君登峰二元，石君守衡二元，駱君啟元二元，石君樂三二元，石君庭秀二元，石君岐山二元，/石君秉衡三元，楊君啟元三元，石君五岳二元，石君瑶峰二元，石君彦卿二元，石君祥卿二元，/李君永兵十五元，楊君景修七元，宋君連科四元，石君東陽三元，劉君捷三二元，劉君墨林二元。/

發起人：劉世瑞、安純如、石錫侯、宋智山、劉生祥、楊郁文、/蘇文芳、馬升堂、石璞亭、馬壯齡、王輔臣、胡振宗、/劉壽之、蘇慶榮、楊信隆、白振聲、宋春熙、楊景修/

中華民國十二年五月二十二日即陰曆四月初七日書丹石寶三併撰/

149　清誥封修職郎衍聖公府齋奏廳王公（樹椿）墓碑記（民國十二年，1923）

題解：原碑位於高陽縣龐口村，該村在縣東南三十里，刻立於民國十二年（1923）。現碑已佚。楷書。常先生原題"王氏墳墓碑記"；碑原題"清誥封修職郎衍聖公府齋奏廳王公墓碑記"，今從之。其碑陽拓片長114厘米，寬35厘米，凡2行；碑陰拓片長118厘米，寬56厘米，凡18行，滿行50字。殷維城撰文，崔其樞書丹。墓主王樹椿，此墓爲其與夫人李氏的合葬墓。此碑主要記述了王樹椿天性仁善、濟困扶危、重視教育等品德。

按：編號150《清光緒乙亥恩科舉人、恩賞五品銜、廣平府成安縣教諭王公墓碑記》爲其長子蔭南碑，兩者內容可以互相補正，不知何故父子兩個的碑不在一個村（原碑地址照錄常先生標簽）。

録文:

碑陽:

　　　修職郎延齡王府

清誥封　　　　　　　　君之墓 /

　　　孺 人 李 太

中華民國拾貳年歲次癸亥清和月^①上浣建 /

碑陰:

清誥封修職郎衍聖公府^②齋奏廳王公墓碑記 /

《易》曰:"積善之家,必有餘慶。"^③士誠好善,生可以播休名,歿可以庇子孫。吾於前輩延齡公,益信然矣。公王姓,諱樹椿,延齡其字也。衍聖 / 公府齋奏廳前清誥封修職郎,晉封文林郎,例授承德郎。德配李氏,累封孺人,先公而逝。公天性仁善,自奉菲薄,而與人篤厚。居鄉, / 濟困扶危,事皆出於至誠惻怛^④,貧者財物無吝,富者力量無惜。即他鄉之戚友,本村之比閭族黨,無求不應。凡村有公事,群相率而 / 商於公,聚訟紛紛,公徐出片言定議,衆皆服公之議約而賧,公猶諄囑再四,總期無得罪於鄉親,盡善盡美而後已,熱心人無與倫 / 比。每公旬出,公見辦事諸人,甚形拮据,因慨施義田五十畝,以備闔村徭役之用。邑侯梁公廉其事,特賜 "樂善可風" 匾額。村人建義 / 田^⑤□於街中,為文以記其事。一時村衆之歡忻蹈舞,播諸笙歌口□之,與義田碑相輝映焉。甚盛事也。公最喜讀書,為子弟延□,待 / 先生,必忠且敬。有來同學者,經年脩金^⑥飯費,一切墊支,歲終償則受,不償從無過問。凡名儒宿學,偶臨學舍,公賓接優厚,竟日不倦。 / 嘗謂學貴薰陶漸染,通人

---

① "清和月",即農曆四月。

② "衍聖公府",指孔府。宋仁宗至和二年(1055),孔子第四十六代孫孔宗願被封為 "衍聖公",以後歷代沿之。孔府的齋奏廳位於孔府西廂,原是孔府主管傳遞公文的齋奏官辦公的地方。

③ "積善之家,必有餘慶",源出《易·坤卦》,全句為 "積善之家,必有餘慶;積不善之家,必有餘殃"。

④ "惻怛",猶惻隱。宋葉適《樂清縣學三賢祠堂記》:"賈公惻怛長者,惠貧恤孤。"

⑤ "義田□",據後文 "義田碑",故所缺□,當為 "碑" 字。

⑥ "脩金",送給老師的薪金。《醒世姻緣傳》第二七回:"人家有子弟的,丁利國都上門去綽攬來從學;出不起學錢的,丁利國都與他們代出脩金。" 梁啟超《教育政策私議》:"學校皆收脩金,惟必須極廉。"

在座，聽其言論，仰望丰采，是亦學者一大益也。故遠近學界中人，皆稱培養有方，洵不愧一鄉善士。光緒/乙亥①恩科，公長子，諱蔭南，字樾亭，號憩菴，由附貢生中式第二百六十七名舉人，授任廣平府成安縣教諭；次子諱汝南，字子玉，號/許評，增廣生②，同治庚午科秋闈堂備，嗣因隄工出力，直隸總督部堂李③，賞賜"急公好義"匾額。孫二：長支孫鏡銓，書法名世，家業日隆；/次支孫淑銓，溫厚和平。曾元輩亦甚蕃衍，善乃公之因，此乃公之果也。公一生檢身莊敬，雖齋居獨坐，未嘗箕踞偃仰，至與語則和/易近人，人故愛而敬。即少年遊閒放佚之倫，每遇之亦斂其容，而不敢肆，

① "光緒乙亥"，指清光緒元年（1875）。
② "增廣生"，即增生。《明史‧選舉志一》："一等前列者，視廩膳生有缺，依次充補，其次補增廣生。"清俞正燮《癸巳存稿‧釋社》："學生有五等：學生亦曰廩生，一也；增廣生，二也。"
③ "直隸總督部堂李"，指李鴻章。

誠所謂"動容貌，斯遠暴慢"①者歟！公生於嘉慶十年九月初/二日戌時，卒於光緒十四年八月初三日未時，享耄壽八十有四。殯葬時，村人設祭於十字街，祀以少牢②，迎靈駕而哭拜者數百人，/聲震閭里。噫！世之公卿大夫，生前赫奕，去後草木同腐，其能如公之遺愛在人者，蓋亦尠③矣。歲己未④，公孫鏡銓問記於城⑤。城與公相/去甚邇，見聞甚悉，且係前輩戚誼，因述公之行義，以為好善者勸，庶後之閱斯碑者，或與峴山墮淚⑥有同感也夫。是為記。/

　　清光緒己丑⑦恩科舉人、順德府唐山縣訓導、姻晚殷維城謹撰，/

　　　陸軍第九師三十四團團長　　　世再晚崔其樞敬書/

150　清光緒乙亥恩科舉人恩賞五品銜廣平府成安縣教諭王公（蔭南）墓碑記（民國十二年，1923）

　　題解：原碑位於高陽縣高家莊村，該村在縣東南二十五里，刻立於民國十二年（1923）。現碑已佚。楷書。常先生原題"王氏墳墓碑記"；碑原題"清光緒乙亥恩科舉人、恩賞五品銜、廣平府成安縣教諭王公墓碑記"，今從之。其碑陽拓片長108厘米，寬35厘米，凡2行；碑陰拓片長119厘米，寬55厘米，凡17行，滿行40字。成其相撰文，王夢魚書丹。墓主王蔭南，此墓為其與夫人崔氏、朱氏的合葬墓。此碑記述了其出身和生平事迹及其子嗣情況。按：其父王樹椿之碑，見編號

---

① "動容貌，斯遠暴慢"，為曾子所言，源出《論語·泰伯》，其全句為："君子所貴乎道者三：動容貌，斯遠暴慢矣；正顏色，斯近信矣；出辭氣，斯遠鄙倍矣。"
② "少牢"，中國古代祭禮的犧牲，牛、羊、豕俱用叫太牢，祇用羊、豕二牲叫少牢。《左傳·襄公二十二年》："祭以特羊，殷以少牢。"杜預注："四時祀以一羊，三年盛祭以羊、豕。殷，盛也。"
③ "尠"，同"鮮"，很少。漢焦贛《易林·恒之賁》："利得尠少，留連為憂。"
④ "己未"，指民國八年（1919）。
⑤ "城"，即本碑撰者殷維城。
⑥ "峴山墮淚"，典出《晉書》卷三四《羊祜傳》。峴山在湖北襄陽縣南，又名峴首山，東臨漢水，為襄陽南面要塞。西晉羊祜鎮襄陽時，勤於治世，大興學校，關心百姓疾苦，史載他樂山水，常登此山，置酒吟詠，終日不倦。羊祜死後，其部屬在峴山羊祜常遊息之所建碑立廟以示紀念，見之者無不落淚，杜預此將碑名之曰"墮淚碑"。後以之稱揚卓著的政績，表示懷念之情或泛寫傷心落淚。
⑦ "光緒己丑"，指清光緒十五年（1889）。

149《清誥封修職郎衍聖公府齎奏廳王公（樹椿）墓碑記》，兩者内容可以互爲參證、補充。

録文：

碑陽：

授修職郎憩菴^①王府

清 君之墓 /

例 贈 孺 人 崔太、朱太

中華民國拾貳年歲次癸亥清和月上浣建

碑陰：

清光緒乙亥^②恩科舉人、恩賞五品銜、廣平府成安縣教諭王公墓碑記 /

公諱蔭南，字樾亭，號憩菴，余之同年友也。家本素封，其封翁延齡^③年伯，樂善好施，積有陰德，論者謂其後 / 立必昌。公生而

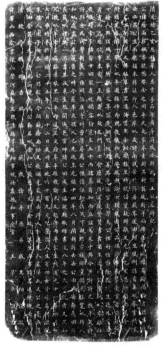

① "菴"，古同"庵"。
② "光緒乙亥"，指清光緒元年（1875）。
③ "延齡"，即王樹椿，字延齡，爲墓主王蔭南之父。

聰穎，未弱冠即入邑庠，以歲科兩試，苦於溽暑嚴寒，遂由附生^①援例捐貢，專攻舉業，精書／法，尤工小楷，且又博極羣書，宏通淹貫。與余相距數里，時就公質疑辨難。及光緒乙亥恩科，領鄉薦，余亦／附驥尾。春闈^②一戰，公以年逾強仕^③，即就教職，任成安縣教諭十數載。因公品端學粹，來學受業者，前後六／十餘人。與該城王夢熊觀察之尊翁慶潮公相友善，其子孫皆受學焉。公性好恬靜，除教授生徒外，寫字／看書而已，非公事未嘗一至縣署。以故及門多士，食廩餼浮選，援登賢書者，頗不乏人。公事親以孝，雖任／教職，時常多購旨甘，回家省視，婉容愉色，至五十而孺慕有加。而且誼篤友于^④，與令弟許評尤敦手足。許／評與余為同學，制義亦佳，同治庚午^⑤科曾膺房薦。公性情謙抑，藹然可親，於宗族鄉黨間，更能寬以待人，／和以處衆。公未獲售之時，令慈李太孺人已先逝，至光緒十四年八月間，封翁去丗，公由成安奔喪回籍。／喪葬以禮，無一不盡其誠。未至服闋，成邑官紳請公回成，主講該縣聯暉書院^⑥八年之久，成就者又不知／凡幾。以年老多病，辭席旋里。次年，即選正定府阜平縣教諭，未及赴任而卒。公生於道光十一年四月十／七日申時，卒於光緒二十五年八月十二日辰時，春秋六十有九。元配崔孺人，生有四女，皆嫁名門。繼配／朱孺人，生子女各一。公捐館時，令嗣鏡銓尚幼，及長稱充家，處立待人，動遵先人家法，此又公之毫無遺／憾，而含笑於九原者也。茲鏡銓為公勒石，以余知公最悉，乞文於余，故就其生平事蹟，畧述梗概云爾。／

　　清授修職郎、吉林綏芬廳教諭、年愚弟成其相謹撰。／

---

① “附生”，明清時附學生的簡稱。清俞樾《茶香室續鈔·儒士觀場》：“明時寄學，亦經提學考取歲試後，准作附生。”

② “春闈”，唐宋禮部試士和明清京城會試，均在春季舉行，故稱春闈，猶春試。唐李中《送相里秀才之匡山國子監》詩：“業成早赴春闈約，要使嘉名海內聞。”

③ “強仕”，四十歲的代稱。語本《禮記·曲禮上》：“四十曰強，而仕。”《後漢書·胡廣傳》：“甘奇顯用，年乖強仕；終賈揚聲，亦在弱冠。”

④ “友于”，兄弟友愛之義。語出《尚書·君陳》：“惟孝友于兄弟。”《後漢書·史弼傳》：“陛下隆於友于，不忍遏絕。”《魏書·良吏傳·宋世景》：“世景友于之性，過絕於人，及道璵死，哭之哀切。”

⑤ “同治庚午”，指清同治九年（1870）。房薦，中國古代科舉考試房官所推薦之文卷。清吳敏樹《太常徐先生傳》：“先生專其事，自房薦搜取其遺者。同考官至聲詈，先生不爲動。”

⑥ “聯暉書院”，始建於清嘉慶五年（1800），位於成安縣城內。清嘉慶《成安縣志》卷二《藝文》錄有孫培曾《創建聯暉書院碑記》，又見於《廣平府志》。

前署山西左雲、懷仁、榮河、嵐縣、直隸灤縣等縣知事、現任
蠡縣知事、受業王夢魚敬書。/

151　善人李春輝碑記（民國十二年，1923）

題解：原碑位於高陽縣岳家佐村，該村在縣東三里，刻立於民國
十二年（1923）。現碑已佚。楷書。首題無，常先生原題"李善人碑
記"，今據碑文改擬。碑陽拓片長133厘米，寬59厘米，凡2行；碑
陰拓片長136厘米，寬59厘米，凡16行，滿行46字，下端磨泐。石
寶三書丹并撰文。主要記述了李春輝置義船、造木板浮橋、施放麥面、
捐資助教等種種善舉。

錄文：

碑陽：厥後克昌，樹人須先樹德；/保世滋大，好義尤賴好仁。/

碑陰：

且人生於世，貴有志願，志願一專，斯天下無不可成之事。志
聖賢，則成聖賢；志豪傑，則成豪傑；志善人，則成善人。□□□/
也，善人也，無非一念之精專，所積而成。孔子曰："三軍可奪帥
也，匹夫不可奪志也"[①]，良然！村人李君春輝，係農家，出□□□/
中人，且目不讀詩書，矢志為善。其生平善事，彰彰在人耳目者，
所在多有。敝村東舊有廢河一道，即古所稱馬夾河[②]，是□□[③]/縣、
任丘、河間三縣之通衢，往來行人，日夜不絕，一經水患，行人斂
足。李君見過客跋涉之苦，置義船一隻，專渡行人，□□□/要之
渡頭義船一支，實難普濟，嘗造木板浮橋十餘丈，以通往來，行人
稱便。又嘗於凶年，施放麵數千斤，叺救貧困，□□/善，悉為村
人所親見。至平日之憐老恤貧，猶其餘事。茲又於去歲三月間，慨
捐大洋五百元，作學校之基本金，□□□□/元，為建築學舍用。
查李君春輝叺農為職業，非有士大夫之學問，使非熱誠向善，曷克

---

①　"三軍可奪帥也也，匹夫不可奪志也"，語出《論語·子罕》。

②　"馬夾河"，即馬頰河，發源於濮陽澶州坡，自濮陽縣南關向北經清豐、南樂入河北大名縣
　　境，後流入渤海。

③　"□□"，此兩字磨泐難識，從馬夾河流向及碑文內容來看，當爲"大名"兩字。

臻此？夫以李君平素之□行□□/在通都大邑，猶屬罕見，況當此窮鄉僻壤間耶？當道德淪喪之秋，於善類而不亟力提倡，究非與人為善之道，□□□□/善之真誠村人等，遂公同集謀，據情詳請　省長王① 獎給一等銀色嘉祥章。又蒙縣長孫賞發匾額，村人猶覺不足，以□□/惠，又釀資演戲，樹石門右，廣為表揚，使遐邇週知。村人將李君之實行善惠，敦請於予屬文以記。予向最醉心□□□□□/村人之請，直任不辭，雖扵褒嘉處措詞，未免稍有失當，然律以善善，從長之義亦屬平常。於是援筆大肆鋪張，□□□□□/及現在種種善舉，銘之石上，永垂久遠，使後之讀此碑者，知李君好善之殷，聞風興起，不特扵敝村國民教育□□□□□/，即於全縣教育亦受益非淺，庶不負李君興學之苦心，亦不負三作文之隱意也夫。/

閣村人等免冠/

石寶三書丹併撰/

中華民國十二年五月十三日即夏曆三月二十七日立/

---

① "省長王"，指直隸長王承斌。1922 年 6 月，北洋政府任命直系軍閥王承斌爲直隸省長。

152　李有徵墓碑記（民國十二年，1923）

題解：原碑位於高陽縣龐口村，該村在縣東南三十里，刻立於民國十二年（1923）。現碑已佚。楷書。首題無，常先生原題"李氏墳墓碑記"，今據碑文改擬。其碑陽拓片長90厘米，寬31厘米，凡3行；碑陰拓片裝裱後缺失。成其相撰文，王金彥書丹。

錄文：

碑陽：

民國十二年歲次癸亥十月穀旦 /

徵霧士諱有徵李府

中華待　　　　　　　君之墓 /

贈孺人李母王太

奉祀男篤康（故）^①、際康（故）^②、慶康敬立 /

碑陰：

孝為百行之原，人於父母，自盡其誠，而獨行其是。北固里黨，所共稱者，同里李君有徵，生有三子，家道亦頗小康。其長子篤康，早年業儒，□功名未成，改攻醫學；次子際康，三子慶康，皆務農。人見其父子篤，兄弟睦，皆以為家之肥也。及有禎君去世，後兄弟以食指日繁，遂析居，然皆於其母前，無不孝順，奈其病故，篤康、際康亦相繼而亡。茲慶康與其侄等三分出資，葬埋其母及兩兄，又與妻王氏，商妥獨自出款，為其父母勒石，以垂久遠。余嘉其事，故書語以志之。

清授修職郎吉林綏芬廳教諭邑庠生同里成其相撰文，王金彥書丹。

---

① "故"，小字，側出。
② "故"，小字，側出。

153　高陽張公（清）墓表（民國十二年，1923）

題解：原碑位於高陽縣左家莊村，該村在縣正西十七里，刻立於民國十二年（1923）。現碑已佚。楷書。常先生原題"張氏墳墓碑記"；碑原題"高陽張公墓表"，今從之。其碑陽拓片長127厘米，寬53厘米，凡3行；碑陰拓片長127厘米，寬50厘米，凡13行，滿行36字。魏兆麟撰文。墓主張清，此墓爲其與妻子秦氏的合葬墓。碑陰主要記述了墓主張清的生平、事迹及其子嗣情況。

錄文：

碑陽：

中華民國十二年歲次癸亥孟冬穀旦

　　　碩　　府君諱清字言信

前清　德張　　　　　之墓 /

　　　淑　母秦太君

奉祀男桂榮、桂芬，孫振宗、振鐸、振江、振華、振林、振東，曾孫文質、文彬敬立。/

碑陰：

高陽張公墓表 /

張公清，字言信，先世自蠡吾北郭丹村，遷居高陽左家莊，今已五世矣。祖義，祖姚屈氏，父仁，姚 / 彭氏。公父業農，斬荆技①棘，事事草創，僦屋而居，質力而食。公自幼見其父勞動，思欲代之。是時，/ 方從塾師讀，稍長，復業農，則凡農田功作，其父所欲爲者，公嘗先爲之，父甚悅，然亦未嘗命其 / 如是也。是以里之人咸稱之。後稍裕②，欲市田宅，而其父於清咸豐十五年卒，至光緒十六年，其 / 姚繼卒。公身益孤，志益堅，氣益奮，終日勤勤，事無鉅細，莫不躬親省視田宅，先諸傭而起，後諸 / 傭而歸，夏不避暑，冬不畏寒。其辛也田隴糞治，井甌蠲潔，猪雞豐肥，瓜芋碩大。然公不敢自侈 / 泰，衣褐衣，食粗糲，至今日。馬騰於槽，人喧於室，子孫彬彬，揖讓文學，皆公之賜也。民國十二年 /

---

① "技"，恐當作"披"字。
② "祐"，當爲"裕"。

正月十六日以疾卒，壽七十有五。娶秦氏，治家教子，一秉公訓，先公卒，於民國九年正月廿七/日卒，壽七十有二，是歲合葬於先塋。公子二：桂榮、桂芬；女二：長適北路台馬宅，次女適北晋莊李宅；/孫六：振宗、振鐸、振江、振華、振林、振東；曾孫：文質、文彬。公之子，念其父母之困苦，欲報其劬勞之德，以勒貞瑉。時在孟冬，故求/余作文以記之。/

候選知縣、吉林長春濱州等府地方審判廳刑庭推事、光緒癸巳科舉人、直隸公立法政專門學校國文教授魏兆麟謹表/

154　張氏（壽山）碑記（民國十二年，1923）

題解：原碑位於高陽縣盧家莊，刻立於民國十二年（1923）。現碑已佚。常先生原題"張氏墳墓碑記"；碑原題"張氏碑記"，今從之。碑額2行，行2字，題曰"奉先思孝"。楷書。其碑陽拓片長133厘米，寬43厘米，凡3行；碑陰拓片長135厘米，寬43厘米，凡14

行，滿行 38 字。趙立綱撰文。墓主張壽山，此墓爲其與妻子劉氏的合葬墓。碑陰以其子的口吻，記述了生前父母饑寒交迫患病而亡，乃至草草入葬的窘況，寄託了對父母的哀思。

録文：

碑陽：

碑額：奉先／思孝／

民國十二年　月　日敬立／

　　　碩　　　府君字壽山　　　　　一

中華　德張　　　　　享壽六十　歲之墓／

　　淑　　母劉太君　　　　　三

奉祀男杏林暨孫福堂，曾孫順德、順雲、順風，元孫全、海全叩／

碑陰／

張氏碑記／

且夫人自有生以來，必賴父母長養之、懷抱之，而後可以長大成人也。茲有盧家庄張杏林氏，嘗聞／《詩經》云"無父何怙，無母何恃"，又云"哀哀父母，生我劬勞"，"欲報之德，昊天罔極"[①]。因誦詩而悟及吾父壽／山公、吾母張劉氏。其二老一生之景況，謹勒於碑，要畧陳之。想吾父母在時，吾父以務農爲本，吾母／以紡績爲生，夫倡婦隨，殷勤度日。不意吾父母命運不濟，家道貧寒，室如懸罄[②]，甚至朝飢夕餓，日日／斷炊，其困苦艱難，誠令人難以言傳者。至同治三年，吾父年六十一歲，忽染疾病，於三月廿九日因／病壽終。斯時也，家貧如洗，少吃無燒，無力厚葬，至得以葦席含殮，使吾父入土爲安。至同治七年，吾／母年六十三歲，身得重病，延醫調治，妙藥無靈，於八月初一日，吾母竟舍合家而去世。嗚呼！時耶、命／耶，天之遭逢，竟如是耶？當此之時，欲不葬而不忍，欲大葬而不能，只效上世掩親之道，亦將吾母薄／捲席埋。誠令吾仰天椎心，窮困至此也。使吾親少假天年，以俟家業殷實，聊享幾日榮華，庶報恩於／萬一也。自今以後，家業雖不甚

---

① "無父何怙，無母何恃"等詩句，語出《詩經·小雅·蓼莪》。

② "懸罄"，形容空無所有，極貧。《國語·魯語上》："室如懸罄，野無青草，何恃而不恐？"唐柳宗元《哭呂衡州》詩："三畝空留懸罄室，九原猶寄若堂封。"

富，亦云小康，吾父子嘗懷慎終追遠之心，欲報生我劬勞之德，然而／年湮代遠，徒勞岵屺之瞻，春露秋霜，恍若音容宛在，是以豎碑於墓前，畧表吾父母一生之梗概，以／維永誌不忘云。／

蘇果莊增生趙立綱撰／

155　田維嶽祖塋碑記（民國十三年，1924）

題解：原碑位於高陽縣北關村，刻立於民國十三年（1924）。現碑已佚。首題無，常先生原題"田氏祖塋碑"，今據碑文改擬。碑陽碑額2行，行2字，題曰"奉先思孝"。楷書。其碑陽拓片長169厘米，寬45厘米，凡3行。碑陰拓片長169厘米，寬54厘米，凡19行，滿行50字。田法宗撰文，崔志泉書丹。墓主田陟喬，此墓爲其與妻李氏的合葬墓。田陟喬，本名維嶽，陟喬爲其字。此碑以兒子的口吻，記述了其父田維嶽和其母李氏的生平事迹。

録文：

碑陽：

碑額：奉先／思孝／

中華民國十三年歲次甲子三月上浣穀旦／

　　　登仕郎　考　府君陟喬公

前清例授　　　先　田　　　　合葬之墓／

　　　孺　人　姒　母李太君

男法祖、法宗敬立／

碑陰／先父諱維嶽，字陟喬，行一。狀貌魁梧，聲音宏亮，沉毅強忍，膽識過人，寡言笑，重然諾，氣誼高厚，為世稱道，而交遊不濫，所與盡一時／俊傑。讀書十餘年，五應童子試，雖功名運蹇，文藝則大有深造。旋因家道寒薄，棄儒學吏。然身列公門，不失儒者態度，端莊嚴屬，每／凛凛不敢有所私。一介之微，取求不苟，每遇鄰里戚友興訴訟者，常為犧牲巨金，務求和解，視為分内事，無吝意，無德色。才足致富，／而終以貧窶自甘。豪貴在前，無所畏慕，抑強扶弱，善類多所維持，且深惡刻客行為，而以慷慨矯之。常自謂對待鄉里得與方便時，／即行方便事，并篤信因果之説，善有善報，惡有惡報，天網恢恢，疎而不漏，先君言焉，先君惕焉，非泛作口頭禪者。比事母至孝，朝夕／無倦容，即遭譴責，亦必婉詞愉色以悦親心。年已四十，孺慕[①]之誠，無或間此。非稟受獨厚，曷克至是？光緒二十七年二月三十日寅／時捐館，享壽六十歲。／

　先母邑之龐口村李太太公玉珂次女，其家世代耕讀，以孝友傳，十九歲歸先父。爾時家甚窘，先曾祖繼開公、先祖方遠公、先祖母／龐太太君均在堂，井臼獨操，侍親食，日凡五六炊，無倦色，夜則自勤紡績，恒終宵不寐。初，先祖母以積勞故，五十歲後嘔痰咯血，先／母奉侍十餘年如一日。常聞先祖母易簀[②]時，稱道先母孝婦不絶口。及家境稍裕，知貧苦之艱難，故於鄰里借貸，無不慨然應允。

---

① “孺慕”，對父母的孝敬。清薛福成《庸盦筆記・史料二・慈安皇太后聖德》：“毅皇帝孝事太后，能先意承志，太后撫之亦慈愛備至，故帝終身孺慕不少衰。”

② “易簀”，更換寢席。簀，華美的竹席。後因以稱人病重將死爲“易簀”。《周書・宇文廣傳》：“可斟酌前典，率由舊章。使易簀之言，得申遺言；弭殯之請，無虧令終。”宋文瑩《玉壺清話》卷三：“公生於洛中祖第正寢，至易簀，亦在其寢。”

然／自奉極儉約，飲食終不厭粗糲，篤信神佛，存心處世，終以大
慈大悲為主旨，凡可助成先父之善者，無不仗義而為之，教子女嚴
正，／不事姑息。光緒二十二年九月初八日巳時棄世，享壽五十八
歲。嗟乎！先父母已矣，而其生平積德累仁，發為嘉言懿行者，猶
昭然／在人耳目間也。法宗兄弟二、妹一。長兄法祖業農，法宗邑
增生，留學日本法政大學校，屢倡辦合邑公益事，不敢隕越[1]，貽先
人羞。妹／適季良村[2]田宅。法宗生子二：長仁先，高小畢業考入育
德中校肄業，三學期適因體弱輟學，俾理家務，兼習農工；次孝先，
肄業邑之／中校，繼續耕讀家傳，以期先德勿墜。商同長兄，立碑垂
後，其猶此意也。夫《記》有云："其先人無美而稱之，是誣也；有
善而弗知，不明也；／知而弗傳，不仁也。三者，君子之所恥也。"[3]

---

① "隕越"，猶顛墜，喪失。《左傳·僖公九年》："恐隕越於下，以遺天子羞。"楊伯峻注："隕
　越，同義連緜詞，猶顛墜也。"
② "季良村"，當作"季朗村"。
③ 此句源出《禮記·祭統》，"先人"當作"先祖"。

法宗不才，略明大義，深懼先德之無以詔後裔，垂來世也。謹就見聞親切及鄉里所稱述者，/ 筆錄刻石，蓋以誌不朽也。/ 男法宗撰文 /

國立北京大學文科畢業文學士孫壻崔志泉書丹 /

156　房母賈太君墓志銘（民國十三年，1924）

題解：原碑位於高陽縣南關村，刻立於民國十三年（1924）。現碑已佚。常先生原題"房氏墳墓碑記"；碑原題"房母賈太君墓志銘"，今從之。碑額 2 行，行 2 字，題曰"奉先思孝"。楷書。其碑陽拓片長 138 厘米，寬 52 厘米，凡 3 行；碑陰拓片長 138 厘米，寬 52 厘米，凡 15 行，滿行 35 字。墓主賈太君，此碑爲其子房尚德所立。在中國傳統社會，女性外嫁後，死後埋葬多依附於其夫，而單獨爲女子立墓碑者甚少。此墓主賈太君，蓋因爲享受政府旌表，故得以單獨立碑。

錄文：

碑陽：

碑額：奉先 / 思孝 /

前清待贈孺人房母賈太君之墓 /

奉祀男 /

房尚德敬立 /

碑陰 /

房母賈太君墓誌銘 /

俗之壞，久矣。自學士大夫，多不能終其節，況女子哉！當是時，吾邑房母賈太君，抱數歲之孤，/ 荊釵布裙，躬爲針織，以取衣食，困苦顛連久矣，而無變志，卒就其子，以能有家，受獎於朝，而 / 爲里賢母。嗚呼！其可銘也。於是，葬爲序而銘焉。序曰：賈氏世居高陽，太君之曾祖諱年，祖諱 / 壽仙，考諱修齡，皆業儒，治家有法，訓子多方。其考以太君爲賢，而選所嫁。有寄居高陽之房 / 君，諱兆柏者，安新縣房吏部之七世孫也。其考見之曰："此可以與吾女矣。"太君年十七，歸房 / 氏，歸十一年，生一子。而房君以疾卒，時太君年二十八，子甫三齡耳。子八歲，使就外傳讀，年 / 十八，始棄儒為賈。迨為之授室^①後，慨然謂其子曰："汝家雖凌夷，故名宦後，大丈夫不為良相，/即為良醫，若沾沾謀蠅頭之利，吾弗取。"於是其子尚德潛心醫學，不數年而名大噪，活人奚/啻以千百計。鳴呼！孰非太君之賜哉？而太君七十有八壽終於內寢，時中華民國八年十二/月十三日也。是年十二月二十一日，即歸葬於先人之墓。後安新縣縣知事兼採風吏，徵其/事蹟，為之聞於朝，而旌表焉。銘曰：/

　　松柏之節，冰雪之操。撫孤成立，不勝其勞。皇有顯報，其子頗佳。詵詵^②諸孫，其實其範。孰云昌/盛，其始萌芽。吁嗟乎千秋萬歲，方知其不謬兮，敢語大而言誇。/

　　中華民國十三年三月吉日立/

---

① "授室"，本謂把家事交給新婦。語本《禮記·郊特牲》："舅姑降自西階，婦降自阼階，授之室也。"孔穎達疏："舅姑從賓階而下，婦從主階而降，是示授室與婦之義也。"後以"授室"指娶妻。宋朱熹《答呂伯恭書》："此兒長大，鄙意欲早為授室。"明歸有光《趙汝淵墓志銘》："授室於崑山真義里朱氏。"

② "詵詵"，衆多貌。《詩·周南·螽斯》："螽斯羽，詵詵兮；宜爾子孫，振振兮。"毛傳："詵詵，衆多也。"鄭玄箋："凡物有陰陽情慾者，無不妬忌。維螽蝗不耳，各得受氣而生子，故能詵詵然衆多。"一說為和集貌。朱熹《集傳》："詵詵，和集貌。"唐張說《四門助教尹先生墓志》："詵詵青襟，有所仰矣。"

157　李宗弼墓碑記（民國十三年，1924）

　　題解：原碑位於高陽縣北關村，刻立於民國十三年（1924）。現碑已佚。其與編號158《李鶴齡墓碑記》、159《李遐齡墓碑記》三碑皆由兆芝、兆蘭、兆荃所立，李宗弼當爲李鶴齡之父，三通碑可相互參證。首題無，常先生原題“李氏墳墓碑記”，今據碑文改擬。其拓片長138厘米，寬47厘米。楷書。墓主李宗弼，此墓爲其與原配、繼室的合葬墓。

　　録文：

　　　　　　　元配陳太太安人 /

　　　　　皇清誥封資政大夫李公諱宗弼字輔臣合葬之墓 /

　　　　　　繼配節孝李太太安人 /

　　　　　孫兆芝、兆蘭、兆荃率子侄敬立 /

158　李鶴齡墓碑記（民國十三年，1924）

　　題解：原碑位於高陽縣北關村，刻立於民國十三年（1924）。現碑已佚。其與編號 157《皇清誥封資政大夫李公諱宗弼字輔臣合葬之墓碑》、159《李遐齡墓碑記》三墓主爲同一家族，且與 159 墓主李遐齡當爲堂兄弟，三通碑可相互參證。常先生原題“李氏墳墓碑記”；今據碑文改擬。其拓片長 147 厘米，寬 46 厘米。墓主李鶴齡，此墓乃其與原配夫人的合葬墓，由其曾孫等立。

　　録文：

　　　　　　　資政大夫李公諱鶴齡字彭年暨

皇清貤封　　　　　　　　　　　　　　合葬之墓

　　　　　　元配孫太太安人

曾孫兆芝、兆蘭、兆荃，率子任敬立／

159　李遐齡墓碑記（民國十三年，1924）

　　題解：原碑位於高陽縣北關村，刻立於民國十三年（1924）。現碑已佚。首題無，常先生原題“李氏墳墓碑記”，今據碑文改擬。其拓片長 139 厘米，寬 40 厘米，凡 2 行。隸書。其與編號 157《皇清誥封資政大夫李公諱宗弼字輔臣合葬之墓碑》、158《李鶴齡墓碑記》爲同一家族，且與 158 墓主李鶴齡當爲堂兄弟，三通碑可相互參證。墓主李遐齡，此墓爲其與原配夫人鄗氏的合葬墓。

　　録文：

　　　　　　　奉直大夫李公諱遐齡字椿年暨

皇清貤封　　　　　　　　　　　　　　合葬之墓／

　　　　　　元配鄗太太宜人

曾任孫兆蘭、兆芝、兆荃、兆茫率玄孫慶深敬立／

160 孫氏建立新塋原因記（民國十三年，1924）

題解：原碑位於高陽縣西關村，刻立於民國十三年（1924）。現碑已佚。碑原題"建立新塋原因記"；常先生原題"孫氏新立墳墓碑記"；今據碑文改擬。碑額2行，行2字，題曰"永垂不朽"，楷書。其碑陽拓片長137厘米，寬54厘米，凡2行；碑陰拓片長137厘米，寬54厘米，凡11行，滿行30字，碑陰、碑陽兩側有圖案。墓主爲王太太夫人，由其奉祀孫鉢傳、銘傳所立。碑陰主要記述了其世系傳承及建立新塋的原因。

録文：

碑陽：

碑額：永垂／不朽／

清授孺人

孫祖母王太太夫人之墓／

晉封夫人

奉祀孫鉢傳、銘傳敬立。／

碑陰／

建立新塋原因記 /

　先祖諱驥五，字舜卿。初配趙氏，未有所生即逝世。繼配王氏，生長伯光遠、二伯 / 森桂及姑母兩人，旋亦逝世。復配王氏及先父之生母，生三伯式型、四伯 / 彬如與六叔式金、七叔式玉，並三姑母等。先父為行五也，當先祖父逝世 / 時，以先先祖母趙、王兩氏曾葬於祖塋，遂合葬焉。迨先祖母逝世，不但墓 / 地窄狹，且有諸多妨碍，由先父與四伯彬如之子銘傳，出資購地十九畝 / 六分，另立新塋，設先祖父木主，與先祖母王氏合葬，誠無可如何之事也。/ 迨今閱二十稔，先父棄養安葬，雖四伯彬如曾於光緒十四年葬諸祖塋，/ 亦行移墓，而今而後云為新塋者，乃成為我四五兩支之祖塋也。誠恐代 / 遠年深，於立此新塋之原因致無稽考，謹勒石以存。/
中華民國十三年三月十二日　鉢傳謹誌 /

161　王聯陞墓碑記（民國十三年，1924）

　題解：原碑位於高陽縣北蔡口村村南，該村在縣東北六里，刻立於民國十三年（1924）。現碑已佚。首題無，常先生原題"王氏墳墓碑記"，今據碑文改擬。

　碑額2行，行2字，題曰"永垂不朽"，隸書。其拓片長137厘米，寬56厘米，凡3行。楷書。墓主王聯陞，字行一，此墓為其與妻王氏的合葬墓。值得注意的是此碑由其兒媳趙氏立，蓋其子已亡。

　錄文：

碑額：永垂 / 不朽 /

中華民國十三年歲次甲子六月上浣　穀旦 /

　　考　府君諱聯陞

先　　王　　　　　　行一之墓 /

　　妣　母王太君

　　　　　　子媳趙氏敬立

162　米福翁墓碑記（民國十三年，1924）

題解： 原碑位於高陽縣城，現碑已佚。刻立於民國十二年（1923）。現碑已佚。首題無，常先生原題"米氏墳墓碑記"，今據碑文改擬。其拓片長 121 厘米，寬 52 厘米，凡 13 行，滿行 40 字。楷書。王翰卿撰文，書丹者不詳。主要記述了米福翁處事端方、急人之難的品德。

録文：

蓋聞德高望重，澤厚傳遙，自古皆然，至今尤顯。若吾村福翁米先生者，品德兼優，澤功可表，事親克孝，教 / 子有方，和睦鄉鄰，尊敬長上。遇有口角相爭者，急為調停，溯當時吾里之後生，莫不被其指教，致使村中 / 老幼，逢人説項[①]，感情不已。此正德高望重，澤厚傳遙之驗也。藝同傅説[②]，造屋精通，村中百餘家，凡有修造 / 者，身往助之。不憚勤勞，經營盡力，繼至落成。逐處費心，視之如己，助工不迭，己事多疎，田園即蕪，仍是舍 / 己從人。不但此也，每遇冠、婚、喪、祭之事，無論貧富，自始至終，罔弗竭力為之。即村中公事，大家就商，無有 / 不當，甚至枵腹[③]

---

① "逢人説項"，項，指唐朝詩人項斯。遇人便讚揚項斯，比喻到處爲某人某事説好話。其典出自唐李綽《尚書故實》，國子祭酒楊敬之非常愛才，非常欣賞江南才子項斯，贈給他一首詩："處處見詩詩總好，及觀標格過於詩。平生不解藏人善，到處逢人説項斯。"

② "傅説"，殷商時期武丁手下著名賢臣。《孟子・告子下》云："傅説舉於版築之間。"

③ "枵腹"，空腹，謂饑餓。唐康騈《劇談録・嚴士則》："士則具陳奔馳陟歷，資糧已絕，迫於枵腹，請以飲饌救之。"

從公，概不推委，誠為既仁且智之善士也。聞諸孔子云"居處恭，執事敬，與人忠，雖之夷狄，/不可棄也"①，此其福君之謂乎？年逾七旬，身體矍鑠，鄉人喜謂之曰："聖言'仁者壽'②，若福翁者，庶有期頤之望，/吾鄉之幸福甚矣。"孰意天命靡常，禍生不測，自八月下旬，偶得腰痛之症，醫治罔效，二豎③為災，閤村人等/見病勢危，急焚香沐浴，跪禱神前，曰："本村福翁米君，心田純正，處事端方，吾等求神保護，若病癒災除，閤/村演戲酬神，弗敢妄語。"豈知死生有命，人力焉能勝天？延至九月十七日酉時，竟溘然長逝矣。村中人等/感激難忘，尤恐日久年深，淹沒懿行，是以求趙堡店王先生翰卿撰文，勒碑以記之。/

中華民國十三年孟冬吉旦　　閤村人等敬立/

163　吳金峰暨德配王孺人墓志銘（民國十四年，1925）

題解：原碑位於高陽縣北路台村，該村在縣西南十五里，刻立於民國十四年（1925）。現碑已佚。楷書。常先生原題"吳氏墳墓碑記"；碑原題"處士吳雲岫公暨德配王孺人墓志銘"，今從之。碑額2行，行2字，題曰"永言孝思"。小篆。其碑陽拓片長132厘米，寬35厘米，凡2行；碑陰拓片長113厘米，寬47厘米，凡14行，滿行33字。鈐有3枚印章，文曰"金鎖"。孫允恭撰文，魏壽朋書丹。墓主吳金峰，此墓爲其與夫人王氏的合葬墓。此碑主要記述了吳金峰世系、生平情況，突出了其博辯之才和樂於爲人排憂解難的美德。按：該碑雖名曰墓志銘，實爲立於墓前的墓碑。

錄文：

碑陽：

碑額：永言/孝思/

---

① "居處恭，執事敬，與人忠，雖之夷狄，不可棄也"，源出《論語·子路》。
② "仁者壽"，語出《論語·雍也》："子曰：'知者樂水，仁者樂山；知者動，仁者静；知者樂，仁者壽。'"
③ "二豎"，語出《左傳·成公十年》："公夢疾爲二豎子，曰：'彼良醫也，懼傷我，焉逃之？'其一曰：'居肓之上，膏之下，若我何？'醫至，曰：'疾不可爲也，在肓之上，膏之下，攻之不可，達之不及，藥不至焉，不可爲也。'"後用以稱病魔。晋葛洪《抱朴子·貴賢》："二豎之疾既據而募良醫，棟橈之禍已集而思謀夫，何异乎火起乃穿井，覺飢而占田哉！"

清處士吳府君諱金峯字雲岫暨配王孺人合葬之 [墓] /
奉祀孫墨三男興禮、興信敬立 /
碑陰：
處士吳雲岫公暨德配王孺人墓誌銘 /

公諱金峯，字雲岫，世居蠡吾之萬安村，姓吳氏。公祖汝芝，父清鑑，累世業農。祖父相承/至公，仍食舊德。公為人性篤而才辯，善說辭，平生慕魯仲連①之為人，以故鄉鄰有爭訟，/則必力為排解。往往有事關破產，他人所不能了者，遇公而解。蓋其博辯之才，乃天授/也。其作事恂謹有常，人多賴之。凡村之冠、婚、

---

① "魯仲連"，戰國末期齊國人，有辯才，不肯仕宦任職，好持高節，遊於趙。當時，趙國在長平之戰大敗，秦軍包圍邯鄲，魯仲連騁其口辯，助趙解了邯鄲之圍，而又不受封賞。《史記》卷八三有傳。

喪、葬，有不能離公者，而心尤豁達，不喜專 / 營私産，故終公之世，家不中訾①，未嘗以衣食慼②。吁！其亦晚近中之錚錚者矣。公壽八十 / 六歲，殁於民國六年。其配王孺人，先公二十六年而殁，與公合葬於村之東阡，去村七 / 八里，在南北路台之間。子三人：長興智，已故；次興禮；三興信。孫墨三、尊三、達三。公殁後，/ 興禮等不忍没親之善，思欲誌石，而事未果。適魏君如九，教讀伊家，乃轉以狀来余，乞 / 為誌墓。余讀而善之，因不辭譾陋，略贊数語，以謹誌云。銘曰：/ 解紛排難，事迹光明。歷年雖久，殁猶如生。公之此心，與石常貞。/

同邑清增廣生孫允恭撰文 /

同邑清邑庠生魏壽朋書丹 /

中華民國十四年歲次乙丑孟春中浣穀旦　謹立石 /

164　清處士葛增年君暨配楊孺人墓表（民國十四年，1925）

題解： 原碑位於高陽縣北路台村，該村在縣西南十五里，刻立於民國十四年（1925）。現碑已佚。常先生原題“葛氏墳墓碑記”；碑原題“清處士葛增年君暨配楊孺人墓表”，今從之。其拓片長123厘米，寬60厘米，凡15行，滿行36字。楷書。孫允恭撰文，宋樹屏書丹。墓主葛夢齡，此墓爲其與夫人楊氏的合葬墓。此碑主要記述了葛夢齡的世系、生平情況，突出了其孝、節儉等美德。

録文：

清處士葛增年君暨配楊孺人墓表 /

君保定之蠡人也，世居城北北魚壩口村，姓葛氏，諱夢齡，增年其字也。曾祖清泰，太學生；祖蘭 / 亭；父化生，字春景，君其長子也。君性至孝，非尋常邧及。春景公於光緒間，曾以差徭逾額，

---

① “中訾”，亦作“中訾”。謂資産達到豪富的數額，泛指富有。《史記·遊俠列傳》：“及徙豪富茂陵也，解家貧，不中訾，吏恐，不敢不徙。”司馬貞《索隱》：“訾不滿三百萬已上爲不中。”清蒲松齡《聊齋志异·醜狐》：“於業農，家不中訾。”

② “慼”，“戚”的异體字。

上訴/京師，不浮直，謫發江西，君跋涉相隨，不離左右，朝夕為之憂，泣至哀懇，回籍情始解。此其孝固/不僅在服勞定省之末也。君上世耕讀傳家，家雖貧學不廢，至經訟後家益落，始棄讀為農。君/念民生在勤，不敢自暇自逸，終歲拮据，常如一日。又縮食齕衣，終身淡泊，困憊亦云極矣。夫鬱/久者，勢必發；困極者，終有亨。以故晚年家小泰，此固君之辛勤所致，亦其孝德所感也。吁！天之/所以報善人者，原不誤矣。君生於咸豐十一年十二月二十九日，歿扵民國十二年九月二十/五日，享壽六十三歲。配楊孺人，歿扵民國六年二月二十五日，享壽五十九歲。生子四：家卜、家/孚、家會、家祺。孫四人：忠良、忠聚、忠實、忠儲。君歿二年，其子家卜等，不忍没親之善，以狀來余，乞/表扵墓。余與君有葭莩①之親，稔知君之至孝至行，不待表揚而顯，然恐數傳而後，事移時遷，後/之人不浮聞君之行，雖欲勉為君德而無從，故表之以告後人歟。/

　　清邑庠生世叔孫允恭謹撰/

　　世晚宋樹屏敬書/

　　民國十四年歲次乙丑仲春　穀旦立/

---

① “葭莩”，蘆葦里的薄膜，比喻親戚關係疏遠淡薄。《漢書·中山靖王劉勝傳》：“今群臣非有葭莩之親，鴻毛之重，群居黨議，朋友相爲，使夫宗室擯却，骨肉冰釋。”顏師古注：“葭，蘆也。莩者，其箭中白皮至薄者也。葭莩喻薄。”唐楊炯《李舍人山亭詩序》：“葭莩爲漢帝之親，枝葉爲周公之裔。”

165　琨公趙王府君追遠之墓志（民國十四年，1925）

題解： 原碑位於高陽縣于留佐村，該村在縣西南十二里，刻立於民國十四年（1925）。現碑已佚。常先生原題"趙氏墳墓碑記"；碑原題"琨公趙王府君追遠之墓志"，今從之。其拓片長121厘米，寬64厘米，凡14行，滿行42字。楷書。祁德華撰文并書丹。主要記述了墓主琨公趙王府君的身世、生平及立碑的緣由。

按： 編號166《慶雲公趙府君墓志》，墓主趙慶雲，即爲琨公趙王府君之子，兩墓志均出於祁德華之手，且立於同時，可以互相參看。

錄文：

琨公趙王府君追遠之墓誌／

琨公趙王府君，富翁也，聘蠡吾斗窪村陳太太君為内佐，乾剛坤順，諸多善德，無暇追頌。要之，皆天地正氣所／鍾毓者也。公先嚴桂翁，嘗東遊，得培參秘訣，尚亦有利，然非普通蔘商比。吏役時行訛詐，及公襲業，雖較／前盛，亦難大展。本處富紳王美翁，以女王太太君，字公為對室。公既聯姻望族，復與巨室及諸顯者相往／来，官府因除舊令，公始得暢行所欲矣。墾歃益器，一切完備，惟儲以待價耳。孰意鬍匪蟻起，擾亂民商無／已，公乃捨業，偕眷而旋，所遺財物以萬計焉。歸里，家道平和，福極而終，縱不得大葬，却亦以禮。無何，陳太／太君繼卒，其子慶公欲厚葬之，奈饑饉頻仍，未容安厝。適值光緒庚子[①]之亂，六國

---

① "光緒庚子"，指光緒二十六年（1900）。

犯都①，清帝徙鑾②，兆民驚／恐，莫論貧富，凡有停柩，無待卜期為
殯者。慶公尚思少緩，皆云欠妥，不得已竟猶人也。然心終為遺憾，
每／欲樹碑榮主，權為彌補，迄未實行。其長男名登科，刻心銘腹，
欲承父志，無如昆仲析爨，力益單隻，故數年／未果。斯時歲已半
百，尚無子嗣，恐再遲延，血氣既衰，等等操持，必愈艱難也。由
此方決。一則父志可承，再／者少報祖母攜持保抱之恩，一舉兩得，
能不勉力也哉？乃舍諸高明，而徵文拾余。時余棄學就商，已四數／
寒暑，荒廢久矣，況素譾陋，何能當此？奈趙登科，余姊丈也，無
可堅辭，不得不謹為誌云。／

　　姻再晚祁德華頓首譔并書。／

　　中華民國拾四年歲次乙丑閏四月上澣敬樹。／

166　慶雲公趙府君墓志（民國十四年，1925）

　　題解：原碑位於高陽縣于留佐村，該村在縣西南十二里，刻立於民
國十四年（1925）。現碑已佚。常先生原題"趙氏墳墓碑記"；碑原題
"慶雲公趙府君墓志"，今從之。其拓片長137厘米，寬61厘米，凡14
行，滿行42字。楷書。碑兩側為向日葵圖案。祁德華撰文并書丹。墓
主趙慶雲，此碑乃其外孫史壯田所立，主要記述了趙慶雲的身世生平及
其子嗣情況。

　　按：編號165《琨公趙王府君追遠之墓志》，墓主趙琨，即為趙慶雲
之父，兩墓志均出於祁德華之手，且立於同時，可以互相參看。

　　録文：

　　　慶雲公趙府君墓誌／

　　　慶公趙府君，琨公之子也。秉性敦誠，語言寡，不尚交遊，凡
祖父舊章，未忍更易，鮮奇巧技，能慕父母，終身若赤／子④焉。先

---

① "六國犯都"，時八國聯軍攻陷北京，"六國"當為"八國"之訛。
② "清帝徙鑾"，指光緒帝和慈禧太后外逃至西安。
④ "赤子"，嬰兒。《尚書·康誥》："若保赤子，惟民其康乂。"孔穎達疏："子生赤色，故言赤
子。"《漢書·賈誼傳》："故自為赤子而教固已行矣。"顏師古注："赤子，言其新生未有眉
髮，其色赤。"清李慈銘《越縵堂讀書記·槎庵小乘》："尺字古通用赤……赤子者謂始生小
兒僅長一尺也。"

聘安新縣解家莊王太君，甚有賢德，事翁姑孝，琴瑟亦篤，天作之合，方冀百年偕老，不意禍生難/測，太君壽僅三十九歲，子女各一，皆在幼稚，竟舍而仙逝，豈不痛哉？既而絃續姜孺人，實厥萱堂[①]，舉二子，/並且有孫，振振繩繩，正無量算。蓋公諸子，女為最長，王所出也，適邊渡口村史宅，未幾，遷居本城南門内/路西，以紙煙為商業者也。往之史家，商日蒸騰，洵稱富有，餘事亦皆順利，雖不幸艾有二年，夫故孀居，而/恃四男二女、孫両三人，輪流為伴，斯亦頗足解憂也。惟廻憶慈親早喪，顧腹長育，種種劬勞，未能報效，時/一思及，心腸似割者。然每欲補行，良無妙法[②]，縱春秋忌節，帋灰埋墓，血淚似泉，泣涕如雨，仍屬兒女之常耳。而父母之懷，三年/僅免，豈些湏煙火局即了乎？所以晝夜不忘，求實裨益，奚知人神相隔，孝思雖切，行於親没，則萬計難能，/如是者久之。始悟盡孝無由，悲哀無益，莫若少微建一遺迹，旌表前人，垂訓後裔，漫云報罔極深恩，庶可/誌生卒姓氏於無誤，如是云云。無乃近數載愁思所得權宜之計也歟？因集衆子議諸，其胞弟趙登科亦/諧余而徵文。夫余既墓誌於琨公，固亦無可推委也，遂復之。/

愚外孫史壯田頓首樹/

婣[③]晚祁德華頓首譔并書/

中華民國拾四年歲次乙丑閏四月上浣敬立/

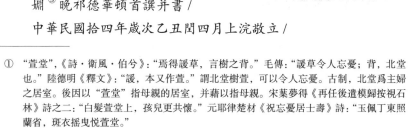

① “萱堂”，《詩·衛風·伯兮》：“焉得諼草，言樹之背。”毛傳：“諼草令人忘憂；背，北堂也。”陸德明《釋文》：“諼，本又作萱。”謂北堂樹萱，可以令人忘憂。古制，北堂爲主婦之居室。後因以“萱堂”指母親的居室，并藉以指母親。宋葉夢得《再任後遣模歸按視石林》詩之二：“白髮萱堂上，孩兒更共懷。”元耶律楚材《祝忘憂居士壽》詩：“玉佩丁東照蘭省，斑衣摇曳悦萱堂。”

② “每欲補行，良無妙法”爲後補的，字體較小。

③ “婣”同“姻”。

167　劉漢池墓碑記（民國十四年，1925）

題解：原碑位於高陽縣岳家佐村村東，該村在縣東三里，刻立於民國十四年（1925）。現碑已佚。首題無，常先生原題"劉氏墳墓碑記"，今據碑文改擬。

　　碑額2行，行2字，題曰"流芳百代"，周圍爲二龍圖案。楷書。其碑陽拓片長135厘米，寬48厘米，凡3行；碑陰拓片長138厘米，寬48厘米，凡13行，滿行34字。齊樹楷撰文，郭令儀書丹。碑陰以劉雲從的口吻，叙述了墓主劉漢池的籍貫、生卒年及其子嗣情況。此碑對墓主情況記述甚略，而對其子嗣情況則記載較詳。

録文：

　　碑陽：

　　碑額：流芳 / 百代 /

　　中華民國十四年夏曆九月上浣穀旦 /

　　　考　府君諱漢池

　　先　劉　　　之墓 /

　　　妣　母梁太君

　　男雲從、雲辰、雲聚暨孫河敬立 /

　　碑陰 /

　　劉君雲從，余親家梁君蔭堂之甥也。一日，匍匐来求為其父表墓之文，流涕言曰："吾父高 / 陽城東三里岳家蔞①人，生吾兄弟三人。吾居長，家業農，素困窘，從吾母梁于北蔡家口，依 / 外祖母以居，蒙吾舅庭楷蔭堂、庭華子春，先後提携，得以温飽。餘資稍稍置產業，有房八 / 九間，地五六十畝。二弟雲臣②，三弟雲聚，仍居岳家蔞，皆授室有子矣。"二弟有子二：曰河，曰 / 殿；三弟有子一：曰檀。吾即以河為吾嗣，將于九月為之成婚。而墓門無誌，久將不知其家，/ 吾見子孫而茫然其先者多矣。況能追養継孝，以光大德。吾已伐石為碑，即于嗣子成婚 / 時豎之，請姻伯文焉。嗚呼！吾鄉人困苦艱難，稍有即敬先重祀事。誠孝之感，雖至干戈遍 / 四野，未嘗

---

① "岳家蔞"當作"岳家佐"，村名。

② "雲臣"，碑陽曰"雲辰"，二者當係一人。

有戕賊駢填之慘，豈不以孝德克承，為天地所降鑒耶？劉公諱漢池，生于清咸/豐三年，卒于民國九年，壽六十八歲。配梁孺人，生于道光三十年，卒于光緒十九年，壽四/十四歲。余少與蔭堂相過從，重之以婚姻，子春同事尤久。二君皆工文事，篤厚于氣誼，今/已先後逝于。其甥之來請文，不覺追憶而黯然也，乃書是歸之。/

蠡縣齊樹楷撰文/

高陽郭令儀書丹/

168　孫起墓碑記（民國十四年，1925）

題解：原碑位於高陽縣北晋莊，該村在縣正西十八里，刻立於民國十四年（1925）。現碑已佚。首題無，常先生原題"孫氏墳墓碑記"，今據碑文改擬。碑額2行，行2字，題曰"永垂不朽"。楷書。其碑陽拓片長133厘米，寬40厘米，凡2行；碑陰拓片長135厘米，寬 47 厘米，凡 15 行，滿行 37 字。碑陰頂部左右兩側各有一隻花瓶圖案，鈐有印章，印文不清晰。墓主孫起，此墓爲其與妻戴氏的合葬墓。碑陰記述了孫起的家族源流、生平、事迹等，突出了其勤儉仁恕的品德。

錄文：

碑陽：

碑額：永垂／不朽／

　　　碩　　府君諱起字佑助　　　　　二

前清　德孫　　　　　　　享壽四十　[歲][①] 之墓／

　　　淑　母戴太君　　　　　六

奉祀男天才、明德、善述、乱子、在發，曾孫鋼、銅、邦、祥頓首敬立／

碑陰：

自古興家立業之道，固在誠意正心、修身為本，齊家有術，尤在內外得其人、上下盡其力，則男正／乎外，女正乎內，一家長幼尊卑，同心同德，庶家業興隆，傳之百代而不窮。諺云："一家一心，黃土變／金"，此之謂也。法寶君之家訓[②] 以義，效張公[③] 之家訓以忍，如孫君名起者，其庶幾焉。夫孫君字佑助，／其先濡陽板橋鎮人也。自伊高祖，始遷居陌陽北晉莊，傳至於今，已五世於茲矣。昔敬仲[④] 自陳奔／齊，遂居於齊，故有媯之後，將育於姜，五世其昌[⑤]，不與孫君之先人有同情乎？溯其初，孫君僅兄弟／二人，窶而且貧，茅屋土階，居住卑隘，疏食菜羹，飲食菲薄。尤有甚

---

① "歲"，據文義補。

② "寶君之家訓"，當指清朝人寶克勤的《家規》。寶克勤爲清康熙年間的大儒，其治家訓子一文通篇"四書五經之文，諸子百家之語"，以忠厚謙虔爲要，從日常生活、爲人處世諸方面加以規範，要求子孫勤業、節儉、睦族、行仁、事親、友道、正直。

③ "張公"，當指唐代之張公藝。《舊唐書·張公藝傳》載，張公藝家九代同居，自北齊以來屢蒙朝廷旌表，當唐高宗向張公藝請教治家秘訣時，張公藝寫下了一百多個"忍"字。唐高宗爲之流涕，嘘唏不已。

④ "敬仲"，本陳公子，名完，因陳國內亂而逃亡齊國，遂改名田完。敬仲爲其謚號。後其八世孫田和奪取齊國政權，史稱"田氏代齊"。

⑤ "有媯之後，將育於姜，五世其昌"，源出《左傳·莊公二十二年》："初，懿氏卜妻敬仲。其妻占之曰吉。是謂鳳皇於飛，和鳴鏘鏘，有媯之後，將育於姜，五世其昌。"有媯，媯古姓，田姓發源自有虞氏此，實大舜之苗裔也。周武王時，帝舜之胄，有虞閼父爲周陶正，封之於陳，爲有媯氏。自陳公子完奔齊，其後子孫昌大。食采於田，又以田爲姓。

者，傭工於人，庶口之家，可以無 / 飢。然境遇雖窮，窮且益堅；辛勤至老，老當益壯。兄弟友恭，娣姒[①]愛敬，怡怡洩洩，人無間言，堪與唐 / 時之二難相提而並論。其應事也，躬厚薄責；其接物也，寬恕和平，故鄰里鄉黨慕其仁，戚族朋友 / 稱其義。忠厚傳家，勤儉處世，男耕女織，夙夜匪解。由是家資漸豐，置田園，增廬舍，所謂有志者事 / 竟成也。雖然勞心勞力，久則致疾，數年之間，夫婦二人，相繼去世。孫君壽享四十有二焉，其妻壽 / 終四十有六焉。惜哉！亡之命矣。夫余友天才，念其嚴君創業艱難，終身不易，因薄葬祖塋，終天抱 / 恨，欲樹碑刻石，以報罔極之恩，故述其生平之事，求余作文以記之。余本固陋，筆墨荒疎，辭遜弗 / 得，謹以友之所述者，畧陳其梗概。/

　　楊尊榮書撰 /

　　中華民國十四年歲次乙丑　陰曆季秋菊月中旬　穀旦　敬立 /

---

① "娣姒"，妯娌。兄妻爲姒，弟妻爲娣。《爾雅·釋親》："長婦謂稚婦爲娣婦，娣婦謂長婦爲姒婦。"郭璞注："今相呼先後，或云妯娌。"南朝宋劉義慶《世說新語·賢媛》："鍾郝爲娣姒，雅相親重，鍾不以貴陵郝，郝亦不以賤下鍾。"

169　宋秋圃墓碑記（民國十五年，1926）

題解： 原碑位於高陽縣北圈頭村村南，該村在縣東南三里，刻立於民國十五年（1926）。現碑已佚。首題無，常先生原題"宋氏墳墓碑記"，今據碑文改擬。

碑額 2 行，行 2 字，題曰"萬古流芳"，楷書。其碑陽拓片長 135 厘米，寬 47 厘米，凡 3 行，碑額有兩面交叉的旗幟圖案；碑陰拓片長 120 厘米，寬 48 厘米，凡 13 行，滿行 28 字。撰者和書丹者不詳。墓主宋秋圃，此墓爲其與妻子李孺人的合葬墓。當時其子宋存孝已死，故此碑由其孫宋福才所立，以宋福才的口吻，記述了宋秋圃的籍貫和生平事迹，突出了其勤儉而發家的品德。

編號 170《宋存孝墓碑記》中的宋存孝即爲宋秋圃之子，兩碑立於同年，內容可參看。

錄文：

　　碑陽：

　　碑額：萬古 / 流芳 /

　　民國十五季孟冬上旬　穀旦 /

　　　　考諱秋圃宋公

　　先祖　　　　　　　之墓 /

　　　　妣　李孺人

　　孫福才敬立 /

　　碑陰：

　　先祖考諱秋圃，世居高陽城東南隅北圈頭村。性勤儉，善積蓄。幼事　先曾祖 / 考瑞庭公及曾祖妣韓太孺人，以孝聞。及長，先祖妣李孺人來歸，生吾 / 父及叔父二人、吾姑母一人。婚嫁紛紜，劬勞備至，而自奉維儉。嘗顧謂吾 / 父及叔父曰："人生在世，不可一日無錢，有則神聖，無則橫遭白眼。"今味其 / 言，是非有感於中耶，何言之深也？故一生深自斂抑，衣寬博，而食藜藋，晝 / 耘田，而夜紡績，防難圖匱，慘淡經營，而家業卒以昌熾。狋嫮休哉！非設心 / 克勤克儉，曷克臻此？先祖考生於清道光十五季正月二十八日吉旹，/卒於民六 [1] 四月二十五日寅旹，壽八十三歲。 先祖妣李孺人生於道光/十一季三月二十五日吉旹，卒於宣統二季六月二十九日吉旹，壽八十，/早經安葬 祖塋。今得無凍餒憂者，皆 先祖所賜也，其又敢忘耶？方昊/天不弔，先考存孝公志存銘記，良願未遂而殁，今敬承遺志，并 母氏/張孺人慈命，將生平行狀勒之於石，以示子孫，而垂永久，其亦慎終追遠/之意也歟？是為誌。/

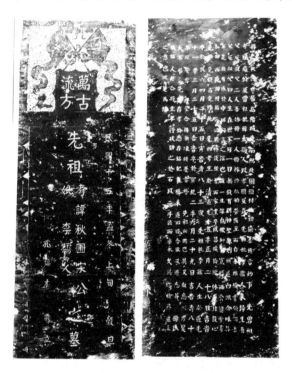

170　宋存孝墓碑記（民國十五年，1926）

題解：原碑位於高陽縣北圈頭村村南，該村在縣東南三里，刻立於民國十五年（1926）。現碑已佚。首題無，常先生原題"宋氏墳墓碑記"，今據碑文改擬。碑額2行，行2字，題曰"源遠流長"，楷書。其碑陽拓片長137厘米，寬48厘米，凡3行；碑陰拓片長135厘米，寬48厘米，凡13行，滿行36字。撰者和書丹者不詳。墓主宋存孝，此

① "民六"，即民國六年（1917）。

碑以其子的口吻，記述了墓主宋存孝的身世、生平，突出了其辛勤勞作由貧而富的經過。其遭亂兵綁架，最後身死的故事，對於瞭解民國時期社會狀況具有一定的資料價值。

按：編號169《宋秋圃墓碑記》中的宋秋圃即爲宋存孝之父，兩碑立於同年，內容可參看。

錄文：

　碑陽：

　碑額：源遠／流長／

　民國十五秊歲次丙寅孟冬上旬　　榖旦／

　先考宋府君諱存孝之墓

　男福才敬立／

　碑陰：

　盖聞"天道無親，嘗與善人"①，"積善之家，必有餘慶"，故不必道高德重，砥行礪名，即謹言慎行之士，／鄉黨自好者流，亦莫不邀天之寵，錫厥福，而永其秊，非倖致也，理固然耳。吾　父幼而勤樸，追／隨先祖考秋圃公經營家務，而家又赤貧。茅屋數椽，則僅蔽風雨；薄田數畝，僅足支撐。衣檻／褸而食藜藿②，晝耘田而夜紡績，終年碌碌，無惰容，無慍色，而家卒以成。自非克勤克儉，孰能若／斯也哉？乃昊天不弔，宣統二秊六月二十九日，先祖妣棄養，民六四月二十五日，先祖考又／棄養。吾父迭遭大故，形神俱瘁，然莫不盡哀盡禮，安葬祖塋，其孝思爲何如哉？此後方冀優／遊暇逸，登大耋而享遐齡，不料天不永秊，於民國九秊十月間，在高陽駐防之變兵肆行搶掠，／村人遭劫者不知凡幾，而吾父逃暱不及，被執。勤贖及將窖藏，先後啟付，而該變兵等意猶／未足，致身遭回祿③之變。事後，雖治療多方，醫葯終歸無效，卒致賫恨以歿。哀哉！先考諱存孝，／生於清咸豐八秊六月十四日吉旹，卒於民國九秊十月十六日辰旹，壽六十三歲。先妣張／孺人、齊孺

---

① "天道無親，嘗與善人"，源出老子《道德經·德經》第七十九章。"嘗"，原書作"常"。

② "藜藿"，藜和藿，亦泛指粗劣的飯菜。《韓非子·五蠹》："糲粢之食，藜藿之羹。"《文選·曹植〈七啓〉》："予甘藜藿，未暇此食也。"

③ "回祿"，傳說中的火神名，指遭受火災，爲火災的代稱。《左傳·昭公十八年》："禳火於玄冥回祿"。杜預注："玄冥，水神；回祿，火神。"

人先後卒，均經附葬 祖塋。而吾父靈柩，迄今尚未安窀穸[①]，茲敬承母氏張孺人／慈命，擇吉安葬於祖塋之次，而又悲其慘死於兵燹也，思有以記述，而表揚之。謹略述行狀，勒石暨碑，／以昭永久，非敢自譽，亦聊表哀思之意云爾。故誌之。／

171　處士王君（葆和）暨德配節孝王孺人墓表（民國十五年，1926）

題解：原碑位於高陽縣白家莊村，該村在縣東南二十五里，刻立於民國十五年（1926）。現碑已佚。常先生原題"王氏墳墓碑記"；碑原題"處士王君暨德配節孝王孺人墓表"，今從之。碑額2行，行2字，

---

① "窀穸"，亦作"窀夕"。墓穴。《隸釋·漢泰山都尉孔宙碑》："窀夕不華，明器不設。"《後漢書·趙咨傳》："玩好窮於糞土，伎巧費於窀穸。"

題曰"永垂不朽"，楷書。其碑陽拓片長 137 厘米，寬 35 厘米，凡 4 行；碑陰拓片長 127 厘米，寬 56 厘米，凡 18 行，滿行 42 字，左下端落款部分字體稍小。碑陽和碑陰均鈐有印章，文考。白鏡心撰文，馮錫侯書丹。墓主王葆和，此墓爲其與妻子王孺人的合葬墓。此碑記述了王葆和的籍貫、生平等，由於他十五歲即早逝，故碑文主要叙述其妻王孺人之節烈。由此可見，雖然時已民國，但傳統守節觀念仍在北方農村具有一定勢力。但從碑文中對改嫁之風的抨擊，又可窺見當時傳統觀念已經動搖。

録文：

碑陽：

碑額：永垂 / 不朽 /

中華民國十五年歲次丙寅冬月上浣　穀旦 /

前清處士諱葆和　　　府

　　　　　王　君之墓 /

民國旌表節孝王母　太

承嗣男鐸、囯敬立 /

碑陰：

處士王君暨德配節孝王孺人墓表 /

君諱葆和，姓王氏，直隸高陽人。世居城東南白家莊，先考有丈夫子四，君其季也。少聰穎，讀書有大志，尤孝友，/ 出入内外，皆恂恂如，故鄉里戚族紳耆見者，咸目為偉器，謂王氏有子矣。年十五，正月間娶王孺人。孺人者，鄰 / 邑河間三十里堡太學生學曾公之女、武監生雲瑞宿儒雲章等之妹也。淑慎性成，且嫻禮法，盡婦道，有桓少 / 君[1]之風。翁若姑每自謂曰："吾既得佳兒，又得佳婦，門庭昌大可卜也。"孰知君娶孺人，好合僅半年，忽以疾卒。君 / 生於清光緒廿一年十月廿六日，卒於宣統元年九月廿七日，享年十有五。獨是君享年不久，自古才士□□，/ 如斯最難堪者，孺

---

① "桓少君"，名不詳，字少君，爲桓氏的女兒，渤海鮑宣之妻，是歷史上著名的有德之婦。據《後漢書》卷八四《列女傳》："（鮑）宣嘗就少君父學，父奇其清苦，故以女妻之，裝送資財甚盛。宣不悦，謂妻曰：'少君生富驕，習美飾，而吾實貧賤，不敢當禮。'少君曰：'大人以君修德守信，故妻之。既奉君，唯命是從。'少君乃悉歸侍御服飾，更著短布裳，與宣共挽鹿車歸鄉里。拜姑禮畢，提甕出汲。脩行婦道，鄉邦稱之。"

人耳。當其時，孺人百方求殉，幾死者數矣，皆由姑甦^①之，剴切諭止之。久則孺人節孝之心□/自怦然動也，以為死者有知，必亦責以曲全婦道，未可同死，益傷二老心。况不久翁又棄養，而姑愛孺人婦也，/蓋以女視之。由是孺人節愈勵，孝愈篤，任所遇有何悲傷愁鬱，悉化於一孝中，吁，可嘉哉！既而姑以年老，倦勤/家政，命四室分爨。孺人是時得母有傷感心，幸而仲叔兩夫兄，各願出己子一名鐸、一名固者，并爲孺人嗣。孺/人即愛如己出，先令讀書，継嗣父志，然後教以治家諸大端。巾幗少年，人如此者有幾哉？嗚乎！松柏不凋，歲寒/乃見^②。今夫士大夫名門閨閫，居室

①　"甦"，復活；蘇醒。宋趙師俠《一翦梅·丙辰冬長沙作》詞："暖日烘梅冷未甦，脱葉隨風，獨見枯株。"
②　"松柏不凋，歲寒乃見"，源出《論語·子罕》："子曰：'歲寒，然後知松柏之後凋也。'"

大節，久乏真操①。嘗見桃之夭，已宜室有年②；瓜之縣，且誕生不
一。同心既久，□／誓生死不相離，□旦良人坏土未乾，輒不顧恥
辱而再醮。此宜禽獸夷狄所不忍為，而其人自視為得計，聞孀／人
之風，亦可以少愧矣。孀人以清光緒十七年十月十四日生，民國
十五年六月十六日卒，春秋三十有六卒。／後鄉邑紳耆具節孝狀，
呈請縣長轉呈內務部，奏請　大總統③，特予旌表並建坊。善哉！今
葬孀人有日矣。其嗣／男同舅父雲甲先生丐余為文以表墓。余於
雲甲昆仲皆至交，不能辭，聊述所聞，以表墓道，不敢謂能闡發
□／德也。／

　　前清附貢生候選縣丞、討賊聯軍第六軍總司令部咨議河間白鏡
心撰文／

　　省立第三中學校畢業、河間毛公祠縣立高小學校教員河間馮錫
侯書丹／

172　張劍閣墓碑記（民國十五年，1926 年）

　　題解：原碑位於高陽縣舊城村，該村在縣東二十三里，刻立於民國
十五年（1926）。現碑已佚。楷書。首題無，常先生原題"張氏墳墓碑
記"，今據碑文改擬，其拓片長 120 厘米，寬 50 厘米，凡 13 行，滿行
30 字。高伯從撰文，曹克敏書丹。墓主張劍閣，此碑記述了其籍貫、
生平等，由於張劍閣早卒，文中重點記述了其妻李氏守志不易、躬養孤
女的事迹。

　　録文：

　　公張姓，諱劍閣，世居高陽舊城村，昆仲三，次居季，行年
二十一歲，遽以痼疾終。／其時，上有雙親及兩兄，雖無所表著，
而天性自好，固恂恂然，一誠謹人也。配氏／李，安新南馮村國

---

① "真操"，當作"貞操"，原碑文如是。
② "桃之夭""宜室"，源出《詩·國風·桃夭》："桃之夭夭，灼灼其華。之子於歸，宜其室
　　家。桃之夭夭，有蕡其實。之子於歸，宜其家室。"
③ "大總統"，1926 年 6 月 22 日至 1926 年 10 月 1 日，杜錫珪以國務院國務總理攝行大總統
　　職；1926 年 10 月 1 日至 1927 年 6 月 18 日，顧維鈞以國務院國務總理攝行大總統職。按，
　　王孀人，1926 年 6 月 16 日卒，其碑刻立於是年孟冬（10 月）上旬。以此觀之，此大總統
　　或指杜錫珪，或爲顧維鈞。

學生自牧公女、邑庠生浦南公胞妹。年十九賦于歸，至二十／四歲而遭夫歿，此人生最苦之境也。而膝下又無丈夫子，所生一女方三歲，呱／呱而待哺。斯時念及將來門楣之望，尚在不可必之數，則継嗣之續，更未知將／誰屬也。而德配則不為孤苦易心，毅然以矢志自勵。上事舅姑，下撫孤女，兼偕／娣姒輩，躬操作一如未孀時，壽至四十有八，計其時，蓋已歷二十數春秋矣。嗚／呼！其清操卓行，大義炯如，詎非貫金石炳日星，不待表而已彰耶？其女思將母／氏之勁節永傳不泯也，擬表扵墓。其外氏與余同里，又余之姻戚，因介之來乞／文。余非諛墓者，僅即其所述者敍次之，而系之以銘之曰：／

人生石火^①兮，壽天何論？惟嗟鵠寡兮，味彌苦辛。味彌苦辛兮，堅貞乃見。爰並茲／石兮，歷萬古而如新。／

安新優廩生高伯從敬撰／

安新直隸第二師範學校畢業生曹克敏敬書／

173　夢翁劉公（呈瑞）墓志銘（民國十六年，1927）

題解：原碑位於高陽縣南路台村，該村在縣西南十八里，刻立於民國十六年（1927）。現碑已佚。楷書。常先生原題"劉氏墳墓碑記"；碑原題"夢翁劉公墓志銘"，今從之。其碑陽拓片長111厘米，寬43厘米，凡3行；碑陰拓片長117厘米，寬55厘米，凡13行，滿行34字，兩側繪刻有小三角旗圖案。李富梅撰文。墓主劉呈瑞，此墓爲其與妻劉氏的合葬墓。此碑由其子和曾孫刻立，記述了劉呈瑞急公好義的品德，詳述了其子嗣情況。其中其子萬齡曾留學法國，回國後官職甚顯赫。

按：編號174《劉公英臣（振邦）墓志銘》，墓主劉振邦爲劉呈瑞之子，兩碑刻立於同年，且均由李富梅撰文，可以參看。

録文：

碑陽：

中華民國十六年三月穀旦立／

　　　　考　鄉飲耆賓　府君諱呈瑞

前清先　　　　　　劉　　　　　　之墓／

　　　　妣　例贈孺人^②　　母劉太君

男振江、振海，曾孫常有奉祀／

碑陰：

夢翁劉公墓誌銘／

夢翁劉公者，諱呈瑞，壽六十九歲。公素行謹慎，天賦忠直，

---

① "石火"，以石敲擊，迸發出的火花。其閃現極爲短暫。《關尹子·五鑒》："來干我者，如石火頃，以性受之，則心不生，物浮浮然。"北齊劉晝《新論·惜時》："人之短生，猶如石火，炯然以過，唯立德貽愛爲不朽也。"

② "先考妣"與"鄉飲耆賓、例贈孺人"字迹重疊。

勤儉治家，詩書課子[1]。處鄉里以／謙和待他人，以寬厚排難解紛，善扵詞令，急公好義，果敢有為。公一生造福扵鄉里者甚／大，而公之德尤足以感人。公之歿也，遺愛在人，市悲巷哭，載道口碑。德配劉孺人相夫治／家，躬親紡織，孝親慈幼，勤儉操勞。孺人壽六十八歲。子振邦、振江、振海，孫萬祥、萬青、萬春、／萬齡。前者萬齡留學法國，歸國後陸軍部留用，旋擢任航空學校校長，繼隨／吳大帥[2]任諜報課課長兼兩湖警備總司令部參議，後又任督理河南軍務公署參謀長／兼署陸軍第九師步兵第十七旅旅長。萬鵬出嗣齊姓，現任陽泉車站站長。萬順、萬增、萬／景。曾孫常有、玉珂、冬黑、玉瑾、文喜、玉璽、恒立、了頭，玄孫榮占魁[3]，福澤綿

---

① "課子"，督教兒子讀書。明沈德符《萬曆野獲編・科場三・癸未丙戌會元》："辰玉辛丑授官後，即奉差歸里，日惟課子，每命一題，輒自作一首。"

② "吳大帥"，指吳佩孚。

③ "占魁"，取得第一。明王玉峰《焚香記・託寄》："科場事幸然占魁，名忝狀元。"

綿，子孫瓜瓞，公之／名永垂不朽矣。銘曰："惟公之德，遺愛在人。言行典則，鄉里同欽。持身以儉，處己惟勤。綿／綿福澤，基本前因。"／

前清拔貢李富梅撰文／

中華民國十六年三月穀旦立／

174　劉公英臣（振邦）墓志銘（民國十六年，1927）

題解：原碑位於高陽縣南路台村，該村在縣西南十八里，刻立於民國十六年（1927）。現碑已佚。常先生原題"劉氏墳墓碑記"；碑原題"劉公英臣墓志銘"，今從之。碑額2行，行2字，題曰"永垂不朽"，楷書。其碑陽拓片長141厘米，寬40厘米，凡3行；碑陰拓片長122厘米，寬61厘米，凡12行，滿行34字。李富梅撰文。墓主劉振邦，此碑由其子孫刻立，記述了其治家守法、教子有方，對其子嗣情況記述較詳。

按：編號173《夢翁劉公（呈瑞）墓志銘》，墓主劉呈瑞爲劉振邦之父，兩碑刻立於同年，且均由李富梅撰文，可以參看。

錄文：

碑陽：

碑額：永垂／不朽／

中華民國十六年三月穀旦立／

　　　考 貢生　　　　　府君諱振邦字英臣

前清先　　　　劉　　　　　　　　行一之墓／

　　　妣 例贈孺人①　母　　　　郭太君

孝男萬齡，孫常有、玉瑾、文喜奉祀。／

碑陰：

劉公英臣墓誌銘／

劉公諱振邦，字英臣，夢翁之哲嗣②也。公幼親家訓，壯有父

---

① "先考妣"與"貢生、例贈孺人"字迹重疊。

② "哲嗣"，敬稱他人之子。明張居正《答司成薑鳳阿》："兒曹寡學，幸與哲嗣同登，奕世之交，殆亦非偶。"清趙翼《六哀詩·汪文端公》："尚喜哲嗣賢，曳履雲霄上。"

風，教子有方，半耕半讀，治家守/法，克儉克勤，間嘗以保國衛民為諸子訓。諸子均穎悟好學，善體公志，公亦鍾愛有加，鯉/庭課苦。今日四子之所以效力國家，皆公之素教也。德配郭孺人，性極慈孝，樂子讀書，喜/聞人講論說岳，取法岳母教子精忠。公壽七十歲。子萬祥、萬青、萬春、萬齡。前者萬齡留學/法國，歸國後陸軍部留用，旋擢任航空學校校長，繼隨/吳大帥，任諜報課課長兼兩湖警備總司令部參議，後又任督理河南軍務公署參謀長/兼署陸軍第九師步兵第十七旅旅長。/

萬鵬出嗣齊姓，現任陽泉車站站長。孫常有、玉/珂、冬黑、玉瑾、文喜、玉璽、恒立，曾孫榮占魁，克昌厥後，源遠流長，謹/誌孝子不匱，流芳百代，/遂為之銘曰："公之德兮彌昭，公之才兮彌碩，公之志兮大而遙，公之名兮日月高。"/

前清拔貢李富梅撰文/

民國十六年三月穀旦立/

175　王安榮墓碑記（民國十六年，1927）

題解： 原碑位於高陽縣出岸村，該村在縣東四十里，刻立於民國十六年（1927）。現碑已佚。首題無，常先生原題"王氏墳墓碑記"，今據碑文改擬。碑額 2 行，行 2 字，題曰"萬古流芳"，楷書。其碑陽拓片長 130 厘米，寬 32 厘米，凡 3 行；碑陰拓片長 113 厘米，寬 55 厘米，凡 7 行，滿行 26 字。撰者和書丹者不詳。墓主王安榮，此墓爲其與妻趙氏的合葬墓。此碑由其子所立，與一般墓碑不同的是對王安榮的籍貫、生卒年、生平等幾乎全未涉及，而主要記述了其功業。

録文：

碑陽：

碑額：萬古 / 流芳 /

民國拾六年夏曆四月穀旦 /

　　敕授奮武校尉安榮字黻廷王府

清　　　　　　　　　　　君之墓 /

　　例贈孺人　　　趙 / 趙　　太

奉祀男麟標敬立。 /

碑陰：

且夫憑照[①]足以昭信守，品級足以別等威，獎章足以著表示。凡有功 / 名之念者，莫不鼓之舞之，以伸急公之大義。王君諱安榮，肄業於武 / 備，被選入陸軍，由副都統　奮勇巴圖魯　段發給憑照。蒙直隸總 / 督　袁[②]賞給八品軍功，蒙陸軍總長　段[③]賞給二等獎章。則是有憑 / 照，可使後人為憑照勸；有品級，可使後人為品級勉；有獎章，可使後 / 人觀摩之、砥礪之，為獎章蒸蒸而日上。前人不暇自慕，而後人慕之， / 後人慕之，果勉而效之，是使後人亦復勉後人也。於是乎書。 /

---

① "憑照"，由官方發給的證件、執照。《二十年目睹之怪現狀》第九七回："兄弟捐官的憑照，放在家裏，左右是没用的，白糟蹋了。"康有爲《大同書》戊部第七章："其男女婚姻，皆告媒氏，自具願書，領取憑照。"

② "直隸總督袁"，指袁世凱。

③ "陸軍總長段"，指段祺瑞。

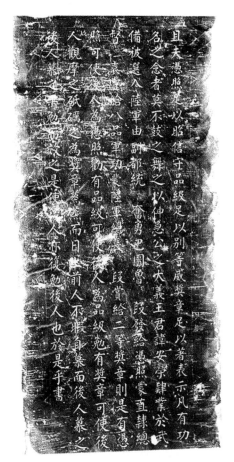

176　后土皇帝奶奶碑記（民國十六年，1927）

　　題解：原碑位於高陽縣南關村，刻立於民國十六年（1927）。現碑已佚。楷書。常先生原題"建修奶奶廟碑"；碑原題"后土皇帝奶奶碑記"，今從之。其碑陽拓片長145厘米，寬62厘米，凡22行，滿行46字。碑左下方爲名單。韓宅三撰文。主要記述了重修后土皇帝奶奶廟的緣起，追溯了后土皇帝奶奶在西漢末的諸多神迹，及其在民國時期保佑高陽當地的恩惠。碑陰共3幅拓片，爲方便叙述稱之爲碑陰1、碑陰2、碑陰3。碑陰1：碑額2行，行2字，題曰："永垂不朽"，楷書，其拓片長160厘米，寬65厘米，內容爲北京、天津、山西等地商鋪及個人捐款數目，碑下端爲支出明細；碑陰2：拓片長147厘米，寬63厘米；碑陰 3：拓片長 143 厘米，寬 63 厘米。碑陰 2、碑陰 3 内容同碑陰 1 相連，同爲村莊和村民捐款數目。

按：后土皇帝奶奶，乃中國北方地區民間所祀神靈。后土，指土神或地神。《禮記》載“其神后土”。《史記·五帝本紀》載“黄帝者……有土德之瑞，故號黄帝”。據此可知，后土本指黄帝軒轅氏，故后土皇帝，當爲“后土黄帝”之訛，民間訛傳爲“后土皇帝”。《易縣志稿》記載“后土皇帝廟，俗稱聖女廟，在縣北三十五里洪崖山上”，民間傳説此神爲山居老婦，曾救漢光武帝於危難，故祠至今。高陽縣之后土皇帝奶奶亦即當此。

録文：

　　中華民國十六年三月上浣穀旦 /

　　后土皇帝奶奶碑記 /

　　伊昔漢光武帝當閟毖①時也，殲銅馬②以揚威，破昆陽之戰壘③，冰裂滹沱，風寒易水，其戰勝攻取之場，皆 聖母默佑之靈，所 / 召而致也。及接駕來高，當五六月間，禾稼被野，天久不雨，野無青草，路起紅塵，多有士大夫所喈咢④，不能施其技者，乃 / 聖母一雨三日，伊誰之力？官吏相與慶於庭，商賈相與歌於市，農夫相與忭於野，憂者以喜，病者以愈，其靈昭默佑，豈瑣 / 瑣有靈異者所堪比耶？後數年及現年，大起直奉戰⑤，干戈擾攘，戎馬倉皇，

---

① “閟毖”，源出《尚書·大誥》：“天閟毖我成功，天亦惟用勤毖我民。”閟，慎重；珍重。
② “銅馬”，西漢末年，黄河兩岸有大小義軍數十部，其中以銅馬最爲强大，首領有東山荒、禿上、淮況等人。後被劉秀擊敗收編。
③ “昆陽之戰”，公元 23 年，綠林軍擁立劉玄爲帝，建立更始政權。後派王鳳、王常、劉秀等攻占昆陽（今河南葉縣）等地，又派劉縯進攻宛城。王莽派王尋、王邑率兵 43 萬，號稱百萬，向宛城進發，包圍昆陽。王鳳、王常率八九千人堅守昆陽，劉秀則率輕騎突圍，調集援軍。當萬餘援兵到達昆陽時，劉秀又率 3000 人突襲王莽中軍大營，擊殺王尋，王莽軍陷於混亂。守城起義軍趁勢殺出，内外夾攻，大敗王莽軍，王邑僅率數千人逃還洛陽。這次戰役，使王莽軍主力損失殆盡，對推翻王莽政權起了決定性作用，是中國歷史上一次著名的以少勝多的戰役。
④ “咢”同“腭”。
⑤ “直奉戰”，指北洋政府直系與奉系之間的戰争。共有兩次：第一次發生於 1922 年 4 月，直奉兩軍在京漢線長辛店、津浦線馬廠一帶爆發戰争，5 月奉軍戰敗。6 月，雙方議和，以榆關爲界，簽訂停戰協定。此後，北京政權由直系控制。第二次發生於 1924 年，是年 9 月，江浙戰争爆發，張作霖乘機擁兵入關，吳佩孚亦出兵迎戰，遂在榆關一帶爆發戰争。10 月，直系將領馮玉祥竪起反直旗幟，發動北京政變，直軍在前線大敗，吳佩孚率殘部南下。此後，馮玉祥與奉系共推段祺瑞爲中華民國臨時政府執政。

有聲言在高陽開仗者，踩躪士庶，荼毒生靈，在／所不免，人心遑遑，有不知其所止者。　聖母乃於第一次使之在白洋橋一帶，與高無碍；於第二次使之在東倉州①一帶，／亦與高無碍。其驅神遣將之靈，有莫之為而為，莫之致而致者，尤為高陽人所稱道不置也。至今廟貌巍然，足供瞻仰。前／議定，連三皇、真武、藥王、火神、關聖帝君、南海大士②衆神之廟，一並修起，但工程浩大，非些須之歇所能成，即城鄉居民樂／施者衆，倘無各商家帮助，深恐有廢於半途。今特詳細聲明，萬望貴商富户、異縣鄰邨仁人君子、善男信女，萬善同歸，如／愿樂善好施，請各隨心，列芳名於碑右，以共垂不朽云。／

茲者數年以來，頗蒙各／省、縣、鎮商號善士及鄰／近邨莊本邑商號，諸大／善士，樂助香貲，歷年均／共數千元之譜，買地、修／廟、塑像，一切花費錢歇／罄盡，尚虧四百餘元，未／從顯揚。管事人等另外／公出錢鈔，購碑兩豎，詳／細聲明，言之不謬矣。／

自民國十三年同實業局創起木貨廟會云　又記

本邑清庠生韓宅三撰文／

吳厚培施洋十元，孔蘊章施洋十元，王廷賡施洋五元，常衡岳施洋五元，張馥齋施洋五元，齊熊飛施洋三元，胡景顏施洋三元，胡景義施洋三元，韓香圃施洋三元，韓虎僧施洋三元，張慶雲施洋三元，張杏元施洋三元，郭竟鴻施洋三元，李德驪施洋三元，侯桂五施洋三元，／侯發明施洋三元，韓鉄施洋一元，楊金奎施洋三元，石品卿施洋三元，孫三元施洋三元，馮顯廷施洋三元，戴有年施洋五元，韓瀛三施洋三元，李金桂施洋三元，李煥章施洋三元，張玉田施洋二元，侯慶祥施洋一元，何炳耀施洋三元，李瑞峰施洋三元，管德榮施洋一元，／李喜鋂施洋一元，張乃奎施洋二元，王士恩施洋二元，房同德施洋三元，郭品三施洋三元，孫子貴施洋一元，魏景僑施洋三元，韓錫珍施洋三元，王凌漢施洋三元，黃繩武施洋三元，郭赳祥施洋三元，賈金銘施洋三元，宋青山施洋三元，

---

① "倉州"，當作"滄州"。

② "南海大士"，指觀音菩薩。因其道場在南海舟山群島的普陀山上故稱。在佛教的菩薩信仰中觀音的影響最大，也最為民間所熟悉。

齊承惠施洋三元，梁謂泰施洋五元，/姚秋施洋一元，姚德鑫施洋二元，侯祺祥施洋二元，楊占卿施洋拾元，侯占瑞施洋二元，張崇德施洋一元，張玉堂施洋一元，崔存礼施洋三元，葛金生施洋一元，李永和施洋二元，文化南施洋一元，李德元施洋二元，何登雲施洋二元。/

發啟人：/張桂芬、齊雄飛、胡景顔、胡景義、韓虎僧、張慶雲、張杏元、韓香圃、李德飛、侯桂五、郭鏡鴻、梁謂泰、孫三元、楊金奎、石品卿、/侯發明、馮顯廷、吳厚培、韓銕、戴有年、張玉堂、文化南、張崇德、葛金聲。/

管事人等：/黄繩武、常衡岳、孔蘊章、韓瀛三、魏景僑、韓錫珍、賈金銘、房同德、李金桂、李焕章、張玉田、何炳耀、王廷賡、齊承惠、宋青山、/張乃奎、王陵漢、侯其祥、侯慶祥、郭起祥、王士恩、孫子貴、管德榮、郭品三、侯占瑞、李喜鋈、王柱華、李永和、崔存禮、李瑞峯。/

景□□坊施洋七十元，韓世□施□一千四百□，房□齡

廟地址四至：/南至道，/北至房馮侯，/東至侯，/西至李。/

碑陰1：

碑額：永垂/不朽/

李叔貞募化

北京

元新號洋[1]拾元，元合號洋五元，德源長洋五元，乾成聚洋五元，復成源洋五元，慶豐義鴻記洋五元，震華銀號洋五元，義信厚洋五元，慶豐義洋五元，蚨豐號洋五元，瑞牲號洋五元，利源增洋五元，慶順祥洋五元，祥聚德洋五元，元豐成洋三元，永昌恒洋三元，同興和洋三元，同聚成洋三元，公盛和洋三元，天成號洋二元，合義祥洋二元，和順祥洋二元，天合成洋二元，永興和洋二元，/元興號洋二元，源宝恒洋二元，源茂德洋二元，源聚恒洋二元，益記號洋二元，萬和益洋二元，合盛成洋二元，元聚成洋二元，同信福洋二元，天慶長洋二元，華興蔚洋二元，三益和洋二元，大源號

[1] "洋"，爲小字，以下同。

洋二元，慶成益洋二元，協通久洋二元，德信隆洋二元，華興久洋二元，天德豫洋二元，恒豐號洋二元，益泰祥洋二元，源聚祥洋二元，天有信洋二元，泰祥東洋二元，恒源號洋二元，文信東洋二元，／義順恒洋二元，天錫慶洋二元，廣積祥洋二元，天慶公洋二元，德聚長洋二元，德興號洋二元，福興湧洋二元，裕生銀號洋二元，德聚湧洋二元，通豐公洋二元，華盛工廠洋二元，德泉東錢莊洋二元，德祥益洋二元，德義祥洋二元，永興長洋二元，協成祥洋二元，華茂銀號洋二元，一泉號洋二元，光裕號洋二元，裕豐號洋二元，永順德洋二元，華聚號洋二元，同成銀號洋二元，蚑源瑞洋二元，魁順祥洋二元，／義慶德洋二元，同興祥洋一元，同興合洋一元，正興號洋一元，利發成洋一元，萬和益洋一元，和順公洋一元，義和長洋一元，同聚和洋一元，新華茂洋一元，福順公洋一元，福順永洋一元，長源號洋一元，順泰臨洋一元，義盛長洋一元，義信號洋一元，純穌祥洋一元，義辰長洋一元，源辰湧洋一元，福興王洋一元，瑞豐成洋一元，群祥號洋一元，晋升恒記洋一元，永源號洋一元，福興順洋一元，／義辰恒洋一元，順記號洋一元，華興號洋一元，同正祥洋一元，德昌號洋一元。

天津

瑞昌隆洋二元，同元成洋二元，公裕號洋二元，震華銀號洋二元，志昌號洋二元，荣慶恒洋二元，天增慶洋二元，恒泰永洋三元，瑞昌恒洋二元，鴻記銀號洋二元，開源公司洋二元，義康號洋二元，寶隆號洋二元，同義棧洋一元，李香生洋一元，慎昌公司洋一元，文華齊洋一元，永興泰洋一元，裕興泰洋一元，／元興厚洋一元，張鎮西洋一元，山西灵石任立軒洋一元，洪洞袁靜山洋一元，萬泉張壽亭洋一元。

宋景和募化

山西

榆次義盛通洋拾元，義合永洋五元，新□同濟成洋五元，玉源合洋五元，祥成正洋二元，永長祥洋二元，玉茂合洋二元，榆次隆記布莊洋二元，王純蝦洋二元，聚豐泰洋一元，義成乾洋一元，吉逢厚洋一元，□省永泰生洋二元，協義生洋一元，復盛源洋一元，永慶茂洋一元，義和亨洋一元，平□晋生昌洋二元，/洪洞興業錢局洋二元，星雲錢局洋二元，太谷萬泰恒洋四元，溥晋銀號洋二元，晋奂泰洋二元，四盛慶洋二元，義聚公洋二元，興義隆洋二元，永泰生洋二元，錦全昌洋一元。

匯昌號慶信成募化張家口

共合商業公司洋二元，興隆□洋二元，裕源永洋二元，裕通銀號洋二元，元生昌洋一元，泰和號洋一元，永順德洋一元，裕昇和洋一元，光裕號洋一元，協成源洋一元，福全飯莊洋一元，萬春源洋一元，永盛合洋一元，協和通洋一元，/萬隆昌洋一元，利源蚑洋一元，寶善源洋一元，寶豐工廠洋一元。

慶泉號慶發長募化洛陽

廣義恒洋三元，福兴長洋二元，白立泰洋二元，隆兴通洋二元，永盛源洋二元，重慶公司洋二元，福康合記洋一元，華豐號洋一元，六合號洋一元，福順隆洋一元，窩北商會洋一元，葰會洋一元，灵石縣張雲五洋一元，高平縣郭茂如洋一元，蔚縣福信成洋一元，饒陽劉樾軒洋一元，劉立功洋一元。

張炳文募化尹村鎮

公議會洋拾元，□堤上峻泰兴洋一元，/本邑孫縣長錢二十四千，本邑□□吴□長洋二元，定兴縣何有三洋拾元，山東王守禎洋四元、錢二千，保定同議公司洋三元，趙縣姚作霖洋二元，同口閆大□洋二元，瑞鎮朱□崑洋二元，□□□張殿一洋一元，天津張德麟洋一元。

慶泉號慶□□募化洛陽

新義長洋一元，天盛布店洋一元，恒泉號洋一元，福盛和洋一元，永辰合洋一元，福辰公洋一元，肅寧商會洋二元，華成號洋一元，萬豐居洋一元，西同昇洋一元，恒昌號洋一元，絟豐店洋一元，萬信豐洋一元，天益祥洋一元，/萬義德洋一元，廣泰兴洋一元，榮昇益洋一元，福全號洋一元，德毓升洋一元，協和通洋一元，誠兴藥局洋一元，同昇店洋一元，崇豐店洋一元，義成和洋一元，裕隆鹽店洋一元，萬泰增洋一元，張兆麟洋五毛，趙善修洋五毛，南莘橋李鄧氏洋三元，全盛祥洋一元，福裕隆洋一元，聚成源洋一元，公和廠源記洋一元，長源辰洋一元，慶景和洋一元，辰泰成洋一元，萬泰成洋一元，本立號洋一元，信記洋一元，／瑞歧祥洋一元，協貞信洋一元，裕厚號洋一元，全泰成洋一元，盛兴公司洋一元，榮裕號洋一元，萬隆號洋一元，永益祥洋一元，慶和義洋一元，協通久洋一元，義泉號洋一元，益泰成洋一元，寶泰祥洋一元，三益號洋一元，天泰成洋一元，德昌號洋一元，宗義成洋一元，義兴號洋一元，天義恒洋一元，德泉□洋一元，瑞兴和洋一元，合義號洋一元，益泰祥洋一元，信泰祥洋一元，海川通洋一元，／恒成公洋一元，鎰記洋一元，恒裕瑞洋一元，瑞益祥洋一元，廣元兴洋一元，郭硯田洋一元，熊紹華錢五錢，樂城縣萬順隆洋一元，和盛永洋一元，同豐泰洋一元，積益成洋一元，泰記號洋一元，增合成洋一元，德和成洋一元，義盛德洋一元，長盛和洋五毛，永盛祥洋五毛，萬盛隆洋五毛，慶盛永洋五毛，郭慶皂洋五毛，魁盛祥洋五毛，天益成洋五毛，慶兴隆洋五毛，益盛祥洋五毛，永辰兴洋五毛，／永盛號洋五毛，雙盛成洋五毛，景德成洋五毛，同辰永洋五毛，慶祥永洋五毛，馮洛路施洋二毛，路洛公施洋二毛，大莊鎮□兴厚洋一元，福盛祥源記洋一元，福慶成錢三千，協成號錢三千，慶和公錢三千，福辰隆錢三千，本城東街齊鎖錢三千一百廿，曹玉泉錢三千，李墨林錢四千，王鎖錢三千五百，韓步元錢三千五百，李金生錢三千五百卅，梁石庵錢三千，劉連茹錢二千五，崔錫三錢二千五，裴佑堂錢二千五，張輝曾錢二千五，蔣憲章錢二千五，史风山錢二千五，／北街王合錢三千，王玉和錢二千五，王带棠錢二千五，南街韓彥卿錢三千五百六十，南街李慶福錢三千五，侯刁錢三千，解洛墨錢三千八百文，孫才錢三千〇六十，李貫氏錢四千，米玉堂錢三千五百，李大求錢三千，孫宝錕洋五毛，孫子錦錢三千五，文化民錢三千，孫至中錢二千五，高萬增錢二千八，王德祿錢二千五，寧洛俊錢二千五，北回白洛辰錢二千七百，楊海泉錢三千，南□李德驤錢三千，葛張氏錢三千，梁玉和洋五毛，西街賈順錢二千五，韓明德錢二千一百廿。／

　　民國九年至十五年九月初一日止，統共收樂施香貲銀圓一仟八百六五十元，統共收樂施香貲旭銅圓三仟九百四十二千三。買廟東塸地計八分，支洋七元；買廟前地計一畝八分，支洋一百十元；買土填廟臺，支洋一百〇五元；買土填西塸水溝，支洋九十元；買土填廟後塸坡，支洋七十元；買圈頭橋北地五畝，支洋二十二元；二次修工磚瓦木料，支洋一仟四百六十元；二次泥瓦匠工錢，支錢六百十一吊；二次木匠工錢，支錢三百六十四吊；塑像工錢，支洋九十元；九次願戲，支洋一仟二百八十元。統共支洋三仟二百三十四元，統共支錢九百七十五吊，下存銅圓□□□□□□□洋九百元，開除實在，淨虧銀圓四百六十九元。

碑陰2：

　　張桂芬助洋八元、錢廿七千，吳厚培助洋廿五元、錢一千，張玉堂助洋五元、錢十五千，齊熊飛助洋三元、錢十四千，胡景顏助洋二元、錢十五千，胡景義助洋三元、錢十五千，韓□圃助洋四元、錢十六千，韓虎僧助洋三元、錢十三千，張慶云助洋三元、錢

十六千五百，張杏元助洋三元、錢十四千，郭鏡紅助洋三元、錢十千，梁未太助洋三元、錢六千，李德非助洋一元、錢二千，侯發明助洋七元、錢十四千，韓鉄助洋一元、錢二元，文化南助洋一元、錢十三千，楊金奎助洋二元、錢十三千，石品卿助洋六元、錢十五千，孫三元助洋四元、錢二千，張崇才助洋一元、錢四千，馮顯廷助洋五元、錢十四千，戴有年助洋五元、錢廿千，何炳耀助洋五元、錢九千，韓盈三助洋一元、錢八千一百，孔□章助洋四元，／郭□占助洋一元、錢十五千，張玉田助洋三元、錢五千五，郭□計助洋一元、錢二十千，白双峯助洋三元、錢十千，齊占助洋三元、錢十八千八，李國祥助洋四元、錢十七千，房同德助洋七元、錢十千，侯符瑞助洋三元、錢二十千，南關黄□年助洋二元、錢二十四千五，白凤三助洋一元、錢五千，侯慶祥助洋一元、錢六千，宋青山助洋二元、錢七千五，侯其洋助洋二元、錢八千百，郭啟祥助洋二元、錢十四千，郭品三助洋四元、錢十二千，齊承惠助洋三元、錢三千，貫金銘助洋三元、錢六千，黄绳五助洋二元、錢廿千，王廷赓助洋一元、錢五千，魏景乔助洋十三元、錢四千，王凌漢助錢五千，李焕章助洋一元、錢二千，崔存禮助錢五千，李金貴助洋七元、錢七千，李永和助洋三元、錢九千，／王六助錢七千五，侯福瑞助洋一元、錢二千，王柱華助錢七千，王濟生助洋一元、錢五百，蔦紀德助錢七千，房椿齡助錢六千五，王□琴助錢廿一千五，冉耀宗助洋一元、錢三千，王浴義助洋一元、錢二千，吳浴仲助洋一元、錢五千二，劉東双助錢四千五，貫永勝助洋三元，季四助洋十元、錢二千八百，楊歪把助洋二元、錢二千，景盛館助洋二元、錢四千，景順兴助洋二元、錢四千，蔦韓氏助洋三元、錢一千，侯德瑞助洋二元、錢三千五百，侯占瑞助洋一元、錢十六千二，侯洛錫助錢十一千，蔦雲峰助錢十四千，侯起瑞助錢十一千，胡楊氏助錢十一千，侯孝田助洋一元、錢十九千，蔦金生助洋一元、錢十千，／李季良洋二元、錢十二千，李伯良洋五元，孫書元洋三元、錢三千，房順德洋五元、錢二千，韓德俊洋四元、錢九千五百，高樹北洋四元、錢十一千三百，汪景山洋四元、錢一千，商會洋二百五十元、錢一百廿千，李鶴楼洋六元、錢一千，劉鶴民洋五元，韓偉卿洋五

元、錢十千，韓世卿洋六元、錢七千，韓錫珍洋五元、錢八千，李
祝三洋三十元、錢二千，石玉林洋十元，南街楊占卿洋十元，李海
增錢四千，趙耕九助洋一元、錢一千，屈如意助錢五千，葛洛彭助
錢六千，張荣深助洋一元，侯陳氏助洋一元，郭項廷助洋一元，强
駱氏助洋一元，强洛林助洋一元、錢五百，/齊石氏洋二元，李齐
氏洋二元，趙辛成洋二元，王鳳儀洋二元、錢五百，張氏女洋二
元、錢一千，孫永貞洋二元，韓会元洋二元、錢五百，韓存義洋二
元、錢三千，魏景杰洋二元，王子豐洋二元、錢二十，侯宝善洋二
元、錢一千，孫萬春洋二元、錢一千，李仲□洋三元，張樹仁洋五
元、錢一千，崔煥文洋二元、錢二千五，李秉學洋二元、錢三千，
房興三洋二元、錢二千，萬義煙草公司洋二元、錢五千五，韓曹氏
洋三元，史岐文洋三元、錢九千，韓繼高洋三元，六合堂孫洋三
元，孫葆錫洋二元五、錢四千五，王士恩洋一元、錢十五千，韓洛
士洋三元、錢四千，/王水洋一元、錢一千，南街高黃氏洋一元，韓
沿錦錢七千八百卅，韓□柱錢十二千，石泉順錢十千，張有義錢
十一千四百，張汝衡洋一元、錢二千，李至先洋一元、錢一千，韓
佐卿洋一元、錢三千，吳禎祥洋一元、錢一千，劉玉拴洋一元，魏
葆廷洋一元、錢四千，楊耀峯洋一元、錢一千，李楊氏洋一元、錢
一千，孫長惠洋一元、錢三千五，朱有林洋一元、錢三千，李屎勛
洋一元、錢三千，韓化龍洋一元、錢四千一，李韓氏洋一元、錢
四千，魏鳴九洋一元、錢三千，李維賓洋一元、錢七千，侯保慶洋
一元、錢三千，田進宝洋一元、錢二千五，孫金墀洋一元、錢七千，
郭雲從洋三元，/陳海洋一元、錢五百，李胡氏洋一元，魏保倫洋
一元，石洛合錢五千，張棟臣洋一元、錢八百五十，朱桂林六千，
韓金鑰錢五千，孫玉墀錢十千，曹凤管洋一元，馬法俊洋一元，房
齊氏錢四千四百卅，趙殿奎錢七千，徐李氏錢四千，甄德禄四千〇
六十，賈花子錢四千，孫進山六千，孔亞齋洋一元，韓氏洋一元，
牛洛尾錢五千，冀明德洋一元，韓宅三七千，李征章錢六千五百，
房森德七千，王正錢七千，史馨齋洋一元，/張河錢五十一千，張
桂芳洋五元、錢十千，張品三洋七元、錢十七千，東街劉小文洋卅
三元，王□山錢四千，湯國珍錢四千，李德元錢四千四，刁朋飛錢

四千，李□海錢四千，陳華亭錢四千，高三綱洋一元、錢一千，韓慕之洋一元，魏葆慶洋一元，高郭氏洋一元，王三啟錢七千，南街公錢六千，韓錫瑞洋一元，湯富有洋一元，韓大龍洋一元，崔金堂錢七千四，韓振國洋一元，劉廷梅錢六千，房杰德錢九千，韓兴邦洋一元，房柱洋一元，/韓步霄洋一元、錢一千，張紹良洋一元、錢六千，楊禎祥洋一元、錢二千，李蔭苔洋一元、錢一千五，張同九洋一元、錢一千五，張海泉洋一元、錢一千，張义泉洋一元、錢三千○六，李有洋二元、錢二千五，張玉保洋一元五、錢三千一，韓秉辰洋三元，蘇椿洋二元、錢二千五，蘇振綱洋一元、錢五千，蘇三元洋二元、錢七千，蘇肇賓洋一元、錢九千，齊縣洋二元、錢四千五，韓德明洋七元、錢四千，白秋福洋三元、錢一千，張子超洋三元、錢一千五，何有雲洋三元、錢一千，齊凌波錢廿一千五，劉霞輝洋三元、錢七千三，張殿元洋三元、錢五千，王逢春洋三元、錢三千，張介臣洋四元、錢二千六，東街房荣喜洋四元、錢三千，/馮洛茂錢五千，段仲還錢四千○六十，尹光明錢四千，張冠之錢四千二百，張俊中錢五千五百，張福之錢五千六百六，李吉祥洋一元、錢二千，李□泉洋一元、錢一千八百六，韓林洋一元、錢五千，刘屎卿洋一元、錢一千，韓步墀洋二元、錢二千五，白□里洋二元，管孟勛洋二元，李如福洋一元、錢八千，張師□洋二元、錢一千，張宝柱洋二元，李柱元洋二元，李桂林洋二元，李柱雲洋二元，馮鍋堂洋一元、錢五千五，白文明洋一元、錢三千五，李士春洋一元、錢五千五，李馬生洋一元、錢五千，尹張氏洋一元、錢二千，胡偏洋一元、錢五千，/張德恒洋一元、錢二千，姚朱氏洋一元，白洛□洋一元，李國棠洋一元，張炳文洋一元，刘胡氏洋一元，閆廣溽洋一元，齊尚忠洋一元、錢一千，崔戌年洋一元、錢五百，李書長洋一元，齊翔漢洋一元、錢一千，李子美洋一元、錢一千，齊鴻奎洋一元，張猪洋一元，李黑寬洋一元、錢一千，李凤鳴洋一元，張俊學洋一元，楊铁洋一元，韓□古洋一元、錢一千，王顯廷洋一元、錢一千五百卅，東街公錢七千五十，白全福洋一元、錢一千，白曉峰洋一元、錢五百，牛冠甲洋二元、錢六千，東街齊和尚洋一元、錢三千，/齊三普洋一元、錢四千，齊章洋一元、錢六千四，齊洛生洋二元，齊之言洋二元，東閣崔錦雲洋一元、錢十一千，苑振海錢三千八百，牛石氏錢四千，王喜亭錢六千，符老雙洋一元，西閣公錢八千，佟文洋一元，馮石氏洋一元，賈王氏洋一元，孫生洋一元，韓丹亭洋一元、錢六千七，孫鈢傅洋一元、錢三千〇六十，馮進才洋三元、錢五百卅，韓植梅洋三元、錢八千九百，西□齊萬年洋四元，韓洛遂錢三千九百，張俊三洋一元、錢二千五百，齊連科錢四千六百廿，劉連珠洋一元，袁苗氏洋一元，張士奎錢四千五百，/王永溪洋六元，王王氏洋五元，馬庚辰洋一元、錢十一千，北街公錢十八千，戴茂勛錢三千，王凤儀錢四千二，戴秋菊双女洋三元，田蘭齊錢五千，崔化清洋一元，戴建勛洋一元，王士貞洋一元，戴沛然、戴秋風公洋二元、錢一千六，李德元錢九千，王凤岐洋二元，齊玉林洋一元、錢三千二，常衡岳錢十二千，戴家莊公錢十一千，東閣公錢六千，趙致和錢三千，王洛俊錢六千，楊彤彬洋一元，齊兆龍洋一元，齊文章洋一元、錢二千，齊玉才洋一元、錢一千三，東閣齊荣鏡洋一元、錢二千，/李兆荃洋二元、錢一千，曹金鐸洋二元、錢一千，許鶴洋三元，北閣王子明洋三元、錢二千，王□□錢三千一，崔德寬錢五千，管兆棠錢五千，姚辰奎錢六千，韓楊氏洋一元，房□九錢六千，楊王氏洋一元，韓廷鏌洋一元，王李氏洋一元，王茂德洋一元，劉洛宗洋一元，王張氏洋一元，梁王氏洋一元，王近仁洋二元，王維漢洋一元、錢二千一，楊錫林洋二元，管屃勛洋二元、錢三千，房□氏洋二元，王亞溪洋一元，房善德洋二元、錢一千，郭寿山洋三元，/王介泉洋一元、錢四千，李兆芝洋二元，李海堃洋二元，李□氏洋二元，賈玉春洋三元、錢二千，魏福海洋五元、錢一千五，田仲秋洋十元，西街李忠輔洋十元、錢一千，韓春子錢三十，房恒德錢三千五，李孟孟錢三千，李洛振洋一元，北閣公錢四千，房胡氏洋一元，李德鴻洋一元，鄧恩荣錢四千，宋丑錢五千，宋德三洋一元，宋鈇錢六千，東世信堂錢四千，李貫之洋一元，鄧耀昌洋一元、錢二千，葛福兴洋一元、錢一千，李文明洋一元、錢五千一，劉志田洋二元，/李云峯洋一元，李耀宗錢四千二，田利錢五千〇六，韓輔卿洋一元，潘春來洋一元，賈禄洋一元，李海章洋一元，李管氏洋一元，田式之洋一元，管德荣洋一元、錢二千，梁荣子洋一元、錢一千，姚德鑫洋三元、錢九千八，閆□□洋一元，田錫昌洋一元，韓法琦洋一元，高耀宗洋一元，王氏女洋一元，趙國華洋一元、錢九千，孫陳氏洋一元，藍静波洋一元，曹李氏洋一元，郭□蘆洋一元、錢十一千，賈鎖洋一元、錢二千，張福才洋一元、錢二千，李胡氏洋一元、錢一千，管風才洋一元、錢一千七，馬法杰洋一元、錢一千。

碑陰3：

季朗村公洋二元、錢十三千八百，田栋材洋四元、[钱]三千，劉興洋三元，蘇振波洋三元、錢一千，劉君章錢拾千，程宝法洋三元，祁省梧洋三元，田趙氏洋一元，劉錫章洋一元、錢五千一百廿，張生祥洋二元，王丙辰洋二元，魏張氏洋一元、錢一千五，張九成洋二元，趙王氏洋二元，田發洋一元，南圈頭公洋二元，齊恒祥洋二元、錢二千，王成章洋二元、錢九百文，蘇秉章洋二元，韓進財洋二元，蘇侯氏洋二元，劉氏洋二元，王二堂洋二元，許平安洋二元，蘇王氏洋二元，齊冲元洋一元、錢二千一百廿，王蘇氏洋二元，西街張法宗錢四千，西街張大龍錢三千六百廿 /，北圈頭公洋十元、錢二千，陳起祥洋七元，張輔卿洋六元、錢四千二百四，宋丕成洋二元、錢六千，鄭蘇氏洋三元，宋景和洋二元、錢七千，劉景雲洋二元五、錢二千，宋元洋二元、錢一千，陳樹凱洋二元、錢一千，劉兆熊洋二元、錢一千○六十，宋雲生洋四元、錢五百文，張張氏洋二元、錢五百卅，宋齊氏洋三元、錢五百文，宋樹堂洋二元，孫子厚洋二元，宋有才洋二元，宋洛滿洋三元，張有年洋二元，陳步瀛洋一元、錢二千，王福年洋一元、錢一千，張錫齡洋一元、錢五百文，宋全海洋一元，宋存漢洋一元，張□橋洋一元，鄭國華洋一元，/孫義亮洋一元，王樹屏洋一元，陳大章洋一元，宋洛蘭洋一元，孫耀曾洋一元，王李氏洋一元，陳起夢洋一元，孫牛氏洋一元，宋東林洋一元，劉馬洋一元，王錫榮洋一元，南蔡家口公洋五元、錢二千一百，王秉智洋一元、錢二千○六十，王張氏洋一元，北蔡家口公洋七元、錢五百七十，劉學本洋七元，于留左公錢拾千，畢洛占洋一元、錢六千，畢蔭亭洋二元，魏張了錢六千○六十，西河屯公錢拾二千，解家莊公洋一元、錢九千，東河村公錢五十千〇九百文，西河村張劉氏洋四元，何家莊劉文章洋拾元，/西田果莊西東南頭公洋六元、錢三千三百卅，北頭公錢拾四千，侯瀛洲洋二元、錢二千，單洛應洋一元、錢二千，王辰洋二元、錢一千〇六，侯正臺洋二元，大通染坊洋二元，王九陽洋二元，侯金瑞洋二元，王張氏洋二元，東田果莊季雲峰洋四元、錢三千五，張友梅洋三元、錢二千五百，李盡臣洋三元、錢一千〇六十，李敬賢洋二元、錢三千，李辰賢洋二元、錢一千，李文郁洋二元、錢一千，東王草莊公錢四十四千三文，程輔卿錢八千一百卅，田戊戌洋一元、錢一千，西王草莊公洋一元、錢三千，史家左村公錢六千，王浴棟錢拾千，胡子玉錢三千七百五，延福屯公錢四十二千七百文，戴佩文洋五元，高季峯洋二元，/南沙窩公錢二拾四千，尚瑞圖洋五元、錢一千五百，劉樹義洋三元、錢二千，汪漢圖洋二元、錢三千，汪燦堂洋二元、錢一千，許單氏洋三元、錢一千，北沙窩公洋二元、錢四千，蘇時純洋三元、錢二千，蘇洛如洋三元，張春廷洋二元、錢一千，岳家左村馬洛壯洋五元，王輔臣洋一元、錢五千，石品三洋二元，劉裕財洋二元，劉雲卿洋二元，石華峰錢三千，趙通村公洋二元，田致敏洋一元、錢五千，劉永奎洋二元，野窩村□□甲洋二元，楊鑄枏洋二元，駱家屯公十九千八百文，楊家屯公洋三元，周家□莊公錢拾五千五百六十，小王果莊齊志軒洋二元、錢二千，/北蔡家口張祥洋一元，常鶴舫洋一元，岳家左村石俊卿洋一元、錢一千，蘇張氏洋一元，蘇永和洋一元，張會洋一元、錢一千，有餘堂工穌洋一元，張凤樓洋一元、錢五百，北沙窩蘇鄧氏洋一元、錢二千，岳家左村劉春卿洋一元，任義成洋一元，石增福洋一元，西莊村孫小樓洋一元，張李氏洋一元，南沙窩汪雲之洋一元、錢二千，劉連生洋一元，劉順義洋一元、錢一千，延福村馮丹柱洋一元，延福屯高順洋二元、錢二千，高佩琹洋二元、錢一千〇六十，戴乃彬洋一元，張福洋二元，劉金文洋一元，于堤村韓德生洋五元、錢二千，韓存義洋二元，/南圈頭村王鳳洋一元，齊□生洋一元、錢二千，王金全洋一元，齊百祥洋一元，蘇進洋一元，齊馬氏洋一元，馬洛成洋一元，馬鑑堂洋一元，齊玉秀洋一元，陳戍洋一元，蘇李氏洋一元，齊全福洋一元，王琮洋一元，馬成洋一元，齊宋氏洋一元，馬陳氏洋一元，齊郭氏洋一元，王大全洋一元，齊向陽洋一元，齊通洋一元，齊黑龍洋一元，蘇廷柱洋一元，蘇耒義洋一元，南蒲口村公洋一元，北蒲口村公洋一元，/于留左村趙世和洋一元，畢連增洋一元，王継文洋一元，西河村張鑑福洋一元，楊家屯賈福慶洋一元，任竹軒洋一元，周家□莊周萬全洋一元，周濟川洋一元，周亮公洋一元，凌陽村張崑山洋一元、錢一千，閻榮昌洋一元，朱鳳洲洋一元，朱王氏洋一元，北齊村李洛维洋一元、錢三千六百廿，李洛節洋一元，李王氏洋一元，小□丁張德章洋一元，石氏村馬楊氏洋一元，無名氏洋一元，王子樹洋一元，邊家塢李慶祥洋一元，邢家南鄧驢子洋一元，南沙窩韓瑞峯洋一元，北沙窩蘇馬氏洋一元，張韓氏洋一元，/南玉田陳洛閣洋十三元、錢一千○卅，新河□王玉田洋三元、錢一千○六十，未家左魏會耒錢十六千[①]，晉祥左公錢拾三千，趙口村黃星曜洋三元，鄭洛本洋三元，蘭家口霍振方洋三元，東趙堡趙水洋三元，冀州石松柱洋三元，大名府安樂縣超□村張洛德錢十千，楊子銘洋三元，邢家南米泰安洋二元，窩北村王有琴洋二元，邊家塢李金生洋二元，趙官左公錢拾千，陶口店公洋二元，未家左[②]楊條九洋二元，陳□揚洋二元，邢果莊楊葛氏洋二元，蔣義元洋二元，辛留左李淳古洋二元，□清村王德標洋一元、錢四百六十，束鹿舊城李子明錢五千，深州裴慶德洋一元，南玉田崔秋洋一元，/東王草莊田廷矛洋一元，田宝山洋一元，田秋洋一元，崔吉祥洋一元，賀宅洋一元，崔維勛洋一元，趙增福洋一元，西王草莊公洋一元、錢三千，李月祥洋一元，劉世南洋一元，李鳳翔洋一元，季朗村王洛均洋一元，董石氏洋一元，張鳳歧洋一元，楊王氏洋一元，柳灘村趙邊氏洋一元，史家左王樹勛洋一元，胡洛貫洋一元，胡鶴峯洋一元，王振海洋一元，王錫琹洋一元，王義興洋一元，趙通郝套洋一元，南圈頭蘇秉仁洋一元，北青閣村公洋一元，/西田果庄李彭年洋一元，王振綱洋一元，王管洋一元，單洛超洋一元，王王氏洋一元、錢二千，趙王氏洋一元，王隆興洋一

---

① "未家左"，當作"魏家佐"，村名。
② "未家左"，當作"魏家佐"，村名。

元，王河洋一元，王蘇氏洋一元，王申洋一元，朱蘇氏洋一元，王百祥洋一元，王馬氏洋一元，王紹曾洋一元，單槐蔭洋一元，東田果莊趙中兴洋一元、錢四千六百，李奚古洋一元、錢二千五，李文元洋八元、錢一千，董萬田洋一元、錢一千，李樹賢洋一元，李洛錦洋一元，王季氏洋一元，季順德洋一元，季萬風洋一元，季錦荣洋一元，/東趙堡王凤林洋一元，南趙堡蔣李氏洋一元，趙堡店張年祚洋一元，胡家辛庄胡春陽洋一元，胡凤梧洋一元，王洛樹洋一元，義順成洋一元，斗窪村陳里龍洋二元、錢一千，雍城村李屏奎洋一元，□村張□生洋一元，南玉田積善堂洋一元、錢二千一百卄，北陶口萬恩堂洋一元，吳庚虞洋一元，長果庄張光裕洋一元，北边吳徐庚寅洋一元，南边吳楊明鏖洋一元，趙官左公洋一元，郭靳氏洋一元，梁史氏洋一元，于堤蔣如德洋一元，韓亦之洋一元，東田果莊韓至中洋一元，趙進義洋一元，王鴻儒洋一元，李書成洋一元，/南閣干祥染坊洋一元、錢一千五，瑞記染坊洋一元，復興號洋二元，德祥號洋二元、錢一千，光麗工廠洋一元，萬隆號洋二元，祥興工廠洋一元，合記工廠洋一元，鹿泉工廠洋一元，荣信號洋一元，萬春和洋二元，信興染坊洋二元，王佩卿洋一元，李雲峰洋一元，石趙氏洋一元，棗强州富慶海洋一元，李果庄梁文彬洋一元，大史堤劉敬之洋一元，□堤庄齊中洋一元，北郭丹張思齡洋一元，南坎葦村齊張氏洋一元，小王果庄閣村公洋一元，馬果庄史心曰洋一元，未家庄吳佩林洋一元，楊慶隆洋一元，/梁齊氏錢三千，岳家左馬玉田錢七千，馬洛慎錢五千，蘇□星錢四千，柳灘村公錢五千，趙生錢三千，北蔡口趙科錢三千，野窪村楊洛閑錢三千二，于留左趙房氏錢四千，魏苑氏錢三千，楊家屯楊金池錢三千，延福屯朱洛起錢三千五百卅，高占鰲錢四千，延福村焚船會錢三千，馮秋錢四千二百文，寧津巨□氏錢三千，于堤韓雲閣錢三千，南宫州孫家雲錢三千一百卄，馬孫氏錢三千，趙口村張崔氏錢六千，盧大管錢三千三，王家营王和錢五千，斗窪村馮張氏錢五千，陳樹□錢四千，董福全錢四千，/西莊段荣錢二千，韓志彝錢二千，季朗村劉田氏洋一元、錢一千，南圈頭齊連科錢五千，齊楊氏錢三千〇六十，蘇奎元錢三千一百卄，蘇拴錢三千，王龍錢四千，齊瀝

泉錢三千，季朗村田廷芝錢四千二百四十，田廷芳錢三千〇六十，
劉楊氏錢四千，張春堂錢三千，北沙窩蘇振龍錢四千，蘇兆龍錢
四千，張□氏錢三千，張程氏錢三千，張常氏錢三千，西王草庄王
生財錢三千二百，東王草庄田金明錢三千，趙石頭錢三千，西田果
庄曹順天錢三千，東田果庄公錢三千，牛福隆錢三千，李書田錢
三千，/北圈頭張宏烈錢五千，瞿泰鴻錢五千，宋郭氏錢五千，張
□錢二千，蘇秋占錢三千五百六十，宋耀庭錢四千一百廿，王順錢
二千五百卅，宋東錢二千〇六十，王玉彭錢二千一百廿，孫□子錢
二千〇六十，陳根錢二千，宋九錢二千，王氏錢二千，賈如新錢
二千，張年□錢二千，宋□氏錢二千，陳樹声錢二千，陳梁氏錢
二千，張□如錢二千，宋风池錢二千，宋義錢二千，南圈頭許□善
錢二千，齊長荣錢二千，齊成仁錢二千，蘇進才錢二千，王玉芳錢

二千，馬吉雲錢二千，蘇耀東錢二千，齊刘氏錢二千，齊汪氏錢二千，馬水錢二千，蘇樹德錢二千，齊培元錢二千。/

177　前清邑庠生楊公諱瑞林暨其德配韓孺人墓志銘（民國十六年，1927）

題解：原碑位於高陽縣楊家屯村村東，該村在縣東三里，刻立於民國十六年（1927）。現碑已佚。常先生原題"楊氏墳墓碑記"；碑原題"前清邑庠生楊公諱瑞林暨其德配韓孺人墓志銘"，今從之。碑額2行，行2字，題曰"永言孝思"，楷書。其碑陽拓片長136厘米，寬57厘米，凡3行，碑陽碑額下方隱約看出"碑陰"兩個大字，碑身大字體下還有許多名單，字號特小，隱約認出"候選州右堂""現任山西□寧道京"等字，疑係用其他的碑陰改做；碑陰拓片長136厘米，寬56厘米，凡15行，滿行35字。張鳳年撰文并書丹。墓主楊瑞林，此墓係其與妻韓氏的合葬墓。主要記述了楊瑞林的家世及其生平。由於其壯年去世，碑文以較多筆墨，記述了其妻韓氏孀居艱難持家的事迹。

録文：

碑陽：

碑額：永言 / 孝思 /

中華民國十六年歲次丁卯梅月 ① 穀旦 /

　　　　　　府君諱瑞林

前清邑庠生楊　　　　　行二之墓 /

　　　　　　母韓太君

奉祀男宣圖、壯圖敬立 /

碑陰：

前清邑庠生楊公諱瑞林暨其德配韓孺人墓誌銘 /

清邑庠生楊公，諱瑞林，字景芳，性慷慨，廉隅自重。家世業儒，至公嗜益篤。幼有才名，光緒 / 十四年入泮，年方廿一歲，文

---

① "梅月"，指中國農曆四月。前蜀貫休《寄王滌》詩："梅月多開户，衣裳潤欲滴。"南唐李廷珪《藏墨訣》詩："避暑懸葛囊，臨風度梅月。"

名噪一時。青雲矢志，欲大有所為，視青紫[①]藐如，而研讀益苦。／無何，文園[②]臥病，竟於光緒二十三年正月二十二日逝世。公德配韓孺人，生自名門，幼閒／內則，歸公後，齊眉舉案[③]，室家靜雍，事姑以孝聞。迨公棄世，孺人每念一身無依，兩肩責重，／淚輒涔涔

① "青紫"，本爲古時公卿綬帶之色，因借指高官顯爵。《漢書‧夏侯勝傳》："勝每講授，常謂諸生曰：'士病不明經術；經術苟明，其取青紫如俛拾地芥耳。'"王先謙《補注》引葉夢得曰："漢丞相大尉，皆金印紫綬，御史大夫，銀印青綬。此三府官之極崇者，勝青紫謂此。"唐陳子昂《爲金吾將軍陳令英請免官表》："不以臣駑怯，更加寵命，授以青紫，遣督幽州。"

② "文園"，指西漢司馬相如，因司馬相如曾任文園令。後以之借指文人，此處指墓主楊瑞林。唐杜牧《爲人題》詩："文園終病渴，休詠《白頭吟》。"宋張元幹《十月桃》詞："有多情多病文園，向雪後尋春，醉里憑闌。"

③ "齊眉舉案"，亦作"舉案齊眉"。《後漢書‧逸民傳‧梁鴻》："每歸，妻爲具食，不敢於鴻前仰視，舉案齊眉。"王先謙《集解》引沈欽韓曰："舉案高至眉，敬之至。"後泛指夫妻相敬愛。案，有脚的託盤。宋張孝祥《虞美人‧贈盧堅叔》詞："盧敖夫婦驂鸞侶，相敬如賓主。森然蘭玉滿尊前，舉案齊眉樂事看年年。"

下，哀痛之餘，撫孤度日。凡日用米柴瑣碎及親友喜喪，往來禮
節，經理無不并／井，性勤且儉，孤燈夜績，往往達曙。教子嚴，
常訓其子曰："人生貴自樹立，汝幼孤，吾撫汝不／易，好自為之，
勿遺汝父羞也。"其生平事迹，大率類此。晚年家道充裕，子女均
成立，時距瑞／林公之歿，孀居勤勞，已十有五年矣。民國元年四
月二十四日，壽終內寢。子二人：長宣圖，／次壯圖。女一人，嫁
同邑南圈頭村齊姓。宣圖夫婦，幼受慈訓，孝念殷綿，欲將二親之
嘉言／懿行，泐石樹碑，垂於久遠，叩門拜請，乞撰遺愛碑文。某
不敏，不敢效諛墓①虛辭，以厚誣長／者，謹就其子宣圖所縷述者，
記述如此。為之銘曰：／

　　是即清邑庠生楊公諱瑞林暨其德配韓孺人之幽宮卓精，淑靈既
安，且固以庇其後嗣／於無窮。／

　　蠡吾張鳳年撰文并書丹／

178　王汝言墓碑記（民國十六年，1927）

題解：原碑位於高陽縣出岸村，該村在縣東四十里，刻立於民國
十六年（1927）。現碑已佚。顏楷。首題無，常先生原題"王氏墳墓
碑記"，今據碑文改擬。其碑陽拓片長113厘米，寬37厘米，凡3行；
碑陰拓片長121厘米，寬43厘米，凡8行，滿行32字。墓主王汝言，
此墓爲其與妻李氏、趙氏的合葬墓。此碑與一般墓碑不同，没有記述墓
主籍貫、世系等，甚至生卒年也未提及，而主要記述其投效淮軍在鎮壓
太平軍時的戰功。

錄文：

　　碑陽：

　　民國十六季夏歷四月穀旦／

　　武德騎尉汝言字殿颺王府

---

① "諛墓"，唐李商隱《劉叉》："後以争語不能下諸公，因持愈（韓愈）金數斤去，曰：'此
　諛墓中人得耳，不若與劉君爲壽。'"韓愈爲人作墓志，多溢美之辭。後謂爲人作墓志而
　稱譽不實爲"諛墓"。宋蘇軾《書晁補之所藏與可畫竹》詩之三："朝來又絶倒，諛墓得
　霜竹。"

清誥授　　　　　　　　　　　君之墓 /

宜　　人　　李太、趙太

奉祀男安喜、安炎、安貴、安華、安榮、安富、安春、安如，孫麟玉、麟書、麟閣、麟麒、麟標敬立 /

碑陰：

《泰誓》曰："功多有厚賞。"《禹謨》曰："功疑惟重。"《舜典》曰："惟時亮天功。"[1] 誠以功者，上以安朝廷 / 之心，下以活兆民之命也。王君字汝言，由武童於同治元季投效淮軍，打仗奮勇，蒙 / 署江蘇撫部院 李[2]賞給六品軍功。二季，克復蘇州省城，及江陰、無錫、金匱等縣，楓 / 涇、西塘、平望等鎮，並浙省平湖、乍浦、海鹽各城，歷次血戰，解圍出力，又蒙江蘇撫部 / 院 李咨保，以

---

① 《泰誓》《禹謨》《舜典》，俱出自《尚書》。《禹謨》一般作《大禹謨》。

② "江蘇撫部院李"，指李鴻章。李鴻章，同治元年（1862）三月經曾國藩推薦任江蘇巡撫，十二月改爲實授。時任江蘇巡撫。撫部院，即巡撫，人稱撫臺。

把總儘先拔補，並准戴藍翎①。四年，克復宜荆、溧陽、嘉常等城，調援江/陰、常熟、無錫解圍，截勦陽舍、金壇竄賊，再蒙署兩江督部堂李保奏，是季九月十/五日，内閣奉上諭，著免補千總，以守備儘先補用，並賞換花翎②。追述前功，功誠偉矣。/然恐聞於當時，不復聞於後世，於是克刻於石，使後之覽者有感焉。/

179　清處士吳多讓先生銘墓辭
（民國十六年，1927）

題解：原碑位於高陽縣，刻立於民國十六年（1927）。現碑已佚。常先生原題、碑原題“清處士吳多讓先生銘墓辭”，今從之。其拓片長115厘米，寬46厘米，凡8行，滿行24字。楷書。孫松齡撰文。墓主吳海雲，多讓當爲其字，碑文爲七言，從内容上看，墓主生前貧寒，清光緒十八年（1892）去世，享年66歲。此碑立於墓主去世35年之後。

録文：

　　清處士吳多讓先生銘墓辭/

　　衆建改絃者□微，先生芳躅③聞者稀。有赫其族延陵輝，一生枯/槁薇蕨④肥。惟□王穆妻與齊，厥諱海雲淪

---

① “藍翎”，清代禮冠上的飾物，插在冠後，用鶡尾製成，藍色，故稱。初用以賞賜官階低的功臣，後很濫，并可出錢捐得。清昭槤《嘯亭續錄·花翎藍翎定制》：“凡領侍衛府員、護軍營、前鋒營、火器營、鑾儀衛滿員五品以上者，皆冠戴孔雀花翎，六品以下者冠戴鶡羽藍翎，以爲辨別。”

② “花翎”，清朝以孔雀羽製成拖在帽後表示官品的帽飾。本來由皇帝賜給建有功勳的人或貴族，後來五品以上的官就可以出錢捐花翎戴。花翎有單眼、雙眼、三眼之別，以三眼花翎爲最貴。清黃遵憲《馮將軍歌》：“江南十載戰功高，黃袿色映花翎飄。”

③ “芳躅”，指前賢的蹤迹。《史記·萬石張叔列傳》唐司馬貞述贊：“敏行訥言，俱嗣芳躅。”《舊唐書·鄭畋傳》：“豈謂凡流，繼兹芳躅，臣所以憂不稱承旨之任也。”

④ “薇蕨”，薇和蕨，嫩葉皆可作蔬，爲貧苦者所常食。漢張衡《西京賦》：“草則葳莎菅蒯，薇蕨荔芞。”唐孟郊《長安羈旅》詩：“野策藤竹輕，山蔬薇蕨新。”

霧霏。光緒十八玄漠[①]/歸，六十有六長年幾。越三十載家譽飛，子孫思慕如渴飢。椎山/蟲石登懿徽[②]，小子承命恭無違。/

　　撰銘人清光緒舉人簡任職同邑姻再晚孫松齡/

　　立石人子興勤率孫建廷、曾孫硯馨/

　　中華民國十六年七月二十一日立/

180　直隸保定府高陽縣北沙窩村建修金剛菩薩廟碑記（民國十六年，1927）

　　題解：原碑位於高陽縣北沙窩村，刻立於民國十六年（1927）。現碑已佚。常先生原題“建修菩薩廟碑”；碑原題“直隸保定府高陽縣北沙窩村建修金剛菩薩廟碑記”，今從之。碑額2行，行2字，題曰“萬古流芳”，楷書。其碑陽拓片長121厘米，寬35厘米，凡8行，滿行32字。左側爲名單，董事人23人、會首6人、發啓人3人；碑陰拓片長137厘米，寬52厘米，其内容爲衆善男信女納銀錢數。此碑陰原來與碑陽分散放置，整理時因没有題名，暫時擱置一邊，後經比對，歸入編號180。

　　録文：

　　　　碑陽：

　　　　碑額：流芳/千古/

　　　　直隸保定府高陽縣北沙窩村建修金剛菩薩廟碑記/

　　　　溯自龍馬負畚[③]，天地發陰陽之藴；神龜出洛[④]，祇霱肇顯化之

---

① “玄漠”，恬静，寂静。晋葛洪《抱朴子・至理》：“識變通於常事之外，運清鑒於玄漠之域。”《文選・盧諶〈時興〉詩》：“澹乎至人心，恬然存玄漠。”吕延濟注：“至人真性澹乎然無營爲，唯在玄然寂漠而已。”

② “懿徽”，美善，多用以稱頌婦德。《清史稿・禮志五》：“雍正初元，遂上尊謚，廟號世祖。復諭：太祖、太宗、世祖三聖相承，功高德盛；孝莊、孝康、孝惠翼運啓期，懿徽流慶；宜并加谥，俾展孝思。”清周亮工《倪母朱太夫人七十序》：“自非秉懿徽之質，而深於聖賢之旨者，未易幾此也。”

③ “龍馬負畚”，龍馬背負《河圖》。傳説聖主出，有龍馬龜鳳等背負傳授天命的圖文以獻。這是古代讖緯家爲宣揚君權神授而編造的。《春秋運斗樞》：“〔舜〕與三公諸侯臨觀於河，黄龍五采負圖出置舜前。”唐丁澤《龜負圖》詩：“天意將垂象，神龜出負圖。”

④ “神龜出洛”，傳説上古之時，有神龜出於洛水，其甲殼上有圖象，名曰龜書，又稱洛書。洛書是中國術數的起源之一，與河圖并稱。

幾。古聖人仰窺天道，俯 / 察人心，因民志所向，而啟迪之，使民同趨至善。於是以神道設教焉。 菩薩者，西梵^①/ 古賢之稱，以其覺悟本性，且能普度眾生。漢時傳入中國，各地建築祠宇，以崇奉之，/ 藉以善化民心。是國人尊奉西教^②，概有素矣。吾鄉人素習性善，多受其霛應之感，信 / 仰殊深，眾善竭誠輸納，集腋成裘，今冬建築 菩薩殿一座，按時享祀，用盡恪敬之 / 誠，庶吾人修養身心之術，咸得取法云爾，並勒石以誌盛舉焉。/

董事人： / 張蘭亭、張培森、蘇耀武、田郡齋、張蔭亭、張洛迪、/ 張蘭台、張生元、蘇洛煤、張秋雨、張洛布、蘇兆龍、/ 蘇儒珍、楊洛修、張維屏、蘇震龍、張洛贊、張弼齋、/ 蘇秉衡、張保元、王法之、張洛雲、張洛明。/

會首： / 于殿元（蠡吾南郭丹）、史耘田（高陽馬果庄）、單拴（高陽西田果庄）、胡景義（高陽南関）、王全愈（高陽北蔡口村）、田福榮（安新北蔡口村）。/

發啟人： / 蘇門劉氏、尹門張氏、張門孫氏。/

中華民國十六年歲次丁卯十二月　　穀旦 /

碑陰 /

謹將眾善男信女輸納銀錢數目開列於左　橫看 / 北沙窩合村施洋六元；仝和工廠施洋五元；張洛可施洋四元，張洛迪、張秀山各施洋三元，張樹屏、張洛明、蘭亭、張闌台、張□福、王在山各施洋二元，張云亭、王法之、張洛迎、蘇育生、張維□、張春台、蘇兆龍、蘇東齋、楊洛修、張弼齋、張述賢、張洛曉、張趕會、蘇□龍、/ 蘇士純、張洛贊、張鳳樓、張震雲、張洛冲、張芷亭、蘇儒珍、張全紅、蘇桂□、張振九、張洛培、張秋雨、董河、田郡齋、張鳳□、張洛延、董聚財、張洛連、蘇蓮池、張根、張福玉、張蔭亭、蘇國桐、蘇洛鳳各施洋一元，張福玉、張洛策、張鳳池、劉鳳章、張洛寬、/ 張洛步、蘇兆堂、張洛琴、王鍋堂、張明德、蘇庚林、蘇守傑、張洛進、張連太、蘇兆□、智中和、張□長、張

---

① “西梵”，即古印度，又稱西天，因當地使用梵文故稱。

② “西教”，指佛教。隋王通《中說·周公》：“或問佛子，曰聖人也。曰其教何如，曰西方之教也。”元洪希文《贈梅峰僧》詩：“西教窮根源，剖厥精把玩。”

黑旦、楊得順、張錫侯、徐連峯、蘇永和、張洛星、劉洛法、王洛朋、徐佩之、寇洛法、張義福共施同元三千八枚；城里孫葆昌、王子豐、李幹臣、尹羣、尹戍、/葛柱華、馬洛虎、韓二□、李秋□、張士奎、李秉義、崔戍年、房瀚生共施同元一千六百四十枚；白大杏、韓榜、張立、張慶雲、張士奎、李金波、蔣、房福各施洋一元，齊献施洋一元二毛，齊熊飛施洋二元，牛□春、牛瑞芝各施洋二元，王文德施洋二元；北関劉莊/施洋一元；東関齊玉堂施洋一元；南関胡景義施洋一元七毛；北圈頭賈全銘施同元九百枚、楊□施洋一元五毛、賈胖子施洋一元、宋玉林施同元一百枚、宋潤田施同元五十枚；南圈頭齊福鈞施洋一元；岳家左善修施洋二元、石壽春施同元一百枚；馬果庄史耘田施洋三元；南沙窩/許瀛波施洋三元，汪洛粲、汪英哥、各施洋一元，許紅、汪來福、汪登甲、汪永福、汪満波、汪洛橋、汪聿修、汪富吉、汪迎祥、汪鴻業、汪漢□、汪秀峯、汪席珍、汪玉田、汪秀昇、汪懷清、汪允

昇、汪日昇、汪金波、汪桐生、汪景顏、汪瑞雪各施洋一元，許
峻山、胡長春／各施同元一百枚；東田果庄張錫珍施同元一百枚；
西田果庄蔣士蘭、王振岡、曹洛羊、單朱各施洋一元；史家左胡
法田施洋三元，邵有施洋一元；延福屯代鉄施洋三元；耿家庄傅
臨章施洋五元；凌陽朱玉春施洋五元，朱徽之、恩記□各施洋一
元，劉凤楼、劉四有、劉桂章、／劉金錫、劉福振、梁贊國、梁應
選、梁佩之、靳五、張凤岐共施同元一千一百八十枚；凌陽村公
施一千六百四十二枚；大百尺馮荣波施洋三元；季朗張洛芬施洋
三元；于留左張洛芝、畢洛新、畢洛士、尤洛□、韓福全共施同元
四百五十七枚；西王草庄李金義、李明月、劉石頭、劉金堂、／張
洛修共施同元三百五十枚；東王草庄毛蔭棠施洋一百元，合村施
洋二元；南蔡口趙國華施洋一元；北蔡口田福荣、王全愈、常汝
金、常有才、劉通海、常凤池各施洋一元，常鶴之、常和雨共施
同元二百五；南蒲口張環施洋一元；南馬宋月橋施洋一元，宋藍
彬、宋策明、宋福元、／牛□、趙福才共施同元五百三十枚；安新
縣陳德荣施洋二元；陶口店鄭善人施同元七百七十枚；三柳灘共施
同元七百五十枚；□二施洋□元；□边吳施洋二元；南边吳公施
洋二元；東河趙蔚、趙雲□、張洛会共施同元一百七十枚；西河公
施同元五百六十枚，薛潤田施洋一元、／李家会公施同元一百四十
枚；西河屯公施同元三百枚，丁頓霞施洋一元；□家庄楊洛再施洋
一元。又女善士列左：北沙窩張門李氏、蘇門□氏、張門晋氏、張
門郭氏、張門蘇氏、代門張氏、張大姑娘、□□□□、蘇大姑娘
施洋六元，張門劉氏施洋三元，張門張氏施洋二元，張門穆氏施
同元二百枚。張門程氏施同元一百枚；城内尹門張氏施洋五十四
元，韓門□氏施洋拾元，管門張氏施洋二元，王門張氏、王大姑
娘、趙大姑娘、蔡門劉氏、韓門劉氏、房門張氏、韓門姜氏、劉
門劉氏、韓門劉氏、張門宋氏、當門王氏、韓門汪氏／各施洋一
元；□□□□、李門齊氏、張門王氏、白門陳氏、白門馬氏、李門
張氏共施同元六百九十枚；北岡李門尹氏施洋六元，張門楊氏、李
大姑娘、李二姑娘各施洋一元，張門趙氏、李門馮氏共施同元一百
枚；東岡齊門馬氏施同元二百枚；代家庄侯門楊氏施同元六百四十

枚，王門齊氏施同元二百枚；南岡頭齊門季氏、齊門李氏／各施洋一元；□□□□□各施洋一元；西田果莊單門王氏施洋一元九毛；邱家莊蘇門孫氏施洋一元；延福屯代門韓氏施洋一元；北齊村李門賈氏施洋二元；凌陽劉門陳氏施同元一百枚；大百尺王門朱氏施洋一元五毛，馮門夏氏、張門張氏、各施洋一元；邢家南／陳門張氏施洋一元；□□台□門劉氏施洋一元；西王草庄劉門張氏施洋一元；東王草庄田門張氏施洋一元；西庄公施同元四百枚，孫門□氏施同元一百枚，孫門宋氏施洋一元；南边吳單門張氏施洋三元，單門張氏、張大姑娘各施洋一元；東河馮門張氏施洋一元、楊門張氏施□元四百七十枚，張大姑娘施同元一百枚；／北沙窩王法之施洋一元；安新縣趙羣施洋一元；河间府顧福玉施洋一元；北蔡口刘雲從施洋二元。

181　楊鶴齡墓碑記（民國十七年，1928）

題解：原碑位於高陽縣北晋莊村，該村在縣正西十八里，刻立於民國十七年（1928）。現碑已佚。首題無，常先生原題"楊氏墳墓碑記"，今據碑文改擬。楷書。碑陽拓片長97厘米，寬51厘米，凡3行；碑陰拓片長98厘米，寬45厘米，凡11行，滿行27字。墓主楊鶴齡，卒於光緒元年（1875），此碑由其孫和曾孫等人刻立，時距其去世已五十餘年。記述了其生平、事迹，特別是對其子嗣情況介紹較詳。

按：編號182《楊鶴乘墓碑記》，楊鶴乘與楊鶴齡當爲兄弟。此二碑均由楊春耀撰文，且立於同年，可以相互參看。

録文：

碑陽：

中華民國十七年又花月[①]中旬穀旦　敬立／

　　碩　　　父諱鶴齡字壽長　　　　　　八

前清　德楊祖　　　　　　享耆壽六十　歲之墓／

　　淑　　母蕭老太君　　　　　　　　二

---

① "花月"，指農曆二月。陰曆二月爲花事最盛之時，春之節日花朝亦在此月。花朝，又名花節，俗稱百花生日。

奉祀孫春榮、春和，曾孫好□①、好義、好善、好忠、好清、好明頓首／

碑陰：

陑陽邑属，坴居北晋莊村者，諱鶴齡，字壽長，距生於嘉慶十三年，受父／母之教育，撫養成人。與蕭氏完婚，琴瑟調和，同心同德，勤儉治家，夜寐／夙興，務農為業。田治九十餘畞，房有三十餘間，善事雙親，可為孝矣。不／幸父母去世，當此大事，喪盡其礼。迨同治八年，為長女于歸楊家橋張／宅為婦；光緒元年，為二女于歸阮家莊沈宅為婦；至光緒三年，為三女／于歸王家莊王宅為婦；於道光十一年之時，為子成室娶於板橋白宅。／由此論之，可謂上孝順於父母，下慈愛其子女，操心過度，勞力勞心，亦／云至矣。因此積勞成疾，一卧不起。夫婦偕老，相継去世。一□②於光緒元／年壽終，享年六十有八焉；一則於光緒四年壽終，享年六十有二焉。其／孫欲盡孝思，以報先人之德，故樹碑以記之。／

前清文庠生楊春耀撰文／

---

① “好□”，據編號187《楊鶴乘墳墓碑記》，當爲“好仁”字。
② □，此字磨泐，據後句當爲“則”字。

182　楊鶴乘墓碑記（民國十七年，1928）

題解：原碑位於高陽縣北晉莊村，該村在縣正西十八里，刻立於民國十七年（1928）。現碑已佚。楷書。首題無，常先生原題"楊氏墳墓碑記"，今據碑文改擬。其碑陽拓片長92厘米，寬48厘米，凡3行；碑陰拓片長87厘米，寬47厘米，凡12行，滿行27字。楊春耀撰文。墓主楊鶴乘爲楊春耀二祖父，此墓爲楊鶴乘與妻賈氏的合葬墓。此碑係其孫和曾孫所立，記述了楊鶴乘的生平，由於其早卒，碑文主要記述了其妻賈老太君孀居孤苦、撫養孫輩的事迹，其中碑文所載光緒四年（1878）的瘟疫流行，對於瞭解清末北方社會具有一定的資料價值。

按：編號181《楊鶴齡墓碑記》，楊鶴齡與楊鶴乘當爲兄弟。另編號183《楊友明墓碑記》，楊友明當爲楊鶴乘之子，由於楊友明死於光緒四年的瘟疫，故民國十七年爲楊鶴齡立碑時，由其子孫主持其事。另，此三碑均由楊春耀撰文，且立於同年，可以相互參看。

錄文：

碑陽：

中華民國十七年又花月中旬穀旦敬立／

　　　碩　　　　　父諱鶴乘字雙全　　　三

前清　德楊二祖　　　　　　　享壽　十歲之墓／

　　　淑　　　　　母賈老太君　　　　　　八

奉祀孫春榮、春和，曾孫好仁、好義、好善、好忠、好清、好明頓首。／

碑陰：

昔顏子簞瓢陋巷，不憂其貧[①]，聞知十，不貳其過[②]，不幸命短壽，享三十有／二焉。然尤有大不幸者。吾二祖父其享壽較之顏子，更少二年之數，亡／之命矣夫！二祖父諱鶴乘，字雙全，生於道光十二年，受父母之恩，養以／及成人。德配賈老太君，僅生一女。孝事雙親，方圖報罔極之恩，孰意卒／於同治六年，壽僅三十

---

① "顏子簞瓢陋巷，不憂其貧"，顏子，指顏回。據《論語·雍也》，孔子曰："賢哉，回也！一簞食，一瓢飲，在陋巷。人不堪其憂，回也不改其樂。賢哉，回也！"

② "不貳其過"，《論語·雍也》："孔子對曰：'有顏回者好學，不遷怒，不貳過。'"

歲而終焉。延至光緒四年四月之間，天災流行，／瘟疫傳染，人死大半，先祖母死於此，吾父母死於此，吾妹亦死於此，只／留二祖母與吾弟兄二人，弱小堪憐，嫠居孤苦，母孫三人相依為命，艱／難百出。將死者皆安葬於原塋，寡守四十餘年，教養吾弟兄成人。光緒／十年，為吾娶妻徐果莊薛宅；至十五年，又為吾弟娶妻何家莊劉宅。厥／後子孫繁衍，方期享三多^①之福，不料民國元年一病而亡，享年八十歲／而壽終。吾弟兄欲盡孝思，故立碑刻石，以答養育之恩焉。／

前清文庠生楊春耀撰文／

183　楊友明墓碑記（民國十七年，1928）

題解：原碑位於高陽縣北晉莊村，該村在縣正西十八里，刻立於民國十七年（1928）。現碑已佚。首題無，常先生原題"楊氏墳墓碑記"，今據碑文改擬。碑額2行，行2字，題曰"萬古流芳"，楷書。其碑陽

----

① "三多"，指多福、多壽、多男子，祝頌之辭。語本《莊子·天地》："堯觀乎華，華封人曰：'嘻，聖人！請祝聖人，使聖人壽'。堯曰：'辭'。'使聖人富'。堯曰：'辭'。'使聖人多男子。'堯曰：'辭'。"明李漁《慎鸞交·贈妓》："長幡繡佛祝三多。"

拓片長 137 厘米，寬 49 厘米，凡 3 行；碑陰拓片長 97 厘米，寬 49 厘米，凡 8 行，滿行 24 字。楊春耀撰文。墓主楊友明，此墓爲其與妻白氏的合葬墓。此碑由其子孫所立，以其子的口吻，敘述了楊友明的身世。碑文所載光緒四年（1878）的瘟疫流行，對於瞭解清末北方社會具有一定的資料價值。

按：此碑未載楊友明父親之姓名，但考諸編號 182《楊鶴乘墓碑記》，可知楊友明之父即爲楊鶴乘。兩碑可以相互參看。

錄文：

碑陽：萬古 / 流芳 /

中華民國十七年又花月中旬穀旦敬立 /

　　碩　　　府君諱友明字國安　　　十

前清　德楊　　　　　　　享壽三　歲之墓

　　淑　　母白太君　　　　　　十四

奉祀男春榮、春和，孫好仁、好義、好善、好忠、好清、好明頓首。/

碑陰：

先考諱友明，字國安，生於道光二年。先妣白太君，生於道光六/年。當孩提之時，無不知愛其親，及其長也，乾坤定矣，夫婦合而/家道成，生吾弟兄二人。迨其後，二祖考亡，先考妣盡哀盡禮葬/之。又以禮不幸，至光緒四年四月間，瘟疫流行，先考妣竟染此/而偕老焉。先考壽享三十歲，先妣壽終三十有四歲，同日魂升/於天，魄降於地矣。斯時也，吾方九歲，弟方六歲，均年少無知，未/報昊天之德，今欲報之，故樹碑勒石，以盡孝思焉。/

前清文庠生楊春耀撰文/

184　陳豐年墓碑記（民國十七年，1928）

題解： 原碑位於高陽縣北圈頭村村南，該村在縣東南三里，刻立於民國十七年（1928）。現碑已佚。楷書。首題無，常先生原題"陳氏墳墓碑記"，今據碑文改擬。其碑陽拓片長113厘米，寬54厘米，凡3行；碑陰拓片長133厘米，寬54厘米，凡16行，滿行43字。墓主陳豐年，此墓爲其與夫人李氏的合葬墓。此碑主要記述了墓主陳豐年的世系、生平和事迹等，突出了其在困厄中支撐其家、輕財好義等品德。

錄文：

碑陽：

中華民國十七年陰曆閏二月中浣　穀旦/

　考　府君諱豐年　　七　二

先　陳　　　　　享壽　十　歲合葬之　墓/

　妣　母李孺人　　　　三　九

男瀛海，孫紹德，曾孫福興奉祀/

碑陰/

蓋聞"天道無親，常與善人"①，若然，則忠恕誠懇如吾父，殆所謂善人者；非耶，何跡其生平，艱苦備嘗，一若彼蒼者/天有意困阨之者，何哉？吾因之滋感矣。抑又聞之，"天將降福於是人也，

---

① "天道無親，常與善人"，源出老子《道德經·德經》第79章。

必先苦其心志，勞其筋骨，餓其體膚，空乏/其身”①。果如斯言，則吾 父雖坎壈②終身，而其所以克昌厥後者，又未始非天之有以畀之。後果前因，天固非憒憒③/也。夫復何言？雖然，不言無以見吾父，且無以昭示後人也。謹將得諸見聞者，略言其概。吾父諱豐年，世居扵/高陽北圈頭村。家素封④，曾祖邑庠生子含公時，猶富甲鄉里；祖父諱平階，祖母齊太孺人。子二：長為伯父/巨元公，次即吾父也。顧其時，家道寖衰，而吾父齒又最稚，不能襄理家政，以故家益落。然性極孝友，嘗隨吾/伯父，定省扵 祖父母前，依依膝下，而能得其歡心。故其時，家雖慕貧，而一門之中，稱

①　“天將降福於是人也，必先苦其心志，勞其筋骨，餓其體膚，空乏其身”，源出《孟子·告子上》。所引與原文略有差異，“天將降福於是人也”，原文作 “天將降大任於是人也”。

②　“坎壈”，意爲困頓，不順利。杜甫《丹青引》：“但看古來盛名下，終日坎壈纏其身。”宋程俱編《韓文公歷官記》“如一生坎壈。至其論辯是非，與夫坎壈之致，則著之尤詳。”

③　“憒憒”，昏庸，糊塗。漢班固《詠史》：“百男何憒憒，不如一緹縈！”南朝宋劉義慶《世說新語·政事》：“〔王導〕自歎曰：‘人言我憒憒，後人當思此憒憒。’”

④　“素封”，無官爵封邑而富比封君的人。《史記·貨殖列傳》：“今有無秩祿之奉，爵邑之入，而樂與之比者，命曰 ‘素封’。”張守節《正義》：“言不仕之人自有田園收養之給，其利比於封君，故曰 ‘素封’ 也。”

和樂焉。無何，祖父見/背，父年方八歲，哀毀已如成人。又四年，遭祖母齊太孺人喪，貧不能葬，賴吾　父多方乞貸，終能盡哀盡禮。/三伯祖棄世，吾父復為承繼，以殮以葬，無失禮。然其時，纔十二歲了，而遭際之艱難已若此。逾年，貧益甚，/幾不能炊，幸西關曹氏者，吾父之姨母家也。姨母憐而撫之，遂往依焉。既而年漸長，手漸裕，吾/母李孺人來/歸，始得獨立成家，而家日以昌。後生男瀛海等姊弟五人，各為擇配，並為長孫鎖畢姻，女嫁男婚，其劬勞亦已甚/矣。顧性嗜酒杯中物，未嘗一日離，尤慷慨善排解，遇鄉鄰有鬧者，必為和解；不解，或暗出資財，以彌縫之，解而後/已。其所謂輕財好義者，而乃不能享長年，樂頤養，一病八年，卒以不起。嗚呼！可不悲哉！吾　父生於道光念年[1]正/月三日吉時，卒於前清宣統三年十一月十一日未時。母氏李孺人生於道光卅年八月六日吉時，卒於光緒十/七年十月六日申時，均已擇吉安葬祖塋。茲瀛海以家道小昌，皆吾　父積德累行之報，故略述梗概，勒之於石。/非敢自譽其親，亦聊以昭示後人云爾。邑庠生張鴻文撰文/

185　祥光寺碑記（民國十七年，1928）

題解：原碑位於高陽縣季朗村，該村在城西南八里，刻立於民國十七年（1928）。現碑已佚。楷書。常先生原題、碑原題“祥光寺碑記”，今從之。其拓片長134厘米，寬61厘米，凡19行，滿行42字。字迹淺，用墨少。田錦川撰文，石鑒瀠書丹。此碑首先叙述了佛教和儒家的互補關係，其後叙述了從三義廟改建爲祥光寺的緣起和經過。

按：從碑文内容來看，祥光寺，其前身爲元代時所建之三義廟，至清光緒年間荒廢，民國十四年（1925），僧人悟本募捐，因三義舊址而建祥光寺。民國十六年九月寺落成。此寺除了供奉佛祖、觀音等外，還供奉劉備、關羽、張飛三人，仍部分保留了原來三義廟的職能。

錄文：

祥光寺碑記/

---

① “念”，“廿”的大寫。“念年”當爲“廿年”。

　　民國十六年九月，祥光寺落成。明年正月，本村戒衲僧悟本
欲刻石，敘述始末，屬予為記。夫仲尼，東方之聖人/也；釋迦牟
尼①，西方之聖人也。兩聖人生於周之季世至矣哉，天地之精華盡
矣。吾嘗讀《易》，見孔子之道，渺如烟/海，茫無涯涘；晚讀《楞
嚴》②，見我佛之道，亦渺如煙海，茫無涯涘。孔子刪詩書，定禮樂，
燔柴瘞玉③，載在六經，嘗以神/道設教矣。然微佛所謂以神道設教
者，其說未盡。我佛說《血盆經》④，教孝禁殺，禁盜禁淫，嘗以人
道設教矣。然微/孔所謂以人道設教者，其說亦未盡。孔說人道，
達乎極端；佛說神道，達乎極端。孔子嘗以賞罰驅天下，我佛以/
因果悚天下；孔有欲言而不敢言者，佛言之；佛有欲言而未曾言
者，孔言之。孔子治之於明，我佛治之於幽，□/佛必賴孔，孔必
賴佛。兩聖夾持，然後其善者，因而益修；其不善者，亦有所憚而
不敢肆矣。《易》曰："百慮一致，殊途/同歸"，其殆孔與佛之謂
歟？由是觀之，寺不可不修，以及諸神能禦大災捍大患者，其廟亦
不可不修矣。吾鄉舊/有三義廟⑤，始於元，重修於明嘉靖三年，至
前清光緒年間，棟折榱崩，神骨暴露，荒葛冐塗⑥，蒼鼠竄瓦，荒涼
極矣。/民國十四年，本村戒衲僧悟本，從京師來，意欲重修。鄉
人迄無成議，悟本毅然任之，各處募貲，復有善男數人、/信女數

---

① "釋迦摩尼"，一般認爲生於公元前 6 世紀，時當中國東周春秋時期。
② 《楞嚴》，即《楞嚴經》，是佛教三藏教典中的一部大乘經典，又稱《首楞嚴經》《大佛頂
　經》《大佛頂首楞嚴經》《中印度那爛陀大道場經》等，全稱《大佛頂如來密因修證了義諸
　菩薩萬行首楞嚴經》，唐般剌蜜帝譯，十卷。此經分爲序分、正宗分、流通分三部分，主要
　說明衆生的真心無法不備，迷之即成十二類衆生，覺之即證無上菩提。
③ "燔柴"，古代祭天儀式，將玉帛、犧牲等置於積柴上而焚之。《儀禮·覲禮》："祭天，燔
　柴……祭地，瘞。"《爾雅·釋天》："祭天曰燔柴。"邢昺疏："祭天之禮，積柴以實牲體、
　玉帛而燔之，使煙氣之臭上達於天，因名祭天曰燔柴也。"瘞玉，古代祭山禮儀。治禮畢埋
　玉於坑。北周庾信《周祀方澤歌·皇夏》："瘞玉埋俎，藏芬斂氣。"唐岑文本《奉和正日臨
　朝》："方陪瘞玉禮，珥筆信山隅。"
④ 《血盆經》，《目連正教血盆經》之簡稱，又名《女人血盆經》，屬於僞經。此經舊時在中國
　民間流傳甚廣，《大藏經》不載，而載於唐建陽書林范氏版本《大乘法寶諸品經經咒》和
　《諸經日誦》。相傳謂婦女生育過多，會觸汙神佛，死後下地獄，將在血盆池中受苦。若生
　前延僧誦此經，則可消災受福。明湯顯祖《南柯記·念女》："到問契玄禪師，他説凡生産
　過多，定有觸汙地神天聖之處，可請一部《血盆經》去，叫他母子們長齋三年，總行懺悔，
　自然災消福長，滅病延年。"
⑤ "三義廟"，供奉劉備、關羽、張飛三人，他們在東漢末年桃園結義，以忠義著稱。
⑥ "荒葛"，野草叢生的沼澤地。南朝宋鮑照《蕪城賦》"澤葵依井，荒葛冐涂"。"冐"，意爲
　"細小的""小巧的"。本義爲捕捉小动物（如小鳥小鼠之類）的網。

人助之。一二年中，遂庀材鳩
工，因三義舊趾而建祥光寺，規
制之廣，微過其舊。董其役者某
某。同堂而／異室，中一室祀如
來佛及十八羅漢，東一室祀三
義，西一室祀觀音及两聖母。禪
堂踞寺西偏，垣牆十餘丈，山／
門一座。事竣之後，鄉間父老每
聚語曰："當悟本發願之初，毫
無憑藉，萬不料其成就，如是之
速也！非所有志者，／事竟成者
乎？"雕樑畫棟，金碧輝煌，每至
初一、十五，士女如雲，旛影鐘
聲，香煙人氣，瞻拜者生敬畏焉。
吾邑古趙／地，去聖人之居未遠，
故數千載名人輩出，後先輝映。
今悟本又提倡佛教，與二三居
士講經説法，不憚勞苦。吾／鄉從
此，或者風清俗美，漸及一邑，

漸及一郡，漸及一省，漸擴充至於全國。推厥由來，其悟本與二三
居士，□佛／教之力也歟？悟本再四求予為記，姑書此以應。／

　　本村田錦川撰文　季朗村董丹桂書丹／
　　歲次戊辰[①]三月　束鹿辛集石鑑漗書丹／

186　梁金瀛墓碑記（民國十七年，1928）

　　題解：原碑位於高陽縣北龍化村，該村在縣東二十五里，刻立於
民國十七年（1928）。現碑已佚。楷書。首題無，常先生原題"梁氏
墳墓碑記"，今據碑文改擬。其碑陽拓片長97厘米，寬35厘米，凡3

---

① "戊辰"，指民國十七年（1928）。

行；碑陰拓片長107厘米，寬53厘米，凡11行，滿行35字。撰者和書丹者不詳。墓主梁金瀛，此墓爲其與妻冉氏、王氏的合葬墓。此碑由其子孫和曾孫等立，主要記述了梁金瀛身世和生平，突出了於窮厄中以農發家的事迹。

錄文：

碑陽：

中華民國十七年歲次戊辰季秋下浣　穀旦 /

清處士諱金瀛梁公暨配氏冉、王之　墓 /

男翠雲、祥雲、書雲 孫六、練、淀、水、海、林 曾孫大花、二花奉祀 /

碑陰：

語云："天定勝人，人定亦勝天。"① 貧瘠富厚之無常，要視乎自立與否耳。苟能自立，則富者固益 / 富，貧者亦不終貧。如謂是有命焉，不隨人事為轉移，此膠柱鼓瑟②之説也。先考府君，諱金瀛，/ 昆仲三，次居季，當與吾兩伯父析七筋時③，僅有園田少許，扵此欲以隻手之經營，謀全家之 / 衣食，其困苦當不待言。府君則以為搏搏大地，芸芸眾生，凡顧圓趾方④之倫，終作溝中瘠⑤者 / 有幾？即不憑藉先人遺產，猶可自食其力以謀生活，況明明有所憑藉者。扵是，日以勤苦自 / 勵，不經商，不為工，惟扵早韭晚菘，豆籬瓜

---

① "天定勝人，人定亦勝天"，語出《史記·伍子胥列傳》："人衆者勝天，天定亦能破人。"《宋史·王倫傳》載，王倫對粘罕曰："使事有指，不然來何爲哉？人定者勝天，天定亦能勝人，惟元帥察之。"

② "膠柱鼓瑟"，鼓瑟時膠住瑟上的弦柱，就不能調節音的高低。比喻固執拘泥，不知變通。語出《史記·廉頗藺相如列傳》："王以名使括，若膠柱而鼓瑟耳。括徒能讀其父書傳，不知合變也。"宋李綱《桂州答吳元中書》："故在靖康之初，有備則當守，靖康之末，無備則當避，豈可膠柱而鼓瑟耶？"

③ "析筋"，謂分家。筋，筷子。明朱元弼《猶及篇》："沈益川騰蛟者，憲副秦川公伯子也。憲副晚而更置室，生子騰龍，析筋別居。"清文天《寄懷齊方壺》詩："可憐半載喪二親，弟兄析筋家酷貧。"

④ "顧圓趾方"，或作"圓顧方趾"，圓頭方足。《淮南子·精神訓》："故頭之圓也象天，足之方也象地。"後即以"圓顧方趾"指人。孫中山《社會主義之派別與方法》："圓顧方趾，同爲社會之人。"

⑤ "溝中瘠"，亦省作"溝瘠"，指因貧窮而困厄或死於溝壑的人。語本《荀子·榮辱》："是其所以不免於凍餓，操瓢囊爲溝壑中瘠者也。"宋文天祥《正氣歌》："一朝濛霧露，分作溝中瘠。"明王錂《春蕪記·忤奸》："他本是溝中瘠，難爲席上珍。"明李東陽《習隱》詩之九："邊兵與溝瘠，焉能免寒飢。"

架之間，治町畦，鋤非種，勤灌溉，施糞壅，沐雨櫛風，/披星戴月，凡所種植，務令其碩茂蕃實以蕃。而且持家儉約，有所淳則量入為出，常使之有/餘。以故數十年來，廣置田產，較前增至若干倍，豈命之當如是耶？抑克盡人事而致然耶？先/妣冉太君，同邑東雷果莊某公女，早歿，無所出；王太君，為同邑高家莊王公義明女，生吾兄/弟姊妹，凡有五。嗚呼！吾父母往矣，而子若孫淳有今日，不致有飢寒困苦之虞者，皆扵幸承/餘蔭是賴。維木有本，維水有源，欲報之德，昊天罔極，茲謹刻石而表之扵阡。/

187　王君（瑞年）墓志（民國十七年，1928）

題解：原碑位於高陽縣北晋莊村，該村在縣正西十八里，刻立於民國十七年（1928）。現碑已佚。常先生原題"王氏墳墓碑記"；碑原題"王君墓志"，今從之。碑額 2 行，行 2 字，題曰"永垂不朽"，楷書。其碑陽拓片長 136 厘米，寬 45 厘米，凡 3 行；碑陰拓片長 137 厘米，寬 50 厘米，凡 15 行，滿行 38 字。張至冬撰文，曹鴻儒書丹。墓主王瑞年，此墓爲其與妻苑氏合葬墓。此碑名曰墓志，實曰墓碑，主要記述了王瑞年的生平事迹及其子嗣情況。

録文：

碑陽：

碑額：永垂／不朽／

中華民國十七年陰曆孟冬中澣立／

　　碩　　　府君諱瑞年字應瑞

前清　德王　　　　　　　　之墓／

　　淑　　母苑太君

奉祀男紹文、紹武暨孫囯子　頓首敬立／

碑陰／

王君墓誌／

古語有云："儉衣增福，儉食增壽。"①此爲生財之基，造福之源，理固然也。因憶　先考瑞年公幼時家／貧，務藂爲業，配清苑縣城東南苑家橋苑氏女。韜能奉親，佐夫教子，訓女有令德焉。嚴君②勤儉治／家，披星戴月，不辭其苦，冒雨冲風，不憚其勞，莫宵維是，儉衣儉食，一文不任意奢華。且又論其應／事也，躬厚薄責；其接物也，寬恕和平。故鄰里鄉黨慕其仁，戚族朋友稱其義。忠厚傳家，鄭重雺世，／男耕女織，夙夜匪懈。由此，家賄漸豐，置田園，建房舍，即爲兒成室、女子于歸，操心過度，勞其筋骨，／莫不消廢精神。雖然勞心勞力，以則致疾，夫婦二人，相継去世。王君去世之期於民國十五年十／一月十四日，壽享七十有二焉。其妻亡滅之日於民國十七年五月十六日，壽終七十有七焉。嗟／呼！亡之命休矣！惟其女三人之夫家俱富，故三女同究自幼賴　父母所生，乳哺之，懷抱之，有疾／則延醫診治，至於前言于歸之事各夫家，適願相當，夔虔意暢，思念嚴君慈母罔極之恩，未報萬／一，別無良圖，故勒貞珉誌之，以著千秋焉。／

　　長女蠱吾縣北于八高門王氏

---

① "儉衣增福，儉食增壽"，一般作"減衣增福，減食增壽"。

② "嚴君"，指父親。晋潘尼《乘輿箴》："國事明王，家奉嚴君。"宋梅堯臣《任廷平歸京》詩序："君之嚴君以太子少保致仕西都。"

次女本村劉門王氏

三女安新縣北邊吳白門王氏　同端肅拜 /

畢業生張至冬撰文 /

古項恨癡曹鴻儒書丹 /

188　李公清舉暨德配馬孺人墓志（民國十七年，1928）

題解：原碑位於高陽縣于留佐村，該村在縣西南二十里，刻立於民國十七年（1928）。現碑已佚。常先生原題“李氏墳墓碑記”；碑原題“李公清舉暨德配馬孺人墓志”，今從之。碑額2行，行2字，題曰“永言孝思”，楷書。其拓片長137厘米，寬43厘米，凡13行，滿行37字。鈐有印章。高維屏撰文。此碑名曰“墓志”，實爲墓碑，墓主李清舉，此墓爲其與妻馬氏的合葬墓。由於二人無子，此碑由其三女、四女刻立。主要記述了李清舉的家世源流及其生平事迹，對其子嗣情況介紹較詳。

録文：

碑額：永言 / 孝思 /

李公清舉暨德配馬孺人墓誌 /

公諱清舉，字遜齋，其始祖小興州人，於明永樂間，遷於高陽北路台村。遷於斯，遂家於斯。代代相 / 延，子孫繁衍，至公竟稱望族焉。公乃兄弟二人，公居長。自幼存心勤儉，立志高尚，嘗以謂人曰："自 / 古功名富貴，莫不由勤儉中來也。"於是開源節流，量入以為出，雖一粥一飯，亦思來處不易；半絲 / 半縷，亦念物力維艱。及家道少康，竟又立志仕途，以曲府①衍聖公獎授泮官之職，為將來漸進之 / 階。卒因年邁無嗣，理家無人，始萌退志。雖然其居心之雄偉，實非常人所可比者。其德配馬孺人， / 自幼賢孝性成。入門之後，克盡婦道，賢聲遠播，惟終身只有四女。嫁長女於南晉莊單門；嫁次女 / 於雷家莊邊門。其三女、四女，一適路台營王門，一適路台營李門。公於光緒十九年六月二十六 / 日而卒，壽七十有八。德配馬孺人，先李公十年而卒，壽六十有九，三月二十日而卒，與公合葬原 / 塋。公與德配歿後，其三女、四女恐親之善德，年久湮没，欲勒諸石，請為之記。予感其爲親盡孝，一 / 片追遠之心，遂不辭謭陋，敬叙其事，而為之銘。 /

高陽師範畢業生曾充勸學所長高維屏撰 /

中華民國十七年歲次戊辰臘月穀旦　三女王門李氏、四女李門李氏 敬立 /

---

① "曲府"，恐當爲 "曲阜" 之訛。

189　急公好義碑記（民國十八年，1929）

題解： 原碑位於高陽縣南沙窩村，該村在縣西南二里，刻立於民國十八年（1929）。現碑已佚。首題無，常先生原題 "急公好義碑記"，今從之。碑陽碑額 2 行，行 2 字，題曰 "永垂不朽"，楷書，其拓片長 137 厘米，寬 50 厘米，凡 9 行，滿行 28 字；碑陰碑額 2 行，行 2 字，題曰 "萬古流芳"，楷書，拓片長 135 厘米，寬 52 厘米，凡 3 排，蘇震撰文，許汝霖書丹。由於當時賦稅浩繁，給村民造成很大負擔，此碑記述了高陽縣南沙窩村民慷慨捐助，以濟急需。碑陰爲捐施人名單及其錢數。值得注意的是捐錢的計量單位有 "仙"，反映了此計量單位不僅在香港、澳門、廣東等江南地區使用，在北方地區也被使用。

錄文：

碑陽碑額：永垂 / 不朽 /

比年以來，兵戎旁午[①]，供給浩繁，不獨吾村然也，而吾村特甚。每逢辦公攤 / 款時間，其畧有資財者，已覺難堪，而零丁孤苦之家，自給尚虞不足，公務 / 雖急，亦無方使之輸納。鄙人等覩此狀況，廼邀集村衆，協商辦法，一面欲 / 不悞公事，免提款者之逼人；一面欲貧乏者得以自存，而不至扵遺貟。幸 / 得諸善士慷慨捐助，以濟急需。雖云款項無多，而急公好義之誠可爲世 / 勸。用是刊石，表德以垂久遠，後之覽者其有感扵斯。/

甲午科舉人蘇　震撰文 /

許汝霖書丹 /

中華民國拾八年仲春穀　南沙窩村長王來復，村佐許書田、汪燦堂，管事人許煥文、汪漢圖、劉甫田、牛月軒、/ 胡慶堂、王洛棉、許俊山、汪景顔、/ 牛義尚、劉維周、胡西成仝立。/

碑陰碑額：萬古 / 流芳 /

許清波施洋壹百元，許煥文施洋伍拾二元六角，許瀛波施洋三拾九元三角，許九如施洋式拾叄元，許書年施洋拾元零九角，許書

---

① "旁午"，亦作 "旁迕"。交錯，紛繁。漢王褒《洞簫賦》："氣旁迕以飛射兮，馳散渙以逫律。"《漢書·霍光傳》："受璽以來二十七日，使者旁午，持節詔諸官署徵發。" 顔師古注："一從一橫爲旁午，猶言交橫也。"

佩施洋肆元式角，許連清施洋式元，胡西成施洋肆拾八元，劉洛耀
施洋式拾伍元式角，劉甫田施洋拾七元六角，許清連施洋式元，/
劉建棠施洋捌元四角三仙[①]，劉登甲施洋壹元零五仙，牛月軒施洋
玖元叁角，牛洛鳳施洋四元，牛義尚施洋壹元七角二仙，牛洛同施
洋壹元五角，牛恒玉施洋伍角叁仙，汪景顏施洋拾六元四角，汪聿
修施洋七元，汪席珍施洋四元，/汪漢圖施洋壹元式角，汪日升施
洋壹元零六仙，汪秀升施洋九角，汪允升施洋壹角式元，胡春長施
洋式元七角式仙，胡玉璽施洋壹元七角，胡慶堂施洋壹元六角，胡
洛美施洋壹元，胡洛喜施洋六角，于墨林施洋叁角，/村長王來復、
村佐許書田、汪燦堂公施碑資洋式拾元。/

---

① “仙”，香港、澳門等地輔幣名。cent 的音譯，意譯作“分”。一百仙等於一元。廣東等地
區過去有的也稱分幣爲“仙”。茅盾《劫後拾遺》一：“報上登過一位先生的信，就説是表
示敬意，哪怕是一個仙，敬意也就到了。”

190　鏡傳母徐氏墓碑記（民國十八年，1929）

題解： 原碑位於高陽縣西關村，刻立於民國十八年（1929）。現碑已佚。首題無，常先生原題"孫氏墳塋碑記"，今據碑文改擬。碑額 2 行，行 2 字，題曰"永言孝思"，楷書。其碑陽拓片長 126 厘米，寬 55 厘米，凡 3 行；碑陰拓片長 125 厘米，寬 55 厘米，凡 12 行，滿行 30 字。鉢傳、德綱二人撰文。墓主爲徐氏，其夫滋圃公在湖北晉爲官，死於武昌起義。此碑以墓主之侄的口吻，記述了徐氏的身世、生平。在男尊女卑的中國傳統社會，女性之碑，一般附於其夫，專門爲女性立碑的較少。

此新塋地乃四、五兩支所購，因爲舊塋地域狹窄，其六支遂安葬新塋，以盡同胞之情。但又約定塋地除樹木外，生產仍爲四、五兩支所有，而於葬埋上即爲四、五、六三支之祖塋也，立此碑亦望後世子孫其各守之勿逾。

録文：

碑陽：

碑額：永言 / 孝思 /

中華民國十八年三月上浣　　穀旦 /

清授　孺人

　　　　　孫母徐太淑人　之墓 /

晉封　淑人

奉祀男鏡傳敬立 /

碑陰 /

先六嬸母徐氏，北沙窩邨邑庠生徐公景文之三女也。自十九歲于歸先六叔 / 翠峰公，生堂弟鏡傳及女二。當光緒二十幾年，以連年年景荒歉，先六叔宦遊 / 湖北，投張文襄公[1]麾下，後報捐從九職銜，復以軍功得五品頂戴。但歲俸非豐，/ 而家中教養子女，六嬸母則備嘗艱苦。宣統三年，先六叔以久宦湖北之故，及 / 受武漢變亂[2]影響，遂於十二月逝世，時以交通不便，暫寄葬于漢陽白玉

---

[1]　"張文襄公"，指張之洞，字孝達，號香濤，謚號文襄，故世稱"張文襄公"。

[2]　"武漢變亂"，在同盟會中部總會推動下，文學社和共進會消除門户之見，聯合反清，1911 年 10 月爆發武昌起義。隨後漢陽、漢口的革命黨人也聞風而動，先後光復，武漢三鎮均處於革命黨人控制之下。1911 年爲舊曆辛亥年，史稱辛亥革命。

台山 / 下。至是教養子女之責，六孀母更無旁貸，勉強支持，以至成立，男婚女嫁，費盡 / 苦心矣。延至民國十六年七月十九日，染時疫，半日而終。先六叔，乃先父滋圃 / 公及四伯父斐然公之同胞弟也。新塋地雖四、五兩支所購，以祖墳為本，生祖 / 母王太太夫人，無論舊塋地域狹窄，無地安葬；縱有地區，以應安葬新塋，以盡 / 同胞之情。嗣後塋地除樹木外，生產仍為四五兩支所有，而於葬埋上即為四、/ 五、六三支之祖塋也。後世子孫其各守之勿逾，是為誌。/

嫡堂姪鉢傳偕同姪孫德綱 公撰。/

191　清故趙州學正王府君（習）墓表（民國十八年，1929）

題解：原碑位於高陽縣留祥左村，該村在縣西南十五里，刻立於民國十八年（1929）。現碑已佚。常先生原題"王氏墳墓碑記"；碑原題"清故趙州學正王府君墓表"，今從之。碑額 2 行，行 2 字，題曰"永垂不朽"，楷書。其拓片長 127 厘米，寬 49 厘米，凡 15 行，滿行 36 字。

王士敏撰文并書丹。墓主王習卒於清乾隆五十二年（1787），墓表立於140餘年之後，以其曾孫的口吻，主要記述了其世系、生平、事迹及其子嗣情況。

録文：

碑額：永垂／不朽／

清故趙州學正王府君墓表／

　　我　曾祖考王府君，卒扵乾隆五十二年八月九日，壽六十六歲，葬村南塋。吾家基業，自　府／君而稍大。近五十年來，雖云衰落，而士食舊德，農服先疇，猶是　府君澤也。兩院曾玄，謀立石／扵墓，以誌不忘。嗚呼！　府君之卒，百有四十餘年矣，其言行不淳而詳。欲訪問焉，而　諸父皆／無在者。雖然其流風餘韻，猶可想見，若孝親敬長、敦宗睦族、和扵鄉里、厚扵親故，謹祭祀，重詩／書諸大端，此皆吾　父兄弟之所執行，而受之吾　祖，吾　祖受之　府君者也。其持身治家，／處世莅官，不從可想乎？府君諱習，字勤脩，一字耐久，清壬申[1]科舉扵鄉，任豐潤縣訓導，升任／趙州學正[2]。配我　曾祖妣張太孺人早卒，繼配　齊太孺人，卒扵嘉慶三年二月八日，壽七十／三歲。側室　汪太孺人，卒扵嘉慶十一年九月一日，壽六十七歲，俱合葬村南塋。　府君之先／天罡公，諱柱，明禮部儒官，永樂間由山右小興州，始遷高陽縣留祥左者也。曾祖諱暐；／祖諱之鑣，清庠生；父諱允一，勅贈脩職郎。　府君生我　祖兄弟二人：我　祖諱德裕，字潤／庭，清庠

---

① "壬申"，指清乾隆十七年（1752）。
② "學正"，地方學校學官。宋元路、州、縣學及書院設學正；明清州學設學正，掌教育所屬生員。宋洪邁《夷堅支甲志·林學正》："王瞻叔參政帥閩，公言林平生行義，不妄取予，使加禮重。王訪其所止，遣五兵一車，齎錢三萬，聘以爲學正。"

生，齊太孺人出；叔祖諱德麟，字朋舉，清庠生，精扵醫，汪太孺
人出。孫六人，曾孫／十三人，玄孫二十二人，名載族譜，此不備
録，其存者列扵碑陰。自　府君以上，俱葬村南塋；以／下改葬村北
塋。曾孫士敏謹表并書。／

　　中華民國十八年歲次己巳孟夏中旬穀旦　　刊石／

192　齊公翰臣（邦慶）及德配韓孺人崔孺人墓碑（民國十八年，1929）

　　題解：原碑位於高陽縣小王果莊村，該村在縣東十五里，刻立於
民國十八年（1929）。現碑已佚。常先生原題“齊氏墳墓碑記”；碑額
4行，行4字，題曰“齊公翰臣及德配韓孺人崔孺人墓碑之陰”，小篆。
今據碑文改擬。其碑陽拓片長89厘米，寬33厘米，凡2行；碑陰拓
片長126厘米，寬47厘米，凡14行，滿行38字。郭天柱撰文，郭德
恂篆額并書丹。墓主齊邦慶，此墓爲其與妻韓氏、崔氏的合葬墓。此碑
以外孫的口吻，記述了齊邦慶和妻崔氏的生平事迹及其子嗣情況。

　　按，編號196《齊公崇業（銘勤）及德配楊孺人王孺人墓碑》墓主
齊銘勤爲其父，可互相參照。

　　録文：

　　　　碑陽：

　　　　　武庠生齊府君諱邦慶

　　　清　　　　　　　　　　　　　行一之墓／

　　　　　例贈孺人齊母韓太君、崔太君

　　　　奉祀男國祥、國勳、國安。／

　　　　碑陰：

　　　　碑額：齊公翰臣／及德配韓／孺人、崔孺／人墓碑之陰／

　　　木則有本，水則有源，由來有自；物本乎天，人本乎祖，古今
一理。故百行之首，以孝爲先，民德歸厚，必／湏慎終追遠也。夫
先人功德，後人紀述[1]，勒碑刻銘，永垂久遠，此非報本之意乎？若

---

[1] “紀”，通“記”，記載叙述。唐司空圖《解縣新城碑》：“寵傳襃詔，喜動鄰封，方屬沉綿，
難辭紀述。”

先外祖父齊公，/ 諱邦慶，字翰臣，德高望重，品行端方，熱心公益，退途所聞。先外祖母崔太孺人，事親以孝，撫幼以 / 慈，仉範陶風，鄉里欽佩，與 先外祖父德業並傳。惜天不假年，未能永壽。先外祖父生於清道光 / 二十二年二月三十日子時，卒於光緒十五年十一月二十五日亥時，享壽四十八歲。先外祖母 / 生於道光二十二年五月初四日申時，卒於光緒十二年三月十七日戌時，享壽四十五歲。生我 / 母及 大舅父國祥、二舅父國勳、三舅父國安四人。昔先外祖父、先外祖母歸西時，三 / 舅父正在襁褓，懵懂無知，生時未能昏定晨省①，冬溫夏清②，以報鞠育之恩；歿後又弗克臨喪盡哀，實 / 屬終天抱恨。夫孝，天之經也，地之義也，民之行也。三舅父以為樹欲靜而風不息，子欲孝而親不 / 在，感春露而悽愴，履秋霜而怵惕，每當清夜自思，深以為憾。時維三月，序屬暮春，三舅父

---

①　"昏定晨省"，舊時子女侍奉父母的日常禮節。謂晚間安排牀衽，服侍就寢；早上省視問安。《禮記·曲禮上》："凡為人子之禮，冬溫而夏清，昏定而晨省。"晋葛洪《抱朴子·良規》："雖日享三牲，昏定晨省，豈能見憐信邪！"

②　"冬溫夏清"，冬天使之溫暖，夏天使之凉快。指盡心侍奉父母。《禮記·曲禮》上："凡為人子之禮，冬溫而夏清，昏定而晨省。"

欲報親／恩萬一於九原①，故商諸　大舅□，有此建碣之舉。於是窮源溯本，謹陳梗概，以示不忘也云爾。／

外孫郭天柱撰／

同邑雍城村惕如郭惠恂廿歲篆額併書丹／

中華民國十八年歲次己巳季春穀旦　建石／

193　梁公（法灝）墓志（民國十八年，1929）

題解： 原碑位於高陽縣于留佐村，該村在縣西南十二里，刻立於民國十八年（1929）。現碑已佚。常先生原題"梁氏墳墓碑記"；碑原題"梁公墓志"，今從之。其拓片長137厘米，寬45厘米，凡13行，滿行39字。靳永清撰文。墓主梁法灝，此碑名曰墓志，實曰墓碑，主要記述了梁法灝的生平事迹，特別是其醉心於科舉的行歷，對於認識清末底層文人的精神世界具有較高的資料價值。

錄文：

梁公墓誌／

公諱法灝，字豫章，先世自蠡縣斗窪，迻居高陽趙官佐村。父增雲，生子三，公其季也。少有大志，性慷慨，／好施予，有窮困者，周恤之無吝色；有爭鬥者，必多方排解之。以故鄉里慕其義，數十年無爭訟者，一方／稱盛德焉。早歲蜚聲庠序②間，然屢試輒不售，

---

① "九原"，泛指墓地。唐皎然《短歌行》："蕭蕭煙雨九原上，白楊青松葬者誰？"前蜀韋莊《感懷》詩："四海故人盡，九原新塚多。"

② "庠序"，古代的地方學校，後亦泛稱學校。《孟子·梁惠王上》："謹庠序之教，申之以孝弟之義。"《漢書·董仲舒傳》："立大學以教於國，設庠序以化於邑。"《舊唐書·儒學傳上·蕭德言》："自隋氏版蕩，庠序無聞。"

嗣以河工出力，保給六品頂戴，非其志也。次子士俊，中癸 / 酉①
科舉人；三子士龍，入武庠。是時，公年巳五十餘矣，而功名之
志不少衰，每文宗②按臨，仍出而應試，卒 / 以古稀之年，獲采芹
香③，誠士林之佳話也。庚子④後，順天鄉試借闈汴省⑤。公赴試過景
州，時次子士俊任 / 斯邑教職，以公年老，奔馳遠道，苦諫之。公
弗聽，蓋欲以功名之道勵子孫也。光緒三十二年歲次丙午 / 七月
二十九日酉時以壽終，享年七十有七。有子三人：長士傑，次士
俊，次士龍。孫九人：長壽仁，以優廩 / 生，畢業武備學堂，署任
縣知事；次壽愷，前任大名鎮守使，嗣充國民革命軍暫編第三軍軍
長；次壽全，/ 充該軍第十五混成旅旅長。其余孫曾，或業文，或
就武，濟濟冠裳，一門稱盛，亦皆有以副公之志也。聞 / 之作善
者降之祥，宜其子孫熾而昌，梁氏之興，正未艾也。/

安次靳永清拜撰 /

中華民國十八年四月穀旦立 /

194　重修高陽縣政府記（民國十八年，1929）

題解： 原碑位於高陽縣城內，刻立於民國十八年（1929）。現碑
已佚。

此碑係臥碑。常先生原題 "重修縣政府碑"；碑原題 "重修高陽縣
政府記"，今從之。其拓片長 60 厘米，寬 87 厘米，凡 16 行，滿行 19
字。楷書。後面有襄修、監修名單，凡 3 排。時任高陽縣縣長王文彬
撰文并書丹。此碑主要記述了高陽縣政府官署重脩的緣起和經過。

---

① "癸酉"，指清同治十二年（1873）。
② "文宗"，明清時稱提學、學政爲文宗，亦用以尊稱試官。清蒲松齡《聊齋志异·書癡》：
　 "每文宗臨試，輒首拔之，而苦不得售。" 清李漁《奈何天·鬧封》："超增補廩的文便移，
　 衹怕那守法的文宗也不便批。"
③ "獲采芹香"，指考中秀才，成了縣學生員。據《詩·魯頌·泮水》："思樂泮水，薄采其
　 芹。" 毛傳："泮水，泮宮之水也。" 鄭玄箋："芹，水菜也。" 古時學宮有泮水，入學則可采
　 水中之芹以爲菜，故稱入學爲 "采芹" "入泮"。
④ "庚子"，指光緒二十六年（1900）。
⑤ "順天鄉試借闈汴省"，汴省，指河南省，因清代河南省治所開封，古稱汴梁。清光緒
　 二十八年（1902），以北京貢院因庚子之役被毀，順天鄉試借闈河南，於八月舉行，改河南
　 本省鄉試於十月。

錄文：

　　重脩高陽縣政府記 /

　　縣署之設，昉自何代，無可稽考，惟志載遜清^①雍正 / 八年，知縣事嚴公宗嘉，捐廉^②重脩一次，距今巳二 / 百六十餘年。其間，星霜迭易，風雨摧殘，馴至房屋 / 滲漏，牆壁傾頹，不特辦公無所，即文卷貯藏，亦感 / 困難，識者慭焉。十四年秋，鄭前知事景僑提倡續 / 脩，召集紳商，力謀興舉。議甫成，而去職。劉前知事 / 正堃、張前知事世勳，先後動工，嗣以時局不靖，又 / 復中輟。余扵今春來茲承乏^③，接任後重提舊議，賡 / 續進行。用是開會集款，一面邀同監脩員，鳩工庀 / 材，定期興作。時經兩月，舉凡會議廳、辦公室、法庭、/ 看守所，次第備舉，尤覺規模宏廠，煥然改觀。落成 / 之日，邑人擬泐石以資紀念，囑余為文，辭不獲已。/ 既嘉都人士之急公好義，又念新建築之歷久不 / 渝也，遂泚筆^④而為之記。/

----

① “遜清”，1911 年，清王朝以宣統皇帝遜位而告終，故稱“遜清”。 茅盾《虹》八：“他捧著竹紙草訂的小本子，一路搖肩膀進來，笑著說：‘小玩意兒，小玩意兒。雖然是小玩意兒，遜清末年的掌故都在這裏了。’”

② “捐廉”，舊謂官吏捐除正俸之外的養廉銀，後多指個人捐款。《清史稿·高宗紀二》：“〔十四年〕二月乙酉，唐綏祖請率屬捐廉助餉。”清黃本銓《梟林小史》：“吳首創捐廉集義勇，遙應爲聲援。”

③ “承乏”，承繼空缺的職位，後多用作任官的謙詞。《左傳·成公二年》：“敢告不敏，攝官承乏。”杜預注：“言欲以己不敏，攝承空乏。”晉潘岳《秋興賦》：“攝官承乏，猥廁朝列。”

④ “泚筆”，以筆蘸墨。《新唐書·岑文本傳》：“或策令叢遽，敕吏六七人泚筆待，分口占授，成無遺意。”清王晫《今世說·企羨》：“且讀且嘆，遂泚筆爲序。”

襄脩：/ 梁献文、閻鏡清、高振绅、張喬枚、馬法俊、王兆恒、/ 蔡萬年、牛宗熙、牛楹、李馨圃、任汝驥、劉篤培。/

監脩：/ 王德馨、韓式琦、陳毓枚、田廷璽、王恬齋、/ 崔承詁、崔子封、徐清和、梁棟材、丁雲閣。/

中華民國十八年歲次己巳孟夏，高陽縣縣長王文彬撰并書。/

195　前清碩德王君起發（建業）暨德配張氏墓志（民國十八年，1929）

題解：原碑位於高陽縣左家莊村，該村在縣正西十七里，刻立於民國十八年（1929）。現碑已佚。楷書。常先生原題"王氏墳墓碑記"；碑原題"前清碩德王君起發暨德配張氏墓志"，今從之。碑陽拓片長 66 厘米，寬 30 厘米，凡 4 行；碑陰拓片長 122 厘米，寬 45 厘米，凡 13 行，滿行 39 字。高志周撰文。此碑名曰"墓志"，實曰墓碑，墓主王建業，此墓爲其與妻張氏的合葬墓，由其外孫和外曾孫所立。主要記述了王建業的生平、事迹，特別是父子二人信仰并設壇傳播天地門教，對於瞭解清末民初民間宗教在高陽乃至中國北方的傳播具有較高的史料價值。

按：編號 114《王炳墓碑記》爲其父王炳之碑，136《王建功墓碑記》爲其兄王建功之碑，198《王建業墓碑記》爲王建業另一通碑，可相互考證。

録文：

碑陽：前清碩德王君起發暨德配張氏墓誌 /

王君諱建業，字起發，天性剛直，見義勇為，凡鄉党相爭、家庭起变者，輙竭力挑解，必各釋嫌疑，言歸舊 / 好而後已。迨光緒十八年，忽逢大饑，鄉人困乏，呼籲①無門。君或典衣服以給資，或出地契以貸糧，其輕 / 財重義，愛人如己有如此。而又篤信天道②，

---

① "呼籲"，大聲呼喊，向人申述，以請求援助、支持、同情。語本南朝陳徐陵《檄周文》"籲地呼天，望佇哀救。"清周亮工《祭毗陵吳太翁文》："閭民皆罷市呼籲撫軍前，聲且動地。"

② "天道"，指天地門教，一種民間信仰。

嘗往來朽峪山①及郎家莊村，參拜董郎二君②，純心受教。嗣後，/心有所得，亦抆伊村建設道，每逢男女各會期，殷勤宣道，終無倦容。由是遐邇嚮化，其中改過遷善，藉/療病軀者，紛然不絕。噫！如君者，可謂好善樂施，有教無類矣。其德配張氏，出閨貞靜，善是③翁姑，治家有/法，教子有方。生子男一：善寶，尊父遺傳，亦設壇教受。女四：長適北路台村于姓；次適郭家村王姓；三女/及四女，一適路台營村白姓，一適城內梁姓。孫男一：進辰，服勞家務。曾孫四：亮、林、猪、狗。君於民國三年/十二月初十日卒，春秋有八十。德配張氏於民國九年九月初二日卒，春秋有九十。及葬後，其外孫于/春山、白玉山等恐外祖父母之德日久湮没，欲勒諸石，以垂後世，因乞文抆余。余才學固陋，反復辭之，/至不得已，遂書此以遺之。/

---

① "朽峪山"，位於山東章邱縣境內，清康熙四年（1665），董計升在此傳天地門教。

② "董郎二君"，其中董，當指董計升，他創立了天地門教（又稱一炷香）。

③ "是"，當作"事"。

高陽縣文庠生　高志周撰文 /

中華民國十八年歲次己巳仲夏穀旦立 /

碑陰：

外孫男：北路台村于春山，高陽城內梁楨材、路台營村白玉山；外曾孫：葦園屯　石臺　敬立。/

196　齊公崇業（銘勤）及德配楊孺人王孺人墓碑（民國十八年，1929）

題解：原碑位於高陽縣小王果莊村，該村在縣東十五里，刻立於民國十八年（1929）。現碑已佚。常先生原題"齊氏墳墓碑記"；碑額 4 行，行 4 字，題曰："齊公崇業及德配楊孺人王孺人墓碑之陰"，小篆，今據碑文改擬。其碑陽拓片長 114 厘米，寬 33 厘米，凡 2 行；碑陰拓片長 145 厘米，寬 50 厘米，凡 14 行，滿行 30 字。楷書。劉湘浦撰文，郭德恂篆額并書丹。墓主齊銘勤，此墓爲其與妻楊氏、繼配王氏的合葬墓。此碑記述了齊銘勤與妻楊氏、繼配王氏的身世情況，對其子嗣情況介紹較詳。

按，編號 192《齊公翰臣（邦慶）及德配韓孺人崔孺人墓碑》墓主齊邦慶爲其長子，可互相參證。

録文：

碑陽：

　　　文林郎齊府君諱銘勤

清例贈　　　　　　　　　　　　之墓 /

　　　孺人齊母楊太君、王太君

奉祀男福慶、有慶、邦慶、懷慶、隆慶、郁慶，率孫國祥、國勳、國安、國瑞、國曾、國均、國禄、國元、國榮、國明、國楨、國華、國盛、國興立石。/

碑陰：

碑額：齊公崇業 / 及德配楊 / 孺人王孺 / 人墓碑之陰 /

齊公諱銘勤，字崇業，聲振子也。性聰慧，嗜書籍。厥後，因家政乏人經理，遂輟讀。/ 配楊氏，同邑魏家莊望族女。生女一，

適同邑傅家營李宅。楊孺人享年二十有 / 九，即雲輦歸西①。繼配王氏，同邑蔡家口宦門女，幼嫻姆訓②，長適汝南。入門後，孝 / 順翁□③，鄰里無間言，生子六：長邦慶，次懷慶，三有慶，四福慶，五隆慶，六郁慶；女 / 一，適同邑王草莊崔宅，亦望族也。□年，因食指④繁重，家計維艱，公及夫人嘉言 / 懿行，未克勒諸金石，茲六支昆仲，四支已雁序難聯，僅有五支、六支尚未代謝，/ 計年均已桑榆⑤矣。失此不立，哀哀父母，生我劬勞⑥，五支與六支，洵

① “雲輦歸西”，即去世。雲輦，相傳神仙以雲爲車。《雲笈七籤》卷一〇六：“忽聞林澤中有人馬之聲，簫鼓之音，須臾之間，漸近此山，仰而望之，見千騎萬乘浮虛空而至，神人乘三素雲輦。”
② “姆訓”，女師的訓誡。宋蘇軾《與邁求親啟》：“賢小娘子姆訓夙成，遠有萬石之家法。”
③ “□”，此字磨泐，從殘存字迹及上下文内容來看，當爲“姑”。
④ “食指”，指家庭或家族人口。明錢子正《溪上所見》詩：“家貧食指衆，謀生拙於人。”清蒲松齡《聊齋志異·王成》：“小人把向市廛，日得數金，易升斗粟，一家十餘食指，無凍餒憂，是何寶如之?”
⑤ “桑榆”，日落時光照桑榆樹端，比喻晚年；垂老之年。《文選·曹植〈贈白馬王彪〉詩》：“年在桑榆間，影響不能追。”李善注：“日在桑榆，以喻人之將老。”《隋書·王韶傳》：“加以今年六十有六，桑榆云晚，比於疇昔，昏忘又多。”
⑥ “哀哀父母，生我劬勞”，源出《詩·小雅·蓼莪》。

覺抱恨。未忍 / 展卷卒讀，罔極之恩，未報萬一於地下。郁慶情
殷，報本不自今日始。際此時局，/ 恐慌干戈未息，家有木主[①]，恐
遭兵燹，是以商諸乃兄隆慶許可之後，即招致諸 / 猶子[②]公同議
決，諏吉成立，永垂久遠。不佞[③]年已古稀，忝在葭莩之末，茲歷
述其 / 事畧，公及夫人有靈，當鑒郁慶之苦衷也夫。/

　　姻弟劉湘浦撰 /

　　同邑雍城村□如郭惠恂廿歲篆額併書丹 /

　　中華民國十八年歲次巳己暮春穀旦　　建石 /

197　誥贈光禄大夫李氏始祖平福公之墓碑（民國十八年，1929）

　　題解：原碑位於高陽縣龐口村，原碑現存高陽縣李氏名人紀念館。
該村在縣東南三十里，刻立於民國十八年（1929）。現碑已佚。楷書。
首題無，常先生原題“李氏墳墓碑記”，今據碑文改擬。其碑陽拓片
長 159 厘米，寬 52 厘米，凡 3 行；碑陰拓片長 166 厘米，寬 68 厘
米，刻有始祖以下識表科名。李秉義書丹。墓主李平福，明永樂二年
（1404）由小興州遷居高陽龐口村，是龐口村李氏始祖，其名字見於
編號 113《李公酉山墓志碑記》、127《例授迪功郎李渭墓碑記》、128
《例授迪功郎李河墓碑記》、129《誥贈明威將軍李漢墓碑記》等。碑
陰名曰“始祖以下識表科名”，是李平福之後李氏家族科舉中第情況
的記録，具有較高的資料價值。

　　録文：

　　　碑陽：

---

① “木主”，木製的神位，又稱“神主”，俗稱牌位。上書死者姓名以供祭祀。《史記·周本
紀》：“武王上祭於畢。東觀兵至於盟津。爲文王木主，載以車，中軍。”宋梅堯臣《次韻景
彝奉慈廟孟秋攝事二十韻》：“木主升新座，牙盤列庶羞。”

② “猶子”，指侄子。《禮記·檀弓上》：“喪服，兄弟之子，猶子也，蓋引而進之也。”本指喪
服而言，謂爲己之子期，兄弟之子亦爲期。後因稱兄弟之子爲猶子。漢人稱爲從子。南朝
梁任昉《爲齊明帝讓宣城郡公第一表》：“太祖高皇帝篤猶子之愛，降家人之慈；世祖武帝
情等布衣，寄深同氣。”宋文天祥《寄惠州弟》詩：“親喪君自盡，猶子是吾兒。”

③ “不佞”，用作謙稱。《左傳·昭公二十五年》：“不佞不能與二三子同心，而以爲皆有罪。”
明高攀龍《講義·小引》：“不佞幸從諸先生後，不能無請益之言。”

明永樂二年由山右小興州遷直隸高陽建家靡口村/
誥贈光禄大夫李氏始祖平福公之墓/
中華民國十八年巧月^①合族裔孫等敬立/
碑陰：

始祖以下/識表科名：/

五世孫儼進士。/六世孫師儒翰林。/七世孫恭武舉。/九世孫國
樉翰林。/十世孫發元進士，霑拔貢，霽翰林，震舉人，九成武舉。/
十一世孫芳春武舉，炎舉人，桓武武舉。/十二世孫世畸舉人，世
馨舉人，迪哲副榜^②，百齡會魁^③，敏仁舉人，敏祜拔貢^④，敏建副榜。/
十三世孫維肅舉人，維敷舉人，維艫副榜，維屏拔貢，居廣進士，
居臨舉人，法勤舉人，捷昇武舉。/十四世孫家騏副榜，維藩武舉，
嗣靖武舉，祝春拔貢，曰麟進士，瞻嶙舉人，瞻峋舉人，瞻嶼舉人，
瞻岫拔貢。/十五世孫士秀武舉，開圖舉人，鏡圖進士，殿圖翰林，
士芸翰林，掄奎副榜拔貢，冠卿舉人。/十六世孫天挺舉人，天培舉
人，崙通進士，三善舉人，受恒舉人，德彰副榜。/十七世孫萬青武
舉，鴻藻翰林，長青武舉。/十八世孫繼曾舉人，煜瀛博士。/十九
世孫長生優貢，宗侗恩賜舉人。/廿世孫漢源舉人，蓉舫舉人。/仝
叩拜。/己巳^⑤巧月十七世孫秉義書丹。/

---

① "巧月"，俗稱農曆七月。
② "副榜"，中國古代科舉時代會試或鄉試取士，除正榜外另取若干名，列爲副榜。始於元
至正八年（1348）。明永樂中會試有副榜，給下第舉人以作官的機會。嘉靖中有鄉試副榜，
名在副榜者准作貢生，稱爲副貢。清祇限鄉試有副榜，可入國子監肄業。《元史·百官志
八》："是年（至正八年）四月，中書省奏准……三年應貢會試者，凡一百二十人，除例取
十八人外，今後再取副榜二十人。"《明史·選舉志一》："是時，會試有副榜，大抵署教官，
故令入監者亦食其禄也。"
③ "會魁"，會試中之五經魁。明清科舉制度，考生於五經試題裏各認考一經，錄取時，取各
經之第一名合爲前五名，稱五經魁（因分房關係，實際不止五名）。《警世通言·鈍秀才一
朝交泰》："來春又中了第十名會魁，殿試二甲，考選庶吉士。"《官場現形記》第二回："一
面説，一面跑了出來，找到一個賣燒餅的，同他商議，假充報子，説他少爺中了會魁，好
詐他的錢分用。"
④ "拔貢"，科舉制度中選拔貢入國子監的生員的一種。清制，初定六年一次，乾隆七年改爲
每十二年（即逢酉歲）一次，由各省學政選拔文行兼優的生員，貢入京師，稱爲拔貢生，
簡稱拔貢。同時，經朝考合格，入選者一等任七品京官，二等任知縣，三等任教職；更下
者罷歸，謂之廢貢。參閲清福格《聽雨叢談》卷五、《清史稿·選舉志一》。
⑤ "己巳"，即中華民國十八年（1929）。

198　王建業墓碑記（民國十九年，1930）

題解：原碑位於高陽縣左家莊，該村在縣正西十七里，刻立於民國十九年（1930）。現碑已佚。楷書。其碑陽拓片長 116 厘米，寬 49 厘米，凡 3 行。碑陰拓片長 127 厘米，寬 49 厘米。墓主王建業，此墓爲其與妻張氏的合葬墓。碑陰列有七十餘個村莊名稱，并云爲王建業“徒衆”，反映了當時天地門教在高陽巨大的影響力。

按：編號 114《王炳墓碑記》爲其父王炳之碑，136《王建功墓碑記》爲其兄王建功之碑，195《前清碩德王君起發（建業）暨德配張氏墓志》爲王建業又一碑記，可相互考證。

録文：

　　中華民國十九年正月穀旦 /

　　　　鄉飲耆賓 ① 　府君諱建業

---

① “鄉飲耆賓”，清代禮制，每年從各州縣訪求年高而有聲望的士紳一人爲賓，次爲介，再次爲衆賓，詳報都撫，舉行鄉飲酒禮。所舉賓介稱爲鄉飲耆賓。若鄉飲後而間有過失則上報除名，并將舉薦之官議處。

前清　　　　　王　　　　　　合葬之墓／

待贈孺人　　母張太君

奉祀男善寶，侄善述　暨孫進臣，曾孫林、亮、苟、壽，五月曾孫全有／

碑陰：高陽城裏、城裏二衆、東街二衆、西街二衆、北圈頭、北路台、路台營、又二衆、北边吳、季朗、北閡郭江、延福、趙官佐二衆、趙官佐、／北蔡口、趙通、岳家左、西陶口、西河屯、西河、季朗二衆、保駕佐、東田果庄、西田果庄、又二衆、柳灘二衆、雍城、邢家南二衆／史邨、尹家左、邊邨、趙家庄、辛中驛、田村、王炭、王家庄、賀家庄、舊城、南龍化、梅果庄、李果庄、又二衆、／佐家庄、板橋、營頭、楊家橋、白家疃、林家南、恒道、北蒲口、南蒲口、東王草庄、北馬二衆、南沙窩、東边渡口、培裏、／耿家庄、梁家庄、胡家橋、岩庄、北于八、南于八、東石橋、史家左、斗窪、後鋪上、北郭丹、又二衆、于留左、阮家庄、／辛

留左、雷家庄、邢果庄、边渡口、李家橋、留祥左、王秀蘭／衆徒公立[①]。

199　張府君（章）墓志銘（民國十九年，1930）

題解：原碑位於高陽縣北路台村，該村在縣西南十五里，刻立於民國十九年（1930）。現碑已佚。常先生原題"張氏墳墓碑記"；碑原題"張府君墓志銘"，今從之。其拓片長124厘米，寬52厘米，凡12行，滿行30字。楷書。逸民氏撰文，逸民氏當爲化名或自號。碑文中數處有并行，當係後來補刻。墓主張章，此碑名曰墓志銘，實曰墓碑，由其女刻立。主要記述了張章的身世、生平及其子嗣情況。

錄文：

碑陰／張府君墓誌銘／

夫流傳百代，不得湮没者，惟生前之德行耳。如隱居□里，以忠恕應世，勤儉立／身，漸至成風而化俗，且排難解紛，力言息訟，刻即波淨而源清。若是德行，君則／兼之。君諱章，字闡文，世居蠡吾北于八村，乃書香門第。上代可稱富有，及至君／身，家漸寒微。然以貧固守，自食其力，雖疏食菜羹，晏如也。君元配李氏，生一女，／李氏即故，女適後亦故。繼配劉氏，生子夭亡，生女二：長女適清苑縣大庄鎮劉／宅；次女適高陽縣田家莊劉宅。張府君壽八十六歲、劉太[②]

---

① "衆徒公立"爲大字。
② "張府""劉太"，爲并行。

君壽七十四①歲，相継扵宣統元年、民國元②年而終。君雖／無子，遵民國政治通令，女子當継承權以奉祀之。厥恐年遠寂寞無聞，謹為鐫／石，以期永著，乞予誌之，因感而銘曰：卓哉賢翁，雖死如生。懿德常在，善蹟成風。／譬如金玉，精瑩不朽，與夫天地而無窮。／

保定清邑逸民氏撰文／

民國十九年四月　　穀旦鐫成立／

200　柴治國墓碑記（民國十九年，1930）

題解：原碑位於高陽縣北晋莊村，該村在縣西十八里，刻立於民國十九年（1930）。現碑已佚。首題無，常先生原題 "柴氏墳墓碑記"，今據碑文改擬。其碑陽拓片長 106 厘米，寬 33 厘米，凡 3 行；碑陰拓片長 128 厘米，寬 50 厘米，凡 14 行，滿行 36 字。楷書。楊春耀撰文。墓主柴治國，此墓乃其與原配李氏、續弦李氏的合葬墓。此碑乃女兒所立，由於柴治國早死，主要記述了其母李氏的事迹。

錄文：

碑陽：

小女劉柴氏敬立／

　　　淑　　母李太君　　　　二　　　五

前清碩德柴府君字治國享壽　二　十　七　歲之墓／

　　　淑　　母李太君　　　　七　　　三

奉祀男耀曾，孫青雲、雲生、文、保頓首／

碑陰／

昔柴君治國，陌陽城西北晋莊之農人也。耕織為業，勤儉治家，出作入息，創成中人③之業。娶妻／元配李氏，不幸短命死矣，又續絃南晋莊李氏。琴瑟和諧，本期百年以偕老，不料未及二年，柴／君竟一病而長逝矣。李氏僅生一女，零丁孤苦，弱小堪憐，母

---

① "八、七" 和 "六、四"，均爲并行。
② "宣統元" "民國元"，爲并行，其中 "元" 字號稍小。
③ "中人"，中等人家。《漢書·文帝紀贊》："百金，中人十家之産也。" 顔師古注："中，謂不富不貧。" 唐白居易《秦中吟·買花》："一叢深色花，十户中人賦。"

女二人，更相為命。幸而撫養成人，/ 婚配於本村劉宅。嘗聞人言：
"不孝有三，無後為大"，於是過繼姪耀曾為己子，愛之過於親生，
視 / 如掌上珠，故送入學校讀書，以圖上進。迨其後，為之娶妻
北路台李宅，所生四男二女，可謂子 / 孫繩繩①，螽斯之詩②堪詠矣。
又當大事，葬翁姑於先人之塋。李氏盡禮盡哀，無所遺憾。孫男為
之 / 婚，孫女為之嫁，勞心勞力，可謂至矣。其子欲經商哈濱③，李
氏因溺愛之故，不忍拂其意，況又是 / 生財之道，亦可衣錦繡以還
鄉。孰意於民國十六年七月間，嗚呼哀哉於他鄉之域。李氏聞之，/
因此非但勞心過度，並且非常傷心，日夜悲哀，飲食難進，積久得
症，請醫診治，服藥罔效，不幸 / 於民國十七年正月二十日午時壽
終，壽享七十有三焉。其女劉柴氏念母孀居四十餘年，痛 / 苦不可

---

① "子孫繩繩"，繩繩：相承不絕的樣子，形容子孫繁衍。語出《詩·大雅·抑》："子孫繩繩，
　萬民靡不承。"《宋史·樂志·一四》："天作之合，家邦其興。朱芾斯皇，子孫繩繩。"
② "螽斯之詩"，指《詩·國風·螽斯》，其詩主旨爲詠子孫衆多："螽斯羽，詵詵兮，宜爾子孫，
　振振兮；螽斯羽，薨薨兮，宜爾子孫，繩繩兮；螽斯羽，揖揖兮，宜爾子孫，蟄蟄兮。"
③ "哈濱"，當指哈爾濱。

勝言，又兼養育之恩，無以為報，欲勒貞瑉，豎碑於墓。故託其表兄李君，求余作文以記／之。余不揣孤陋，僅以李君所述者，略陳其梗概云爾。／

邑庠生楊春耀撰文／

中華民國拾玖年十一月上浣　　榖旦／

201　齊公諱夢齡暨德配張孺人墓碑并銘（民國十九年，1930）

題解：原碑位於高陽縣小王果莊村，該村在縣東十五里，刻立於民國十九年（1930）。現碑已佚。常先生原題"齊氏墳墓碑記"；碑原題"齊公諱夢齡暨德配張孺人墓碑并銘"，今從之。其碑陽拓片長119厘米，寬39厘米，凡2行；碑陰拓片長117厘米，寬55厘米，凡17行，滿行33字。楷書。黃景義撰文并書丹。墓主齊夢齡，此墓爲其與妻張氏的合葬墓，此碑由其兒孫所立，主要記述了其家世淵源、生平事迹等，對其子嗣情況介紹甚詳。

錄文：

碑陽：

處士諱夢齡齊府

　　　　君行四之墓／

淑德齊母張　太

奉祀男金鏡、蓮鏡、心鏡，率孫德俊、崇俊、永俊、英俊、書俊敬立。／

碑陰：

齊公諱夢齡暨　德配張孺人墓碑并銘／

竊聞大禹惜陰[①]，陶侃運甓[②]，何其勤也；仁宗徹蟹，晉武焚

---

① "大禹惜陰"，傳説大禹治水，三過家門而不入。據《晉書·陶侃傳》，陶侃常語人曰"大禹聖者，乃惜寸陰"。

② "陶侃運甓"，陶侃，字士行，本鄱陽人，後徙家廬江之尋陽，東晉名將。據《晉書·陶侃傳》，陶侃爲廣州刺史，史稱其"在州無事，輒朝運百甓於齋外，暮運於齋內。人問其故，答曰：'吾方致力中原，過爾優逸，恐不堪事。'其勵志勤力，皆此類也"。

裘^①，何其儉也。人苟能以勤儉治／家，未有不振起家聲，綿延世澤者。高陽齊　公，諱夢齡，考其世系，原係太公^②之苗裔。疇／昔文毅公，自永樂二年，遷居瑱水；遞及　渶公，宅於邑之城東十五里許小王果莊。／玉璞公之子也，母曰閆太孺人，有子四人，公其季也。公賦性誠慤，事親孝，不／喜爭，不樂多事，惟義之所在，無不勇為。經營家政，井井有條，要不離乎勤儉者。近是，以／宣統元年二月初四日卒，壽七十有八。德配同邑石氏村張宅女，幼嫻内則，事上御／下，各有禮法，後　公三年卒，壽八十有一。子三人：長金鏡，次蓮鏡，次心鏡。女二人，皆及／時于歸。孫五人，曾孫三人，或業農，或業商，或業儒，螽斯麟趾^③，蘭桂騰芳^④，皆　公之流風／善政，有以致之也。民國十九年季冬，公之次子蓮鏡，將樹碑於墓，乞余為文。余曰：／“公以勤儉傳家，廼能受益，誠使由一家而推之一鄉，由一鄉而推之一縣，由一縣而推／之一國，其獲益不愈溥乎？《豳風》曰‘恩斯勤斯’^⑤，《魯論》曰‘與其奢也，寧儉’^⑥，公得其道矣。”銘／曰：偉哉齊　公！勤儉可風。典型宛在，樹之風聲。福壽俱備，道義堪宗。心同甯越^⑦，績

---

① “仁宗徹蟹，晋武焚裘”，據《幼學瓊林》：“仁宗味淡而徹蟹，晋武尚樸而焚裘。”關於“仁宗徹蟹”的故事，史稱宋仁宗愛吃螃蟹，一次食新蟹，有二十八枚。他問左右曰：“費錢幾何？”對曰：“二十八千。”帝曰：“一下箸費二十八千，朕不忍也。”遂命撤去不食。關於“晋武焚裘”的故事，史稱程據獻雉頭裘，晋武帝司馬炎命焚之於殿前，詔天下無得獻异服。

② “太公”，指姜太公、姜尚，輔佐武王滅商後，被封於齊，故後世姓姜以其爲始祖。

③ “螽斯”，《詩經》篇名。《詩·周南·螽斯序》：“螽斯，后妃子孫衆多也，言若螽斯不妬忌，則子孫衆多也。”後用爲多子之典實。《後漢書·皇后紀下·順烈梁皇后》：“夫陽以博施爲德，陰以不專爲義，螽斯則百，福之所由興也。”麟趾，《詩·周南·麟之趾》：“麟之趾，振振公子。”鄭玄箋：“喻今公子亦信厚，與禮相應，有似於麟。”後以“麟趾”比喻子孫昌盛。南朝齊王融《三月三日曲水詩序》：“族茂麟趾，宗固盤石。”

④ “蘭桂騰芳”，《晋書·謝玄傳》載，謝安戒約子侄，因曰：“子弟亦何豫人事，而正欲使其佳？”諸人莫有言者，（謝）玄答曰：“譬如芝蘭玉樹，欲使其生於庭階耳。”謝安大悦。又《宋史·竇儀》載，“父禹鈞與兄禹錫皆以詞學名。儀學問尤博，風度俊整，弟儼、侃、偁、僖，皆相繼登科。馮道與禹鈞有舊，嘗贈詩，有‘靈椿一株老，丹桂五枝芳’之句，縉紳多諷誦之，當時號爲‘竇氏五龍’。”後因以“蘭桂騰芳”比喻子孫享受榮華富貴，家族興旺發達。

⑤ “恩斯勤斯”，源出《詩·豳風·鴟鴞》：“鴟鴞鴟鴞，既取我子，無毁我室。恩斯勤斯，鬻子之閔斯。”

⑥ 《魯論》，即《論語》。“與其奢也，寧儉”，源出《論語·八佾》：“林放問禮之本。子曰：‘大哉問！禮，與其奢也，寧儉；喪，與其易也，寧戚。’”

⑦ “甯越”，據《吕氏春秋》載，其爲中牟之鄙人也。“苦耕稼之勞，謂其友曰：‘何爲而可以免此苦也？’其友曰：‘莫如學。學三十歲則可以達矣。’甯越曰：‘請以十五歲。人將休，吾將不敢休；人將卧，吾將不敢卧。’十五歲而周威公師之。”

紹晏／嬰①。斯人邈矣，千古崢嶸。偉哉齊 公！勤儉可風。／

　　前充湖北漢口警察廳警佐、賞佩七等文虎章、二等三級警察獎章、湖南陸軍隨營學校畢業、世再晚黃景義撰并書。／

　　中華民國十九年歲次庚午季冬上浣敬立／

202　慶曾韓公暨德配崔院君墓志（民國二十年，1931）

　　題解：原碑位於高陽縣東王草莊村，該村距縣城三里，刻立於民國二十年（1931）。現碑已佚。常先生原題“韓氏墳墓碑記”；碑原題“慶曾韓公暨德配崔院君墓志”，今從之。拓片長115厘米，寬58厘米，凡16行，滿行33字。楷書。曹師古撰文并書丹。墓主韓慶曾，此墓爲其與妻崔氏的合葬墓。由於韓慶曾早卒，此碑主要記述崔氏在慈母醫院、張家口博濟醫院的事迹，對於認識民國時期婦女的生活、工作具有一定的資料價值。

---

① “晏嬰”，即晏子，夷維（今山東萊州）人。名嬰，字仲，諡平，習慣上多稱平仲。春秋時期著名政治家、思想家、外交家。

錄文：

　　慶曾韓公暨德配崔院君墓誌 /

　　公遂生先生之曾孫也，清姿秀質，世胄名門。公性儉樸，勤苦耐勞，少年奔走商界，素為 / 先大父蔭齋公所器重。十八歲，為公迺娶東王草莊崔姓女為家室，苦辛數載，幸瓜瓞^① / 之方緜，黽勉同心，期琴餐之永好，不幸昊天不弔，與世長辭，時公年二十有一歲。乃妻 / 崔氏甫過門三載，雖曰饔飧之莫繼，願甘蓬蓽之困居，青年守志，邦國咸欽。氏系出望 / 族，素嫻姆教^②，奉侍翁姑，克盡孝道，和睦妯娌，鄉黨俱以孝聞。氏夫母舅學魯孫君，與安 / 新縣大慈善家明塵楊君友善，美其名，嘉其德，迺氏入慈母醫院，習練醫術，談講佛學，/ 藉守貞操。數載於茲，不遺餘力，雖不敢云妙手回春，佛經普讀，亦堪稱國手，醫學精通。/ 適張家口博濟醫院開幕有期，又復特請氏掌院務。負女大夫責，經手診治，無不藥到 / 病除。一時張垣^③氏頗□盛名，數年間，賴以生存者，皆大慈善家楊君之所賜也。何意天 / 不佑善，徒令負痛於人間，氏以事繁任重，積勞成疾，於民國二十年三月二十六日辰 / 時，疾終張垣醫院，時氏年

---

① "瓜瓞"，喻子孫蕃衍，相繼不絕。《詩·大雅·緜》："緜緜瓜瓞，民之初生，自土沮漆。"朱熹《集傳》："大曰瓜，小曰瓞。瓜之近本初生常小，其蔓不絕，至末而後大也。"《北史·魏臨淮王彧傳》："漢高不因瓜瓞之緒，光武又無世及之德。"宋蘇軾《賜判大宗正事宗晟上表乞還職事不允詔》之二："朕方慶瓜瓞之茂，而欲觀麟趾之應。"

② "姆教"，女師的教誨。王闓運《女箴》："古之姆教久格不行。"

③ "張垣"，今張家口。1928 年，國民政府擊敗北洋軍閥後改張家口爲張垣。1947 年，張家口又曾更名爲張垣，解放後恢復張家口。

三十有三歲。歌傳瑤池，親朋共泣，所謂苦節堅貞，雖高年其／尚短，况氏生前既感寂寞之苦，殁後尤復無依，言之令人愍惜。幸賴姪輩承嗣宗祧，尚／可永安於九泉。值兹安厝之期，乃翁^①丹亭先生率孫文莘，輯諸事畧，乞予為文。予不能／文，謹書梗概，勒諸石碣，以彰孝行，用誌不忘云爾。／

同邑曹師古撰文并書丹。／

203　王節母任太君墓表（民國二十年，1931）

題解： 原碑位於高陽縣南蔡口村，該村在縣東北二里，刻立於民國二十年（1931）。現碑已佚。常先生原題"王氏墳墓碑記"；碑原題"王節母任太君墓表"，今從之。拓片長 118 厘米，寬 55 厘米，凡 12 行，滿行 38 字。孫松齡撰文，房熙齡書丹。楷書。此碑記述了任太君的家世和生平，突出了其在丈夫早卒後，守節不移，奉事重慈，艱難持家的事迹。

按： 孫松齡（1880~1954），字念希、念生、錫朋，號過隙，河北蠡縣南于八村^②人，但南于八村隸屬於高陽縣。清末舉人。孫松齡是高陽文士王士敏的高足，光緒二十八年（1902），考入山東高等學堂歷史科，與樓辛木、吳次風、高亦吾等十餘人組織樂群學會、玫瑰詩社，寫詩撰文，抨擊時弊。1904 年 11 月，赴日就讀於日本法政大學速成科，兩年後返回濟南，入幕於山東巡撫署。1916 年，黎元洪繼任民國總統，丁佛言出任總統府秘書長，援孫松齡爲秘書。後任北京市政府秘書長，并被直隸民政長官推舉爲國憲起草委員。20 世紀 30 年代末至 40 年代中期，孫松齡曾任北京師範大學國學教授。

録文：

王節母^③任太君墓表／

---

① "乃翁"，他的父親。宋朱敦儒《念奴嬌》詞："乃翁心裏，沒許多般事。"明葉盛《水東日記·玉帶生卷》："劉廷美主事求作乃翁合葬挽辭，以《玉帶生》軸爲贊。"

② "南于八村"今隸屬於河北保定高陽縣邢家南鄉。據 1999 年版《高陽縣志》第 21 頁"明洪武八年（1375）一月，省高陽入蠡縣。洪武十三年（1380）十一月，復高陽建制，仍屬安州"。

③ "節母"，猶節婦。清陳康祺《燕下鄉脞錄》卷二"婺源之大畈汪氏有節母樓，節母，程克家女，幼字汪鴻階。鴻階卒，節母年十五，未嫁也，欲身殉，父母泣戒之，則請詣夫家守貞"。

前總統府秘書北平市政府秘書長清舉人蠡縣孫松齡拜撰 /

師範畢業清附生　濡陽房熙齡拜書 /

節　母任氏，安新北蔡家口村□彥卿長女①，高陽南蔡家口村王寶三妻，而其翁王書文之家婦也。/ 彥卿公世業耕讀，以勤儉正直稱於鄉，子女秉其家教，皆明禮義節。母尤淑慎，為父母所鍾愛，年 / 十七，歸寶三君。君之生　母已前卒，祖母楊太君及繼母梁太君在堂，節　母奉事重慈②，□意 / 承志，無所於間。歸七年，生子女各一，而寶三君以疾歿。不數年，子殤，梁太君又繼歿。節　母憂患 / 之餘，忍悲持家，諸務井井。梁太君遺子三、女三，長立幼怙，依嫂如母。翁書文公後 / 梁太君二十 / 餘年卒，養生喪死，備始終之。民國二十年夏曆五月十八日，節　母卒，年六十三，以弟之子慶餘嗣。/ 其年夏曆十月二十七日，祔於寶三君之封。節　母之女，適本邑南沙窪村許。其前卒之子，喜其名 / 也。家人思節　母。使慶餘乞表墓辭。辭畢，銘曰：/ 生之瘁瘵，則尸以報。夫惟孝慈，其諸婦德之極，而人道之師。/

204　蔣鳴飛墓碑記（民國二十年，1931）

題解：原碑位於高陽縣于堤村，該村在縣東八里，刻立於民國二十年（1931）。現碑已佚。首題無，常先生原題“蔣氏墳墓碑記”，今據

① “□”，此字磨漶，從上下文來看，此字當爲“任”。

② “重慈”，指祖母。宋文天祥《與洪端明雲巖書》：“某堂有重慈，今年八十有七。”

碑文改擬。其碑陽拓片長 117 厘米，寬 28 厘米，凡 2 行；碑陰拓片
長 115 厘米，寬 39 厘米，凡 12 行，滿行 28 字。顏楷。此碑因碑樓阻
未拓全，缺行。墓主蔣鳴飛，此墓爲其與妻程氏的合葬墓。此碑由子、
孫、曾孫所立，主要記述了蔣鳴飛的世系、生平事迹等，對其子嗣情况
介紹甚詳。

　　録文：

　　　碑陽：

　　　　考　　府君諱鳴飛字聲和
　　先　蔣　　　　　　　　　之墓碑／
　　　妣　母　程　孺　人

　　　男儒林、藝林，孫奭年、鴻逵、鴻全、鴻祺，曾孫振宗、崇
璟、崇璞、旺宗、崇瑜、信宗、[耀宗][1] 奉祀。／

　　　碑陰／

　　同邑于堤村蔣公聲和，既葬之後五年，其子孫思其懿行遺德，
欲立石□／垂久遠。公次子使其侄奭年示事略，而以文見囑。按

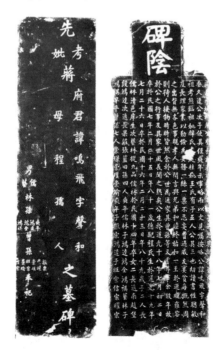

略，公諱鳴飛，字聲和，/祖考熊臨，祖妣韓氏，考庭柱，妣王氏，有子五人，公其三也。幼讀書，性聰敏。/及長理家業，以勤儉為要務，一絲一粟不忍妄費。遇戚友窶貧，每慨然周/之，出貲無吝色。事親孝，人無間言，與兄弟和睦，終始如一。至於遜順雍容，/則待人接物，時時皆然。余於公世為通家①，其曾孫等又嘗尊事余數年，故/於公之行事及其家世風義，聞之熟矣。公生於道光十八年七月初二日，/卒於民國七年二月二十五日，年八十一歲。德配程氏，生於道光十九年/七月二十六日，卒於民國十六年二月二十三日，年八十九歲。子二人：長/儒林，清邑庠生；次藝林，從九品。儒林於民國十四年卒，女二：長適南趙堡/段鴻逵，次適長果莊張藍田。孫四人：奭年，儒林子；鴻逵、鴻全、鴻祺，藝林子，/鴻祺早卒。曾孫七人：崇璟、崇璞、崇瑜，奭年子；振宗，鴻逵子；旺宗、信宗、耀宗，[鴻全子]②。□□□□□

205　齊兆璜暨德配董孺人墓碑并銘（民國二十一年，1932）

題解：原碑位於高陽縣小王果莊村，該村在縣東十五里，刻立於民國二十一年（1932）。現碑已佚。常先生原題 "齊氏墳墓碑記"；碑原題 "邑庠生齊公渭濱暨德配董孺人墓碑並銘"，今據碑文改擬。其碑陽拓片長 128 厘米，寬 40 厘米，凡 2 行；碑陰長 140 厘米，寬 63 厘米，凡 16 行，滿行 37 字。楷書。 鈐有印章，印文曰 "薛鳳鳴"。董國華撰文，黃景義書丹。墓主齊兆璜，此墓為其與妻董氏的合葬墓。此碑由其子、孫所立，主要記述了齊兆璜籍貫、世系、生平、事迹及其子嗣情況等。

按：關於齊氏家族的情況，見編號 135《齊氏世代序》。書丹者黃景義，又見於編號 218《左騎尉牛公諱戀德暨德配楊孺人墓志》，此墓

---

① "通家"，猶世交。《後漢書·孔融傳》："語門者曰：'我是李君通家子弟。'"唐盧照鄰《哭明堂裴主簿》詩："締歡三十載，通家數百年。"《警世通言·老門生三世報恩》："兩人三世通家，又是少年同窗，并在一寓讀書。"

② 據碑陽補。

志由其撰文。另，編號206《齊樹行暨德配趙孺人墓表并銘》爲齊兆璜
之子齊樹行墓表，編號208《清優貢生邯鄲縣教諭齊兆瑞墓表》爲齊兆
璜之弟齊兆瑞墓表，且三碑立於同年，內容上可以相互參證。

錄文：

碑陽：

邑庠生諱兆璜字渭濱齊府

清　　　　　　　　　　君之墓／

例贈孺人齊母董太

男樹行、樹桂，率孫耀林、藝林、楓林、竹林、杏林、松林
敬立。／

碑陰：

邑庠生齊公渭濱暨德配董孺人墓碑並銘／

公諱兆璜，字渭濱，姓齊氏，其先小興州籍，自明末遷居河北
高陽小王果莊，始為高陽人。曾祖／考諱世城，邑庠生；祖考諱玉
振，邑庠生，賞加六品銜，皆以善居積致富；考亞侯公，諱建邦，
為／邑諸生[①]，名震庠序，賜奉政大夫，生平好善樂施，其為閭閻所
最稱頌者，厥為施義田六十晦，里人／感之，僉議表其門，且為勒
石頌其功德，遠近稱為齊善人。有子三，仲即　公也。公賦性通朗，
好／讀書，初學為文，下筆輒有驚人語，尤喜宋儒性理之書，非有
要事，手不釋卷。弱冠後，與其兄符卿／公先後入泮[②]，因體質夙弱，
未圖自達，卒以諸生老於鄉，以光緒十七年三月初七日卒，壽四十
有／五。德配董氏，為同邑誥封通奉大夫、選授四川三台縣知縣、
同治壬戌[③]科舉人鏡心公之次女，／於余為姑母，以光緒二十五年
九月十四日卒，壽五十有二。有子二人：長樹行，字敏齋，優廩

---

① "諸生"，明清兩代稱已入學的生員。明葉盛《水東日記·楊鼎自述榮遇數事》："翌日，祭
酒率學官諸生上表謝恩。"《明史·文苑傳二·羅玘》："年四十困諸生，輸粟入國學。"

② "入泮"，古代學宮前有泮水，故稱學校爲泮宮。科舉時代學童入學爲生員稱爲"入泮"。
《醒世恒言·張廷秀逃生救父》："文秀帶病去赴試，便得入泮。"清蒲松齡《聊齋志异·嬰
寧》："〔王子服〕早孤，絕慧，十四入泮。"

③ 同治壬戌，即清同治元年（1862）。

貢生^①，/北洋法政畢業，有孝行^②；次樹桂，字馨宸，邑庠生。女二人：長適同邑己酉^③科武舉王金奎；次適蠡縣/太學生劉書田，均士族也。孫六人：耀林、藝林、楓林、竹林、杏林、松林，各以學行，卓立扵世。因系以銘/之曰：循循我 公，德量涵宏。嚴以律己，物無不容。仁者宜壽，伊古已然。胡天靳與，僅得中年。不扵/其身，裕其浚昆。修德獲報，孰謂無因？我銘 公德，匪我之私。我表 公墓，匪我之諛。/

前誥授通奉大夫、陸軍部主事、加七級、壬寅科副榜、內愚侄董國華頓首拜撰。/

前湖北漢口警詧廳警佐、賞給七等文虎章、二等獎章、世晚黃景義頓首拜書。/

中華民國二十一年歲次壬申季春上浣敬立。/

---

① "貢生"，指科舉時代，考選府、州、縣生員（秀才）送到國子監（太學）肄業的人。《二刻拍案驚奇》卷四："今本不敢造次，衹因貢生赴京缺費，意欲求公祖大人發還此一項，以助貢生利往。"《儒林外史》第三回："會試舉人，變作秋風之客；多事貢生，長爲興訟之人。"
② "有孝行"，編號206齊樹行墓表，記述了其母董孺人病重，齊樹行割骨療親的孝行。
③ "己酉"，指清宣統元年（1909）。

206　齊樹行暨德配趙孺人墓表并銘（民國二十一年，1932）

題解：原碑位於高陽縣小王果莊村，該村在縣東十五里，刻立於民國二十一年（1932）。現碑已佚。楷書。碑原題"優廩貢生齊公敏齋暨德配趙孺人墓表并銘"；常先生原題"齊氏墳墓碑記"；今據碑文改擬。其碑陽拓片長129厘米，寬38厘米，凡2行；碑陰拓片長140厘米，寬65厘米，凡17行，滿行42字。董國華撰文，黃景義書丹。墓主齊樹行，此墓爲其與妻趙氏的合葬墓。此碑由諸子所立，記述了齊樹行世系及其生平、事迹，突出表彰了其割骨療親的孝行。

按：關於齊氏家族的情況，見編號135《齊氏世代序》。編號205《齊兆璜暨德配董太孺人墓碑并銘》爲齊樹行之父齊兆璜之墓碑，編號208《清優貢生邯鄲縣教諭齊兆瑞墓表》爲齊兆璜之弟齊兆瑞墓表，且三碑立於同年，內容上可以相互參證。

錄文：

碑陽：

優廩貢生齊府君諱樹行字敏齋

清　　　　　　　　　　　　之墓 /

例贈孺人齊母趙太君

奉祀男耀林、藝林、楓林、竹林敬立。/

碑陰：

優廩貢生齊公敏齋暨 德配趙孺人墓表并銘 /

孔氏云，事父母能竭其力。竭力云者，扵事親之事，盡其心，不顧其身。若此者，求之千百世億萬姓，盖亦不多覯 / 矣。余與齊公敏齋深有感焉。公性孝，嘗慟 父氏蚤世，未能盡其養，故事其母太孺人尤曲意承懽，無 / 纖微弗至。太孺人秉賦夙弱，終歲嘗臥疾。公侍側，恒數月衣不解帶。久之，忽追憶孝子小傳，有割股以愈 / 其親之痼疾者，堅信弗疑其説，遂割股和藥，秘以進。翌日，太孺人疾果稍瘳。公竊喜，他人皆弗覺。迨家人 / 見其袴有血漬，始驚愕問故，乃以寔告。 公只知有其親，不知有其身，其孝行足以卓越千古歟！以民國建元 / 十一月十九日卒，壽四十有八。公諱樹行，敏齋其字也，優廩貢生。其　曾大父諱玉振，邑庠生，賞加六品銜；/大父諱建邦，字亞侯，邑庠生，賜奉政大夫，鄉里稱為善人；父諱兆璜，字渭濱，邑庠生，妣氏董，有子二，/公其長也。德配趙氏，為同邑恩賜九品銜眾畾公之女，事翁姑，教子女，理家務，均有禮法可觀，以民國十五/年正月十六日卒，壽六十有四。有子四：耀林、藝林、楓林、竹林；女一，適任丘縣太學生郭傑三。孫男四：豐年，北洋/大學畢業，現任瀋海鐵路工程司；彭年、修年、鶴年，皆能讀其書，世其家，為　公之孝子賢孫云，公之子耀林/等，將樹碑扵墓，以　公與余為中表昆弟，故屬余為文以表之。噫！余鳳欽公之至孝，烏忍以不文辭？故序之，/又從而銘之，銘曰：公之為人，儒謹而恂；公之事親，不恤其身；公之學問，扵眾為優；公之文章，孰與匹/儔？有子有孫，克大其門。所生無忝，雖歿猶存。/

　　前誥授通奉大夫、陸軍部主事、加七級、壬寅科副榜、表弟董國華頓首拜撰。/

　　前湖北漢口警詧廳警佐、賞七等文虎章、二等獎章、世弟黃景義頓首拜書。/

　　中華民國二十一年歲次壬申季春上浣敬立。/

207　清優廩貢生齊太祖考（煒）墓表（民國二十一年，1932）

題解：原碑位於高陽縣小王果莊村，該村在縣東十五里，刻立於民國二十一年（1932）。現碑已佚。楷書。常先生原題"齊氏墳墓碑記"；碑原題"清優廩貢生齊太祖考墓表"，今從之。其碑陽拓片長180厘米，寬39厘米，凡2行；碑陰拓片長194厘米，寬67厘米，凡14行，滿行46字。齊法韶撰文，劉中杰書丹。墓主齊煒，此墓爲其與元配韓氏、繼室韓氏的合葬墓。此碑由其六代孫和七代孫諸人所立，主要記述了齊煒世系及其生平、事迹。

按：關於齊氏家族的情況，見編號135《齊氏世代序》、205《齊兆璜暨德配董太孺人墓碑并銘》、206《齊樹行暨德配趙孺人墓表并銘》、208《清優貢生邯鄲縣教諭齊兆瑞墓表》，内容上可以相互參證。

錄文：

碑陽：

優廩貢生　　考諱煒

清　　　　　齊祖　　　　　　　　　之墓／

誥封宜人　　妣韓太君、韓太君

陸代孫法韶、樹芬、樹芸、樹桂、樹聲、樹勳、樹珊，暨柒代孫継宗、綬宗、耀林、寶廉、秉鈞、秉鏞、秉鑑敬立。／

碑陰：

清優廩貢生齊太祖考墓表／

太祖諱煒，清廩貢生，生平學問淵深，業精地輿，遂相新塋址，歿後葬於此墓焉。太祖世居十三，上而十二世祖，諱為／楫；十一世祖，諱渼，優貢生，始由高邑遷居筱王果莊，遂家焉；又上十世祖，諱惠胤，邑庠生；九世祖，諱光裕，東安縣／訓導；八世祖，諱東藩；七世祖，諱備，邑庠生；六世祖，諱滕；五世祖，諱魯；四世祖，諱倫；三世祖，諱通；二世祖，／諱友材；鼻祖[①]諱文益。

---

① "鼻祖"，始祖，有世系可考的最初的祖先。《漢書·揚雄傳上》："有周氏之嬋嫣兮，或鼻祖於汾隅。"顏師古注："雄自言係出周氏而食采於揚，故云始祖於汾隅也。"金元好問《濟南廟中古檜同叔能賦》詩："瀨鄉留耳孫，闕里傳鼻祖。"

歷代書香，人文蔚起，何非祖功宗德之留貽乎？吾 太祖承嗣於為楫祖，即十二世 祖諱為楫／之子，亦即十一世 祖諱溁之孫也。 太祖生於康熙五十五年三月初二日，卒於乾隆四十九年正月二十二日。元／配吾 太祖母氏韓。 繼配吾 太祖母氏韓，回憶 太祖自幼聰敏，趨庭則博親歡，入校則篤友愛。及稍長入邑庠，即／以廩優見選，一時閭里之士，僉曰："此奇才也！"擢高科登甲第，於齊氏有厚望焉。然才思廣達，命運迍邅①，以仰事俯畜②之多／艱，即硯食③，四方廣交遊以樂道，批經史，賦詩辭，五十年之教術休明，聞風而望餘光者

---

① "迍邅"，難行貌。比喻處境不利、困頓。晋左思《詠史》之七："英雄有迍邅，由來自古昔。"唐張鷟《遊仙窟》："嗟運命之迍邅，歎鄉關之眇邈。"清李漁《憐香伴·神引》："袛要他好事能成，便受些迍邅也無礙。"

② "仰事俯畜"，亦作"仰事俛畜"，亦省作"仰俛"。《孟子·梁惠王上》："是故明君制民之產，必使仰足以事父母，俯足以畜妻子。"後因以"仰事俯畜"謂對上侍奉父母，對下養育妻兒，亦泛指維持全家生活。 清錢泳《履園叢話·書周孝子事》："家無毫末之產，賴其母汪氏勤事紡織，仰事俯畜。"康有爲《禮運注》："故公世人人分其仰事俛畜之物產財力以爲公產，以養老慈幼，恤貧醫疾。"明陳子龍《舟次七里瀨》詩："念彼巖中人，資身合舒卷。我勞復如何，晨夕事仰俛。"

③ "硯食"，源出蘇軾《次韻孔毅甫久旱已而甚雨》"我生無田食破硯，爾來硯枯磨不出"。

寔繁有徒^①，而博學强識與賢達争／烈者，亦昭昭耳目矣。及其地理淵深，察山澤之通氣^②、日方向背，定宅壙之安移，得卜吉以牛眠^③，記封功於馬鬣^④。此又功加／于時，德垂後裔者之所及也。乃爲銘曰：弘乃列祖，克配彼天。厥有成績，祗台德先，子孫保之於萬斯年。／

六世孫法韶恭撰。／

世晚劉中傑敬書。／

中華民國二十一年歲次壬申季春敬立。／

208　清優貢生邯鄲縣教諭齊兆瑞墓表（民國二十一年，1932）

題解：原碑位於高陽縣小王果莊村，該村在縣東十五里，刻立於民國二十一年（1932）。現碑已佚。楷書。常先生原題“齊氏墳墓碑記”；碑原題“清優貢生邯鄲縣教諭齊公墓表”，今從之。其碑陽拓片長120厘米，寬39厘米，凡2行；碑陰拓片長135厘米，寬62厘米，凡17行，滿行40字。王道元撰文，劉中杰書丹。墓主齊兆瑞，此墓爲其與元配戴氏、繼室侯氏的合葬墓，此碑由其子所立，記述了齊兆瑞的家世源流、生平、事迹等，對其子嗣情況介紹甚詳。

按：關於齊氏家族的情況，見編號135《齊氏世代序》、205《齊兆璜暨德配董太孺人墓碑并銘》、206《齊樹行暨德配趙孺人墓表并銘》、207《清優廩貢生齊太祖考（煒）墓表》，内容上可以相互參證。

---

① “寔繁有徒”，實在有不少這樣的人。出自《尚書·仲虺之誥》：“簡賢附勢，寔繁有徒。”
② “山澤之通氣”，源出《易傳·説卦》：“天地定位主，山澤通氣”，又云“山澤通氣，然後能變化，既成萬物也”。
③ “牛眠”，即牛眠地，指卜葬的吉地。典出《晉書·周訪傳》：“初，陶侃微時，丁艱，將葬，家中忽失牛而不知所在。遇一老父，謂曰：‘前崗見一牛眠山汙中，其地若葬，位極人臣矣。’又指一山云：‘此亦其次，當世出二千石。’言訖不見。侃尋牛得之，因葬其處，以所指別山與訪。訪父死，葬焉，果爲刺史，著稱寧、益，自訪以下，三世爲益州四十一年，如其所言云。”明吾邱瑞《運甓記·廬山會合》：“問勳業從來有幾，始信牛眠廬果奇。”清趙翼《爲偉兒得葬地於金壇夏蕭村感賦》詩：“忽欣來蝶夢，恰報得牛眠。”
④ “馬鬣”，馬鬃，亦指墳墓封土的一種形狀，常代指墳墓。唐李白《上留田行》：“蓬科馬鬣今已平，昔之弟死兄不葬。”宋劉克莊《沁園春》詞：“歎苕溪漁艇，幽人孤往；雁山馬鬣，吊客誰經。”

録文：

碑陽：

清優貢生邯鄲教諭　　府君諱兆瑞字符卿

　　　　　　　　　齊　　　　　　　　之墓/

諰　封　安　人　　　母戴太君、侯太君

　　　　　　　　　奉祀男樹芬、樹芸敬立。/

碑陰：

清優貢生邯鄲縣教諭齊公墓表/

　　公諱兆瑞，字符卿，高陽齊氏望族也。先人由邑城遷居筱王果莊，耕讀起家，資産饒益，好行其德，世有仁/聲，至　公益盛。公有弟兆璜、兆珍；有子樹芬、樹芸；有女四：一適於北馮村王，一適於莘橋鎮郭，一適於/戴家莊王，一適於辛中驛。及公之長女即吾孀母也。公嘗至吾舍，吾見　公長身偉貌，沈毅有威望，/不傾欹，言無戲狎，常心惴惴焉，恐怨於儀，欲有言輒不敢前，其見憚如此。既而接手摩頂，叩以所學，則又/霽顔溫語，藹然其可親也。公以優貢生，教諭①邯鄲，厥後歷曲陽、晋州、正定，皆以是職。四邑弟子，沐　公/教澤，擢高科，躋顯達，績學治行，卓有樹立者，恒出其門。時當清季②，仕途蕪雜，以納資博官階甚易易，公/固雄於財，咄嗟③可辦，重親老遠遊，復澹於仕進，卒以教諭，終其官。公以道光二十一年二月十七日生，/民國三年九月十三日卒，春秋七十有四。配太夫人氏戴，以道光十九年正月十四日生，宣統三年十/月十八日卒。公之四女及長子名樹芬者，即戴所出。又　太夫人氏侯，以同治二年十二月二十八日/生，民國十九年七月二十四日卒，公之次子名樹芸者，即侯所出。樹芬，邑廩膳生，克承先志，治家有法，/有子八人、女三人。樹芸，國立北京大學畢

---

① "教諭"，此爲動詞，意爲任教諭。教諭，學官名。宋代在京師設立的小學和武學中始置教諭。元、明、清縣學亦置教諭，掌文廟祭祀，教育所屬生員。

② "清季"，即清末。從時間上，一般指鴉片戰爭至清亡，即1840年至1911年。

③ "咄嗟"，猶呼吸之間，謂時間倉卒、迅速。晋左思《詠史》詩之八："俛仰生榮華，咄嗟復彫枯。"《北齊書·李渾傳》："若簡練驍勇，銜枚夜襲，徑趣營下，出其不意，咄嗟之間，便可擒殄。"元喬吉《小桃紅·紹興於侯索賦》曲："一郡居民二十萬，報平安，秋糧夏税咄嗟兒辦。"

業，現任北平市立第四中學校長，甚有聲名，有子三人、女三人。/
惟元曩昔亦曾承乏斯校，以公言固前任，以私言則甥也。承屬為表
墓之文，謹以見聞所及，叙次如此。王/道元表。/

安州舉人、現任安徽省政府秘書長、姻再晚王道元頓首拜撰。/
法政學校畢業、前陸軍步兵少校銜、世再晚劉中傑頓首拜書。/
中華民國二十一年歲次壬申季春上浣敬立。/

209　創修無靈聖母、無生老母、南海大士碑志（民國二十一年，1932）

題解：原碑位於高陽縣史家佐村，該村在縣南八里，刻立於民國
二十一年（1932）。現碑已佚。常先生原題"建修老母廟碑記"；碑原
題"創修無靈聖母、無生老母、南海大士碑志"，今從之。其碑陽拓片
長110厘米，寬53厘米，凡17行，滿行35字；碑陰拓片長107厘
米，寬53厘米，爲施洋人員名單。楷書。拓片陰陽都有章。王偉然撰

文，房春薹書丹。此碑記述了創修無靈聖母、無生老母、南海大士碑的緣起及建造經過，對於瞭解民國時期高陽縣乃至中國北方地區民間宗教的情況具有一定的資料價值。

錄文：

碑陽：

無靈聖母 /

創修無生老母^① 碑誌 /

南海大士 /

天之生人，賦性惟善，殆其後也，積漸成習，善惡以分，而禍福賞罰隨焉。善則賞之，揚其聲，顯 / 其名，富貴其身；惡者罰之，小而苦其身心，呻吟牀第，大而殞其生命，永歸泯滅。生而習為惡 / 者，苦何堪焉。仗慈悲之懷，渡民衆於苦海，拯黎庶於灾難，故於丁卯年^②，顯聖^③於史家左村。首 / 感其兆者，為李門崔氏。氏住於王全之宅，艱苦莫能辭，乃起而代行其道焉。外更有王門宋 / 氏、王雲瑞、王門汪氏、王氏女等之熱心幫助，捨藥以救治疾病，演道而渡化罪戾，因此而離 / 苦受惠者，何止萬計，故所得香資數達三百元之鉅。於是，乃共議建庙於村之北，以便供奉。/ 於己巳年^④季春，廟始告成，計共費洋五百元。其缺欠洋貳百元，由王雲瑞墊捨，洵稱善舉。厥 / 後，李門崔氏外出不家，行道無人，香煙斷絕，歷期數月。及後，王門宋氏乃起而嗣之，四出赶 / 功，更有榮家營、榮洛宗及榮門劉氏、王門趙氏之努力幫助，香火因之復興。可用赶功路費，/ 前後概由王雲瑞之所捨也。外如南關張門張氏，對於赶功人屢餉以齋飯，其樂善好施，可 / 稱獨步。而王門宋氏，尤能腹飢自受，恒以齋飯與人，洵虔且誠。至壬申年^⑤，積得香資，計又至 / 數十元之多，乃議定樹碑於廟之前，以誌不忘，而

---

① “無生老母”，源於羅教，是白蓮教造出的偶像，在一些白蓮教的經文與寶卷中，無生老母成了創世主、人類的祖先。

② “丁卯年”，指民國十六年（1927）。

③ “顯聖”，迷信指神聖的人物死後顯靈。元朱凱《昊天塔》第四折：“那哭的莫不是山中老樹怪，潭底毒龍精？敢便待顯聖通靈，祇俺個道高的鬼神敬。”明郎瑛《七修類稿·詩文三·濟顛化緣疏》：“濟顛乃聖僧，宋時累顯聖於吾杭湖山間，至今相傳之事甚衆。”

④ “己巳年”，指民國十八年（1929）。

⑤ “壬申年”，指民國二十一年（1932）。

垂永久焉。南馬村宋月橋，施洋壹元銅元三百枚。[1]/

　　王偉然撰文/

　　房春薹書丹/

　　碑陰：

　　延福屯：/馬濟川、張蜃樓、朱洛云、朱瑞甲、戴連重/合村人等。/

　　史家左：/王書琴、王占山、胡在山、胡造遠、王樹魁、王雲瑞、王書漢、胡耀先、王樹林、齊占元、胡鳴玉、/胡廷左、邵貴、王奎、王百珍、王盤、梁兆祥、王錫恩、胡廷梅、王兆普、胡允中、胡平治、/王振海、邵有、尹如義、胡玉章、胡群、王樹海、王傑瑞、王順福、王壯、胡素元、王福祿、/王林、王樹吉、胡樹楷、王来子、胡法田、王樹勳、李順德、胡洛成、王士奎、李洛義/合村人等。

　　石工費洋五拾元，會人等同心，石工楊殿華。[2]/

　　中華民國二十一年歲次壬申季春穀旦。[3]/

---

① "南馬村宋月橋，施洋壹元銅元三百枚"，此句爲小字。
② "石工費洋五拾元，會人等同心，石工楊殿華"，此句爲小字。
③ "中華民國二十一年歲次壬申季春穀旦"，此句爲大字。

210　奉政大夫齊公諱建邦之墓表（民國二十一年，1932）

題解： 原碑位於高陽縣小王果莊村，該村在縣東十五里，刻立於民國二十一年（1932）。現碑已佚。楷書。常先生原題"齊氏墳墓碑記"；碑原題"奉政大夫齊公諱建邦之墓表"，今從之。其碑陽拓片長132厘米，寬42厘米，凡2行；碑陰拓片長137厘米，寬58厘米，凡14行，滿行44字。王道元撰文，黃景羲書丹。墓主齊建邦，此墓爲其與妻李氏的合葬墓。此碑由其子孫所立，記述了齊建邦的家族世系及其生平事迹等，對其子嗣情況介紹甚詳。

按： 關於齊氏家族的情況，見編號135《齊氏世代序》、205《齊兆璜暨德配董太孺人墓碑并銘》、206《齊樹行暨德配趙孺人墓表并銘》、207《清優廩貢生齊太祖考（煒）墓表》、208《清優貢生邯鄲縣教諭齊兆瑞墓表》，其中齊兆璜爲齊建邦之次子，齊樹行爲齊建邦之孫，內容上可以相互參證。

録文：

碑陽：

　　　　　　奉政大夫　　府君諱建邦字亞侯
清邑庠生誥封　　　　　齊　　　　　　之墓／
　　　　宜人　　母李太君

奉祀男兆瑞、兆璜、兆珍率孫樹行、樹聲、樹桂、樹芬、樹藩、樹勳、樹珊、樹芸敬立。／

碑陰：

奉政大夫齊公諱建邦之墓表／

公諱建邦，字亞侯，姓齊氏，高陽人，清邑庠生，賜奉政大夫。祖諱世城，邑庠生，妣氏韓，繼妣氏張，有子二：玉珂、玉／振。玉振字韻成，邑庠生，賞加六品銜，妣氏郭，繼妣氏王，生子一人即　公也。公聰穎耆[①]學，勇決有謀畧，鄉鄰有／事，輒取辦扵公。督課子弟尤勤，以是生計饒裕，富爲邑人冠。嘗以田六十晦公扵村，以所收穫充義舉，鄉人感／之，爲建樂善好施碑。此太史

---

① "耆"，古同"嗜"，愛好。

公^①所謂，君子富，好行其德者^②耶。公配氏李，有子三人，女一人適同邑西教台苑，士/族也。長子名兆瑞，優貢生，歷任邯鄲、曲陽、晉州、正定教諭，生子二人：樹芬、樹芸，女四人；次名兆璜，邑庠生，生子二/人：樹行、樹桂，女二人；季名兆珍，賜通政大夫，生子四人：樹聲、樹藩、樹勳、樹珊，女二人。公以嘉慶十八年十二月/十二日生，光緒四年十月初二日卒，春秋六十有六。配李氏以嘉慶十六年十二月初二日生，光緒二十七年/三月初一日卒。公抱幹濟才，以阨扵科名，未由自達，用宏厥施，卒以諸生老扵鄉，時論惜之。然出其緒餘，振起/家業，厚植子孫，俾各以學行，卓立扵世，要亦不失爲陳仲弓^③、馬少游^④之流亞也。公

---

① "太史公"，指西漢司馬遷，曾任太史令。
② "君子富，好行其德者"，語出《史記·貨殖列傳》："禮生於有，而廢於無。故君子富，好行其德；小人富，以適其力。"
③ 陳仲弓，本名陳寔（104~187），字仲弓，東漢潁川許縣（今河南長葛市古橋鄉陳故村）人。《後漢書》卷六二有傳，史稱其"有六子，紀、諶最賢"。
④ 馬少游，乃東漢名將伏波將軍馬援之從弟，據《後漢書·馬援傳》，馬援對其官屬云"吾從弟少游常哀吾慷慨多大志，曰：'士生一世，但取衣食裁足，乘下澤車，御款段馬，爲郡掾史，守墳墓，鄉里稱善人，斯可矣。致求盈餘，但自苦耳。'"

之眾孫，將謀爲其　祖考墓／立石，不以元鄙俚無文，以表阡見屬。姻家後進，其又奚辭？王道元表。／

安州舉人、現任安徽省政府秘書長、姻再晚王道元頓首拜撰。／

七等文虎章、湖北漢口警察廳警佐、世再晚黃景義頓首拜書。／

中華民國二十一年歲次壬申春穀旦建／

211　通政大夫齊公諱兆珍暨德配韓夫人墓表（民國二十一年，1932）

題解：原碑位於高陽縣小王果莊村，該村在縣東十五里，刻立於民國二十一年（1932）。現碑已佚。楷書。常先生原題“齊氏墳墓碑記”；碑原題“通政大夫齊公諱兆珍暨德配韓夫人墓表”，今從之。碑陽拓片缺失。其碑陰拓片長140厘米，寬64厘米，凡17行，滿行40字。鈐有印章（薛鳳鳴）。齊燾撰文，黃景義書丹。墓主齊兆珍，此墓爲其與妻韓氏的合葬墓。此碑由其子孫刻立，記述了齊兆珍的家世世系及其生平事迹等，對其子嗣情況介紹甚詳。

按：關於齊氏家族的情況，見編號135《齊氏世代序》。齊兆珍爲編號205《齊兆璜暨德配董太孺人墓碑并銘》齊兆璜、208《清優貢生邯鄲縣教諭齊兆瑞墓表》齊兆瑞之弟，內容上可以相互參證。

錄文：

碑陽：

通政大夫　　府君諱兆珍字韞璞

誥封　　　齊　　　　　　之墓

　　安　人　　母　韓　太　君

奉祀男樹聲、樹藩、樹勳、樹珊，率孫瓊林、泮林、澤林、寶林、月林、文林敬立。

碑陰：

通政大夫齊公諱兆珍暨德配韓夫人墓表／

齊公諱兆珍，字韞璞，河北高陽人也。世居筱王果莊，其先小興州人，明代遷居扵此。世有令德，稱望族焉。／其　大父韻成公，諱玉振，有清邑庠生，六品銜，以謹厚聞鄉里，稱長者。其□□□

公諱建邦，邑庠生，封/文林郎，有善行，常①施義田六十畝，鄉之人頌以碑匾，至今樂道不衰。其兄二□□符卿公，諱兆瑞，廩貢生，/任邯鄲縣教諭②。仲渭濱公，諱兆璜③，邑庠生。 公以少子承父兄之訓，敦孝弟而務農桑，好讀書，不求仕/進。經營家業，觸風雨，犯寒暑，數十載獨任其艱。食無求飽，居無求安，惟兢兢於教子孫，睦鄰里，厚戚友，周/困窮，種種善端，更僕難數。吁！可以風④矣。其 德配，同邑李果莊韓夫人，孝翁姑，相夫子，亦女中人傑也。/公生於咸豐六年二月十二日子時，卒於民國十年六月初二日午時。 韓夫人生於咸豐三年十二月/二十四日寅時，卒於光緒二十七年正月十三日午時。有子四：長樹聲君，字詠秋；次樹藩君，

字子屏，邑庠/生；三樹勳君，字閣臣，保定優級師範畢業，曾任本縣商學校長；四樹珊君，字佩之，保定軍醫學校畢業，曾/任邊防軍一等司藥官。有女二：長適同邑西教台苑宅，次適蠡縣南齊村楊宅。有孫六：夔林君，中學畢業；/泮林君，大學畢業，現充北平第二中學教務主任；澤林君，高級小學畢業；寶林君，北平輔仁大學肄業；月/林、文林，俱幼讀。嗟乎！椒衍瓜綿，英賢蔚

---

① "常"，當作"嘗"。關於齊建邦施義田六十畝之事，又見於編號210《奉政大夫齊公諱建邦之墓表》。

② "邯鄲縣教諭"，據編號210《奉政大夫齊公諱建邦之墓表》，齊兆瑞，歷任邯鄲、曲陽、晉州、正定教諭，與本碑記載不同。

③ "兆璜"，見編號205《齊兆璜暨德配董太孺人墓碑并銘》。

④ "風"，教育，感化。《詩·周南·關雎序》："《關雎》，后妃之德也。風之始也，所以風天下而正夫婦也。"《史記·儒林列傳》："今陛下昭至德，開大明，配天地，本人倫，勸學脩禮，崇化厲賢，以風四方。"

起，盖　公之種德者深，而後澤所延，正方興而未艾也。歲壬申[1]，其/哲嗣謀蠹石，丐表扵余。余與　公誼属至戚，且常慕　公之爲人，因綴其事，而書之，使其鑱諸墓上。/

丁酉科舉人、揀選知縣、候選内閣中書、姻晚生齊燾頓首拜撰。/
七等文虎章、湖南陸軍隨營學堂畢業、世晚黄景義頓首拜書。/
中華民國二十一年歲次壬申春　敬立/

212　齊公元杰墓碑并銘（民國二十一年，1932）

題解：原碑位於高陽縣小王果莊村，該村在縣東十五里，刻立於民國二十一年（1932）。現碑已佚。楷書。常先生原題"齊氏墳墓碑記"；碑原題"齊公元杰墓碑并銘"，今從之。其碑陽拓片長128厘米，寬38厘米，凡2行；碑陰拓片長135厘米，寬65厘米，凡15行，滿行32字。齊法韶撰文，黄景義書丹。墓主齊元杰，此墓爲其與妻劉氏的合葬墓。此碑由其子、孫刻立，以其孫的口吻，記述了齊元杰的生平事迹，突出了其勤於學、睦於親的品德。

按：關於齊氏家族的情況，見編號135《齊氏世代序》、205《齊兆璜暨德配董太孺人墓碑并銘》、206《齊樹行暨德配趙孺人墓表并銘》、207《清優廩貢生齊太祖考（煒）墓表》、208《清優貢生邯鄲縣教諭齊兆瑞墓表》、210《奉政大夫齊公諱建邦之墓表》、211《通政大夫齊公諱兆珍暨德配韓夫人墓表》、213《清邑庠生齊公世城墓碑》、214《齊公奠邦墓志并銘》、215《齊府君諱元模字式之墓表》、216《清耆老齊公玉珂墓碑》，内容上可以相互參證。

録文：

碑陽：

從九品齊府君諱元杰字擢卿

清　　　　　　　　　　之墓/

例　贈　劉　孺　人

男象儀、令儀、上儀、鴻儀，孫秉鈞、秉鑑、智廉、寶廉、秉

---

① "壬申"，指民國二十一年（1932）。

鑰、秉銓、秉鑰、秉錕。/

碑陰：

齊公元杰墓碑并銘/

　　從來有過人之節者，必有兼人①之志、容人之量、愛人之心，夫而後可為仁人、為善人、/為偉人，則過人遠矣。先 大父元杰公，尚志士也。其始扵學也，循弟子之儀，下浮悌/弟之懽，上篤親親之義，不意扵志學，初年失怙②，然 曾祖父在堂，學未終輟。乃不數/年 曾祖又逝。嗚乎！天降之災，使自由其不幸耶？抑空乏其身，思愁其心腸，增益其/所不能耶？又以家事艱窘，與 叔 祖議舉分爨，而此心耿耿③，猶不忘情扵學也。扵/治家之外，覽文章，讀經史，思進道學扵高明。然尤難者，及與二弟分居之後，頓傷手/足

① “兼人”，勝過他人；能力倍於他人。《論語·先進》：“求也退，故進之；由也兼人，故退之。”朱熹《集注》：“兼人，謂勝人也。”《漢書·韓信傳》：“受辱於跨下，無兼人之勇，不足畏也。”唐韓愈《韓滂墓志銘》：“滂清明遜悌以敏，讀書倍文，功力兼人。”

② “失怙”，指喪父。語本《詩·小雅·蓼莪》：“無父何怙？無母何恃？”清黄景仁《和容甫》詩：“兩小皆失怙，哀樂頗相當。”

③ “耿耿”，明亮貌。《文選·謝朓〈暫使下都夜發新林至京邑贈西府同僚〉詩》：“秋河曙耿耿，寒渚夜蒼蒼。”李善注：“耿耿，光也。”唐韓愈《利劍》詩：“利劍光耿耿，佩之使我無邪心。”

之親，更爲理家務、撫子姪，其命運顚連，有至扵斯極者，而至大
至剛之氣，無時餒／焉。其自處也，簡而直；其治內也，嚴而肅；
其對外也，寬而屬。有威可畏，有型可式，延名／師，訪益友，訓
子姪以道義，課長幼以儉勤，勞農工以荒怠。四十年之英氣勃勃，
有如／卓爾不群者。嗚乎，尚矣！敬述前型，貞之金石。　銘曰：
志量廣大兮，有爲有猷。威儀抑／抑兮，厥德允修。詩書継世兮，
荷天之庥。永垂不朽兮，萬古千秋。／

　　胞侄法詔頓首拜撰／
　　世晚黃景義頓首書／
　　中華民國二十一年歲次壬申孟夏敬立／

213　清邑庠生齊公世城墓碑（民國二十一年，1932）

　　題解：原碑位於高陽縣南龍化村，該村在縣東二十五里，刻立於民
國二十一年（1932）。現碑已佚。楷書。常先生原題"齊氏墳墓碑記"；
碑原題"清邑庠生齊公世城墓碑"，今從之。其碑陽拓片長125厘米，
寬36厘米，凡2行；碑陰拓片長135厘米，寬65厘米，凡15行，滿
行36字。陳作霖撰文，黃景義書丹。墓主齊世城，此墓爲其與原配韓
氏、繼室張氏的合葬墓。此碑由其五代孫和六代孫刻立，記述了齊世的
源流以及齊世城的生平事迹等。

　　按：關於齊氏家族的情況，見編號135《齊氏世代序》、205《齊兆
璜暨德配董太孺人墓碑并銘》、206《齊樹行暨德配趙孺人墓表并銘》、
207《清優廩貢生齊太祖考（煒）墓表》、208《清優貢生邯鄲縣教諭齊
兆瑞墓表》、210《奉政大夫齊公諱建邦之墓表》、211《通政大夫齊公
諱兆珍暨德配韓夫人墓表》、212《齊公元杰墓碑并銘》、214《齊公奠
邦墓志并銘》、215《齊府君諱元模字式之墓表》、216《清耆老齊公玉
珂墓碑》，齊世城爲編號205齊兆璜的曾祖，內容上可以相互參證。

　　錄文：

　　碑陽：

　　　邑庠生　　　考諱世城
　清　　　齊祖　　　　　之墓／

誥封安人　　妣韓太君 / 張太君

五代孫法韶、樹芬、樹芸、樹桂、樹聲、樹勳、樹珊，六代孫
秉鈞、秉綸、秉鑑、耀林、繼宗、綏宗、寶廉敬立。/

碑陰：

清邑庠生齊公世城墓碑 /

齊以國為姓者也，太公①而浚，代有傳人，惜年湮代遠，詳考
為難。至唐有齊暎②者，以狀元歷官宰 / 相，政績卓著，史冊有傳，
蓋古史所稱不朽者歟。吾邑城廂齊姓，齊暎公浚裔也，歷宋、元、
明、清科 / 第不廢，書香綿遠，老書歷歷可徵，蓋吾邑之望族也。
先諱 渶公，始自縣城，遷城東之小王 / 果莊③。經營規畫，若公劉④
之遷豳；締造艱難，等文公之興衛⑤。草堦茅茨，藍縷開疆，蕃衍
椒聊⑥，保世 / 滋大。及於 公乃聿脩舊業，丕振家聲。未弱冠，補
諸生。然其為學也則一，以聖賢仁義道德為 / 臬宿，不規規於詞章
制藝⑦。生平著作，皆提倡名教，整頓綱常，教忠、教孝、教弟、教
慈，尚節義，重庶 / 恥，有關世道人心。其無裨於寔學者，不屑為
也。事親則承懽，養老人無間言，持家則半讀半耕，/ 善成先志。
內焉以和霭為懷，外焉以慈善為臬。其涉身處世，無不立為科條，
以垂憲乃浚者。以 / 故浚之子孫，能世守其浘，永保熾昌。蓋 公貽
謨遠大，有以致之也。　公享壽八十有一，原 / 配韓孺人，繼配張

---

① "太公"，指姜太公姜尚。

② "齊暎"，當作 "齊映"，《舊唐書》卷一三六和《新唐書》卷一五〇有傳。據史載，齊映乃
瀛洲高陽人，登進士第，應博學宏辭，唐貞元二年（786），以中書舍人拜平章事，即宰相。
至於齊映為狀元，不知何據。

③ "小王果莊"，編號 211 作 "筱王果莊"。

④ "公劉"，古代周族的領袖，傳為后稷的曾孫。他遷徙豳地（今陝西旬邑）定居，不貪享
受，致力於發展農業生產。《隸釋·漢蜀郡屬國辛通逵李仲曾造橋碑》："西征鄽國，撫育犁
元，除煩省苛，公劉之仁。"

⑤ 衛文公（?~前635），姬姓，初名辟疆，後改名燬，乃衛宣公之孫、衛昭伯（昭伯頑）之
子、衛戴公之弟。衛懿公九年（前660），狄人攻衛國，殺死衛懿公。燬先流落至齊國，後
至宋國避難。衛人擁立燬的哥哥申為國君，是為衛戴公。同年（前660），衛戴公去世，燬
繼任國君之位，是為衛文公。他繼位後，減輕賦稅，慎用刑罰，自身勤勞，與百姓共歷艱
辛，以收攬衛國的民心，使得衛國得以中興。

⑥ "椒聊之實，蕃衍盈升。彼其之子，碩大無朋。"出於《詩經·椒聊》中。

⑦ "制藝"，又稱 "制義"，指八股文。清黃宗羲《萬祖繩七十壽序》："從錢忠介學制藝，稱
為高第弟子。"姚華《論文後編·目錄下》："熙寧中王安石創立經義，以為取士之格，明復
仿之，更變其式，不惟陳義，并尚代言，體用排偶，謂之八比，通稱制藝，亦名舉業。"

孺人，均名門淑秀，贊稱扵時。子二：長玉珂，次玉振，均能傳其家學。銘曰：/ 溯 公之族，名臣之後；論 公之學，賢聖爲儔。貽謨遠大，萬歲千秋。子孫昌熾，壽與天伴。/

　　前湖北督軍公署軍法官、漢陽縣知事、文學士、壬寅科舉人、孫婿陳作霖拜撰。/

　　前湖北漢口警督[①]廳警佐、賞七等文虎章、二等警督獎章、世再晚黄景義拜書。/

　　中華民國二十一年歲次壬申孟夏上浣敬立。/

214　齊公奠邦墓志并銘（民國二十一年，1932）

　　題解：原碑位於高陽縣小王果莊村，該村在縣東十五里，刻立於民國二十一年（1932）。現碑已佚。隸書。常先生原題"齊氏墳墓碑記"；碑原題"齊公奠邦墓志并銘"，今從之。其碑陽拓片長126厘米，寬39厘米，凡2行；碑陰拓片長135厘米，寬63厘米，凡11

---

① "督"同"察"。下同。

行，滿行 30 字。黃景義撰文，齊繹宗書丹。墓主齊奠邦，此墓乃其與妻靳氏的合葬墓。此碑由其孫、曾孫等人刻立，記述了齊奠邦的生平，文中其事迹甚略。

按：關於齊氏家族的情況，見編號 135《齊氏世代序》、205《齊兆璜暨德配董太孺人墓碑并銘》、206《齊樹行暨德配趙孺人墓表并銘》、207《清優廩貢生齊太祖考（煒）墓表》、208《清優貢生邯鄲縣教諭齊兆瑞墓表》、210《奉政大夫齊公諱建邦之墓表》、211《通政大夫齊公諱兆珍暨德配韓夫人墓表》、212《齊公元杰墓碑并銘》、213《清邑庠生齊公世城墓碑》、215《齊府君諱元模字式之墓表》、216《清耆老齊公玉珂墓碑》，內容上可以相互參證。

録文：

碑陽：

碩　齊府君諱奠邦

　德　　　　　　　之墓／

淑　靳孺人、李孺人

孫法韶，曾孫秉鈞、秉鑰、秉鑑、継宗、維宗、寶廉敬立。／

碑陰：

齊公奠邦墓誌并銘 /

齊府奠邦君，世城公長孫也。子二：長元杰，次元模。春秋
五十有三，扵道光二 / 十五年逝世。今歷八十六年，所其後人，以
継述之功德，丐余爲文。余自思學淺 / 才疎，謬承鑒賞，操觚染
翰，有忝方家。即从事属辭，而德行兼優，奚罄名言之妙？ / 訓謨
有式，難詳啟迪之休。雖謂文以載道，文以足言，恐詞涉虛浮，既
失作則之 / 真，有負承先之志。况其垂憲，乃後式扵家邦者，能扵
事之大小纖微，曲折體物 / 不遺哉？乃不棄鄙陋，詢及蒭蕘，敢進
俚言，勒諸金石，又從而銘之。銘曰： /

聖謨洋洋，德音鏘鏘。有此紀方，長發其祥。萬福無疆，參日
月之光。 /

再晚黄景義撰 /

曾孫繹宗拜書 /

中華民國二十一年歲次壬申孟夏敬立 /

215　齊府君諱元模字式之墓表（民國二十一年，1932）

題解：原碑位於高陽縣小王果莊村，該村在縣東十五里，刻立於民
國二十一年（1932）。現碑已佚。楷書。常先生原題“齊氏墳墓碑記”；
碑原題“齊府君諱元模字式之墓表”，今從之。其碑陽拓片長 128 厘
米，寬 45 厘米，凡 2 行；碑陰拓片長 135 厘米，寬 63 厘米，凡 12
行，滿行 27 字。碑陽拓印明顯。劉中傑撰并書丹。墓主齊元模，此墓
爲其與妻孫氏、魯氏的合葬墓。此碑由其子、孫等刻立，記述了齊元模
的身世、品行等。

按：關於齊氏家族的情況，見編號 135《齊氏世代序》、205《齊兆
璜暨德配董太孺人墓碑并銘》、206《齊樹行暨德配趙孺人墓表并銘》、
207《清優廩貢生齊太祖考（煒）墓表》、208《清優貢生邯鄲縣教諭齊
兆瑞墓表》、210《奉政大夫齊公諱建邦之墓表》、211《通政大夫齊公
諱兆珍暨德配韓夫人墓表》、212《齊公元杰墓碑并銘》、213《清邑庠
生齊公世城墓碑》、214《齊公奠邦墓志并銘》、216《清耆老齊公玉珂

墓碑》，其中齊奠邦爲齊元模之父，內容上可以相互參證。

録文：

碑陽：

齊府君諱元模字式之

之墓 /

淑德孫儒人、魯孺人

男賡韶、景韶、法韶，孫継宗、繩宗、續宗、維宗、綏宗、紹宗、緝宗、繹宗奉祀。/

碑陰：

齊府君諱元模字式之墓表 /

先考以同治六年謝世，壽三十一，今歲週六甲^①有六年矣。追思先考少 / 孤^②，依祖叔成立。稍長，輒讀治家，愛親敬長，勤儉自持，勞役不辭。況 / 瘁風塵，不苦鞅掌^③。又以急難禦侮，結道義交遊，嚴以課己，寬以待人，簡 / 而文，溫而理，日用倫常之內，敦厚崇禮。且黎明即起，家人倚爲表坊^④。其 / 於鄰里鄉黨間，吉喪慶弔，恤孤撫寡，強者抑之，弱者扶之，固卓卓者有 / 足傳述之行焉。謹述緒餘，貞諸座石，播之聲詩，庶來葉不忘家德云。/

詩曰：

卅載之光陰，式昭德音。慎思明訓，式如玉式，如金彝倫。攸叙永垂，/ 萬世之箴。/

法政學校畢業、前陸軍步兵少校銜、世晚劉中傑代書。/

中華民國二十一年歲次壬申仲夏　立。/

---

① "六甲"，用天干地支相配計算時日，其中有甲子、甲戌、甲申、甲午、甲辰、甲寅，故稱。六甲爲六十年。《漢書·食貨志上》："八歲入小學，學六甲五方書計之事，始知室家長幼之節。"王先謙補注引顧炎武曰："六甲者，四時六十甲子之類也。"又引周壽昌曰："猶言學數干支也。"《漢書·律曆志上》："故日有六甲，辰有五子，十一而天地之道畢，言終而復始。"

② "先考少孤"，據碑文可知，墓主齊元模生於清道光十七年（1837）。而據編號214《齊公奠邦墓志并銘》，齊元模之父齊奠邦，卒於道光二十五年（1845），其時齊元模年僅8歲。

③ "鞅掌"，謂職事紛擾煩忙。《詩經·小雅·北山》："或棲遲偃仰，或王事鞅掌。"《毛傳》："鞅掌，失容也。"鄭玄箋："鞅掌何也，掌謂捧之也。負何捧持以趨走，言促遽也。"孔穎達疏："傳以鞅掌爲煩勞之狀，故云失容。言事煩鞅掌然，不暇爲容儀也，今俗語以職煩爲鞅掌，其言出於此傳也。故鄭以鞅掌爲事煩之實，故言鞅猶荷也。"《舊唐書·王播傳》："播長於吏術，雖案牘鞅掌，剖析如流，點吏祇欺，無不彰敗。"

④ "表坊"，是中國古代具有表彰、紀念、導向或標志作用的建築物。包括牌坊、華表等。

216 清耆老齊公玉珂墓碑（民國二十一年，1932）

題解：原碑位於高陽縣小王果莊村，該村在縣東十五里，刻立於民國二十一年（1932）。現碑已佚。常先生原題“齊氏墳墓碑記”；碑原題“清耆老齊公玉珂墓碑”，今從之。其碑陽拓片長125厘米，寬39厘米，凡2行，隸書；碑陰拓片長138厘米，寬63厘米，凡17行，滿行40字。楷書。墓主齊玉珂，此墓爲其與妻黃氏的合葬墓。此碑由其曾孫、玄孫等人刻立，記述了齊玉珂的身世、品行等。

按：關於齊氏家族的情況，見編號135《齊氏世代序》、205《齊兆璜暨德配董太孺人墓碑并銘》、206《齊樹行暨德配趙孺人墓表并銘》、207《清優廩貢生齊太祖考（煒）墓表》、208《清優貢生邯鄲縣教諭齊兆瑞墓表》、210《奉政大夫齊公諱建邦之墓表》、211《通政大夫齊公諱兆珍暨德配韓夫人墓表》、212《齊公元杰墓碑并銘》、213《清邑庠生齊公世城墓碑》、214《齊公奠邦墓志并銘》、215《齊府君諱元模字式之墓表》，其中齊建邦爲齊玉珂之父，內容上可以相互參證。

録文：

　　碑陽：

　　　　耆老齊府君諱玉珂

　　清　　　　　　　　之墓／

　　　　例　授　黄／孺人

　　曾孫法韶，玄孫継宗、維宗、寶廉、秉鈞、秉鑰、秉鑑敬立。／

　　碑陰：

　　清耆老齊公玉珂墓碑／

　　語云"厚德載福"①，信哉言乎！愿觀自古肇興家業，能繼往而開来者，必樸誠而敦厚，碩德而高年。荀爽②之父，／史稱其盛德，而荀爽兄弟八人，皆為一代名流，有光漢室，時人比之"八龍"。寶禹鈞③，史稱其好施，而寶儀、寶／侃等兄弟五人，皆躋顯要，時人比之"五桂"。近代如曾侯④之太翁，亦一忠厚長者。而曾侯昆仲⑤，中興清室，立／旋乾轉坤之勳。之三老者，皆以盛德享大年，而後世子孫昌盛，其故何歟？盖其浮天者厚，而自身之培養／者亦厚，故天之報之亦獨厚，而使其世澤之靈長也。吾邑　齊公玉珂，為邑庠生，世城公長公子也。少承／家學，夙有淵源，惟不規規扵仕進，而純以篤行聖賢之學為宗旨。其事親也以孝，處兄弟也以友，撫幼也／以慈，交友也以信，處世也以和平，待人也以忠厚。

---

① "厚德載福"，語出《國語・晋語六》："吾聞之，唯厚德者能受多福，無德而服者衆，必自傷也。"

② 荀爽（128~190），字慈明，東漢潁陰（今河南許昌市）人，《後漢書》卷六二有傳。其父荀淑，品行高潔，博學多識，有"神君"之稱。荀爽兄弟八人俱有才名，時人稱爲"荀氏八龍"。荀爽是"八龍"中的第六位，但若論才學，則數第一，當時有"荀氏八龍，慈明無雙"的評讚。他於延熹末舉至孝，拜郎中，棄官去。後遭黨錮十餘年，五府并辟，司空袁逢舉有道，大將軍何進請爲從事中郎，迎薦爲侍中，皆未就。漢獻帝即位，拜平原相，後代楊彪爲司空。

③ 寶禹鈞，後周范陽（今屬河北涿州）人，世稱"寶燕山"。唐天祐末，起家幽州，入周累官太常少卿，爲左諫議大夫致仕。他於宅南構一書院40間，聚書數千卷，延置師席，凡四方孤寒之士，貧無供給者，咸爲出之；無問識與不識，有志於學者，聽其自至，凡四方之士由其門登貴顯者，前後接踵。其五子亦優遊從學其中，因而見聞益博，學識大進，皆及第顯貴：長子名儀，官至禮部尚書；次子名儼，爲禮部侍郎；三子名侃，左補闕；四子名偁，左諫議大夫，參知政事；五子名僖，起居郎。其中長、次二子均爲翰林學士。故後世《三字經》中云："寶燕山，有義方；教五子，名俱揚。"

④ "曾侯"，指曾國藩，因鎮壓太平天國運動之功，被封爲一等毅勇侯，故稱。"太翁"，指曾國藩之父曾麟書，爲塾師秀才。

⑤ "曾侯昆仲"，指曾國藩弟曾國潢、曾國華、曾國荃、曾國葆。

自奉儉而性好施，雖竇氏①之濟人、魯公之指囷②，無以過／之。故遠近識與不識，無不知　公為好善者，生平行事，蓋可想見。晚年以年高德邵，授耆老，召赴鄉飲，人／以為榮。公享壽七十有八，德配黃孺人，享壽八十有一，亦賢稱一時。子奠邦公，克承　公志，以　公之盛德，當時雖不甚顯然，自　公之後，家道漸昌，幾富甲一郡。子孫讀書者，皆補諸生，食廩餼，近雖科舉／停廢，然畢業中學、大學者，多優秀之才，蔚然為吾邑望族，勳業彪炳，雖不能比曾氏襲侯、竇家五桂，然比／之荀氏□龍，蓋無多讓，非　公之盛德，有以致之歟？　銘曰：／

　　公有厚福，□德大年。達人在後，厥德不潛。□經武緯，世澤綿綿。積善餘慶，吾信斯言。／

　　湖北督軍公署軍湆官、漢陽縣知事、文學士、壬寅科舉人、孫婿陳作霖拜撰。／

---

① “竇氏”，指竇禹鈞，其濟人事迹見前註。
② “魯氏之指囷”，魯氏，指三國魯肅。據《三國志·吳書·魯肅傳》：“周瑜為居巢長，將數百人故過候肅，并求資糧。肅家有兩囷米，各三千斛。肅乃指一囷與周瑜。”後以“指囷”喻慷慨資助。

世晚、邑庠生高崧甫頓首拜書。/

中華民國二十一年歲次壬申仲夏上浣　　敬立 /

217　張殿雲妻宮氏碑記（民國二十一年，1932）

題解：原碑位於高陽縣舊城村，該村在縣東二十三里，刻立於民國二十一年（1932）。現碑已佚。楷書。常先生原題"宮殿雲碑記"，今據碑文改擬。其碑陽拓片長 113 厘米，寬 45 厘米，凡 3 行；碑陰拓片長 117 厘米，寬 55 厘米，上半部分碑文凡 17 行，下半部分爲 3 排施洋名單。劉心田撰文，許樹棉書丹。此碑記述了殿雲公之妻宮氏的生平、事迹。從碑文來看，宮氏師承於蠹吾大團丁王老恩師，其傳教影響及於安、高兩縣，她又傳於其子瀛淹，對於瞭解民國時期民間信仰在高陽乃至中國北方地區傳承具有一定的資料價值。

録文：

碑陽：

民國二十一年十月初二日上澣　　　　穀旦 /

　　殿雲　　　　　　　　　瀛波

法師　　皈依三寶弟子法名　　　　之墓 /

　　宮氏　　　　　　　　　瑛雲

安高兩縣親友誼暨徒衆人等公立。/

碑陰：

語云："樂善者治身之本，好施者積德之源"，非獨大 / 丈夫能然也，即巾幗人亦有之。如我師係高陽石家□宮氏，品行淑慎，性質幽閑，長適同邑舊城鎮 / 張門殿雲公之妻，倡隨克篤，夫子無違，結縭[①]甫逮 / 六載，良緣已盡一生。時我師方二十四歲，甘心守 / 節，矢志靡他，孝、弟、慈三字，包括無遺。繼身入三寶[②] / 佛門，清

---

① "結縭"，亦作"結褵"。古代嫁女的一種儀式。女子臨嫁，母爲之繫結佩巾，以示至男家後奉事舅姑，操持家務。後代指男女結婚。唐喬知之《雜曲歌辭·定情篇》："由來共結褵，幾人同匪石。"元王子一《誤入桃源》第三折："現如今桃源好結縭，問甚麼瓜田不納履。"

② "三寶"，指佛、法、僧，後以指佛教。《南史·梁昭明太子統傳》："太子亦素信三寶，徧覽衆經。"宋蘇軾《真相院釋迦舍利塔銘》："皆性仁行廉，崇信三寶。"

心靖養，沐浴參禪。受蠡吾大園丁王老恩／師①真傳，教授諸弟子以治療之術、拯救之方。物我／無間，貧富忘形，普諸同而不施諸獨。又恐心跡難／明，將自己莊基捨在佛堂，作林開佛所，俾衆徒有／所歸宿，無他歧焉。我師一片婆心，有他人所不及／萬一者。迭經西域寺方丈命，委第一代功德主，今／師已往矣。令子瀑淹，復能繼志，述事堂構，克承微／特，衆弟子難忘師德，即鄉誼情願附名以報，故撮／其大概，建碑以誌之，且願同志諸公覽焉。／

　　劉春田監修，劉心田撰，許樹棉薰沐敬書。／

　　韓通運洋壹元，劉景彥洋壹元，劉心田洋壹元，劉春田洋壹元，梁祿昌洋壹元，梁寀洋壹元，張福勛洋壹元，張鳳崗洋壹元，吳昌厚洋壹元，石連仲洋壹元，石品卿洋壹元，石瑞廷洋壹元，何有雲洋壹元，張連生洋壹元，許樹果洋伍角，李文漢洋壹元，李德正洋壹元，李文成洋壹元，解剛健洋貳角伍，梁景春洋壹元，李贊華洋壹元。／林開佛堂洋伍元，胡如皆洋伍元，郭如真洋貳元，李蘭芝洋伍元，陳蘭啟洋伍元，劉蘭順洋叁元，鄧蘭秀洋貳元，劉如

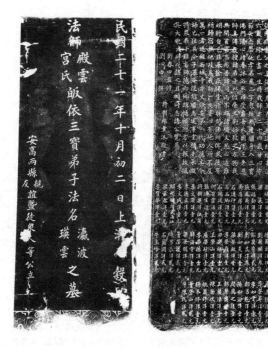

---

① "王老恩師"，據編號195《前清碩德王君起發（建業）暨德配張氏墓志》，當指王建業。

昆洋叁元，劉如炎洋壹元，梁榮啟洋壹元，李榮嶺洋壹元，田榮祺
洋壹元，王榮山洋壹元，屈榮珍洋壹元，李榮德洋壹元，解海會洋
壹元，梁榮鶴洋壹元，董榮讓洋貳元，牛昌永洋貳元，石蘭潤洋貳
元，牛玉峰洋貳元，/ 索協隆洋貳元，房昌恒洋壹元，李榮蕚洋壹
元，李如會洋壹元，郝昌魁洋壹元，孫如汾洋壹元，閆蘭之洋壹
元，郝榮蘭洋壹元，王蘭清洋壹元，陳榮伏洋壹元，姚蘭修洋壹
元，楊木修洋壹元，董登山洋貳元，牛陳氏洋貳元。/

218　左騎尉牛公諱懋德暨德配楊孺人墓志（民國二十一年，1932）

題解：原碑位於高陽縣南沙窩村，該村在縣正南一里，刻立於民
國二十一年（1932）。現碑已佚。常先生原題"牛氏墳墓碑記"；碑原
題"左騎尉牛公諱懋德暨德配楊孺人墓志"，今從之。其拓片長118厘
米，寬40厘米，凡12行，滿行60字。楷書。該碑右邊爲碑文，中間
爲"……之墓"，左邊爲落款。此拓片中間位置有上下兩處缺損，當爲
折疊的拓片粘連在一起打開時所致。碑陽內容和碑陰內容合諸一體，較
爲少見。黃景義撰文，書丹者不詳，蓋亦爲黃景義。墓主牛懋德，此墓
爲其與妻楊氏合葬墓。此碑記述了牛懋德的世系淵源、生平事迹等，對
其子嗣情況介紹甚詳。

按：撰者黃景義，碑文中其爲"湖北漢口警察廳警佐、賞給七等文
虎章、二等三級警察獎章、湖南陸軍隨營學校畢業"。編號205《齊兆
璜暨德配董太孺人墓碑并銘》，亦由其書丹。

錄文：

左騎尉[①]牛公諱懋德暨 德配楊孺人墓誌 /

公諱懋德，姓牛氏，河北高陽人也。世居南沙窩，其先小興州
籍，自明末遷居於此。世有令德，稱望族焉。其　父諱連元，耕讀
起家，貲産饒富，好行其德，世有仁 / 聲，鄉里稱長者。其弟二：

---

① "左騎尉"，應作"佐騎尉"，其全稱爲"武略佐騎尉"，爲散階稱號，清朝武職從六品之
封贈。初，八旗與綠營分別封贈，名稱不一。乾隆三十二年（1767）統一爲武信佐郎。
五十一年，改稱武略佐騎尉，遂成定制。

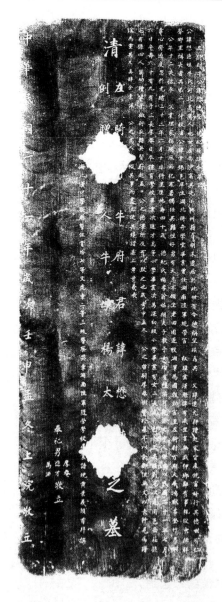

仲秋浦公，諱雲錦，邑庠生，湖北將弁學堂畢業，曾任湖南陸軍統帶官；叔諱雲漢，魁偉有威望，言無戲狎，鄉鄰有事，輒從中排解。/公年十二失怙，承 父業理家務，觸風雨，犯寒暑，獨任其囏。性好勇，有大志，不願坐老田園，遂投湘軍，為國報效，官至左騎尉。方期大展鴻猷，名登竹帛，不/幸心勞過度，忽扵光緒三十三年六月十日，將星[1]墜地，壽四十歲。 德配氏楊，孝翁姑，相夫子教，子女均有禮法可觀，亦女中人傑也，以民國二十一年七月/六日卒，壽六十有九。有子三：長厚菴，日本體育學校畢業；次進才，高等小學畢業；次萬深，初級小學畢業。有女二：長適同邑小王果莊劉宅；次適同邑西莊孫/宅。有孫四人，俱幼讀。嗟乎！椒衍瓜緜[2]，英賢蔚起，蓋 公之德澤所及，有以致之也。歲壬申[3]孟冬，公之哲嗣厚菴樹碑扵墓，不以余鄙俚無文，以表阡[4]見属。譜/誼為重，其又奚辭？余素佩 公之為人，□綴其事而書之，使其鑱諸墓上。黄景義表。/

---

[1] "將星"，古人認爲帝王將相與天上星宿相應，將星即象徵大將的星宿。《隋書・天文志》："大將星搖，兵起，大將出。"《三國演義》第一〇三回："吾見將星失位，孔明必然有病，不久便死。"

[2] "椒衍瓜緜"，像花椒一樣密密繁衍，像瓜藤一樣蜿蜒纏綿，比喻家族繁衍昌盛，人丁興旺。

[3] "壬申"，指民國二十一年（1932）。

[4] "表阡"，指墓碑。劉禹錫《祭韓吏部文公鼎侯碑》："志隧表阡，一字之價，輦金如山。"

　　左騎□^① 牛府君諱懋□

清　　　　　　　　　　　　之墓 /

　　例贈□人^② 牛母楊太□

湖北漢口警察廳警佐、賞給七等文虎章、二等三級警察獎章、湖南陸軍隨營學校畢業譜晚黃景義頓首拜撰。/

　　奉祀男厚菴、進才、萬深敬立。/

　　中華民國二十一年歲次壬申孟冬上浣敬立 /

219　韓育仁墓碑記（民國二十二年，1933）

　　題解：原碑位於高陽縣東王草莊村，該村距城三里，刻立於民國二十二年（1933）。現碑已佚。首題無，常先生原題“韓氏墳墓碑記”，今據碑文改擬。碑額 2 行，行 2 字，題曰“萬古流芳”，楷書。其碑陽拓片長 113 厘米，寬 51 厘米，凡 3 行；碑陰拓片長 123 厘米，寬 50 厘米，凡 11 行，滿行 25 字。曹師古撰文并書丹。墓主韓育仁，此碑爲其與妻劉氏、王氏的合葬墓。此碑由其孫等立，記述了韓育仁的身世、品行以及子嗣情況。

　　錄文：

　　碑陽：

　　碑額：萬古 / 流芳 /

　　民國二十二年夏曆三月　穀旦 /

　　　　邑庠生韓府君諱育仁字遂生

前清　　　　　　　　　　　　　之墓 /

　　　　例贈儒人先祖妣劉太君、王太君

奉祀孫蘭亭、丹亭、瑞亭敬立。/

　　碑陰 /

育仁公，字遂生，籍居治城西關，歷代忠孝傳家，簪纓繼世，誠上谷 / 名族也。公生穎悟，少年入泮。詎料家景蕭條，就館保

---

① “左騎□”，□字磨泐，據碑文內容可知所缺爲“尉”字。懋□，據碑文內容可知所缺爲“德”字。

② “例贈□人”，據碑文內容可知所缺當爲“孺”字。

定三十餘載，/終老牖下①，弟子有聲庠序者，指不勝屈，舉於鄉者二。公性仁孝，待/人以修謹，誠實為主，循循善誘，故諸生咸以仁慈稱謚。公生女三：/長適東街李姓，次適趙官佐村郭姓，三適南圈頭村齊姓，俱名門/望族。子四：長曰植桐，次曰植齡，三曰植三，四曰植梅，鄉里俱以孝/聞。丹亭等，植桐公之子、育仁公之孫也。童時追隨公讀，得蒙庭訓②/義方，雖未成名，半途流入商界，可稱溫飽。每念昔日親恩，無以為/報，謹就事實，畧書梗概，勒諸石碣，以誌不忘云爾。/

同邑曹師古撰文并書丹。/

奉祀孫蘭亭、丹亭、瑞亭，率子慶元、慶民、慶□、慶長、慶祿、慶五、慶興，暨孫文華、文彬敬立。/

---

① "牖下"，户牖間之前，窗下，亦借指壽終正寢。《詩經·召南·采蘋》："於以奠之？宗室牖下。"鄭玄箋："牖下，户牖間之前。"《左傳·哀公二年》："畢萬，匹夫也。七戰皆獲，有馬百乘，死於牖下。"杜預注："死於牖下，言得壽終。"宋王明清《揮麈後錄》卷七："當時侍行如童貫、梁師成輩皆坐誅，而俅獨死於牖下。"

② "庭訓"，《論語·季氏》記孔子在庭，其子伯魚趨而過之，孔子教以學《詩》《禮》。後因稱父教爲庭訓。《舊唐書·劉贊傳》："贊久爲廉察，厚斂殖貨，務貢奉以希恩。子弟皆虧庭訓，雖童年稚齒，便能侮易驕人，人士鄙之。"義方，行事應該遵守的規範和道理。《逸周書·官人》："省其居處，觀其義方。"《左傳·隱公三年》："石碏諫曰：'臣聞愛子教之以義方，弗納於邪。'"後因多指教子的正道，或曰家教。晋葛洪《抱朴子·崇教》："愛子欲教之義方，雕琢切磋，弗納於邪僞。"

220　清增廣生諱士俊字智泉王公墓碑記（民國二十二年，1933）

題解：原碑位於高陽縣高家莊村，該村在縣東南二十五里，刻立於民國二十二年（1933）。現碑已佚。常先生原題"王氏墳墓碑記"；碑原題"清增廣生諱士俊字智泉王公墓碑記"，今從之。其碑陽拓片長116厘米，寬35厘米，凡3行；碑陰拓片長123厘米，寬50厘米，凡12行，滿行30字。王喬年撰文，王鏡銓書丹。墓主王士俊，此墓乃其與妻劉氏，繼室張氏、趙氏的合葬墓。此碑由其二女兒出資所立，記述了王士俊的生平、事迹及其子嗣情況等。

錄文：

碑陽：

中華民國二十二年歲次癸酉冬月上浣穀旦/

　增廣生諱士俊字智泉王府

清　　　　　　　　　　君之墓/

　例贈孺人王母劉太、張太、趙太

適李門二女敬立/

碑陰：

清增廣生諱士俊字智泉王公墓碑記/

士居四民之首，其見稱扵亗者，叹其通經術也。然止通經術，不通時務，亦迂儒/耳，非名士也。吾鄉王公，殆無愧為名士乎！公諱士俊，字智泉，前清增廣生①也。博/覽羣書，頗有五車之富，而扵應酬時事，尤有□長。經理村事數十年，凡衙署中/人，無不聞而起敬。又常為人排難解紛，辦理冠婚喪祭，其言詞之慷慨、計畫之/周祥，有非他人所能及者，謂為名士，洵無愧矣。其元配劉孺人，繼配張孺人並趙孺人，俱叹賢慧著聞。公生女二，張出，長適布里村段宅，次適長果莊李宅，皆/望族也。子四，趙出，長振峰，其三皆早世。今公去世已數十年，其次女出賫，欲為/公勒貞

①　"增廣生"，即"增生"。《明史·選舉志一》："一等前列者，視廩膳生有缺，依次充補，其次補增廣生。"清俞正燮《癸巳存稿·釋社》："學生有五等：學生亦曰廩生，一也；增廣生，二也"。

瑂，以垂久遠，囑余為文。余固不能文者，因慕公之聞望，且與振
峰公朝／夕相處，辭不獲已，謹述其所聞，以為之記。／

　　鄉再晚王喬年撰。／

　　族孫鏡銓書。／

221　清處士王公（棟）墓表（民國二十三年，1934）

　　題解：原碑位於高陽縣出岸村，該村在縣東四十里，刻立於民國
二十三年（1934）。現碑已佚。常先生原題"王氏墳墓碑記"；碑原題
"清處士王公墓表"，今從之。其碑陽拓片長118厘米，寬40厘米，凡
3行；碑陰拓片長161厘米，寬60厘米，凡16行，滿行40字。鈐有
印章。劉自修撰文，王兆咸書丹。墓主王棟，此碑係由其子、孫等刻
立，記述了王棟的生平、事迹、品行及其子嗣情況等。

　　錄文：

　　　碑陽：

　　中華民國二十三年歲次甲戌孟春穀旦／

　　　處士諱棟王府

清　　　　　　　　　　君之墓/

待贈孺人張太、高太

奉祀男顯宗、炳宗，孫緒堂、慶堂、連堂、滿堂、奇堂、生
堂、連瑞敬立。/

碑陰：

清處士王公墓表/

公姓王氏，諱棟。公先祖有諱瓚者，明永樂間，由山西小興州[①]
村，遷來高陽出岸村，遂世隸高陽籍。公生而/穎悟，長益俊異，有
經濟才，勤儉善居積，遂以耕讀起家。急公好善，濟人危困，數十年
間，所存活無算。尤任/俠仗義，好為人排難解紛。公族弟某與鄰村
閻姓，嘗以細故，積不相能，累訟經年，俱耗其產之大半，而仍/□
任氣不得息。公憤然出，訓以大義，曉以利害，因以平。公所為率

① “小興州”，治所在今河北省灤平縣小城子村。據清朝《欽定熱河志》載，宜興故城，金初
　為興化縣白檀鎮，泰和三年（1203）置宜興縣，屬興州。元初因之，致和元年（1328）升
　為宜興州。因舊有興州，故俗稱此為“小興州”。小興州是明初洪武、永樂年間官方組織移
　民的又一集散地，河北方志中追溯祖源時，多言自小興州遷來。

如此。於是朱郭^①之譽，遐邇聞名。雖然公／年逾耳順，猶以無子為憂，且慮有族人爭嗣之擾，每喟然歎曰："我一生行止，問心無愧，何竟立嗣之晚乎？"／公年六十，連生二子，皆成立，則天之所以報義人者，猶未盡泯。公生於清嘉慶九年，歿於光緒十年，享耄／壽八十歲。配張氏，生女二：長適百尺村范氏；次適龐口李氏。繼高氏，生子二：顯宗、炳宗。女二：長適本村王／氏；次適田村郭氏。孫七人：緒堂、滿堂、慶堂、連堂、奇堂、連瑞、生堂。連堂卒業於湘西鎮守使署軍官教育班，／曾充陸軍第十六混成旅特務排排長、東北陸軍暫編第一師司令部上尉副官等職。子孫繁衍，英俊輩／出，公當冥目於泉下矣。民國二十三年春，公諸孫相謀，欲有文以表於公墓，而以其文屬余。時余主訓育／於高陽二高小學，校址與出岸相去不十里，因得獲交於滿堂、奇堂。二君皆溫然古君子也，其子姪輩又／多受業於余，有賓東^②誼焉。筆墨之責，又奚容辭？爰集公一生言行，摘其犖犖大者，勒之石以垂不朽，亦使／其子孫，知所以有今日者，其來有自。／

　　河北省立第二師範學校畢業、高陽縣縣立第二高級小學校訓育主任任邱劉自修撰。／

　　甥王兆咸沐手敬書。／

　　民國二十三年二月吉日。／

222　清授奉直大夫五品頂戴楊公（鎮山）墓志（民國二十三年，1934）

題解：原碑位於高陽縣大王果莊村，該村在縣東三十五里，刻立於民國二十三年（1934）。現碑已佚。常先生原題"楊氏墳墓碑記"；碑原題"清授奉直大夫五品頂戴楊公墓志"，今從之。其拓片長121厘米，寬68厘米，凡14行，滿行27字。劉醰馥撰文，殷錫鑾書丹。墓

---

① "朱郭"，指朱家、郭解。朱家是春秋時魯國人，郭解爲西漢人，見《史記·游俠列傳》。二人均爲著名游俠，歷史上以朱家、郭解并稱，比喻有俠肝義膽的人。

② "賓東"，語出《儀禮·鄉飲酒禮》："主人降席，立於賓東。"後用以稱賓客與主人。《二十年目睹之怪現狀》第九八回："太尊還不知道我和他是賓東呢。"《老殘遊記》第十六回："鄉下老兒聽說官司可以了結無事，就擅專一回，諒多負賓東，不致遭怪。"

主楊鎮山，主要記述了楊鎮山的生平、事迹及其子嗣情況，表彰了其捐款興學、樂善好施的品德。此碑名曰"墓志"，實曰墓碑，反映了當時墓志與墓碑概念已混淆不分。

錄文：

清授奉直大夫五品頂戴楊公墓誌/

公姓楊氏，諱鎮山，號重安，高陽縣大王果莊人。自幼聰敏過人，賦性正/直，敬老慈幼，和睦鄰里。因家況困難，赴良鄉縣經商，開設同順成布莊。/晝夜籌劃，經營三十餘載，獲利甚豐，家業丕振。聘請名儒，嚴課子弟，於/光緒三十二年，慨捐銀洋千元，創辦良鄉縣高級小學校與貧民習藝/所。經縣長曾雲沛以助歆興學，呈請總督袁世凱，獎給五品頂戴，並賜/"助國養民"匾額一方。該縣士紳，復以"樂善不倦"匾額為頌。公自經商得/暇，研究醫術，遍施藥品，勿求酬勞，當時受惠者非鮮。公生於道光二十/年五月十二日，卒於民國五年八月二十二日，壽七十有七。公生子女/四：長子慶霖，次子瑞霖，秉承公囑，於民國二十三年，在本村學校助捐/銀洋二百元。村人共慕公及哲嗣善舉，追頌"惠施閭里"匾額，以彰盛意/焉。謹將楊公生平事蹟，署為述之，以作永紀。/

愚晚劉聲馥撰 殷錫鑾書/

中華民國二十三年歲次甲戌①季春上浣/

---

① "戌"當作"戌"。

223 售樹紀念碑（民國二十三年，1934）

題解：原碑位於高陽縣北蔡口村，該村在縣東北五里，刻立於民國二十三年（1934）。現碑已佚。楷書。常先生原題"常氏墳塋售樹紀念碑"；碑原題"售樹紀念碑"，今從之。其拓片長95厘米，寬42厘米，凡15行，滿行39字。常子臨撰并書丹。此碑記述了蔡口村常氏家族將祖塋內的30株柏樹、3株榆樹出售，并將所得款項購買田地的情況，對於瞭解民國時期家族公產的處置，以及當時人們的生態思想具有一定的資料價值。

錄文：

售樹紀念碑 /

吾族甚繁，祖塋位於西南隅，距村約有里許，地勢寬闊，風水宜陰經。先輩等在塋地範圍內，植有柏□① / 等樹若干株。培養今日，而成材者尚屬不少，惟樹老枯槁，時有損傷，因之合族動議，決定公推常鶴書、/ 常文裕等主持，選大者，售柏三十株、榆三株而伐樹之，原處仍繼植之，以復舊觀，而裕後世。茲將售欵 / 數目及用途，開列於左，以為永遠之紀念云。/

計開 收入項下 /

民國二十年，售柏樹三十顆、榆樹三顆，共價洋壹仟零伍拾陸元。/

支出項下 /

民國二十年，購村西劉家圍東西地一段捌畝，共價洋叁佰捌拾伍元。/

---

① "□"，此字磨泐，從下文來看，所缺字當爲"榆"。

民國二十年，購村西夥家圈東西地一段陸畝，共價洋叁佰元。/

民國二十年，購村西夥家圈東西地一段捌畝貳分，共價洋叁佰玖拾貳元。/

以上除支淨虧洋貳拾壹元。/

董事人：常霄生、常鶴書、常文裕、常念曾、常汝金、常五福、常鳴相、常汝翼、常慶全、常利金、常福財、常寬等監立。/

常子臨撰并書。/

中華民國二十三年十月十五日　　穀旦 /

224　重修萬佛堂藥王廟真武廟碑記（民國二十三年，1934）

題解：原碑位於高陽縣北蔡口村，該村在縣東北七里，刻立於民國二十三年（1934）。現碑已佚。常先生原題“重修萬佛堂藥王廟碑記”；碑原題“重修萬佛堂藥王廟真武廟碑記”，今從之。碑額 2 行，行 2 字，題曰“光照四方”，楷書。其碑陽拓片長 135 厘米，寬 53 厘米，凡 13 行，滿行 30 字。蘇震撰文，常子臨書丹。記述了高陽縣北蔡口村劉雲從之妻侯氏重修該村萬佛堂藥王廟真武廟的緣由及經過，對於認識當時在毀廟興學背景下，當地人的反應和應對具有一定的資料價值。碑陰拓片長 135 厘米，寬 53 厘米。列舉了施助者之姓名及款數目，名單次序混亂，不知橫排還是豎排。此碑陰因爲沒有題名和立碑時間，之前散落一旁，後經整理研究，發現爲《重修萬佛堂藥王廟真武廟碑記》之碑陰，現歸到一起。

録文：

碑額：光照 / 四方 /

重修萬佛堂藥王廟真武廟碑記 /

儒以仁愛為懷，佛以慈悲為主，動靜之作用不同，而正心誠意則一也。後垚儒 / 道不明，有神道以教之。凡好念阿彌佗佛者，必不至於為非；不為非，則脫泥犁 [①] / 登淨土。去佛道不遠，去儒

---

① “泥犁”，佛教語，梵語的譯音，意爲地獄。南朝梁簡文帝《〈大法頌〉序》：“惡道蒙休，泥犁普息。”清紀昀《閱微草堂筆記·灤陽消夏録一》：“我業重，當永墮泥犁。”

道亦不遠也。□村舊有萬佛堂藥王廟真武廟一所，/自清季拆廟建學堂之風行，吾村亦因□□易。當時信仰佛教者，每太息痛恨/於佛道之衰微，而不知儒教亦從此衰微矣。吁！可勝言哉！吾村劉雲從之妻侯/氏，以淋慎之身，契般若之理，特捐資肆百餘元，邀請安、高兩縣紳民，協同修葺/三廟[①]，恢復舊觀，今已落成，煥然一新。更於廟旁，另建學舍，囑教員於科學餘暇，/教以孔孟相傳之道。噫！斯舉也，既楬櫫[②]其皈依之心，且於儒教，大有裨益焉。是/為記。/

前清光緒甲午科舉人蘇震撰文。/

前直隸督辦公署軍需課出納科科長常子臨書丹。/

本村安、高兩属董事趙湘洲、常汝金、常鶴書、常文裕、邊春亭、任兆瑞、趙銳銓、王守善、劉雲從公立。/

中華民國二十三年十月十五日　穀旦。/

碑陰/

謹將施助者之姓名及欵數目統列於左：/

本村：梁仲理施洋一百零五元，劉學本施洋五元，劉雲從施洋十五元，王趙氏施洋十五元，趙銳銓、常文裕、梁伯倫三元，王守善、劉生輝、任尊榮、常慶祥、常卓立施洋四元，趙卯，以上七名，每名各施貳元，常景山、常來五施洋四元，劉秋香、王在東施洋一元五角，常鶴書施洋四元。/以上三名，每名各施三元。趙正、常旭昇、常道興、常潤泉、常鵬子、常浩如、常和雨、常續宗、常和順、劉滿如、王才成施洋二元，王玉保施洋二元，任二祥、趙芳洲、李安、常汝漢、劉通海施洋二元，常養廉、王貢占、常致明、趙懷仁、常宗緒、常瓷、常立金、常保三、常汝炎、常巨才、常鶴泉施洋一元五角，常汝翼施洋三元，/常向皋、王月、常鶴峯施洋三元，常汝三、常汝珍、常宗旺、王全愈、常宗興、常鳳池、常田、王文華、任双太、王元、李科、常貝、常有才、王永幸、常朝

---

① "三廟"，據上下文實當爲一廟，佛、藥王、真武大帝供奉於一廟之內。

② "楬櫫"，標志，植木以作表記。《周禮·秋官·職金》"楬而璽之"，漢鄭玄注引鄭司農曰："今時之書，有所表識，謂之楬櫫"。引申爲標明、揭示。陳獨秀《敬告青年》："當代大哲，若德意志之倭根，若法蘭西之柏格森，雖不以現時物質文明爲美備，咸楬櫫生活問題，立言之的。"

海、任茂森、任台、王俊五施洋二元，／王增德、趙湘洲施洋二元，
常振興施洋二元，任萬冬、劉鳳義、常汝桂、常慶林，以上三十八
名，每名各施一元。北蒲口村：王未施洋一元。馮村：高赤岩施洋
一元，三教聖會施洋二元。南關：同善會施洋五元，季懷珍施洋一
元，／韓香圓施洋一元。高陽城裡：孫淨安施洋三元，孫葆錕、孫
維鏞、孫金池、湯國珍、孫子鋼、孫書元、李耀宗、韓錫珍、李桂
元、韓輔洲、蔣陳氏、尹張氏、孫朱氏，／以上十三名，每名各施
一元。肅甯 [①]：苗永年施洋三元。同口鎮：□□□施洋二元，劉維珍
施洋一元，陳傳連施洋一元。莘橋鎮：李書俊施洋二元。西河：張
建奎施洋十元，張牛氏施洋一元。恒道：王仲三施洋二元，戴套施
洋一元。南邊吳：／吳洛俊施洋一元，張洛墨施洋一元。西莊：孫
田氏施洋一元，孫立施洋一元。雍城：李德華。蘇補：蘇占元，以
上三名，每名各施一元。南馬：宋月橋施洋三元，宋策明、宋藍

---

① "甯"與"寧"同義。

彬、王殿臣、宋牛氏、/趙鍋，以上五名，每名各施一元。柳灘：
侯平義、趙德昌、趙金德、趙耀宗、李金榮，以上五名，每名各施
一元。南蔡口：崔傑泉施洋四元，王鶴軒、王義安、王燦然、王
清選、王鴻智，/以上五名，每名各施一元。南蒲口：郭貴章、臧
芙蓉、楊壽安，以上三名，每名各施一元。駱家屯：駱來五施洋
一元，駱羣施洋一元。沙窪：張水施洋一元。陶口店：楊發施洋
一元。齊村：馬法堯施洋一元。楊家屯：/于大利施洋一元。南圈
頭：蘇秉義施洋二元，蘇秉仁施洋一元。趙通：李卯施洋一元。北
圈頭：宋秉銀施洋一元。本村萬佛堂，素日募化儲蓄洋壹百元，尚
有零星施助者二十餘元，另有牌額記載。以上之款，經常牛氏及王
趙氏、趙趙氏、常石氏、王田氏等募化者亦在其內。常繼宗施洋
一元五角。

　　以上共計洋肆佰餘圓，修廟宇、建學舍、豎碑、懸匾等費，共
需洋肆佰餘圓。

225　郭汝礪墓碑記（民國二十三年，1934）

　　題解：原碑位於高陽縣舊城村，該村在縣東二十三里，刻立於民國
二十三年（1934）。現碑已佚。楷書。首題無，常先生原題"郭氏墳墓
碑記"，今據碑文改擬。其碑陽拓片長107厘米，寬35厘米，凡3行；
碑陰拓片長116厘米，寬50厘米，凡16行，滿行28字。撰者和書丹
者不詳。墓主郭汝礪，此墓爲其與妻王氏的合葬墓。此碑由其女兒郭鳳
台所立，以其女兒的口吻，記述了郭汝礪的生平，由於郭汝礪早卒，碑
文主要敘述了其母王氏守節撫孤的事迹。

　　録文：

　　碑陽：

　　中華民國二十三年十一月二十三日　穀旦/

　　　考　府君諱汝礪

　　先　郭　　　　之墓/

　　　妣　母王太君

　　不孝女郭鳳台敬立/

碑陰：

先考郭府君，諱汝礪，先大父①書翰公子。天性純篤，事親以孝，痛雙親継没/也，哀毀成瘵，於清光緒十八年六月初八日，以疾終於家，享壽二十有七，/以其年月，葬於祖原。德配王孺人，吾母也，生不孝女鳳台一人。為北坎葦/望族王玉成公女，幼而貞靜，長而幽嫻，于歸三載，乃失所天②。斯時也，上無/翁姑之親，下無娣姒之助，有女在抱，無子應門③，而吾母含辛茹苦，力任其/艱，守節撫孤，義無反顧，貞烈之德為何如哉？至於五夜④悲思，青燈獨對，零/丁弔影，孰語艱辛？做歐母⑤之丸熊，彼猶有子；效陶娘⑥之畫荻，安取其父？是/皆吾母冰玉其操，松筠⑦其性，丁茲萬難之傾，而興柏舟⑧之況也，豈常人而/能堪此？厥後，女也漸長，母也漸歡，直迫不孝⑨更解承顏，而吾母之歲月，方/欣欣有

① “大父”，祖父。《韓非子·五蠹》：“今人有五子不為多，子又有五子，大父未死而有二十五孫。”《史記·留侯世家》：“留侯張良者，其先韓人也。大父開地，相韓昭侯、宣惠王、襄哀王。”裴駰《集解》引應劭曰：“大父，祖父。”

② “所天”，舊稱所依靠的人，指丈夫。晋潘岳《寡婦賦》：“少喪父母，適人而所天又殞。”唐顧況《棄婦詞》：“十五許嫁君，二十移所天。”

③ “應門”，照應門户，指守候和應接叩門的人。《莊子·讓王》：“原憲華冠縰履，杖藜而應門。”晋李密《陳情事表》：“外無期功强近之親，内無應門五尺之童。”唐杜甫《秦州雜詩》之二十：“曬藥能無婦，應門亦有兒。”

④ “五夜”，即“五更”。《文選·陸倕〈新刻漏銘〉》：“六日不辨，五夜不分。”李善注引衛宏《漢舊儀》：“晝夜漏起，省中用火，中黄門持五夜。五夜者，甲夜、乙夜、丙夜、丁夜、戊夜也。”唐王建《和元郎中從八月十二至十五夜玩月》之五：“仰頭五夜風中立，從未圓時直到圓。”

⑤ “歐母”，指宋歐陽修之母。歐陽修早歲喪父，母鄭氏督教甚嚴，家貧無紙筆，嘗以荻畫地教子。事見歐陽修《瀧岡阡表》。後因以“歐母”為稱頌賢母之詞。丸熊，用熊膽和製的藥丸。《新唐書·柳仲郢傳》：“母韓，即皋女也，善訓子，故仲郢幼嗜學，嘗和熊膽丸，使夜咀嚼以助勤。”後以“丸熊”為母教的典實。明陳汝元《金蓮記·偕計》：“但願題名玉署，通籍金閨，庶慰丸熊，更消織錦。”

⑥ “陶娘”，宋朝歌女，為旅越華人，在越南傳播音樂。據《大越史記全書·李紀》載：李太祖天顧十六年（1025）秋八月，定兵為甲……惟歌兒仍管甲。時有唱女陶氏，有聲藝，常得賞賜，時人慕之，名九歌女，并呼陶娘。

⑦ “松筠”，松樹和竹子。《禮記·禮器》：“其在人也，如竹箭之有筠也，如松柏之有心也。二者居天下之大端矣，故貫四時而不改柯易葉。”後因以“松筠”比喻節操堅貞。南朝齊王融《奉和南海王殿下詠秋胡妻》：“日月共為照，松筠俱以貞。”《梁書·元法僧等傳論》：“侃則臨危不撓，鴉仁守義殞命，可謂志等松筠，心均鐵石。”

⑧ “柏舟”，本為《詩·鄘風》篇名。《詩·鄘風·柏舟序》：“柏舟，共姜自誓也。衛世子共伯蚤死，其妻守義，父母欲奪而嫁之，誓而弗許，故作是詩以絶之。”後因以謂喪夫或夫死矢志不嫁。晋潘岳《寡婦賦》：“蹈恭姜兮明誓，詠《栢舟》兮清歌。”唐權德輿《鄜坊節度推官大理評事唐君墓志銘》：“結褵周月，遭罹柏舟之痛。”

⑨ “不孝”，此碑立者郭鳳台之自稱。

生氣矣。至於女既成立，母亦怡然，母女相依，更相為命，其故豈易/言哉？所謂"臣無祖母，無以至今日，祖母無臣，無以終餘年者"①，母女今日，何/以異此？况不孝女得適本村張宅，嫁娶之後，猶能密邇相依，不尤見慈母/不忍相離之意耶？茲者吾母青年樹節，白首完貞，痛於本年夏曆九月廿/四日終於正寢，享壽六十有五。將以葬也，謹將父母懿行苦節，銘之碑版，/以誌以傳焉。銘曰：/

苦節錚錚，禩世以榮。誌而代旌，以風世風。/

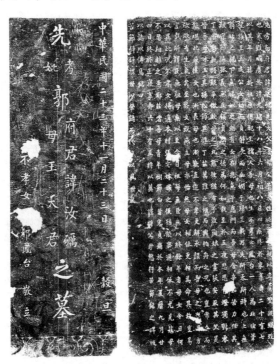

226　韓植桐墓碑記（民國二十四年，1935）

題解：原碑位於高陽縣西關村，刻立於民國二十四年（1935）。現碑已佚。楷書。首題無，常先生原題"韓氏墳墓碑記"，今據碑文改擬。碑額2行，行2字，題曰"承先啟後"，其碑陽拓片長131厘米，寬38厘米，凡3行；碑陰拓片長138厘米，寬55厘米，凡17行，滿行42

① "臣無祖母，無以至今日，祖母無臣，無以終餘年者"，源出晋代李密《陳情表》。

字。韓蘭亭撰文，駱豐瑞書丹。韓蘭亭，墓主韓植桐之子。此碑以韓蘭亭的口吻，記述了韓植桐及其妻邵氏的生平、事迹及其子嗣情況。

按：編號219《韓育仁墓碑記》，韓植桐爲韓育仁之子，即碑文中的"遂生公"之子。兩碑內容可以互相參證。

錄文：

碑陽：

碑額：承先 / 啟後 /

中華民國二十四年夏歷二月下浣　穀旦 /

登仕郎　　考　　府君蔭齋公

前清例授　　先　韓　　　合葬之墓 /

孺人　妣　母邵太君

奉祀男蘭亭、丹亭、瑞亭敬立。/

碑陰 /

先父諱植桐，字蔭齋，筠軒公之孫，遂生公之長子也。素性樸實，氣誼高厚，隨先祖讀書十餘年，雖功名運蹇，然 / 文詞則大有深造焉。因家道寒薄，棄儒學商，三十餘年亦乏積蓄，因去商就督硝公司事，旋改組北洋官硝局。/ 但身入公門，不異商人之風，端莊嚴屬，凜凜毫無所私，上憲[1]嘉之，畀以九品銜。一生常視金錢如浮雲，並謂貨 / 悖而入者，亦悖而出，故終以貧窶自甘，但有乞貸者，輒以資助，無吝意、無德色。對待鄉里，得與方便時，即行方 / 便。事侍母至孝，朝夕無倦，即遭遣責，必以婉詞愉色，以悅親心，孺慕[2]之誠，無或間此。訓導子姪輩，純以孝悌為 / 大綱，諄諄教誨，無時或已。詎於民九九月[3]五日辰時，壽終牖下，享壽六十五歲。/

先母安新縣屬趙口村邵太太，公子廉之女也。其家以耕讀傳，

---

① "上憲"，指"上司"。《儒林外史》第九回："今將本犯權時寄監收禁，候上憲批示。"《文明小史》第五回："〔柳知府〕便將這事始末，詳詳細細，通禀上憲。"

② "孺慕"，《禮記·檀弓下》："有子與子遊立，見孺子慕者，有子謂子遊曰：'予壹不知夫喪之踊也，予欲去之久矣，情在於斯，其是也夫。'"鄭玄注："喪之踊，猶孺子之號慕。"後謂對父母的哀悼、悼念爲"孺慕"。後亦泛指對父母的孝敬。清薛福成《庸盦筆記·史料二·慈安皇太后聖德》："毅皇帝孝事太后，能意先承志，太后撫之亦慈愛備至，故帝終身孺慕不少衰。"

③ "民九九月"，當指民國九年九月。

十九歲于歸先父。井臼獨操，上侍翁姑，中睦妯／娌姊妹，下撫子女，日無倦容，夜則紡織，恒終宵不寐。自奉極儉約，飲食終不厭粗糲。存心則以大慈大悲為主／旨，凡可助成先父之善者，皆銳意而從之。猝扵民二十三臘月十七日辰時棄世，享壽八十二歲。嗟乎！父母亡／矣，然其生平積德累仁，猶昭然在人耳目間也。蘭亭兄弟三、姊二。長兄丹亭，幼隨先祖讀書，因家窘輟學就商，／兼習農業；胞弟瑞亭，幼讀詩書，中年經商；蘭亭稚入私塾，亦受先祖庭訓，曾在縣立農校畢業，亦就商十餘年，／旋投入警界，棲身數載，雖在公門，猶不失商人態度。每念桑梓情誼，多未盡責，常以他人之心為己心，是以夙／夜匪懈，恪供乃職，曷敢隕越，貽羞先人乎？大姊適治城東街田宅，二姊適北街王宅，皆世胄名門，俾得男有室，／女有家，皆我先父母之所賜也。子姪輩均教以耕讀家傳，以期先德勿墜，故商同兄弟，立碑垂後，迨猶此意也。／謹就見聞親切，及鄉里所稱述者，輯為名軼，錄勒石碣，以誌不朽也。／

　　男蘭亭撰文／同邑駱豐瑞書丹。／

227　常平遠墓碑記（民國二十四年，1935）

題解：原碑位於高陽縣蔡家口村，该村在縣東北六里，刻立於民國二十四年（1935）。現碑已佚。楷書。首題無，常先生原題“常氏墳墓碑記”，今據碑文改擬。其拓片長 139 厘米，寬 58 厘米，凡 17 行，滿行 36 字。趙鴻勛撰文，常汝莊書丹。墓主常平遠，此碑記述了其生平、事迹，突出了其孝悌和艱難中維持家計的品德。

録文：

碑記：

常君平遠，善穀公家子也，生而聰穎，受書束髮，記誦不能忘，宿儒視為有造才。苦於家道式微，/ 奉雙親命，改儒歸農。然勤儉性成，雖髫齡①，頗知田家作苦，洵不愧為象賢②。詎意鳳遭閔凶，行年 / 十二歲，小弱弟方八歲，母氏韓棄養，誠可哀憐。喪葬畢，仍與父同操作。斯時，中年者喪妻，青年 / 者失恃，亦治家之一小蹉跌。未幾，娶繼母郭氏。甫入門，孝慈兼盡，淑慎其身。不數年，象乾生，又 / 不數年，生象恒，復生兩女，皆平遠公異母昆弟也。至難□之境也，而公事繼母如生母，待乾、恒 / 若同胞，郭亦遂視平遠如己出，始終無間言。賢母賢子、難兄難弟，常氏一門，後先濟美矣。公之 / 懿行不獨是。前清同治間，遭髮匪③之亂，扶持老親，攜羣弟兩妹，沿途蹀躞④ 奔走，逃匿於水澤鄉，/ 以避賊鋒。俾閤家賴以保全無恙，無一非公之操心，危慮患深，有以致之。迨亂離息，歸故鄉。顧 / 倉儲無擔石，呼庚呼癸⑤，度日如年，

---

① “髫齡”，幼年。唐王勃《〈四分律宗記〉序》：“筍抱顯於髫齡，蘭芳凝於卯齒。”清鈕琇《觚賸·酒芝》：“梅村甫髫齡，亦隨課王氏塾中。”

② “象賢”，謂能效法先人的賢德。《尚書·微子之命》：“殷王元子，惟稽古崇德象賢。”《儀禮·士冠禮》：“繼世以立諸侯，象賢也。”鄭玄注：“象，法也，爲子孫能法先祖之賢，故使之繼世也。”唐劉禹錫《蜀先主廟》詩：“得相能開國，生兒不象賢。”

③ “髮匪”，對太平軍的蔑稱。由於太平軍不剃髮，清人稱其爲“長毛”。

④ “蹀躞”，行進艱難貌。南朝宋鮑照《擬行路難》詩之六：“丈夫生世會幾時？安能蹀躞垂羽翼？”明謝肇淛《五雜俎·地部二》：“越明日，朔風舉帆，踴躍碧虛，蹀躞於黃混水，號曰望吴洋，依憑延真島。此皆從來人迹不到之鄉。”

⑤ “呼庚呼癸”，庚、癸：天干的第七位與第十位，古人用作軍糧的隱語。比喻向人求貸，也指祈求糧食豐產。語出《左傳·哀公十三年》：“吳申叔儀乞糧於公孫有山氏……對曰：‘梁則無矣，粗則有之，若登首山以呼曰：庚癸乎，則諾。’”杜預注：“軍中不得出糧，故爲私隱。庚，西方，主穀；癸，北方，主水。”

艱窘甚加以有伯道①之慨，在恒人益復無聊，而公之心氣，不／奪不灰，猶復振刷精神，勤儉不少懈，銖積寸累，剝繭成絲，家境駁駁乎有起色。繼遵年均，擇賢／例以象乾子鶴峯承祧，名正言順，大義照然。家庭中，太和元氣，蒸蒸日上，從此財產日豐，買田／園數百畝，築廣廈數十間。灰燼之餘，公白手再造矣。公之生平，不徒養老送終，大事能了了，並／女嫁男婚，罔不泛應曲當。嗣後，門庭益顯，仲孫汝莊早歲森頭角，杖策從戎，勞績卓著，儼然履／厚席豐②，非公之貽厥孫③謀，以燕翼④子，曷克臻此？是為記。／

　　前清廩生安新縣南馬村趙鴻勳撰文。／

　　陸軍二等軍需正孫常汝莊沐手敬書。／

---

①　"伯道"，指鄧攸，字伯道，西晉時人，《晉書》卷九〇《良吏傳》有傳。當時正值五胡亂華，天下大亂，鄧攸帶着家人躲避戰亂，其中包括其子和侄子。他覺得實在無法同時保全兩個孩子，就和妻子商議後，認爲自己還年輕，以後還能生育，就丟下了自己的孩子，帶着侄子逃命了。鄧攸棄子之後，妻子不再懷孕。過江後，鄧攸又納了一妾，非常寵愛，問其家在哪裏，才知道是鄧攸的外甥女。鄧攸一向重視德行，聽説後非常悔恨，於是不再納妾，臨死也無後嗣。當時人們認爲他很有義節，而爲他哀歎："天道無知，使鄧伯道無兒。"

②　"履厚席豐"，亦作"席履厚豐"，謂生活好，福澤厚。清張英《聰訓齋語》下："王謝子弟，席豐履厚，田廬僕役，無一不具。"

③　"貽厥孫"，《尚書·五子之歌》："有典有則，貽厥子孫。"孔傳："貽，遺也。言仁及後世。"後以"貽孫"指留傳給子孫後代。明孫仁孺《東郭記·而獨於富貴之中有私壟斷焉》："笑墦間早不留賢俊，却壟上偏來混主人，這盜蹠東陵怎相逢，爾自輕身，吾非太峻，俺呵，壟斷上翼貽孫索吏隱。"

④　"燕翼"，《詩經·大雅·文王有聲》："武王豈不仕，詒厥孫謀，以燕翼子。"毛傳："燕，安；翼，敬也。"孔穎達疏："思得澤及後人，故遺傳其所以順天下之謀，以安敬事之子孫。"陳奐傳疏："詒，遺也……言武王以安敬之謀遺其孫子也。"後以"燕翼"謂善爲子孫後代謀劃。漢蔡邕《郡掾吏張玄祠堂碑銘》："篤垂餘慶，貽此燕翼。邈矣遺孫，用懷多福。"

228　常香遠墓碑記（民國二十四年，1935）

　　題解：原碑位於高陽縣北蔡口村，該村在縣東北六里，刻立於民國二十四年（1935）。現碑已佚。楷書。首題無，常先生原題“常氏墳墓碑記”，今據碑文改擬。其碑陽拓片長128厘米，寬37厘米，凡3行；碑陰拓片長127厘米，寬59厘米，凡13行，滿行36字。趙鴻勛篆額，常汝莊書丹。墓主常香遠，此墓爲其與妻石氏的合葬墓。此碑由其孫子、孫女刻立，記述了常香遠的生平、事迹等，贊揚了其困境持家、育子成才的美德。

　　按：編號229《常鶴齡墓碑記》，常鶴齡即爲常香遠之子，且兩碑立於同年，內容上可以相互參證。

　　錄文：

　　　碑陽：

　　中華民國二十四年三月上浣　　穀旦／

　　　　　　文林郎　　府君諱香遠

　　前清例贈　　　常　　　　　　行一之墓碑／

　　　　　　孺人　　母石太君

　　奉祀孫汝聰，孫女吉敬立。／

　　　碑陰：碑記／

　　常君香遠，父逢熙，母馬氏，韋布中人也。平生順境少，逆境多，弟一、妹一。弟驚遠，初生遭母喪，襁／褓中人，不母其何能生？公倚廬①居喪，盡哀盡禮，弟呱呱而泣，聞其聲尤酸惻。商諸父，用權宜，命／弟吮嫂乳，晝夜撫養，漸至成人。境之逆，莫逆於此，公含淚飲泣以順受。妹出嫁，早寡，子女無，形／單影隻，水霜其操，鐵石其心，守苦節，甘如薺，巾幗中有鬚眉氣。雖節義薈全，可與山河並壽、日／月爭光，亦公之難為情者也，何逆如之？微獨是，今夫人石氏，生女二，有胎教，率皆天性溫惠，淑／慎其身，乃長女誕生不辰，逢天僤怒。清同治七年，遭髮匪亂，舍

───────────────

①　“倚廬”，古人爲父母守喪時居住的簡陋棚屋。《左傳·襄公十七年》：“齊晏桓子卒，晏嬰麤縗斬，苴絰、帶、杖，菅屨，食鬻，居倚廬，寢苫、枕草。”《資治通鑑·陳宣帝太建六年》：“〔三月〕癸酉，太后殂。帝居倚廬，朝夕進一溢米。”

生取義，以終其身。縱死淂其所，/ 未知公當幾許傷心逆尤甚。惟年方壯，子鶴齡，生人聞之稱英物。迨束髮[①]受書，過目永不忘。稍 / 長善屬文，十六歲，遊泮水[②]，非僅為閭里榮，抑且為邦家光。公於此欣然有喜色，家庭亦稍豫順。/ 越十數年，蟾宮折桂[③]，稱孝廉公[④]，較公在垚時，倍增寵榮也。修德獲報，亘古如斯矣。洎乎後裔，文 / 風興起，繼繼繩繩，書香永賴，迄今為詩禮名家，寧不懿

---

① “束髮”，古時男青少年的標志，也是男青少年的代稱。此時將頭髮束紮盤於頭頂，故稱。一般指 15 歲左右。《大戴禮記·保傅》：“束髮而就大學，學大藝焉，履大節焉。”

② “遊泮水”，又稱“遊泮”。泮水，古代學宮前的水池，形狀如半月。《詩經·魯頌·泮水》：“思樂泮水，薄采其芹。”毛傳：“泮水，泮宮之水也。”鄭玄箋：“泮之言半也。半水者，蓋東西門以南通水，北無也。”由於學宮前有泮水，故稱學宮爲泮宮。明清時，儒生經考試取入府、州、縣學爲生員，謂之“遊泮”。明馮夢龍《古今譚概·談資·戴大賓對》：“戴大賓八歲遊泮。”清蒲松齡《聊齋志異·細柳》：“令與弟怙同師，勤身銳慮，大异往昔，三年遊泮。”

③ “蟾宮折桂”，攀折月宮桂花，古人用以比喻科舉得中。隋唐之後，科舉考試中每年的鄉試一般在八月，所以人們便將科舉應試得中稱爲“月中折桂”或“蟾宮折桂”。蟾宮，古代傳說中嫦娥所住的廣寒宮，據說由蟾蜍幻化而成。另外傳說廣寒宮中有一棵高五百丈的桂樹。《晉書·郤詵傳》中：“武帝於東堂會送，問詵曰：‘卿自以爲如何？’詵對曰：‘臣舉賢良對策，爲天下第一，猶桂林之一枝，崑山之片玉。’”

④ “孝廉公”，明清兩代對舉人的稱呼。《兒女英雄傳》第十八回：“次年鄉試，便高中了孝廉；轉年會試又聯捷了進士，歷升了內閣學士。”《二十年目睹之怪現狀》第四七回：“沿海的房艙本來甚少，都被那位何孝廉定去了。”張友鶴校注：“〔孝廉〕舉人的別稱。”

歟？故誌之。/

　　清廩膳生趙鴻勛篆額。/

　　緦服孫汝莊沐手敬書。/

229　常鶴齡墓碑記（民國二十四年，1935）

題解：原碑位於高陽縣北蔡口村，該村在縣東北六里，刻立於民國二十四年（1935）。現碑已佚。楷書。首題無，常先生原題"常氏墳墓碑記"，今據碑文改擬。其拓片長128厘米，寬57厘米，凡13行，滿行36字。趙鴻勛篆額并書。墓主常鶴齡，此碑主要記述了常鶴齡的生平、事迹及其子嗣情況，突出了其運命之偃蹇。

按：編號228《常香遠墳墓碑記》，常香遠即爲常鶴齡之父，且兩碑立於同年，内容上可以相互參證。

錄文：

　　碑記 /

　　蓋聞抱非常之器者，必有非常之名；有非常之名者，必有非常之實。常君鶴齡，字壽堂，清孝廉 / 公，寒士也，亦擅名士稱。生而聰穎，讀書有大志，性倜儻不羈。年十六，名列膠庠①，仍學而不厭，尋 / 名師，肄業受教進士公齊令辰先生有年，深造自得，苦於家道式微，橐筆②之城鄉，教授生徒念 / 餘載，藉資事畜③，兼謀舉業，名場④中自命當不作第二人，師儒亦以茂才⑤許。光緒戊子⑥

---

① "膠庠"，周代學校名。周時膠爲大學，庠爲小學。後世通稱學校爲"膠庠"。語本《禮記·王制》："周人養國老於東膠，養庶老於虞庠。"《梁書·裴子野傳》："且章句洽悉，訓故可傳，脱置之膠庠，以弘獎後進，庶一夔之辯可尋，三豕之疑無謬矣。"唐元稹《酬楊司業十二兄早秋述情見寄》詩："秋草古膠庠，寒沙廢宮苑。"

② "橐筆"，指古代書史小吏，手持橐囊，簪筆於頭，侍立於帝王大臣左右，以備隨時記事。

③ "事畜"，"仰事俯畜"的省略語。謂侍奉父母，養育妻兒，維持一家生計。清薛福成《籌洋芻議·利權一》："農之謀食也艱，稍奪其事畜之資，即已流亡失業。"嚴復《救亡決論》："上不足以輔國家，下不足以資事畜。"

④ "名場"，指科舉的考場。以其爲士子求功名的場所，故稱。唐劉復《送黃曄明府嶽州湘陰赴任》詩："擬古名場第一科，龍門十上困風波。"元辛文房《唐才子傳·許棠》："既久困名場，時馬戴佐大同軍幕，爲詞宗，棠往謁之，一見如舊交。"

⑤ "茂才"，即秀才。因避漢光武帝名諱，改秀爲茂。明清時入府州縣學的生員叫秀才，也沿稱茂才。《後漢書·黃琬傳》："舊制，光實祿舉三署郎，以高功久次才德尤异者爲茂才四行。"《南史·劉之遴傳》："年十五，舉茂才，明經對策，沈約、任昉見而异之。"

⑥ "光緒戊子"，指光緒十四年（1888）。

科中式，舉/人大挑①二等，候補知縣。何幸如之，何榮如之。及是時，非獨公之家慈歡笑北堂②，并先嚴③香遠公/亦應含笑地下。厥後，居京師，辦理海運。未週歲，奉匪猖獗，事遂寢。復回本縣，創辦蓑業學堂。本/期太阿④出匣，顯露光鋩，奈成效未收，自此不求仕進。公十八歲失怙，受庭訓日少，受母訓日多。/母氏石有賢聲，見稱姻戚族黨。配戴氏亦如其姑，生女一，適邊室。子二：長汝鑫，次汝聰，俱掞天/才。鑫十八歲入邑庠，不幸短命，遺子學伊，聘齊氏，生二男，亦未及弱冠而卒。公之中道坎坷，傷/心慘目，極矣！上蒼忌才人，無如何也。幸汝聰性敏好學，克自振拔，能敬承繼父之道，不墜書香，/瓜瓞緜麻，多士濟濟，足徵乃公栽培深厚之所致也。是為記。/

清廩膳生趙鴻勛篆額并書。/

---

① "大挑"，清乾隆 以後定制，三科以上會試不中的舉人，挑取其中一等的以知縣用，二等的以教職用。六年舉行一次，意在使舉人出身的有較寬的出路，名爲大挑。挑選的標準多重形貌，相傳有"同田貫日氣甲由申"八字訣，合於前四字形貌者爲合格。例如長方面型爲"同"，方面型爲"田"，身體長大爲"貫"，身體勻稱爲"日"。清錢泳《履園叢話·雜記下·治賦》："余友陳春噓名昶，以舉班大挑得知縣，分發浙江。"清吳敏樹《先考行狀》："次即敏樹，道光壬辰舉人，大挑二等，候補教諭。"

② "北堂"，古代居室東房的後部，爲婦女盥洗之所。指母親的居室。語本《詩經·衛風·伯兮》"焉得諼草，言樹之背"。毛傳："背，北堂也。"宋王禹偁《寄金鄉張贊善》詩："年少辭榮自古稀，朝衣不著冠斑衣。北堂侍膳侵星起，南畝催耕冒雨歸。"明何景明《白將軍征南兼壽母》詩："玉帳駐南國，金尊開北堂……辭主身何壯，猶牽寸草腸。"

③ "先嚴"，稱亡父。《二十年目睹之怪現狀》第七四回："兄弟褓襁時，先嚴、慈便相繼棄養，虧得祖父撫養成人，以有今日。"

④ "太阿"，古寶劍名，相傳爲春秋時歐冶子、干將所鑄。《戰國策·韓策一》："韓卒之劍戟……龍淵、太阿，皆陸斷馬牛，水擊鵠雁，當敵即斬堅。"《文選·李斯〈上書秦始皇〉》："垂明月之珠，服太阿之劍。"李善注："《越絕書》曰：楚王召歐冶子、干將作鐵劍二枚，二曰太阿。"唐盧照鄰《五悲》："何异夫操太阿以烹小鮮。"

230　郭書翰墓碑記（民國二十四年，1935）

題解：原碑位於高陽縣舊城村，該村在縣東二十三里，刻立於民國二十四年（1935）。現碑已佚。楷書。首題無，常先生原題"郭氏墳墓碑記"，今據碑文改擬。其拓片長113厘米，寬45厘米，凡12行，滿行36字。墓主郭書翰，此碑由其女兒刻立，以其女兒的口吻，記述了郭書翰的生平、事迹等，寄托了對父母的哀思。

按：編號225《郭汝礪墓碑記》中，郭汝礪即爲墓主郭書翰之子，兩碑可以互相參證。由於郭汝礪早卒，享年祇有26歲，故郭書翰墓碑之立，由郭書翰之女郭楊氏負責，郭楊氏爲郭汝礪之妹。

錄文：

先考諱書翰，世居舊城村。先妣崔氏，崔家莊之望族也。先考生而穎異，及年稍長，先祖考順昌/公延師教讀，冀在博青紫[1]，以光郭氏門閭。特心志有餘，而力量不足，以家境日見蕭疏，致使中/途輟學。雖功名未有成就，而鄉里俱知吾先考穎異之資，無不代為太息也。先考性最孝，自輟/學經理家業之後，終日戴月披星，歷盡辛苦，事奉我

---

① "青紫"，本爲古時公卿綬帶之色，因借指高官顯爵。《漢書·夏侯勝傳》："勝每講授，常謂諸生曰：'士病不明經術；經術苟明，其取青紫如俛拾地芥耳。'"王先謙《補注》引葉夢得曰："漢丞相大尉，皆金印紫綬，御史大夫，銀印青綬。此三府官之極崇者，勝云青紫謂此。"唐陳子昂《爲金吾將軍陳令英請免官表》："不以臣駑怯，更加寵命，授以青紫，遣督幽州。"

先祖妣，雖無甘旨①之養，而每順意承志，亦／能得先祖妣之歡心。
先妣崔氏，在家嚴守父母教訓，及至于歸郭門，事翁姑以孝，待鄰
里以和，／鄉黨無不崇敬焉。惟溯思吾先考妣，生前相敬如賓，互理
家務，生吾姊妹兄弟四人。吾大姊適／東留果莊高宅，吾適石家莊
楊宅。汝礪，吾之兄也；汝珍，幼扵吾，因病早殤。歷述至此，復
念吾先／考妣，仰事以孝，俯畜叺慈，終身備受艱苦，迄至清光緒
四五年間，因操勞過度，相継逝世。彼時／雖有奉養之心，奈為女
適人，又以家境自顧不暇，致使養育之恩毫未報答，心中耿耿，時
却愧／增。今家稍裕，而先考妣早已逝世，欲報未能。謹將先考妣
生前事蹟，略陳梗概，泐之扵石，以表／孝思云。女楊郭氏，外孫
松年、松槐、松濤、松茂、松雪　敬立。／

　　中華民國二十四年歲次乙丑季秋上浣　　穀旦／

231　成昆峰墓碑記（民國二十四年，1935）

　　題解：原碑位於高陽縣龐口村，該村在縣東南三十里，刻立於民國
二十四年（1935）。現碑已佚。楷書。首題無；常先生原題“成氏墳墓
碑記”；今據碑文改擬。其碑額2行，行2字，題曰“萬古流芳”，其
碑陽拓片長138厘米，寬35厘米，凡3行；碑陰拓片長138厘米，寬
50厘米，凡9行，滿行27字，爲因修辦附近省城各州縣河隄工程出
力，而賞給墓主成昆峰九品頂戴功牌的告身，其時間是清光緒二十年
（1894）。成昆峰，高陽縣龐口村人。此碑由奉祀男藝全（故）、芳林率
孫潤田、曾孫雙陽、外孫李瑞亭立。

　　錄文：

　　碑陽：

　　碑額：萬古／流芳／

　　中華民國二十四年　歲次乙亥十月　穀旦／

　　　授九品頂戴諱崑峯成府

　　清　　　　　　　　　　君之墓

---

① “甘旨”，美味的食物。南朝梁元帝《金樓子·立言》：“甘旨百品，月祭日祀。”清蒲松齡
　《聊齋志异·九山王》：“俄而行酒薦饌，備極甘旨。”

　　贈孺人成母貝太

奉祀男藝全〔故〕芳林率孫潤田曾孫雙陽外孫李瑞亭^① 仝敬立 /
碑陰：

　　太子太傅、文華殿大學士、兵部尚書、直隸總督、部堂^②、一等
蕭毅伯李^③ 為 / 發給功牌事照得派辦地方各事，袊民兵弁遇有認真出
力者，自應 / 論功給賞。茲有俊秀成崑峯，因修辦附近省城各州縣
河隄工程出 / 力，堪以賞給九品頂戴功牌，以示鼓勵。為此牌仰遵
照收執，務當倍 / 加奮勉，實力圖功，毋負獎勸。湏至功牌者， /

右九品頂戴功牌給成崑峯准此。 /

光緒二十年七月三十日 /

總督部堂 /

監印官文巡捕花翎四品銜直隸州用候補知縣廖炳樞^④ /

---

① "藝全〔故〕芳林率孫潤田曾孫雙陽外孫李瑞亭"，這部分爲小字。"故"字爲右側補註，用〔　〕標註。
② "部堂"，清代各部尚書、侍郎之稱。各省總督例兼兵部尚書銜者，也稱部堂。
③ "李"，指李鴻章。
④ 此行爲小字。

232　建修無生老母廟碑記（民國二十五年，1936）

題解：原碑位於高陽縣于留佐村，該村在縣西南十二里，刻立於民國二十五年（1936）。現碑已佚。楷書。首題無，常先生原題"建修老母廟碑記"，今據碑文改擬。碑額2行，行2字，題曰"萬古流芳"，其拓片長138厘米，寬41厘米，凡12行，滿行33字。畢拱辰撰文，趙質君書丹。無生老母，介紹見前。從碑文來看，許屈氏、孫李氏二人爲羅教信徒，她們爲人治病，以所得錢財修建了此無生老母廟，反映了民國時期羅教在高陽一帶的傳播情況。

按：編號209《創修無靈聖母、無生老母、南海大士碑志》（民國二十一年），此無生老母廟位於高陽縣史家佐村。兩碑均與羅教有關，是研究高陽地區民間宗教的重要資料。

錄文：

　　碑額：萬古 / 流芳 /

　　無生老母，不知何時人也，史冊莫載，亦不詳其姓氏，但知其歿後為神，誠求必應焉。高 / 陽城西于留佐村，有許屈氏、孫李氏，乃道門①弟子也，修身善行，感化於神明，神明密佑，/ 普濟群生。由此有患病者，醫之立效，於是四方患病者多謁焉，著手成春，鮮不痊癒。由 / 是，病者每有施舍，磚瓦、銀圓以資之者，積聚多財，不忍私用，於是遂請管事人，究工製 / 料，修盖廟宇一座，並豎一碑，以為後念。來求為文於余，余緩無習文，力辭不獲，故為文 / 以誌之。從

---

① "道門"，此指羅教。

來為善者，必有美報；行惡者，定有禍興。《易》曰："積善之家，必有餘慶；積不善之/家，必有餘殃。"若道之為教，乃勉人行善者也，故人多惑焉，若考之於經，稽之於典，質之/於聖人之言，而皆謂之異端。吾亦知其為非也，然道法無邊，全憑人誠心修練。聖經云/心誠求之，雖不中不遠矣。若二人之於道教，可謂誠心求之矣。不然，焉能得神明之密/佑，普濟群生乎？特此為文以紀之。幫功趙祁氏　畢拱辰撰/

　　山主趙毅如　趙質君書/

　　民國二十五年歲次丙子正月穀旦敬立。/

233　捷三公（韓晋卿）墓表（民國二十五年，1936）

　　題解：原碑位於高陽縣于堤村，該村在縣東八里，刻立於民國二十五年（1936）。現碑已佚。楷書。常先生原題"韓氏墳墓碑記"；碑原題"捷三公墓表"，今從之。其碑陽拓片長115厘米，寬35厘米，凡1行；碑陰拓片長115厘米，寬58厘米，凡17行，滿行37字。韓效之撰文，金韜書丹。墓主韓晋卿，韓效之為其子。此碑記述了韓晋卿的生平、事迹，其中他肄業保定蓮池書院，師從張裕釗、吳汝綸兩先生，對研究保定蓮池書院的歷史提供了寶貴的資料。他參與創設農會、商會、商農兩校，其中提到高陽當時"布業甲大河南北，蜚聲中外"，對於認識當時的高陽縣的歷史，甚有資料價值。

　　按：此韓氏家族碑刻，又見於編號234《韓素亭墓碑記》、235《韓孟喆墓碑記》、236《慎齋公（韓敬斌）墓表》等。這些碑刻立於同年，在內容上可以互相參證。

　　錄文：

　　碑陽：

　　　　　徵仕郎捷三韓府

　　前清例贈　　　　　　　君合厝之墓/

　　　　　孺人韓母田太

　　碑陰：

　　捷三公墓表/　男效之沐手謹述。

　　先考諱晉卿，字捷三，性仁厚，讀書英敏過人。入庠後，肄業保定蓮池書院，從張廉卿[①]、吳摯甫[②]兩先/生遊，頗蒙稱許。先妣田氏，幼承　先外祖健侯公家訓，勤慎自束。歸　先考後，受命持家，因人/授務，必底兩協。當庚子之變[③]，京津陸沉，英、法分兵犯保定，吾邑當其衝。先考及官紳任支應，曲/意應付，吾邑始安。變已，朝野怵於外侮，變法圖強，興學練軍，競趨新政矣。夫歐美諸強國，政治本/諸經濟，寓富於地方，英、德以工商著，美、法且主於農業。其為富強，固各有所自也，而我國本末倒/實，欲其儕

---

① "張廉卿"，即張裕釗（1823~1894），字廉卿，號濂亭，湖北鄂州梁子湖畔東溝鎮龍塘張村人，晚清官員，散文家、書法家。清道光二十六年（1846）中舉，考授内閣中書。後入曾國藩幕府，爲"曾門四弟子"之一，被曾國藩推許爲可期有成者。其淡於仕宦，曾自言"於人世都無所嗜好，獨自幼酷喜文事"，曾主講江寧、湖北、直隸、陝西各書院，培養學生甚眾，范當世、馬其昶等都出其門下。

② "吳摯甫"，即吳汝綸（1840~1903），字摯甫，一字摯父，安徽省桐城縣（今樅陽縣會宮鎮老橋村吳牛莊）人，晚清文學家、教育家。清同治四年（1865）進士，授内閣中書。曾先後任曾國藩、李鴻章幕僚及深州、冀州知州，長期主講保定蓮池書院，晚年被任命爲京師大學堂總教習，并創辦桐城學堂。與馬其昶同爲桐城派後期主要代表作家。

③ "庚子之變"，爲撲滅義和團的反帝鬥爭，擴大對中國的侵略，英、美、法、俄、德、日、意、奧八國組成聯軍，於1900年6月，由英國海軍中將西摩爾率領，從天津租界出發，向北京進犯，并攻陷北京，導致中國陷入空前災難，險遭瓜分。1900年是中國農曆庚子年，故稱爲庚子之變。

扴列强之列，豈可淂哉？先考與當時賢士夫，創設農會、商會、商農兩校，盖欲擴張經 / 濟，樹其根本耳。先考歿後，幸各當局者，并力推行。四㛧偉卿，承　先考遺志，屢長商會，尤銳 / 身負責，二十年來，吾邑布業甲大河南北，蜚聲中外，先考實有奠基之力焉。先妣事親，衣食 / 必親製，雖老弗懈。吾家分㸑，先考扴宅地取其狹瘠者，先妣實陰主之。先妣嘗教效之等 / 曰："雺家世和以運慧，則無徃而不利焉，頧爾識之。"效之入世服務，已十餘年矣，自稔無所成就，每 / 念遺訓，輒不禁終夜徬徨，而淚涔涔下也。先考生扴咸豐八年，歿扴光緒三十二年，淂年五十 / 歲。先妣生扴咸豐五年，歿扴民國二十二年，淂年七十九歲。女五人：長姊適李菊亭；二姊適董 / 恩綏；三姊適梁堉；四姊適王祖榮；妹適李秉成。子二人：希之，娶魏氏；效之，娶吳氏女。孫慰無，吳氏 / 出。效之謹扴既塋之次年，伐石鐫述生平行誼，以示子孫。 /

　　臨溟^①金　韜書丹 /

　　中華民國二十五年夏曆歲次丙子三月上浣刊石　女菊芳、惠真、瑾華，男效之　敬立。 /

234　韓素亭墓碑記（民國二十五年，1936）

　　題解：原碑位於高陽縣于堤村，該村在縣東八里，刻立於民國二十五年（1936）。現碑已佚。楷書。首題無，常先生原題"韓氏墳墓碑記"，今據碑文改擬。碑額 2 行，行 2 字，題曰"永垂千古"，小篆。其碑陽拓片長 126 厘米，寬 35 厘米，凡 3 行；碑陰拓片長 117 厘米，寬 52 厘米，凡 12 行，滿行 30 字。韓效之撰文并題額，張肇一書丹。墓主韓素亭，此墓爲其與妻侯氏的合葬墓。碑陰記述了包括韓素亭這一房支在内的韓氏三門重建新塋的緣起及其工尺四至情況。

　　按：此韓氏家族碑刻，又見於編號 233《捷三公（韓晋卿）墓表》、235《韓孟喆墓碑記》、236《慎齋公（韓敬斌）墓表》等。此墓主韓素亭，與韓晋卿出於同一個房支。兩碑碑文同出於韓效之之手，且刻立於

同年，在內容上可以互相參證。

　　録文：

　　　　碑陽：

　　　　碑額：永垂／千古／

　　　　中華民國二十五年歲次丙子三月上浣穀旦／

　　　　　　　素亭韓府君字靜庵

　　　前清嵩士　　　　　　　　合厝之墓／

　　　　　　韓　母　侯　太　君

　　　六世孫偉卿敬立／

　　　　碑陰：

　　　吾韓氏自明初文皇[1]時，擇立塋地，相沿七百餘年，聚族千百戶，合葬一墳。近世／以來，叺人口日繁，葬時難求秩序，致演成搶葬之風，而吾三門，則擯於東南隅，／占咫尺之地。先祖慎齋公[2]在日，叺後嗣蔚起，特於老墳之南，購地兩段，計九畝／八分三厘，叺為吾三門一枝重建新塋之基。當購地之初，先祖請人相地，操辦／一切，持叺毅力，任勞任怨。其各枝無力者，則代為出資，

①　“明初文皇”，指明成祖朱棣，其死後謚號“文皇帝”，廟號太宗。
②　“慎齋公”，指韓敬斌，字慎齋，其碑見本書編號236《慎齋公（韓敬斌）墓表》。

始克告成。深恐日久，文/契遺失，工尺四至不明，特載於下，以垂悠久。/

　　東段地二畝九分一厘，長可二十一工四尺一寸五分，寬可三十二工。/

　　東至韓家墳，西至韓家墳，南至推主常錫田，北至韓家墳。/

　　西段地六畝九分二厘，長可一百二十三工，寬可北八工，中十六工，南十六工半。東至推主常錫/田，西至韓欽中，南至常壯猷，北至韓家墳。/

　　前清貢士張肇一敬書。/

　　七世孫效之謹述并題額。/

235　韓孟喆墓碑記（民國二十五年，1936）

　　題解： 原碑位於高陽縣于堤村，該村在縣東八里，刻立於民國二十五年（1936）。現碑已佚。楷書。首題無，常先生原題“韓氏墳墓碑記”，今據碑文改擬。其碑陽拓片長112厘米，寬47厘米，凡3行；碑陰拓片長118厘米，寬55厘米，凡14行，滿行36字。後面3行字體較小。張肇一書丹。墓主韓孟喆，此墓爲其與妻鄭氏、繼室全氏的合葬墓。此碑由其曾孫韓偉卿所立，碑陰中以韓偉卿的口吻，記述了其曾祖韓孟喆的生平、事迹及其子嗣情況。碑末記載了其家族新塋的工尺四至情況。其中碑文中所提及的同治末年，捻軍圍困高陽，當地士紳組建團練之事，對於研究高陽地方史具有一定的資料價值。

　　按： 此韓氏家族碑刻，又見於編號233《捷三公（韓晋卿）墓表》、234《韓素亭墓碑記》、236《慎齋公（韓敬斌）墓表》等，其中韓敬斌爲韓孟喆之長子。這些碑刻立於同年，在内容上可以互相參證。

　　錄文：

　　碑陽：

　　中華民國二十五年歲次丙子三月上浣　　穀旦/

　　　　登仕郎貽□韓府君

　　前清例贈　　　　　　　　　合厝之墓/

　　　　儒人韓母鄭太、全太君

孫偉卿敬立 /

碑陰：

先曾祖諱孟喆，字貽上，秉賦穎異，少即博極羣書，淹貫古今，以雅不欲降心帖括[1]之文，遂輟學 / 就商，出資開設銀號，自為經理，而所往還者，多一邑儒士。當時，尤以名進士孟傳金、李士芸與 / 先曾祖，談詩論文，過徒最稔。且慷慨磊落，天性豪邁，每遇地方公務及國家患難，盡力奔赴。而 / 親友中有貧乏者，竭力周恤，有所施輒不欲人知。同治末葉，捻匪之亂，擾及高陽，先曾祖急倡 / 練團衛鄉之策，且令先祖父敬斌公，輔韓欽忠等守城，歷三晝夜，備嘗艱險，賊始退，城方獲完，/ 保全生靈無算。事平，邑宰范公榜公門 "公爾忘私" 四字，且上其功，得從九品職。吾家先世，由于 / 堤移居東關，自先高祖啓元公，始遷居城內相府街。經先曾祖鳩工庀材，營造而光大之，即今 / 之住宅也。先曾祖，生於

---

① "帖括"，唐制，明經科以帖經試士。把經文貼去若干字，令應試者對答。後考生因帖經難記，乃總括經文編成歌訣，便於記誦應時，稱 "帖括"。後常泛指科舉應試文章，明清時亦用指八股文。清蒲松齡《聊齋志异·金和尚》："金又買异姓兒，私子之。延儒師，教帖括業。"《儒林外史》第四六回："論余大先生的舉業，雖不是時下的惡習，他要學國初帖括的排場，却也不是中和之業。"

嘉慶八年，殁於同治七年，得年五十四歲。先娶鄭氏，繼娶全氏，生子三/人、女二人：長即先祖父敬斌公，次先叔祖秀斌公，女適蠡縣齊姓，為鄭氏曾祖母出。先叔祖毓/斌公，女適同邑毛姓，為全氏曾祖母出。至今子孫繁衍，甲於一邑，咸謂祖宗積德所致。值四叔/偉卿為先曾祖建石表墓，效之謹追述一二，以告後世子孫。/

　　吾家新塋為先考慎齋公初建，惟仍嫌狹隘，復經余與世卿大哥在新塋之東，添購地十四畝。茲列工尺四至於下，計南北長可二百零五工一尺，東西寬可十六工一尺八寸五/分。東至賣主常秉正南頭；西至常壯猷北頭；西至要主；南至道；北至韓氏老墳。以上地十四畝及先要之兩段，共地九畝八分三厘之文契，均存三門會中。/

　　前清貢士蠡縣張肇一敬書。/

236　慎齋公（韓敬斌）墓表（民國二十五年，1936）

題解： 原碑位於高陽縣于堤村，該村在縣東八里，刻立於民國二十五年（1936）。現碑已佚。常先生原題"韓氏墳墓碑記"；碑原題"慎齋公墓表"，今從之。碑額2行，行2字，題曰"永垂千古"，小篆。其碑陽拓片長140厘米，寬45厘米，凡3行；碑陰拓片長135厘米，寬63厘米，凡16行，滿行40字。碑陽、碑陰皆隸書。張佐漢撰文，金韜書丹。墓主韓敬斌，此墓為其與妻李氏和繼室蘇氏的合葬墓，民國《高陽縣志》卷五"人物"有其傳。此碑由其子韓偉卿所立，記述了韓敬斌的生平、事迹及其子嗣情況，尤於捻軍圍城之事，記載甚詳，可與編號235《韓孟喆墳墓碑記》相參證。

按： 此韓氏家族碑刻，又見於編號233《捷三公（韓晉卿）墓表》、234《韓素亭墓碑記》、235《韓孟喆墓碑記》，其中韓孟喆為韓敬斌之父。這些碑刻立於同年，在内容上可以互相參證。

錄文：

　　碑陽：

　　碑額：永垂/千古/

中華民國二十五年歲次丙子三月上浣穀旦 /

　　登仕郎慎齋韓府

前清例贈　　　　　　　　　　君合厝之墓 /

　　孺人韓母　李太、蘇太

男偉卿敬立 /

碑陰：

慎齋公墓表 /

　　公諱敬斌，字慎齋，貽上□□□嗣也。當遜清[1]同治初年。捻匪張撼愚[2]，率□□十□□突大河南北，擾及 / 畿輔，由保定折而之東，高陽適□其衝。邑令張公文吏，未嫻軍旅，公與□□忠[3]□□

---

①　“遜清”清王朝以宣統皇帝遜位而告終，故稱“遜清”。茅盾《虹》八：“他捧著竹紙草訂的小本子，一路搖肩膀進來，笑著説：‘小玩意兒，小玩意兒。雖然是小玩意兒，遜清末年的掌故都在這裏了。’”張恨水《金粉世家》第一回：“北京西直門外的頤和園，爲遜清一代留下來的勝迹。”

②　“張撼愚”，一般作“張宗禹”，亳州雉河集（今安徽省渦陽）人，清末捻軍著名將領、西捻軍統帥。

③　“□□忠”，碑文中“忠”前兩個字磨泐，據編號235《韓孟喆墳墓碑記》，所闕的兩個字爲“韓欽”。

民團，協助正定鎮 / 劉景芳軍守城。時　公三子二女，病瘟幾殆，公聞之不顧。方捻匪之攻□□□□由西北鄉來，馬步相 / 繼，戈塵蔽天，其鋒甚凶，突攻南城。　公激勵民眾，嚴裝守陴，莫不奮不顧身。匪以我守戰適機，終未得逞。/ 當匪未犯時，劉軍先捻匪至，恫匪，眾軍潰，欲入城助守。邑令張公與紳商，震扵禁軍騷動，拒絕入城，復慮 / 民團不嫻扵戰，聚訟紛紜，竟日弗波。惟　公與有容蘇公及健侯田公，極力贊成入城，復征集居民十五 / 歲以上者，登陴助戰，城始獲完。假非由劉軍協防，匪必肆其洗城故技，吾邑恐無噍類① 矣。公之識地，真 / 過人哉！事平，邑宰② 張公上其功，得從九品職。公性仁智，勇扵任事，主河西侯氏計政多年，以誠懇間好 / 濟人之急，有所施雖子弟不以告。尤篤扵親親睦鄰之誼，戚族中賴舉火者有數家焉。公配　李氏早 / 世③，繼配　蘇氏，與　公舉案相莊者四十年，事舅姑盡婦職，撫子孫有方，待戚鄰以禮，先公十六年而 / 逝。公生扵道光九年，歿扵民國二年，得年八十五歲。子五人：晋卿、雲卿、造卿、偉卿、彥卿。蘇氏出女二 / 人：長女適同邑劉姓，李氏出次女適同邑趙姓。蘇氏出塋後，翌年，偉卿以狀囑余表　公墓，以戚友 / 誼，不敢以不文辭。特紀　公生平行誼，卓卓可師法者，以昭後世。/

　　清甲午科舉人、民國參眾兩院議員、直隸教育廳廳長、姻再晚張佐漢沐手謹譔。/

　　臨淇金韜書丹。/

237　董氏始祖讓公祠堂記（民國二十五年，1936）

　　題解：原碑位於高陽縣于堤村，該村在縣東八里，刻立於民國二十五年（1936）。現碑已佚。楷書。常先生原題"董氏家祠碑記"；

---

① "噍類"，指活着的人。《漢書·高帝紀上》："項羽爲人慓悍禍賊，嘗攻襄城，襄城無噍類，所過無不殘滅。"顏師古注引如淳曰："無復有活而噍食者也。青州俗呼無子遺爲無噍類。"唐張九齡《敕西州都督張待賓書》："向使甲戈有預，士卒且强，躡彼歸途，可無噍類！"
② "邑宰"，指知縣。此指高陽知縣。
③ "世"，當作"逝"。

碑原題"董氏始祖讓公祠堂記"，今從之。其碑陽拓片長 125 厘米，寬 46 厘米，凡 3 行；碑陰拓片長 93 厘米，寬 48 厘米，凡 12 行，滿行 25 字。左上方理事人名單順序較亂。蘇震撰文，尹乾三書丹。高陽縣于堤村董氏始祖爲董讓，此碑對讓字加以闡釋，希望闔族團結。

　　録文：

　　　　碑陽：

　　中華民國二十五年歲次丙子三月穀旦 /

　　　　　　諱讓行一

　　董氏始祖　　　　　之墓 /

　　　　　姚王太孺人

　　闔族敬立 /

　　　　碑陰：

　　董氏始祖讓公祠堂記 /

　　讓，美德也。孔子以讓，得聞邦政；泰伯[1]以讓，遠之荆蠻。讓之一字，可 / 大可久，行之終身而無憾，傳之百世而常昭者也。我祖以讓命名，/ 用意至為深遠，雖未遠遊列國，與聞其政，而由雄縣開口邨，徒居 / 高陽縣于堤邨，彷彿泰伯之行踪。其教子孫以讓，可想而知。我族 / 數百年，無鬩牆[2]之爭，當皆禀承祖訓也。曠觀當世，大而爭權爭利，/ 小而爭宅爭田，異姓者已失仁道，同姓者更傷感情。我祖以讓開 / 基，螽斯衍慶，迄今二十代。凡我伯叔、兄弟，子子孫孫，顧祖名，思祖 / 義，無論任何事端，勿為同姓之爭，有厚望焉。是為記。/

　　　　理事人：二十世紹曾、仲山、錫齡，廿一世春和、芳田、明祥、潤田、明新，廿一世福財、濟昌，廿二世祥若、文華，廿二世五雲、維藩、明正，廿二世題明、和美、成章、福泉，廿三世錫九。/

---

① "泰伯"，也作太伯，殷商後期周國人。據《史記·吳太伯世家》載，太伯、太伯弟仲雍，皆周太王之子，而王季曆之兄也。季曆賢，而有聖子昌，太王欲立季曆以及昌，於是太伯、仲雍二人乃奔荆蠻，文身斷髮，示不可用，以避季曆。

② "鬩牆"，語本《詩經·小雅·常棣》："兄弟鬩於牆，外禦其侮。"謂兄弟相爭於內，後用以指內部相爭。明吾丘瑞《運甓記·琅琊就鎮》："皇路多艱，鬩牆頻搆，愧擁節旄南控。"清紀昀《閱微草堂筆記·槐西雜志三》："使遭兄弟之變者盡如是，鬼尚有鬩牆之釁乎。"

前清舉人蘇震撰文。/

延福屯尹乾三書石。/

中華民國二十五年歲次丙子三月穀旦，闔族人等　敬立。/

238　王希仲墓碑記（民國）

題解： 原碑位於高陽縣南蔡口村，該村在縣東北二里，刻立時間不詳，現碑已佚。楷書。此拓片上無年代，查"李桂元書丹"，共有三處，分別是民國三年、民國四年、民國五年各一通，因此推斷此碑刻所立當爲民國初年。首題無，常先生原題"王氏墳墓碑記"，今據碑文改擬。其拓片長98厘米，寬47厘米，凡9行，滿行29字。崔紹齡、王金瑞撰文，李桂元書丹。墓主王希仲，此碑記述了其生平、事迹，特別是其夫婦二人勤儉奮鬥、赤手成家的品行。

録文：

嘗讀《易》云，"積善之家，必有餘慶"①，蓋天道無私，善人是

---

① "積善之家，必有餘慶"，源出《易經·坤卦》："積善之家，必有餘慶；積不善之家，必有餘殃。"

富。如吾黨之王公，可以／當之。公諱希仲，字叔卅堂，幼時家貧，無以自養，乃奮然曰：“由貧致富，此大丈夫／之所為也。”於是努力勤勞，晝夜無閒。又有齊孺人以為內助，儲蓄既久，貲財／漸至豐盈。因而購田宅，畜牛馬，赤手成家，不數十年，居然豐厚矣。而且子孫／滿堂，雲仍遞衍。又況公年八十有九，孺人年九十有六，皆無疾而歿。此所謂／福壽雙全，齒德並優，非天報施之不爽哉？爰述顛末，勒諸貞珉，以表彰遺行／云。／

　邑庠生崔紹齡、增廣生王金瑞同拜撰。／

　從九品李桂元書丹。／

239　李述事墓碑記（民國）

題解：原碑位於高陽縣北晉莊村，該村在縣西十八里，現碑已佚。首題無，常先生原題“李氏墳墓碑記”，今據碑文改擬。碑額 2 行，行 2 字，題曰“永言孝思”。楷書。其碑陽拓片長 133 厘米，寬 38 厘米。碑陰拓片長 85 厘米，寬 45 厘米，凡 13 行，滿行 26 字，上端磨泐甚烈。簽有印章，印文模糊難識。楊春耀撰文并書丹。該碑刻立具體年代不詳，但從碑陽“前清”一詞來看，當立於民國時期。墓主李述事，字績志，此墓為其與夫人蔡太君的合葬墓。此碑由其子李福祥和其孫李明義所立，主要記述了李述事的品行以及因飢饉水患等去世。

　　按，本書所收碑刻中，楊春耀撰文的還有以下5通：編號133《前清處士蕭寧康墓碑記》（民國八年）、181《楊鶴齡墓碑記》（民國十七年）、182《楊鶴乘墓碑記》（民國十七年）、183《楊友明墳墓碑記》（民國十七年）、200《柴治國墓碑記》（民國十九年）。

錄文：

　　碑額：

　　永言／孝思／

　　碑陽：

　　　　碩　　　府君諱述事字継志／

　　前清　德李　　　　　　　之墓／

　　　　淑　　母　蔡太君／

　　奉祀男福祥、孫明義。／

　　碑陰：

　　□□破釜沈舟雖百三秦關終□於楚，苦心人天不負卧薪嘗膽即／□□，□□□難後獲由困而亨①，自古及今，□有必至，理有固然也。余／□□□□夫婦二人，幼務農業，躬勤紡織，夜寐夙興，無暇休息，所得／□□而行，勤儉為業，和宗族、睦鄰里以及葭莩之親、金蘭②之友，無不／□□□□被水患，饑饉薦臻③，無論蔬食菜羹，難以飽食，終日即糟糠／□□□□□舉人，桴腹踥蹀④，形容枯槁，無奈傑陽求粮，涉河乞食，風／□□□老幼，可謂苦之至矣。不幸夫婦相継去世，伊之子孫呼天號／□，□□□衣衾何以為備？但日夜哀戚，無以為計，於是不得已而蕙／□□□□奮志，率妻訓子，耕織不輟，夜以継日，不辭勞力，一家衣食／□□□□不忘父母之苦，欲進孝思，以勒貞瑉。時至中秋，向余求記／□□□□不得，僅以人云亦云者，援筆以記之。／□□□丑科文生

① “由困而亨”，謂困窘至極則轉向通達。《易·困》“《困》，亨”，唐孔穎達疏：“君子處困而不失其自通之道，故曰困亨也。”宋范仲淹《易義》：“極然後反，其困必亨，故曰困亨。”
② “金蘭”，指契合的友情，深交。語出《易·繫辭上》：“二人同心，其利斷金；同心之言，其臭如蘭。”晋葛洪《抱朴子·交際》：“《易》美金蘭，《詩》詠百朋，雖有兄弟，不如友生。”
③ “饑饉薦臻”，意思是連年災荒不斷。出自《詩經·大雅·雲漢》：“何辜今之人，天降喪亂，飢饉薦臻。”
④ “踥蹀”，小步行走，行進艱難貌。南朝宋鮑照《擬行路難》詩之六：“丈夫生世會幾時？安能踥蹀垂羽翼？”

楊春耀撰文並書丹。/□□□十月初三日穀旦立，石工高進。/

研究篇 ——————

《元孝子百户劉智墓碑》考釋

　　河北省社會科學院信息中心現藏高陽碑刻拓片中，有兩張不規則的三角形拓片（見本書編號 001），其上隱隱看出六處接頭，説明拓製時原碑已經斜對邊斷裂開了，後裝裱時拼在了一起。拼接後的拓片長103厘米，寬53厘米，凡18行，滿行40字。碑文楷書。右上角缺損30×5厘米，首行題名缺，撰者姓名缺。第2行到第9行開頭缺3~12字不等，末行21字，其他每行應爲40字左右。此外，兩幅拓片斜邊的銜接部分每行缺一兩個字，再加上其他地方還有個別字殘缺，現存共475字。

　　該碑由墓主劉智之子唐山縣尉劉政所立。記述了墓主劉智的孝行，對於反映元代的社會風尚具有較大的史料價值。

　　爲研究方便，筆者對碑文進行仔細辨認，并加注了標點。兹將碑文按照拓片的行款格式謹録如下：

　　1.（　　）無。應爲題名，因拓片缺右上角，故無法得知。

　　2.□□□撰，堯峯隱士□寧祖書丹

　　3.□□□□□□□□□□□勞奉養者，未足爲難愛，憂親疾於危急之［時］，捨生殺身者，尤人情之所不易，

　　4.□□□□□□□□□□□造乎其遠大之域，則可以感天地動鬼神，□□其子孫高貴，家門昌大者，必

　　5.□□□□□□□□□□□□子孫材且賢，其享年八十有四□，指以天年，終於正寝。公諱智，明之是其

　　6.□□□□剛毅，爲人灑落，□孝行□，□事親禮，其□□柔和之誠，旨甘脩隨之奉，未嘗有所偏廢。一日，親

7. □□□□懼迫切之情無所不[至]，或旁求醫藥，或暗禱神明，願以身代。最後乃自言曰：聞人有割肝愈疾

8. [者]，□乎否？我其試之。於是，竊入私室，操[刃]□□，割肝，銳□羹以[供]親，親食後，病即差，已亦無恙。若然則苟

9. □仁孝至愛親，重憂[疾]切，而肯為[是]，而其感應□□餘慶之兆，如何？公生三子，男長曰政，次曰成，季曰尹。

10. 公□□三子廢學，次子不求聞達，長與季以新字□□共登仕板，各居流品，所到任處，俱以清謹見稱！

11. 以是觀之，信知劉公仁孝之至，陰功之厚所致然。一日，[政]會集其二弟與其子姪於前，而喻曰："凡人之享

12. [富]貴，子孫盛大，皆因祖先所積。我等不才，居

13. 天職，食

14. 天禄，若非祖父仁孝之致，奚克然？余欲樹一石於祖塋側，刊其行□，庶彰報本追遠之意，廣揚行善，垂戒

15. 子孫[於][无]窮，[何]如？"[眾]然其言。政[隨]伐岩南□磨礱，功畢載酒肴，訪余於田舍數四，具狀，請予文之。予詳其

16. 狀，因感其父子孝且賢，故不辭寡陋，聊應命以銘之。其辭曰：

17. 孝子良，行異常。親有疾，割肝芒。與親食，壽而康。誠所致，子孫昌。樹之石，千載揚。

18. [泰][定]四年年月　唐山縣尉劉政立石　堯峯石匠魏恕刊

通過研讀全文，得知此墓主人，是一位劉姓男性，名智，字明之，享年84歲，元朝人。劉智曾割肝救親，是名孝子。碑文第3行至第16行就記述了墓主劉智在"親有疾"時，"或旁求醫藥，或暗禱神明，願以身代"。遂割肝與親食，"親食後，病即差"。其仁孝之行"感天地動鬼神"，碑文第17行即是"贊辭"。劉智生有三個兒子，分別是劉政、劉成、劉尹。子孫感念其美德，立石傳揚。據此，拓片題名初步定為《元孝子劉智墓碑記》。

關於劉智，《天一閣藏明代方志選刊·保定郡志》卷一四《孝友》有以下簡單記述："劉智，字明之，高陽人。事親至孝。一日，遘疾憂懼，悲切之情無所不至，或旁求醫藥，或暗禱神明，願以身代。後乃自

言曰：聞人有割肝愈疾者，信乎不？我其試之。於是，竊入私室，操刀剖腹，割肝作羹，以供親，親食之，疾遂瘥。”這段文字與碑刻所述人物和事件相吻合。

而民國《高陽縣志》卷一○《集文》記載有《元孝子百户劉智墓題詞》，文字當來自原碑，與拓片内容完全一致。因此，拓片殘缺部分可據其補。兹將縣志所載《元孝子百户劉智墓題詞》迻錄如下：

《元孝子百户劉智墓題詞》劉士美

夫人子事親於平安之際，服勞奉養，未足為敬愛，憂親疾於危急之時，捨生殺身，尤人情之所不易。果能以此竭其力，盡其誠，而造乎遠大之域，則可以感天地動鬼神，而致其子孫高貴，家門昌大者必矣。陑陽劉公百户家門大口，衆子孫材且賢，享八十有四歲，指以天年，終於正寢。公諱智，明之是其字也。賦性剛毅，為人灑落，知行孝道，得事親禮，愉悦柔和之誠，旨甘滫瀡之奉，未嘗有所偏廢。一日，親遘疾，公憂懼迫切之情無所不至，或旁求醫藥，或暗禱神明，願以身代。後乃自言：聞人有割肝愈疾者，信乎否？我其試之。竊入私室，操刀剖腹割肝，自作羹，以供親。親食後，病即瘥，己亦無恙。若匪仁孝至愛親重憂疾切，而肯為是，其感應致祥餘慶之兆，當如何也？生三子，長曰政，次曰成，季曰尹。公不使三子廢學，次子不求聞達，長與秀皆通籍共登仕板，各居流品，赴任俱以清謹見稱。噫！以是觀之，信知劉公仁孝之至，陰功之厚所致。一日，會集其二弟與其子姪於前而喻曰：“凡人之享富貴，子孫盛大，皆因祖先所積。我等不才，居天職，食天禄，若非祖父仁孝致，奚克然？余欲樹一石於祖塋側，刊其行實，庶彰報本追遠之意，廣揚行善，重戒子孫於無窮，何如？”衆然其言。政隨伐石南山磨礱，功畢載酒肴，訪余於田舍數四，具狀，請予文之。詳其狀，因感其父子孝且賢，故不辭寡陋，聊應命以銘之。其辭曰：孝子良，行異常。親有疾，割肝芒。與親食，壽而康。誠所致，子孫昌。樹之石，千載揚。

但此文與拓片碑文相比，也存在一些遺漏或紕漏：首先，拓片碑文中提到的“新字”，在民國《高陽縣志》中没有記載；其次，從拓片碑文第 2 行中可知碑文的書丹者爲堯峰隱士□寧祖，立石者爲劉智的長子唐山縣尉劉政，石匠是堯峰魏恕，立碑的時間爲元泰定四年（1327），這些可補民國《高陽縣志》之闕。

此外，民國《高陽縣志》中還有個別錯字，如“重戒子孫於無窮”中的“重”應爲“垂”。“長與秀皆通籍共登仕板”中的“秀”應爲“季”，意思是説劉智的大兒子和三兒子都做了官，登上了仕途。“通籍”指初做官。意謂朝中已有了名籍。“籍”是二尺長的竹片，上寫姓名、年齡、身份等，掛在宮門外，以備出入時查對。“通籍”謂記名於門籍，可以進出宮門。因此，後來便稱做官爲“通籍”。

以下對碑文内容之所涉加以考證。

（一）劉智的生卒時間及身份

根據拓片第 18 行可知，墓主劉智卒於泰定四年（1327）。“泰定”是元朝泰定帝也孫鐵木兒的年號。也孫鐵木兒於至元十三年（1276）10 月 29 日出生於山西晋邸，是元朝的第七位皇帝，其在位時間是從 1323 年 9 月到 1328 年 7 月。公元 1324 年泰定帝改元泰定，1328 年泰定帝去世。墓主劉智享年 84 歲。泰定四年是 1327 年，往前推 84 年，那么劉智大約就是 1243 年生人。

此外，據民國《高陽縣志》卷一〇《元孝子百户劉智墓題詞》可知，墓主劉智爲“百户”。“百户”爲官名，爲世襲軍職。元代設百户爲百夫之長，隸屬於千户，而千户又隸屬於萬户。鑒於此，筆者重新把拓片題名改擬爲《元孝子百户劉智墓碑記》。

（二）撰文者劉士美

拓片中撰文者缺失，從民國《高陽縣志》卷一〇《集文》，以及明朝大學士孫承宗題寫的《元劉孝子墓碣》中，可知撰文者爲劉士美，而且是元朝的一名進士，但查閱史料却没有發現相關記載。

（三）堯峰

碑文第 2 行和第 18 行都提到了“堯峰”。此乃邢臺臨城縣的“堯峰”。

邢臺臨城豐樂園南面有一條大河，名曰泜河。傳說泜水是黄帝及其後代子孫的家鄉，堯帝曾在這裏躬親治水，今臨城城東山崗仍稱謂堯峰。

《隆慶趙州志》卷一（《天一閣藏明代方志選刊》）記載："堯峰，在臨城縣東南二里許，去堯故都唐山三十五里，峰巒翠麗，景色幽然，因名之曰堯峰。"

《大清一統志》卷三二也有記載："堯峰，在臨城縣東二里，近唐山堯都，故名。"

"堯峰晚翠"爲古臨城八景（泜水春帆、普利曉鐘、堯峰晚翠、夕坡弄月、釣臺漁唱、天臺積雪、桃源清泉、棋盤極歌）之一。關於"堯峰"，唐朝詩人盧隱是這樣描述的："南對堯峰鬱鬱而紫氣千秋，北崎龍山隱隱而青霞萬道。"[①]

那么，據此可推斷，碑文書丹者隱士□寧祖，以及石匠魏恕皆爲臨城人。但有關二人的其他資料筆者没有查到。

（四）唐山縣

從碑文第 18 行可知，劉智的長子劉政擔任唐山縣尉。按：唐山縣爲邢臺市隆堯縣的舊稱。隆堯縣，古稱堯山縣，春秋時爲晋柏人邑。漢置柏人縣。東魏改爲柏仁。唐改曰堯山。以境内有堯山，爲唐堯所居而得名。傳說堯曾活動在河北一帶，并在隆堯的堯山禪位給舜。金大定十五年（1175），因避金世宗之父完顏宗堯名諱，改堯山縣爲唐山縣，民國十七年（1928），唐山縣因與京東唐山重名，復爲堯山縣，1947 年秋，隆平、堯山兩縣合併，取二縣之首字定名隆堯縣。[②]

值得注意的是，拓片碑文中提到的"新字"，即八思巴文。民國《高陽縣志》上没有記載，碑文的史料價值就在於此，以下試加疏證。

（一）蒙古新字的由來及特點

蒙古族原來没有文字，祇靠結草刻木記事。鐵木真令塔塔統阿創立蒙古文字，即所謂"畏兀字書"。元世祖忽必烈認爲畏兀兒體蒙古文祇

---

① （唐）盧隱:《趙州玉臺寺記》，光緒《畿輔通志》卷一五，續修四庫全書本。
② 董樹仁主編《隆堯縣志》，三聯書店，1998，第 58 頁。

是一種文字的借用，不能算作蒙古族自己的文字，遂命帝師八思巴另創新字。

至元六年（1269），八思巴據藏文 30 個字母，創蒙古方塊字。藏文字母來源於梵文字母，橫行拼寫，而八思巴所製蒙古字，改爲方體，自上而下直寫，自右向左行，當是參照了蒙古畏兀字和漢字的書寫及構字方式。新字母 41 個，其語音拼讀均按蒙古語。這種文字即爲蒙古新字，元人又稱其爲"國字"。由於是八思巴主持創製的，也稱爲"八思巴字"。又由於字呈方形，亦稱"方體字"。

關於忽必烈創製蒙古字的真實原因，金欣欣認爲，政治原因才是根本的。在畏兀兒體蒙古文之外，忽必烈另起爐灶，再推行一種新型文字，靠的不僅僅是他的魅力，更是現實需要。而且他還在文字的命名上反復斟酌，先在至元六年（1269）稱"蒙古新字"，後又在至元八年下令"今後不得將蒙古字道作新字"，一定要使八思巴字名正言順地取代回鶻式蒙古文。[①] 照那斯圖先生指出，忽必烈正式將八思巴字定名爲"蒙古字"，是在至元八年（1271）正月，其時忽必烈尚未定國號爲元，八思巴字既是民族文字，又是國家文字。所以，八思巴字在元代的文字地位和政治地位是至高無上的。[②]

另外，《至順鎮江志》所載鎮江石刻辭中對蒙古新字的創製有詳盡記載："維皇元肇造區夏，字書未有創製，在世祖皇帝時，巴思拔帝師協贊聖謨，爰始撰作，本西番書，綱紀音畫，音以爲宗。而字有母，輕重濁清，損益降升，母子根幹，文生字成。字約音傳，四變而極。衡縱貫通，其施弗窮。於是刻之璽寶印符，筆之詔令文議。"[③]

至元六年二月，元世祖忽必烈以新製蒙古字頒行天下。他在詔書中稱："朕惟字以書言，言以紀事，此古今之通制。我國家肇基朔方，俗尚簡古，未遑製作，凡施用文字，因用漢楷及畏吾字，以達本朝之言。考諸遼、金，以及遐方諸國，例各有字。今文治寖興，而字書有缺，於一代制度，實爲未備。故特命國師八思巴創爲蒙古新字，譯寫一切文

①　金欣欣：《八思巴字的性質及其漢字關係》，《南陽師範學院學報》（社會科學版）2003 年第5 期。
②　照那斯圖：《論八思巴字》，刊於張建華、薄音湖總主編《內蒙古文史研究通覽》（語言文字卷），內蒙古大學出版社，2013。
③　（元）俞希魯：《至順鎮江志》，江蘇古籍出版社，1999。

字，期於順言達事而已。自今以往，有璽書頒降者，并用蒙古新字，仍以其國字副之。"①

創製初期，爲區別於原有的蒙古文字，即稱爲"蒙古新字"。至元八年（1271），忽必烈發布聖旨徑稱這種文字爲"蒙古字"，并明令"不得將蒙古字稱作新字"，確定了其唯一的合法地位。

《元孝子劉智墓碑》立於元泰定四年（1327），距離至元八年（1271）整整過去了56年，這裏還在稱蒙古字爲新字，可見其法令在地方上的執行未免大打折扣。

（二）蒙古字學的教學和管理情況

元政府重視教習蒙古文字。至元六年（1269）二月，頒行八思巴創製的蒙古字，七月就在各路府州設立蒙古字學，選取地方官員子弟和民間子弟入學，學習這種文字。次年，設諸路蒙古字學教授。"後來元廷又規定路府州蒙古字學的教授官員比儒學教授高一級，生員學成後經過考試可擔任學官或譯史以表示重視和鼓勵。"②

至元八年，又在大都建立蒙古國子學，置教官五員，選隨朝蒙古、色目、漢人官員及怯薛子弟入學，以《通鑑節要》蒙文譯本爲教材，教習蒙古文字。至元十四年（1277），設立蒙古國子監，專門管理蒙古國子學。起初，國子學生員無定額，延祐二年（1315）規定，生員爲一百五十人，學習二三年後，成績優秀者，通過考試授以官職。

（三）地方上的蒙古字學情況

元政府在中央置蒙古翰林院，各機關都設了蒙古必闍赤。"大都設蒙古國子學（上都設分學），諸王位下、各蒙古千户及各路均設蒙古學校，用蒙古字譯《通鑑節要》等典籍作爲教材推廣教習。在地方上的蒙古字學成爲必修之課。"③關於地方上的蒙古字學的情況，《至順鎮江志》有幾處記載，在講到元代鎮江的學校時云："皇元尊崇聖教，修完廟學，備形詔旨。然昔之爲學也一，今之爲學也增其三焉：曰蒙古字，

① 《元史》卷二〇二《釋老·八思巴傳》，中華書局，1976。
② 黃時鑒：《元朝史話》，北京出版社，1985。
③ 陳立健：《〈至順鎮江志〉所載鎮江帝師寺——有關元代帝師寺與蒙古字學的一點佐證》，《中國藏學》2004年第1期。

曰醫，曰陰陽。所肄之業不同，其於嚴師弟子之道，以相授受，則亦未始不同也。"①

本文墓主人劉智的三個兒子中，劉政、劉尹皆"以新字□□，共登仕板，各居流品，所到任處，俱以清謹見稱"。由此可見，當時蒙古字學已經推廣到州縣級了。而劉智的兩個兒子也正是在接受了蒙古字學教育，并通過一定的考試後登上仕途的，且以爲官清正、嚴謹著稱。其中長子劉政擔任唐山縣尉，三子劉尹官職不詳。

（四）蒙古新字的應用時間

蒙古新字作爲元代"譯寫一切文字"的"國字"，譯寫了多種語言，記錄了許多史實，給後世留下了寶貴的語言文字和歷史資料，極大地豐富了我國的文化寶庫，對於研究八思巴字本身以及有關語言和元代社會的情況都有重要的價值。作爲一種純粹的"朝代文字"雖然其使用僅100餘年，應用範圍亦有限，但它的創製推廣，在一定程度上推進了蒙古社會的文明進程，而且在語言學的歷史上將永遠鐫刻着八思巴的不朽英名。

劉美然
河北省社會科學院

---

① （元）俞希魯：《至順鎮江志》，江蘇古籍出版社，1999。

《重修龍泉寺碑記》考釋

一

河北省社會科學院信息中心藏有兩幀明代高陽縣龍泉寺的拓片，均爲龍泉寺的重修碑記。其中第一幀（見本書編號 011）内容較爲豐富，拓片呈長方形，楷體，正上方中間題曰"皇圖永固"，長 162 厘米，寬 79 厘米，凡 22 行，滿行 50 字，總計 1100 餘字。保存基本完整，間有破損磨泐之處。爲便於研究，現依照拓片的行款、格式，參考信息中心所作録文，加以標點，重新迻録如下：

1. 重修龍泉寺碑記
2. 賜進士出身文林□知山陽縣事邑人　王　琮　撰文
3. 賜進士出身鴻臚寺少卿前刑部主事涇水　劉　愷　篆刻
4. 賜進士出身奉訓大夫知汝州事邑人　李師儒　書丹
5. 去舊高陽東南三里許，有河曰豬龍。自南□流，傍砍尾村之右，轉而東瀠迴之灣有渡。渡之北有臺，若丘阜然。臺下有寺曰龍泉，蓋
6. 因河而得名焉。嘗考之志，聞之故老，往時□臺前，有頹垣廢址，瓦礫滿目。過而覽者，指點之曰：此□寺廢久，其址尚在，蓋□河之岩，
7. 而爲喚渡者之□依其刱建。信有自□，而竟不知其爲何年也。天順初年，淋潦漲□，□不退，民難渡，病涉爲甚，北砍尾□□□清□，
8. 協力成橋，以便往來。甫爲之初，議復故守，訪僧人以主之。

是時，文上人已住榆堤清涼寺矣。故吏部解稽勳與上人有□□戚，力舉

9. 往就。上人既至，見其頹廢，即奮然□緣，業動遠近人。不半餘載，高垣闢門，供佛棲僧之舍，完数間，規模畧具。披剃來從者五七人，□

10. 授釋家書，仍租鄰寺民家地数十畝耕種。獲收粟麥，可給用，遂買牛力耕，有馬代步，仍得孳息之利。日用漸裕，積有白金□斤餘，欲

11. 廣殿宇，思得大木，乃自挺身，過邊關，入靈丘深山，筏木順遶湍而下，不眠者三四夜。自出而返，過半載，衆皆意其漂没不存□。及歸，

12. 見其胼胝憔悴，既哀而復異之。非強志堅誠，能如是哉？復鳩工陶瓦，會計從庸，閱王年，始成佛殿四楹，塑像粧金，輝煌駭視。又閱年，

13. 架寢屋，北三間，西如之。又閱年，起東樓，聳觀一方。又閱年，構伽藍、祖師堂，對峙□右。又十餘年，以米易磚石，建山門。崇垣之外，遠植

14. 榆柳，內隙地□□井分畦，種瓜蔬，四時不取諸市。近寺及□□□□地，幾五十畝，足為常産。經營積累，至四十年，規模成就，甚生業

15. 次，而上人年已七十矣。衰病侵尋，慮泯泯於後，乃請諸鄉先生李公，公屬余為記。余聞上人道始末，而歎息之。夫創業之與守成□

16. 孰難乎？當廢壞之餘，而立可久之業，一磚一瓦，一草一木，皆自勤苦中來，不有堅持卓立如上人者，安能至此？後之人可□思□□，

17. 自而保守之乎？務祖風，修戒行，勤農業，以守清規，思益充拓前人之業，庶其能保守之。若但守而勿失，未必其能不失也。成□登□，

18. 壞如燎毛，自古有國□者皆然，而況僧家者乎？聚異姓，同緇衣，以求日用飲食，苟不合志同謀，如家人之□□相親，舟

□□之共濟，

19.其不自取隳敗者幾希。李公無恙時，逢上人話諄諄以此戒□，
飭其行徒。公今逝矣，言猶在□耳。惜哉！上人自謂老病□已深，
唯欠一

20.死。余將去上人，而為薄官所縻，數年之後，其□復得見
上人否乎？舊□遊之地，回首已成陳跡，後之繼□□者，其加念之，
其敬守

21.之。上人名月，俗姓李，先祖諱原名，洪武中為禮部尚書。
父諱四，母韓氏。成宣、成果、成端其徒，佛臻、□□、□鎧、佛
華，又其徒孫云。

22.弘治十八年　月吉日立石　石氏　李福鐫

第2行，撰者王琮，高陽人，其身份爲"賜進士出身文林□知山陽
縣事"。"□"字由於碑文磨泐，難以識讀，考之史籍當爲"郎"。文
林郎，散階官，始置於隋開皇中，唐、宋、元、明諸朝沿置。《明史》
卷七二《職官志一》記載："文之散階四十有二，以歷考爲差。……正
七品，初授承事郎，陞授文林郎，吏材幹授宣議郎。"①陞以授正七品文
官。明代知縣，正七品，王琮以"文林郎知山陽縣事"正與《明史·職
官志》所載相合。山陽縣，明成化十二年（1476）置，屬商州，治今
陝西山陽縣。王琮，史籍無載，民國《高陽縣志》卷三《人物》"廉
介"條云："王琮，字玉振，少有才明，里中雅器重之，以進士尹山陽。
明恕而斷，擢刑部主事，執法不撓如山陽。"同書卷六《人物》"進士"
條云，王琮爲"宏治丙辰進士"。"宏治"，即弘治，宏治丙辰即弘治九
年（1496）。均可以與碑刻相互參證。

第4行，書丹者李師儒，史籍亦無載。奉訓大夫，散階官，明代
以授從五品之文官。弘治《保定郡志》卷一一"高陽縣進士"條著録
有李師儒，但未言其官職。正德《汝州志》"國朝仕宦本州知州"條記
載，李師儒"直隸保定府高陽縣人，由進士弘治十六年任"②。民國《高
陽縣志》卷三《人物》"廉介"條載："李師儒，字宗正，少從吳先生

---

① 《明史》卷七五《職官志五》，中華書局，1974，第1736頁。
② 《天一閣藏明代方志選刊》第46冊，上海古籍書店，1962。

璟學易，遂究河洛淵源。再不第，發憤與張公天衢、晁公盡孝同鉛槧閉户，再浹歲，登宏治丙午鄉試，庚戌進士。初授翰林院檢討，侍壽王等王，不就，罷歸，左遷四川布政司照磨，歷仁和令。……擢守汝州，再守裕州。時逆瑾黨方橫，郡邑官皆望塵拜，公長揖而已。任郎中，分管河道。……陞鳳陽知府。……陞山西布政司參政，致仕。師儒凝重而介，雅有風尚。”此對李師儒宦歷記載最爲翔實，但對治汝州時間并無確切記載。從碑刻來看，弘治十八年（1505）尚知汝州，可補方志之闕。

第 5 行，豬龍河，即潴龍河，又稱龍化河。據弘治《保定郡志》，在郡治一百五里，屬高陽縣，東流至馮村而北入白洋澱。故老相傳顓頊時，有豬化爲龍，以開河道，故以爲名。[①]民國《高陽縣志》卷一《地理》載，潴龍河在高陽縣内蜿蜒四十餘里，水流湍急，攜帶泥沙，往往暴漲至十餘尺。時常決口，本縣深受其害。

第 8 行，提到了文上人及清凉寺。清凉寺之名，來源於宋人張商英所著《清凉傳》。中國各地以此爲名的佛寺甚眾，最著名的莫過於山西五臺山的清凉寺。“上人”，原指持戒嚴格并精於佛學的僧侶。《釋氏要覽》云：“智德，外有德行，在人之上，名上人。”後成爲對長老和尚的尊稱。“文上人”，據碑文俗姓李，名月，原爲清凉寺主持，後應邀至高陽龍泉寺，主持了龍泉寺修繕中興之業。魯海《清凉寺記略》記載，清凉寺在高陽縣治東十里許于堤村，明正統元年（1436）進行了重修，成化十七年（1481），“住持文僧恐泯前人之功，請魯海爲之記”[②]。此清凉寺住持文僧是否即文上人呢？據龍泉寺重修碑記，碑立於弘治十八年（1505），文上人“經營積累，至四十年”。以此推算，文上人離開清凉寺，初掌龍泉寺在公元 1465 年，即明成化元年。而上揭魯海《清凉寺記略》，成化十七年（1481）年，文僧仍爲清凉寺主持，在時間上并不相合。再則，文僧所住清凉寺位於高陽，而文上人所住爲“榆堤清凉寺”，雖然由於碑文磨泐，“榆堤”不詳地望所在，但可以肯定兩清凉寺

①　弘治《保定郡志》卷三二，《天一閣藏明代方志選刊》，上海古籍書店，1962。

②　魯海：《清凉寺記略》，民國《高陽縣志》卷九《集文》，臺灣成文出版社，1968，第 666 頁。光緒《畿輔通志》卷一八〇《史部·地理類》，續修四庫全書本，第 500 頁。《河北省志·宗教志》第 3 章《寺院古塔》記載清凉寺，在高陽縣東，而云清建，誤。

并非一地。綜上可知文僧與文上人并非一人。另，光緒《畿輔通志》卷一八〇"高陽縣"條記載："壽捻寺，在縣東南二十五里，宋咸平間建，明正統中僧文澄重修。"① 此文澄是否即文上人呢？答案也是否定的。弘治十八年（1505）刻立龍泉寺重修碑時，文上人"年已七十矣"，以此推算，文上人生於明英宗正統元年（1436）。明英宗朱祁鎮前後兩次即位，正統爲其第一個年號，使用了凡14年。即使文上人在正統十四年（1449）修繕壽捻寺，當時他也不過祇有14歲。從一般常理而言，佛寺斷斷不能以14歲的孺童主持壽捻寺的修繕大業。因此，光緒《畿輔通志》中的文澄絶非文上人，殆無疑問。文上人先祖李原名，《明史》卷一三六有傳。史稱李原名，字資善，安州人。洪武十五年（1382），以通經儒士舉爲御史。二十年，使平緬歸，以奏言稱旨，擢禮部尚書。二十三年以老致仕。但此後家道淪落，至文上人祖上已經全無冠冕。

　　第 11 行靈丘，明屬蔚州，位於蔚州西南，即今山西靈丘。據《明史》卷四一稱靈丘"東南有隘門山，西北有槍峰嶺，即高是山也，嘔夷水出焉。又有枚回嶺，滋水出焉"。靈丘地處太行山區，境内層巒疊嶂，山高林密。明代時華北平原地區森林幾乎被采伐殆盡，但太行山山區仍有相當的森林分布。故文上人在創修寺院需要大木時，不得不溯唐河而上，千里迢迢，遠至靈丘。

　　第 13 行"伽藍、祖師堂"，一般稱爲伽藍殿、祖師殿。按照中國漢傳佛寺布局，大雄寶殿兩旁的東西配殿，東爲伽藍殿，西爲祖師殿。伽藍殿供像三尊：中間爲波斯匿王，左爲祇陀太子，右爲給孤獨長者，以紀念這三位最早護持佛法建立伽藍的善士。殿内兩側常供十八位伽藍，他們是寺院的守護神。祖師殿多屬禪宗系統，是爲紀念該宗奠基人（祖師）而建的殿堂。大多數情況下，正中塑初祖達摩，左塑六祖慧能或馬祖禪師，右塑百丈禪師。明太祖繼承了南宋、元代以來對佛教寺院分類管理的經驗，將其分爲禪、講、教（瑜伽）等三類。"禪"即禪宗，"講"指禪宗以外的其他教派，包括華嚴、天台、法相等宗，"教"指專門從事法事儀式的"經懺僧"或"應赴僧"。要求僧人集衆爲寺，各承宗派，各司其事，不得隨便改變，即"禪者禪，講者講，瑜伽者瑜

---

① 《畿輔通志》卷一八〇《史部·地理類》，續修四庫全書本，第 500 頁。

伽”①。從高陽龍泉寺伽藍祖師堂等建築來看，應爲典型的禪宗寺院。

二

　　明代君主專制空前强化，理學是當時占統治地位的意識形態，佛教日益衰微，在理論建設上罕有建樹，失去了隋唐時期那股磅礴的氣勢。但這個時期佛教同道教乃至民間信仰相融合，以一種更爲百姓喜聞樂見的面貌出現，幾乎滲透到民間社會每個角落，與中國民間社會血肉相連，完全融入了百姓日常生活。從這個意義上講，明代佛教并未衰落，從社會影響力來講，比起前代來甚至有過之而無不及。有明一代，從太祖朱元璋起歷代諸帝對佛教的態度基本上是推崇、扶植與利用、管制并重，基本上沒有什麽變化。從京師到地方，“營建寺觀，歲無寧日”，“僧尼道士，充滿道路”。②河北向爲佛教興盛之地，“燕趙之俗，崇尚浮圖，庵觀寺院，星列棋布，雖窮鄉下邑，香火不絶”③。僅以高陽縣爲例，即有開元寺、興福寺、楞嚴寺、福興寺、壽恩寺、興化寺，等等。碑刻所記的龍泉寺亦爲其一。

　　龍泉寺，中國各地佛寺以此爲名者甚衆，河北境内獲鹿（今鹿泉市）、蠡縣等地均有龍泉寺。高陽龍泉寺，不知創修於何時，弘治《保定郡志》、光緒《畿輔通志》、民國《高陽縣志》《河北通志稿》、《河北省志·宗教志》等對此寺和此碑均無著録。故此重修碑記可補史志之闕。但此碑意義絶不止此。近些年來，在社會史研究熱潮影響下，明代佛教研究已經超越了雲棲袾宏、紫柏真可、憨山德清、蕅益智旭等名僧大德的範圍，而越來越重視普通僧侶以及廣大民衆階層如何接納佛教的實態研究，佛教與基層社會的互動成爲學界研究的趨勢。文上人——一個名不見經傳的普通僧侶——在當地文人士大夫支持和當地民衆的參與下對龍泉寺進行了大規模重修。此由文人士大夫撰寫和書丹的重修碑記，以個案的形式，爲研究明代河北基層社會普通民衆的宗教活動和社會生活提供了重要實物資料。另外，作爲一種特殊的封建土地占有形

① （明）大聞幻輪:《釋鑒稽古略續集》卷二，見《大正藏》第49册，第936頁。
② （明）姜洪:《陳言疏》，見陳子龍等《明經世文編》卷一二二，中華書局，1962。
③ 隆慶《趙州志》卷一〇《雜考》，《天一閣藏明代方志選刊》，上海古籍書店，1962。

式，寺院經濟是中國經濟史研究的一個重要方面。但對中國古代寺院經濟的研究，大多集中於宋元以前，而於明清時期研究相對薄弱。[①] 近而言之，對於明清時期寺院經濟而言，又主要集中於京師（北京、南京）和江南一帶的名寺大刹，而對北方地區更具有數量優勢的中小佛寺的寺院經濟研究更爲薄弱。在這個意義上，高陽龍泉寺重修龍泉寺碑記爲考察明代華北小型佛寺的寺院經濟提供了第一手資料，這也是其獨特價值所在。

首先，碑記提供了佛教寺院承租民户田以耕之的史實。

明洪武三年（1370），因瀦龍河氾濫，高陽縣城被毀，縣治由龍化村移於二十五里之外的城西。洪水之後，加之隨着縣治的遷離，舊城區迅速衰落下去。明人韓旦有詩詠古高陽城，"荒城高下斷秋蓬，王氣消沈帝業空。敗壁烏棲苔蘚碧，重闉狐窟土花紅。樵蘇遠近斜陽外，村塢荒凉野草中。自上崇崗遥縱目，雲山煙柳鎖空濛"[②]。明高陽人王荔詩亦云："樓臺蹤迹想重門，十里頹垣幾處村。上世荒城餘粉堞，寒鴉無木落黄昏。居民凋敝堪垂涕，景物淒凉欲斷魂……"僧會司爲明代所設管理一縣佛教事務的機構，附設於佛寺中。在高陽新城佛寺未建好之前，僧會司權設於舊城的崇興寺。史稱"當時寥寥村落，士少人稀，井衢未定，乃設立僧會司於崇興寺，寺在城西南二十里路臺村"。洪武十五年（1382）縣寺竣工，僧會司遷於新城，至是崇興寺爲墟。"五六十年，榛莽荒穢，多爲樵夫牧子所私。"[③]

重修碑所在的北坎尾村位於高陽縣東二十五里，因此龍泉寺應在高陽舊城内或其左近。民國《高陽縣志》卷二《教育》云，高陽縣"自洪武三年舊城淪爲水國，縣治西遷，以前文物湮没殆盡，徵考無由。"龍泉寺，作爲一方古刹，在重修前"頹垣廢址，瓦礫滿目"[④]，很可能即是毀於洪武三年的水災。這場水災使高陽舊城一片澤國，終於被廢棄，其

① 參見白文固《八十年代以來國内寺院經濟研究述評》，《世界宗教研究》1998年第2期。關於明代寺院經濟的研究成果主要有：南炳文《明代寺觀經濟初探》（《明史研究論叢》1991年第1期）、傅貴九《明清寺田淺析》（《中國農史》1992年第1期）以及何孝榮《明代南京寺院研究》（中國社會科學出版社，2000），等等。
② 民國《高陽縣志》卷一《地理·古迹》，臺灣成文出版社，1968，第89頁。
③ 劉瑞：《崇興寺記略》，見民國《高陽縣志》卷九《集文》，臺灣成文出版社，1968，第660頁。
④ 《重修龍泉寺碑記》，第6行。

中的佛寺無一倖免。在新城竣工後，故城内的一些寺院在新城得以重修。例如福泉寺，本爲宋元舊刹，洪武三年被毁後，又在新城重修。景泰七年（1456）時，在縣令魯能支持下又對該寺進行了擴建。①而龍泉寺是在原址重修的，由於高陽縣統治中心的轉移，富室大户大多遷離了這裏，留在當地的大多是普通民衆，周邊經濟上的衰落，自然制約了龍泉寺創修規模和發展模式。

明代對佛教寺院控制大爲加强，不許隨便置寺，曾對佛寺大加裁并。洪武二十四年（1391）七月，敕令“凡僧人不許與民間雜處，務要三十人以上聚成一寺，二十人以下者聽令歸併成寺。其原非寺額，創立庵、堂、寺院名色，并行革去”②。明成祖即位後，重申禁止私創寺院，并對“舊額”重新加以厘定：“凡歷代以來，若漢、晉、唐、宋、金、元，及本朝洪武十五年以前寺、觀有名額者，不必歸併。其新創者，悉歸併如舊。”③《大明會典》卷一六三《律例四》嚴申：“凡寺觀庵院除見在處所外，不許私自創建增置，違者杖一百，還俗。僧道發邊遠充軍，尼僧女冠入宫爲奴。”高陽龍泉寺之所以能夠重修，鄉人的募化、故吏部解稽勳、李師儒、王琮等文人士大夫的鼎立支持以及文上人的强志堅誠固然是重要原因，但從根本上講，龍泉寺作爲一方古刹，是在“舊額”之内，是朝廷敕令允許的。這方面的原因在對佛教控制日益嚴密的明代是不容忽視的。

一般認爲中國古代寺院經濟形成於南北朝時期。寺田作爲寺院經濟的主體，其存在一定程度上決定了寺院之興隆廢替，“庵以僧興，僧以食聚，齋田之設，庵之興替係焉”④。明代寺院土地的來源主要有賞賜、施捨、購買、開荒等方式。⑤賞賜的田産，又稱爲“賜田”。洪武十五年（1381），太祖下詔遷徙南京蔣山寺，改賜額靈穀寺，并度僧一千

① 田甫《福泉寺記》和李霨《重修福泉寺記》，見民國《高陽縣志》卷九《集文》，臺灣成文出版社，1968，第 645、647 頁。
② （明）葛寅亮著，何孝榮點校《金陵梵刹志》卷二《欽録集》“洪武二十四年七月”，天津人民出版社，2007。
③ 《明太宗實録》卷一四，上海書店，1982。
④ （清）劉繼增：《忍草庵志》，見杜潔祥主編《中國佛寺史志匯刊》第 3 輯，第 29 册，丹青圖書公司。
⑤ 曹剛華：《明代佛教寺院農業問題初探——以明代佛教方志爲中心的考察》，《中國地方志》2009 年第 6 期。

名，"賞賜僧田二百五十有頃奇"①。宣德五年（1430）五月，宣宗賞賜靜海寺，天妃宮南京金川門外路東、西的空閒菜地，命"與常住僧道栽種"②。京師所在的名寺大刹是帝王賞賜田産較爲集中、數量較多的地方。正如明人葉向高所云，"近畿名刹大者六七，皆有賜田，以贍給緇流"③。這種土地一般享有賦稅蠲免特權，不用交納糧稅。社會各階層，尤其是官宦鄉紳的捐贈施捨也是寺院田産的一個主要來源。按照佛教的説法，捐贈田産於寺院，是一種莫大的功德，正如明人黃汝亨所言"置田若干畝，爲飯僧計，此最勝功德"④。但與宋代以前動輒捐贈上百畝，乃至上千畝不同的是，明代官宦士紳捐贈數量一般爲幾畝至幾十畝之間。這一方面與明代士紳的財力衰減、捐贈心態等有關，更主要是與明代對佛教寺院經濟的控制有關。⑤賞賜和施捨是寺院土地獲得的兩種最主要途徑，其次還有購買、開荒等方式。通過龍泉寺重修碑記來看，明代佛寺在以上四種方式之外，還存在另外一個方式，即承租。

　　文上人"仍租鄰寺民家地數十畝耕種"⑥，此蘊含的信息頗值得注意。由於理解的歧義，它可以有兩種理解：其一，承租鄰寺的民家地；其二，承租鄰寺和民家地。由於碑志記載闕略，文上人租賃的土地到底僅是民家地，抑或還包括鄰寺的土地，已不得而知。查考《高陽縣志》，在龍泉寺周圍似乎并無其他寺院，這樣看來恐以第一種理解爲是。但不管怎樣，它明確無誤地揭示了龍泉寺承租民户土地的事實。

　　在中國古代，歷朝典籍和史志碑刻中，民户承租寺院土地的記載比比皆是，而寺院作爲承租方，租賃民户土地的記載卻很少見到。相對普通民户，佛寺寺院經濟勢力較爲雄厚，他們一般擁有數量不等的寺田。他們將其出租，坐食租穀之利，自在情理之中。高陽龍泉寺是在一片廢墟上重建的，文上人雖然是在故吏部解稽勳堅請下主持該寺，"奮然

---

① （明）葛寅亮著，何孝榮點校《金陵梵刹志》卷二《欽録集》"洪武十四年"，天津人民出版社，2007。
② （明）葛寅亮著，何孝榮點校《金陵梵刹志》卷二《欽録集》"宣德五年"，天津人民出版社，2007。
③ （明）葛寅亮著，何孝榮點校《金陵梵刹志》卷一六《八大寺定租碑記》，天津人民出版社，2007。
④ 釋大壑：《净慈寺志》卷八《永明塔院募田疏》。
⑤ 曹剛華：《明代佛教寺院農業問題初探——以明代佛教方志爲中心的考察》，《中國地方志》2009年第6期，第47頁。
⑥ 《重修龍泉寺碑記》，第10行。

□緣，業動遠近人"①，但所得財物無幾，勉強修建了臨時性的佛龕和幾間僧舍，根本無力購買寺田。從碑文來看，當時也無人施捨田地給寺院。經濟上的窘迫是其承租鄰寺民田的主要原因。當時寺中僧人祇有五七人，他們在文上人率領下，讀經之餘，親自從事農業生產，"獲收粟麥，可給用"②，基本上達到了自給自足。

唐中葉以後，禪宗南宗各系開闢山林，以叢林（或稱禪林）爲據點，自耕自養，創造了"農禪合一"的僧伽經濟制度，規定僧衆必須自食其力，全體參加生產勞動，所謂"一日不作，一日不食"。將生產勞動納入禪門修行，乃中國僧人之創造，是佛教中國化的一個重要表現。隨着禪宗占據中國佛教的主體地位，叢林也幾乎成爲了佛寺的代名詞。但"農禪合一"的原則在以後的歷史發展中并没有完全得以貫徹。特別是在一些廣擁寺田的名剎大寺，上層僧侶逐漸貴族化，成爲凌駕於一般僧衆之上的特殊階層，他們日益脱離了生產勞動。即使是在叢林制度創製未久的宋代，僧衆自己開荒的現象也祇在小部分地區實行，并没有成爲當時寺院田産來源的主流。③明代這種情況更爲突出。寺院對占有的土地一般不直接經營，除極個別的例外，絶大多數采取招佃收租的形式。④如南京天界寺在溧陽縣有明太祖朱元璋欽賜的没官田三千九百畝，即全部出租。由於田土肥瘠不等，這些土地被分成上中下三等收租，上等每畝科米七斗九升，中等七斗五升，下等七斗二升，"各佃自運，付本寺交納"⑤。但對於小型寺院來說，經濟力量薄弱，香火一般不盛，大多也無廊房出租收入，不多的田産是其主要收入來源。如果租佃於民户，無論是采取分成制，還是定額制，民户都要分割一部分，再加上要承擔賦税，到頭來寺院已經所剩無幾，根本難以維持其正常開支。在這種情況下，僧衆親自耕作，實是無奈之舉，也幾乎是唯一的選擇。高陽龍泉寺即是僧衆直接經營的一個例證。

---

①　《重修龍泉寺碑記》，第9行。

②　《重修龍泉寺碑記》，第10行。

③　游彪:《宋代寺院經濟史稿》第3章，河北大學出版社，2003。

④　曹剛華在《明代佛教寺院農業問題初探——以明代佛教方志爲中心的考察》(《中國地方志》2009年第6期)一文指出，明代寺院田産的耕作模式有三:一是寺院所有，僧衆自我耕種方式;二是寺院所有，租佃民户耕種方式;三是寺院所有，轉包給當地豪强士紳，由豪强士紳租佃給農户耕種。其實後兩種都可歸納爲租佃制。

⑤　(明)葛寅亮著，何孝榮點校《金陵梵刹志》卷二《欽録集》，天津人民出版社，2007。

其次，碑記提供了明代小型寺院土地買賣的史實。

龍泉寺在基本能維持僧衆日常生活後，“買牛力耕，有馬代步，仍得孳息之利”①。牛馬供鄰寺民户使用，收取一定的費用，也成爲寺院收入之一。從“孳息之利”來看，甚至不排除龍泉寺也從事着高利貸經營。高利貸在中國古代佛寺中十分普遍，龍泉寺大概也莫能例外。否則僅憑數十畝租來的土地，没有其他額外的經營，很難達到“日用漸裕，積有白金□斤餘”②。文上人在財力豐贍的情況下，開始大興土木，進行寺院的重建。爲了得到大木，甚至遠至今山西靈丘，雖然主要是華北平原地區森林砍伐殆盡，無巨木可用，但也從一個側面説明此時龍泉寺的經濟勢力已不可小覷。在數年中，文上人相繼建造了佛殿、僧舍、伽藍、祖師堂、山門等，寺院初具規模。

“崇垣之外，遠植榆柳，内隙地□□井分畦，種瓜蔬，四時不取諸市。”③龍泉寺周圍種植榆柳，美化了寺院的環境。種植瓜蔬，則能滿足僧衆日常生活所需，不必再從市場上購買，减少了對外界的依賴。隨着經濟實力的壯大，龍泉寺開始成爲一個自給自足的經濟單位。在自然經濟占主體的中國古代社會，“閉門成市”是許多人，包括寺院孜孜以求的目標。龍泉寺在土地經營方面的一個最主要變化還是土地所有權的獲得。“近寺及□□□□地”④，將近五十畝，成爲寺院常産。

中國古代寺院經濟中，從内部所有權來看主要包括兩類：僧衆個人的私有經濟和屬於寺院的集體經濟。寺院的集體經濟，即所謂“常産”，爲寺院的公産，主要用作寺院的焚修和僧衆的口糧。龍泉寺重修碑文中没有提及受賜，也没有提及檀越捐贈，這些常産田的獲得方式應是購買。隨着龍泉寺經濟實力的增長，文上人將起初承租的土地，購買了下來，轉爲了寺院常産。

魏晋唐宋時期，寺院田産的來源主要是帝王和官宦鄉紳等的賞賜、施捨。但中唐以後，隨着商品經濟的發達，寺院田産不少是通過買賣的方式獲得的，特別是在商品經濟大發展，開始出現資本主義萌芽的明代

---

① 《重修龍泉寺碑記》，第 10 行。
② 《重修龍泉寺碑記》，第 10 行。
③ 《重修龍泉寺碑記》，第 13、14 行。
④ 《重修龍泉寺碑記》，第 14 行。

表現愈益突出。雖然數量和在寺田中所占比例，可能并不是很大，但體現出一種社會趨勢和新的動向。作爲佛寺常産的土地，法律上規定不許買賣，"僧不得售，人不得市，庶有常食"①。明洪武十五年（1382）敕令，"天下僧道的田土，法不許買，僧窮寺窮；常住田土，法不許賣。如有似此之人，籍没家產"②。其制度規定實際上淵源有自，源自於北宋。《宋史・食貨志》云："時又禁近臣置別業京師，及寺觀毋得市田。"李燾《續資治通鑑長編》卷一一三宋仁宗"明道二年八月"條，記載殿中侍御史段少連上奏："頃歲，上御藥楊懷德至漣水軍，稱詔市民田三十頃給僧寺。按舊例，僧寺不得市民田。請下本軍還所市民田，收其直入官。"但自唐宋以來洶湧澎湃的商品浪潮衝擊，使寺院也難以置身世外。雖然有朝廷的敕令，也無濟於事，宋代時已經出現"寺觀稍益市田"的現象。③明代時，洪武詔令在現實中同樣也成爲一紙具文，寺院土地買賣現象并不鮮見，大型寺院有之，經濟力量薄弱的小型寺院亦有之。高陽龍泉寺重修碑記提供了這方面的例證。高陽龍泉寺購買土地的例子，從一個側面反映了當時寺院土地買賣的常態化。

明代之所以禁止寺院購買土地，一方面是爲了保證佛教寺院作爲佛門净地的純潔性，使其不至於爲世俗所染。但主要還是出於經濟方面的考慮，爲了限制寺院經濟的惡性膨脹。明洪武二十七年（1394）規定，"欽賜田地，稅糧全免。常住田地，雖有稅糧，仍免攤派，僧人不許充當差役"④。雖然與唐之前相比，明代寺院大多需要承擔賦稅，經濟特權有所削弱。但僧人不承擔徭役，而且寺院常被特許免徵徭賦，甚至徭、賦全免，這對一般民衆仍是很有吸引力的，故寺院像前代一樣成爲逋亡之淵藪。明成化年間，倪岳在奏疏中已談到當時"其軍民壯丁私自披剃而隱於寺觀者，不知其幾何"⑤。故朝廷官府對寺院經濟規模也加以限制，如"景泰三年令，各處寺觀田土，每所量存六十畝爲業，其餘撥與

① （明）葛寅亮著，何孝榮點校《金陵梵刹志》卷二《欽錄集》，天津人民出版社，2007。
② （明）葛寅亮著，何孝榮點校《金陵梵刹志》卷二《欽錄集》，天津人民出版社，2007。
③ 《宋史》卷一七三《食貨志上一》，中華書局，1977。
④ （明）葛寅亮著，何孝榮點校《金陵梵刹志》卷二《欽錄集》，天津人民出版社，2007。又見釋大壑《净慈寺志》卷九《僧志》。
⑤ （明）倪岳：《青谿漫稿》卷一，見《明經世文編》卷七七，中華書局，1962。

小民佃種納糧"①。政府限制每寺寺田六十畝爲額。其執行力度在現實中必然大打折扣。但在明王朝抑制措施下，寺院經濟惡性發展的勢頭也得到了相當的遏制。學者已經注意到，雖然明代個別寺院在個別時期能占有一定可觀數量的土地，但經過歷朝不斷瓜分和限制，它們一般都衹是擁有幾十畝土地的小土地所有者，還有相當一些寺院甚至寸土全無。②明代寺院很少可能發展成爲大土地所有者，寺院農業經濟得到了有效抑制。③龍泉寺常産衹有五十畝，固然是其經濟能力有限，無力購買更多的土地，但也當與明王朝大力限制寺院經濟的背景密切相關。

馮金忠

河北省社會科學院

① （明）申時行:《明會典》卷二六七，中華書局，1989。又見《明世宗實録》卷八三，中國書店，1982。
② 何孝榮:《明代南京寺院研究》，中國社會科學出版社，2000，第18頁。
③ 何孝榮:《明代南京寺院研究》，中國社會科學出版社，2000，第19頁。

明高陽縣科甲題名碑試釋

　　河北省社會科學院藏有一幀明代高陽縣科甲題名碑拓片（見本書編號 017《國朝科甲題名記》）。刻立於明嘉靖十七年（1538），所謂"國朝"，指明朝。其拓片爲長方形，楷體，長 198 厘米，寬 78 厘米，共 1200 餘字。觀此拓片，進士、舉人姓名字體大，及第時間及生平官職字體稍小。題名信息從上至下共 6 排，排列工整，第 6 排祇有半排，可知此題名碑人名排序爲從右至左，第 1 排後緊接着爲第 2 排的信息，這樣識讀，所有進士、舉人題名時間便依年代順序排列。拓片最下方從右至左又有 13 行小字，因年代久遠，已不可識。爲便於研究，現依據拓片行款，將碑文逐錄如下：

　　1. 國朝科甲題名記
　　2. 鄧諒，洪武己卯舉人，任教諭。王遜，洪武庚□進士，任知縣。邱善，永樂乙酉舉人，任監正。何達，永樂丁酉舉人，任教授。王珪，永樂庚子舉人，未仕。蘇敬，永樂癸卯舉人，任知縣。劉中，永樂癸卯舉人，未仕。田甫，[宣德己酉]舉人，任助教，誥封正卿。李恭，宣德壬子舉人，任知縣。劉同，正統己未進士，任寺丞。劉潤，正統甲子舉人，任知縣。王佐，景泰庚午舉人，任訓導。田景暘，[景泰癸酉亞魁，甲戌進士，任大理寺正卿，進封禮部尚書，謚□公]。吳琮，[景泰癸酉舉人，己丑進士，任兵□副使]。劉瀚，（後殘）。
　　3. 高寅，景泰丙子舉人，任訓導。劉銘，景泰丙子舉人，未仕。劉璽，天順己卯舉人，任知府。解賓，成化[乙酉舉人，己丑]進士，任員外郎。李敬，成化乙酉舉人，丙戌進士，任御□。田景昉，

成化戊子舉人，任知縣。李儼，［成化辛卯舉人］，戊戌進士，任
［戶部員外郎中升參議］。田景瞳，成化丁酉舉人，任同知。田景
暐，成化［丁酉舉人］，任知縣。王琮，成化庚子舉人，丙午進士，
任員外郎。馬龍，成化［庚子舉人］，任通判。張天衢，成化［癸
卯□魁，甲辰進］士，任兵備副使。鄧引吉，成化［癸卯舉人］，
任知縣。李師儒，［成化丙午舉人，庚戌進士，任□中冊□□政］。
晁盡孝，成化［丙午舉人，丁未進］士，任知縣。

4.李章，弘治己酉舉人，任知縣。韓鶚，弘治己酉舉人，任知
縣。宋緯，弘治壬子舉人，任通判。齊鑾，弘治乙卯舉人，任教諭。
關鍵，弘治戊午舉人，任推官。韓瑬，弘治戊午舉人，甲戌進士，
任參政。王承恩，弘治辛酉舉人，甲戌進士，任運同。馬乾，弘治
辛酉舉人，任長史。王揚，弘治甲子舉人，任知縣。朱夏，正德庚
午舉人，任知縣。張濬，正德丙子舉人，任知縣。貫耕，正德丙子
舉人，任知州。劉恩，正德丙子舉人，辛巳進士，任參議。王荔，
嘉靖壬午亞魁，任□□。韓勗，嘉靖辛卯舉人，壬辰進士，任郎中。

5.張嵐，嘉靖辛卯舉人。董第，嘉靖甲午舉人。董懋中，嘉靖
甲午舉人，戊戌進士，任□□。董立中，嘉靖甲午舉人，未仕。韓旦，
嘉靖甲午舉人，任知縣。董執中，嘉靖甲午舉人。張瓚，嘉靖甲午
舉人。董立中。韓博，嘉靖庚子舉人，任知縣。劉行素。韓況，嘉
靖甲子舉人，知縣。張弦，嘉靖甲子舉人，知縣，歷任長史加朝列
大夫。韓洞，萬曆己卯舉人，未仕。閆三槐，萬曆乙酉舉人，知縣。

6.王懷德，萬曆戊子舉人，知縣。孫敬宗，萬曆辛卯舉人。孫
承宗，萬曆甲午舉人，甲辰榜眼。韓作楫，萬曆甲午舉人，任知府。
張騰霄，萬曆甲午舉人。韓太和，萬曆丁酉舉人，未仕，卒。魏克
家，萬曆庚子舉人。劉似鰲，萬曆癸卯舉人，癸丑進士。李國楷，
萬曆己酉舉人，癸丑進士。孫鈐，萬曆壬子舉人。季震，萬曆壬子
舉人。郭雲鵬，萬曆戊午舉人。李乘雲，萬曆戊午舉人。馮傑，萬
曆戊午舉人，壬戌進士，任禮科給事中。

7.郭騰躍，萬曆戊午舉人，任知縣。魏蕃啟，萬曆戊午舉人。
許倜，天啟辛酉舉人□□。張士秀，天啟甲子舉人。李發元，天啟
甲子舉人。董士昌，天啟丁卯舉人。齊國璽，天啟丁卯舉人。

8.大明嘉靖拾柒年歲次戊戌仲冬吉旦　知高陽縣事　直隸　泰州　朱軏　立

9.典史　河南　孟津　楊壽

10.儒學署學事　訓導　山西　靜樂　李珂

11.河南　杞縣　□□□　同立

　　本題名碑共記録了從洪武己卯（1399）至天啓丁卯（1627）高陽縣舉人和進士共79人，包括舉人、進士的及第時間、生平、官職信息。第1、2、3排每排15人，第4排14人，第5排14人，因"董立中"一名出現了兩次，第二次出現時僅出現人名，嘉靖甲午至嘉靖庚子年間的舉人也衹有一人名爲"董立中"，應是當時刻字失誤，故第5行實則13人。第6排14人，第7排7人。題名碑除了崇禎年間的兩名舉人李化麟、張納獻①没有記録之外，基本上記録了有明一代高陽縣全部的舉人、進士信息。題名碑的立碑時間是"大明嘉靖拾柒年歲次戊戌仲冬吉旦"，即嘉靖十七年（1538）農曆十一月初一。碑文記録内容的時間遠遠超出立碑時間，是因爲題名碑自嘉靖十七年始刻，以後又陸續補刻。從刻字上看，第4排"劉行素"以後之刻工筆法與之前并非同一人，"劉行素"之後的刻字較爲清晰。第5排"孫鈐"至結束，又爲不同的刻工所作，因此，本題名碑至少由三個不同的刻工在不同的時間刻成。

　　明代高陽縣的科甲題名在史籍中有著録。《天一閣藏明代方志選刊（保定郡）》（以下簡稱《方志》）卷一一《古今科第》記載了高陽縣從隋朝至明弘治二年（1489）高陽縣的進士、舉人、歲貢，弘治二年以後的科第無記載。《方志》有《序》三篇，作序時間分別爲"成化八年歲次壬辰冬十一月之吉"②"成化十有一年歲次乙末秋孟穀日"③"成化八年歲在壬辰秋九月吉旦"④。《後序》兩篇，"弘治歲甲寅十一月之吉"⑤"弘

---

① "李化麟，字禹及，丙子。張納獻，字元克，己卯，任温縣知縣。"民國《高陽縣志》，《中國方志叢書》華北地方第517號，成文出版社有限公司，1976，第360頁。

② （明）徐珪纂修《天一閣藏明代方志選刊（保定郡）》，上海書店出版社，2014，第9頁。

③ （明）徐珪纂修《天一閣藏明代方志選刊（保定郡）》，第20頁。

④ （明）徐珪纂修《天一閣藏明代方志選刊（保定郡）》，第30頁。

⑤ （明）徐珪纂修《天一閣藏明代方志選刊（保定郡）》，第1084頁。

治甲寅（弘治七年，1494）冬十月朔旦”①。可知此方志的成書時間是弘治七年前後，因此其記錄的信息比較原始。清代李周望輯有《國朝歷科題名碑錄初集》（以下簡稱《碑錄初集》），輯錄了明代洪武至崇禎年間各科進士題名。1980年上海古籍出版社出版了朱保炯、謝沛霖所作《明清進士題名碑錄索引》（以下簡稱《索引》），本書明代題名錄部分是在《初集》的基礎上形成，在明清兩朝的進士題名碑錄的基礎上，進行校錄補充，并加以索引，方便檢索。民國《高陽縣志》（以下簡稱《縣志》）中《人物·進士》②《人物·舉人》③輯錄了自元至清末高陽縣所出的全部進士、舉人姓名及簡單信息。碑文中的人物，《縣志》多有傳記。筆者結合題名錄和以上史籍中的信息，考證如下。

鄧諒，洪武己卯（建文元年，1399）舉人，任教諭。《方志》載其“教諭”④。《縣志·舉人》載其“龍化人，己卯，教諭”⑤。

王遜，洪武庚□（建文二年，1400）進士，任知縣。《方志》載其“知縣”。《碑錄初集》列其於“明洪武三十年（1397）進士題名錄丁丑科夏榜，賜進士出身第二甲二十九名”中，“北平高陽縣人”⑥。《索引》同錄⑦。《縣志·進士》載其“庚辰廷試二甲二十五名，王福人，任榮陽知縣”。“洪武庚□”應爲“洪武庚辰”。《縣志·舉人》載其“己卯解元，見進士”⑧。《碑錄初集》《索引》記錄中進士時間和《縣志》及本題名碑的記錄有異。《縣志·舉人》記載洪武年間的舉人中還有“杜信”，其他三種記載中沒有。

邸善，永樂乙酉（永樂三年，1405）舉人，任監正。《方志》載其“苑馬寺監正”。《縣志·舉人》載其“在城人，乙酉”。

何達，永樂丁酉（永樂十五年，1417）舉人，任教授。《方志》載其“王府教授”。《縣志·舉人》載其“在城人，丁酉，任教授”。

---

① （明）徐珪纂修《天一閣藏明代方志選刊（保定郡）》，第1094頁。
② 民國《高陽縣志》，第348頁。
③ 民國《高陽縣志》，第361頁。
④ （明）徐珪纂修《天一閣藏明代方志選刊（保定郡）》，第429頁。
⑤ 民國《高陽縣志》，第355頁。
⑥ （清）李周望輯《國朝歷科題名碑錄初集》，《北京圖書館古籍珍本叢刊》，書目文獻出版社，1990，第65頁。
⑦ 朱保炯、謝沛霖：《明清進士題名碑錄索引》，上海古籍出版社，1980，第2424頁。
⑧ 民國《高陽縣志》，第355頁。

　　王珪，永樂庚子（永樂十八年，1420）舉人，未仕。《方志》没有記載此人。《縣志・舉人》載其"王福人，庚子"。

　　蘇敬，永樂癸卯（永樂二十一年，1423）舉人，任知縣。《方志》載其"知縣"。《縣志・舉人》載其"王福人，癸卯，大興知縣"。

　　劉中，永樂癸卯（永樂二十一年，1423）舉人，未仕而卒。《方志》載其"未仕而卒"。《縣志・舉人》載其"在城人，癸卯"。

　　田甫，宣德己酉（宣德四年，1429）舉人，任助教，誥封正卿。《方志》載其"大理寺卿"。《縣志・舉人》載其"在城人，乙酉，助教"。

　　李恭，宣德壬子（宣德七年，1432）舉人，任知縣。《方志》載其"知縣"。《縣志・舉人》載其"在城人，壬子，知縣"。

　　劉同，正統己未（正統四年，1439）進士，任光禄寺丞。《方志》載其"光禄寺丞"。《碑録初集》《索引》無載。[①]《縣志・舉人》載其"壬子，見進士"。《縣志・進士》載其"己未，仕光禄寺丞"。

　　劉潤，正統甲子（正統九年，1444）舉人，任知縣。《方志》載其"知縣"。《縣志・舉人》載其"字君則，三坌口人，甲子，知縣"。

　　王佐，景泰庚午（景泰元年，1450）舉人，任訓導。《方志》載其"訓導"。《縣志・舉人》載其"字良輔，庚午，訓導"。

　　田景暘，景泰癸酉（景泰四年，1453）亞魁，甲戌（景泰五年，1454）進士，任大理寺正卿，進封禮部尚書，謚□公。《方志》載其"大理寺卿"。《碑録初集》列其於"明景泰五年進士題名碑録，賜同進士出身第三甲二百一十三名"中，"直隸保定府高陽縣民籍"[②]。《索引》同録。[③]《縣志・舉人》載其"知縣"。[④]《縣志・進士》"甲戌，有傳"。《縣志》有其傳。[⑤]

　　吴琮，景泰癸酉（景泰四年，1453）舉人，己丑（成化五年，1469）進士，任兵□副使。《方志》載其"按察司副使"。《碑録初集》

---

①　《碑録初集》没有記載正統四年有高陽縣的進士，祇有同姓名一人，稱爲"劉同，江西吉安府廬陵縣民籍"，列其於"明正統四年進士題名碑録己未科，賜同進士出身第三甲六十一名"中。《索引》同録。

②　（清）李周望：《國朝歷科題名碑録初集》，《北京圖書館古籍珍本叢刊》，第 257 頁。

③　朱保炯、謝沛霖：《明清進士題名碑録索引》，第 2454 頁。

④　民國《高陽縣志》，第 356 頁。

⑤　民國《高陽縣志》，第 193 頁。

《索引》無載。《縣志·舉人》載其"癸酉，見進士"。《縣志·進士》載其"丁丑，有傳"。《縣志》有其傳。①《縣志》與題名碑記錄有异。

劉瀚，□□□。《方志》載其"訓導"。《縣志·舉人》載其"字朝宗，王福人，丙子亞魁，洧川訓導"。《縣志》有其傳。②根據上下文，此處可補"任訓導"。

高寅，景泰丙子（景泰七年，1456）舉人，任訓導。《方志》載其"訓導"。《縣志·舉人》載其"字孟時，遷善人，丙子，訓導"。《縣志》有其傳。③

劉銘，景泰丙子（景泰七年，1456）舉人，未仕。《方志》無載。《縣志·舉人》載其"字子新，三□人，丙子"。

劉璽，天順己卯（天順三年，1459）舉人，任知府。《方志》載其"知府"。《縣志·舉人》載其"字天章，三坌口人，己卯，授漢中府同知，升平凉知府。舊志稱其修棧糶賑，陝志稱其廉干百廢俱興。"《縣志·進士》列其名於進士中，"事詳舉人門"。④

解寶，成化乙酉（成化元年，1465）舉人，己丑（成化五年，1469）進士，任員外郎。《方志》載其"吏部員外郎"。《碑録初集》列其於"明成化五年進士題名碑録己丑科，賜進士出身第二甲七十五名"中，"直隸保定府安州高陽縣民籍"。⑤《索引》同録。⑥《縣志·舉人》載其"乙酉，見進士"。《縣志·進士》載其"字上敬，王福人，己丑，任吏部稽勳司員外郎，舊志稱其豁達不羈"。

李敬，成化乙酉（成化元年，1465）舉人，丙戌（成化二年，1466）進士，任御□。《方志》載其"監察御史"。《碑録初集》列其爲"明成化二年進士題名碑録丙戌科，賜同進士出身第三甲二百五十二名"中，"直隸保定府安州高陽縣民籍"。⑦《索引》同録。⑧《縣志·舉人》載其"乙酉，見進士"。《縣志·進士》載其"丙戌，有傳"。《縣

---

① 民國《高陽縣志》，第 231 頁。
② 民國《高陽縣志》，第 231 頁。
③ 民國《高陽縣志》，第 231 頁。
④ 民國《高陽縣志》，第 349 頁。
⑤ （清）李周望：《國朝歷科題名碑録初集》，《北京圖書館古籍珍本叢刊》，第 323 頁。
⑥ 朱保炯、謝沛霖：《明清進士題名碑録索引》，第 2464 頁。
⑦ （清）李周望：《國朝歷科題名碑録初集》，《北京圖書館古籍珍本叢刊》，第 315 頁。
⑧ 朱保炯、謝沛霖：《明清進士題名碑録索引》，第 2463 頁。

志》有其傳。①

　　田景昉，成化戊子（成化四年，1468）舉人，任知縣。《方志》載其"知縣"。《縣志·舉人》載其"字時初，戊子，知縣"。

　　李儼，成化辛卯（成化七年，1471）舉人，戊戌（成化十四年，1478）進士，任員外郎中升參議。《方志》載其"戶部員外郎"。《碑録初集》列其於"明成化十四年進士題名碑録戊戌科，賜同進士出身第三甲二百三十七名"中，"直隸保定府安州高陽縣民籍"。②《索引》同録。③《縣志·舉人》載其"辛卯，見進士"。《縣志·進士》載其"字仲威，龍化里人，戊戌，由南京戶部主事，歷任山西參議，崇祀鄉賢，有傳"。《縣志》有其傳。④

　　田景曈，成化丁酉（成化十三年，1477）舉人，任同知。《方志》僅載其姓名。⑤《縣志·舉人》載其"字時升，丁酉，同知。"

　　田景暲，成化丁酉（成化十三年，1477）舉人，任知縣。《方志》僅載其姓名。⑥《縣志·舉人》載其"字時顯，丁酉，知縣。"

　　王琮，成化庚子（成化十六年，1480）舉人，丙辰進士，任員外郎。《方志》僅載一姓名"王宗"，和"王琮"應爲一人。⑦《碑録初集》《索引》均無此人。《縣志·舉人》載其"庚子，見進士"。《縣志·進士》載其"丙辰，有傳"。《縣志》有其傳。⑧

　　馬龍，成化庚子（成化十六年，1480）舉人，任通判。《方志》僅載一姓名"馬隆"，和"馬龍"應爲一人。⑨《縣志·舉人》載其"庚子，有傳"。

　　張天衢，成化癸卯（成化十九年，1483）□魁，甲辰（成化二十年，1484）進士，任兵備副使。《方志》載其"監察御史"。《碑録初集》列其於"明成化二十年進士題名碑録甲辰科，賜同進士出身第三

---

① 民國《高陽縣志》，第 216 頁。
② （清）李周望：《國朝歷科題名碑録初集》，《北京圖書館古籍珍本叢刊》，第 375 頁。
③ 朱保炯、謝沛霖：《明清進士題名碑録索引》，第 2472 頁。
④ 民國《高陽縣志》，第 196 頁。
⑤ （明）徐珪纂修《天一閣藏明代方志選刊（保定郡）》，第 429 頁。
⑥ （明）徐珪纂修《天一閣藏明代方志選刊（保定郡）》，第 429 頁。
⑦ （明）徐珪纂修《天一閣藏明代方志選刊（保定郡）》，第 429 頁。
⑧ 民國《高陽縣志》，第 215 頁。
⑨ （明）徐珪纂修《天一閣藏明代方志選刊（保定郡）》，第 429 頁。

甲二百三名"，"直隸保定府高陽縣民籍"中。①《索引》同錄。②《縣志·進士》載其"在城人，甲辰，有傳"。《縣志·舉人》載其"癸卯經魁，見進士"。"□魁"應爲"經魁"。

鄧引吉，成化癸卯（成化十九年，1483）舉人，任知縣。《方志》載其"知縣"。《縣志·舉人》載其"字從善，龍化人，癸卯，知縣"。

李師儒，成化丙午（成化二十二年，1486）舉人，庚戌（弘治三年，1490）進士，任□中冊□□政。《方志》僅載其姓名。《碑錄初集》《索引》均無此人。《縣志·舉人》載其"丙午，見進士"。《縣志·進士》宏（弘）治進士載其"字宗正，庚戌，由庶吉士歷任山西參政，崇祀鄉賢，有傳"。《縣志》有其傳，載其爲"宏治丙午鄉試，庚戌，進士"。③

晁盡孝，成化丙午（成化二十二年，1486）舉人，□未進士，任知縣。《方志》載其"知縣"。《碑錄初集》《索引》均無此人。《縣志·舉人》載其"丙午，見進士"。《縣志·進士》載其"字堯仁，六家莊人，丁未，華陰知縣"。"□未進士"應爲"丁未進士（成化二十三年，1487）。"

李章，弘治己酉（弘治二年，1489）舉人，任知縣。《方志》僅載其姓名。《縣志·舉人》載其"字文顯，六家莊人，己酉，知縣。"

韓鶚，弘治己酉（弘治二年，1489）舉人，任知縣。《方志》僅載其姓名。《縣志·舉人》載其"字搏南，王福人，己酉，知縣"。

宋緯，弘治壬子（弘治五年，1492）舉人，任通判。《方志》無載④。《縣志·舉人》載其"字煥章，在城人，壬子，通判"。

齊鑾，弘治乙卯舉人，任教諭。《縣志·舉人》載其"字廷臣，在城人，乙卯，教諭"。⑤

關鍵，弘治戊午（弘治十一年，1498）舉人，任推官。《縣志·舉人》載其"字廷鑰，遷善人，戊午，推官"。

韓璒，弘治戊午（弘治十一年，1498）舉人，甲戌（正德九年，1514）進士，任參政。《碑錄初集》列其於"明正德九年進士題名碑錄

① 民國《高陽縣志》，第409頁。
② 朱保炯、謝沛霖：《明清進士題名碑錄索引》，第2477頁。
③ 民國《高陽縣志》，第217頁。
④ 以下人名《天一閣藏明代方志選刊（保定郡）》均無記載。
⑤ 民國《高陽縣志》，第357頁。

甲戌科，賜同進士出身第三甲二百五十八名"中，"直隸保定府安州高陽縣軍籍"。①《索引》同録。②《縣志·舉人》載其"戊午，見進士"。《縣志·進士》載其爲"字廷佩，甲戌，由户部主事，歷任湖廣左參政，崇祀鄉賢，有傳"。《縣志》有其傳。③

王承恩，弘治辛酉（弘治十四年，1501）舉人，甲戌（正德九年，1514）進士，任運同。《碑録初集》列其爲"明正德九年進士題名碑録甲戌科，賜同進士出身第三甲二百五十八名"中，"直隸保定府高陽縣民籍"。④《索引》同録。⑤《縣志·舉人》載其"辛酉，見進士"。《縣志·進士》載其爲"字天寵，甲戌，有傳"。《縣志》有其傳。⑥

馬乾，弘治辛酉（弘治十四年，1501）舉人，任長史。《縣志·舉人》載其"字體元，遷氏人，辛酉，長史"。

王揚，弘治甲子（弘治十七年，1504）舉人，任知縣。《縣志·舉人》載其"字清宇，王福人，甲子，騰縣知縣"。

朱夏，正德庚午（正德五年，1510）舉人，任知縣。《縣志·舉人》載其"字文明，廉平人，庚午，順天府學，任知縣"。

張濬，正德丙子（正德十一年，1516）舉人，任知縣。《縣志·舉人》載其"字静之，民樂人，丙子，知縣"。

賈耕，正德丙子（正德十一年，1516）舉人，任知州。《縣志·舉人》載其"字起莘，廉平人，己卯，順天府學任知縣"。

劉恩，正德丙子（正德十一年，1516）舉人，辛巳（正德十六年，1521）進士，任參議。《碑録初集》列其於"明正德十六年進士題名碑録辛巳科，賜同進士出身第三甲二百一十七名"中，"直隸保定府高陽縣民籍"。⑦《索引》同録。⑧《縣志·舉人》載其"丙子，見進士"。《縣志·進士》載其爲"字以忠，庚辰，有傳"。《縣志》有其傳。⑨唯《縣

① （清）李周望：《國朝歷科題名碑録初集》，《北京圖書館古籍珍本叢刊》，第 584 頁。
② 朱保炯、謝沛霖：《明清進士題名碑録索引》，第 2503 頁。
③ 民國《高陽縣志》，成文出版社有限公司，1976，第 197 頁。
④ （清）李周望：《國朝歷科題名碑録初集》，《北京圖書館古籍珍本叢刊》，第 585 頁。
⑤ 朱保炯、謝沛霖：《明清進士題名碑録索引》，第 2503 頁。
⑥ 民國《高陽縣志》，第 216 頁。
⑦ （清）李周望：《國朝歷科題名碑録初集》，《北京圖書館古籍珍本叢刊》，第 614 頁。
⑧ 朱保炯、謝沛霖：《明清進士題名碑録索引》，第 2508 頁。
⑨ 民國《高陽縣志》，第 218 頁。

志·進士》所記中進士年號爲"庚辰",其餘均爲"辛巳",應是《縣志·進士》所記有誤。

王荔,嘉靖壬午(嘉靖元年,1522)亞魁,任□□。《縣志·舉人》載其"壬子亞魁,有傳"。《縣志》有其傳,[1]記載其中舉時間是"嘉靖壬午"。《縣志·舉人》記載應有誤。

韓勗,嘉靖辛卯(嘉靖十年,1531)舉人,壬辰(嘉靖十一年,1532)進士,任郎中。《碑録初集》列其於"明嘉靖十一年進士題名碑録壬辰科,賜同進士出身第二甲八十名"中,"直隸保定府安州高陽縣軍籍"。[2]《索引》同録。[3]《縣志·舉人》載其"辛卯亞元,見進士"。《縣志·進士》載其爲"字德懋,壬辰,兵部職方司郎中,崇祀鄉賢,有傳"。《縣志》有其傳。[4]

張嵐,嘉靖辛卯(嘉靖十年,1531)舉人。《縣志·舉人》載其"字文先,民樂人,辛卯,萊州府通判,升涇州府知府"。

董第,嘉靖甲午(嘉靖十三年,1534)舉人。《縣志·舉人》載其"字期一,龍化人,甲午,府學,西華知縣"。《縣志》有其傳。[5]

董懋中,嘉靖甲午(嘉靖十三年,1534)舉人,戊戌(嘉靖十七年,1538)進士,任□□。《碑録初集》有"董懋中,明嘉靖十七年進士題名碑録戊戌科,賜同進士出身第三甲二百二十二名"中,"直隸保定府安州高陽縣民籍"。[6]此人應爲"董懋中"。《索引》同録。[7]《縣志·舉人》載其"甲午,見進士。"《縣志·進士》有"董懋中,字德甫,戊戌,由刑部主事,歷任光禄寺少卿,崇祀鄉賢,有傳"。《縣志》有其傳。[8]

董立中,嘉靖甲午(嘉靖十三年,1534)舉人,未仕。《縣志·舉人》載其"字獻夫,甲午"。

韓旦,嘉靖甲午(嘉靖十三年,1534)舉人,任知縣。《縣志·舉

① 民國《高陽縣志》,第308頁。
② (清)李周望:《國朝歷科題名碑録初集》,《北京圖書館古籍珍本叢刊》,第683頁。
③ 朱保炯、謝沛霖:《明清進士題名碑録索引》,第2518頁。
④ 民國《高陽縣志》,第213頁。
⑤ 民國《高陽縣志》,第219頁。
⑥ (清)李周望:《國朝歷科題名碑録初集》,《北京圖書館古籍珍本叢刊》,第726頁。
⑦ 朱保炯、謝沛霖:《明清進士題名碑録索引》,第2524頁。
⑧ 民國《高陽縣志》,第233頁。

人》載其"韓旦，字德遲，甲午，靈壁知縣，有傳"。《縣志》有其
傳，①人名作"韓旦"。

董執中，嘉靖甲午（嘉靖十三年，1534）舉人。《縣志·舉人》載
其"字道夫，甲午，長史"。

張瓚，嘉靖甲午（嘉靖十三年，1534）舉人。《縣志·舉人》載其
"甲午，有傳"。《縣志》有其傳。②

董立中。

韓博，嘉靖庚子（嘉靖十九年，1540）舉人，任知縣。《縣志·舉
人》載其"韓博，字惟約，庚子，文登知縣"。《縣志·舉人》在記載
"韓博"之後還有"謝梧，戌午，任邱縣學，孝義知縣；謝材，戌午，
任邱縣學"。

劉行素。《縣志》列於嘉靖進士中。③《縣志·舉人》載其"乙酉，
府學，見進士"。《縣志·進士》載其爲"丙辰，有傳"。《縣志·進士》
記載進士還有"謝淮，字三洲，戊戌，授工部主事，歷巡撫寧夏右副都
御史，進階二品諭，祭葬"。

韓況，嘉靖甲子（嘉靖四十三年，1564）舉人，知縣。《縣志·舉
人》載其"字文峰，甲子，知縣"。④

張弦，嘉靖甲子（嘉靖四十三年，1564）舉人，知縣，歷任長史加
朝列大夫。《縣志·舉人》載其"字佩西，甲子，以知縣歷魯府長史，
予四品服致仕"。

韓洞，萬曆己卯（萬曆七年，1579）舉人，未仕。《縣志·舉人》
載其"字孟瀾，己卯"。

閆三槐，萬曆乙酉（萬曆十三年，1585）舉人，知縣。《縣志·舉
人》載其"字植庭，龍化人，乙酉，代府長史"。

王懷德，萬曆戊子（萬曆十六年，1588）舉人，知縣。《縣志·舉
人》載其"字象玄，在城人，戊子，嘉祥知縣，改城武"。

孫敬宗，萬曆辛卯（萬曆十九年，1591）舉人。《縣志·舉人》載

---

① 民國《高陽縣志》，第 235 頁。
② 民國《高陽縣志》，第 219 頁。
③ 民國《高陽縣志》，第 350 頁。
④ 民國《高陽縣志》，第 359 頁。

其"字叔倩，在城人，辛卯，初授武强教諭，歷吏部、工部、都察院司務、兵部職方司員外郎"。

孫承宗，萬曆甲午（萬曆二十二年，1594年）舉人，甲辰（萬曆三十二年，1604）榜眼。《碑録初集》列其於"明萬曆三十二年進士題名碑録甲辰科，賜進士及第第一甲三名"中，"直隸保定府安州高陽縣民籍"。①《索引》同録。②《縣志·舉人》載其"甲午經魁，見進士"。《縣志·進士》載其爲"字稚繩，號凱陽，在城人，甲辰一甲第二名，由翰林院編修歷官光禄大夫，左柱國少師兼太子太師，中極殿大學士兼吏兵二部尚書，謚文正，崇祀鄉賢，有傳"。

韓作楫，萬曆甲午（萬曆二十二年，1594）舉人，任知府。《縣志·舉人》載其"字汝説，王福人，甲午，衡州府知府，升兩浙鹽運使"。

張騰霄，萬曆甲午（萬曆二十二年，1594）舉人。《縣志·舉人》載其"字子翔，廉平人，甲午，初任常山知縣，改林縣，有去思碑，崇祀名宦"。《縣志》有其傳。③

韓太和，萬曆丁酉（萬曆二十五年，1597）舉人，未仕，卒。《縣志·舉人》載其"字悦風，丁酉"。

魏克家，萬曆庚子（萬曆二十八年，1600）舉人。《縣志·舉人》載其"字顯庭，民樂人，庚子，鄒平知縣"。

劉似鰲，萬曆癸卯（萬曆三十一年，1603）舉人，癸丑（萬曆四十一年，1613）進士。《碑録初集》載其爲"劉似鼇，明萬曆四十一年進士題名碑録癸丑科，賜同進士出身第三甲二百七十四名，直隸保定府安州高陽縣民籍"。④《索引》作劉汝鼇，⑤應有誤。《縣志·舉人》載其"癸卯，府學，見進士"。《縣志·進士》載其爲"劉似鼇，癸丑，任太平府知府"。《縣志》有其傳。⑥《縣志·進士》還載有"劉徽，字心虞，丙辰，任廣東道御史"。

李國楷，萬曆己酉（萬曆三十七年，1609）舉人，癸丑（萬曆

---

①　（清）李周望：《國朝歷科題名碑録初集》，《北京圖書館古籍珍本叢刊》，第1105頁。
②　朱保炯、謝沛霖：《明清進士題名碑録索引》，第2583頁。
③　民國《高陽縣志》，第220頁。
④　（清）李周望：《國朝歷科題名碑録初集》，《北京圖書館古籍珍本叢刊》，第1169頁。
⑤　朱保炯、謝沛霖：《明清進士題名碑録索引》，第2592頁。
⑥　民國《高陽縣志》，第234頁。

四十一年，1613）進士。《碑録初集》列其於“明萬曆四十一年進士題名碑録癸丑科，賜同進士出身第三甲二百七十四名”中，“直隸保定府安州高陽縣民籍”。①《索引》同録。②《縣志·舉人》載其“己酉，見進士”。《縣志·進士》載其爲“字元治，號續溪，癸丑，由翰林院庶吉士歷官光禄大夫，左柱國少師兼太子太師，中極殿大學士兼吏部尚書，贈太保，謐文敏，崇祀鄉賢，有傳”。《縣志》有其傳。③

　　孫鈙，萬曆壬子（萬曆四十年，1612）舉人。《縣志·舉人》載其“字韞若，壬子，有傳”。

　　季震，萬曆壬子（萬曆四十年，1612）舉人。《縣志·舉人》載其“李震，字静蓄，壬子”。

　　郭雲鵬，萬曆戊午（萬曆四十六年，1618）舉人。《縣志·舉人》載其“戊午，有傳”。《縣志》有其傳。④

　　李乘雲，萬曆戊午（萬曆四十六年，1618）舉人。《縣志·舉人》載其“戊午，有傳，崇祀鄉賢”。

　　馮傑，萬曆戊午（萬曆四十六年，1618）舉人，壬戌（天啓二年，1622）進士，任禮科給事中。《碑録初集》載其爲“明天啓二年進士題名碑録壬戌科，賜同進士出身第三甲三百二十九名，直隸保定府安州高陽縣民籍”。⑤《索引》同録。⑥《縣志·舉人》載其“戊午，見進士”。《縣志·進士》載“敦信人，壬戌，歷官户部右侍郎，崇祀鄉賢，有傳”。《縣志》有其傳。⑦

　　郭騰躍，萬曆戊午（萬曆四十六年，1618）舉人，任知縣。《縣志·舉人》載其“字圖南，集賢人，戊午，南陽知府”。

　　魏蕃啓，萬曆戊午（萬曆四十六年，1618）舉人。《縣志·舉人》載“魏蕃啓，字裔苍，戊午”。

　　許佋，天啓辛酉（天啓元年，1621）舉人□□。《縣志·舉人》載

---

① （清）李周望：《國朝歷科題名碑録初集》，《北京圖書館古籍珍本叢刊》，第1167頁。
② 朱保炯、謝沛霖：《明清進士題名碑録索引》，第2592頁。
③ 民國《高陽縣志》，第201頁。
④ 民國《高陽縣志》，第235頁。
⑤ （清）李周望：《國朝歷科題名碑録初集》，《北京圖書館古籍珍本叢刊》，第1221頁。
⑥ 朱保炯、謝沛霖：《明清進士題名碑録索引》，第2601頁。
⑦ 民國《高陽縣志》，第236頁。

其"許侗，字元適，民樂人，辛酉"。

張士秀，天啓甲子（天啓四年，1624）舉人。《縣志·舉人》載其"字銓録，甲子"。

李發元，天啓甲子（天啓四年，1624）舉人。《縣志·舉人》載其"甲子，見進士"。《縣志·進士》載"字潞陽，甲戌，由浙江寧波府推官，歷官廣西道監察御史，兩淮監院，崇祀鄉賢，有傳"。《縣志·舉人》在"李發元"之後還記載有舉人"謝廷璠，甲子，任邱縣學"。

董士昌，天啓丁卯（天啓七年，1627）舉人。《縣志·舉人》載其"字振朋，丁卯"。

齊國璽，天啓丁卯（天啓七年，1627）舉人。《縣志·舉人》載其"丁卯，有傳"。

通過以上對比，不難發現，大部分舉人、進士的情況記載是一致的，少部分記載的有差異，也很難判斷哪個記載最真實準確。《縣志》記載的舉人、進士人數明顯比其他史料多，但地方志從史源來説屬後出文獻，多抄撮於正史或其他文獻，其記録的信息并非最原始、也并非最準確。

古代高陽作爲歷代文化比較發達的地區，文教事業發展水平較高。明清以來，地方社會爲鄉紳諸大姓所把持，他們不僅爲經濟上的大户，還是文教的主要占有者。本題名記的立碑人"知高陽縣事直隸泰州朱軏"，"典史河南孟津楊翯""儒學署學事訓導山西静樂李珂""河南杞縣張太史"雖已無考，但應該是當時高陽縣把持地方政務的顯要人物，其所立題名碑，爲我們今天考證明代高陽縣的舉人、進士提供了第一手的原始資料。

張重豔

河北省社會科學院

明代李國檟事迹叢考
——以高陽碑刻爲線索

在河北省社會科學院所藏高陽碑刻拓片中，有關高陽家族最多的是李氏家族。李氏係高陽四大望族之一，出現了李國檟、李霨、李殿圖、李鴻藻等政事通顯的科宦族人數十人。李氏的發迹始於五世祖李儼。李儼，明成化戊戌進士，仕至山西布政司參議。但布政司參議不過爲從四品，在各省中因事添設，無定員。[①] 李氏家族走向隆盛是從李國檟開始的。李國檟之父李知先，字振野，雖補邑弟子員，但終未獲取功名，也未入仕。[②] 李國檟官至大學士，死後贈太保，諡文敏。其子李霨（1625~1684），仕途更爲顯赫，歷仕順治、康熙兩朝，歷任秘書院學士、内弘文院大學士、工部尚書兼東閣大學士、太子太保、保和殿大學士加户部尚書、太子太傅、太子太師等職。以此觀之，李國檟是李氏家族興起的關鍵人物。作爲高陽鄉賢，在時人眼裏，他與孫承宗并稱，正如沈純禔所撰李國檟專祠碑記所云："抱日月之奇光而文正生，掬日月之瑞光而文敏出。欲成太傅名，天試其艱；欲完太保福，天妬其壽。"文正，指孫承宗，其諡號文正。太傅，指孫承宗，死後贈太傅。太保，指祠主李國檟，死後贈太保。

李國檟，高陽龐口村人，字元冶，號續溪，其文集《李文敏公遺集定本》二卷附録一卷，由其子李霨編定，見《明别集叢刊》第五輯。

---

① 《明史》卷七五《職官志四》，中華書局，1971。
② 見編號048《皇清誥贈光禄大夫太子太傅户部尚書保和殿大學士加三級前明累贈光禄大夫左柱國少師兼太子太師吏部尚書中極殿大學士顯考振野府君（李知先）墓表》（清康熙二十三年，1684）。他以子李國檟貴，歷贈光禄大夫左柱國少師兼太子太師中極殿大學士兼吏部尚書。清朝時，又以孫貴，歷贈光禄大夫太子太師（傅）保和殿大學士兼户部尚書加三級。這些均爲贈官。

《明史》卷二五一雖然有傳，但附於李標傳之下，記述甚簡，衹有寥寥260餘字。

李國榰，字元治，高陽人。萬曆四十一年進士。由庶吉士歷官詹事。天啓六年七月，超擢禮部尚書入閣。釋褐十四年即登宰輔，魏忠賢以同鄉故援之也。然國榰每持正論。劉志選劾張國紀以撼中宮，國榰言："子不宜佐父難母，而況無間之父母乎！"國紀乃得免罪。御史方震孺及高陽令唐紹堯繫獄，皆力爲保全。崇禎初，以登極恩進左柱國、少師兼太子太師、吏部尚書、中極殿大學士。國子監生胡焕猷劾國榰等，褫衣冠，國榰薦復之，時人稱爲長厚。元年五月得請歸里，薦韓爌、孫承宗自代。卒，贈太保，謚文敏。宗道、景辰事見《黃立極傳》中。

其碑高陽碑刻中有兩通，即沈純禔所撰《李文敏公專祠碑記》（清順治十五年，1658）和金之俊撰《皇清誥贈資政大夫内翰林秘書院學士加二級前光禄大夫左柱國少師兼太子太師吏部尚書中極殿大學士贈太保謚文敏李公專祠碑記》（清順治十七年，1660）（以下簡稱"專祠記"）。原碑位於高陽縣龐口村，現碑均不存。沈純禔，時任高陽知縣，其碑文撰於李國榰去世27年之後。僅僅兩年之後，金之俊又撰同樣性質的碑文，此碑記相較前碑爲詳，介紹了李國榰專祠建立的緣起，以及李國榰的主要仕歷和功業。很可能正是由於沈純禔所撰碑文過簡，才有了金之俊重撰之舉。

兩篇專祠碑記一些地方可補《明史》之缺，例如李國榰卒於崇禎四年辛未，爲正史所未載。民國李曉泠等《高陽縣志》卷一〇《集文》對金之俊專祠碑記有録文，作"李文敏公專祠碑記"，内容相同，但無立碑時間和立碑人信息。二者皆有缺字，可互補。今依據此兩篇專祠記，并參考孫承宗《李國榰與夫人陳氏繼配趙氏合葬墓志銘》[1]、王崇簡《李文敏公墓碑略》[2]、胡世安《李文敏公墓表》[3]，對李國榰生平仕

① 民國《高陽縣志》卷一〇《集文》，臺灣成文書局，1968，第687~704頁。
② 民國《高陽縣志》卷一〇《集文》，第705~709頁。
③ 民國《高陽縣志》卷一〇《集文》，第709~715頁。

歷及其與魏忠賢的關係加以考察。

一　李國樻的生平仕歷

《明史·李國樻傳》未載李國樻之生卒年，沈純禔《李文敏公專祠碑記》亦衹言李國樻"高德彌沉，四十七齡"，即享年 47 歲，而亦未載生卒時間。而金之俊專祠碑記，未言李國樻生年，但記載其"捐館在崇禎四年辛未"，即卒於崇禎四年（1631）。又下又言李國樻在致仕還鄉後，"遄歸晨昏太夫人，愉愉膝下者三載"。李國樻崇禎元年五月致仕，在鄉服侍其母三載，正與崇禎四年卒相合。綜合兩個碑記之記載，可推知李國樻當生於明萬曆十三年（1585）。

李國樻，幼聰穎早慧，"甫垂髫，即天挺逸藻，迥然不羣"①，"五歲讀毛詩，八歲能文"，萬曆乙巳（即萬曆三十三年，1605）試童子②，爲萬曆己酉舉人。③萬曆己酉，即萬曆三十七年（1609），這一年，李國樻已 25 歲。從其中舉年齡偏大來看，可能李國樻中舉并不順利，有可能數次應舉才得一第。四年之後，即萬曆四十一年（1613），李國樻以直隸保定府安州高陽縣民籍進士及第。在進士及第時間上，《明史》和金之俊專祠記的記載并無二致。作爲士林華選，進士及第爲李國樻踏入仕途打開了大門。但當時李國樻考試成績并不出色，據明萬曆四十一年進士題名碑錄癸丑科載，他爲"賜同進士出身第三甲二百七十四名"④。

雖然金之俊專祠記較正史爲詳，但由於撰者追求語句典雅，不免以辭害意，對李國樻仕歷勾勒并不清晰，多有缺環，而且官職多用古名，在時間上也頗有錯訛，故有必要根據《明實錄》和其他材料加以疏解。

金之俊專祠記云李國樻進士及第後的釋褐官爲庶吉士。按照明制，進士及第者根據不同名次授予不同官職，"狀元授修撰，榜眼、探花授

① （隋）金之俊：《皇清誥贈資政大夫內翰林秘書院學士加二級前光禄大夫左柱國少師兼太子太師吏部尚書中極殿大學士贈太保諡文敏李公專祠碑記》。

② （明）孫承宗：《明光禄大夫左柱國少師兼太子太師吏部尚書中極殿大學士贈太保諡文敏李公暨元配封孺人累贈一品夫人陳氏繼配封安人累贈一品夫人趙氏合葬墓志銘》，見民國《高陽縣志》卷一〇《集文》。

③ 民國《高陽縣志》所載《國朝科甲題名記》（明嘉靖十七年，1538）。

④ （清）李周望輯《國朝歷科題名碑錄初集》，《北京圖書館古籍珍本叢刊》。

編修，二、三甲考選庶吉士者，皆爲翰林官"①。前已提到，李國楢爲第三甲二百七十四名，被授予翰林院庶吉士是符合當時一般規定的。庶吉士，作爲儲才之官，其目的在於使進士觀政於諸司，加以歷煉，藉以熟悉政情。庶吉士自洪武十八年（1385）設立後，起初并不專屬於翰林院，亦或在承敕監等衙門供職，但自永樂二年（1404）後遂專屬翰林，無定員。"自古帝王儲才館閣以教養之。本朝所以儲養之者，自及第進士之外，止有庶吉士一途，而或選或否"②。

李國楢之後的官歷，《明史》本傳言之甚簡，云："由庶吉士歷官詹事，天啓六年七月，超擢禮部尚書入閣。"金之俊專祠記則云"繇庶常授簡討，己未，分較禮闈，稱得士。後三歲，洊晉宮僚，攝少司成"。庶常，即明庶吉士之別稱。簡討，即檢討，從七品，爲翰林院檢討之异寫，蓋爲避明崇禎帝朱由檢之名諱，改檢爲"簡"。禮闈，指古代科舉考試之會試，因其由禮部主辦，故稱禮闈。少司成，又稱小司成。唐龍朔二年（662）至咸亨元年（670）間，國子監司業改名小司成，此稱"少司成"乃沿用唐代之古稱。明代國子監司業，爲國子監祭酒之副職，從六品。據此記載可知，李國楢是萬曆四十一年進士及第後授庶吉士，後轉翰林院簡討，四十七年（即己未，1619）分較禮部會試，後三年（即天啓二年，1622），攝國子監司業。但據孫承宗爲李國楢及其夫人所撰墓志銘載，"甲子，再晉左諭德管司業事"，明確言李國楢任國子司業的時間爲"甲子"，即天啓四年（1624），當以此爲準。李國楢任翰林院簡討的時間，據金之俊專祠記，當在萬曆四十七年（1619）之前，但具體時間不詳。而據孫承宗爲李國楢及其夫人所撰墓志銘載，"丙辰授翰林簡討"。丙辰，即萬曆四十四年（1616）。柴春芳主編《高陽龐口李氏家族》第一章《人物篇》言李國楢萬曆四十四年五月，館選授檢討，③不知何據。但據《明熹宗實錄》，天啓二年二月"命編修葉燦簡討，繆昌期、姜逢元、李國楢、羅喻義、孟紹虞俱充纂修官"；十月，繆昌期、李國楢、羅喻義、孟紹虞各右贊善兼翰林院簡討。④也就

---

① 《明史》卷七〇《選舉志二》。
② 《明史》卷七〇《選舉志二》。
③ 柴春芳主編《高陽龐口李氏家族》，中國社會出版社，2010，第26頁。
④ 《明熹宗實錄》卷一九"天啓二年二月"；《明熹宗實錄》卷二七"天啓二年十月"。

是説，在任庶吉士之後，李國楷在天啟二年二月還擔任了纂修官，同年十月才爲簡討。此時間與上述所載均不同，待考。金之俊專祠記稱"己未，分較禮闈，稱得士"。己未，即萬曆四十七年（1619）。孫承宗爲李國楷及其夫人所撰墓志銘亦載"己未分校禮闈，拔名士二十人"，正是對"稱得士"的進一步説明。

詹事，爲詹事府主官，正三品。按照明制，詹事府多由他官兼掌。天順以前，或尚書、侍郎、都御史；成化以後，率以禮部尚書、侍郎由翰林出身者兼掌之。李國楷何時由國子監司業升爲詹事不詳。按：司業爲從六品，而詹事爲正三品，其間相差 7 級，一般情況下絶不可能如此躍升。據《明熹宗實録》卷六二"天啓五年八月庚寅"條，"以禮部右侍郎兼侍讀學士錢龍錫、司經局洗馬王應熊、左春坊左諭德李國楷等充日講官"。八月二十一日以禮部右侍郎李思誠、丘士毅，左春坊王應熊、李國楷充經筵講官。以此可知，在天啓五年八月，李國楷曾任左春坊左諭德，并兼充日講官和經筵講官。按：左春坊，爲詹事府屬官，左諭德爲從五品。金之俊專祠記所云："值天啓初年，猶勤新政，修臨雍之典，公升堂講《易》，天子動容，橋門環聽，一時歎稽古之效，復見漢東京盛事。既而啓沃經筵，引《尚書》義，規切時務，格非廣益，朝野且拭目公參大政，致太平。"所謂"公升堂講《易》"，正是李國楷充任日講官和經筵講官之事，其時在天啓五年八月，而金之俊專祠記誤係於天啓元年（天啓初年）。孫承宗爲李國楷及其夫人所撰墓志銘亦載，"乙丑，熹皇帝幸太學，以公坐講《易》"。乙丑，即天啓五年，此記載正與《明熹宗實録》相合，證明金之俊專祠記有誤。

不久，李國楷升任左庶子。左庶子，正五品。天啓五年十二月，"升左春坊左庶子王應熊、李國楷俱詹事府少詹事兼翰林院侍讀學士，仍管纂修事務"[①]。天啓六年五月壬戌，以詹事王應熊、李國楷，少詹事劉鴻訓充實録副總裁官。[②] 這説明在天啓五年十二月，李國楷由左庶子升少詹事。天啓六年五月之前，李國楷已升任詹事。

據《明史》李國楷本傳，在詹事之後，徑言："天啓六年七月，超擢禮部尚書入閣"。金之俊專祠記對其之後的官歷也付諸闕如。據《明

① 《明熹宗實録》卷六六"天啓五年十二月"。
② 《明熹宗實録》卷七一"天啓六年五月壬戌"。

熹宗實錄》可加以補充：天啓六年閏六月，升禮部左侍郎施鳳來、右侍
郎張瑞圖，詹事府詹事李國楮各禮部尚書兼東閣大學士，入閣同首輔
顧秉謙等辦事。①天啓六年秋七月丙戌，以禮部侍郎施鳳來、張瑞圖，
詹事李國楮，俱禮部尚書東閣大學士，預機務。②從李國楮萬曆四十一
年（1613）釋褐爲官，至天啓六年（1626）入閣爲相，不過 14 年。當
時的首輔爲閹黨分子黄立極。天啓七年三月以滇南大捷，李國楮加少
保兼太子太保，改户部尚書，進武英殿大學士。③

　　爲了簡明起見，李國楮的仕歷（主要是職事官，散官暫從略），可
總結如下：

　　　　萬曆四十一年：庶吉士
　　　　天啓二年二月前：翰林院編修
　　　　天啓二年二月：編修充纂修官
　　　　天啓二年十月：簡討（或言萬曆四十四年）
　　　　天啓四年：國子監司業
　　　　天啓五年八月：左春坊左諭德，充日講官、經筵講官
　　　　天啓五年十二月前：左春坊左庶子
　　　　天啓六年五月前：少詹事
　　　　天啓六年閏六月之前：詹事
　　　　天啓六年閏六月：禮部尚書兼東閣大學士
　　　　天啓六年秋七月：禮部尚書東閣大學士，預機務
　　　　天啓七年三月：户部尚書，進武英殿大學士
　　　　崇禎初：左柱國、少師兼太子太師、吏部尚書、中極殿大學士

　　雖然李國楮自天啓五年即任宫官，次年更是升任詹事。按：詹事，
掌統府、坊、局之政事，以輔導太子。其職責：“凡入侍太子，與坊、
局翰林官番直進講《尚書》《春秋》《資治通鑑》《大學衍義》《貞觀政
要》諸書。前期纂輯成章進御，然後赴文華殿講讀。講讀畢，率其僚

──────────

① 《明熹宗實錄》卷七三“天啓六年閏六月”。
② 《明史》卷二二《熹宗紀》。
③ 《明熹宗實錄》卷八二“天啓七年三月”。

屬，以朝廷所處分軍國重事及撫諭諸蕃恩義，陳説於太子。凡朝賀，必先奏朝廷，乃具啓本以進。凡府僚暨坊、局官與翰林院職互相兼，試士、修書皆與焉。通事舍人典東宮朝謁、辭見之禮，承令勞問之事，凡廷臣朝賀、進箋、進春、進歷於太子，則引入而舉案。"[①] 由此可見，此職輔導太子，與太子關係頗爲密切。但明熹宗一朝未立太子。明熹宗前後有三子，俱早夭。[②] 其中張皇后所生長子朱慈燃生下來就死了。天啓三年閏十月，因皇子降生，大赦天下，但未及三年又夭折。明熹宗遊樂無度，服用所謂"仙藥"而死，在位僅 7 年，死時年僅 23 歲。天啓七年八月，熹宗疾大漸，召信王入，受遺命。丁巳，信王即皇帝位。信王朱由檢，爲光宗第五子、明熹宗之弟。天啓二年封信王，六年十一月，出居信邸。

沈純禔專祠記以"曾從老宮人遊，數宮中逸事"的形式，提到"熹宗臨凡先三日，萬歲爺揮淚耳提諸嬪曰：'不誤朕者，僅李元治□□大臣。'俄現尺五紅雲篆結李國槽，移孝作忠，字如赤籥，椒陛驚嘆，遂授顧命"。其中提及明熹宗在臨終前三日授予李國槽顧命之任。"萬歲爺"，指明熹宗。當時的內閣大學士除了李國槽外，還有黄立極、施鳳來、張瑞圖三人，李國槽在衆輔臣中排名最末。上述講述頗荒誕不經，如果去除其中的神异色彩，顯示明熹宗在臨終時屬意於李國槽，希望以他來輔佐信王，即崇禎帝。

但崇禎即位後，次年李國槽就被罷免還鄉。據《明史》卷二五一《李標附李國槽傳》："莊烈帝嗣位，即家拜禮部尚書兼東閣大學士。崇禎元年三月入朝。未幾，李國槽、來宗道、楊景辰相繼去，標遂爲首輔。"其時，李國槽衹有 44 歲，正值盛年，直至去世也未被重新起用。其中緣由，除了李國槽雖然曾爲詹事，但與崇禎帝龍潛之時并無交集，但導致其罷相的主要原因還是緣於與魏忠賢之間錯綜複雜的關係。李國槽被魏忠賢視爲同鄉，并得其援引驟登大位，但禍福相倚，隨着魏忠賢的垮臺，李國槽也難逃被罷相的命運。

---

① 《明史》卷七三《職官志二》。
② 長子朱慈燃，懷沖太子，生母張皇后，生下就是死胎；次子朱慈焴，悼懷太子，母皇貴妃范氏，早夭；三子朱慈炅，獻懷太子，母皇貴妃任氏，天啓六年（1626）六月薨。

二　李國樀與魏忠賢之關係探賾

李國樀進士及第踏入仕途之時 29 歲，已近而立之年。此後一直在翰林院和詹事府等閒散機構任職。天啓六年七月，超擢禮部尚書入閣。"釋褐十四年即登宰輔，魏忠賢以同鄉故援之也。"[①]據《明史》卷三〇五《宦官二·魏忠賢傳》稱"魏忠賢，肅寧人"。一爲高陽人，一爲肅寧人，肅寧屬河間府，高陽屬保定府之安州，所謂"同鄉"之説，蓋從高陽和肅寧同屬京師直隸（北直隸）這個大地理範圍而言。顯然，李國樀之被擢升，端賴魏忠賢獎掖之力，這一點是不容懷疑的。魏忠賢爲了培植自己的勢力，除了利用假子關係外，還常常利用同鄉這層關係。如黃立極，字中五，元城人。萬曆三十二年進士，累官少詹事、禮部侍郎。天啓五年八月，魏忠賢也以同鄉故，擢其爲禮部尚書兼東閣大學士，[②]後乃至爲首輔。

明熹宗之朝，魏忠賢的閹黨和顧憲成等東林黨勢同水火。其始東林黨得勢，後閹黨專權，内外大權一歸忠賢，對東林黨大肆打擊。"一時罷斥者，吏部尚書趙南星、左都御史高攀龍、吏部侍郎陳於廷及楊漣、左光斗、魏大中等先後數十人，已又逐韓爌及兵部侍郎李邦華。正人去國，紛紛若振槁。"[③]當時的宰輔中除了李國樀，還有黃立極、施鳳來、張瑞圖。作爲閣臣，李國樀如何處理與魏忠賢的關係，考驗着李國樀的政治智慧，也是檢驗其人格的試金石。據《明史》本傳所言："然國樀每持正論。"似乎李國樀處於与魏忠賢截然對立的態勢。金之俊專祠記對李國樀受魏忠賢獎掖之事全然不提，諱莫如深，云："會璫焰方張，詔獄屢起，負鯁者既逞螳立麋，[含垢]者[因]結蟬[紓禍。撲炎乃益其灼，從風不勝其靡。]公燕居深念，謂城社未便灌熏也，故正己而不示以圭稜，闞虓弗可犢犆也。故閑邪而不深其嫉忌，劘牙也弗以抵吻，絡首也弗以決蹏"。此以"城狐社鼠"爲喻，説明李國樀雖然由魏忠賢所提拔，但并未一味依附魏忠賢，而是委蛇曲劑，依違於閹黨、東林黨之間。雖然不附於魏忠賢，但也不嬰其鱗，不與之發生正面衝突，努力

---

① 《明史》卷二五一《李標傳附李國樀傳》。
② 《明史》卷三〇六《黃立極傳》。
③ 《明史》卷三〇五《魏忠賢傳》。

保持一種中立姿態："希邁彤廷，公鋤朋黨。匪斧正色，潔身公剪。奸佞□管。"^①但説其挺身像東林黨那樣奮起與閹黨鬥争，或者説其嶄嶄中立，貞不絶俗，因而受到魏忠賢一伙的排擠，^②也是不符合歷史實際的，因爲在史籍中完全看不到他受閹黨排擠的迹象。金之俊專祠記對其處事策略概括爲"蓋以正色垂紳之度，寓其潛消默折之權"。由於他遊走於兩派之間，一方面在激蕩的政局中得以保禄安命，另一方面也得以"釐正保全爲多"。

李國檔涉及與閹黨關係者，有以下幾件事。

其一，閹黨劉志選劾張國紀以撼中宫事。

《明史·李國檔傳》云："劉志選劾張國紀以撼中宫，國檔言：'子不宜佐父難母，而况無間之父母乎！'國紀乃得免罪。"中宫，指明熹宗懿安皇后張氏。天啓元年（1621）四月，册爲皇后，其父張國紀。關於張國紀，據《明史》卷三〇〇《張國紀傳》載，張國紀，祥符人，天啓初，封太康伯。魏忠賢與客氏忌張皇后，因謀陷國紀，使其黨順天府丞劉志選、御史梁夢環先後劾國紀謀占宫婢韋氏，矯中宫旨鬻獄。魏忠賢將從中究其事，以圖撼后，冀事成則立魏良卿之女爲皇后。李國檔大力反對，明確表示："君后，猶父母也，安有勸父構母者？"張國紀始放歸故郡。^③兩處所記載李國檔之言語雖略有差异，但其事則同。按：此事又見於金之俊專祠記："及璫計傾戚畹，以撼中宫，公雪涕危言，'子不宜佐父難母'，奸謀沮戢，宫闈獲安。"而《明史》卷三〇五《魏忠賢傳》雖然亦記載構陷張國紀之事，但却未提李國檔。史稱魏忠賢"心忌張皇后，其年秋，誣后父張國紀縱奴不法，矯中宫旨，冀搖后。帝爲致奴法，而誚讓國紀。忠賢未慊，復使順天府丞劉志選、御史梁夢環交發國紀罪狀，并言后非國紀女。會王體乾危言沮之，乃止"^④。這裏言是因爲王體乾的勸阻，全未提及李國檔之力。按：王體乾亦屬閹黨，"王體乾、李永貞、涂文輔，皆忠賢黨。體乾，昌平人，柔佞深險。熹宗初，爲尚膳太監，遷司禮秉筆。王安之辭司禮掌印也，體乾急

① （清）沈純褆：《李文敏公專祠碑記》。
② 柴春芳主編《高陽龐口李氏家族》，第 26 頁。
③ 《明史》卷三〇〇《張國紀傳》。
④ 《明史》卷三〇五《魏忠賢傳》。

謀於客、魏奪之，而置安於死。用是，一意附忠賢，爲之盡力"①。王體乾本爲魏忠賢死黨，爲何他會阻擾此事，不得其解。

其二，魏忠賢竊冒寧遠邊功之事。

金之俊專祠記云："方瑞冒引邊功，合諸營，建捕緝，竊崇五等，[濫及廝養，要結黨附，恐喝朝紳，駸駸乎勸進九錫]矣。公矢心曲防，以身爲砥，所被誥廝賚予，再四疏辭，婉言微中，令積慮頌新者，不寒而慄。"《明史·李國槢傳》未載其事。所謂魏忠賢"冒引邊功"，係指天啓六年三月，爲了防禦後金入侵遼東，設各邊鎮監軍內臣。"又矯詔，遣其黨太監劉應坤、陶文、紀用鎮山海關，收攬兵柄。"②這裏的"功"，是指寧遠解圍之功。天啓六年正月十四，努爾哈赤親率十三萬人馬，號稱二十萬，直撲空虛孤立無援的寧遠城。袁崇煥率軍奮力守城，使後金軍久攻不下，并用紅夷大炮，重創後金軍，努爾哈赤身受重傷，不得已撤軍。這是明軍在久敗之後，難得的一次大捷。因爲寧遠圍解，大賞群臣，例如，封魏忠賢從子良卿肅寧伯。據金之俊專祠記來看，李國槢不屑於與群瑞一起受賞，堅辭誥廝齎予。但根據《明熹宗實錄》，在這一年并無李國槢堅辭誥廝齎予的記載。因此，金之俊所記值得懷疑。

"九錫"，指古代天子賜給諸侯、大臣的九種器物，爲一種最高禮遇。《公羊傳·莊公元年》云："錫者何？賜也；命者何？加我服也。"漢何休注曰："禮有九錫：一曰車馬，二曰衣服，三曰樂則，四曰朱戶，五曰納陛，六曰虎賁，七曰弓矢，八曰鈇鉞，九曰秬鬯。"魏晋六朝掌政大臣奪取政權、建立新王朝率皆襲王莽謀漢先邀九錫故事，後以九錫爲權臣篡位先聲。由於魏忠賢專權，一些諂媚之徒乃至勸進九錫，例如李承祚附於魏忠賢，請設海外督理內臣，又請予忠賢九錫。③從金之俊專祠記所載來看，對於群臣請求授予魏忠賢九錫之事，李國槢也進行了抵制。

其三，御史方震孺及高陽令唐紹堯被閹黨迫害事。

《明史·李國槢傳》載："御史方震孺及高陽令唐紹堯繫獄，皆力

① 《明史》卷三〇五《魏忠賢傳》。
② 《明史》卷三〇五《魏忠賢傳》。
③ 《明史》卷一五四《李彬傳》。

爲保全。”按：方震孺，《明史》卷二四八有傳，字孩未，桐城人，後移家壽州。萬曆四十一年進士。由沙縣知縣入爲御史。史稱明熹宗即位，魏忠賢內結客氏，方震孺疏陳三朝艱危，言：“宮妾近侍，嚬笑易假，窺瞯可慮。中旨頻宣，恐蹈敘封隱禍。”天啓元年，陳《拔本塞源論》曰：“曩者梃擊之案，王之寀、陸大受、張庭、李倬悉遭廢斥，而東林如趙南星、高攀龍、劉宗周諸賢，廢錮終身，亟宜召復。至楊漣之爭移宮，可幸無罪，不知何以有居功之說，又有交通之疑。將使天下後世謂堯、舜在上，而有交通矯旨之閹宦。”疏入，直聲震朝廷。其春巡視南城。中官張曄、劉朝被訟，魏忠賢爲之請。方震孺不從，卒上聞，忠賢益恚怨。① 遼陽被後金攻陷後，命方震孺巡按遼東，監紀軍事。史稱“明年，忠賢、廣微興大獄，再募劾方御史者，興治再論震孺河西贓私。逮問掠治，坐贓六千有奇，擬絞。而揚州守劉鐸呪詛之獄又起，遂誣震孺與交通，坐大辟，繫獄”。下文云“明年，莊烈帝嗣位，得釋還”。以是考之，方震孺被閹黨迫害之事，當在明熹宗天啓六年（1626）。時李國楷正當權柄。

　　唐紹堯，《明史》無傳。字二華，武陵（今常德）人。天啓二年（1622）進士，授高陽知縣。高陽縣城曾建魏忠賢生祠，日奏樂上食以祀，唐紹堯嚴加禁止。又魏忠賢黨羽冉世魁與其叔爭產相仇殺，唐紹堯遂沒收其財產，以充軍餉。魏忠賢忌之，將唐紹堯捕繫入獄，折磨殆死。崇禎初，起爲武選郎中，累遷至戶部侍郎。關於李國楷保全方震孺及高陽令唐紹堯之事，僅見於《明史·李國楷傳》，金之俊專祠記亦無載，但其中云：“時媚璫〔者，至頌天與人歸，建祠遍海宇，其在輦下者，公未嘗〕捐貲拜謁。後復規覬辟雍隙地，以公持之堅而寢。諸所挾喜怒，以矯借威福，公委蛇曲劑，釐正保全爲多”。

　　當時爲了諂媚魏忠賢，諸督撫大吏，如閻鳴泰、劉詔、李精白、姚宗文等人，爭頌其德，乃請爲之立生祠。窮極工巧，攘奪民田廬，斬伐墓木。而監生陸萬齡乃至請以魏忠賢配孔子，以忠賢父配啓聖公。② 對於爲魏忠賢建生祠的荒唐之舉，李國楷亦不以爲然，未嘗“捐貲拜

① 《明史》卷二四八《方震孺傳》。
② 《明史》卷三〇五《魏忠賢傳》。

謁",并拒絶了其侵占辟雍隙地以爲生祠的提議。^①故他對於唐紹堯因反對魏忠賢閹黨入獄,當持有同情之心,況唐紹堯爲高陽縣令,爲其家鄉的父母官,其出手援救也在情理之中。但由於閹黨熾盛,李國橰雖貴爲宰執,仍不能脫其罪,所能做的不過保全其性命而已。

另,李國橰罷相之後,薦韓爌、孫承宗自代。雖然未蒙允准,但李標罷任後,韓爌得爲首輔。"是冬,韓爌還朝,標讓爲首輔。"^②按:關於韓爌,爲魏忠賢所宿恨,史言"凡忠賢所宿恨,若韓爌、張問達、何士晋、程注等,雖已去,必削籍,重或充軍,死必追贓破其家"^③。以此來看,李國橰極力推薦韓爌,顯然表明與魏忠賢保持一定的距離。

綜合以上可知,李國橰雖然由魏忠賢所獎掖提拔,但并非閹黨,根本不可與黃立極等人相提并論。史稱"故天下風靡,章奏無巨細,輒頌忠賢。宗室若楚王華煁、中書朱慎鋈,勳戚若豐城侯李永祚,廷臣若尚書邵輔忠、李養德、曹思誠,總督張我續及孫國楨、張翌明、郭允厚、楊維和、李時馨、汪若極、何廷樞、楊維新、陳維新、陳爾翼、郭如闇、郭希禹、徐溶輩,佞詞累牘,不顧羞恥。忠賢亦時加恩澤以報之。所有疏,咸稱廠臣不名。大學士黃立極、施鳳來、張瑞圖票旨,亦必曰'朕與廠臣',無敢名忠賢者"^④。其中提到了黃立極,沒有李國橰。如果將黃立極與李國橰相比較,其與魏忠賢的關係,則會更加明確。二人同被魏忠賢視爲同鄉,同爲魏忠賢所汲引,黃立極官至首輔。黃立極諂事魏忠賢,而李國橰則保持了氣節,與魏忠賢保持了一定的距離。

儘管如此,李國橰也難逃與魏忠賢的干係,并由此導致其罷相。可謂成也由魏忠賢,敗也由魏忠賢。

天啓七年秋八月,熹宗崩,信王立,^⑤是即崇禎帝,大赦天下。十一月,詔安置忠賢於鳳陽,尋命逮治。魏忠賢行至阜城,聞之,與李朝欽偕縊死。詔磔其屍,懸首河間。崇禎即位後,魏忠賢所在的閹黨受到了清算,其始李國橰不僅未受到懲處,反而得到擢升,"崇禎初,以登極

---

① （清）金之俊:《皇清誥贈資政大夫内翰林秘書院學士加二級前光禄大夫左柱國少師兼太子太師吏部尚書中極殿大學士贈太保謚文敏李公專祠碑記》。
② 《明史》卷二五一《李標傳》。
③ 《明史》卷三〇五《魏忠賢傳》。
④ 《明史》卷三〇五《魏忠賢傳》。
⑤ 《明史》卷三〇五《魏忠賢傳》。

恩進左柱國、少師兼太子太師、吏部尚書、中極殿大學士"①。

當時朝野上下也彌漫着對李國橋不利的興論。天啓七年十一月癸未，監生山陰胡煥猷論大學士黃立極、施鳳來、張瑞圖、李國橋，當魏忠賢專權不能匡救，且揣意旨，專恃逢迎，浙直建祠，各撰碑稱頌，全宜俱罷。上以逞臆輕詆，下廷訊論杖，除名時法司引臥碑惟生員不許言事律。②雖然胡煥猷的彈劾并非僅僅針對李國橋本人，還包括當時的閣臣黃立極、施鳳來、張瑞圖。胡煥猷上疏的具體內容，《明史》不載，茲據《崇禎長編》卷三，錄之如下：

祖宗設立政府，首端揆席，朝綱國事，惟所弼承，豈容鹿鹿漫無主持，而聽寺人播惡於衆。竊見忠賢弄權專政，排陷忠良，甚至顧命重臣不踰朝而斃於詔獄。斯時人心惶惑，海內震驚，內外臣工，未有一刻安於位者。而輔臣宴處其間，不惟不能力為匡救，猶恐一言相左，獲罪凶瑞，黨邪言正若此，豈可一日容於聖明之側。迹其噓連腹黨冒濫，猶可言也，甚至爵其諸孽，封公封伯，借竊無度，尊之為廠臣，為尚公。夫宦官乃朝廷之奴婢，百官迺朝廷之臣子，以奔走於宮闈者，而與引翼於殿陛者，固一稱謂可乎？且尚者，無以尚之稱，明與聖尊相伴，以是而加忠賢，其又何居？蓋但知有忠賢，不知有先帝矣。黨逆無君若此，其罪不減於二口。皇上嗣位之初，眷注大臣，示以優容，四相自宜免官去國，不待再計，而貪位難割，多方飾說，自謂並未輔奸臣，敢以一言，誥之臺鼎，何地參知何事，甘與逆瑞同朝數載，鉗口結舌，並無一字指摘。浙直等處題建生祠，四相各為撰述碑文，稱功頌德，靡所不至，律以縱奸逢奸之罪，將安逃乎？至若建生祠之督撫張樸、王點、姚宗文、楊邦憲、李精白、郭增光，按臣卓邁、盧承欽、許其孝、劉弘先、黃憲卿諂佞奸逆，鼓惑士民，望皇上痛加斥奪，直道雖自難容，清議豈因漸減？如忤瑞之輔臣韓爌，憲臣劉宗周，詞臣林釬、文、震孟顧錫疇、方逢年、鄭鄤，科臣沈惟炳、郝土膏、章允儒、熊奮渭，臺臣王心一，望皇上特為簡用。先帝在位七年，忠賢憑藉靈寵，植邪

---

① 《明史》卷二五一《李標傳附李國橋傳》。
② 《明宗實錄》卷三"天啓七年十一月癸未"。

誣正，事事悖舛，一忠賢擅權於上，百忠賢附和於下，成炎炎之勢
矣。諸臣之奏章，具在御前，心術難掩，皇上取閱，則正邪立判。
臣不避斧鉞，不畏權奸，瀝血上陳，倘蒙皇上不鄙小臣之言，□序
右位，免相、削奸、簡賢三事行，而中興之謨可立奏矣。

按照明朝慣例，"宰輔大臣爲言者所彈擊，輒引疾避去"①。當時崇
禎也按律處置了胡焕猷，似乎并不以爲意。面對胡焕猷的攻訐，《崇
禎長編》卷三載，天啓七年十一月，李國楨乞休，稱言："年來權奸薰
燎，不可向邇，臣待罪臺司，上之不能如申屠嘉之囚鄧通，韓琦之斥
任守忠；次之不能如蕭望之死於弘恭，陳蕃死於王甫。惻惻城社，薰
灌力窮，即臣妻死經年，歸骨下里，絕不敢徼求恤典，擬遠權□之私，
憐其情事可知也"。雖然帝優詔遣鴻臚寺堂上官慰留焉，但十二月，崇
禎帝又提拔前南京吏部侍郎錢龍錫、禮部侍郎李標、禮部尚書來宗道、
吏部侍郎楊景辰、禮部侍郎周道登、少詹事劉鴻訓俱禮部尚書兼東閣
大學士，預機務。② 李國楨雖仍備位內閣，并官至首輔，但權力已被大
爲分割。

其後反對李國楨的聲浪并未止息。例如，崇禎元年夏四月，河南
道御史羅元賓疏斜大學士李國楨貪位喪心，曲護逆璫。③ 首輔李國楨、
次輔來宗道皆以人言，先後杜門。④ 其年，瞿式耜擢戶科給事中，疏言
李國楨宜留內閣，王永光宜典銓，曹於汴宜秉憲，鄭三俊、畢懋良宜
總版曹，李邦華宜主戎政。史稱"帝多采其言"⑤。以此來看，當時崇禎
帝對李國楨已頗有猜忌，欲將其清除出內閣，這才有瞿式耜上疏之舉。
瞿式耜上疏的具體內容，《明史》不載，《崇禎長編》係之於崇禎元年
五月："凡臣愚謂處今之日璫相者，當先論相骨、論相才，而後論相度。
閣臣李國楨，雖登庸於逆璫用事之日，亦其遭時不偶，然近居政府，
見其主持調爕，盡有可觀，且練達老成，事到能斷，宜留之以待舊輔
之來"。另據《崇禎長編》卷九崇禎元年五月壬午廣東道御史馮明炌上

① 《明史》卷三〇五《魏忠賢傳》。
② 《明史》卷二三《莊烈帝紀》。
③ 《崇禎長編》卷八 "崇禎元年夏四月"。
④ 《崇禎長編》卷八 "崇禎元年夏四月"。
⑤ 《明史》卷二八〇《瞿式耜傳》。

言：“長安有□謂李國樻當留而去，兩臣（指來宗道、楊景辰）當去而留。若苛於論國樻而□於處兩臣者，則早自引決，此其時矣”。不報。

　　雖然由於身爲言官的瞿式耜和馮明炌的抗疏，也未能挽留李國樻的政治生命，顯然崇禎帝將李國樻罷相并勒其致仕的態度是很堅決的。瞿式耜也未否認李國樻與魏忠賢之間的關係，他保護李國樻主要是從其才具著眼的，“宜留之以待舊輔之來”，這決定了李國樻雖然暫時倖免，但終歸要被罷免的窘境。崇禎元年五月己巳，李國樻致仕。①

　　《崇禎長編》卷九崇禎元年五月，史稱允大學士李國樻致仕歸。先是國樻五具疏乞歸，皆溫旨不允。至是復上言：“臣躬逢盛典，縱捐七尺，寧報分毫？無奈臣母今年八十二，老矣。臣旁無弟昆，家鮮壯子，蕭然旅邸，形影相弔，乃老人善懷悲，思故土，見臣病困，益用憂煎，旦夕促臣遄歸爲幸。母子相對，淚可承眶。夫臣之戀慕恩知而不敢恝然者，君也；臣之衹憂風燭而不忍不承命者，親也；沐浴休明，遭際之獨奇者，心也；展轉床褥，悵造物之偏厄者，身也。近例大臣，予告迫者一疏，數者二疏，即輔臣施鳳來等之歸，亦皆以三疏得請。乃臣拜疏控者五矣。天綸優穆，猶未即決。臣情切於去輔，而加以崦嵫之親；臣詬浮於去輔，而重以狼狽之身。夫遺其親，未有能事其君者也；辱及其身，未有能正天下者也。我皇上博綜載籍，并采衆論，而臣於今日，猶有萬分之一可留與否，此亦不待觀而決矣”。旨允之。仍著加太傅，蔭一子尚寶司丞，遣行人護歸加賜路費銀百兩、彩緞八表里、大紅纻絲坐蟒一襲，令地方官以時存問，月給廩米五石，輿夫八名，以稱始終隆眷至意。

　　關於李國樻罷相的緣由，金之俊專祠記言之隱晦，云：“而公既堅引退，復感人言，連章稱母老身病，情辭剴摯，始得允歸”。從《崇禎長編》和專祠記來看，似乎李國樻是主動求退，主要理由是母老身病，乃至於連上五疏，才蒙允準。但專祠記也透露出其中“復感人言”，不爲朝議所容，這才是問題的關鍵。所謂“人言”係指胡煥猷、羅元賓等言官的彈劾。

　　李國樻作爲一位政治家，特別是作爲調合鼎鼐，位極人臣的宰輔，

---

① 《明史》卷二三《莊烈帝紀》。

政績平平，乏善可陳。《明史》本傳中對其事迹記載甚略，也不是沒有緣由的。金之俊專祠記爲之回護稱，"公之爲功，藏於不見不]聞，真無得而稱焉"。至於"功繫一時，社稷之重"等贊詞，純係溢美。儘管政治作爲不足道，但他堅持不與魏忠賢的閹黨同流合污，保持了政治上的大節，這一點應充分肯定。另外，他襟懷坦蕩，有知人之明，有容人之量。儘管被監生胡焕猷彈劾，但在他即將致仕還鄉時還上書爲其求情，"懿行純備，亮節昭著"，可謂得之。

馮金忠

河北省社會科學院

河北高陽所出孫承宗墓表考釋

　　孫承宗是明末名臣，抗清將領。字稚繩，別號愷陽。保定高陽人。萬曆三十二年（1604）進士，曾任兵部尚書兼東閣大學士。自請經略薊遼，到職後親自勘察關外的山川關隘，支持抗清名將袁崇煥、祖大壽等，練兵屯田強化邊塞。崇禎十一年（1638）清兵繞道入長城，深入京師南，進攻高陽城。他率家人及全城鄉民守城抗清，終因清兵勢眾，彈盡糧絕，城破被俘，誓不降清，自縊而死。據清光緒《畿輔通志》記載，孫承宗墓在高陽縣城西北二里，也就是孫承宗故鄉河北高陽縣西莊村。高陽縣西莊村出土的孫承宗墓表，計 4000 餘字，記載孫承宗仕宦、履歷頗爲詳細，是研究明末政治軍事以及孫承宗事迹的重要材料。河北省社科院信息中心館藏有孫承宗墓表拓片一幀（見本書編號 039），除部分文字漫漶不清外，絕大多數文書可以識讀。爲研究方便，現將拓片文字迻錄如下：

　　明特進、光祿大夫、左柱國、少師兼太子太師、吏兵兩部尚書、中極殿大學士、謚文正孫公墓表 /
　　公諱承宗，字愷陽，姓孫氏，高陽人。曾祖諱懷，祖諱達，父諱□。公貴皆贈如公□。公長身鐵面，□□如戟，嘗□經易水、雲中，仗劍遊塞下，從飛狐、拒馬間，直走白登。又從紇干、青波故道南下，結納其豪傑及戍將老卒，訪問要害□塞，以故曉暢邊事。萬曆三□ / 二年，試進士第二，授翰林院編脩。公在詞館中，寡交遊，却晏會，講究經，□□學，以天下為己任。閣臣中賢者，爭相引重，而公終無所附麗。四十四年，遷左春坊、左中允，歷司經局洗馬。熹宗即位，遷左庶子，充日講官，進詹事府少詹事，加禮部右侍郎，日講如□。/ 是時，大清兵破遼易，經略袁應泰自焚死，起熊廷弼代之。廷弼主堅壁守，與巡撫王化貞不合，兵部尚書崔景榮老，御史方震孺上疏請以公代景榮，朝臣和之。要公於會極門，相率下拜，願公身任天下大計，帝未之許也。二年正月，大清兵略廣寧。未至，/ 化貞棄城走閭陽。廷弼唾其面，不得已焚棄右屯以□四百□，躡化貞後入關。京師□□數□，朝臣請□公益急，帝以公為兵部尚書兼東閣大學士，典樞務。代廷弼經略者，王在晉也，請築重關於山海關外之八里鋪為畫關退守之策，副使袁崇煥等持不 / 可。大學士葉向高欲身往決之，公曰：“某當往。”加太子太保，賜蟒 [玉、銀幣□] 行。公抵關，相八里鋪形勢，□在 [晋] 議不合。崇煥曰：“守寧遠便，在晋不可。”公馳出關，望寧前險隘，乃天設重關，而覺華一島，孤懸海中，視寧遠如左右掖，益知畫關而守者之失策也。關以 / 東、寧遠以西，凡五城二十七堡，僅存者中前所一城、八里鋪一堡而已。遂決計收復，條奏凡十數疏，□面陳在晋不足任。於是，召在晋為南兵部尚書，而八里鋪築城之議罷。公計朝臣中無可辦東事者，乃慷慨流涕，自請督師。帝大悦，賜尚方劍，御門臨遣焉。/ 當是時，關兵號七萬，延潰之餘，一營□兵數十，官多至十數員，為符籍冒餉。公定兵制、立營房，五人一房，三千一營，十五營為三部，將帥以營部為署，俾兵不離將，將不離帥。關城、埤堄三千有奇，兵營慕布，其下置垛十八，直廬三，定城操法。又築關城，南防海 / 口，北防角山。水則從望海臺出芝蔴灣，置巨礮為橫擊；陸則三關石城頓萬人，開突門為夜擊。北水關外峻嶺築號臺十一，置礮坊外瞰，以大將馬世龍為中部，佩平遼將軍印，駐羅城；王世欽為左部，駐角山；尤世祿為右部，駐海口；副將趙率教為前部，駐□ / 屯；孫諫為後部，駐紅花□。又教演火器，覈關支，禁饋遺，罷供帳，汰副總兵以下冗官數百員。定總兵謁徑撫儀，浮具賓客禮。□□閱月，兵民安堵、文武輯□、□旅填咽。立六館招天下豪傑，奇材劍客爭摩屬，求□效焉。公之建置，屯大兵山海關，練精兵□□□，/ 分奇兵於覺華、彌串、廣鹿諸島，犄毛文龍，俾遠結鮮人撼鎮江，檄登帥沈有容據廣鹿，以為多方誤之之勢。然後用登萊兵圖四衛北，覺華兵圖四衛南，俾應分而備多，則四衛可復，復四衛以復遼，公之志也。明年二月，出關按視寧遠城。城大而□，俾祖大［壽］/司版築。凡戰守之具，自關門漸移前屯，自前屯漸移寧遠，以崇煥統三參將経营寧遠，三大將更番陳兵扵二百里內外。寧前以西可屯田五十餘頃，督將吏買牛種耕鑿其中，分兵護屯人，河東人歸者萬餘。遼人出關者，又十餘萬。輪蹄相接，城堡相望，如□/平時，行採青之法，□復□給扵關東，省度支鉅萬，又□塩興鼓鑄，因舡以廣貿易。扵是，烽煙頓息，中外解嚴，長安士大夫漸忘邊患，司農厭供億之繁，本兵張節制之勢。公不勝其憤，上疏劾罷戶部堂屬。又上疏言：“臣以閣臣督師，凡條奏唯皇上可否，而樞□/高坐司馬堂，任意批抹，俾臣候指□如彊吏，不己甚乎？”以故怨者、妒者，持文法，議論籍籍，謂公任關撫間，鳴泰登撫岳和聲及大將馬世龍為非是。會王象乾以憂去，公請罷設総督，竟不從公言。尋寧遠城成，延袤二百里，東南抵右屯，西北及錦州，東至大□，/直通閭陽。公至寧遠，遣馬［世］龍、袁崇煥等東巡至廣寧，抵醫無閭山，還歷十三山。陸營屯右屯，城東二十里，舟師歷三岔，泊二家□□將探益州。尤世禄自錦州會師右屯，分両營哨松錦間，去寧遠幾二百里。胥會［撫］寧遠，文武將吏相與奮臂抵掌，謂明年□/大舉。公廼西巡薊、昌，閱喜峯、古北諸口，取道京師。會十月十四日，為萬壽節，因請入賀焉。初楊漣之劾魏忠賢也，公聞而嘆曰：“上沖幼在奸人掌握，疏入弗覽，覽弗省也。昔進講時，上輙為心開，倘老臣淂因奏對，極論奸邪諸狀，萬一覺悟，尫不恨矣。”至是，魏［廣］/微急語忠賢曰：“樞輔擁關兵數萬清君側，兵部侍郎李邦華內應，公等齏粉矣。”忠賢悸甚，繞御床哭，帝亦心動，顧秉謙擬旨□離信地，非祖宗法責。公疏言：“薊門、昌平一帶，載在勅書，臣本奉勅旨行□地，豈敢擅離？”而忠賢□知，公不携一甲士，疑稍稍釋。廣□/嗾崔呈秀、徐大化、李蕃連□劾公，□比公扵王敦、李懷光。下九卿裸議，吏部尚書崔景荣訟言邊事，非公無可任者。乃下詔切□□，公視事羣小，謂公擁兵市重，惟削兵乃易制，且或激變，則罪公有詞，而兵科給事中李魯生汰兵之議起矣。公既視事，汰大［將］/尤世禄、王世欽、李秉誠、孫諫，汰官兵一萬七千三百餘人，省費五十六萬。公畱寧遠，歷錦州，遂如右屯，自西而東，借汰兵名爲布置出關計，恐中朝之議其後也。會馬世龍遣哨將魯之甲襲大清兵，檄水將金冠等會柳河。金冠等受遼撫喻安性指，弗會，□/敗兔者四百人，之甲曰：“無面目見閣部矣。”投河兔。臺諫數十人，希忠賢指，爭論柳河□。時公畱寧遠，臺諫請勒公田關門防秋。公嘆曰：“此召岳飛班師也，防秋豈防之關內乎？”乃抗章求去，帝遂許焉。加少師兼太子太師，廕一子，行人護送如例。公在鎮四年，□/大城九、堡四十五，練精兵十一萬，立車營十二，水營五，火營二，前鋒後勁營八，沙唬船六百，進四百里，招集遼人四十餘萬，邊塞無事。莊烈帝即位，有旨召用公，而王在晉入爲兵部尚書，極論馬世龍罪狀，逮世龍下獄，又唆臺諫詆公，沮公出。二年十月，[大]/清兵入大安口，破遵化，將薄都城，帝乃召公守通州。詔甫下，旋有勅趣行，更下帖子召見，公踉蹌入，帝已待平臺久，勞公曰：“事急矣，無備，柰何？”公曰：“聞袁崇煥駐薊州，尤大威駐密雲，滿桂駐順義，侯世祿駐三河，皆據要害爲得策。”帝曰：“卿不湏往通，即爲朕[調]/度京城，□當如何措處？”公奏曰：“應戰機宜，當機立辨，不可預設。若城守則有地可憑，有方可據，具糗糧，出器甲，有兵有將，則臣調度不難。”帝稱善。又詳奏守城器具藥物、守垛丁夫及關門車營火炮，更番子母之制，帝一一是之。又曰：“此時就煩卿去，諭首輔[韓]/爌即擬勅來，諭禮部即鑄關防。”公出朝，漏下二十刻，周閱都城四十里，五鼓而畢。見士卒醉臥詝語，守禦不設，秉燭草揭回奏，知帝念城守甚切，草畢即出閱重城，乃乘月巡壕塹，度險阻。質明，門啓內閣傳旨趣公星馳通州，料理不及召見，中外愕然失措，□/書李騰芳等要衆伏闕請畱公聞之，疾馳出宣武，宿僧院，明日抵通。公之初被召也，朝議以守通責公，既入而帝畱之。君臣相咨警甚切，以爲遂可倚君行政，而公遂不能畱矣。公乃從二十七騎，至通州。是時，崇煥中間諜語，謂大清兵之入也，崇煥實招□/之。而吏部尚書王永光，欲傾大學士錢龍錫，因傳會蜚語，御史高捷、史□者，永光黨也，捷劾崇煥，並及龍錫有持火入倉者，菫捕得之，指崇煥家人所遣。帝逮崇煥，下詔獄，而祖大壽、何可綱憤甚，率所部萬五千人東潰。朝廷謂大壽果與大清兵□，關寧十／萬衆將反戈內向，禍在漏刻，又疑大壽據關城，則以東數十城中斷，將割以自王。公密奏：“大壽危疑東潰，非果有叛志，且遼將多世龍舊部，臣遣世龍往，必有解甲歸者，可勿慮。”又諭大壽，急上疏立功自贖，且贖崇煥罪，許代為別白。大壽得帖子大哭，諸將皆／哭，報如公指。時大壽已出關，世龍追及於歡喜嶺，發步騎兵一萬五千，俾將之入援，帝命公移鎮關門。三年正月四日，大壽整兵入關謁公，甲士衛者五百人。公開誠與語，大壽喜曰：“公真生我矣。”公入大壽營，視壁壘，部曲言笑移晷，又時時具酒肴，招大壽飲／城樓。時大壽有搟望之捷，公喜曰：“大壽果為我用矣。”是役也，公督關寧薊昌兵及天下入援兵，可三十萬戰守。七閏月，渡建昌、三屯、馬蘭、松棚、大安，繼渡永平、灤州、遷安、遵化四城，及冷口、□坡、龍井、潘關諸邊堡四十有奇，前後獲九千餘級，而大壽血戰□居／多。邊關甫定，言官欲追論大壽東潰事。公密奏曰：“東兵東將偶語藉藉，且疆場方寧，遽忘血戰功，何以服諸將心乎？”事乃止。兵部尚書梁廷棟請分兵遼、薊兩撫，而督師權遂輕。遼撫丘禾嘉大言：“閣部老矣！遼事我隻手可辦。”又數攻馬世龍撼公，公求□疏□／一，上帝不允，遣官趣視事論功，祖大壽加少傅、廕子錦衣三品世襲。公廕錦衣四品而已，以考滿，加太傅。公三疏辭，帝許焉。初，大凌河之築城也，梁廷棟實主之，丘禾嘉相慶稱，便命祖大壽董其役，護以石硅兵萬人。廷棟罷，朝議謂凌河荒遠，不當築勒撫鎮，／回奏。禾嘉懼，揚言非己意，盡撤防兵。公謂防兵不可撤，禾嘉不聽。八月，大清兵圍凌城。禾嘉率宋偉、吳襄救凌，遇於長山，襄敗績。凌城食盡，何可綱為文自祭以歿。大壽從二十七騎詣大清兵營，質養子，□還。公復上疏求去，帝許焉。論長山敗，削世廕，□／帶閑住。公為人公忠沉練，痛國步多艱，不惜身任艱鉅，而深謀雄才，所畫輒中要領。其初督師也，熹宗臨遣隆重，持兵柄功多而言信，雖逆奄竊政，羣小讒構，猶得以恩禮進退。其再出也，受命於危急之際，片縞夜下，單車戎行。迨勘定禍亂，疆圉初靖，而橫□／曲排，俾左枝右梧，前跋後□而後已。十一年，大清兵破高陽，公坐北城樓，勸之降，不從，遂縊歿，年七十有六。從公死者：子舉人鈁、廩生鉿、尚寶司丞鑰、官生鍂、附學生鑄；孫之沆、之淓、之澡、之洁、之濾；兄之子鍊、鏘；鍊之子之瀧、之渼、之泳、之澤；鏘之子之渙、之/瀚。太監高起潛兵至高陽，具浮公死狀，治棺製一被以殮，拜而哭之。禮部以卹典請詔復官予祭，董妻王氏，贈一品夫人。甲申春，從僉事宋獻請諡文正。公闔門殉節，惟長子銓高苑知縣，銓子之淓錦衣衛指揮僉事，以守官不及拯難。/

皇清朝順治六年歲次己丑秋月吉旦/

內秘書院學士、加一級、教習、庶吉士、前國子監祭酒、翰林院檢討、武陵後學胡統虞頓首拜撰/

此墓表爲翰林院檢討胡統虞所寫。胡統虞（1604~1652），字孝緒，號此庵，武陵人。明崇禎十六年（1643）登進士，改庶吉士。李自成攻克北京，被農民軍所執。清軍入北京，他改變姓名，逃到河北固安縣。清廷下詔以原官職起用他，固辭不受。大學士范文程攜厚禮親往邀聘，説：“統虞，今之許衡也，不可失。”於是，敦促强拉他進京，授國史院檢討職。順治三年（1646）會試，充同考官。八月，再舉鄉試，充順天正考官。次年，超拜國子監祭酒。順治六年（1649），纂修《太宗文皇帝實録》，任副總裁。晋升禮部尚書，拜授內秘書院大學士，教習庶吉士，講學萬壽宮。從墓表題銜來看，與正史記載相符。胡統虞與孫承宗有着同樣的仕明經歷，所不同的是孫承宗爲國殉難，而胡統虞則是降清貳臣，胡統虞在爲孫承宗寫墓表時，極盡推崇之情。胡統虞在作孫承宗墓表文時，應當參考了錢謙益所作的孫承宗行狀。孫承宗行狀是目前所知，記載孫承宗事迹最爲完備的資料，收録於《牧齋初學集》卷四七，總計47000字，對孫承宗的生平以及思想均有翔實的記載及評述。胡統虞所作孫承宗墓表文多爲删節、改造行狀而來，因此我們可以借助孫承宗行狀對墓表文進行校勘、補正。孫承宗行狀稱：“公長而鐵面劍眉，鬚髯如戟，聲如鼓鐘，殷動牆壁。方嚴鯁亮，沈塞果毅，不苟訾笑，不妄取予。雖爲儒生，巋然如巨人長德，人望而畏之矣。嘗授經易水、雲中，仗劍遊塞下，從飛狐、拒馬間直走白登，又從紇干、青波故道南下，結納其豪傑，與戍將老卒，周行邊壘，訪問要害扼塞，相與解裘繫馬，貰酒高歌。用是以曉暢虜情，通知邊事本末。"①清康熙年間成書的《東林列傳·孫承宗傳》亦參考行狀而來。《東林列傳》是江蘇江陰人陳鼎所作的一部記述與東林書院相關人物的一部傳記，收錄傳主180人，其中就有孫承宗。《東林列傳·孫承宗傳》稱："嘗授經易水、雲中，仗劍遊塞下，從飛狐、拒馬間直走白登，又從紇干、清波故道南下，結納其豪傑與戍將老卒，周行營壘，訪問要害扼塞，以是曉暢敵情，通知邊事。"②胡統虞和陳鼎祇對行狀末句進行了改造。行狀又稱："公爲史官，不造請權要，不征逐遊宴，厚自貴重，泊如也。顧不屑爲低眉拱手，優閑養望。館閣間有大議，矯尾厲角，奮褒而譚，往往自公一言而決。內閣以中堂相臨，兼有師資之誼。其賢者爭相引重，退而一無所附麗。"胡統虞將上述文句改造成對仗駢文，祇保留了"無所附麗"四字，其文意與錢謙益所作行狀趨同。但三者也有區別，行狀對孫承宗生平事無巨細，照單全錄，陳鼎則更加側重孫承宗與東林黨人的交遊，而胡統虞墓表文則對孫承宗在萬曆三十二年至四十四年之間的事迹采用簡寫手法，重點記錄孫承宗在抗清鬥爭中的表現。儘管我們可以初步認定胡統虞所作孫承宗墓表文是錢謙益所作孫承宗行狀的節文，但作爲研究孫承宗的第一手資料，其學術價值仍不容小視。

墓表文提供了孫承宗在明末抗清（後金）鬥爭中諸多細節，爲研究孫承宗軍事思想，提供了珍貴的材料。首先，墓表文所載的孫承宗事迹多與正史和其他相關材料吻合，多種材料相互發明，對於深入研究孫承宗具有深刻的意義。墓表文稱："是時，大清兵破遼易，經略袁應泰自焚死，起熊廷弼代之。廷弼主堅壁守，與巡撫王化貞不合，兵部尚書崔景榮老，御史方震孺上疏請以公代景榮，朝臣和之。要公於會極門，相率下拜，願公身任天下大計。帝未之許也。"萬曆四十七年（1619），明朝在與後金軍的薩爾滸之戰中，經略楊鎬指揮的號稱四十七萬大軍慘敗，不得不由進攻轉爲防禦。戰後，經廷議，擢升熊廷弼爲兵部右侍郎兼右僉都御史，代楊鎬爲遼東經略。熊廷弼到任後"督軍士造戰

---

① （清）錢謙益：《牧齋初學集》卷四七《特進光祿大夫左柱國少師兼太子太師兵部尚書中極殿大學士孫公行狀》，上海古籍出版社，1985。
② （清）陳鼎：《東林列傳》卷六《孫承宗傳》，中國書店，1991。

車，治火器，浚濠繕城，爲守禦計。令嚴法行，數月守備大固"①。熹宗初立，熊廷弼以不進兵爲言官所劾，朝廷以袁應泰代。在天啓元年（1621）不到一年的時間裏，遼東重鎮瀋陽、遼東首府遼陽相繼失陷，袁應泰死，遼河以東全部淪爲後金所有。其後，朝廷復召熊廷弼入朝爲兵部尚書兼右副都御史，駐山海關，第二次升任遼東經略。但與巡撫王化貞在戰略上出現分歧，熊廷弼主守，王化貞主戰，造成"經撫不和"的局面。"時熊廷弼經略遼東，性剛負氣，好謾罵，淩轢朝士。鶴鳴與相失，事多齟齬，獨喜巡撫王化貞。化貞本庸才，好大言。鶴鳴主之，所奏請無不從，令無受廷弼節度。中外皆知經、撫不和，必誤封疆。而鶴鳴化貞愈篤，卒致疆事大壞。"②有了兵部尚書張鶴鳴的支持，"議者遂欲移廷弼，與化貞畫地任事"③，造成"中朝右化貞者多詆廷弼"④。在這種情況下，朝廷"命廷臣議經、撫去留。景榮數爲言官所論。御史方震孺請罷景榮，以孫承宗代之"⑤。墓表文稱"二年正月，大清兵略廣寧。未至，化貞棄城走閭陽。廷弼唾其面，不得已焚棄右屯以□四百□，躡□貞後入關。京師□□數□，朝臣請□公益急，帝以公爲兵部尚書兼東閣大學士，典樞務。代廷弼經略者，王在晋也"。關於此段文字，孫承宗行狀稱："天啓二年正月，奴兵略廣寧，未至，化貞棄城走閭陽，廷弼見而唾之，惶遽臬呼，焚棄右屯以西四百里。遂與監軍道臣高出、張應吾、邢慎言躡化貞後，相將入關。出至是已再逃矣。出之初逃也，上書於朝，請盡捐河西地以予西虜，我退守山海關，可以自保。其再逃也，益播其書於長安，幾惑衆以逃死。懦夫逃臣，競相祖述，且謂當并棄河東，畫關而守。中外聞斯言也，益懼。大臣雖未敢明主其說，而亦不能斷以爲非也。蓋關門退守之議，於此矣。於是請用公者益亟，以謂不可朝夕待。上亦急東事，不復能留公於講筵，乃拜兵部尚書兼東閣大學士，以二月十八日入直辦事。"⑥而陳鼎《東林列傳·孫承宗

---

①《明史》卷二五九《熊廷弼傳》，中華書局，1974。

②《明史》卷二五七《張鶴鳴傳》。

③《明史》卷二四六《侯震暘傳》。

④《明史》卷二五九《熊廷弼傳》。

⑤《明史》卷二五六《崔景榮傳》。

⑥（清）錢謙益：《牧齋初學集》卷四七《特進光禄大夫左柱國少師兼太子太師兵部尚書中極殿大學士孫公行狀》。

傳》則稱："天啓二年正月，我兵略廣寧。化貞棄城走閭陽，廷弼見而唾之，惶遽焚棄右屯以西四百里，與監軍道高出，張應吾、邢慎言躡化貞後入關。以屢逃懦夫倡爲退守關門之說，舉朝洶洶。上乃拜承宗兵部尚書、兼東閣大學士入直"。王化貞擁重兵守廣寧，而熊廷弼則徒擁經略虛名，僅有數千軍士。王化貞不聽節制，計劃以降敵明將李永芳作爲内應，發動進攻。還没來得及實施，努爾哈赤趁遼河結冰，一舉攻到遼西，圍攻廣寧以西的西平堡，圍城打援，殲滅了來救援的三萬明軍。同時後金方面派入廣寧的間諜挑起了兵變，打開城門迎接後金軍隊。王化貞狼狼逃出廣寧，在右屯見到熊廷弼，遭到熊廷弼的唾罵。不得已，在焚燒了右屯之後，王化貞和熊廷弼一同入關。"兵部尚書張鶴鳴懼罪，出行邊。帝亦急東事，遂拜承宗兵部尚書兼東閣大學士，入直辦事"[1]，并以王在晋接替熊廷弼爲遼東經略。王在晋確定在八里鋪築城，并上報朝廷。此舉遭到其部下寧前兵備僉事袁崇焕、孫元化等人的堅決反對。他們認爲築城"非策"，極力勸阻，并寫信給首輔葉向高，申訴己意。由於情況不明，葉向高難以斷定可否。孫承宗遂提出前往實地考察，再作決斷。他抵達山海關後，當即認真巡視山海關及王在晋所主張建築的八里鋪新城，又前往考察了中前所、一片石和黃土嶺等處的戰略地勢。在閱察八里鋪新城時，孫承宗"馳出關，望寧前險隘，乃天設重關，而覺華一島，孤懸海中，視寧遠如左右掖，益知畫關而守者之失策也。關以東，寧遠以西，凡五城二十七堡。僅存者中前所一城、八里鋪一堡而已。遂決計收復，條奏凡十數疏，□面陳在晋不足任"，王在晋之議遂罷。"在晋無以難"，但仍固執己見。爲了聽取各方面的意見，孫承宗召集將吏討論如何防守。監軍閻鳴泰主守覺華島（在今遼寧興城東三十里海中，今稱菊花島），袁崇焕主守寧遠衛（今遼寧興城），王在晋則主守中前所（今遼寧綏中縣前所）。監司邢慎言、張應吾等附和王在晋的意見。孫承宗全面考慮了各方意見，認爲"寧遠去山二百里，仗則進據錦州，否則退守寧遠"[2]，表示支持袁崇焕主守寧遠的意見。

　　其次，墓表文記録了孫承宗經營遼東系列方案，對於研究孫承宗軍

---

① 《明史》卷二五〇《孫承宗傳》。

② （清）錢謙益：《牧齋初學集》卷四七《特進光禄大夫左柱國少師兼太子太師兵部尚書中極殿大學士孫公行狀》。

事思想具有重要意義。在穩定了遼東局勢後，孫承宗多次上疏皇帝，系統地提出了一整套整頓遼東防務的戰略思想和具體方案。這些方案包括：一、裁汰冗兵，選練精兵。當時"關兵名七萬，逃潰之餘，殘冗漫漶，或將數百，或才數十，各自爲符籍以冒餉。有兵少將多，一營才兵四十而官十七員者。一城聚兵數萬，民不堪踐蹂，空肆而走。兵嘩於市，白晝閉門，民不安居，兵不得食"①。爲改變這種狀況，孫承宗"汰逃將數百人，遣還河南、真定疲兵萬餘，以之甲所救難民七千發前屯爲兵"②。同時，"定兵制、立營房，五人一房，三千一營，十五營爲三部，將帥以營部爲署，俾兵不離將，將不離帥，關城埤堄三千有奇，兵營棊布其下，置垛十八直廬，三定城操法"。二、修築工事，擴充軍備。"築關城，南防海口，北防角山。水則從望海臺出芝麻灣，置巨礮爲橫擊；陸則三關石城頓萬人，開突門爲夜擊。北水關外峻嶺築號臺十一，置礮坊外瞰，以大將馬世龍爲中部，佩平遼將軍印，駐羅城；王世欽爲左部，駐角山；尤世禄爲右部，駐海口；副將趙率教為前部，駐□屯，孫諫爲後部，駐紅花□"。孫承宗行狀稱"按核錢糧，以兵馬軍器火藥撫夷買馬，分屬諸幕僚。定糧餉關支，核器甲營造，冒破者斬。嚴硝磺收放，厲火禁營，若城失火，無問故誤皆斬。禁饋遺，絕宴會，罷供帳，卻郵馬，省參謁。撫臣以燕閒置酒，下教切責。於是關門凜如負霜矣"。三、制定軍規，嚴明紀律。"關門習火器者不能二百人，公親按營部，短衣教演，初有賞無罰，既而賞罰參用，因以殿最諸將，於是關門有火兵矣。調三協諸將內丁，得梟騎三千，立爲騎營，高其部曲之選，使李承先將之，躬酹酒，具威儀以遣之"。經過孫承宗的治理，"凡五閱月，兵民安堵、文武輯睦、□旅填咽"。四、招徠豪傑，以遼養遼。孫承宗"立六館，招天下豪傑，奇材劍客爭摩厲，求自效焉"。當時"遼人好潰，奴細作多廁其中，遼破之後，束入奴而無遺種，西入虜而餓莩奴隸，入內地而無以自存，善用之，遼人皆怨軍也，且可以省安家行糧之費，而漸爲土著"③。"寧前以西可屯田五十餘頃，督將吏買

① （清）錢謙益：《牧齋初學集》卷四七《特進光禄大夫左柱國少師兼太子太師兵部尚書中極殿大學士孫公行狀》。
② 《明史》卷二五〇《孫承宗傳》。
③ （清）錢謙益：《牧齋初學集》卷四七《特進光禄大夫左柱國少師兼太子太師兵部尚書中極殿大學士孫公行狀》。

牛種耕，鑿其中分，兵護屯人，河東人歸者萬餘。遼人出關者，又十餘萬。輪蹄相接，城堡相望，如□平時，行采青之法，不復□給於關東，省度支巨萬，又□鹽興鼓鑄，因舡以廣貿易。於是，烽煙頓息，中外解嚴，長安士大夫漸忘邊患，司農厭供億之繁，本兵張節制之勢。"五、遠結朝鮮，牽制後金。墓表文稱"俾遠結鮮人，撼鎮江檄登帥沈有容據廣鹿，以爲多方誤之之勢，然後用登萊兵圖四衛北，覺華兵圖四衛南，俾應分而備多，則四衛可復，復四衛以復遼，公之志也"。孫承宗守遼四年，重用袁崇煥等一大批忠直的文武將吏人才，邊防大備"□大城九、堡四十五，練精兵十一萬，立車營十二，水營五，火營二，前鋒後勁營八，沙唬船六百，進四百里。招集遼人四十餘萬，邊塞無事"。史稱："自承宗出鎮，關門息警，中朝宴然，不復以邊事爲慮矣。"① 不但扭轉了原先的那種頹敗之勢，且整個形勢越來越好。

復次，墓表文反映了孫承宗二次出山，經營遼東的情況。天啓五年（1625）八月，柳河之敗，導致了孫承宗的去職。山海關總兵馬世龍，誤信自後金逃歸的"降虜生員"之言，派兵渡柳河，襲取耀州，中伏遭敗。閹黨借機小題大做，圍攻馬世龍，并參劾孫承宗。孫承宗罷官還鄉，由兵部尚書高第出任遼東經略。高第爲一文人，不懂軍事。他上任後，即一反孫承宗的部署，下令拆撤寧錦防線。關外駐防將士除鎮守寧遠的袁崇煥拒不從命外，其他諸城均撤一空。祇是由於以袁崇煥爲首的廣大將士的浴血奮戰，才使明軍在天啓六年正月、天啓七年五月相繼取得"寧遠大捷"和"寧錦大捷"，奇迹般地擋住了後金的兇猛進攻。崇禎二年（1629），皇太極率軍避開寧錦，假道內蒙，從喜峰口突入塞內，相繼攻陷遵化、遷安、灤州、永平，直指北京。且行反間計，使崇禎帝囚繫并最終殺害了袁崇煥。此事即所謂"己巳虜變"。一時，明廷亂作一團。而袁崇煥的下獄，又導致軍心渙散，將士東歸。在此危難之際，明廷再次起用孫承宗，"詔以原官兼兵部尚書守通州"，統籌全局。孫承宗首先曉以大義，安定了軍心。其後協調各路軍隊，聯合行動，經數月艱苦作戰，取得"遵永大捷"，并於崇禎三年（1630）五月將後金軍驅逐出關。孫承宗再任遼東經略後，仍堅持以積極防禦爲主的

① （清）李遜之：《三朝野紀》卷二，中國書店，1982。

方針，繼續加強寧錦防線，決心重築被高第毀棄的大淩河、右屯二城。崇禎四年（1631）七月，令祖大壽等率兵四千守大淩河，又征發一萬四千人築城。八月六日，動工築城才二十天左右，大淩河城牆剛剛修完，雉堞僅修完一半，後金突然兵歸城下，并於當天開始圍城，明軍倉促閉門拒戰。"承宗聞，馳赴錦州，遣吳襄、宗偉往救"①，但寧遠巡撫邱禾嘉"屢易師期，偉與襄又不相能，遂大敗於長山"。至十月，大淩河已被圍三月，守軍糧盡援絕，祖大壽假降，奔還錦州，"城復被毀"。大淩河失守，引起了明廷内部的互相傾軋，"廷臣追咎築城非策，文章論禾嘉及承宗"。孫承宗連疏引疾，求退。崇禎帝爲平息朝議，准其歸籍，孫承宗第二次被排擠下臺。

最後，墓表文反映了孫承宗壯烈殉國的場面。孫承宗回到高陽，專心著述。崇禎十一年（1638）十月，清睿親王多爾袞又一次率軍踏破長城，侵犯畿南。好友蔡鼎等勸説孫承宗到保定避難，茅元儀則説服孫承宗到南方去，孫承宗婉言拒絕。在清兵向高陽進攻的時候，他以七十六歲高齡，率領全家及高陽民衆奮起抵抗，城破被執，英勇不屈，被活活勒死。在保衛高陽的戰門中，孫承宗家人多人遇難，錢謙益爲之寫的《高陽孫氏闔門忠孝記》稱："崇禎十一年十一月十日，奴酋兵陷高陽，故少師大學士孫公死之。公之子五人孫六人與從子孫八人皆死，婦女童稚爭先就義者三十餘人。公御其子姓嚴，諸子皆被服儒素，鏃礪文行。"②在這三十餘人中包括孫承宗的五個兒子鈴、鉻、鑰、鉫、鎬；十一個孫子之沆、之㴞、之濲、之潔、之憲、之澈、之□、之泳、之澤、之渙、之瀚；一個侄子鍊。高陽孫氏闔門忠烈，是燕趙多慷慨悲歌之士的真實寫照和生動顯示。

陳瑞青
河北師範大學歷史文化學院

① 《明史》卷二五〇《孫承宗傳》。
② （清）錢謙益：《牧齋初學集》卷四一《高陽孫氏闔門忠孝記》。

從高陽碑志拓片看明清高陽的咼姓

　　姓氏是同姓人群的特定文化符號，成爲其家系生生不息的血緣紐帶標識。對姓氏進行研究，對於探索中國父系社會的發展進程、中華民族的形成和演變、中國人口數千年的遷徙歷史等問題，都有着極其重要的意義。尤其是稀有姓氏，由於其爲明確的單一祖先傳遞，人口數量較少，家系結構也較爲簡單，因此對上述問題的研究，其意義就更爲重大。

　　咼氏是一個古老、罕見的姓氏群體，源出楚地，宋人鄧名世《古今姓氏書辯證》和今人姚薇元《北朝胡姓考》等書均不見著録。按："咼"字全部讀音有七個，而作爲姓氏有三種讀法。《辭海》《現代漢語字典》皆注音"guō"，簡化爲"呙"。《康熙字典》中注音"Hé"，古同"和"，與古代的和氏璧有關。《中國姓氏大全》中"咼"姓條目注釋："咼gē，罕見姓（又音guō）。"《新編千家姓》中，"咼，注音爲'gē'"，本字未簡化。《姓氏考略》中記載："咼，音'戈'，又與'和'同。〈淮南子〉有咼氏璧，即卞和之'和'。或云：女媧氏之後，去女以咼爲姓，明代公安多咼氏。"以上三種讀法，都可作"咼"的姓氏讀法，但筆者以爲，陸游《南唐書音釋》中提到的"Wa"音爲初始發音，最具權威性："鄭樵《氏族略》以古帝名爲氏者，女媧之後有媧氏，媧與咼音同而字近，咼當是媧而去女文爾。"①

　　當代咼姓仍是一個較少見的姓氏，在今中國大陸的姓氏排行榜上未列入"百家姓"前1000位，在臺灣省則名列第669位，以太原、琅琊、平原、豫章、長沙爲郡望，主要聚居地爲洞庭湖流域（具體分布在湖北的公安、石首、監利以及湖南的華容、安鄉、臨澧等地）、湖南邵

---

① （宋）陸游：《南唐書音釋》，四部叢刊續編本。

陽、湖北南漳、四川遂寧及江蘇南京等地。據調查，目前洞庭湖流域咼姓人約有兩三萬；邵陽咼姓人，據 1997 年的統計爲 3144 人；四川咼姓人一萬左右。咼姓在北方則極爲罕見，據筆者調查，河北省咼姓人衹有 20 多名，主要分布在河北省邯鄲市，其他如石家莊市、唐山市、秦皇島市等有個別分布，不知是戰爭、災荒還是其他的原因，高陽縣現今一個咼姓都沒有了。

　　河北省社會科學院藏高陽碑志拓片中，有 5 通涉及了"咼"姓人物，分別爲明朝的《玄帝祠記》（明萬曆十九年，編號 025）；清朝的《明特進光禄大夫左柱國少師兼太子太師吏兵兩部尚書中極殿大學士贈太傅謚文正孫公（承宗）專祠碑記》（清順治十五年，編號 040）、《李文敏公（國楷）專祠碑記》（清順治十五年，編號 041）、《駱母咼氏碑記》（清康熙二十一年，編號 047），以及《皇清旌表節孝例贈孺人賈母咼太君碑記》（清嘉慶二十三年，編號 071）。"咼"作爲一個尤爲稀見的姓氏，其在明清時期高陽縣境內的分布及其活動情況實屬罕見，無疑是稀有姓氏研究的珍貴史料。以下擬分明清兩個時期對高陽咼姓進行討論。

一　明代高陽咼氏的分布狀况

　　河北省社會科學院所藏高陽碑志拓片中，涉及明代咼姓的碑刻衹有一通《玄帝祠記》（明萬曆十九年，編號 025），該碑原存高陽縣西王草莊村，萬曆十九年由"至聖六十代孫文林郎知高陽縣事闕里孔承先立石"，"署高陽縣儒學教諭四明舉人張拱辰撰文"。拓片由碑陽和碑陰兩部分構成，碑陽拓片長 224 厘米，寬 81 厘米，記載了玄帝祠修祀的背景、過程；碑陰拓片長 198 厘米，寬 81 厘米，記録了造碑會首以及助緣善人名單。名單中出現了"李千咼氏""咼氏""咼文業""咼文明""咼文奎"等咼姓，其中"李千咼氏"爲"造碑一會會首"。這説明高陽"咼"姓在明朝就已經存在了，而且從拓片中"咼文業""咼文明""咼文奎"三個人的名字，再聯繫湖南邵陽咼氏字輩排行（老派）："仕景思一世，廷登戀養萬；榮宗開文昌，助朝京殿安"[①]，筆者分析他

---

① 百姓源姓氏文化研究團隊：《中華咼姓源流》，百姓源緣（香港）文化傳播機構，2007。

們有可能是從湖南邵陽遷過來的。

邵陽邑氏祖籍爲楚北公安，後遷居吳西洪都，即現在江西南昌一帶，遷居時間應屬元代。根據家譜記載：明朝洪武四年（1371），邑氏成公從吳西洪都來楚南寶郡邵東（今邵陽）任職協正，舉家西遷於邵陽，距今已六百餘年，現今邵陽邑氏者皆是成公之後。

二　清代高陽邑氏的生活狀况

河北省社會科學院藏高陽碑志拓片中，涉及清代邑姓的碑刻有 4 通。《李文敏公（國樍）專祠碑記》和《明特進光禄大夫左柱國少師兼太子太師吏兵兩部尚書中極殿大學士贈太傅謚文正孫公（承宗）專祠碑記》，刻立時間都是清朝順治十五年（1658），高陽縣知縣沈純禔撰文，碑主李國樍、孫承宗都是高陽籍明朝大學士，碑文中都出現了 "邑鉉" 這個名字，雖然後面碑文中的 "鉉" 字不清楚，但根據兩篇碑文内容可以認定是同一個人。從這兩通碑刻中，還能看出邑鉉是生員，前者爲立碑人，後者爲助工。由此也能看出邑姓在當時具有一定的地位，且熱心善事。《駱母邑氏碑記》《皇清旌表節孝例贈孺人賈母邑太君碑記》則比較詳細地記述了兩位女性邑姓人物的生平，以下筆者重點對這兩通碑刻予以分析。

（一）《駱母邑氏碑記》之分析

《駱母邑氏碑記》，該碑原存高陽縣駱家屯村西，立碑年代爲清朝康熙二十一年（1682）。碑文楷體，正上方中間題曰 "碑記"，兩邊爲祥雲紋飾。碑文左右兩側均爲花卉圖案，底部圖案沒有拓上。拓片呈長方形，長 137 厘米，寬 68 厘米，凡 19 行，滿行 35 字，總計 539 字，保存基本完整，中間有兩處對稱的菱形破損，若剔除不能辨認的字，拓片現存 509 字。

撰文者劉繼昌，爲 "湖廣等處提刑按察使司分巡湖北道管轄辰常靖州等處駐劄常德府副使"。關於劉繼昌，《清史稿》未載。《清實録》却記載了其升遷經歷："順治十年八月壬辰，升浙江温州府同知劉繼昌，爲廣東按察使司僉事、海北道。"[1] "順治十五年庚戌，升廣東海北道僉

---

①《清世祖實録》卷七七，中華書局，2008。

事劉繼昌，爲陝西布政使司參議、分守商雒道。"①"順治十六年甲子己刻。日生暈。青黃白色。升陝西商雒道參議劉繼昌，爲湖廣按察使司副使、分巡湖北道。"②由此可知，劉繼昌是順治十六年（1659），由"陝西商雒道參議"升爲"湖廣按察使司副使、分巡湖北道"。明置"提刑按察使司。按察使一人，正三品，副使，正四品，僉事無定員，正五品"，"按察使掌一省刑名按劾之事。……副使、僉事分道巡察"。③

那麼，劉繼昌作爲"湖廣等處提刑按察使司副使"，一個正四品官員，爲何爲高陽的咼氏撰文呢？

據該拓片第4~7行："瑞宇生於高陽之駱家屯，父三桂早逝，獨育於母咼氏之膝前，撫摩百端，劬勞倍至。偶遇我大清兵戎之變，遂携以北，□切不獲將母之嘆。幸際我朝定鼎，瑞宇乃占居蠡邑北陲古靈山鄉，距高不一舍，乃得躬迎母氏而奉養焉"。由此，我們可以大概瞭解到，碑主咼氏爲高陽駱家屯人，丈夫駱三桂早逝，獨自撫養兒子瑞宇成人，日子過得很艱辛。"大清兵戎之變"，當是指崇禎十一年（1638），清軍攻陷高陽城，駱瑞宇被虜略到北方（指高陽以北），不能贍養在高陽的母親咼氏。直到"我朝定鼎"，即明崇禎十七年（1644），清兵入關，遷都北京，瑞宇占居蠡縣北陲古靈山鄉，才得以將母親咼氏接來奉養。

據該碑第8~11行載："氏天性温淑，勤儉持家，慈惠字□，下逮僕夫娌女，莫不寬和。旁及鄰里，罔弗同卹。瑞宇雖身隸旗下，意嘗謙謹，家□□饒，□無驕吝，殆以仁義爲倉困，以德善爲□穫，而□□於友誼，四方賓客慕其義俠，□□□□，邑候□□□，公往來嘗税駕焉，葢可知矣"。由此可知，駱母咼氏勤儉持家，駱家的生活富裕了，家裏還有了僕夫娌女。而且咼氏温柔慈善，幫扶鄰里，寬和下人。"身隸旗下"，應是説駱瑞宇入了旗籍。八旗是努爾哈赤獨創的一種"軍民合一""寓兵於民"的組織。八旗不僅是軍隊組織，同時是一個政權組織，它具有管理旗下人民的户籍、田土、賦役、教養、訴訟、婚姻等廣泛職能。其成員平時從事生産，戰時從軍打仗。當時女真族都隸屬於八旗，也就是滿洲八旗。之後，又增設蒙古八旗和漢軍八旗。其成員分別

①《清世祖實録》卷一一七。
②《清世祖實録》卷一二七。
③《明史》卷七五《職官志四》，中華書局，1984。

是被征服的蒙古人和漢人。瑞宇雖"身隸旗下"，却"意嘗謙謹"，爲人俠義。以此來看，就不難理解劉繼昌作爲"湖廣等處提刑按察使司副使"，一個正四品官員，爲何爲高陽的咼氏撰文了。

（二）《皇清旌表節孝例贈孺人賈母咼太君碑記》之分析

《皇清旌表節孝例贈孺人賈母咼太君碑記》，該碑原存高陽縣北關村，刻立於清嘉慶二十三年（1818）。碑呈長方形，由碑陽和碑陰兩部分構成。碑陽碑額"旌表節孝"四字爲篆書，其拓片長 138 厘米，寬 57 厘米，左下角斷裂 23×23 厘米，其餘保存完好；碑陰楷書，正上方中間題曰"碑陰"，碑題《皇清旌表節孝例贈孺人賈母咼太君碑記》，拓片長 138 厘米，寬 57 厘米，凡 16 行，滿行 36 字，保存基本完整，間有破損磨泐之處。應爲 472 字，實存 444 字。

據該碑碑陽可知，《皇清旌表節孝例贈孺人賈母咼太君碑記》是"欽命日講起居注詹事府詹事提督順天等處學院杜"給"貞操裕後，高陽縣已故生員賈序賢之妻咼氏"所立的石碑，主要是旌表性質，爲了表彰咼太君之貞節。當然，奉旨旌表也需經濟實力，在封建時代，有"節烈"行爲的婦女能否受到旌獎，與其夫家的政治地位和經濟實力關係密切。也就是説，有實力的家族可以出資爲其族內婦女請旌，而窮困家庭卻無力向官府申請旌表。據此可知賈家具有一定的經濟實力。

綜上所述，以上 5 通咼姓碑刻拓片，不僅證明"咼"這個罕見姓氏在明清時就在高陽出現了，而且通過碑文中對咼姓人物的描述，從不同側面反映了當時的社會背景和他們的生活狀況。這對我們全面瞭解和研究咼姓人物在全國的歷史分布提供了一個新線索。但是，由於五通碑刻涉及的咼姓多是女性，在男尊女卑的古代社會，她們是附屬於其夫或其子而存在的，所提供的咼姓信息實在太少，甚至連一般碑刻必寫的得姓原因、族源、遷徙情況我們也無從得知。她們是原住民還是從外地遷來，她們的族團規模、仕宦、婚姻等狀況更是無從考察，所有這些都有待於今後進一步的研究。

劉美然
河北省社會科學院

清代高陽濡上書院的興廢及其歷史地位[*]

——以《濡上書院碑記》（清咸豐二年）爲中心

　　明清時期的教育機構在中央有國子監，在地方則有州（府）縣學、私塾、社學、義學、書院等。"書院"一詞，最早出現在唐代，唐玄宗開元年間設置麗正書院、集賢殿書院，當時的書院是兼具某些政治職能的圖書搜集、整理與收藏的機構。後世一般所言的書院是地方性的，多由私人創辦，是學者個人讀書或探討學問之所。宋代書院發展迅速，成爲一種重要的教育教學組織形式，在圖書資料之外，置田祠祀，或由鄉紳捐資，或由地方官籌撥經費。元明清時期，全國各地書院更爲普及，這些書院均廣置圖書，以供生徒學習之需，成爲當時州縣學的一個重要補充。全國最著名的書院有應天書院（在今河南商丘睢陽）、嶽麓書院（在今湖南長沙嶽麓山）、白鹿洞書院（在今江西九江廬山）、嵩陽書院（在今河南鄭州登封嵩山），被稱爲中國古代四大書院。對於河北地區而言，則有封龍書院、西谿書院、太行書院等。高陽縣濡上書院也是一個值得關注的書院。

　　濡上書院，蓋因濡水而得名。濡水，古河流名，即今河北順平縣南之方順河，又名"曲逆水"。據《左傳》記載，魯昭公七年（前535），齊與燕會於濡水。杜預注曰："濡水出高陽縣入易水。"河北省社科院現藏有清咸豐二年《濡上書院碑記》和清光緒十六年《重修濡上書院碑記》兩通拓片^②。光緒《畿輔通志》卷一一四"高陽縣條"著錄有濡上

　　*　本文曾作爲國家社科基金後期資助項目"河北省社會科學院藏高陽碑刻拓片整理與研究"（19FTQB010）階段性研究成果，發表於《社會科學論壇》2021年第6期。

　　②　此碑撰者并書丹者姓名磨泐，碑文題銜爲"欽加知府銜賞帶花翎候補直隸□知高陽縣事"，但姓名難以稽考。

書院，節録有清同治十一年（1872）高陽知縣趙秉恒所撰增修濡上書院之碑文。而諸版本的《高陽縣志》對清咸豐二年《濡上書院碑記》和清光緒十六年《重修濡上書院碑記》兩碑均未提及，今兩碑均已亡佚，幸有拓片存世，對研究河北古代書院乃至中國北方地區教育問題提供了第一手資料。高陽縣由於明洪武三年（1370）的洪水破壞，歷代有關教育的資料存世甚少，正如民國《高陽縣志》卷二《教育》所云“本縣自明洪武三年舊城淪爲水國，縣治西遷，以前文物湮没殆盡，征考無由，因之歷代文化亦無從紀述”。故當地歷史上的考古文物資料的價值愈加凸顯。其中咸豐二年《濡上書院碑記》記載了濡上書院的建立緣起，特別是著録了書院章程，價值尤高。以下擬以此碑拓片爲主，并結合清光緒十六年《重修濡上書院碑記》和清同治十一年《增修濡上書院碑記》，對濡上書院的一些問題加以探討。

一　《濡上書院碑記》碑刻初探

爲研究方便，現按照《濡上書院碑記》拓片的行款格式，録文如下：

碑陽碑額：永垂 / 不朽 /

濡上書院碑記　署高陽縣事楊景彬飭工勒石 /

咸豐□□□月□一日高陽縣紳耆等□ /

保定府正堂　衙門具稟：將濡上書院章程並四鄉捐入地畝，懇請立案，以垂 / 久遠。蒙批：據稟，捐資贖地，創建書院，各鄉聞風，均願以無主、無契地畝歸 / 入丁數，建立書院，脩脯膏火等用，洵爲培植人才之善舉，可嘉之至，候即飭 / 縣查明□畝，造記檔冊，妥議章程，詳府立□，以垂永久可也。/

□書院章程，開列於後：/

生童每日月課、官課，定期初八日，齋課定期二十日。生童等先期赴禮房報名，課卷由禮□備辦；/

一、山長脩□，每□隨時酌用；

一、山長每月薪水隨時酌用；

一、監院兩學，每月共京錢叁吊；

一、董事、齋長二人，每人每月京錢肆吊；/

一、禮房□□、□□，每月京錢肆吊、叁吊；

一、齋夫工食，每月京錢叁吊；

一、超等生員二名，每人膏火京錢貳吊；

一、特等生員二名，每人膏火京錢壹吊伍百；/

一、壹等生員八名，每人膏火京錢壹吊；

一、上取童生二名，每人膏火京錢壹吊伍百；

一、中取童生八名，每人膏火京錢捌 [百；

一、下取] 童生二名，每人膏火京錢伍百。/

生童月課等第、名數、膏火較少，因限於現在所入款項，俟續籌有資，再隨時加額，庶期益臻鼓舞。/

碑陰：/

四鄉捐入書院地畝花名租數開列於後 /

另案租銀每年共征銀伍拾兩零叁錢：/上忙征銀貳拾伍兩壹錢伍分，下忙征銀貳拾伍兩壹錢伍分。/南歸還張連科等共地伍頃伍拾壹畝壹分壹厘，/每年共租錢壹百肆拾捌吊捌百文。/高家莊王春華等共地叁頃，/每年共租錢柒拾陸吊叁百肆拾陸文。/龐口村李秀德等共地兩頃零柒畝叁分捌厘伍毫，/每年共租錢伍拾叁吊肆百肆拾肆文。/史家叢胡善元等共地壹頃壹拾柒畝伍分，/每年共租錢叁拾貳吊肆百玖拾文。/南坎尾張銘新等共地□拾伍畝玖分，/每年共租錢貳拾伍吊□百玖拾貳文。/

北坎尾閆東山等共地壹頃捌拾壹畝柒分，/每年共租錢肆拾伍吊貳百零肆文。/北留莊劉聲遠等共地玖拾伍□，/每年共租錢貳拾肆吊貳百陸拾□文。/南龍化董開山等共地叁拾□□陸分，/每年共□錢柒吊陸□□拾貳文。/北龍化梁□□等□地貳拾捌畝柒分，/每年共租錢陸吊叁百壹拾肆文。/西田果莊王良臣等共地叁拾畝，/每年共租錢捌吊壹□文。/陳家莊陳有勳等□肆畝□□，/每年□錢壹吊貳百肆拾□文。/

邱家叢高奇才等共地拾捌畝，/每年共租錢叁吊玖百陸拾文。/延福屯戴志仁等共地肆拾貳畝，/每年共租錢玖吊貳百肆拾文。/季朗村張維銘等共地拾壹畝伍分，/每年共租錢叁吊陸百捌拾文。/延福村于遇明等共地捌畝，/每年租錢壹吊柒百陸拾文。/楊家塢刘

□□等共地伍畞，/ 每年租錢壹吊陸百文。/ 北齊村李光奇等共地陸拾肆畞，/ 每年共租錢拾肆吊零捌拾文。/

　任家叢任雨三等共地壹頃貳拾柒畞，/ 每年共租錢貳拾玖吊陸百肆拾文。/ 田家叢傳月安等共地叄拾叄畞，/ 每年租錢捌吊伍百陸拾文。/ 南□□刘鵬飛等共地玖畞，/ 每年租錢兩吊肆百叄拾文。/ 舊城村郭立等共地叄拾伍畞，/ 每年共租錢柒吊柒百文。/ 戴家莊戴華國等共地柒畞伍分，/ 每年共租錢壹吊陸百伍拾文。/ 城里韓孟喆地柒畞伍分，/ 每年租錢壹吊□百伍拾文。/

　北蔡家口王景宜等地叄拾畞，/ 每年共租錢陸吊陸百文。/ 北辛莊張芝芳等共地叄拾柒畞，/ 每年共租錢玖吊貳百肆拾文。/

　右共地貳拾頃零柒拾玖畞玖分玖釐伍毫，共錢伍百叄拾壹吊伍百捌拾文，内每畞准給收租人京錢貳拾文。/ 自咸豐五年為始，議定每年三月□租，戶交租一半，九月如數交清。此後有續捐者，載入於後。/

　□議明各地戶應交租錢，每百文俱用制錢，滿數交收。至膏火等項，均按市錢玖肆支發。所餘底數，以作書院零星雜費之需。/

　□議明各地戶應交租錢，每百文俱用制錢，滿數交收。至膏火等項，均按市錢玖肆支發。所餘底數，以作書院零星雜費之需。/

《濡上書院碑記》碑陽拓片長 138 厘米，寬 58 厘米，凡 12 行，滿行 30 字。額篆"永垂不朽"四個大字，四周飾以祥雲圖案。碑文部分爲楷體，自右向左字體由大漸小。首行題名"濡上書院碑記"，字體較大，且"濡上"兩字上提到了碑額部分；第 2~7 行字體略小，爲高陽縣紳耆等申請建立書院，以及保定府正堂准許的批復，其中第 2 行"咸豐□□□月□一日高陽縣紳耆等□"，"咸豐"之後文字磨泐，據光緒《畿輔通志》卷一一四趙秉恒《增修濡上書院碑記》（清同治十一年），可知所缺文字爲"二年"。第 3 行"保定府正堂……"頂格書寫，其他幾行較之第 8~12 行各提一格書寫；第 8~12 行爲書院章程，字體最小。以下對碑文内容略加考釋。

碑陽首行"署高陽縣事楊景彬飭工勒石"，可知書院是在署高陽縣事楊景彬主持下修建的。楊景彬，其生卒年不詳。清咸豐三年（1873）九月，太平軍的北伐軍在李開芳、林鳳祥率領下，由深州輾轉至獻縣、交河、静海，直逼天津。面對太平軍的威脅，清廷敕令各地州縣辦理團練并勸捐。在地方所報材料中提及了楊景彬，其中云："所有兩局經費，因容邑各村秋間水淹被災，難於勸捐，卑職楊景彬在兩局倡捐京錢三千吊。"① "容邑"，即容城，蓋咸豐三年時楊景彬已由署高陽縣事，調任容城知縣。

在申請建立書院的程式上，首先是以高陽縣紳耆的名義申報"保定府正堂"，高陽縣本身無權自行決定。"正堂"，係明清時對府縣等地方正印官的稱呼，"保定府正堂"，即指保定府知府。從其"將濡上書院章程并四鄉捐入地畝，懇請立案，以垂久遠"來看，申報時需要將書院的章程和四鄉捐入地畝的清單一同上報保定府知府并備案。"蒙批"之下爲保定府正堂的批復，從批復可知書院的地畝係"以無主、無契地畝歸入丁敷"，即來源於無主和無契之地，這保證了書院正常運行的經濟基礎。碑陽首先書寫高陽縣紳耆的奏狀和保定府正堂的批復，既説明了濡上書院建立的原委，更向世人昭示了該書院的合法性。

書院章程，指爲維繫書院正常運轉而制定的規範性文本，清代大多數書院普遍采用章程來實施管理。從該碑拓片内容來看，濡上書院在創立之初，即訂立有章程13條，其内容涉及生童（生員、童生）課程設置，山長、監院、董事、齋長等管理職事人員和補房□□、齋夫等事役的經濟收入（束脩、薪水、工食等）以及不同等級生童的膏火錢。同時又有一些補充性規定："生童月課等第、名數、膏火較少，因限於現在所入款項，俟續籌有資，再隨時加額，庶期益臻鼓舞。"② 對瞭解當時書院人員收入和經濟支出狀況提供了珍貴的第一手資料。其後濡上書院又經歷了兩次大規模重修，書院章程也同時有所增益。其中同治十一年（1872），知縣趙秉恒在重修時"與紳董熟籌新立條規八則，懸諸講堂，以示久遠"，惜該碑陰未録。光緒十六年（1890）重修時，因膏火寡薄，不足以資激勸，於是仿照省城蓮池書院，又定立新章，還制訂《書院條例》，刊列碑陰。可惜拓片無存，難知其詳。由此可知，咸豐二年的《濡上書院碑記》是迄今現存唯一的關於濡上書院章程的實物資料，其價值不言而喻。

① 張守常：《近代史資料專刊·太平軍北伐資料選編》，知識産權出版社，2013，第380頁。
② 咸豐二年《濡上書院碑記》碑陽。

第 8 行 "生童"，即生員、童生，《明史·選舉志》云 "士子未入學者，通謂之童生"，乃明清時期對應試府、州、縣學生員（秀才）之士人的稱謂。當時，縣廟學每年考試一次，稱童試，應試者爲儒童和童生（不論年齡大小）。童試多由知縣主考，除經、史、時務外，主要考八股文和試帖詩，考中者，稱爲生員，可進縣廟學繼續深造。① 從該碑文内容來看，濡上書院在録取生徒時還是比較嚴格的，"生童等先期赴禮房報名，課卷由禮房備辦"②。

第 8 行 "月課""官課"，涉及書院的課程設置和考核。明代科舉制進一步强化，成爲士人入仕的主要途徑。爲了適應科舉制强化的要求，明代許多書院已不再以講學爲主，而是組織學生學習舉業。"清末前，學生讀書，從《三字經》《千字文》《百家姓》開始，進而學習《論語》《孟子》《詩經》等"③。從碑文可知，當時 "生童每日月課、官課，定期初八日，齋課定期二十日"④。"月課"，即每月考查、考核。"官課"，即舊時官府對書院學生進行定期考試，每三月由官府出題考試一次，叫作期考，就是官課。官課由地方官員主持，官府出題。齋課由山長主持并出題。閱卷，官課一般由官府評閱，少數由山長代閱，送官復閱。師課由山長評閱。閱卷中評定等次，然後張榜公布，載入成績簿册，實施獎懲。此後濡上書院沿襲不廢，例如同治十一年（1872）時，濡上書院 "按月課試，必嚴必公"⑤；光緒十六年（1890），"每課試，生童除向章外，必捐□□獎，并選諸生而試之以詩古文詞，勗之以砥礪名行"⑥。

第 9 行 "山長"，山長也稱掌院、院長、主講，主要負責書院的組織管理工作。從概念而言，山長在唐、五代時原爲對山居講學者的敬稱，後逐漸轉爲對書院主持者的稱呼，這是由於當時書院多設於山林僻静之所。例如，據《荆湘近事》載，"五代蔣維東，隱居衡嶽，受業者號爲山長"。此後，宋至清代，絶大部分書院都相沿使用此名稱。宋元時爲官立書院置山長，講學兼領院務；明清時多改由地方聘請，"延請

① 張增德：《高陽縣志》，方志出版社，1999，第 793 頁。
② 咸豐二年《濡上書院碑記》碑陽。
③ 張增德：《高陽縣志》，第 792 頁。
④ 咸豐二年《濡上書院碑記》碑陽。
⑤ 光緒《畿輔通志》卷一一四，續四庫全書本。
⑥ 光緒十六年《重修濡上書院碑記》。

山長，務由紳士公舉品學兼優者主之"①。至於山長的聘金，因府、州、縣學的山長身份以及各書院的經費不同而有別，一般年金 200 兩者較普遍，有些經費不足的書院，山長甚至分文不取。高陽縣濡上書院山長每年的脩金和每月的薪水無定額，"山長脩金每□隨時酌用，山長每月薪水隨時酌用"②，這在其他書院中是較爲少見的。清末教育改革，改書院爲學堂，山長之制乃廢。規模較小的書院，一般祇設有山長；規模較大者，則設有副山長、副講、助教等職協助山長工作，除此之外，還設有一些日常管理人員。例如，清康熙年間所修《白鹿洞志》卷一一"職事"條，列有主洞、副講、堂長、管幹、副管幹、典謁、經長、學長、引贊、火夫、采樵、門斗等。白鹿書院爲全國著名書院，故所設職事甚多，分工細緻，各地的書院則不會這麼完備。從碑文可知，高陽濡上書院的管理機構除了山長外，還有監院、董事、齋長等人。監院爲書院的主持者；齋長是溝通山長與生徒的聯繫人，由山長在諸生優秀者中選出，以協助督促諸生課讀。高陽濡上書院設有董事、齋長二人，"每人每月京錢肆吊"，"禮房每月京錢肆吊"③。齋夫是舊時學舍中的僕役，濡上書院"齋夫工食每月京錢叁吊"④，而從山長到一般工人的薪水收入情況來看，濡上書院齋夫工食"每月京錢叁吊"，三吊即三貫。中國古代銅錢以"文"爲基本單位，100 文稱一串，1000 文稱一貫或一吊。明代之後，白銀成爲重要流通貨幣，銅錢與白銀的比價，往往變動不恒，但一般來説，每鈔一貫準銀一兩。例如，之前七文準銀一分，清順治四年（1647）規定銅錢"每十文，準銀一分，永著爲令"⑤，即規定銅錢與白銀的比價爲 1000:1，即 1000 文銅錢相當於一兩白銀。清乾隆年間曾做過國子監祭酒、侍講學士的法式善，在其所著《陶廬雜識》中記載："大明洪武七年設寶鈔提舉司。明年始詔中書省造大明寶鈔。命民間通行。……其等凡六：曰一貫，曰五百文、四百文、三百文、二百文、一百文。每鈔一貫，準錢千文、銀一兩，四貫準黃金一兩"。這反映清初銅錢與白銀的比價乃沿襲自明代，淵源有自。濡上書院齋夫的待

①　光緒《畿輔通志》卷一一四，續四庫全書本。
②　咸豐二年《濡上書院碑記》碑陽。
③　咸豐二年《濡上書院碑記》碑陽。
④　咸豐二年《濡上書院碑記》碑陽。
⑤　《清朝文獻通考》卷一三《貨幣一》。

遇與清代各縣儒學項下齋夫待遇相同。"京錢",係指舊時北京通行的錢。清沈濤《瑟榭叢談》:"今京師用錢,以五百爲一千,名曰'京錢'。"

第10行"膏火",照明用的油火,此借指供學習用的津貼。《明史·楊爵傳》:"兄爲吏,忤知縣繫獄。爵投牒直之,并繫。會代者至,爵上書訟冤。代者稱奇士,立釋之,資以膏火。"

第10~11行,"超等生員""特等生員""壹等生員""上取童生""中取童生""下取童生",爲在院學生的種類、等級。其中,生員分超等、特等、壹等,童生分上取、中取、下取,前兩等一般有獎賞。受膏火的人數,由各書院根據經費多寡而定,少者數名,多則上百名。等第則根據學生的答卷優劣劃分,等第不同,獎勵亦有所不同,且生員生徒的膏火數遠遠高於童生。絕大多數書院學生的來源是從童生到舉人兼收,地位越高的書院,貢生、監生、舉人越多,而高陽濡上書院的學生來源以童生和生員爲主,説明其地位較低。

碑陰額楷書"碑陰"二字,兩邊雲紋,右邊自上而下凡5排,詳細開列了四鄉捐入書院的地畝花名租數,具體到××村××人,××地,租××錢。左邊部分衹有3行,是右半部分的總數。文中"上忙""下忙",清代徵收田賦,分上下二期,規定地丁錢糧在農曆二月開徵,五月截止,叫作上忙。例如清馮桂芬《與許撫部書》載:"大憲懼州縣之滋事,知催科之不效,遂有展緩上忙之請。""下忙",則指從八月到十一月。

碑陰内容涉及濡上書院存在運營所賴的經濟來源問題。爲了彌補經費不足,維持書院教育的運轉,各地書院都置辦了一定的田産,其田産被稱爲學田。這種以田産充辦學經費的形式,當時在全國各地的書院中較爲普遍。高陽縣於咸豐二年(1852),捐資購地,創建書院,其學田來源方式"以無主無契地畝歸入"。這些捐獻的田畝,就是高陽濡上書院永久的辦學經費。然後,再通過學田租銀"脩脯膏火等用","每年共征銀伍拾兩零叁錢。上忙征銀貳拾伍兩壹錢伍分;下忙征銀貳拾伍兩壹錢伍分"[1]。當時"共地貳拾頃零柒拾玖畝玖分玖釐伍毫,共錢伍百叁拾壹吊伍百捌拾文";同治十一年(1872),知縣趙炳恒又下令,"凡遇

---

[1]　咸豐二年《濡上書院碑記》碑陰。

爭訟無契田産，歸書院招佃收租，以期積少成多，貼補賮脯”，并捐廉
爲倡，與紳士商議勸捐。光緒十六年（1890），時任知縣因濡上書院經
費不充，亦慨然捐俸。這些都爲高陽縣興辦地方官學，提供了一定的物
質基礎，同時也擴大了人才培養。

二　濡上書院的創建、重修及其規模

濡上書院建立的時間，由於《濡上書院碑記》碑陽中第 2 行“咸豐
□□□月□一日高陽縣紳耆等□”，“咸豐”之後文字磨洌，關鍵的時間
訊息缺失，其碑陰中也未能提供有關資訊。據此衹能獲悉該書院建立於
咸豐年間。《重修濡上書院碑記》（清光緒十六年）中記述濡上書院的歷
史，也未明確記載該書院的創始時間，僅云“邑之有書院也，自前邑侯
楊公始也”，“邑侯楊公”即指楊景彬，由於楊景彬事迹不詳，故也難以
憑此得出濡上書院的創建時間。光緒《畿輔通志》卷一一四“高陽縣”
條，著録有濡上書院，并云“濡上書院在文廟旁，咸豐二年知縣楊景
彬因建”，明確説書院建於咸豐二年。1999 年版《高陽縣志》第二十二
編《教育》第四章《學校教育》“書院”條亦載濡上書院於清咸豐二年
（1852）由知縣楊景霖創建。“楊景霖”，《濡上書院碑記》和光緒《畿輔
通志》卷一一四作“楊景彬”，其中“彬”十分清晰，不知新版《高陽
縣志》是訛誤，還是另有史源。儘管該書院建立者或作“楊景彬”，或
作“楊景霖”，但關於創建時間則是一致的，均言咸豐二年（1852）。

濡上書院之院址，《濡上書院碑記》未載，光緒《畿輔通志》卷
一一四言在文廟旁。文廟是歷代崇祀孔子之所，并以十哲配享，七十二
賢及左邱明等二人從祀。民國《高陽縣志》卷一《地理》雖著録有文
廟，但未載文廟位置所在，衹云“現廟内有遼陽柏數株，古老蒼翠，耐
人玩賞。現東西廡改爲民政教育館”。由於明洪武三年（1370）的洪
水，高陽縣治遷移，該縣文廟的位置在明清時期也曾發生變化。宋元時
在舊城（今舊城村），明洪武三年後遷至豐家口（今縣城）[1]，洪武十年
（1377），高陽縣主簿徐原又在文廟西側修建廟學一所。[2] 廟學合一，乃

---

① 張增德：《高陽縣志》，第 799 頁。
② 張增德：《高陽縣志》，第 799 頁。

唐宋之後文廟建築之通制，故作爲教育機構的濡上書院建於文廟旁不足爲奇。關於其具體所在，1999 年版《高陽縣志》言之更詳，云院址在"文廟旁義學舊址"①。按：義學爲中國古代私人或地方官署舉辦的學校，爲免費性質，學生多爲貧家子弟。此義學位於高陽縣城東街，雍正七年（1729）建。②但除此東街義學外，雍正八年（1730）在西街也建有一所義學。③換言之，清代雍正之後，高陽縣城義學實際上有兩所，一在東街，一在西街，如果單純從"義學舊址"觀之，仍不能明確濡上書院的方位。但既然濡上書院院址在文廟旁，祇要明確了文廟在高陽縣城的具體方位，則濡上書院的院址問題也就迎刃而解了。由於文廟位於縣城東街，故書院也當位於縣城東街（今高陽縣縣城内東大街），乃是在東街的義學舊址上建立的。

　　濡上書院在咸豐二年（1852）創修，當時的規模《濡上書院碑記》并無記載，不過從同治十一年（1872）知縣趙秉恒《增修濡上書院碑記》可知，當時規制狹仄，尚屬草創，不過"講堂三楹"。生童也很少，"超等生員二名，特等生員二名，壹等生員八名；上取童生二名，中取童生八名，下取童生二名"④。即使滿額，在院生童也不過 24 人。其經費來源，也祇有"地貳拾頃零柒拾玖畝玖分玖釐伍毫，共錢伍百叁拾壹吊伍百捌拾文"⑤，正因爲此，二十年後又進行了重修。此次重修的主持者是時任知縣趙秉恒。清同治九年（1870）冬，趙秉恒任高陽知縣，他下車伊始，即詣濡上書院。當時"生童來課者不過十餘人而已，書院僅止講堂三楹，環堵蕭然，并無生舍可以棲止，雖舊有田畝存款，而出息無多，膏火既不敷給，且有侵射之獎"⑥。他與紳董熟籌新立條規八則，懸諸講堂，以示久遠。爲了解决書院經費的不足，凡遇爭訟無契田產，令歸書院招佃收租，以貼補貲脯，至次年二月以後，肄業生童增至百數十人，極一時之盛。該年四月，籌膏火增葺齋舍。他又延請山長，務由紳士公舉品學兼優者主之。爲了從根本上解决書院屋舍狹隘的

① 張增德：《高陽縣志》，第 798 頁。
② （光緒）《畿輔通志》卷一一四，續四庫全書本。
③ 張增德：《高陽縣志》，第 798 頁。
④ 咸豐二年《濡上書院碑記》碑陽。
⑤ 咸豐二年《濡上書院碑記》碑陰。
⑥ （光緒）《畿輔通志》卷一一四，續四庫全書本。

問題，擬就基址新葺生舍，增擴舊制，他捐養廉銀爲倡，讓本縣士紳捐助。該工程於同治十一年春動工，越三月十有八日竣工。"今將增建舍屋門牆若干以及新增田畝租數若干，并開列於碑陰，以垂久遠"①，可惜光緒《畿輔通志》卷一一四未著錄碑陰，故其增建房舍門墻和新增田畝租數等情況不得俱知。

光緒十六年（1890），在"欽加知府銜賞帶花翎候補直隸□知高陽縣事□□□"主持下，又進行了一次重修。由於碑刻殘缺，其人姓名不可知，筆者遍查史書，亦無收穫。從我中心收藏的《重修魁星閣碑記》拓片可知，該知縣在光緒十六年還在高陽縣城東南隅角臺上重建奎星閣。不過遺憾的是，同樣是因爲姓名磨泐而無法知曉其名。這次濡上書院的重修是由這位高陽知縣倡修，由於距同治十一年（1872）的重修已過去了 18 年，濡上書院的建築，"日月既久，摧圮將不第風雨"。特別是光緒十六年夏六月，霖雨浹旬，書院傾塌，僅存基址。在這種情況下，"公乃集材鳩工，銳志倡首，邑之人咸踴躍從事"，凡不數月，而工訖，巍然焕然，遥相輝映。與同治十一年的增建修繕不同，由於原來的建築均已倒塌，故這次重修是在原來基址上的徹底重建，是真正意義上的重修。當時之規模，"正院講堂三楹，東西齋房各三楹，東院敬業堂三楹，東西齋房各二楹，廚房三楹，西偏院耳房二楹，二□外東西齋房各二楹，東西廠柵各二楹"②。他又因膏火寡薄，不足以起到激勵作用，乃仿照省城保定府蓮池書院的規定，定立新章，經費不充，慨然捐俸。

三　濡上書院歷史地位之評價

光緒二十七年（1901），清政府宣布實行"新政"，於八月頒布興學詔書："著各省所有書院，於省城均改設大學堂，各府及直隸州均改設中學堂，各州縣均改設小學堂……著各該督撫學政，切實通飭，認真興辦。"③廢止了延續一千年之久的書院制度。據 1999 年版《高陽縣志》

---

① （光緒）《畿輔通志》卷一一四，續四庫全書本。
② 光緒十六年《重修濡上書院碑記》。
③ 朱壽朋：《光緒朝東華錄·改書院爲學堂上諭》，中華書局，1984，第 4719 頁。

記載："清光緒二十八年（1902）七月，縣設高等小學堂，址在東街文廟書院舊址。"①也就是説，光緒二十八年七月，濡上書院改爲高陽縣官立高等小學堂。至此，濡上書院結束了其歷史使命。從清咸豐二年創立，至光緒二十八年廢止，共存在了 50 年時間。

首先，考察濡上書院的歷史地位，離不開對中國整個書院歷史地位總的評價。中國古代書院制度萌芽於唐，完備於宋，廢止於清，歷時千載，在世界教育發展史上獨具特色。元代書院以民辦爲主，但在元末已開官學化之端，在明代之後官學化進一步加强。它作爲傳承傳統文化的一種載體，成爲中國古代文化發展與興盛的標志；作爲中國封建社會特有的一種教育組織，在我國教育史、學術思想史上有着重要的地位。《清史稿》認爲清代書院的作用可以"輔學校所不及"②。胡適先生指出："這一千年來造就人才，研究學問，代表時代思潮，提高文化的唯一機關全在書院裏。"③

另外，對濡上書院的評價，應用歷史發展的眼光。濡上書院作爲傳統的書院，即使在步入近代後，其課程設置仍一襲其舊，并未隨着時代的演進和歐學東漸而受到西方文化的浸染。例如，光緒十六年（1890）濡上書院重修之時，其碑文記載，"獎并選諸生，而試之以詩古文詞，勗之以砥礪名行"，當時考試的内容，仍是傳統的"詩古文詞"之類。在清末全國已出現了一種新的注重學習西洋近代科學的書院。如同治十三年（1874）在上海成立的格致書院，係由無錫人徐壽和英國人傅蘭雅等捐資創辦，延聘西方人士教格致之學（即自然科學）。該書院除設藏書樓外，還附設博物院一所。④光緒二十年（1894），直隸河北書院，設經義齋和治事齋。經義齋的課程是經學、理學、詞章、制藝、中國古代算學；治事齋的課程是西洋算學、方言（外國語）、格致、律法、製造、商務、水陸兵法、輿地測繪。⑤高陽地處畿輔之地，不能像

---

① 張增德：《高陽縣志》，第 799 頁。
② 《清史稿》卷一〇六《選舉志一》。
③ 胡適：《書院的教育》，見耿雲志主編《胡適遺稿及秘藏書信》第 5 册，黄山書社，1994。
④ 吴馨、姚文枏：《上海縣續志》卷九，民國七年本。
⑤ 陳元暉、尹德新、王炳照：《中國古代的書院制度》，上海教育出版社，1981，第 108 頁。按：李定仁《教學思想發展史略》（甘肅教育出版社 2004 年版）一書第 244 頁，亦提到了直隸河北書院，稱"清光緒二十年（1894），直隸河北書院，設經義齋和治事齋"。此河北書院之名，不見於《清實録》諸書，應爲當時河北地區書院的泛稱，而非專名。

東南沿海省份那樣得風氣之先，故在吸收西方先進文化方面未免遲滯，不足爲怪，也不能對其進行苛求。

雍正十一年（1733），清政府要求各督撫於省會城市創辦書院，乾隆年間，書院教育一度蓬勃發展，咸豐年間，太平天國運動事發，許多書院被毀，書院教育日漸陷入衰落頹敗的窘境。正如一些學者所指出，清代中後期，各府州縣學已經蛻變爲教育管理機構，除擔負考課之責外，幾乎没有教學活動，書院幾乎承擔了培養人才的全部任務。在如此背景下創建的高陽濡上書院，起步就很艱難，但卻以其獨特的教育理念、方式及内容培養造就了一批人才，提高了當地士人的文化素質，并逐漸成爲地方人才培養的主導力量。據筆者統計，咸豐以後高陽縣進士4 名、舉人 39 名、恩貢 5 名、副榜 3 名、歲貢 9 名、武進士 1 名、武舉 3 名。其中，光緒十六年"薦於鄉者五人，捷於禮闈者一人"①。薦於鄉者五人，是説推薦生員五人參加鄉試，考中者稱爲舉人。鄉試是科舉全程中至關重要的一關，在當時屬於備受矚目的大事。光緒十四年（1888）六月二十五日，江蘇松江府一位無名氏的日記，就記録了其隆重的送行儀式："午後，余父子進城看袁海觀薦行鄉試諸人；抵城門已扃門矣。詢云：諸生初入縣署，即見縣學尊，行師生禮。二叩三揖，然後給卷歸號扃門，作八韻詩一首。至兩點鐘開門，其時已齊聚一堂。公宴宴畢，縣學尊送登龍門，走登瀛橋，每人送桂花一枝，剪剟而成者。於是送出二門，諸生即回顧坐三揖，謝之而出。此時人頭濟濟，熱鬧异常，亦罕見之典也。"②禮闈則是指古代科舉考試之會試，因其爲禮部主辦，故稱禮闈。在會試中獲勝者（貢士）一人。"捷於禮闈者"，是指其中參加會試，得中進士者。

另外，濡上書院的地位遠不及中國歷史上的四大書院，就是與河北的封龍書院、西谿書院、太行書院等相比，似乎聲名也較爲遜色。但其價值在於保存了較爲完整的資料鏈條，其碑文中的書院章程在書院史上也是較爲罕見的。隨着當今研究視角的下移，特別是日常生活史的興起，濡上書院作爲一個中小型的書院，在中國歷史上的書院中，也許是

---

① 光緒十六年《重修濡上書院碑記》。
② 闕名：《得少佳趣日記》，載王汝潤，陳左高《清代日記匯抄》，上海人民出版社，1982，第348頁。

更具普遍性和代表性的存在，其意義和價值在於，通過它能更深入瞭解清代書院制度運行的實態，換言之，濡上書院是中國封建社會末期關於書院的一個典型的樣本。

總之，濡上書院是高陽地方教育的重要組成部分，其創建雖晚，存在時間也祇有短短的 50 年，但對高陽文化發展產生了深遠的影響，并培養了一批人才。作爲中國書院歷史發展的一部分，對河北乃至中國的教育史、文化史産生了較高的影響，其價值不容忽視。

劉美然
河北省社會科學院

清咸豐六年高陽縣《創立義田碑記》淺釋

　　河北省社會科學院信息中心藏有一幀題爲《創立義田碑記》的拓片（見本書編號080），是清代咸豐六年（1856）當地士民爲褒揚孫氏兄弟捐獻義田的善行而立。爲便於行文，現依照拓片將碑陽（1~22）、碑陰（23~40）的行款、格式，錄文如下：

　　1. 萬古流芳（篆體碑額）
　　2. 創立義田碑記
　　3. 文舉　李繼曾　篆額
　　4. 同邑　廩生　韓毓璘　撰文
　　5. 儒醫　郭齊政　敬書
　　6. 嘗讀古書，見有所謂義士者，每浮一太白。誠以慷慨好施，能救人之疾苦、周人之困乏、援人手扵
　　7. 患難倉卒中，而漫無德色，以自行其所是為不可及也。然而上下數千年間，其所謂義士者，什無
　　8. 二三焉，而鄙吝瑣屑之徒曾不可指屈，抑又何故？豈有之而人或未之見耶？不則雖見之而仍未
　　9. 之識耶？何相須之殷，而相遇之疏若此？雖然有之而未之見，見之而未之識，此其人終不得為義
　　10. 士也！所謂義士者，固未有不救人之疾苦、周人之困乏、援人手扵患難倉卒中，使人頌美至於歌
　　11. 舞、感激至扵流涕，相與没齒而不忘者也。如吾項西留果庄孫公振宗、振邦兄弟者，則誠可謂義
　　12. 士矣！其鄉四十户，少豐裕而多饑寒，每至歲荒，勢幾無

以應胥吏。孫公兄弟家僅小康，出其恒產

13. 三十三畝，遽然輸諸公，鄰里藉之辦差務，自是永為例焉。於是鄉之人立碑以記其事。或曰："孫公

14. 兄弟固所謂義士，而非好名者也，不忍鄉受胥吏之擾，故為之拯其急，設因此而獲名，使于後世

15. 疑其有市美意，此大惑也，其鄉人於是乎不善報孫公。"吾曰："否！否！當今之時，如孫公兄弟者幾人

16. 哉！權子母以倍人之息，操左券以取人之償。流離不相顧，骨肉成路人，利害如毫髮，朋友至割席，

17. 如是者比比然。使其至碑之下，讀碑之文，曉然於義士之行事，當必有面熱耳赤，而輒思改計者，

18. 則孫公之惠，又豈施及一世歟！"故余為之記。

19. 梁老父臺批云：急公向義，鄉里所難，樂善好施，編氓恒少，求其睦婣、任恤，比戶休風，恒不數數觀也。

20. 吾自下車以來，聞通邑僅數村，各有善人牌區。考其行事，而好施之心亦如孫翁二人者。此風一樹，

21. 鼓舞人心，葦薄從忠，咸敦古處，民風將蒸蒸日上矣！親題匾額，以表門閭，庶幾永垂不朽焉。

22. 咸豐六年歲次丙辰季冬穀旦

23. 西刘果庄村東廟北，東西地壹

24. 段，九畝零四厘七毫。	武舉解友龍
25. 計開長可壹佰零四工半	解兆書
26. 寬可式拾工零四尺	武生解漸鴻
27. 叁，可仝	監生王尚忠
28. 下地行粮	張士敏
29.	解清太
30. 村西硝池子地壹段式拾畝	王玉柯
31. 計開長可壹佰五拾五工	管事人　解德一
32. 東寬可叁拾壹工四尺式	王永川
33. 寸，中寬可叁拾壹工壹尺	張殿魁
34. 柒寸，西寬叁拾工零壹尺	宮繼宗

35. 柒寸　下地行粮　　　　　　　　　武生高尚桓
36. 　　　　　　　　　　　　　　　　監生王登山
37. 村西地壹段四畞　　　　　　　　　　賈志遠
38. 計開長可壹佰五拾工
39. 寬可六工弍尺　　　村中日後斗秤開買用，不開賣用
40. 叁，可全　大粮

　　拓片呈長方形，碑陽拓片長 135 厘米，寬 66 厘米；碑陰拓片長129 厘米，寬 64 厘米。總計 40 行，滿行 37 字，總計約 816 字。碑陽正中上方題有"萬古流芳"四個大字，爲篆體，其餘碑文皆爲楷體。碑陽記載了創立義田的概況，第 19 行"梁老父臺批云"提兩格書寫，第20 行提一格書寫，第 22 行"咸豐六年歲次丙辰季冬穀旦"頂格書寫。自第 23 行開始爲碑陰文字，碑陰上部爲三塊義田土地的位置、面積，下部爲管事人名單。

　　此碑保存基本完整，内容較爲豐富，是義田問題的直接材料，尤其是清代華北地區義田情況較爲典型的代表，有其研究價值。下文第一部分先就碑文中的具體内容進行解說，第二部分再依託其他材料做進一步探討。

一

　　首先來看立碑的時間，碑文第 22 行明確指出立碑的時間是"咸豐六年歲次丙辰季冬穀旦"，但這似乎并不是創立義田的時間。民國《高陽縣志》記載此事時提到"孫公兄弟家道小康，慨然出其私産三十三畞輸諸村以備差務之需，嗣後鄉人感德立碑以記其事。"[①]推其文意，有可能是捐義田之事在前，其後一段時間才立碑褒揚。

　　再來看碑文所記義田建立的地點。第 11 行提到"吾頊西留果庄"，"頊"應是當地文人以五帝中的顓頊來代指高陽縣，如"高陽，古頊帝

<hr/>

① （民國）《高陽縣志》卷五《人物》，成文出版社，1968，第 300 頁。

墟”①，又如“邑以高河之陽得名，帝顓頊初封於此，故號高陽氏”②。“西留果莊”是碑文所記之事發生的地點。據民國所修《高陽縣志》，“本縣劃爲五自治區，編鄉一百四十六”③，可知當時高陽縣轄一百四十六鄉，分隸五個“自治區”，其中“第五區轄鄉三十一……西留果莊鄉”④。該村約在今日高陽縣的中部地區。

　碑文中所涉及的人物至多是本縣、本鄉名流，自然難見於正史典志，但其中也有個別數人事迹載於縣志，以下逐一列舉。首先來看篆額之人，第三行“文舉李繼曾篆額”。“文舉”即舉人，民國《高陽縣志》記載其於咸豐辛亥年，即咸豐元年（1851）中舉。⑤此人頗有政聲，是本縣較爲著名的人物，縣志“人物”門“宦業”類中有其小傳，“李繼曾，字省吾，號續園。清咸豐辛亥舉人，同治壬戌大挑一等。歷官江西弋陽、浮梁、興國等縣知縣。所在咸著政聲。著有《左韜》三卷，待刊，卒於任所，由其夫人扶柩歸葬。鄉□貞介先生”⑥。

　“大挑”即“舉人大挑”，是朝廷給屢次會試不中的舉人的一種出路，始於乾隆年間。具體辦法是“量其鄉科較深，而人材出色可用者，列入一等，以備分發各省試用，俾得及鋒自效，無憾久淹。其科深而才力不致近衰，堪勝司鐸之任者，即予列入二等，以教職銓選補用”⑦。大挑舉人的範圍是三科以上會試不中，“所有明歲大挑舉人，著將近年乙卯、戊午、庚申三科舉人扣除”⑧。清代鄉試、會試皆是三年一科，李繼曾自咸豐元年（1851）中舉人後，至同治元年（1862）已十餘年，可見其會試之途并不順利，最後衹得以“大挑”的途徑任官。但其大挑一等任爲知縣，反映其人品才學亦應屬上乘，因而其鄉人在竪立義田碑之際才會邀其篆額。

　撰文之人爲“廩生韓毓璘”，“廩生”是學校制度下生員的一種，即“廩膳生員”。“生員色目，曰廩膳生、增廣生、附生。初入學曰附

① （民國）《高陽縣志》卷一《舊序》，第49頁。
② （民國）《高陽縣志》卷九《集文·重修顓頊廟記》，第620頁。
③ （民國）《高陽縣志》卷一《區域》，第65頁。
④ （民國）《高陽縣志》卷一《區域》，第67頁。
⑤ （民國）《高陽縣志》卷六《人物·舉人》，第367頁。
⑥ （民國）《高陽縣志》卷四《人物·宦業》，第266頁。
⑦ 《欽定大清會典事例》卷七三《吏部·除授·舉人大挑》，臺灣新文豐出版公司，1976。
⑧ 《欽定大清會典事例》卷七三《吏部·除授·舉人大挑》。

學生員。廩、增有定額，以歲、科兩試等第高者補充。"① 從廩生名額來看，"清苑縣學、高陽縣學、各額進二十三名。廩生二十名。增生二十名。二年一貢"②。可見，"廩生"是縣學中最高等級的生員而且名額很有限。作爲生員，雖尚不具有做官的資格，但也擁有諸多特權來與普通百姓區別開，"凡優恤諸生，例免差徭。廩生貧生給學租養贍。違犯禁令，小者府、州、縣行教官責懲，大者申學政，黜革後治罪，地方官不得擅責"③。因而在基層社會中，作爲"廩膳生員"其也有資格爲義田碑撰文。

與篆額、撰文的二人皆具有科舉頭銜不同，書丹之人爲"儒醫郭齊政"。"儒醫"之稱較早見於宋代，意指儒士行醫，"臣僚言：'伏觀朝廷興建醫學，教養士類，使習儒術者通《黄素》，明診療，而施於疾病，謂之儒醫，甚大惠也。'"④ 明清基層社會中儒醫也有着較高的地位，"文登生員劉大成以儒醫耆德，爲鄉黨所推，董修學宫"⑤。儒術是漢代以來傳統王朝的正統思想，儒醫依託於儒術的羽翼下，因而使其也獲得了較高的社會地位和文化地位，在民國《高陽縣志》中，雖然醫學屬於"藝術"類，但是縣志中對此類人"以醫名於世""邑稱長者""人多德之"⑥ 等評價説明了基層社會對儒醫的尊重。

正文中除義田的捐獻者孫氏兄弟外，第19行還出現了"梁老父"一稱。民國《高陽縣志》中提到，"知縣梁公并親題'樂善好施'四字以榜其門"⑦。這就可以解釋碑文行款上第19行"梁老父臺批云"提兩格書寫的原因，第20行"下車"云云也可解。

碑陰下部"管事人"中數人具有科舉頭銜，分別是"武舉""武生""監生"。武科考試亦分童試、鄉試、會試、殿試，童試中者爲生員，即武生，鄉試中式者爲武舉人。⑧ "監生"是對"在國子監内肄業諸生"⑨ 的籠統稱呼，由於材料限制難以具體判斷碑文中人屬於何種監

① 趙爾巽：《清史稿》卷一〇六《選舉志一》，中華書局，1977。
② 《欽定大清會典事例》卷三七一《禮部·學校·直隸學額》，1976。
③ 趙爾巽：《清史稿》卷一〇六《選舉志一》。
④ 劉琳等點校《宋會要輯稿》崇儒三之二十《醫學》，上海古籍出版社，2014。
⑤ （清）王士禛：《池北偶談》卷二四《談異五·劉大成》，中華書局，1982。
⑥ （民國）《高陽縣志》卷七《藝術》，第457、459頁。
⑦ （民國）《高陽縣志》卷五《人物》，第300頁。
⑧ 《欽定大清會典事例》卷七一八《兵部·武科》，1976。
⑨ 商衍鎏：《清代科舉考試述録及有關著作》，百花文藝出版社，2004，第32頁。

生。民國《高陽縣志》中僅對其中的"武舉謝友龍"有記載，但將其係爲同治年間中武舉，"同治謝友龍壬子"①。此碑立於咸豐六年（1856），立碑之時謝友龍頭銜已是"武舉"，顯然縣志記載有誤。另外同治時期并無"壬子"年，倒是咸豐二年（1852）干支爲壬子，應該是縣志編寫者匆忙中的筆誤。

　　碑陰上部所記是三塊田地的位置與面積。"段"應是對地塊的籠統稱呼，"工"應是長度單位。清代在丈量土地面積上，有"弓"這個單位，"凡丈地，五尺爲弓，二百四十弓爲畝"②。吳承洛先生指出，"清制別里步爲度之專名，專以弓爲畝制之名，而弓與步之長度則相同也"③。郭松義先生也指出，"每弓亦稱一步，有時也籠統叫做步弓"④。碑文中的"工"似乎同於"弓"。以第23~28行所記第一塊地爲例，長104.5工，寬20工零4尺，4尺爲0.8工（弓），長寬相乘再除以240，即爲9.057畝，與"九畝零四厘七毫"基本相合。第30~35行地塊形狀約爲梯形，東寬31工零4尺2寸，西寬30工零1尺7寸，長155工，計其面積約爲20.08畝，與"式拾畝"基本相合。第37~40行所記第三塊地長150工，寬6工零2尺，計其面積恰爲4畝。因而，碑文中的"工"應是清朝標準的丈量土地單位"弓"。

　　碑文内容中的細節還透露出當地的特點，第30行在敘述義田位置時提到"硝池子"，考民國《高陽縣志》，"縣屬地多鹹鹵，出產鹽、硝。前清以來屢有官硝局設於城内，收買火硝"⑤。碑文中"硝池子"一語間接説明了制硝業在高陽縣較爲普遍。另外，靠近硝池子的土地恐怕不會很肥沃，孫氏兄弟將其捐出似乎也反映其捐義田的舉動有敷衍塞責之嫌，似乎并不全出於義舉。

二

　　前一部分將碑文中可考的人物、事件、詞語做了簡單的介紹，下文

---

①　（民國）《高陽縣志》卷六《人物》，第390頁。
②　清光緒《清會典》卷一七《户部》，中華書局，1991。
③　吳承洛：《中國度量衡史》，上海書店出版社，1984，第95頁。
④　郭松義：《清代的畝制和流行於民間的田土計量法》，《平準學刊》第3輯上册。
⑤　（民國）《高陽縣志》卷二《物産》，第106頁。

將就碑文中所反映出來的一些問題，聯繫其他材料進一步論述。

碑文内容大部分較易理解，反映了清代咸豐年間，高陽縣西留果鄉，孫氏兄弟捐出私産三十三畝作爲義田，用此幫助本村應付差務的事迹。值得注意的是碑文第 7~8 行提到的"然而上下数千年間，其所謂義士者，什無二三焉"。這固然是撰文者爲突出孫氏兄弟義舉所采用的寫作手法，但也一定程度上反映出如孫氏兄弟這般行爲在當地似乎并不多見。這種説法與義田的發展趨勢以及清王朝對待義田發展的政策似乎并不吻合。

義田的起源一般追溯到宋代范仲淹所設的范氏義莊。范仲淹以其爲官積蓄買田設立義莊，"皇祐初，某（范仲淹）來守錢塘，與府君議，置上田十頃於里中，以歲給宗族。雖至貧者，不復有寒餒之憂"[①]。其目的是使同族之人"日有食，歲有衣，嫁娶凶葬皆有贍"[②]。可見義田設立之初就是與宗族相聯繫的。元、明二代義田繼續發展，祇是在明初朱元璋曾壓制義田發展，那是因爲在元末戰亂中以義田結合起來的宗族一度成爲朱元璋統一的障礙，[③]但這正説明了義田的興盛。到了清代，義田迎來了一輪發展的高峰。統治者不斷鼓勵"置義莊以贍貧乏"[④]。賦税政策也向義田傾斜，"義田如逢歉收，一概停捐，義田應完錢糧，州縣官墊捐"[⑤]。法律也嚴懲盜賣義田的行爲，"盜賣義田，應照盜賣官田律治罪"[⑥]。

朝廷之所以如此積極地宣導義田，與義田的性質和功用是分不開的。首先，從性質上看，義田從産生伊始便和宗族互爲依託，救濟貧困族人是其最基本功能和性質。這種意義上的義田也相當於替朝廷分擔了部分社會救濟事業。而且，義田的興辦也起到緩和族内貧富矛盾的作用，有利於社會穩定。

其次，之所以在宋代才出現以宗族共有爲形式的義莊、義田，又與

---

①　（宋）范仲淹著，李勇先、王蓉貴點校《范仲淹全集》卷一五《太子中舍致仕范府君墓志銘》，四川大學出版社，2002，第 368 頁。

②　（宋）錢公輔：《義田記》，劉琳主編《全宋文》，上海辭書出版社，2006。

③　王日根：《宋以來義田發展述略》，《中國經濟史研究》1992 年第 4 期。

④　（清）蔣良騏：《東華録·乾隆朝》卷三三，中華書局，1980。

⑤　《度支省例》卷六，轉引自王日根《論清代義田的發展與成熟》，《清史研究》1992 年第 2 期，第 8 頁。

⑥　《欽定大清會典事例》卷七五五《户律田宅·盜賣田宅》。

歷史上宗族形式的演變相聯繫。魏晋南北朝至隋唐，宗族的形式主要是政治性的門閥氏族，而宋代以後，有了宗族民衆化的趨勢，宗族的性質從政治性組織逐漸傾向於社會性組織。魏晋南北朝門閥士族壟斷高官的現象被宋代以後宦海浮沉莫測的現象所取代。而正由於這種政治地位的不穩定，使得官員把更多的精力投入到宗族的建設上。有了以義田爲基礎的宗族，一人一時的仕途順逆并不至於動搖整個家族長遠的發展。而且當宗族逐漸成爲一種基層社會中非常重要的民衆組織形式之後，其穩定與否還關係到朝廷對基層社會的掌控。因而，有利於宗族傳承與穩定的義田也得到朝廷極大的鼓勵。

對比義田自宋至清産生、發展的情況就會發現，碑文所反映的義田與"典型的"義田有很大不同。首先，以家族爲依託的義田是家族公産，主要服務於本家族，因而可以説創建者既是捐置者也是受惠者。而碑文中孫氏兄弟所捐義田則是"鄰里藉之辦差務"，孫氏兄弟乃至西留果鄉的孫氏族人并沒有特別受惠於義田，并不能通過贍養貧乏族人達到敬宗收族的作用。而且從"管事人"名單可以發現，并無孫氏本族之人參與其中，因而碑文所記義田的設置并沒有宗族因素摻入其中，與宗族制背景下的典型義田的性質并不完全相同，這更多屬於個人的慈善行爲。碑文中"什無二三"的意義也是指這種有別於"典型"義田的義舉。

和清代較爲普遍的與宗族相依託的義田相比，這種純粹的慈善行爲確實難得一見，而造成這種現象的根本原因正在於南北方宗族組織發展得不平衡。張研曾對清代族田做過統計，指出江蘇自明末崇禎年間到清末，族田見於記載的有 276 處。"其中 100 畝以上的 76 處；500 畝至 1000 畝的爲 34 處；300 畝至 500 畝的爲 21 處；100 畝至 300 畝的爲 23 處；100 畝以下的 28 處"。但這個數字衹是無數族田中記錄下來的，"（江蘇）一般的縣志是不將族田羅列其上的"，因而絕大多數族田并不能得到反映。浙江、福建、廣東等省的情況大致類似。而北方地區則極少族田記載，衹是"間或出現了一些有名的宗族組織和建置族田的地主"[①]。兩相對比可知南北方族田發展與宗族發展的天壤之別。

---

① 張研：《清代族田與基層社會結構》第二章第一節《清代族田的迅速發展》，中國人民大學出版社，1991。

　　既然歷史上這種義舉"什無二三"，那麼爲什麼會在此時出現孫氏兄弟捐獻田地的義舉呢？碑文中指出的原因是"其鄉四十户，少豐裕而多饑寒，每至歲荒，勢幾無以應胥吏"。這固然是一個原因，但是值得注意的是，户少民貧、災荒不濟、徭役無着這些都是久已存在的客觀事實，爲何之前西留果鄉沒有出現這種義舉？合理的推測是這個時間段内有了比以往更加緊急的"差務"，必須要落實。現有材料并無確證，以下衹能依據同類材料和當時當地的形勢來做一點推測。

　　民國《高陽縣志》中還記載有另外一則捐田以應徭役的義舉，"張棻，字錦芳，歲貢生。咸豐初，江南弄兵，徵調頻繁。公擇良田七十餘畝，施之闔村以作差徭之費。村人感其義，刻石旌之。時縣長爲趙映辰，聞其事，亦賜匾一方，文爲'枌榆壯色'云"①。這則材料裏所反映的内容與碑文所記類似，時間也同爲咸豐初年，其中明確指出張棻捐田的原因是因爲"江南弄兵，徵調頻繁"，這裏的"弄兵"無疑指的是太平天國起義。咸豐初年正是起義軍聲勢浩大的階段，尤其是林鳳祥、李開芳率領的北伐軍曾一度極爲接近保定府，這個時期官府對鄉里的徵調必然會大大超出承平之時，因而或出於自願，抑或爲形勢所迫，包括張棻、孫氏兄弟在内的一些鄉里富户拿出自己田產作爲貧窮村落的公產來應付因戰爭而產生的徵派，似乎是較爲合理的解釋。

倪彬
河北省社會科學院

---

① （民國）《高陽縣志》卷五《人物》，第294~295頁。

從《節烈題名碑》看清末同姓結婚現象

　　河北省社會科學院社會科學信息中心收藏有一幅碑額爲"節烈題名"的拓片（見本書編號 086）。原碑乃清同治十年（1871）署高陽縣事趙秉恒等人所立，以紀念同治六、七兩年間死於戰亂的本縣婦女。茲按照拓片的行款格式，將其移錄如下：

節烈題名（碑額）

　　1. 高陽縣　爲節烈題名事：照得同治六、七兩年匪捻□迭擾高陽縣境，狼奔豕突，到處□□。所有婦女人等，或守貞而死烈，或全節以喪生，□□□張□查

　　2. 明，按口造冊。詳蒙　　爵督憲曾奏奉

　　3. 諭旨："均着照所請，交部分别旌郵，欽此。"欽遵行知到縣，本縣查閱卷内原報，該婦女死事情形，殊堪憫惻。除將忠義紳民另行題名，彙總入祠外，理合將節烈婦女姓

　　4. 氏泐諸貞瑉，以垂永久。

　　5. 計開：

　　6. 李戴氏　劉田氏　于韓氏　王王氏　王李氏　侯石氏　王王氏　趙張氏　侯李氏

　　7. 侯常氏　張胡氏　王蔡氏　王高氏　王齊氏　　張賈氏　陳孫氏　李李氏（李□之妻）　程程氏（程立清之妻）

　　8. 劉劉氏（劉□之妻）　李李氏（李洛維之妻）　馮王氏（馮洛壽之□）　禹劉氏（禹□長之□）　劉氏（劉□□之妻）　張張氏（張□□伯母）　王何氏（王□□□□妻）　趙張氏（趙桂林之妻）　王王氏（王樹林之妻）

9.田劉氏（田□□之妻）　白楊氏（白夢齡之妻）　陳陳氏（陳牛之母）　張戴氏（張□之母）　張薛氏（張洛瑞之妻）　張張氏（張□□之妻）　王張氏（王宗□之妻）　王邊氏（王□□之妻）許張氏（許忠之妻）

10.劉侯氏（劉□珍之妻）　王王氏（王惠之妻）　張牛氏（張□峰之妻）　陳張氏（陳□元孫媳）　王王氏（王鳴飛之妻）　伍喬氏（伍會林次媳）　于楊氏（于洛□之妻）　陳李氏（陳□之妻）郭蔡氏（郭刁之妻）

11.陳王氏（陳好□之妻）　陳劉氏（陳朋之妻）　陳閆氏（陳合之妻）　陳劉氏（陳□□之妻）　伍呂氏（伍會林之妻）　蔡□氏（蔡榮之妻）　伍白氏（伍□友之妻）　陳阮氏（陳□□之妻）陳李氏（陳□□□□）

12.孫王氏（孫士封之妻）　楊楊氏（楊□南之妻）　李劉氏（李斐然之妻）　張周氏（張三重之妻）　王王氏（王永□之妻）　王戴氏　謝呂氏　李董氏（李璿之妻）　李張氏

13.馬張氏　馬氏　陳孫氏　錢氏　白王氏（白□芬之妻）劉王氏　趙史氏（趙□之□）　王王氏（王翠之妻）　劉氏（劉□□之妻）

14.劉氏（劉仲之妻）　晁氏（晁玉新之妻）　蔣氏（蔣二門之妻）某氏（辛敬盈之妻妹）　劉□氏　齊何氏（齊□□之妻）　張大姐（張浩然之女）　張乙姐（張長清之女）　楊多姐（□□□之女）

15.楊申姐（楊□□之女）　李領姐（李士里之女）　王經姐（王□和之女）　王荷姐（王河中之女）　楊三姐（楊□孫女）　侯□姐（侯□□之□）　張成姐（張□城之女）　陳姐姐（陳牛之女）蔡二姐（蔡□□之女）

16.□□姐（□會□之孫女）　陳大姐（陳合之長女）　陳二姐（陳合次女）　陳寶姐（陳□□之女）　胡月姐（胡□之女）　張大姐（張□□之□）　常敬姐　王姐（王清□之女）　韓姐（韓九之女）

17.王姐（王百之女）　陳姐（陳□□之女）　張八姐（張秋長之女）　晁五姐（晁□□之女）　牛吟姐（牛□□之女）　張三姐（張明之□）　魏七姐（魏□□之女）　王大姐（王□□之女）

陳五姐（陳□之女）

18. 于六姐（于保元之女） 于芹姐（于懷瑾之女） 蔡芸姐（蔡洛志之孫女） 陳七姐（陳好□之女） 解李氏 解趙氏（解□□之女）

19. 欽加運同銜候補知州署高陽縣事 南豐趙秉恒

20. 欽加五品銜在任候選知縣高陽縣教諭 威縣張康侯

21. 欽加光禄寺署正銜高陽縣訓導 灤州李若樾

22. 在任候升主簿高陽縣典史 蕭山沈昌本

23. 候選九品本邑韓□熹督工

24. 廩膳生 本邑韓□亮書丹

25. 大清同治十年歲次辛未仲□□澣穀旦

碑中共開列了 114 名死難婦女的姓氏。雖歷經一百多年的歲月，但讀起來仍令人心情沉重。不過，透過這層不幸的時光陰霾，我們却能獲得另一種歷史信息。

在這 114 名婦女中，凡被稱爲某姐、某某姐的，自然是未婚女子，共有 34 人。而被稱爲某氏、某某氏者，則爲已婚女子，共有 80 人。在已婚女子中，被直呼爲某氏者，是僅取其夫姓，而略去了本姓；被稱爲某某氏者，則前一姓爲夫姓，後一姓爲本姓。除去未記本姓的 8 名婦女，夫姓和本姓齊備者，共有 72 名婦女。

在這 72 名雙姓齊全的已婚婦女中，與丈夫同姓者有 15 人。她們是：王王氏、王王氏、李李氏（李□之妻）、程程氏（程立清之妻）、劉劉氏（劉□之妻）、李李氏（李洛維之妻）、張張氏（張□□伯母）、王王氏（王樹林之妻）、陳陳氏（陳牛之母）、張張氏（張□□之妻）、王王氏（王惠之妻）、王王氏（王鳴飛之妻）、楊楊氏（楊□南之妻）、王王氏（王永□之妻）、王王氏（王翠之妻）。與丈夫同姓者約占總數的 20% 强。

如果將衹有夫姓的 8 名婦女都視爲與丈夫不同姓者，那麼，在總數爲 80 人的已婚婦女中，與丈夫同姓者也占有 18% 比例。這確實是一種令人驚詫的比例！

也許有人會問：這種情況有偶然性嗎？應該説，這種偶然性的可能性不大。因爲在當時的戰亂中，不可能衹是因爲與丈夫同姓便會遭遇不幸——或被殺，或自盡。這衹能説明，在清末的高陽縣，同姓結婚的現象已經十分普遍了。

在中國歷史上，從周朝開始，人們通過許多沉重的教訓，已經清楚認識到同姓結婚會引發種種遺傳性病變的發生——"男女同姓，其生不蕃"[①]，從而開始禁止同姓相婚。例如，鄭國大夫叔詹勸諫鄭文公時説："同姓不婚，惡不殖也。"[②]周景王四年（前541），鄭國大夫公孫僑（子産）曾通過晋國大夫叔向而告誡晋平公説："内官不及同姓。"所謂"内官"，就是嬪御。當時晋平公娶了同姓美姬四人。公孫僑還强調説：如若同姓相婚，則"其生不殖"；因此，"君子是以惡之。故《志》曰：買妾不知其姓，則卜之"[③]。

當然，禁止同姓相婚也有倫理學上的意義。在周朝時，同姓即爲同宗，這是無疑議的。《白虎通義》卷下《嫁娶》曰："不娶同姓者，重人倫，防淫泆，恥與禽獸同也。"清人劉榛在《答昏禮問》中説："客問：'娶妻不娶同姓，何謂也？'曰：'先儒云爲其近於禽獸也。禽獸不知嫌微之别，人烏可無别也？'"

陳鵬先生在其《中國婚姻史稿》一書中，對同姓不婚進行較爲系統的論述。他認爲："同姓不婚，初見於禮，何時入律，已難確考。"[④]就目前所見，最早禁止同姓相婚的詔令是北魏孝文帝在太和七年（483）發布的，而最早禁止同姓相婚的法律則是《唐律》。

北魏孝文帝詔令對"同姓之娶"的處罰很嚴厲，"有犯以不道論"[⑤]。唐朝、宋朝法律均規定："諸同姓爲婚者，各徒二年；緦麻以上，以奸論"[⑥]。明朝、清朝的刑法又較唐宋爲輕："凡同姓爲婚者，各杖六十，離异"。

儘管如此，歷代同姓相婚的現象始終未能徹底禁絶。例如，春秋

① 《左傳》僖公二十三年十一月，中華書局，2012。
② 《國語》卷一〇《晋語四》，上海古籍出版社，2015。
③ 《左傳》昭公元年六月。此處之"志"，指占卜的歷史記載。
④ 陳鵬：《中國婚姻史稿》，中華書局，1990。
⑤ （北齊）魏收：《魏書》卷七上《高祖紀上》，中華書局，1974。
⑥ （唐）長孫無忌等撰，劉俊文箋解《唐律疏義箋解》卷一四《户婚下》，中華書局，1996；（宋）竇儀：《宋刑統》卷一四《户婚律》，中華書局，1984。

時，魯國與吳國皆爲姬姓，而魯昭公卻娶吳國姬姓美女，將其改名爲
"吳孟子"，"使若宋女子姓者然"①。南宋時，大將張俊娶杭州名妓張秾
爲妾，將其改姓爲章。②明末大將劉澤清也娶同姓劉氏，等等。對此，
清人趙翼總結説："同姓爲婚，莫如春秋時最多。……漢以後此事漸
少。"③不過，趙翼所謂"漢以後"，肯定是未包含清代的。因爲，在他
所撰的《簷曝雜記》卷四《甘省陋俗》中，他又記載道："甘省多男少
女，故男女之事頗闊略。兄死妻嫂，弟死妻其婦，比比皆是。同姓惟同
祖以下不婚，過此則不論也。"因此，僅從甘肅一省的情況看，也可以
説清代同姓相婚的現象是中國古代最多的。

　　另外，在山東，同姓相婚的現象也極爲普遍。據清人陳恒慶説：
"同姓不爲婚，吾濰謹守此禮。此外各縣，王王氏、李李氏者多矣。"④
在直隸，據沈家本所言，他就同姓相婚的情況，"曾詢之一直隸人"，其
云："同姓爲婚，鄉里不以爲非。或如此門户之難得相得相當，或以情
好之難得素洽，憑媒作合，即成婚媾。此等風氣，禁約有所不及。"據
此，沈家本斷言："直隸如此，則他省可知。"⑤然而，這些記述都是籠
統之言，最爲精確、最爲直觀的，莫過於《節烈題名碑》了。由此亦可
見此碑的珍貴史料價值。

　　在高陽縣這塊《節烈題名碑》豎立三十多年後，修訂法律大臣、法
部右侍郎沈家本鑒於在中國歷史上長期行用的"同姓不婚"的禮法禁
忌和法律禁令已經形同具文，該項禁令完全失去了效力，於是，他寫
下了《刪除同姓爲婚律議》一文，提出："況同姓之義，考諸古説，本
不相符；稽諸今説，亦多異議。舊例更有不論之條，此律已久同虛設。
又，娶親屬妻妾，律本有娶同宗無服之親者治罪之語。綱常所係，籓
籬具在，未弛防閑，正無庸詡詡過慮也。"⑥其後，在沈家本的一力主持

---

① （宋）朱熹：《論語集注·述而第七》，商務印書館，2015。（宋）趙順孫《論語纂疏》卷一
　　引輔廣注曰："婦人稱姓。周女曰姬，宋女曰子，齊女曰姜，楚女曰芊是也。"
② （宋）李心傳《建炎以來繫年要錄》卷一三九紹興十有三年二月丁亥記事，中華書局，
　　2013。
③ （清）趙翼：《陔餘叢考》卷三一同姓《左傳》昭公元年六月。此處之"志"，指占卜的歷史
　　記載。
④ （清末民初）陳恒慶：《諫書稀庵筆記·同胞》，民國小説叢報社刊本。
⑤ （清末民初）沈家本：《寄簃文存》卷一《刪除同姓爲婚律議》，商務印書館，2015。
⑥ （清末民初）沈家本：《寄簃文存》卷一。

下，於宣統二年（1900）正式頒布的《大清現行刑律》便刪去了"同姓禁婚"。

楊倩描

河北省社會科學院

《重修碧霞宮碑志》考釋

　　本書編號 096 著録有一通《重修碧霞宮碑志》（以下簡稱《碑志》）拓片。原碑位於高陽縣舊城村，該村在高陽縣東二十三里，刻立於清光緒二十年（1894）。現碑已佚。邑庠生郭運昌撰文，張鏡涵書丹，楷書，主要記述了碧霞宮重修的緣起和經過。它由帶髮僧人倡議重修，碑陽題名中有"住持僧立功、成功"，所謂"帶髮僧人"蓋即此二人，反映了佛教僧人在碧霞宮重修中的重要作用，顯示出明清以來佛、道（民間信仰）融合的時代特徵。其碑陰分上下兩部分：上端是廟地基周圍等三段田畝的面積和四至，下端是管事人名單。以下爲研究方便，據拓片將其碑文録文如下：

　　碑陽：
　　重修碧霞宮碑誌／
　　蓋碧霞宮者，昭然在上，協崧嶽而誕生，金城屏障於東南，海／子環繞於西北，亦可謂顓頊古郡，形勝之區。百經風雨摧殘，／多年頹廢，神形暴露，目覩慘然，是以帶髮僧人，邀請董事，／募化四方，於光緒十五年春，落地重修，廟貌焕然一新。兹／者神威赫濯，祈禱有靈，求男者於斯，求女者於斯，無一不／應於斯，真神乎其神，故誌之。／
　　同里邑庠生郭運昌撰文，張鏡涵書丹。／大清光緒貳拾年歲次甲午余月穀旦，住持僧立功、成功。
　　碑陰：
　　本廟地基周圍一段四十八畝三分，／南北長可壹百弓，東西寬可壹百／十六弓，三可仝。東至冉，西至官坑，／南北二至頂頭。／

又小四天東西地一段五畝，/ 長可壹百五十弓，寬可八弓，三可 / 仝。東西二至道，南至王，比至楊。/

又石家莊道南北地一段五畝，/ 長可八十弓，寬可十五弓，二可仝。/ 東至馬，西至藥王廟香火，南至道，/ 北至橫頭。/

行弓五尺二寸 /

管事人：/ 張宜春、/ 程福元、程殿元、/ 張世馨、李福祥、/ 程震、/ 郭藎臣、/ 郭懋德、/ 冉成才。/

潁水古郡石匠陳墨珍鎸 /

　　該碑碑陽周側爲卉枝紋。其拓片長 105 厘米，寬 55 厘米，凡 9 行，滿行 23 字。其中，第二行"協崧嶽而誕生"，"崧嶽"即嵩山，例如明何景明《昔遊篇》詩："回首向崧嶽，少室高嶙峋。"而此"嵩嶽"實指泰山。碧霞元君的出身在中國民間傳說甚多，其中一種說法稱其爲東嶽大帝之女，或稱其信仰發源於泰山，其道場在泰山，因此又被尊稱爲"泰山聖母碧霞元君"，俗稱"泰山娘娘""泰山老母"等。職此之故，碧霞宮又稱爲"東嶽祠"①。"金城屏障於東南"，"金城"意指堅固的城，語出《管子·度地》："城外爲之郭，郭外爲之土閬。地高則溝之，下則隄之，命之曰金城，樹以荊棘，上相穡著者，所以爲固也。"《後漢書·班固傳上》："建金城其萬雉，呀周池而成淵。"李賢注曰："金城，言堅固也。"此處"金城"當指高陽縣城，由於碧霞宮所在的舊城村位於高陽縣東南故稱。"海子環繞於西北"，"海子"，指湖泊，如宋沈括《夢溪筆談·雜志一》："中山城北園中亦有大池，遂謂之海子。"此當指今白洋澱。民國《高陽縣志》卷一，關於白洋澱云："舊志云在邑東北，與安州、新安、任邱共之，四州邑之水半以爲藪，而今澱已大半淤爲平地。"②

　　據該碑內容可以得到以下訊息和推論。

一　舊城村碧霞宮修建的地緣和歷史背景

碧霞元君是道教中的重要女神，也是中國歷史上影響最大的女神之

① （民國）《高陽縣志》卷九《集文》，臺灣成文出版社，1968，第 665 頁。
② （民國）《高陽縣志》卷一《地理》，第 74 頁。

一。道經稱爲"天仙玉女碧霞護世弘濟真人""天仙玉女保生真人宏德碧霞元君"。關於碧霞元君的來歷，説法不一，有黄帝所遣之玉女説、漢代民女石玉葉説、東嶽大帝之女説等。爲了祭祀朝拜碧霞元君方便，在各地也建有其道場，稱之爲行祠。

相對於南方地區普遍信仰"海神娘娘"媽祖，我國北方地區民衆對碧霞元君的信仰極盛。傳説碧霞元君神通廣大，能保佑農耕、經商、旅行、婚姻，能療病救人，尤其能使婦女生子，兒童無恙，因此，婦女們對於碧霞元君的信仰特別虔誠，在一定程度上已取代了對觀音的信仰。從高陽《碑志》看出，群衆前往碧霞宫求禱主要是爲了滿足其生育子女的願望，而結果往往特別靈驗——"求男者於斯，求女者於斯，無一不應於斯，真神乎其神"；"神威赫濯，祈禱有靈"，這應該就是碧霞元君廣受民衆愛戴，最終能够募集重金、大規模修建的關鍵所在吧。

高陽縣除了本碑中舊城村的碧霞宫外，愚堤（今于堤村）也有碧霞宫，建於明崇禎十一年（1638）①。另外，民國《高陽縣志》卷九《集文》收録有一篇《碧霞宫記》，馮侖撰文，此碧霞宫具體所在不詳，稽諸碑文，僅言位於高陽縣西，并稱其"歲久傾圮，以嘉靖三十二年葺而新之"②。由此可知此碧霞宫建於明嘉靖三十二年之前，在時間上早於愚堤的碧霞宫。由此可見，高陽縣碧霞宫分布之廣泛。

《碑志》没有交代高陽縣舊城村碧霞宫修建的初始年代，但從"百經風雨摧殘，多年頹廢，神形暴露，目睹慘然"的描述中，可知該廟宇修建的年代已較久遠，否則不至於破舊不堪。由於明清時期碧霞元君的影響日益擴大，祭祀碧霞元君的廟宇也從泰山擴展到全國各地，前揭愚堤村的碧霞宫和民國《高陽縣志》卷九所言的碧霞宫均建於明代，所以，高陽縣舊城村的碧霞宫最早可能修建於明或清代。至於重修碧霞宫的年代則有具體交代，即清光緒十五年（1889）春，撰寫碑文的年代是清光緒二十年（1894）。從"帶髮僧人，邀請董事，募化四方"等語可以看出，重修碧霞宫在當時得到了各方面的積極回應，受到當地民衆的大力支持。又從"廟貌焕然一新"推測，重修廟宇一定是花費了相當的財力，重修後的廟宇規模也一定是可觀的。

① 編號 038《愚堤新建碧霞宫記》（明崇禎十一年，1638）。
② （民國）《高陽縣志》卷九《集文》，第 665 頁。

　　爲什麽要在這個年份大興土木，重修碧霞宫的寶殿呢？除了其宫殿早已殘破不堪的原因外，還因爲清光緒年間正是碧霞元君的信仰達到高峰的時期。進入近代以後，列强加緊對中國的侵略，内憂外患，喪權辱國，社會激蕩，民不聊生，處於水深火熱之中的底層民衆更希望得到碧霞元君的冥冥呵護、無量加持與全能保佑。因此，此時重修碧霞宫就在情理之中了。當然，這一時期碧霞元君信仰的高漲還與慈禧太后的大力支持有很大關係。高陽縣《碑志》中所記載的重修碧霞宫的日期，正好印證了光緒年間對於碧霞元君的信仰十分興盛的狀況。

二　舊城村碧霞宫的周邊環境、地理特徵

　　《碑志》一開始就介紹了舊城村碧霞宫的周邊環境和地理特徵。其中，描述周邊環境的有"協崧嶽而誕生，金城屏障於東南，海子環繞於西北"一句，説明碧霞宫所在的高陽縣舊城村自古就是山川壯美之地。關於"崧嶽""金城""海子"的介紹見前；"亦可謂顓頊古郡，形勝之區"一句，則點明了舊城村的重要地理人文特徵。顓頊是中國歷史上一位傳説人物——上古部落首領黄帝的孫子，傳説他二十歲成爲首領，最初建國於高陽，即今河北省高陽縣舊城村。所以，《碑志》説碧霞宫所在之地，是"顓頊古郡，形勝之區"。清雍正《高陽縣志》記載其沿革指出："五帝時屬涿，爲顓頊氏封國"。其境内有顓頊廟等古建築。

　　從碧霞元君信仰的地域分布來看，山東泰山爲其信仰的核心區，而光緒年間的直隸（今河北省），是除山東之外的接受碧霞元君信仰輻射的半徑區域，在這裏，碧霞元君信仰也有着相當明顯的表現，這從高陽縣舊城村重修碧霞宫就可窺其一斑。至於爲何在舊城村一帶修建碧霞宫，大概正如上文所説，這裏山川秀美，且是顓頊古郡所在地，"形勝之區"的緣故吧。

劉宏

河北省社會科學院

碑刻所見民國高陽商界著名家族
與傑出人物

民國年間，高陽織布區是一個聞名中外的改良土布產區，1929年該縣消耗棉紗不下 8 萬包，出產改良土布 320 萬匹；消耗人造絲不下 2 萬箱，出產麻布 60 萬匹。產品行銷河北、河南、山西、山東、東三省、湖北、江蘇、廣東等國內 20 餘省區，并遠及新加坡等東南亞地區。[①] 有研究顯示，高陽本地商人的人文精神對高陽織布業的興起發揮了決定性作用。[②] 早在民國年間，高陽織布業就引起學界廣泛關注，迄今爲止，專論高陽織布業的論著不下數十篇，[③] 但是，以往的研究對高陽商界人物關注較少。[④] 在資料運用上，多使用調查資料、政府檔案等，較少使用碑刻資料，且高陽一帶碑刻損毀嚴重，古代及民國時期的碑刻所剩無幾。河北省社會科學院藏有 239 通 371 幅高陽碑刻拓片，這批拓片爲民國年間拓本。本文擬利用這批碑刻拓片，對高陽商界部分家族和人物進行深入研究，以補以往研究之不足。

---

① 吳知：《鄉村織布工業的一個研究》，商務印書館，1936，第 24~25、233 頁。
② 馮小紅：《人文精神與區域經濟近代化——以近代高陽織布業的發展爲例》，《河北學刊》2006 年第 1 期，第 209~212 頁。
③ 迄今爲止，專論高陽織布業的專著和博士畢業論文即有吳知《鄉村織布工業的一個研究》（商務印書館，1936）；［美］顧琳著，王玉茹等譯《中國的經濟革命：二十世紀的鄉村工業》（江蘇人民出版社，2009）；馮小紅《高陽紡織業發展百年歷程與鄉村社會變遷》（中國社會科學出版社，2019）；趙志龍《高陽織布業的變遷（1880~2005）：對家庭工業的一個研究》（中國社會科學院經濟研究所博士學位論文，2005）；馮小紅《高陽織布業的近代化進程》（河北大學碩士學位論文，2002）；李小東《高陽商會與近代高陽織布業研究（1906~1933）》（華中師範大學碩士學位論文，2013）等。
④ 筆者曾研究過高陽上層布線商人中的安新南邊吳楊氏家族、高陽南街李氏家族和高陽北沙窩村蘇氏家族。詳見馮小紅《高陽紡織業發展百年歷程與鄉村社會變遷》，中國社會科學出版社，2019，第 248~252 頁。

一　高陽商界著名家族之一：張氏家族

在河北省社會科學院藏高陽縣碑拓中，有兩方原碑是爲紀念重建高陽甲種商業學校所立，其中之一爲《高陽縣甲種商業學校沿革略史》（見本書編號 116），由張佐漢於 1915 年 7 月 30 日撰寫。碑文中有："韓紳偉卿、李紳秉熙、楊紳木森、李紳益謙、李紳桂元、齊紳懋德、王紳璽暨吾棣興漢等均團結精神，奔赴斯役。""棣"即兄弟，由此可知，張佐漢是張興漢胞兄。

張佐漢，生於清光緒二年（1876），清末舉人，留學日本，師範畢業，歷充清學部圖書館編輯員、郵傳部唐山路礦專門學校教員，對工學頗有研究，民初任高陽縣教育會會長，巡按使公署教育顧問。1915 年被高陽縣商會聘爲特別會董。[1] 從張佐漢的經歷看，他的活動主要在教育界，基本未涉足商界，屬於士紳之列。

張興漢，生於清光緒五年（1879），卒於 1931 年，[2] 享年 53 歲。他以商起家，爲高陽商會創辦者之一，也是改良土布宣導者之一，清末被授從九品銜。[3] 民國《高陽縣志》有傳，其《傳記》記曰：

> 張興漢，字造卿，以商起家，平生口材辨給，志趣不凡。前清末年，朝野迫於外侮，先覺之士提倡變法，爲禦患圖存之計。公與韓偉卿、楊木森、李秉熙等創辦商會，改良織布。二十年來附高百里間，賴織布以營生者十居八九，而城廂營布業者千百戶，足跡遍全國。民國成立，政府立法者佚商民選舉權。公時爲商會代表，當約合各省同志，奮力相爭，卒獲選權。民國九年，直皖戰後，陸軍十一師移駐高陽，所部刁兵悍卒，素無紀律，日出搶掠，騷擾不堪。公與韓偉卿、李秉成等訴之直魯豫巡閲使吳，始得遣散弭禍。曹銳長直時，設局保大課百貨捐，公以其病商害民也，召集六十四縣商會代表，力爭撤銷，終獲免布類一部。十四年段合肥當國，召開國民會議，

---

[1] 《高陽商會職員表（民國四年一月改組）》，《中華全國商會聯合會會報》第三年第五號，1916。

[2] 《高陽商幫會館稅契》，1942，天津市檔案館藏檔案：J056f-1-070967。

[3] 《爲高陽商務分會申請註册事致天津商務總會的稟》，1908 年 9 月 14 日，天津市檔案館藏檔案：J0128-2-002261-001，上稟之人中有"從九品張興漢"。

公被選為代表。尋直隸全省商會聯合會在天津成立，公復被推為會長。在職數年，為商界去積困謀福利者，至不可勝述。十八年，全省病水患，省主席徐聘公為賑務會委員。時高陽亦被水災，且甚重，當道者以格於形勢，漠然視之。而公則不計嫌怨，每於賑會開會時，多方宣傳高陽災情之重及受苦之因，毅然主持。除蒙特別賑濟外，將受害之瀦龍河北岸堤墊撥賑款修築，保障將來，至今高陽東北各村猶口碑載道，稱頌不衰云。[①]

《高陽縣志·張興漢傳》記述了張興漢參與創辦高陽商務分會、宣導織布業事，1912 年爲商界 "争復公權" 奔走呼號之事，[②]1920 年爲高陽地面免受陸軍十一師踩躪而奔走上書事，曹銳任直隸省省長時爲免除百貨捐出面交涉事，任國民會議代表和直隸全省商會聯合會會長事，被河北省主席徐永昌聘爲賑務會委員并爲賑濟高陽縣水災力爭權益事。除此之外，張興漢晚年對高陽織布業最大的貢獻是他發動高陽商人在天津籌建了 "高陽商幫會館"。[③]

張興漢在商界歷任高陽商務分會會董[④]、中華全國商會聯合會直隸事務所名譽幹事[⑤]、高陽商務分會副會長[⑥]、直隸全省商會聯合會會長[⑦]，屢屢代表本縣、本省乃至全國商界與軍政界交涉，并曾被選爲國民會議代表，被河北省政府聘爲賑務會委員。從其經歷看，張興漢不僅在高陽商界，而且在直隸省（河北省）乃至全國商界都有一定影響，且其活動常常涉足政界，因而他應屬政商之列。

總之，張氏兄弟，一個在教育界活動，是涉足政、教兩界的著名士

① （民國）《高陽縣志》，成文出版社，1968，第 301~303 頁。

② 1912 年，臨時參議院公布的參、衆兩院議員選舉辦法對中小商人不利。恰逢直隸商會聯合會在天津開會，10 月 10 日，張興漢作爲高陽商會代表被推爲大會主席，他當即提出爲商界力爭選舉權。與會者公推他與楊木森、鄭炳奎、楊萬選爲代表赴京交涉。此次交涉雖未成功，但是在全國造成了極大影響，爲全國商聯會的組建創造了條件。見拙文《論民元商界 "争復公權" 運動》，《貴州社會科學》2004 年第 3 期。

③ 馮小紅：《高陽紡織業發展百年歷程與鄉村社會變遷》，第 245 頁。

④ 高陽商務分會：《為送各腳色年歲籍貫行業清折致王竹林的稟》，光緒三十三年（1907）十月初二日，天津市檔案館藏檔案：J0128-2-002261-008。

⑤ 天津市檔案館等編《天津商會檔案彙編（1912~1928）》，天津人民出版社，1992，第 432 頁。

⑥ 《直隸省高陽縣商會職員表（民國四年一月改組）》，《中華全國商會聯合會會報》第 3 年第 5 號，1916 年 5 月 1 日。

⑦ 天津市檔案館等編《天津商會檔案彙編（1912~1928）》，第 431 頁。

紳；一個在商界活動，是在本縣、本省乃至全國商界都有較大影響的政商，則張氏家族是涉足政、商、教三界的高陽商界的著名家族。

二　高陽商界著名家族之二：韓氏家族

河北省社會科學院所藏高陽拓片中有一方《捷三公（韓晉卿）墓表》（見本書編號233），碑陰記有韓晉卿生平事迹：

> 先考諱晉卿，字捷三，性仁厚，讀書英敏過人。入庠後，肆業保定蓮池書院，從張廉卿、吳摯甫兩先生遊，頗蒙稱許……當庚子之變，京津陸沉，英、法分兵犯保定，吾邑當其衝。先考及官紳任支應，曲意應付，吾邑始安。變已，朝野怵於外侮，變法圖強，興學練軍，競趨新政矣。夫歐美諸強國，政治本諸經濟，寓富於地方，英、德以工商著，美、法且主於農業。其為富強，固各有所自也，而我國本末倒實，欲其儕於列強之列，豈可淂哉？先考與當時賢士夫創設農會、商會、商農兩校，蓋欲擴張經濟，樹其根本耳。先考歿後，幸各當局者并力推行。四弟偉卿，承先考遺志，屢長商會，尤銳身負責。二十年來，吾邑布業甲大河南北，蜚聲中外，先考實有奠基之力焉……先考生於咸豐八年，歿於光緒三十二年，淂年五十歲……女五人：長姊適李菊亭，二姊適董恩綏，三姊適梁垍，四姊適王祖榮，妹適李秉成。

由《墓表》可知韓晉卿、韓偉卿爲兄弟。二人之父韓敬斌在民國《高陽縣志》中有傳，由《韓敬斌傳》可知，韓敬斌因撚軍犯境時守城有功，褒封從九品，因而步入士紳之林。韓敬斌共五子，"長晉卿，增廣生，候補訓導；四偉卿，五品銜"[1]。由此可知，晉卿、偉卿兄弟皆有功名，清末均屬士紳之列。

韓晉卿、韓偉卿兄弟對高陽的商業和織布業均有較大貢獻。韓晉卿字捷三，韓偉卿字巨宸，民國《高陽縣志》記高陽商會的發起過程時

---

[1]　（民國）《高陽縣志》，第297頁。

説："本縣商會發起，係由安新楊欣甫，武安李條庵，本縣李香閣、韓捷三、韓巨宸、張筱良、張造卿、李馨齋諸先生，就城内南街關帝廟址籌畫設立。"[①] 韓晋卿、偉卿兄弟俱在發起人之列。上文所引碑拓《高陽甲種商業學校沿革略史》最後所列高陽縣甲種商業學校發起人爲張佐漢、韓偉卿、李益謙、王璽、齊懋德、張興漢、韓晋卿、田法宗、楊木森、房錫齡、李桂元、李秉熙。晋卿、偉卿兄弟亦在發起人之列。此外，1907 年高陽商會成立時，首任總理（1907~1908）即爲韓偉卿，第二任（1909）、第三任總理（1910）也是韓偉卿，第四任、第五任總理（1911~1912）爲王企龍，第六任總理（1913）復爲韓偉卿，[②] 直至 1915 年高陽商務分會會長還是韓偉卿。[③]

此外，《捷三公（韓晋卿）墓表》還記載了韓晋卿五個女兒的情況，其最幼者適李秉成。李秉成，字叔良，爲南關李氏家族代表人物，曾於 1919 年擔任高陽商會會長，一生除創辦合記、華豐、元新三家機器漂染工廠外，還建立合記化學工廠，生産化工漂染原料。[④] 他還在高陽首倡用小提花機織造小提花布，李秉熙《直隸高陽布業沿革記略》記其事迹曰：

　　然僅出白素布，而提花色布則無之。復有敞會同人李秉成君，倡議擴充提花機，其辦法與楊君（指楊木森——作者注）同。遂在城内西街建築一提花織工廠，容納百人，並設置化學染科，從京師農商部之工藝局聘來名師，召集鄉人輪班學習，每班以一年爲度，緣提花織染較難於白素也。辦理三年，消耗八千餘元，習成者三百餘人。此三百餘人織染嫻熟，即成三百餘之工師。於是各樣提花機遂編布全境，所製出之各色提花布不下百種。其進步之速，有如是也。

---

① （民國）《高陽縣志》，第 115 頁。

② 《天津商務總會爲韓偉卿續任總理事照會高陽商務分會》，1908 年 9 月 29 日，天津市檔案館館藏檔案：J0128-2-002261-024；《高陽商務分會爲推舉王企龍續任總理事致天津商務總會的稟》，1911 年 12 月 13 日，天津市檔案館館藏檔案：J0128-2-002261-083；《爲選舉韓偉卿爲總理事致天津商務總會的牒呈》，1912 年 12 月 25 日，天津市檔案館館藏檔案：J0128-002261-108。

③ 《直隸省高陽縣商會職員表（民國四年一月改組）》，《全國商會聯合會會報》第 3 年第 5 號，1916 年 5 月 1 日。

④ 董欣哉：《記高陽實業家李叔良先生》，《工商天地》第 3 卷第 2~3 期，1948 年 6 月 12 日。

似楊、李兩君，熱心公益，不惜鉅資，提倡織業，媲美後先，為商界特放異彩，吾商界與有榮焉。①

韓晉卿幼女即李秉成夫人名韓瑾華，是高陽教育界著名人士，力促李秉成創辦私立兩級中學，韓夫人親自主持校務，"任何費用一律不收，男女學生兼收，遇有校內優秀學生，夫人每慷慨助其完成學業"②。

總之，韓氏兄弟既有功名，又是高陽商界頭面人物，應屬紳商之列，韓氏家族也是高陽商界的著名家族。此外，韓氏家族還與高陽商界另一著名家族南街李氏家族聯姻。

三　高陽商界傑出人物：李秉熙

河北省社會科學院藏高陽拓片中有一方《特給六等嘉禾章高陽商會會董李公絛庵之碑》（見本書編號 147），記述了高陽商界著名人士李秉熙的生平事迹。李小東在其碩士學位論文中認為，"李秉熙、李秉義、李秉成、李秉仁宗族關係明顯"③，筆者曾在研究中予以反駁，認為李秉熙是武安人，與高陽南街李氏家族沒有關係。④但是由於沒有直接證據，尚不能形成定論。

《李公絛庵之碑》碑陰刻《特授六等嘉禾章高陽商會會董李公事略》。《事略》記曰：

公諱秉熙，字絛庵，幼隨其父東序公業醫，克承家學，婦孺皆稱為老絛先生。其慧心仁術，無間貧富可知也。公沈毅多條理，尤潛心於新政，治文牘。光宣時代，吾鄉大夫倡辦商會、商學，鑑於舊日紳衿魚肉之害，擬規訂章程，由商會自為董理。公與當事同仁，盡心籌措，獨能區處事務，應付社會，各當其可，晉行無礙，心思細密，加人一等矣。比以改立甲種商業學校，提倡織業，大著成效。

---

① 李秉熙：《直隸高陽布業之沿革記略》，《中華全國商會聯合會會報》第 3 年第 9、10 號合刊，1916 年 10 月 1 日。
② 董欣哉：《記高陽實業家李叔良先生》，《工商天地》第 3 卷第 2~3 期，1948 年 6 月 12 日。
③ 李小東：《高陽商會與近代高陽織布業研究》，華中師範大學碩士學位論文，2013，第 26 頁。
④ 馮小紅：《高陽紡織業發展百年歷程與鄉村社會變遷》，第 249 頁。

巡按朱公，據實入告大總統黎，特給六等嘉禾章，公與當事諸君益
為奮勉。直隸省當局以高陽一商會，獨力創一商學，通令為全省冠；
農商當局以高陽一縣布業，行銷徧十餘省，揭示為全國最，海內藉
甚，談者健羡。此固公與創事諸君子，視公如私，瘁精奔赴，十五
年來之心血鑄成也……公享壽六十一……原籍河南武安縣，于民國
十一年四月，葬於高陽之新阡。

　　由碑刻可知，李秉熙原籍確係河南省武安縣，自幼隨父學醫，後來
也主要從事醫藥行業，因此，他與高陽南街李氏家族中的李秉成等兄弟
四人并非同宗。

　　碑文雖提到李秉熙對高陽織布業的興起和商會辦學做出了貢獻，但
是言之不詳。綜合其他史料可知，李秉熙對高陽工商業有四大貢獻。

　　其一，他是高陽商會的發起人之一，且是改良布業的積極宣導者。
上文所引民國《高陽縣志》載商會的發起人中有"武安李條庵"。清
末，高陽商界韓偉卿、張興漢等人赴天津考察日本造新式人力織機，并
決定引進人力木織機，李秉熙也在考察者和決策者之列。①

　　其二，他曾任高陽商業工藝研究所所長②，爲改良織布工藝做出過
貢獻。工藝研究所附設於高陽商會之內，其宗旨爲"提倡紡織，振興
實業，研究工藝，改良布質……"，其辦法是"每月朔望，齊集衆商到
所，調查織戶、織工，研究商情，各陳所見，凡有關布行、織戶應行整
頓、興利除弊事宜，當場宣布，摘妥實行"。③

　　其三，他曾任高陽初等商業學校校長，爲創辦商學做出了貢獻。
高陽商會辦學歷經了商業夜校、初等商業學校、中等商業學校、甲種
商業學校、私立職業學校等階段。前文所引碑拓《高陽縣甲種商業學
校沿革略史》記曰："韓紳偉卿、李紳秉熙……等均團結精神，奔赴斯
役，遂獲合城商人贊成，將合城商家戲捐加入底款，而有改立初等商

---

① 李秉熙：《直隸高陽布業之沿革記略》，《中華全國商會聯合會會報》第 3 年第 9、10 號合刊，1916 年 10 月 1 日。
② 《高陽工藝研究所章程》，(1910 年正月)，天津市檔案館館藏檔案：J0128-2-002147-002。
③ 《中華全國商會聯合會會報》第 3 年第 9、10 號合刊 (1916 年 10 月 1 日) 載有李秉熙的照片，照片下有"直隸高陽商業工藝研究所所長、前初等商業學校校長李秉熙氏"。可知李秉熙曾任工藝研究所所長和初等商業學校校長。

業學校之舉。"

其四，他撰文介紹高陽織布業改良經過，^①對宣傳高陽布業及商界著名人物楊木森、李秉成等發揮了一定作用。

總之，李秉熙是高陽商界傑出代表人物之一，他雖一生業醫，未直接經營過布線行業，但對高陽織布業有較大貢獻，故而被黎元洪授予六等嘉禾勳章，他去世後直隸實業廳廳長嚴智怡、高陽縣縣長孫賢、天津總商會會長卞蔭昌、甘肅全省商會代表雲維儒、直隸祁州商會會長卜繼彬等各地商會會長以及高陽商會會長周錦川、副會長李企賢，高陽甲種商業學校校長王倫，高陽商會會董李秉義等高陽商界代表 60 餘人爲其樹碑立傳。^②

馮小紅

邯鄲學院地方文化研究院

---

① 李秉熙:《直隸高陽布業之沿革記略》,《中華全國商會聯合會會報》第 3 年第 9、10 號合刊, 1916 年 10 月 1 日。

② 李秉熙碑碑陽《特給六等嘉禾章高陽商會會董李條庵之碑》記有爲其豎碑之各界人士職務和姓名。

清末民初高陽無生老母信仰研究

　　無生老母，別稱"天地三界坊萬靈真宰"，是明代中叶中國民間社會産生的一尊至高無上的神靈，在北方地區影響甚大。關於對無生老母的記載，主要存在於寶卷、檔案中。方志作爲反映地方史實的重要文獻，對於研究明清以來的歷史具有不可替代的价值，但在宗教記載方面，由於封建正統觀念的影響，它一般主要關注孔廟、關帝廟、城隍廟等官方承認的所謂正祀，而對無生老母等民間諸神少有記載。河北省社會科學院所藏高陽碑刻拓片中有兩方關於無生老母的碑刻，即編號209《創修無靈聖母、無生老母、南海大士碑志》（民國二十一年，1932）、編號232《建修無生老母廟碑記》（民國二十五年，1936），對於瞭解民國時期無生老母信仰在高陽乃至中國北方地區的傳播具有較高的資料價值。其中編號232《建修無生老母廟碑記》價值尤大。爲了研究方便，現依照原拓片的行款格式移録如下：

　　　　　　　　碑額：萬古／流芳／

　　1. 無生老母，不知何時人也，史册莫載，亦不詳其姓氏，但知其殁後爲神，誠求必應焉。高

　　2. 陽城西于留佐村，有許屈氏、孫李氏，乃道門弟子也，修身善行，感化於神明，神明密佑，

　　3. 普濟群生。由此有患病者，醫之立效，於是四方患病者多謁焉，著手成春，鮮不痊癒。由

　　4. 是，病者每有施舍，磚瓦、銀圓以資之者，積聚多財，不忍私用，於是遂請管事人，究工製

　　5. 料，修盖廟宇一座，並豎一碑，以爲後念。來求爲文於余，

余縵無習文，力辭不獲，故為文

　　6.以誌之。從來為善者，必有美報；行惡者，定有禍興。《易》曰：“積善之家，必有餘慶；積不善之

　　7.家，必有餘殃”。若道之為教，乃勉人行善者也，故人多惑焉，若考之於經，稽之於典，質之

　　8.於聖人之言，而皆謂之異端。吾亦知其為非也，然道法無邊，全憑人誠心修練。聖經云

　　9.心誠求之，雖不中不遠矣。若二人之於道教，可謂誠心求之矣。不然，焉能得神明之密

　　10佑，普濟群生乎？特此為文以紀之。幫功趙祁氏　畢拱辰撰

　　11.山主趙毅如　　趙質君書

　　12.民國二十五年歲次丙子正月穀旦敬立。

　　此碑原位於高陽縣于留佐村，該村在縣西南十二里，碑已佚。碑額2行，行2字，題曰“萬古流芳”。其拓片長138厘米，寬41厘米，凡12行，滿行33字。楷書。畢拱辰撰文，趙質君書丹。碑陽無首題，“建修老母廟碑記”乃編者所擬。其中，“老母廟”即無生老母廟。從碑文內容來看，主要介紹了建廟之緣起。許屈氏、孫李氏二人爲高陽縣于留佐村人，“乃道門弟子”，她們爲人治病，多有成效，以所得錢財修建了此無生老母廟，并請人撰碑文以紀之。

一　無生老母信仰的形成

　　碑首行首先介紹了無生老母的來歷：“無生老母，不知何時人也，史冊莫載，亦不詳其姓氏，但知其歿後為神，誠求必應焉。”從內容可知，撰者對無生老母知之甚少，不僅不詳其所出，所作解釋也頗多舛誤，認爲無生老母本實有其人，死後被奉爲神。其實，與媽祖、關帝等有所謂原型的神靈不同，無生老母乃是民間自己“創造”的神靈，其產生的過程充分反映了中國底層民眾的想象力和創造力。若僅從概念上考察，無生老母一詞至晚可以追溯到元代。元版《佛說楊氏鬼繡

紅羅化仙哥寶卷》記載：“無生老母，自從失散，不得見面，時時盼大地男女，早早歸家，怕的是三災臨至，墜落靈光，八十一劫，永不見娘生面。”①其中，已經明確出現了無生老母的名稱。但作爲創世的最高主宰，從民間信仰的派別屬性而言，無生老母則源於明代中葉產生的無爲教（羅教）。

　　無爲教的誕生，在中國民間宗教史上具有劃時代的意義。它提出了一種全新的宗教思想——“真空家鄉，無生老母”，在意識形態領域掀起了一場無聲的理論風暴，動搖了佛教、道教以及傳統民間信仰在下層民眾信仰世界的基礎。從此，以無爲教爲藍本的各種民間信仰，相繼在河北產生。②無爲教作爲明中葉以來民間信仰運動的開創者，得到了後起民間信仰諸教派的普遍尊崇，而其尊奉的最高神靈“無生老母”也爲其他民間信仰所繼承，成爲諸多民間信仰所共同尊奉的神靈。嚴格來説，在無爲教中，無生老母概念的形成，亦有一個從模糊混沌到明確定型的過程。具體而言，經歷了從“無極聖祖”到“無生父母”，再到“無生老母”逐步演進的歷程。

　　無爲教的創立者是羅清。羅清（1442~1527），山東萊州府即墨縣（今山東即墨市）人。亦名因、夢鴻，法名普仁，法號悟空，後世信徒尊稱爲羅祖、羅大士、無爲教祖、無爲居士、無爲道人等，故無爲教又稱羅祖教、羅道教，簡稱羅教、羅道。羅清的宗教思想，經過其異姓傳人的繼承發展，至明萬曆年間，已逐步形成了一套完整的思想體系。這就是以無生老母爲最高崇拜，以真空家鄉爲理想境界，以龍華三會與未來佛即彌勒佛爲信仰核心，主張三教合一，注重內丹修煉以及規範化的入教儀式等。③

　　羅清自修習佛教净土與南禪始，進而雜糅道教清净無爲和宋明理學思想，經過13年的苦功悟道，於明成化十八年（1482）“悟道明心”，參悟出一套“無爲法”，并因此將所創教派稱爲“無爲教”。其宗教思想，集中體現在經他口授，其弟子福恩、福報筆録整理的《羅祖五部經》中。他認爲，“真空”（又稱“無邊虛空”“本來面目”）是宇宙的

---

① 元代至元庚辰刻本，藏於山西省博物館。
② 濮文起：《河北民間宗教史》“前言”，宗教文化出版社，2016，第2頁。
③ 濮文起：《河北民間宗教史》，第26頁。

最高本體，世界萬物都是由它派生出來的。而"真空"的真正主宰就是"無極聖祖"。他進一步提出，"母即是祖，祖即是母"，於是以慈祥面目示人的至尊女神也就即將呼之欲出了。在這裏，羅清一方面利用了中國人傳統觀念中的戀母情結，同時吸收和改造了明初以來流傳於民間信仰世界的老母信仰。而羅清的異姓傳人釋大寧、孫真空、明空等人正是在《羅祖五部經》的基礎上，正式提出了"無生老母"信仰。①

釋大寧在《明宗孝義達本寶卷》提出"無生父母"是諸佛之本源，萬物之根基，人人之家鄉，明確提出了"無生父母"信仰。孫真空，俗名孫三，籍貫不詳，他在《銷釋真空掃心寶卷》中進一步編造出無生父母安天立地，生化東土眾生，以及普度原人，返本歸源的一套完整神話故事，其中透露出明確的無生老母的資訊："勸大眾，早念佛，修行進步；無生母，龍華會，久等兒孫"。明空，俗姓陳，北直永平府東城衛中所（今河北盧龍）人，曾應軍役，萬曆三十九年（1611）移居羅清當年居住過的石匣城，遇到無爲教傳人徐玄空，遂皈依了無爲教。他在《佛說大藏顯性了義寶卷》中將仍處於朦朧狀態的無生老母信仰進一步具體化、定型化，通過對無生老母的生動描繪——以慈祥的老婆婆的面目出現，終於確立了無生老母在人間的尊貴形象，使她變成了千百萬下層民眾狂熱尊崇的一尊女性最高神。

二 碑刻所見無生老母信仰在高陽的傳播

雖然無生老母首先爲無爲教所崇奉，但由於其後的黃天教、東大乘教、西大乘教等民間信仰均尊奉無生老母，故僅以尊奉無生老母一端實難判別其宗教派別。故本文籠統稱之曰"無生老母信仰"。

從兩漢到明代中末葉，流傳在中國底層社會的"劫變"觀念，終於演化成一種成體系的、粗糙的宗教觀念，即青陽、紅陽、白陽三期三劫應世說。這種宗教觀念與無生老母觀念又融爲一體，遂成爲一種改天換地的政治觀念。② 在明清時期，無生老母信仰常爲底層民眾所利用，成爲他們發動群眾、謀求推翻現政權的輿論工具。但考察高陽碑刻，發現

---

① 濮文起：《河北民間宗教史》，第20頁。
② 馬西沙：《中華文化通志·民間宗教志》，上海人民出版社，1998，第343頁。

當地的無生老母信仰并不具有政治性，其具有以下一些特點。

首先，無生老母信仰與民眾日常生活相結合，具有日常性特點，其中女性是重要的信仰群體。在中國，女性是一個很龐大的宗教信仰群體。由於她們在男耕女織的經濟結構中，大多相夫教子，居家操持家務，特別是其較爲感性的性格特點，更易接受宗教。不僅佛教、道教爲然，對民間信仰亦是如此。這些民間信仰融入了她們的日常生活，成爲她們日常生活的重要部分。

該碑第 2、3 行云："高／陽城西于留佐村，有許屈氏、孫李氏，乃道門弟子也，修身善行，感化於神明，神明密佑，／普濟群生。由此有患病者，醫之立效，於是四方患病者多謁焉，著手成春，鮮不痊癒。"主要介紹了于留佐村民許屈氏、孫李氏二人的善行懿德。從姓氏來看，許屈氏、孫李氏二人均爲女性。第 10 行 "幫功趙祁氏" 也係女性。"許屈氏、孫李氏，乃道門弟子"，雖然可以明確其信奉民間宗教，但究竟屬於民間信仰中的哪一派，則不易斷言。此二人傳教方式與前文提到信奉天地門教的王建業類似，也以爲人治病爲手段，"醫之立效"，從而在當地建立了威信，擁有了一定的號召力。病人多有施捨，有以磚瓦、銀圓以資之者，故二人發願建造無生老母廟。

河北省社會科學院所藏高陽碑刻拓片編號 209《創修無靈聖母、無生老母、南海大士碑志》，原碑位於高陽縣史家佐村，該村在縣南八里，刻立於民國二十一年（1932）。其錄文如下：

　　　　無靈聖母／
　　　創修無生老母碑誌／
　　　　南海大士／
　　　天之生人，賦性惟善，殆其後也，積漸成習，善惡以分，而禍福賞罰隨焉。善則賞之，揚其聲，顯／其名，富貴其身；惡者罰之，小而苦其身心，呻吟牀笫，大而殞其生命，永歸泯滅。生而習爲惡／者，苦何堪焉。仗慈悲之懷，渡民眾於苦海，拯黎庶於灾難，故於丁卯年，顯聖於史家左村。首／感其兆者，爲李門崔氏。氏住於王全之宅，艱苦莫能辭，乃起而代行其道焉。外更有王門宋／氏、王雲瑞、王門汪氏、王氏女等之熱心幫助，捨藥以救治疾病，演道而渡化罪戾，因此而離／苦受患者，何止萬計，故所得香資數達三百元之鉅。於是，乃共議建廟於村之北，以便供奉。／於己巳年季春，廟始告成，計共費洋五百元。其缺欠洋貳百元，由王雲瑞墊捨，洵稱善舉。厥／後，李門崔氏外出不家，行道無人，香煙斷絕，歷期數月。及後，王門宋氏乃起而嗣之，四出赶／功，更有榮家營、榮洛宗及榮門劉氏、王門趙氏之努力幫助，香火因之復興。可用赶功路費，／前後概由王雲瑞之所捨也。外如南關張門張氏，對於赶功人屢餉以齋飯，其樂善好施，可／稱獨步。而王門宋氏，尤能腹飢自受，恒以齋飯與人，洵虔且誠。至壬申年，積得香資，計又至／數十元之多，乃議定樹碑於廟之前，以誌不忘，而垂永久焉。南馬村宋月橋，施洋壹元銅元三百枚。／

王偉然撰文／

房春薹書丹／

碑陰：

延福屯：／馬濟川、張蜃樓、朱洛云、朱瑞甲、戴連重／合村人等。／

史家左：／王書琴、王占山、胡在山、胡造遠、王樹魁、王雲瑞、王書漢、胡耀先、王樹林、齊占元、胡鳴玉、／胡廷左、邵貴、王奎、王百珍、王盤、梁兆祥、王錫恩、胡廷梅、王兆普、胡允中、胡平治、／王振海、邵有、尹如義、胡玉章、胡群、王樹海、王傑瑞、王順福、王壯、胡素元、王福祿、／王林、王樹吉、胡樹楷、王来子、胡法田、王樹勳、李順德、胡洛成、王士奎、李洛義／合村人等。

石工費洋五拾元，會人等同心，石工楊殿華。／

中華民國二十一年歲次壬申季春穀旦。／

其中提到“故於丁卯年，顯聖於史家左村。首感其兆者，爲李門崔氏。氏住於王全之宅，艱苦莫能辭，乃起而代行其道焉。外更有王門宋氏、王雲瑞、王門汪氏、王氏女等之熱心幫助，捨藥以救治疾病，演道而渡化罪戾”，史家左村中發起者李門崔氏，幫助者王門宋氏、王雲瑞、王門汪氏、王氏女也均係女性。當然，當地无生老母信仰并不祇限於女性，例如，在上揭碑末端捐錢者名單中，包括延福屯、史家左兩個村的村民 48 人，均爲男性。

其次，無生老母信仰的雜糅性。中國古代雖然儒、釋、道號稱三教，但普通民衆（包括宗教人士）的宗教情結并不濃厚，特別是在明代以後，佛教、道教與民間信仰諸神雜糅共處，往往并處一寺，而相安無事。他們對宗教的態度是爲我所用，充滿了現實性和功利色彩，往往祇關心拜佛燒香的實際效果，至於寺廟究竟屬於何宗何派則并不感興趣。這表現在宗教生活中就是見神就拜，見廟就燒香，依違於佛、道和諸民間信仰之間，往往諸道兼修。若具體到信仰，這種情況更甚。信仰本來就是吸納儒家、佛教、道教的信仰而形成，其信仰和思想體系十分龐雜，屬於典型的多神教。在上揭編號爲 209《創修無靈聖母、無生老母、南海大士碑誌》中，她們所塑的神像有三尊：無靈聖母、無生老母、南海大士。也就是説，除了無生老母外，還塑有無靈聖母、南海大士。南海大士，即觀音菩薩，因傳説中南海爲其道場故稱。觀音菩薩，本是佛教神靈，是四大菩薩中最爲人所知，也是最受歡迎的一個，故也常常爲諸信仰所尊奉。例如，清代在理教即以觀音菩薩爲最高崇拜，稱爲"聖宗古佛"。"無靈聖母"不詳所指，疑當爲"烏靈聖母"，清人錢彩《説岳全傳》中即有烏靈聖母。她本住在萬錦山千花洞，岳雷北伐時，兀朮讓烏靈聖母助陣，烏靈聖母擺下一個烏龍陣，但爲施岑所破。由此觀之，烏靈聖母乃民間一位邪神。史家左村民供奉這位邪神，不知爲何。但不究其內容，僅從這三尊神像來看，即充分顯示了當地村民的無生老母信仰并非專一，而是具有雜糅性特點。

再則，無生老母信仰在民國時期已從地下秘密狀態走向公開。明代無爲教認爲，不必遠足深山古刹進香膜拜，也不須家居念經習法，祇要皈依無爲教，一經明師指點，就可頓悟成真，回歸"家鄉"，伴祖長生，因此得到了下層民衆的狂熱信奉。佛教界一些人士對無爲教大肆攻擊，大張撻伐。如憨山德清攻擊無爲教爲"外教"，認爲其絕不知有三寶；雲棲袾宏也號召佛教徒，"凡我釋子，宜力攘之"[1]。無爲教的發展勢頭也引起了封建統治者的恐慌。萬曆十五年（1587）正月，都察院左都御史辛自上奏朝廷："白蓮教、無爲教、羅道教，蔓引株連，流傳

---

[1]　蓮池袾宏：《蓮池大師全集》，正鐸集，上海古籍出版社，2011。

愈廣，蹤迹詭秘，北直隸、山東、河南頗衆。值此凶年，實爲隱憂。”①
萬曆四十三年（1615）六月，禮部頒發《請禁左道以正人心》，指出羅
教等，“皆諱白蓮之名，實演白蓮之教”，“此在天下處處盛行，而畿輔
爲甚”，認爲如果不加以禁止，擔心“張角、韓山童之禍將在今日”②。
萬曆四十六年（1618），明統治者嚴令“再不許私習無爲教，自取死
罪”，并下令銷毀《羅祖五部經》，不准再行翻刻流傳③。入清以後，清
統治者同樣嚴禁無爲教和《羅祖五部經》。職此之故，無生老母信仰也
被禁止傳播。迄今全國各地很少發現明清時期的無生老母廟就是這個原
因。但民國時期這種情況發生了變化。據上揭編號 232《建修無生老母
廟碑記》，其撰者畢拱辰，他從封建傳統禮教出發，對信仰并不完全認
同：“若道之爲教，乃勉人行善者也，故人多惑焉，若考之於經，稽之
於典，質之於聖人之言，而皆謂之異端”。但同時又認爲這些民間信仰
教人向善，故雖然“吾亦知其爲非也，然道法無邊，全憑人誠心修練。
聖經云心誠求之，雖不中不遠矣”，顯示出對老母信仰一定程度的寬容
態度。更爲直觀的是，當時高陽堂而皇之地建立無生老母廟，并竪碑以
紀之本身就説明了無生老母信仰經過數百年的蟄伏，終於被官府所承
認，從地下秘密狀態走向了公開。

馮金忠

河北省社會科學院

---

① 《明神宗實録》卷一八二，萬曆十五年正月庚子。
② 《明神宗實録》卷五三三，萬曆四十三年六月庚子。
③ 沈漼：《南宫署牘》卷四。

參考文獻

一　典籍資料

1. 閔爾康彙編《碑傳集補》，燕京大學國學研究所刊本，1923。

2.（清）樊彬輯《畿輔碑目　畿輔待訪碑目》，河北博物館，1935年鉛印本。

3.（清）孫星衍：《京畿金石考》，商務印書館，1939。

4. 張廷玉：《明史》，中華書局，1974。

5.（明）宋濂：《元史》，中華書局，1976。

6. 趙爾巽：《清史稿》，中華書局，1977。

7. 林榮華校編《石刻史料新編》（1-4輯），臺灣新文豐出版社，1979、1982、1986、2006。

8. 朱保炯、謝沛霖編《明清進士題名碑録索引》，上海古籍出版社，1979。

9.《明實録》，上海書店出版社，1982。

10.（清）陸增祥：《八瓊室金石補正》，文物出版社，1985。

11.（清）孫星衍、邢澍：《寰宇訪碑録》，中華書局，1985。

12.（清）王昶：《金石萃編》，中國書店，1985。

13.（宋）洪适：《隸釋隸續》，中華書局，1985。

14. 王壯弘、馬成名編纂《六朝墓志檢要》，上海書畫出版社，1985。

15. 北京圖書館金石組編《北京圖書館藏中國歷代石刻拓本滙編》，中州古籍出版社，1988。

16. 陳垣編纂，陳智超、曾慶瑛校補：《道家金石畧》，文物出版社，1988。

17.（清）李周望輯《國朝歷科題名碑録初集》，《北京圖書館古籍珍本叢刊》，書目文獻出版社，1990。

18. 楊殿珣：《石刻題跋索引》，商務印書館，1990。

19. 趙超：《漢魏南北朝墓志彙編》，天津古籍出版社，1990。

20. 周紹良、趙超：《唐代墓志彙編》，上海古籍出版社，1992。

21. （清）錢儀吉纂，靳斯校《碑傳集》，中華書局，1993。

22. 石永士、王素芳：《河北金石輯錄》，河北人民出版社，1993。

23. （清）葉昌熾撰，柯昌泗評《語石 語石異同評》，中華書局，1994。

24. （宋）鄭樵：《通志二十略》，中華書局，1995。

25. 向南：《遼代石刻文編》，河北教育出版社，1995。

26. 王宏民：《林州現存古今碑刻集》，文茂出版社，1996。

27. 馮俊傑等編《山西戲曲碑刻輯考》，中華書局，2002。

28. 劉海文編著《宣化出土古代墓志錄》，遠方出版社，2002。

29. 國家圖書館善本金石組編《遼金元石刻文獻全編》，北京圖書館出版社，2003。

30. 國家圖書館善本金石組編《明清石刻文獻全編》，北京圖書館出版社，2003。

31. 侯璐主編《保定出土墓志選注》，河北美術出版社，2003。

32. 李慧等：《咸陽碑刻》，三秦出版社，2003。

33. 吳光田、李強編《邯鄲碑刻》，天津人民出版社，2003。

34. 鄧文華：《景州金石》，中國文史出版社，2004。

35. 中國文物研究所、河北省文物研究所編《新中國出土墓志·河北卷》，文物出版社，2004。

36. 劉兆鶴、吳敏霞編《户縣碑刻》，三秦出版社，2005。

37. 毛漢光主編《歷代碑志銘、塔志銘、雜志銘拓片目錄》，“中央研究院”歷史語言研究所，2005。

38. 楊衛東、黃涿生：《涿州貞石錄》，北京燕山出版社，2005。

39. 柏鄉縣人民政府編《河北柏鄉金石錄》，文物出版社，2006。

40. 滄州市文物局：《滄州出土墓志》，科學出版社，2007。

41. 王其祎、周曉薇：《隋代墓志銘考》，綫裝書局，2007。

42. 張林堂：《響堂山石窟碑刻題記總錄》，外文出版社，2007。

43. 《清實錄》，中華書局，2008。

44. 鄧慶平編録，趙世瑜審訂《蔚縣碑銘輯録》，廣西師範大學出版社，2009。

45. 毛遠明：《碑刻文獻學通論》，中華書局，2009。

46. 王新英：《金代石刻輯校》，吉林人民出版社，2009。

47. 淶源縣政協：《淶源縣古代碑刻輯録》，内部印刷，2010。

48. 蔡美彪：《八思巴字碑刻文物集釋》，中國社會科學出版社，2011。

49. 董曉萍、吕敏：《北京内城寺廟碑刻志》，國家圖書館出版社，2011。

50. 國家圖書館出版社輯《地方金石志彙編》，國家圖書館出版社，2011。

51. 南京市文化廣電新聞出版局編《南京歷代碑刻集成》，上海書畫出版社，2011。

52. 來新夏、趙波主編《中國地方志歷史文獻專輯·金石志》，學苑出版社，2012。

53. 北京石刻藝術博物館編著《新日下訪碑録》（房山卷），北京燕山出版社，2013。

54. 國家文物局編《中國文物地圖集》（河北分册），文物出版社，2013。

55. 蕭霽虹：《雲南道教碑刻輯録》，中國社會科學出版社，2013。

56.（清）繆荃孫：《金石分地編目》，《繆荃孫全集·金石》，鳳凰出版社，2014。

57.（清）繆荃孫：《藝風堂金石文字目》，《繆荃孫全集·金石》，鳳凰出版社，2014。

58. 李紅權輯録點校《孫承宗集》，學苑出版社，2014。

59. 吳敏霞等《秦嶺碑刻經眼録》，三秦出版社，2014。

60. 北京石刻藝術博物館編著《新日下訪碑録》（石景山卷、門頭溝卷），北京燕山出版社，2015。

61. 楊朝明編《曲阜儒家碑刻文獻輯録》，齊魯書社，2015。

62.（宋）陳思：《寳刻叢編》，中華書局，2016。

63. 北京石刻藝術博物館編著《新日下訪碑録》（大興卷、通州卷、順義卷），北京燕山出版社，2016。

64. 戴建兵主編《河北府縣鄉土碑刻輯録》，天津古籍出版社，2016。

65. 戴建兵主編《隆堯碑志輯要》，天津人民美術出版社，2016。

66. 戴建兵主編《靈壽碑刻輯録》，河北人民出版社，2018。

67. 戴建兵主編《深澤碑刻輯録》, 河北人民出版社, 2018。

68. 戴建兵主編《石家莊市鹿泉碑刻輯録》, 河北人民出版社, 2018。

69. 定州市旅游文物局編著《定州碑刻》, 文物出版社, 2018。

70. 牛永芳主編《涉縣石刻精華》, 河北人民出版社, 2018。

71. 楊亦武主編《房山碑刻通志》, 社會科學文獻出版社, 2018。

72. 高陽縣檔案局編《高陽圖説》, 中國文史出版社, 2019。

73. (宋) 趙明誠:《金石録》, 上海古籍出版社, 2020。

74. 劉聲木:《續補寰宇訪碑録》, 廬江劉氏排印本。

75. (清) 洪頤煊:《平津讀碑記》, 吳縣朱氏家塾校刊本。

76. (清) 繆荃孫:《畿輔金石志》, 續修四庫全書本。

77. (清) 沈濤:《常山貞石志》, 續修四庫全書本。

78. (宋) 歐陽修:《集古録》, 景印文淵閣四庫全書本。

二　方志資料

79. 民國《高陽縣志》, 臺灣成文出版社, 1968。

80.《天一閣藏明代方志選刊》, 上海古籍書店, 1982。

81. 河北省地方志編纂委員會辦公室整理點校:(民國)《河北通志稿》, 北京燕山出版社, 1993。

82. 高陽縣地方志編纂委員會編《高陽縣志》, 方志出版社, 1999。

83.《中國地方志集成》(河北府縣志輯), 上海書店出版社, 2006。

84. 高陽縣地方志編纂委員會編《高陽縣志》, 方志出版社, 2015。

85. (光緒)《畿輔通志》, 續修四庫全書本。

86. 明崇禎《高陽縣志》, 民國抄本。

87. 清雍正《高陽縣志》, 清雍正八年刻本。

三　檔案資料

88. 高陽商務分會:《為送各腳色年歲籍貫行業清折致王竹林的稟》, 光緒三十三年 (1907) 十月初二日, 天津市檔案館館藏檔案: J0128-

2-002261-008。

89.《為高陽商務分會申請註册事致天津商務總會的禀》，1908 年 9 月 14 日，天津市檔案館館藏檔案：J0128-2-002261-001。

90.《天津商務總會為韓偉卿續任總理事照會高陽商務分會》，1908 年 9 月 29 日，天津市檔案館館藏檔案：J0128-2-002261-024；

91.《高陽商務分會為推舉王企竈續任總理事致天津商務總會的禀》，1911 年 12 月 13 日，天津市檔案館館藏檔案：J0128-2-002261-083；

92.《爲選舉韓偉卿為總理事致天津商務總會的牒呈》，1912 年 12 月 25 日，天津市檔案館館藏檔案：J0128-002261-108。

93.《高陽商幫會館稅契》，1942，天津市檔案館館藏檔案：J056f-1-070967。

94. 天津市檔案館等編《天津商會檔案彙編（1912~1928）》，天津人民出版社，1989。

四　專著、編著

95. 吳知:《鄉村織布工業的一個研究》，商務印書館，1936。

96. 陳鵬:《中國婚姻史稿》，中華書局，1990。

97. 張研:《清代族田與基層社會結構》，中國人民大學出版社，1991。

98. 濮文起:《中國民間秘密宗教》，浙江人民出版社，1991。

99. 費正清等《劍橋中國民國史》，中國社會科學出版社，1994。

100. 費正清等《劍橋中國晚清史》，中國社會科學出版社，1996。

101. 馮爾康、閻愛民:《中國宗族》，廣東人民出版社，1996。

102. 何孝榮:《明代南京寺院研究》，中國社會科學出版社，2000。

103. 路遥:《山東民間秘密教門》，當代中國出版社，2000。

104. 嚴蘭紳主編《河北通史》，河北人民出版社，2000。

105. 游彪:《宋代寺院經濟史稿》，河北大學出版社，2003。

106. 馬西沙、韓秉方:《中國民間宗教史》，中國社會科學出版社，2004。

107. 商衍鎏:《清代科舉考試述録及有关著作》，百花文藝出版社，2004。

108. 周積明、宋德金:《中國社會史論》，湖北教育出版社，2005。

109. 孫繼民:《河北新發現石刻題記與隋唐史研究》，河北人民出版社，

2006。

110. 顧琳著，王玉茹等譯《中國的經濟革命：二十世紀的鄉村工業》，江蘇人民出版社，2009。

111. 柴春芳主編《高陽龐口李氏家族》，中國社會出版社，2010。

112. 費孝通：《鄉土中國》，北京大學出版社，2015。

113. 費孝通：《江村經濟》，北京大學出版社，2016。

114. 濮文起：《河北民間宗教史》，宗教文化出版社，2016。

115. 張志軍：《河北佛教史》，宗教文化出版社，2016。

116. 馮小紅：《高陽紡織業發展百年歷程與鄉村社會發展》，中國社會科學出版社，2019。

117. 高陽縣檔案局編《圖說高陽》，中國文史出版社，2019。

五　碩博論文

118. 馮小紅：《高陽織布業的近代化進程》，河北大學碩士學位論文，1999。

119. 趙志龍：《高陽紡織業的變遷（1880~2005）——對家庭工業的一個研究》，中國社會科學院經濟研究所博士學位論文，2006。

120. 李小東：《高陽商會與近代高陽紡織布業研究（1906~1933）》，華中師範大學碩士學位論文，2013。

121. 王立軍：《中國古代碑刻文獻綜論》，博士後出站報告，2003。

後　記

　　本書是國家社科基金後期資助項目《河北省社會科學院藏高陽碑刻拓片整理與研究》（編號：19FTQB010）的結項成果，是首次對河北省社會科學院所藏 239 通 371 幅高陽碑刻拓片進行的系統整理與研究。

　　這批藏品的原收藏者常惠先生是中國當代著名的民俗學和考古學專家，他生前收藏了大量古代、近現代書籍、報刊雜志及歷代碑刻拓片，其中河北高陽碑刻拓片爲其藏品之一。這批高陽碑刻拓片爲抗戰前所拓，碑版完整，字口清晰，拓工精良，且每幅拓片上都貼着一張標籤，上面注明碑刻的年代、題名和所在地點，處處透露出常惠先生的專業性與治學之嚴謹。常先生過世後，爲了讓這批藏品傳承下去，發揮更大的價值，澤被後昆，20 世紀 80 年代末，常惠先生之哲嗣常韜石（葛彥）、女公子常友石二位先生毅然將拓片捐贈給河北省社會科學院。常惠先生一家保護、傳承文化遺產的拳拳之心，讓我們感佩不已！

　　收藏不是目的，在保護好、管理好的同時，爲了挖掘其歷史文化價值，2004 年至今，我們加强了對高陽碑刻拓片的調查、整理與研究。曾數次到北京、高陽等地調查這批拓片的來歷以及原碑的存佚狀況；翻閱了大量文獻，包括所有版本的《高陽縣志》和有關文集等，查尋有無相同的著錄信息；多次到各地博物館參觀調研；無數次向專家學者請教相關問題……

　　其間，從最初的簡單整理到後來全面系統的整理與研究；從院課題到省社科基金項目再到國家社科基金項目；從發表論文到出版專著，我們用十多年的心血與汗水，將常惠先生的珍藏最終展現於世人面前，相信這是對常惠先生最好的告慰，他的遠見卓識所昭示的方向，現在早已成爲學術界的熱點之一，我們亦没有辜負常惠先生家人的信任。

如今高陽碑刻拓片已是我院標志性典藏，亦是我院一張亮麗的文化名片。正如孫繼民先生序中所言："隨着本書的出版，高陽石刻文獻必將受到地方、歷史、文化學者的歡迎和重視，其中的内涵、價值也必然得到更多的揭示和發掘。"

回首望去，這期間雖不乏艱辛乃至挫折，但在領導、專家、同事的鼓勵、支持、配合下，這本書即將付梓，我們的整理和研究工作也即將階段性收官。而我也從該領域的素人成長爲半個專家，得到了人生最爲寶貴的收穫。

感謝全國哲學社會科學工作辦公室和國家社會科學基金學科評審專家在課題立項、專著出版方面給予的認可和鼓勵。

感謝河北省社會科學院院長、省社科聯第一副主席康振海先生，原副院長曹寶剛先生等院領導長期以來的大力支持和幫助；

感謝著名史學家、河北省社會科學院原副院長孫繼民先生百忙之中爲本書審稿并賜序；

感謝舊石器考古學家、河北省文物局原副局長謝飛先生對本研究的關注并爲本書賜序；

感謝中共高陽縣委、縣政府，高陽縣委宣傳部、文保旅局、檔案局一直以來對本研究的關注和幫助；

感謝宋史研究專家、河北省社會科學院社科信息中心原主任楊倩描先生把我們帶進這個研究領域，并提供了很多的學習交流機會；

感謝河北省社科院省情研究所李茂所長及所有領導、同事在工作和科研上提供的便利條件和無私幫助；

感謝李大釗研究專家、河北省社科院歷史所原所長朱文通先生長期以來對本研究的關注和幫助；

感謝燕趙文化研究專家、河北省社科院語言文學研究所陳旭霞女士一直以來的關心和無私的幫助；

感謝河北省社科院科研處、辦公室、財務處的領導、同事給予的支持，特別是劉曉如女士在課題申報時提供的幫助。

感謝原河北省社會科學院情報研究所馮斌老師，爲我們提供拓片捐贈人信息，并陪我們在北京尋找當年的捐贈地點；

　　感謝河北省社會科學院曾參與前期課題研究的趙麗華、邢忠、湯伯杞、張彬、李倩等老師；

　　感謝參與撰寫研究文章的楊倩描、馮小紅、陳瑞青、張重艷、劉宏、倪斌老師；

　　感謝社會科學文獻出版社編輯們一年來辛勤、細緻的工作。

　　感謝本書合著者馮金忠、潘華静兩位老師的辛勤付出。特别是馮金忠老師，本身就是隋唐史研究和出土文獻方面的專家，他對拓片録文做了標點，并對題解和注釋部分進行了完善和提高，爲本課題研究做出了重要貢獻。

　　我於 1989 年 10 月調入河北省社會科學院，從事圖書館工作 30 餘年，居然不知深淺，有一半時間一頭扎入了石刻文獻的整理與研究中，是平常心、好奇心、責任心支撑着我走到了今天。

　　相信這衹是一個新的開始！

劉美然

2022 年 8 月 16 日

圖書在版編目（CIP）數據

河北省社會科學院藏高陽碑刻拓片整理與研究 / 劉
美然，馮金忠，潘華静著 . -- 北京：社會科學文獻出版
社，2023.8
　國家社科基金後期資助項目
　ISBN 978-7-5228-0366-1

　Ⅰ . ①河⋯　Ⅱ . ①劉⋯ ②馮⋯ ③潘⋯　Ⅲ . ①碑刻 －
拓片 － 研究 － 高陽縣　Ⅳ . ① K877.424

中國版本圖書館 CIP 數據核字（2022）第 110353 號

國家社科基金後期資助項目
河北省社會科學院藏高陽碑刻拓片整理與研究

著　　者 /　劉美然　馮金忠　潘華静

出 版 人 /　冀祥德
組稿編輯 /　袁清湘
責任編輯 /　王玉敏
責任印製 /　王京美

出　　版 /　社會科學文獻出版社·聯合出版中心（010）59367202
　　　　　　地址：北京市北三環中路甲 29 號院華龍大廈　郵編：100029
　　　　　　網址：www.ssap.com.cn
發　　行 /　社會科學文獻出版社（010）59367028
印　　裝 /　天津千鶴文化傳播有限公司

規　　格 /　開 本：787mm × 1092mm　1/16
　　　　　　印 張：44.25　字 數：700 千字
版　　次 /　2023 年 8 月第 1 版　2023 年 8 月第 1 次印刷
書　　號 /　ISBN 978-7-5228-0366-1
定　　價 /　268.00 圓

讀者服務電話：4008918866